Bibliothek Wissenschaft und Politik
Band 53

Nikolaus Katzer

»Eine Übung im Kalten Krieg«

Die Berliner Außenministerkonferenz von 1954

Gesamtherstellung: Richarz Publikations-Service GmbH, Sankt Augustin
Printed in Germany · ISBN 3-8046-8820-9

Die Deutsche Bibliothek – CIP-Einheitsaufnahme

Katzer, Nikolaus:
»Eine Übung im kalten Krieg« : die Berliner Aussenministerkonferenz von 1954 / Nikolaus Katzer. – Köln : Verl. Wiss. und Politik, 1994
(Bibliothek Wissenschaft und Politik ; Bd. 53)
ISBN 3-8046-8820-9
NE: Berliner Konferenz <1954>; GT

Inhalt

Einleitung

Als Auftakt einer letzten Serie von Nachkriegskonferenzen der vier Siegermächte des Zweiten Weltkrieges zu Fragen einer europäischen Sicherheitsordnung und einer Lösung des Deutschlandproblems darf die Berliner Konferenz von 1954 besondere Aufmerksamkeit beanspruchen. Zwar schien dieser Form der Weltdiplomatie an der Wende zu den fünfziger Jahren infolge einer Verschärfung des Kalten Krieges die Existenzberechtigung verlorengegangen zu sein, doch verwies der schwelende Konflikt im Zentrum Europas beständig auf die Dringlichkeit einer einvernehmlichen oder zumindest geduldeten Regelung. Von der Wiederbelebung der Viermächtegespräche, an deren Ende die gescheiterte Gipfelkonferenz von 1960 stand, mußte Signalwirkung für die Deutschlandpolitik ausgehen.

Das Berliner Außenministertreffen stellt einerseits den Nachklang auf vermeintlich »verpaßte Gelegenheiten« zur Wiedervereinigung in den Jahren 1952 und 1953 dar, andererseits ein Vorspiel auf den Epochenschnitt des »Schlüsseljahres« 1955. In der deutschlandpolitischen Kette zwischen der Stalin-Note, Churchills Gipfelinitiative, dem »Neuen Kurs« der Moskauer Führung für die DDR nach Stalins Tod und den Genfer Konferenzen sowie den Paktverträgen bildet es ein wichtiges Bindeglied.

Die Konferenzdiplomatie der fünfziger Jahre stand im Zeichen einer stark aufgewerteten Rolle der politischen Öffentlichkeit und der Medien. Die historische Forschung hat somit für die Entwicklung nach 1945 ein mögliches Auseinanderklaffen, zumindest eine Wechselbeziehung von faktischem Geschehen bzw. politischer Praxis und publikumsorientierter Präsentation in Rechnung zu stellen. Zurückhaltung und Sorgfalt im Urteil ist vor allem deshalb geboten, weil weiterhin ein beträchtliches Ungleichgewicht bei der Verfügbarkeit westlicher[1] und sowjetischer Quellen besteht und somit von einer Seite fast nur der öffentlich-offizielle, »propagandistische« Teil des politischen Zielkatalogs[2] und die vielfältig verbrämte Schaffung von Tatsachen

1 In Frankreich wie in Deutschland hat inzwischen die Publikation außenpolitischer Akten der fünfziger Jahre begonnen. Dies ist nicht gleichbedeutend mit einem unbeschränkten Zugang für die wissenschaftliche Forschung (s. Documents Diplomatiques Francaises. 1954 [21. Juli bis 31. Dezember]. Paris 1987; Akten zur Auswärtigen Politik der Bundesrepublik Deutschland. Bd. 1. München 1989). Am weitesten fortgeschritten ist die amerikanische Dokumentation »Foreign Relations of the United States«; die britische steht noch in den Anfängen (Documents on British Policy Overseas. Series II. Vol. I. London 1986). Die Bestände in beiden Ländern sind überwiegend zugänglich.

2 Ihm verpflichtet sind sämtliche sowjetischen Darstellungen und die Spezialarbeiten zur Berliner Konferenz aus der Feder von Ernst Laboor, Kalter Krieg oder Entspannung? Die Außenpolitik der Sowjetunion im Kampf um die kollektive Sicherung des Friedens in Europa 1954/55. Berlin (Ost) 1983; ders., Auf dem Wege nach Helsinki 1954-1975. Die Berliner Außenministerkonferenz 1954 – Beginn des Kampfes der Sowjetunion um die Gesamteuropäische Konferenz für Sicherheit und Zusammenarbeit in Europa. Berlin (Ost) 1977.

im eigenen Herrschaftsbereich rekonstruierbar ist. Die Aussagekraft westlicher Akten hinsichtlich der sowjetischen Außenpolitik ist begrenzt. Das zugängliche Archivmaterial erlaubt gleichwohl eine fundierte Erforschung und Bewertung der ersten Außenministerkonferenz der Vier Mächte[3] seit der sechsten und letzten Tagung des Außenministerrates in Paris vom 23. Mai bis 20. Juni 1949.
Mit der Gründung der beiden deutschen Staaten war das Kernproblem des Ost-West-Konflikts nicht gelöst worden und stand einem tragfähigen Modus vivendi in Europa im Wege.[4] Die Sowjetunion war bestrebt, ihre Position im Herzen des Kontinents zu stabilisieren und nach Möglichkeit auszubauen. Zugleich versuchte sie, Integrationserfolge der Westmächte zu vereiteln und vor allem Adenauers entschlossenen Westkurs zu diskreditieren. Die Praxis wechselseitiger Schuldzuweisung und die daraus erwachsenden potentiellen Krisenmomente schufen beständige Unsicherheit und zwangen zur Improvisation. Unvorhergesehene Entwicklungen mußten einkalkuliert werden. Die Vier Mächte blieben trotz aller Gegensätze aufeinander bezogen. Allerdings schwand bei den Westmächten, namentlich der amerikanischen Regierung,[5] die Bereitschaft, sich von der Sowjetunion eine isolierte Betrachtung des Deutschlandproblems oder des deutschen Verteidigungsbeitrags aufzwingen zu lassen. Der vergebliche Protest gegen die verdeckte Wiederausrüstung in der DDR in Form einer paramilitärischen Polizei, der Vorläuferin der späten Volksarmee, bestätigte sie darin, in die Beurteilung der sowjetischen Außenpolitik die Hinhaltetaktik in Österreich, den Koreakrieg,[6] die Kämpfe in Indochina und den Konflikt um Formosa miteinzubeziehen. Konferenzen wollte man daher nur dann zustimmen, wenn sie Gewähr für eine Erörterung globaler Zusammenhänge boten.[7] Wenig später geriet dieser hohe Anspruch mit der Einsicht in Gegensatz, Verhandlung mit der Sowjetunion bedürften einer streng begrenzten Tagesordnung.
Am 3. November 1950 protestierte die Sowjetunion gegen westliche Überlegungen zur Wiederaufrüstung der Bundesrepublik und forderte die Einberufung des Außenministerrates.[8] Der folgende Notenwechsel führte aus amerikanischer Sicht lediglich zu »Erkundungsgesprächen« der stellvertretenden Außenminister, die am 5. März 1951 im Palais Marbre Rose in Paris zusammenkamen. Das Treffen wurde am 21.

3 Erste Ergebnisse liegen vor: Hermann-Josef Rupieper, Die Berliner Außenministerkonferenz von 1954. Ein Höhepunkt der Ost-West-Propaganda oder die letzte Möglichkeit zur Schaffung der deutschen Einheit? in: Vierteljahreshefte für Zeitgeschichte (VjhfZG) 34 (1986), H. 3, S. 427-453; ders., Der besetzte Verbündete. Die amerikanische Deutschlandpolitik 1949-1955. Opladen 1991, S. 333-380. s. a. den weitgehend auf die Vorgeschichte konzentrierten Aufsatz Rolf Steiningers (Deutsche Frage und Berliner Konferenz 1954, in: Wolfgang Venohr (Hg.), Ein Deutschland wird es sein. Erlangen/Bonn/Wien 1990. S. 36-88.

4 Hermann Volle, Der »Modus vivendi« in Europa. Die Ost-West-Beziehungen und die Pariser Außenministerkonferenz von 1949, in: EA, 1949, S. 2383-2391; ders., Der Verlauf der Pariser Außenministerkonferenz vom 23. Mai bis 20. Juni 1949, in: ebd., S. 2391-2398. FRUS, 1949, Vol.III, Washington 1974, S. 856-1065.

5 Rupieper, Der besetzte Verbündete, S. 200-240.

6 Bernd Bonwetsch/Peter Kuhfus, Die Sowjetunion, China und der Koreakrieg, in: VjhfZG, 33(1985), H.1, S. 28-87; dies., Neue Quellen zum Eintritt Chinas in den Korea-Krieg (Juni-Oktober 1950), in: ebd., 34 (1986), H.2, S. 269-289. s. a. Rolf Steininger, Entscheidung am 38.Breitengrad. Die USA und der Korea-Krieg, in: Amerikastudien 26 (1980), S. 40-75.

7 FRUS 1950, IV, S. 904-926.

8 Dokumente zur Deutschlandpolitik der Sowjetunion. Bd. I. Berlin (Ost) 1957, S. 253 f.

Juni abgebrochen, ohne sich auch nur auf eine Tagesordnung geeinigt zu haben.[9] Der Vorschlag der Westmächte vom 31. Mai 1951, eine Außenministerkonferenz auf der Basis der partiellen Übereinkunft der Stellvertreter vom 2. Mai[10] im Juli nach Washington einzuberufen, scheiterte am Beharren der Sowjetunion, dort auch den Nordatlantikpakt und die amerikanischen Militärstützpunkte zur Debatte zu stellen. Die westlichen Delegationen hatten über die Ursachen des Ost-West-Konflikts debattieren und die deutsche Frage dem unterordnen wollen, während der sowjetische Emissär und stellvertretende Außenminister Andrej A. Gromyko fortwährend das Potsdamer Abkommen und eine Entmilitarisierung Deutschlands ins Gesrpäch brachte. Von der Einheit sprach er wenig.[11] In den westlichen Außenministerien verband man mit dem nicht offiziell erklärten, aber faktischen Ende des in Potsdam geschaffenen Außenministerrates fortan nurmehr die Erinnerung an die Jahre der Viermächtekontrolle, die man für endgültig vorbei hielt.

Die internationale Diskussion über die Wiedervereinigung verlagerte sich auf die Ebene von »Initiativen« und Notenwechseln. Der Verlust einer gemeinsamen Sprache minderte die Erfolgschancen von Begegnungen auf diplomatischer Ebene. Sieg oder Niederlage wurden zum Verhandlungsmaßstab. Im wortreich umkämpften Vorfeld von Verhandlungen gediehen jene Hoffnungen auf überraschende Übereinkünfte, die später in der Formel von den »verpaßten Gelegenheiten« aufgingen. Viermächtekonferenzen galten noch immer als Nagelprobe für die Ernsthaftigkeit von Angeboten, dienten zunehmend als politisches Druckmittel. Hinzu kamen Versuche, einerseits mit Anträgen an die Vereinten Nationen zur Schaffung neutraler Wahlkommissionen oder andererseits durch »Friedenskongresse« von der Viermächteverantwortung abzulenken. Im Windschatten dieser Manöver stellten die Vier Mächte die in eine unübersehbare Sackgasse geratene Deutschlandpolitik auf eine neue Basis.

Auf westlicher Seite wuchs die Abhängigkeit von gegenseitigen Absprachen. Die Sowjetunion brauchte bei der Gestaltung ihres Hegemonialbereiches weit weniger Rücksichten zu nehmen. Sondertreffen mit den kommunistischen Regierungen der Satellitenstaaten entsprachen nur vordergründig den westlichen Konferenzen zur Interessenabstimmung in der Europa- und Deutschlandpolitik. Der Washingtoner Konferenz der alliierten Außenminister vom 10. bis 14. September 1951 mit dem Grundsatzbeschluß der Westintegration und Wiederaufrüstung der Bundesrepublik folgte eine gemeinsame Tagung mit Adenauer im November in Paris.[12] Die

9 FRUS 1951, II,1, S. 1086-1162; Keesing's, 1951, S. 2845; Dokumente zur Deutschlandpolitik der Sowjetunion. Bd. I, S. 267 f.; Boris Meissner, Rußland, die Westmächte und Deutschland. Die sowjetische Deutschlandpolitik 1943-1953. Hamburg [2]1954, S. 254 f.

10 s. EA, 1951, S. 3951, 4212.

11 Über die Rolle der NATO in den westlichen Sicherheitsplanungen um die Jahreswende 1950/51 s. Norbert Wiggershaus, Nordatlantische Bedrohungsperzeptionen im »Kalten Krieg« 1948-1956, in: Das Nordatlantische Bündnis 1949-1956. Hg. von Klaus A. Maier und Norbert Wiggershaus. München 1993, S. 17-54, hier S. 30-37; einige allgemeine Überlegungen zur sowjetischen Haltung in Alexander Fischer, Sowjetische Reaktionen auf die Gründung der NATO, in: ebd., S. 55-68; grundsätzlich Peer Lange, Konfrontation mit dem westlichen Bündnis in Europa, in: Osteuropa-Handbuch. Sowjetunion. Außenpolitik. Bd. I. Köln/Wien 1972, S. 529 f.; Istorija vnešnej politiki SSSR 1917-1985. Bd. II. Moskau [5]1986, S. 131-140.

12 Keesing's, 1951, S. 3114, 3213; EA, 1951, S. 4397 f., 4588; Anfänge westdeutscher Sicherheitspolitik 1945-1956. Bd. 2, München 1990, S. 57-68, 74-78.

Sowjetunion hatte bereits die Vorentscheidungen der westlichen Außenminister vom 12. bis 19. September 1950 in New York demonstrativ mit einer Gegenkonferenz der Ostblockstaaten in Prag vom 20./21. Oktober 1950 beantwortet, bei der auch die DDR vertreten war.[13] Die von Stalin Ende März 1952 in einem Presseinterview angedeutete Möglichkeit einer Gipfelkonferenz[14] blieb im Westen nach den bisherigen Erfahrungen ohne Resonanz.

Die sowjetische Außenpolitik in den Jahren vor und nach Stalins Tod war durch personelle Kontinuitäten schwer belastet. Die »Staatsanwalts-Diplomatie«[15] des vormaligen Chefanklägers der Schauprozesse der dreißiger Jahre, Andrej Ja. Vyšinskij, der seinen Amtsvorgänger Vjačeslav M. Molotov im März 1949 als Außenminister ablöste, bevor dieser ihn wiederum im März 1953 im Amt beerbte, war kaum geeignet, im Westen Vertrauen zu wecken. Wesentlicher war jedoch das durchgängige Bestreben Moskaus, die internen Gegensätze der Westmächte bei der Frage der Wiederbewaffnung Deutschlands auszunutzen. Da aber nach den Konferenzen von Washington und Brüssel im Herbst 1950 die militärische Integration der Bundesrepublik beschlossene Sache war und Priorität vor der Wiedervereinigung erhielt,[16] unternahm die Sowjetunion eine Serie gesamtdeutscher Vorstöße, um dies zu durchkreuzen, zugleich aber die eigenen Bemühungen um eine Oststaatslösung zu forcieren. Vieldeutig hatte Stalin bereits in einer Grußadresse an die Staatsführung der neugegründeten DDR vom 13. Oktober 1949 von einem »Wendepunkt der Geschichte Europas«[17] geschrieben. Das »neue Kräfteverhältnis auf deutschem Boden«[18] untergrub einerseits alle Einheitsbestrebungen. Andererseits gewährleisteten die Besatzungsregimes noch keineswegs eine erfolgreiche Blockintegration. Solange die Einigung Westeuropas bloß projektiert war, konnte sich die Sowjetunion weiterhin verschiedene Optionen

13 s. die »Prager Erklärung« vom 22. Oktober 1950 in: Dokumente zur Deutschlandpolitik der Sowjetunion, Bd. I, S. 244-253; vgl. den Beschluß des Ministerrates der DDR vom 25. Oktober 1950, in: Dokumente zur Außenpolitik der DDR. Bd. I. Berlin (Ost) 1954, S. 319 f.

14 Interview vom 31. März 1952 (Neue Welt 1952, Nr. 9, S. 1027).

15 »Neue Zeit«, 1988, Nr. 41, S. 37-39.

16 Norbert Wiggershaus, Außenpolitische Voraussetzungen für den westdeutschen Verteidigungsbeitrag, in: Alexander Fischer (Hg.), Wiederbewaffnung in Deutschland nach 1945., Berlin 1986, S. 63-77; ders., Die Entscheidung für einen westdeutschen Verteidigungsbeitrag 1950, in: Anfänge westdeutscher Sicherheitspolitik 1945-1956, Bd. 1, München, Wien 1982, S. 325-402; ders., Überlegungen und Pläne für eine militärische Integration Westdeutschlands 1948-1952, in: Josef Foschepoth (Hg.), Kalter Krieg und Deutsche Frage. Deutschland im Widerstreit der Mächte 1945-1952. Göttingen, Zürich 1985, S. 314-334; Wilfried Loth, Der Koreakrieg und die Staatswerdung der Bundesrepublik, in: ebd., S. 335-361; Rolf Steininger, Wiederbewaffnung. Die Entscheidung für einen westdeutschen Verteidigungsbeitrag. Adenauer und die Westmächte 1950. Erlangen/Bonn/Wien 1989; Rupieper, Der besetzte Verbündete, S. 98-139.

17 »Neues Deutschland«, 14. Okt. 1949; Dokumente zur Außenpolitik der DDR. Bd. I, S. 232. Nach Aufzeichnungen Wilhelm Piecks deutete Stalin der engeren KPD-Führung bereits Anfang Juni 1945 die wahrscheinliche Spaltung Deutschlands an: »Perspektive – es wird zwei Deutschlands geben, trotz aller Einheit der Verbündeten« (Wilhelm Pieck – Aufzeichnungen zur Deutschlandpolitik 1945-1953. Hg. von Rolf Badstübner und Wilfried Loth. Berlin 1994, S. 50 [Aufzeichnung einer Unterredung mit Stalin, Molotov und Ždanov vom 4 Juni 1945]. Die Herausgeber werten die Notiz nicht als Aussage über sowjetische Ziele, sondern als Aufforderung an die KPD, der möglichen Teilung zu widerstehen [s. S. 23, 52 Anm. 4]).

18 V.N.Belezki, Die Politik der Sowjetunion in den deutschen Angelegenheiten in der Nachkriegszeit 1945-1976. Berlin (Ost) 1977, S. 105.

in Deutschland offenhalten, ohne die Weichenstellungen in der DDR revidieren zu müssen.[19]
Nachdem die westlichen Außenminister im Mai 1950 in London freie Wahlen an die Spitze der Prioritätenliste für eine Lösung der deutschen Frage gestellt und im September des gleichen Jahres in New York die Bundesregierung »als die einzige frei und gesetzlich konstituierte deutsche Regierung« deklariert hatten, die befugt sei, »in internationalen Angelegenheiten als Vertreter des deutschen Volkes für Deutschland zu sprechen«,[20] wies die sowjetische Führung nach außen und vorübergehend der DDR-Regierung eine markantere Rolle in der Politik gegenüber dem Westen zu. Doch bot die propagandistische Aufwertung der deutsch-deutschen Ebene keine Hinweise auf eine größere Eigenständigkeit oder tatsächliche Verhandlungsbefugnis der DDR-Regierung. Eher hätte die Sowjetunion ernsthafte gesamtdeutsche Gespräche wegen der unberechenbaren Folgen mehr fürchten müssen als die Westmächte.[21]
Immerhin wurde in den Vorstößen des DDR-Ministerpräsidenten Otto Grotewohl für einen »Gesamtdeutschen Rat« und in den Kampagnen »Deutsche an einen Tisch!« dem Problem freier Wahlen ein neuer taktischer Stellenwert zugewiesen.[22]
Ein Interview Stalins mit der Parteizeitung »Pravda« vom 17. Februar 1951 mit dem Angebot einer »defensiven Koexistenzpolitik« (B. Meissner) in Asien und Äußerungen des Stellvertretenden Vorsitzenden des Ministerrates, Georgij M. Malenkov, bei einem Besuch Ost-Berlins kündigten die neue Akzentuierung der Deutschlandpolitik an.[23] Sie erschien auch deshalb dringlich, weil die westlichen Pläne, Griechenland und die Türkei in die NATO aufzunehmen, die bedrohliche Vorstellung einer erfolgreichen Einkreisungspolitik verstärkten. Ein blockfreies

19 Zur Interessenlage der Sowjetunion s. Wolfgang Pfeiler, Deutschlandpolitische Optionen der Sowjetunion. Melle 1988; Mechthild Lindemann, Die Haltung der Sowjetunion zur Eingliederung der Bundesrepublik Deutschland in das westliche Bündnissystem, 1945-1955, in: Historische Mitteilungen 4 (1991), H. 1, S. 23-49.

20 s. die Erklärung vom 13. Mai und das Kommuniqué über Deutschland vom 19. Sept. 1950, in: EA, 1950, S. 3136 f., 3405 ff.; Keesing's, 1950, S. 2404. Damit war keine de-jure-Anerkennung des Alleinvertretungsanspruchs verbunden.

21 Die Ansicht vertrat Berlins Regierender Bürgermeister Ernst Reuter bei Gesprächen im State Department am 24. März 1953 (FRUS 1952-1954, VII, 1, S. 1321).

22 s. Grotewohls Regierungserklärung vom 15. Nov. 1950, in: Dokumente zur Außenpolitik der DDR, Bd. I, S. 169-182; Grotewohls Brief an Adenauer vom 30. Nov. 1950 (EA, 1951, S. 3716; Keesing's, 1950, S. 2699); Appell der Volkskammer an den Deutschen Bundestag vom 15. Sept. 1951 mit dem Vorschlag einer »Gesamtdeutschen Beratung« (EA, 1951, S. 4404). Die Ansicht, es habe sich um das »weitestgehende« Angebot gehandelt, »das Ost-Berlin je gemacht hat« (so Rolf Steininger, Eine Chance zur Wiedervereinigung? Die Stalin-Note vom 10. März 1952. Darstellung und Dokumentation auf der Grundlage unveröffentlichter britischer und amerikanischer Akten. Bonn 1985, S. 44) unterbewertet den zeitgeschichtlichen Kontext und überschätzt die Kompetenz der DDR-Regierung. s. a. die Rundfunkerklärung Jakob Kaisers vom 20. Sept. 1951 (EA, 1951, S. 4456). Ähnliches gilt für die Meinung, die Annahme der »Mehrzahl« der von Adenauer aufgestellten vierzehn Grundsätze freier Wahlen durch Grotewohl (in der Erklärung vor der Volkskammer am 10. Okt. 1951, EA, 1951, S. 4510) sei »überraschend« gewesen, denn es blieb unklar, welche man ablehnen würde. An den Machtkonstellationen vorbei zielt das Urteil: »Mit Hilfe der Westmächte würgte Adenauer dann die ostdeutsche Initiative ab« (Steininger, Eine Chance, S. 45).

23 Boris Meissner, Die Sowjetunion und die deutsche Frage 1949-1955, in: Osteuropa-Handbuch. Sowjetunion. Außenpolitik 1917-1955. Köln/Wien 1972, S. 477 f.

Deutschland bildete den wichtigsten Baustein eines Gegenkonzepts, in dem auch ein neutraler Staatengürtel als Pufferzone zwischen Ost und West von Skandinavien bis zur Türkei erwägenswert war.[24] Doch weckte man damit in Frankreich unselige Erinnerungen and die Rapallo-Politik der zwanziger Jahre und durfte sich Widerhall bestenfalls bei den deutschen Neutralitätsanhängern und Gegnern der Wiederbewaffnung versprechen.[25]

Vorerst spielte die Sowjetunion die deutsche Karte aber halbherzig, während im Westen ernsthafte Offerten erwartet und befürchtet worden waren. Im Foreign Office etwa erörterte man die Vor- und Nachteile der vermeintlich verbliebenen vier Möglichkeiten einer Lösung für Deutschland:

1. die eines wiedervereinigten Deutschlands ohne nationale Streitkräfte und damit auch ohne militärische Bündnisfähigkeit,
2. die eines wiederbewaffneten, zwischen Ost und West balancierenden deutschen Staates, der sich »dem Meistbietenden« verkaufte und eine »gefährliche Situation« heraufbeschwor,
3. die »österreichische« Alternative mit verbleibender Zonenregelung und einem »Minimum an Vier-Mächte-Kontrolle« (dieser Lösung stand die Tatsache der fehlenden deutschen Zentralregierung entgegen),
4. das Konzept einer nichtbesetzten Zone (einschließlich Berlins), die einer deutschen Regierung ohne eigene Truppen alleinverantwortlich überlassen würde.[26]

Jeder dieser Lösungen zogen die britischen Planer die bestehenden Verhältnisse vor, so daß nach der grundsätzlichen Absage an jede Form einer Neutralisierung nur die Entscheidung zwischen der Beibehaltung des Status Quo und den Alternativen eines west- oder ostorientierten Gesamtdeutschlands blieb. Noch hielt die Sowjetunion die Lage für nicht bedrohlich genug, um diese geringe Manövrierfähigkeit entschlossen auszunutzen.

Schon die mittelbare sowjetische Initiative über Grotewohl hatte auf seiten der Westalliierten zu Irritationen geführt. Der amerikanische Hohe Kommissar John J. McCloy sprach von einer »sehr ernsten neuen Entwicklung« und wertete den Vorstoß als »Vergeltung« für die westlichen Einigungserfolge in San Francisco und Washington.[27] Er glaubte die Bereitschaft der Russen zu erkennen, einen »sehr hohen Preis« für die Verhinderung der Westintegration zahlen zu wollen, und befürchtete, den Deutschen könnte die eigene Einheit »sehr viel wichtiger« als die europäische sein und sie veranlassen, den Grotewohlschen Vorschlägen mehr zu vertrauen als den Washingtoner Entscheidungen. Er erwartete daher einen

24 Strobe Talbott (Hg.), Chruschtschow erinnert sich. Reinbek 1971, S. 396; Hans-Peter Schwarz (Hg.), Handbuch der deutschen Außenpolitik. München [2]1976, S. 575. Von einer weltweiten amerikanischen Einkreisungspolitik gegen die Sowjetunion und China war auch in »Der Spiegel« (13. Jan. 1954, Nr. 3, S. 15 f.) nach einer Asienreise des Vizepräsidenten Richard Nixon im Dezember 1953 unter Berufung auf das amerikanische Nachrichtenmagazin »Newsweek« die Rede. Vgl. »Der Spiegel«, 10. Febr. 1954, Nr. 7, S. 14.

25 Lindemann, Die Haltung, S. 30.

26 Streng geheimes Memorandum vom 1. Juni 1951 (Four Power Talks [Ministerial] German Unity), Entwurf einer Kabinettsvorlage (abgedruckt in: Steininger, Eine Chance, S. 105-110).

27 Telegramm des britischen Hohen Kommissars Ivone A. Kirkpatrick vom 24. Sept. 1951 aus Wahnerheide an das Foreign Office (abgedruckt in: ebd., S. 110 f.).

Aufschwung der »Neutralisten« sowie der Opposition um Schumacher gegen die westlichen Europa-Pläne.

Der britische Hohe Kommissar Sir Ivone A. Kirkpatrick und sein französischer Kollege André François-Poncet zeigten weit weniger Aufregung. Sie teilten Adenauers Verdikt, die Aktion Grotewohls sei »ein von den Russen inspiriertes Propagandamanöver«.[28]

Die Schritte zur Einbeziehung der Bundesrepublik in das westliche Sicherheitssystem blieben von der alsbald ausufernden und jede erfolgversprechende Zielstrebigkeit entbehrenden Debatte über Wahlen und deren Kontrolle fast unberührt. Wenn es zu den Hauptzielen der sowjetischen Europapolitik Anfang der fünfziger Jahre gehörte, den Ausbau der NATO zu verhindern und das Kräfteverhältnis in Mitteleuropa zu halten,[29] so war die Untauglichkeit der bisher angewandten Mittel offenkundig geworden. In dieser Lage entschloß sich Stalin, dem dringlichen Rat der III. Europäischen Abteilung des sowjetischen Außenministeriums zu folgen und mit einer spektakulären Note an die Westmächte vom 10. März 1952 die mißratenen Aktionen der DDR-Regierung zu beenden und die Erörterung der deutschen Frage auf die entscheidende Machtebene zurückzuverlegen.[30] Das gewählte Datum kennzeichnete den Rang des Vorstoßes.[31]

Um den beigefügten Entwurf eines Friedensvertrages für Deutschland, das als »unabhängiger, demokratischer, friedliebender Staat« in den von der Potsdamer Konferenz »festgelegten« Grenzen wiedervereinigt werden sollte, entbrannte erst später ein heftiger Forscherstreit. Einerseits fehlte zunächst ein Hinweis auf freie Wahlen. Andererseits brach die Sowjetführung scheinbar mit ihrem bisherigen Leitsatz, Deutschland zu entmilitarisieren, und bot im Gegensatz zum westalliierten »Kommuniqué über Deutschland« vom 19. September 1950[32] ausdrücklich eine Nationalarmee an, der lediglich verboten sein würde, Koalitionen oder Militärbündnisse gegen Staaten zu schließen, gegen die Deutschland im Krieg gestanden hatte.

Wenngleich sich jene Stimmen, die für eine Prüfung des Angebots eintraten, nur unzulänglich Gehör verschaffen konnten,[33] erkannten die westlichen Alliierten die Gefahr, Moskau durch falsches Reagieren Möglichkeiten zu eröffnen, »den

28 Telegramm Kirkpatricks an das Foreign Office vom 25. Sept. 1951 (ebd., S. 111).

29 Gerd Meyer, Die sowjetische Deutschlandpolitik im Jahre 1952. Tübingen 1970, S. 30.

30 Wortlaut der Note in: Eberhard Jäckel (Hg.), Die deutsche Frage 1952-1956. Notenwechsel und Konferenzdokumente der Vier Mächte, Frankfurt/Main, Berlin 1957, S. 23 f.

31 s. Boris Meissner, Der 10. März 1939- und der 10. März 1952, in: Sonntagsblatt, 30. März 1952.

32 s. EA, 1950, S. 3405 ff.

33 s. die Sammlung britischer und amerikanischer Dokumente bei Steininger, Eine Chance, S. 116 ff.; FRUS 1952-1954, VII, 1, S. 169-327; zur Reaktion in der Bundesrepublik: Markus Kiefer, Die Reaktion auf die »Stalin-Noten« in der zeitgenössischen deutschen Publizistik. Zur Widerlegung einer Legende, in: Deutschland Archiv (DA) 22 (1989), Nr. 1, S. 56-76; Knud Dittmann, Adenauer und die deutsche Wiedervereinigung. Die politische Diskussion des Jahres 1952, Düsseldorf 1981; Hermann Graml, Nationalstaat oder westdeutscher Teilstaat. Die sowjetischen Noten vom Jahre 1952 und die öffentliche Meinung in der Bundesrepublik Deutschland, in: VjhfZG 25 (1977), H.4, S. 821-864; Peter März, Die Bundesrepublik zwischen Westintegration und Stalin-Noten. Zur deutschlandpolitischen Diskussion 1952 in der Bundesrepublik vor dem Hintergrund der westlichen und der sowjetischen Deutschlandpolitik. Frankfurt/Main, Bonn 1982; zur Reaktion in Frankreich: Nikolaus Meyer-Landrut, Frankreich und die deutsche Einheit. Die Haltung der französischen Regierung und Öffentlichkeit zu den Stalin-Noten 1952, München 1988. Meyer-Landrut relativiert deutlich Adenauers Einfluß auf die Notenpolitik der Westmächte.

deutschen Nationalismus« zu instrumentalisieren und sich selbst in eine Lage zu manövrieren, die sie als grundsätzliche Gegner einer Übereinkunft mit der Sowjetunion erscheinen ließ.[34] Vorherrschend blieb der Eindruck, das Hauptanliegen der Stalin-Note sei es, die Einbeziehung der Bundesrepublik in das westliche Bündnis zu verzögern oder gar zu verhindern.[35]
Auch in einer weiteren Note vom 24. Mai 1952, wenige Tage vor der Unterzeichnung des Generalvertrages und des EVG-Vertrages, ging die sowjetische Führung nicht über ihr Anfangsangebot hinaus.[36] Das westliche Integrationsprogramm erschien ihr offenbar nicht so bedrohlich, daß sie von der bisherigen Linie in der Deutschlandpolitik abzuweichen gedachte.[37]
Die Note der Sowjetunion vom 10. März hatte schlaglichtartig noch einmal die Konfliktbeladenheit jeder deutschen Regelung vor Augen geführt. Stalins keineswegs neues Spiel mit dem Nationalismus war weit weniger risikobereit, als es den Anschein erweckte. Eine Gesamtstaatslösung war strikt an die Bedingung geknüpft, »ein Wiederaufleben des deutschen Militarismus und einer deutschen Aggression unmöglich« zu machen.[38] Darunter verstand die sowjetische Führung wie bisher keineswegs einen Ausgleich mit ähnlichen Anliegen der Westmächte oder mit der frei gewählten Bundesregierung, nicht einmal mit »oppositionellen Kreisen Westdeutschlands«. Vielmehr stellte die Konzentration auf den Friedensvertrag darauf ab, die »demokratischen Umwandlungen« der DDR auf das von allen Besatzungstruppen befreite Territorium zu übertragen. Die Redakteure des sowjetischen Außenministeriums waren seit dem 8. September 1951 lediglich damit beschäftigt gewesen, die Formeln des ersten Vertragsentwurfs für die Notenkampagne im Wortlaut zu entschärfen.[39] Gemäß der Dramaturgie des Kreml wandte sich die Regierung der

34 Telegramm des Direktors der Berliner Vertretung der amerikanischen Hohen Kommission Cecil B.Lyon an den amerikanischen Außenminister Dean Acheson, 27. März 1952 (Steininger, Eine Chance, S. 168 f.).

35 Aufzeichnung von W.D.Allen, Chef des Central Department im Foreign Office, 11. März 1952 (ebd., S. 116). Vgl. das Schreiben des amerikanischen Außenministers Acheson an den französischen Außenminister Schuman vom 18. März 1952 (FRUS 1952-1954, VII, 1, S. 185). Adenauer wollte außer einem »starken nationalistischen Einschlag« »wenig Neues« in der Note Stalins entdecken (Rede auf der Tagung des Evangelischen Arbeitskreises der CDU in Siegen, 16. März 1952, zit.: Andreas Hillgruber, Adenauer und die Stalin-Note vom März 1952, in: D.Blumenwitz u.a. (Hgg.), Konrad Adenauer und seine Zeit. Bd. 2, Stuttgart 1976, S. 113 f.).

36 Die deutsche Frage 1952-1956, S. 29-31.

37 Vgl. die letzte Note vom 23. Aug. 1952 (ebd., S. 32-35); Lindemann, Die Haltung der Sowjetunion, S. 10-15.

38 Note vom 10. März 1952 (ebd., S. 23). Zum ideologischen Hintergrund s. Stalins Spätschrift »Ökonomische Probleme des Sozialismus in der UdSSR«, die im wesentlichen am 1. Febr. 1952 abgeschlossen war, aber erstmals im Sept. 1952 veröffentlicht wurde (in Bol'ševik, Nr. 18; vgl. »Pravda«, 2. und 3. Okt. 1952; deutsch: Stuttgart 1953). Zum Kontext von Stalins nationalem Kalkül: Wolfgang Pfeiler, Das Deutschlandbild und die Deutschlandpolitik Josef Stalins, in: DA 12 (1979), S. 1258-1282; Klaus Mehnert, Über Stalins »Wirtschaftsprobleme des Sozialismus in der UdSSR«, in: Osteuropa (OE) 2 (1952), H.6, S. 401-415; Walter Osten, Die Deutschlandpolitik der Sowjetunion in den Jahren 1952/53, in: ebd., 14 (1964), H.1, S. 1-13; Hermann Achminow/Harald Laeuen, Die sowjetische Deutschlandpolitik in den Jahren 1952/53. Einwände und Ergänzungen, in: ebd., H.4, S. 251-259.

39 s. die Skizze der Entstehungsgeschichte der Märznote auf der Basis sowjetischer Akten von Gerhard Wettig, Die Deutschland-Note vom 10. März 1952 auf der Basis diplomatischer Akten des russischen Außenministeriums. Die Hypothese des Wiedervereinigungsangebots,

DDR mit einem Friedensvertragsappell direkt an die Vier Mächte,[40] nachdem der Bundestag, wie erwartet, gemeinsame Aktionen mit der Volkskammer abgelehnt hatte. Es folgte eine Antwortnote an die DDR und schließlich die Märznote der Sowjetregierung an die drei Westmächte. Wie Gesprächsnotizen Wilhelm Piecks zusätzlich bestätigen, ging es bei einem Treffen der SED-Spitze mit der Moskauer Führung von 29. März bis 10. April 1952 nicht um eine konsensfähige Deutschlandpolitik mit den Westmächten, sondern um eine Beschleunigung der sozialistischen Umgestaltung in der DDR als Gegengewicht gegen die Bundesrepublik und um einen »Massenkampf zum Sturz der Adenauer-Regierung«.[41] Es gelang der Sowjetführung kurzfristig, die westliche Integrationspolitik zu erschweren, weil die Wiedervereinigungs- und Neutralitätsdebatte neue Nahrung fand. Adenauer etwa wünschte nach dem Angebot Moskaus vom 9. April 1952, auf Viermächteebene über gesamtdeutsche Wahlen zu verhandeln, fortan die Souveränität, das Problem deutscher Verteidigungsstreitkräfte und die Grenzfrage in den Vordergrund zu rücken.[42] Wesentlicher war, daß der amerikanische Außenminister die Unvereinbarkeit sowjetischer Vorstellungen von Demokratie, Frieden und Freiheit mit westlichen Traditionen hervorhob und den sowjetischen Vorschlägen grundsätzlich mißtraute. Er wollte vermieden wissen, daß die Diskussion im Westen auf die von der Sowjetunion aufgestellte Alternative »Integration oder Einheit« gelenkt wurde, da sie seiner Ansicht nach nur für das sowjetische Wiedervereinigungsmodell zutraf.[43] In Übereinstimmung damit lag es für Kirkpatrick nahe, der SPD eine Annäherung an den Standpunkt der sowjetischen Regierung und neutralistische Tendenzen zu unterstellen.[44] Tatsächlich war nach der Stalin-Note die Verbindlichkeit von Schumachers grundsätzlicher Westorientierung

in: DA 1993, Nr. 7, S. 786-805. Zu den fallengelassenen oder abgeschwächten Passagen der ersten Vorlage vom 8. Sept. 1951 gehörten eine Präambel, in der Deutschland die Verantwortung für den Weltkrieg zugewiesen, die Abkommen von Jalta und Potsdam als »Grundlage der bedingungslosen Kapitulation« herausgehoben sowie die Verpflichtung auf eine Beseitigung aller Reste des Faschismus und Militarismus und zu einer Festigung der »demokratischen Umgestaltungen« in der DDR verankert war. Das Saarland sollte Deutschland zugeschlagen, auf weitere territoriale Ansprüche aber verzichtet werden. Die Streitkräfte würden »streng begrenzt« sein. Bei den Reparationen waren einseitig nur sowjetische Ansprüche geltend gemacht. Zunächst fehlten Hinweise auf eine mögliche Rehabilitierung von Militärs und Nationalsozialisten.

40 Dokumente zur Außenpolitik der Regierung der DDR. Bd. 1. Berlin (Ost) 1954, S. 73-76.

41 Wilhelm Pieck – Aufzeichnungen zur Deutschland-Politik, S. 382-385.

42 s. den Bericht des amerikanischen Hohen Kommissars McCloy an das State Department vom 12. April 1952 (FRUS 1952-1954, VII, 1, S. 207); vgl. McCloys Bericht an Acheson vom 3. Mai 1952 (Steininger, Eine Chance, S. 241); Text der Sowjetnote vom 9. April: Die deutsche Frage 1952-1954, S. 25 f.

43 Acheson an das Büro der amerikanischen Hohen Kommission in Bonn, 12. April 1952 (FRUS 1952-1954, VI!, 1, S. 203-206). Ähnlich der französische Außenminister Schuman in einem Schreiben an Eden vom 6. Mai 1952 (Steininger, Eine Chance, S. 244 f.).

44 Kirkpatrick an das Foreign Office, 17. April 1952 (Steininger, Eine Chance, S. 208 f.); K. Adenauer, Erinnerungen 1953-1955, Stuttgart 1966, S. 85 ff. s. a. Kurt Klotzbach, Der Weg zur Staatspartei. Programmatik, praktische Politik und Organisation der deutschen Sozialdemokratie 1945 bis 1965. Berlin, Bonn 1982, S. 232; Rudolf Hrbek, Die SPD, Deutschland und Europa. Die Haltung der Sozialdemokratie zum Verhältnis von Deutschland-Politik und West-Integration (1945-1957), Bonn 1972, S. 154 ff.; Klaus Erdmenger, Adenauer, die Deutsche Frage und die sozialdemokratische Opposition, in: Josef Foschepoth (Hg.), Adenauer und die Deutsche Frage, Göttingen 1988, S. 169-182.

bei gleichzeitiger Ablehnung der vorgesehenen Form der Wiederbewaffnung in den Reihen der Sozialdemokraten hörbar angezweifelt worden. Nach dem Tod des SPD-Vorsitzenden wurden Lösungen erkundet, die ein Übereinkommen mit der Sowjetunion in Richtung auf einen neutralen Status Deutschlands oder eine gesamteuropäische »Gefahrengemeinschaft« (Carlo Schmid) anvisierten. Da die Planungen der Westmächte in eine andere Richtung erfolgten, trat neben die Gegnerschaft der SPD zu Adenauer eine zunehmende Entfremdung von den Alliierten, die sich nun nicht mehr aus der Unduldsamkeit des Parteiführers herleiten ließ.[45] Dies setzte sich unter der neuen amerikanischen Regierung ab Anfang 1953 fort, obwohl der neue Außenminister Dulles nach einem Gespräch mit Ollenhauer den Eindruck gewonnen hatte, die Differenzen lägen nicht im prinzipiellen Bereich, sondern in der Form der Westverträge.[46] Im übrigen hatte er bereits vor seinem Besuch in Bonn im Februar 1953 bekundet, Gespräche mit dem SPD-Vorsitzenden würden nicht in der Hoffnung auf eine wesentliche Änderung von dessen Ansichten geführt werden müssen, sondern um Spekulationen der Sozialdemokraten über mögliche »praktische Alternativen zu den gegenwärtigen Vertrags- und EVG-Lösungen« in der amerikanischen Führung in »offener und freundschaftlicher Diskussion« und »so häufig wie möglich« entgegenzutreten.[47] Besonders empfindlich reagierten die Amerikaner, wenn führende SPD-Mitglieder wie Fritz Erler oder Willi Eichler neutralistische Neigungen an den Tag legten.[48] Zu einer Änderung des kühlen Verhältnisses zur größten Oppositionspartei bestand nach Adenauers Wahlsieg im September 1953 noch weniger Anlaß, wenngleich es im Zuge der Vorbereitung der Berliner Konferenz zu einer Reihe von Informationsgesprächen kam.

45 Kirkpatrick urteilte über Schumacher: »With Schumacher ... I was never able to establish relations of confidence and friendship. He was a man who commanded respect and sympathy ... But he was bitter and as obstinate as a mule ... He was so touchy that he was apt to take offence on the slightest pretext ...« (Ivone Kirkpatrick, The Inner Circle. Memoirs. London 1959, S. 233). Vgl. François-Poncets ablehnendes Verhältnis zu Schumacher, die Reserviertheit gegenüber Ollenhauer und anderen führenden SPD-Politikern (Hans Manfred Bock, Zur Perzeption der frühen Bundesrepublik Deutschland in der französischen Diplomatie: Die Bonner Monatsberichte des Hochkommissars André François-Poncet 1949-1955, in: FRANCIA, Forschungen zur Westeuropäischen Geschichte. Hg. vom Historischen Institut Paris, Bd. 15 (1987). Sigmaringen 1988, S. 648 ff.). Offenbar besaß eine Zusammenarbeit mit der SPD auch auf sowjetischer Seite nur einen begrenzten Stellenwert (s. Wettig, Die Deutschland-Note, S. 801).

46 s. Dulles' Bericht über ein Gespräch mit Ollenhauer an das State Department, 6. Febr. 1953 (FRUS 1952-1954, V, 2, S. 1568 f.). Dulles vermißte allerdings die Präsentation einer Alternative zur EVG. Ollenhauer habe lediglich eine »vague form of coalition army« favorisiert. Carlo Schmid, der Vorsitzende des Auswärtigen Ausschusses des Bundestages, gewann hingegen den Eindruck, Dulles verschließe sich den besorgten Argumenten seiner Gesprächspartner, die eine mögliche »Enttäuschung« der Deutschen wegen der Handhabung des »Moralgesetzes der Demokratie« durch die Alliierten befürchteten, das ausschließen müsse, »Landsleute einem Regime preiszugeben, das die Menschen zu Objekten einer perversen Staatsräson reduziert«. Der amerikanische Außenminister schien dies »für Spintisierereien eines Sonderlings« zu halten, während Schmid ihn als Menschen erlebte, »der sich in einer eigenen, geschlossenen Vorstellungswelt eingesperrt hielt« (Carlo Schmid, Erinnerungen. München ^{2}1985, S. 539 f.).

47 Dulles an das Büro des amerikanischen Hohen Kommissars, 22.Jan. 1953 (FRUS 1952-1954, VII, 1, S. 399).

48 Dulles an das Büro des amerikanischen Hohen Kommissars, 8. Sept. 1953 (ebd., S. 535).

Die Wiederaufnahme der Viermächtegespräche im Jahre 1954 steht somit im Kontext eines komplexen Bedingungsgeflechts der Jahre nach 1949. Deutsche Einheit und europäische Sicherheit hingen untrennbar zusammen. Auf der deutschen Ebene agierte die eigenständige SED-Regierung ohne souveräne Befugnisse und stand die Bundesregierung – trotz eines revidierten Besatzungsstatuts mit dem Zugeständnis eines Auswärtigen Amtes – unter alliierter Kontrolle, solange die Westverträge nicht in Kraft gesetzt waren. Die Herrschaft der Hohen Kommissare wies zwar erhebliche Unterschiede in beiden Teilstaaten auf. Doch auch die Bundesregierung sah sich trotz Adenauers Beteuerung einer prinzipiellen Übereinstimmung mit den Alliierten durchaus divergierenden französischen, britischen und amerikanischen Interessen gegenübergestellt, ohne die eigenen Vorstellungen gleichberechtigt vertreten zu können.[49] Ein spürbarer Wandel in den deutsch-alliierten Beziehungen trat erst mit der Entscheidung zur Viermächtekonferenz und dem folgenden Konsultationsverfahren ein. Der Zwang, sich dabei in kürzester Frist an den Gedanken künftiger Bündnispartnerschaft zu gewöhnen und eine gemeinsame Position gegenüber der Sowjetunion zu entwerfen, half tiefsitzende Vorurteile zu überwinden. Adenauer hat dies in einer Zeit innenpolitischer Bedrängnis zu nutzen gewußt. Trotz des deutlichen Wahlsiegs im September 1953 blieb seine Position nämlich wegen der ausstehenden Souveränität, aber auch wegen des wachsenden Flüchtlingsstroms aus der DDR permanent auf dem Prüfstand.[50]

Die folgende Studie basiert im wesentlichen auf britischen, amerikanischen und deutschen Akten und Archivalien. Daneben wurden die bedeutsamen Editionen der letzten Jahre, die neuere Forschungsliteratur und zeitgenössische Publikationen herangezogen. Wichtige neue Aufschlüsse über die sowjetische Deutschlandpolitik vermittelten zunächst die Dokumente der »Akte Berija«, der nach Erörterungen im Präsidium des Ministerrates der Sowjetunion am 2. Juni 1953 gefaßte Beschluß »Über die Maßnahmen zur Gesundung der politischen Lage in der DDR« und das Protokoll des Juli-Plenums des Zentralkomites (ZK) der KPdSU von 1953. Inzwischen mehren sich die Anzeichen, daß die Erforschung der sowjetischen Außenpolitik der fünfziger Jahre eine Belebung erfahren wird.[51]

Die Arbeit ist im Rahmen eines vom vormaligen Bundesministerium für innerdeutsche Beziehungen geförderten Forschungsvorhabens zu den Viermächtekonferenzen der fünfziger Jahre entstanden, dessen wissenschaftliche Leitung in den Händen von

49 s. Akten zur Auswärtigen Politik der Bundesrepublik Deutschland. Hg. im Auftrag des Auswärtigen Amtes von Hans-Peter Schwarz. Bd. 1: Adenauer und die Hohen Kommissare 1949-1951. München 1989. Bd. 2: Adenauer und die Hohen Kommissare 1952. München 1990.

50 s. Die Kabinettsprotokolle der Bundesregierung. Hg. für das Bundesarchiv von Hans Booms. Bd. 6: 1953. Bearb. v. Ulrich Enders und Konrad Reiser, Boppard 1989; Bd. 7: 1954. Bearb. v. Ursula Hülbüsch und Thomas Trumpp. Boppard 1993.

51 Zu den noch seltenen Zeugnissen einer neuen Sicht bei russischen Historikern zählt Aleksej M. Filitov, Germanskij vopros: ot raskola k ob-edineniju. Novoe pročtenie. Moskau 1993. In der internationalen Forschung knüpfen sich besondere Erwartungen an das 1989 entstandene Cold War International History Project des in Washington ansässigen Woodrow Wilson Center, das mit russischen Historikern und Institutionen zusammenarbeitet und erste Arbeitspapiere vorgelegt hat (s. dazu James G. Hershberg, The Cold War International History Project: Past, Current and Projected Activities, in: Change and Continuity in Russia, the Baltic States, and Eastern Europe. Working Paper Nr. 1, Odense 1994, S. 29-45).

Prof. Boris Meissner und Prof. Alexander Fischer lag. Mein Dank gilt den Mitarbeitern der im Anhang genannten Archive für ihre Unterstützung und Hilfsbereitschaft, Frau Renate Horst, Frau Karin Hartmann und Frau Rosi Feuerrohr für die Erstellung der ersten maschinenschriftlichen Fassung des Manuskripts, Frau Dr. Mechthild Lindemann für sachliche Hinweise und nicht zuletzt Frau Regine Röder, die sich mit großer Sorgfalt und Zuverlässigkeit der Erstellung der revidierten Reinschrift in Form einer satzfertigen Computerfassung angenommen hat.

Neue Impulse in der Deutschlandpolitik? Churchill, Eisenhower und Stalins Nachfolger

Die Debatten des Jahres 1952 hatten die Gegenüberstellung von Friedensvertrag und freien Wahlen als für beide Seiten wenig brauchbares Mittel erwiesen. Die Sowjetunion hatte der westlichen Forderung halbherzigen Tribut gezollt, und die Westmächte hatten die Notwendigkeit einer Revision der starren Ausrichtung auf das Wahlproblem einsehen müssen. Ein größerer Handlungsspielraum ergab sich daraus nicht. Die zwei Tage vor der Unterzeichnung des Generalvertrages in Bonn übermittelte sowjetische Note signalisierte die Rückkehr zur formelhaften Propagandasprache und entbehrte, wie der amerikanische Botschafter in Moskau G. Kennan meinte, der »authentischen, knappen, entschlossenen und drohenden Stimme von Stalins Kreml«, die bei einer »wichtigen Initiative« erschalle.[1] Die Schwäche und den mangelnden Enthusiasmus der Note sah er vor allem darin begründet, daß die sowjetische Führung angesichts mangelnder Erfolgsaussichten ihrer Deutschlandpolitik und größerer Probleme in anderen Teilen der Welt die Verantwortung für die kommenden Ereignisse in Deutschland von sich weisen (to disengage) und die »schmutzige Arbeit« ihren »deutschen Handlangern« überlassen wolle.[2]

Auf der Dreimächtebesprechung vom 28. Mai 1952 in Paris kam Eden zu dem Schluß, der Westen habe den »›Notenkrieg‹« vorerst gewonnen und müsse die Initiative behalten.[3]

Die von Kennan skizzierte Alternative zur Fortsetzung des unergiebigen Notenaustausches, eine »vertrauliche Diskussion« mit der Sowjetunion über Deutschland »auf mündlicher diplomatischer Ebene«,[4] wurde daher nicht ernsthaft erwogen. Die II. Parteikonferenz der SED vom 9. bis 12. Juli 1952 und die Verkündung des »planmäßigen Aufbaus des Sozialismus« zeigten an, daß die Sowjetunion die Option der »Eigenstaatlichkeit« der DDR voranzutreiben gewillt war und der Gruppe um Ulbricht dabei gerne Freiräume ließ. Entsprechend wurde der Begriff »Nationalarmee« auf das Gebiet der DDR zugeschnitten und zum »Schutz der Heimat« aufgerufen. Die im Fünfjahrplan nicht berücksichtigten hohen Kosten für den forcierten Ausbau der deutschen Streitkräfte sollten aufgrund der Weisungen der sowjetischen Kontrollkommission durch Einsparungen bei der Sozialversicherung, erhöhte Einkommens- und Besitzsteuern und eine Drosselung der Konsumwünsche

1 Kennan an das State Department, 25. Mai 1952 (FRUS 1952-1954, VII, 1, S. 253). Text der Sowjetnote vom 24. Mai 1952: Die deutsche Frage 1952-1956, S. 29 ff.

2 Ebd.

3 Zitiert nach Steininger, Eine Chance, S. 269 (Aufzeichnung über die Besprechung).

4 s. Kennans Bericht an das State Department, 27. Aug. 1952 (FRUS 1952-1954, VII, 1, S. 303).

der Bevölkerung erbracht werden.[5] Der von der Konferenz proklamierte Vorbildcharakter der DDR für ganz Deutschland war von Stalin kurz zuvor mit den Worten umschrieben worden: »Ich wünsche dem deutschen Volk und der Regierung der DDR Erfolge im Kampf für ein einiges, demokratisches, friedliebendes Deutschland«.[6] Gleichzeitig ließ er erkennen, daß das Ziel einer Verhinderung der Westverträge nicht aufgegeben war. Friedenskongresse und kaum verdeckte kommunistische Initiativen im Westen sollten diesen Teil der zweigleisigen sowjetischen Deutschlandpolitik nach der Notenkampagne flankieren.[7] Insofern mußten die Westmächte weiterhin auf das Ausspielen des »letzten Trumpfes« durch die Sowjetunion gefaßt sein.[8] Bis dahin glaubte man die Entscheidung darüber aufschieben zu können, ob man, wie Kennan es formulierte, die deutsche Einheit im Westen tatsächlich wollte und welchen Preis man dafür zu zahlen bereit war.[9]
Churchill, der dem Notenwechsel kaum Beachtung geschenkt hatte, glaubte noch vor Stalins Tod durch einen Rückgriff auf vermeintlich in der Antihitlerkoalition bewährte, in den Nachkriegsjahren verschüttete Methoden der internationalen Politik Bewegung in das Spiel der Kräfte bringen zu können. Ein informelles Gipfelgespräch konnte nach seiner Überzeugung die diplomatischen Scheingefechte

5 Protokoll der Verhandlungen der II.Parteikonferenz der Sozialistischen Einheitspartei Deutschlands. 9.bis 12. Juli 1952 in der Werner-Seelenbinder-Halle zu Berlin, Berlin (Ost) 1952; Andreas Hillgruber, Deutsche Geschichte 1945-1986. Die »deutsche Frage« in der Weltpolitik. Stuttgart [6]1987, S. 54; Rolf Stöckigt, Direktiven aus Moskau. Sowjetische Einflußnahme auf DDR-Politik 1952/53, in: Jochen Černy (Hg.), Brüche, Krisen, Wendepunkte. Neubefragung von DDR-Geschichte, Leipzig/Jena/Berlin 1990, S. 83; Wilhelm Pieck – Aufzeichnungen zur Deutschlandpolitik, S. 389-395. Zur These der »Abschirmung« der Aufrüstung in der DDR durch das Angebot einer Nationalarmee s. die aufschlußreichen Belege bei Hermann Graml, Die Märznote von 1952. Legende und Wirklichkeit. Melle 1988, S. 61 f.; ders., Die Legende von der verpaßten Gelegenheit. Zur sowjetischen Noten-Kampagne des Jahres 1952, in: VjhfZG 29 (1981), H. 3, S. 307-341; s. weiterhin Hans-Peter Schwarz (Hg.), Die Legende von der verpaßten Gelegenheit. Die Stalin-Note vom 10. März 1952. Stuttgart/Zürich 1982 (Rhöndorfer Gespräche, Bd. 5); Manfred Kittel, Genesis einer Legende. Die Diskussion um die Stalin-Noten in der Bundesrepublik 1952-1958, in: VjhfZG 41 (1993), H. 3, S. 355-389. Unbekannte Aspekte der Märznote von 1952 als Mittel zur Verhinderung der Westintegration der Bundesrepublik und der Funktion der »Ost-CDU« im Prozeß einer Wiedervereinigung und Neutralisierung Deutschlands deckt Michael Richter auf: Die Ost-CDU 1948-1952. Zwischen Widerstand und Gleichschaltung, Düsseldorf 1990, S. 334-368.

6 »Pravda«, 27. Juni 1952.

7 s. etwa die von dem ehemaligen Reichskanzler Dr. Joseph Wirth und dem Oberbürgermeister i.R. Wilhelm Elfes geleitete »Konferenz für deutsche Einigung und nationale Unabhängigkeit« in Stuttgart und die Denkschrift »Für eine aktive deutsche Friedenspolitik« vom 23. Nov. 1952, in der zentrale Programmpunkte von Kampagnen der SED zur deutschen Einheit aufgenommen waren (s. die Anlage zu einer Aufzeichnung vom 17. Dez. 1952, PA AA 202-03II-17184/52); Lindemann, Die Haltung der Sowjetunion, S. 28-32; Georg Herbstritt, Ein Weg der Verständigung? Die umstrittene Deutschland- und Ostpolitik des Reichskanzlers a.D. Dr. Joseph Wirth in der Zeit des Kalten Krieges (1945/51-1955). Frankfurt a.M. usw. 1993. Zur Rolle der westdeutschen KPD auf der Basis russischer Akten s. Gerhard Wettig, Die KPD als Instrument der sowjetischen Deutschland-Politik. Festlegungen 1949 und Implementierungen 1952, in: DA 1994, Nr. 8, S. 816-829.

8 So T. Achilles, seit April 1952 Stellvertreter, ab September Botschafter der USA in Paris, am 30. Aug. 1952 in einer Stellungnahme für Acheson über Kennans Analyse der Sowjetnote vom 23. Aug. (Steininger, Eine Chance, S. 293).

9 Kennan an das State Department, 27. Aug. 1952 (FRUS 1952-1954, VII, 1, S. 303).

beenden und seine 1951 begonnene letzte Amtszeit zu einem »zweiten Frühling« werden lassen.[10]
Doch die Zeiten der »Großen Drei« waren vorüber und die Ergebnisse ihrer Begegnungen im Kriege längst umstritten. Die Suche Churchills nach Verbündeten geriet rasch zur Bittstellermission. Den geminderten Einfluß Großbritanniens in der Weltpolitik, den der Premierminister bedauernd zur Kenntnis nahm,[11] war auch Trumans Nachfolger Eisenhower nicht bereit, durch voreilige konzertierte Aktionen zu steigern. Statt dessen hoffte letzterer trotz aller Verdienste und enger persönlicher Beziehungen, Churchill werde bald einem Jüngeren sein Amt abtreten.[12] Die Freundlichkeiten während seines Besuches beim designierten neuen amerikanischen Präsidenten im Januar 1953 wertete Churchill fälschlicherweise als prinzipielle Bereitschaft seiner Gesprächspartner zu einer Entschärfung des Kalten Krieges in Form eines Treffens mit Stalin.[13]
Eisenhower notierte jedoch nüchtern – bei allem Respekt vor der Ausstrahlungskraft seines Freundes – in sein unregelmäßig geführtes Tagebuch:

> »Winston is trying to relive the days of the World War II. In those days he had the enjoyable feeling that he and our president were sitting on some rather Olympian platform with respect to the rest of the world and directing world affairs from that point of vantage.«

Der amerikanische Präsident hielt nichts von einer über die anderen westlichen Nationen herausgehobenen Sonderbeziehung Amerikas und Großbritanniens, die als »a combination of forces to compel adherence to the status quo« ausgelegt werden konnte. Seine Lagebeurteilung war weit düsterer als die des britischen Premierministers:

> »In the present international complexities, any hope of establishing such a relationship is completely fatuous. Nationalism is on the march and world communism is taking advantage of that spirit of nationalism to cause dissension in the free world. Moscow leads many misguided people to believe that they can count on communist help to achieve and sustain nationalistic ambitions. Actually what is going on is that the communists are hoping to take advantage of the confusion resulting from destruction of existing relationships and in the difficulties and uncertainties of disrupted trade, security, and understandings – to further the aims of world revolution and the Kremlin's domination of all people.«[14]

In seiner Antrittsrede vom 20. Januar 1953 stellte sich Eisenhower in die Tradition Trumans und nicht Roosevelts, indem er die »führende Rolle« der Vereinigten Staaten »in der freien Welt« hervorhob. Er baute auf jene »Stärke«,

10 Anthony Seldon, Churchill's Indian Summer. The Conservative Government, 1951-1955. London 1981, S. 30; s. a. die Tagebuchaufzeichnungen von Churchills engem Vertrauten und Privatsekretär John Colville (The Fringes of Power. Downing Street Diaries 1939-1955. London 1985, S. 633, 654).

11 Lord Moran, Winston Churchill. The Struggle for Survival 1940-1965. London 1966, S. 356.

12 The Eisenhower Diaries. Ed. by Robert H.Ferrell, New York/London 1981, S. 224. Tagebucheintrag vom 6.Jan. 1953.

13 Churchill an das Foreign Office, 8.Jan. 1953 (PRO PREM 11/422); vgl. Churchills Presseerklärung vor dem Eintreffen in New York (Keesing's, 1953, S. 3816); s.auch J.Foschepoth, Churchill, Adenauer und die Neutralisierung Deutschlands, in: DA 17 (1984), Nr. 12, S. 1287.

14 The Eisenhower Diaries, S. 223.

»die die Kräfte der Aggression abschrecken und die Voraussetzungen für den Frieden fördern«.[15] Eine Begegnung mit Stalin gehörte offensichtlich nicht zu den dringlichen Aufgaben.
Der neue amerikanische Außenminister John Foster Dulles wählte in einer Fernseh- und Rundfunkansprache sieben Tage später weit schärfere Worte, als er den »todernsten Charakter« der Bedrohung durch die sowjetischen Kommunisten und ihre Verbündeten beschwor und für Westeuropa eine Gemeinschaft forderte, »die stark genug ist, die roten Armeen von jedem Angriff ... abzuhalten«. Die Warnung an die westeuropäischen Staaten, im Falle eigener Wege die amerikanische Außenpolitik »zu überdenken«, verknüpfte er mit dem Aufruf zu aktivem Widerstandswillen gegen die »totalitäre Diktatur der kommunistischen Welt«.[16]
Hinsichtlich eines Treffens Eisenhowers mit Stalin übernahm es Dulles, den vieldeutigen Formeln des Präsidenten[17] jede Grundlage zur Spekulation zu entziehen. Eisenhower werde mit keinem Sowjetführer verhandeln, wenn die Gefahr eines Verstoßes gegen die Kongreß-Resolution über Geheimabkommen bestünde.[18] Der erklärte Wille zur Rückgängigmachung der »Versklavung der Völker« in Europa und Asien mochte ein wirksames propagandistisches Mittel gegen die Sowjetunion sein. Die geeignete Atmosphäre für ein Gipfeltreffen ließ sich damit nicht herstellen. Das forsche Auftreten von Dulles bei seinem Besuch in Bonn am 5. und 6. Februar 1953 rief zudem alte Befürchtungen in Frankreich wach und jene Kritiker auf den Plan, die gegen die deutsche Wiederbewaffnung und damit gegen die EVG das Argument ins Feld führten, die Bundesrepublik könnte um der Wiedervereinigung und der Rückgewinnung der Ostgebiete willen einen militärischen Konflikt auslösen, in den Frankreich mithineingezogen würde. In den Erklärungen Adenauers nach der Abreise des amerikanischen Außenministers meinten sie einen wachsenden »Irredentismus« feststellen zu können, der zusammen mit Dulles' »›dynamischer Außenpolitik‹« ernsthaft den Frieden gefährde.[19]

15 Keesing's, 1953, S. 3830.

16 Ebd., S. 3840 f. Zur Neufassung der amerikanischen Außenpolitik unter Eisenhower und Dulles s. Detlef Felken, Dulles und Deutschland. Die amerikanische Deutschlandpolitik 1953-1959. Bonn/Berlin 1993, S. 93-135; Rupieper, Der besetzte Verbündete, S. 306-313; Gero von Gersdorff, Adenauers Außenpolitik gegenüber den Siegermächten 1954. Westdeutsche Bewaffung und internationale Politik (= Beiträge zur Militärgeschichte, Bd. 41). München 1994, S. 99-187.

17 Eisenhower hatte in einer Pressekonferenz vom 25.Febr. 1953, auf Stalins Gesprächsangebot vom Dez. 1952 angesprochen, zweifelsfreie Sicherungen für ein Friedensprogramm als Vorbedingung genannt (ebd., S. 3886).

18 Ebd. und S. 3881.

19 s. den Bericht des diplomatischen Vertreters der Bundesrepublik in Paris, W.Hausenstein, an das Auswärtige Amt, 11.Febr. 1953; Dulles' Presseerklärung vom 5.Febr. 1953, in: Bulletin, Nr. 25, 6. Febr. 1953, S. 201; zu den Gesprächen in Bonn: FRUS 1952-1954, V, 2, S. 1568-1571. Wegen der Besorgnisse des Auslandes erging ein Rundschreiben des Auswärtigen Amtes an alle diplomatischen und berufskonsularischen Vertretungen vom 10. März 1953 mit Argumentationshilfen für die Zurückweisung »mißverständlicher Interpretationen« der Politik der Bundesregierung. Angeführt waren Auszüge aus offiziellen Erklärungen sowie Stellungnahmen der Vertriebenenverbände (beginnend mit der »Charta der deutschen Heimatvertriebenen« vom 5. Aug. 1950) zu einer Politik mit friedlichen Mitteln (PA AA 202-03II/2495/53).

Stalins Tod am 5. März 1953 schien – zumindest aus Churchills Perspektive – die Lage für einen Neuanfang in den Ost-West-Beziehungen grundlegend zu wandeln. Doch Eisenhower sperrte sich weiterhin gegen eine multilaterale Begegnung auf höchster Ebene, weil er weniger Erfolge als vielmehr eine Gefährdung der westlichen Konsolidierungspolitik erwartete.[20] Am 12. April 1953 schrieb er an Churchill:

»«I think we must all realize it primarily our own growing and combined strength that is bringing about a change in the Russian attitude, and that if this is a sincere change we must not be lulled into complacency just as surely as we must not be belligerent or truculent.«[21]

Dulles schob Mutmaßungen über eine mögliche, einseitige westliche Entspannungspolitik von Beginn an einen Riegel vor. In einer Pressekonferenz meinte er: »Die Ära Eisenhower beginnt, während die Ära Stalins zu Ende gegangen ist.« Unter Ausnutzung des Prestiges aus dem Sieg von Stalingrad habe der Sowjetführer die Rote Armee ins übrige Osteuropa geführt und Satellitenstaaten eingerichtet. Mit Eisenhower hingegen sei der »Befreier« Westeuropas angetreten.[22]

Was Churchill als Anzeichen von Kompromißbereitschaft der neuen sowjetischen Führung unter G. M. Malenkov, L. P. Berija und erneut V. M. Molotov als Außenminister deutete, galt dem amerikanischen Präsidenten als Schwäche. Dieser pochte daher auf ernsthafte sowjetische Friedensvorschläge über die regulären diplomatischen Kanäle.[23] In seiner Rede vor der American Society of Newspaper Editors vom 16. April 1953 nannte er »die vollständige Unabhängigkeit der osteuropäischen Nationen« als Voraussetzung für die Überwindung der »unnatürlichen Spaltung in Europa«.[24] Dulles fühlte sich zu der Erläuterung veranlaßt, die neue sowjetische Führung betreibe keine »Friedensoffensive«, sondern eine »Friedensdefensive«, die sich als bekanntes »taktisches Manöver« erweise.[25] Die von der westlichen Presse ausgemachten Unvereinbarkeiten zwischen einem vermeintlich versöhnlichen Präsidenten und seinem barschen Außenminister[26] entsprangen der Dramaturgie eines Spiels mit verteilten Rollen. Die westliche Führungsmacht war zu einem Kurswechsel nicht bereit. Aber auch der französische Außenminister Bidault betonte wegen der verbleibenden »großen Unsicherheit« bezüglich der sowjetischen Außenpolitik stärker die Fortführung der westlichen Verteidigungsmaßnahmen als das Eingehen auf mögliche Verständigungstendenzen.[27]

Für Churchills Initiative blieb nicht einmal im eigenen Haus nennenswerter

20 s. Rolf Steininger, Ein vereintes, unabhängiges Deutschland? Winston Churchill, der Kalte Krieg und die deutsche Frage im Jahre 1953, in: MGM, 1984, Nr. 2, S. 109. Die britische Tageszeitung »Daily Mirror« warf Churchill vor, »Krokodilstränen« um Stalin zu vergießen, während der Premierminister das Blatt beschuldigte, »auf seinem (Stalins) Grab zu tanzen« (Lord Moran, S. 403).

21 PRO PREM 11/422.

22 Keesing's, 1953, S. 3902.

23 Foschepoth, Churchill, S. 1288; Keesing's, 1953, S. 3916.

24 EA, 1953, S. 5731-5734.

25 Erklärung vom 18. April 1953 (Keesing's, 1953, S. 3960). Zu den amerikanischen Reaktionen auf die sowjetische »Friedensoffensive« s. Rupieper, Der besetzte Verbündete, S. 313-333.

26 s. etwa den Leitartikel der »Times« und von »Le Monde« vom 21. April 1953.

27 Rede vom 23. April 1953 (Keesing's, 1953, S. 3960 f.).

Spielraum. Eden sperrte sich gegen britisch-sowjetische Gipfelsondierungen, da sie der Sowjetunion Anlaß geben könnten, die »antikommunistische Front« des Westens aufzubrechen und »die Neutralen« durch eine moderate Konzessionspolitik auf ihre Seite zu ziehen.[28] Ähnlich dachte Eisenhower, der befürchtete, die französische Regierung könnte eine Viererkonferenz fordern.[29] Die plötzliche Erkrankung des britischen Außenminister verleitete Churchill wider ärztlichen Rat dazu, das Foreign Office in Personalunion zu übernehmen.

Mit einer Unterhausrede vom 11. Mai 1953 ging Churchill angesichts des wachsenden Widerstands gegen seine »solitary pilgrimage« (Eisenhower) in die Offensive. Die darin für die nächste Zukunft vorgeschlagene »Konferenz auf höchster Ebene« sollte nicht von einer »schwerfälligen oder starren Tagesordnung belastet werden oder sich in Irrgärten und Dschungel technischer Einzelheiten verlaufen und zum Schlachtfeld von Scharen von Experten und Beamten werden«. »Viel Informalität« und »noch mehr Verschwiegenheit hinter verschlossenen Türen« waren angesagt. Was dem in die Isolation geratenden Premierminister als frischer Wind und die Rückkehr zu vermeintlich erfolgreichen, einfachen Verkehrsformen der Kriegsjahre erscheinen mochte, mußte wegen solcher Formulierungen in den westlichen Hauptstädten helle Aufregung hervorrufen. Dies um so mehr, als Churchill lediglich eine Besserung der internationalen Atmosphäre, nicht aber »feste Abmachungen« mit den Sowjetführern erwartete.[30]

Beim »alles beherrschenden Problem« Europas, der deutschen Frage, empfahl Churchill unter Berufung auf den Locarno-Vertrag von 1925, die Wiedervereinigung Deutschlands auch unter dem Gesichtspunkt einer Neutralisierung zu erörtern. Für das, was 1952 rundweg abgelehnt worden war, konnte er ein Jahr später allerdings weder den »klügsten deutschen Staatsmann seit den Tagen Bismarcks«, nämlich Adenauer,[31] gewinnen, noch die übrigen westlichen Siegermächte. Der Bundeskanzler fürchtete in erster Linie eine Einigung der Großmächte hinter dem Rücken der Bundesregierung und vor der Ratifizierung der Westverträge. Bei einer Reise nach London (14./15. Mai 1953), vor allem aber im persönlichen Kontakt mit der amerikanischen Regierung widersetzte er sich vehement Churchills Idee.[32]

Die Amerikaner schraubten gleichzeitig die Vorbedingungen für Gespräche mit der Sowjetunion herauf (in der Korea- und Österreichfrage), während man sich in Frankreich gegen Spekulationen über ein Dreiertreffen zwischen Churchill, Eisenhower und Malenkov verwahrte.[33] Im Foreign Office übernahm der Permanent

28 So Eden an Churchill, 28. März 1953 (PRO PREM 11/422).

29 Eisenhower an Churchill, 5. Mai 1953 (PRO PREM 11/421).

30 Wortlaut der Rede in: EA, 1953, S. 5738-5744, hier: S. 5744.

31 Ebd., S. 5741. In einem Gespräch des deutschen diplomatischen Vertreters in London, Schlange-Schöningen, mit einem italienischen Botschaftsrat wurden Einzelheiten über eine Unterredung de Gasperis mit Churchill ausgetauscht. Der Premierminister habe demnach seinen Vorstoß zu Vierergesprächen innenpolitisch motiviert, da ein ähnlicher Labour-Vorschlag mit anti-amerikanischer Zielsetzung bevorgestanden habe. Den Locarno-Pakt habe er nur zur Beruhigung (reassurance) der Russen erwähnt (Telegramm Schlange-Schöningens an das Auswärtige Amt, 26. Juni 1953, PA AA 202-03II/9268/53).

32 K. Adenauer, Erinnerungen 1953-1955, Stuttgart 1966, S. 201-204; Foschepoth, Churchill, S. 1290 ff.; zu Adenauers Amerikareise s. FRUS 1952-1954, VII, 1, S. 424-456.

33 Keesing's, 1953, S. 3993 f.

Undersecretary of State, Sir William Strang, am 29. Mai 1953 die Aufgabe, den internen Widerstand gegen den Gedanken an ein neutralisiertes Deutschland in Form eines Memorandums für den Premierminister[34] sachlich zusammenzufassen:

»Our present long-term policy, to which Dr. Adenauer has also dedicated himself, of attaching the Federal Republic and eventually a reunited Germany to the West cannot be reconciled with a return to the Potsdam policy, publicly rejected by us, of fourpower control of a neutralised Germany.«

Eine Kehrtwende der vom Westen seit 1947 betriebenen Politik werde – hier zitierte Strang die westliche Note vom 13. Mai 1952 – zu einem »›permanenten Zustand von Spannung und Unsicherheit im Zentrum Europas‹« führen. Langfristig befürchtete Strang eine Verschiebung der Westgrenze des »Sowjetblocks« bis an den Rhein:

»A neutralised Germany must either be disarmed or, as proposed by the Russians last year, given a national army. In either event, all foreign troops and bases would be withdrawn from German territory. A disarmed Germany would be so weak that, on the departure of American troops, she would be at the mercy of the most powerful, ruthless and determined power in Europe, i.e. the Soviet Union. Throughout history Germany has never shown any particular vocation for neutrality and a reunited Germany with a national army would use its economic and military power to bargain between East and West. The Russians would have Germany's former Eastern territories as a bait and the West only the Saar. Such a Germany, deprived of its anchor with the West, and with its centre of gravity again in Berlin, would most probably become associated sooner or later with the Soviet bloc. We should thus have created by our own action a grave danger to our own security.«

Churchill konnte sich diesen Argumenten schon deshalb nicht verschließen, weil er wußte, daß Adenauer ähnlich dachte, und es unter der Würde der Briten sei, diesen »fallenzulassen«, d.h. gegen den deutschen Kanzler eine Lösung des Deutschlandproblems anzustreben.[35] Er war überzeugt, daß es sich hierbei um »eine der Hauptsachen (main issues)« in Adenauers Leben und Politik handelte. Gleichwohl hielt Churchill an der Meinung fest, die gegenwärtige westliche Politik, v.a. die Verhinderung einer deutschen Armee durch Frankreich, werde zu einem Kriegszustand führen. Strang sah dies hingegen als Folge einer Neutralisierung Deutschlands.

Das Neutralisierungskonzept schied damit faktisch und endgültig aus den Überlegungen zu einer Entspannung des Ost-West-Verhältnisses aus. Was mit Adenauer nicht zu bewerkstelligen war, bzw. was man notwendigerweise mit der SPD[36] oder anderen Oppositionskräften hätte versuchen müssen, aber zu dieser Zeit kaum mehrheitsfähig war, verstieß grundsätzlich gegen das westliche Sicherheitskonzept. Während Adenauer die Erörterung der vordringlichen westlichen Ziele in Europa zur Festigung seiner Position bei den Alliierten nutzen konnte, geriet Churchill mit dem – keineswegs konsequenten – Beharren auf den bisherigen Vorstellungen, d.h der Verquickung des Neutralisierungsgedankens mit dem der Entspannung, vollends

34 Abgedruckt in: Steininger, Ein vereintes, unabhängiges Deutschland?, S. 126 ff.

35 s. Churchills Antwort an Strang vom 31. Mai 1953, abgedruckt in: ebd., S. 128 f.

36 So Foschepoth, Churchill, S. 1293.

ins Abseits.[37] Seine Forderung einer Viermächtekonferenz rief daher mehr Besorgnis als Hoffnung hervor.
Eisenhower strebte danach, die westliche Allianz auf einem Gipfeltreffen 1953 auf Bermuda wieder in ruhigeres Fahrwasser zu führen. Adenauers Hoffnung, die westeuropäischen Außenminister aus diesem Anlaß auf einer Tagung zu einer gemeinsamen Stellungnahme zu bewegen, die sich an der Entschließung des Bundestages vom 10. Juni 1953 orientierte, wurde enttäuscht. Weder war an eine Einheitlichkeit der Ansichten, noch an eine Billigung aller Resolutionspunkte, noch an die Übertragung der Befugnis an Frankreich zu denken, auf dem Gipfel für alle sechs Mitglieder der Gemeinschaft zu sprechen.[38] Das sichtlich niedrige Engagement in der deutschen Frage fand sein Entsprechung in einer nur internen, halbherzigen Bejahung von Adenauers Frage, ob Wiedervereinigung Deutschlands und Integration Europas vereinbar seien. Es konnte angesichts des Eindrucks, die amerikanische Regierung entbehre nach den Ereignissen des 17. Juni eines eigenen Konzepts, kaum verwundern, daß Adenauer selbst versuchen würde, initiativ zu werden. Nach Churchills Schlaganfall vom 26. Juni und der folgenden, von Eisenhower »semi-retirement« genannten Abwesenheit vom Amt fiel die Aufgabe der Interessensabstimmung einer Außenministerkonferenz zu, die am 10. Juli in Washington zusammentrat.[39]
Dort brachen jedoch eher Gegensätze auf, als daß Gemeinsamkeiten für die nächste Zukunft gefunden wurden.[40] Der französische Außenminister hatte schon zuvor an jenen wunden Punkt gerührt, wonach ein vereinigtes Deutschland mit der EVG »unvereinbar« bzw. letztere und die Westintegration der Bundesrepublik »von der Aufrechterhaltung eines geteilten Deutschland abhängig« sei.[41] Sehr viel entschiedener als der an Edens Stelle mit der Idee von »›fishing expedition‹ talks« angereiste Lord Salisbury[42] drängte Bidault auf eine Viermächtekonferenz, ohne die er der Ratifizierung der Westverträge in der französischen Nationalversammlung keine Chance gab. Die Abschlußerklärung der Washingtoner Konferenz trug

37 Untersützung fand er lediglich bei Feldmarschall Montgomery, dem Stellvertretenden NATO-Oberbefehlshaber (s. dessen Memorandum vom 2. Juli 1953, in: Steininger, Ein vereintes, unabhängiges Deutschland?, S. 136 ff.).

38 Tagebucheintrag Blankenhorns vom 22. Juni 1953 über den Verlauf der Außenministertagung in Paris (BA NL351, Bd. 21, fol.81 f.).

39 In einem Schreiben an Churchill vom 20. Juli 1953 lehnte es Eisenhower ab, sich informell mit Leuten zu treffen, die nur »verwirren und fangen« wollten, womit er erneut seine Ablehnung einer Gipfelkonferenz mit der neuen Sowjetführung bekräftigte (PRO PREM 11/419).

40 FRUS 1952-1954, V, 2, S. 1607-1708, zu den Vorbereitungen S. 1582-1607. s. a. Foschepoth, Churchill, S. 1239-1296.

41 So Bidault in einem Gespräch mit dem britischen Botschafter in Paris, Sir Oliver Harvey (s. Harveys Schreiben vom 29. Juni 1953 an das Foreign Office, zit. nach Foschepoth, Churchill, S. 1295, Anm. 42). Nach der Konferenz äußerte er sich ähnlich, aber zurückhaltender vor der Außenpolitischen Kommission der französischen Nationalversammlung: »Es ist unnütz, der verlorenen Zeit nachzulaufen. Es sind gewisse Ereignisse eingetreten. Man wird daher keinen Vertrag *über* Deutschland, sondern nur einen Vertrag *mit* Deutschland machen können. Das allerdings wirft neue Probleme auf« (Bericht des diplomatischen Vertreters der Bundesrepublik in Paris, Hausenstein, am 24. Juli 1953 an das Auswärtige Amt über die Sitzung der Kommission vom 22. Juli, PA AA 202-03II/-/53).

42 Der amerikanische Botschafter Aldrich an das State Department, 7. Juli 1953 (FRUS 1952-1954, V, 2, S. 1596).

daher vor allem seine und Dulles' Handschrift, da zwar eine Viererkonferenz vorgeschlagen, aber auch die Beibehaltung der Integrationspolitik des Westens bekräftigt wurde.[43] Das Foreign Office konnte insofern zufrieden sein, als eine offene Tagesordnung nicht abgelehnt wurde. Die Sorge, die Konferenz mit der Sowjetunion über Deutschland könne die Westintegration behindern oder gefährden, war damit noch nicht beseitigt. Es scheint Adenauers Initiative gewesen zu sein, die den labilen Kompromiß der westlichen Außenminister über alle Differenzen hinweg ermöglichte und die das keineswegs risikolose Spiel des »Verhandeln(s), um die Verhandlungen mit der Sowjetunion scheitern zu lassen«,[44] eröffnete. Damit war Adenauer zwar nicht zum Motor oder gar zur Entscheidungsinstanz der Westintegrationspolitik geworden, wohl aber zu einem Eckstein, mit oder ohne den sie in der angestrebten Form stand oder fiel.

Die Ereignisse um den 17. Juni 1953 wertete Staatsminister Selwyn Lloyd als »großen Triumph im kalten Krieg«, »vielleicht der größte« seit Titos Bruch mit Moskau, da die Russen »völlig mit den Deutschen gescheitert« seien und ihr »Marionettenregime ... völlig diskreditiert« sei.[45] Er erklärte sich bereit, Adenauers Position in den kritischen Wochen des Sommers 1953 stützen zu helfen, und Churchill fragte im Foreign Office an: »I am worried about the German elections. What can I do for Dr. Adenauer?«[46] Die Sorge war um so berechtigter, als es – wie Blankenhorn notierte – einen »beim Volke weit verbreiteten Eindruck einer allzu starren Politik« zu beseitigen galt und kritisch vermerkt worden war, daß Adenauer »in diesen Tagen nicht nach Berlin, sondern nach Paris fliegt«.[47]

Die britische Politik sollte – so hatte es Selwyn Lloyd in dem Memorandum an Churchill gefordert – fortan darauf gerichtet sein, die Sympathien der Deutschen für den Westen wachzuhalten und zu verhindern, daß die »ostdeutsche Bevölkerung zu loyalen Untertanen der russischen Kommunisten« würden.

Die nur scheinbar zur Wahlkampfhilfe für den Bundeskanzler verkommene westliche Deutschlandpolitik – Churchill sollte auf Vorschlag Selwyn Lloyds den Bewohnern der DDR und Ost-Berlins die Verbundenheit der Westmächte bekunden, um Adenauers Wahlchancen zu verbessern – entsprang einer britischen Bestandsaufnahme und Würdigung der sowjetischen Außenpolitik nach Stalins Tod. Ungeachtet gewisser innen- und außenpolitischer Änderungen sah der britische Interims-Außenminister

43 s. EA, 1953, S. 5911-5915. Bidault befürwortete die Viermächtekonferenz allerdings nur wegen des zunehmenden Drucks durch die öffentliche Meinung, hielt ansonsten aber eine Hinhaltetaktik der westlichen Position gegenüber der Sowjetunion zuträglicher (Protokoll der ersten Sitzung der Außenminister am 10./11. Juli 1953 (FRUS 1952-1954, V, 2, S. 1614). Vor der Außenpolitischen Kommission der französischen Nationalversammlung sprach er der französischen Delegation in Washington das alleinige Verdienst dafür zu, die Viererkonferenz nicht von der vorherigen Ratifzierung des EVG-Vertrages abhängig gemacht zu haben (s. Hausensteins Bericht an das Auswärtige Amt vom 24. Juli 1953, PA AA 202-03II/-/53).

44 So Foschepoth, Churchill, S. 1295.

45 Memorandum vom 22. Juni 1953 (PRO PREM 11/673) für Churchill. Vgl. den Abdruck bei Steininger, Ein vereintes, unabhängiges Deutschland? S. 130 f.

46 Tagebucheintrag Blankenhorns vom 16. Juni 1953 nach einem Gespräch mit Selwyn Lloyd und Frank Roberts (BA NL351, Bd. 21, fol. 58). Roberts berichtete von einem Zettel Churchills mit dem zitierten Inhalt. Vgl. Churchills Schreiben an Strang vom 14. Juni 1953, in dem eine Wahlniederlage Adenauers als »großes Desaster« bezeichnet wurde (PRO PREM 11/449).

47 Tagebucheintrag vom 17. Juni 1953 (BA NL351, Bd. 21, fol. 61).

Lord Salisbury keine Anzeichen eines grundlegenden Wandels der sowjetischen Politik. Die kollektive Führung entbehrte nicht nur der unumstößlichen Autorität Stalins, sondern vermied wegen ihrer ungefestigten Position allzu große Risiken. Ihr Festhalten an den bisherigen langfristigen Zielen erklärte Lord Salisbury in einer Kabinettsvorlage vom 3. Juli 1953 mit drei Gründen:

»1. a desire on the part of the new rulers to acquire popularity and to establish their internal position free from external worries;

2. fear of America (the atom bomb, industrial potential, and possible impatience; and

3. a desire to weaken and divide the Western world.«[48]

Trotzdem glaubte der britische Außenminister eine spürbare Bereitschaft der Sowjetführung zu Verhandlungen erkennen zu können. Ihr sollte man zunächst abwartend begegnen, um deren »wirkliche Absichten und Fähigkeiten« herauszufinden. Die amerikanische glatte Ablehnung von informellen Gesprächen auf höherer Ebene teilte er ebensowenig, wie er vor einer Unterstützung der von Dulles favorisierten »Politik der Nadelstiche« warnte, weil sie »den unglücklichen Völkern der besetzten Länder« kaum helfen werde. Lord Salisbury unterschied zwischen sowjetischen Entspannungsgesten und einer noch nicht erkennbaren Neigung zur Abrüstung. Die Befürwortung einer entspannungsfördernden Viermächtekonferenz koppelte er daher an die gleichzeitige Fortführung der »kollektiven Verteidigungspolitik« und an die »Aufrüstung« des Westens.

Mit Spannung durfte die Bewertung der deutschen Frage durch die neue sowjetische Führung erwartet werden. Lord Salisbury ging von einer grundsätzlich gleichen Interessenlage aller vier Siegermächte gegenüber Deutschland aus. Jede Seite fürchte ein wiedererstarktes Gesamtdeutschland, das sich mit dem Gegner verbündete oder unter dessen Einfluß geriet. Frankreich und die Sowjetunion teilten darüber hinaus die Sorge hinsichtlich eines unabhängigen, wiedervereinigten deutschen Staates. Nach dem Scheitern der Potsdamer Vereinbarungen war es deshalb nach Ansicht des britischen Außenministers in erster Linie um die künftige Kontrolle Deutschlands gegangen, wobei die Westmächte bei der Stabilisierung ihres Einflußbereiches größere Erfolge gezeitigt hätten als die Russen. Gleichwohl war er sich der Fragilität des Erreichten bewußt, zumal es »zu abhängig von der Persönlichkeit des deutschen Bundeskanzlers« war.[49]

Über die weiteren sowjetischen Absichten in Deutschland gab es vorläufig nur Mutmaßungen. Wenngleich eine defensive Status-quo-Politik am wahrscheinlichsten

48 Text der Kabinettsvorlage vom 3. Juli 1953 in: Steininger, Ein vereintes, unabhängiges Deutschland?, S. 131-136, hier S. 132; vgl. die Darlegung der britischen Ansichten im Telegramm von Aldrich an das State Department, 7. Juli 1953 (FRUS 1952-1954, V, 2, S. 1599 f.). Churchills Versuch, Eisenhower doch noch in der Frage eines Gipfeltreffens mit der Sowjetführung zu gewinnen (in Form eines »preliminary survey of all our troubles in an informal spirit«) scheiterte endgültig. Eisenhower antwortete am 21. Juli auf Churchills Ersuchen vom 17. Juli 1953: »I have the feeling that it would be somewhat dangerous for us to meet with the Russians and talk generalities at least unless and until it became apparent through action ... that they seriously want to get on to a dependable basis with us. I like to meet on a very informal basis with those whom I can trust as friends. ... But it is a different matter to meet informally with those who may use a meeting only to embarrass and to entrap.« (Beide Schreiben in PRO PREM 11/419.)

49 Kabinettsvorlage vom 3. Juli 1953, in: Steininger, Ein vereintes, unabhängiges Deutschland?, S. 133.

war, die die Bundesrepublik als »Außenposten des westlichen Kapitalismus« verlorengab und die eigene Position im östlichen Teil zur Bastion eines Satelliten ausbaute, war nicht völlig auszuschließen, daß die Sowjetregierung weiterhin einer »expansionistischen« Alternative nachhing, die durch das Zugeständnis freier Wahlen eine gesamtdeutsche Regierung vom Westen abzuziehen und unter russische Vorherrschaft zu bringen versuchte.[50] Unabsehbar war jedoch, wie hoch Moskau das Risiko veranschlagte, statt dessen zusätzliche Millionen antikommunistischer Deutscher der Bundesrepublik bzw. dem Westen zuzuführen. Für Churchill war klar, daß ein einheitliches, unabhängiges Deutschland sich nicht der Sowjetunion anschließen würde. Er nannte dafür drei Gründe:

> »1. The character of the German people rises superior to the servile conditions of the Communist world.
>
> 2. They have had a potent object lesson in the fate of the Eastern Zone and millions of witnesses will exist for many years to testify to the horrors of Communist rule, even exercised by Germans over Germans.
>
> 3. The hatred which Hitler focused against Bolshevism is strong in German hearts.«[51]

Gestützt auf ein Memorandum des stellvertretenden NATO-Oberbefehlshabers Feldmarschall Montgomery vom 2. Juli 1953, das von einer notwendigen Auseinandersetzung mit der bislang für »›undenkbar‹« gehaltenen Idee eines neutralen Deutschlands sprach,[52] plädierte Churchill jedoch zunächst für die Beibehaltung der bisherigen Linie, d.h. eine rasche Ratifizierung der EVG, gefolgt von einer Viermächtekonferenz. Dann allerdings würde man sich angesichts des wachsenden Drucks in Deutschland der Frage der deutschen Einheit nicht mehr entziehen können. Insofern waren seine Überlegungen zu einer Neutralisierung Deutschlands kein Ziel an sich, sondern ein möglicherweise durch die nächste Zukunft diktiertes Alternativkonzept.[53] Abgesehen von innenpolitischen Ursachen in der Bundesrepublik, die hier unerörtert bleiben, scheint die sowjetische Deutschlandpolitik nach Stalins Tod nicht unerheblich dazu beigetragen zu haben, daß es zu dieser dramatischen Schürzung des Knotens nicht kam. Insofern lag Lord Salisbury mit seiner Einschätzung richtig, während die von Churchill skizzierte Naherwartung eines deutschen Nationalismus sich nicht erfüllte. In einem Memorandum vom 6. Juli hatte dieser geschrieben:

> »Nothing will turn the German people from unity and Adenauer himself, although a loyal partisan of the E.D.C., is being forced every day to emphasize it more. However the Election goes, all the German Parties will be ardent for unity ... We must face the fact that there will always be ›a German problem‹ and ›a Prussian danger‹.«[54]

50 Ebd.

51 Memorandum Churchills vom 6. Juli 1953 für Lord Salisbury und Sir Strang (PRO PREM 11/449; vgl. den Abdruck in: Steininger, Ein vereintes, unabhängiges Deutschland?, S. 138 f.

52 Text in: Steininger, Ein vereintes, unabhängies Deutschland?, S. 136 ff.

53 Foschepoth (Churchill, S. 1299) gewichtet anders, wenn er Churchills Initiative vom Frühjahr 1953 auf dieses Konzept begrenzt und meint, mit ihrem Scheitern sei »jede Chance einer Wiedervereinigung auf der Basis einer Neutralisierung ... endgültig vorbei« gewesen.

54 PRO PREM 11/449; vgl. Steininger, Ein vereintes, unabhängiges Deutschland?, S. 138 f. In einem Bericht Schlange-Schöningens vom 11. Juni 1953 wurde unter Bezugnahme auf die Forderung des südkoreanischen Präsidenten Syngman Rhee, den bewaffneten Kampf zur

Des weiteren neigte der britische Premierminister zu einer Überbewertung der »Serie freundlicher Gesten seitens der neuen Sowjetregierung«.[55] Zwar hatte der neue Vorsitzende des Ministerrates Malenkov im außenpolitischen Teil seiner Rede auf der Trauerkundgebung für den verstorbenen Stalin am 9. März ein Bekenntnis zum »Lenin-Stalinschen Leitsatz von der Möglichkeit eines langen Nebeneinanderbestehens und friedlichen Wettbewerbs der zwei verschiedenen Systeme, des kapitalistischen und des sozialistischen Systems« abgelegt, gleichzeitig aber im Abschnitt über das von Stalin geschaffene »mächtige Lager des Friedens, der Demokratie und des Sozialismus« die »enge brüderliche Einheit« der »volksdemokratischen Länder« beschworen, zu denen er auch die DDR zählte.[56] Dies bot ebensowenig wie die Reden seiner beiden ersten Stellvertreter Berija und Molotov, in denen die Verteidigungsbereitschaft der Sowjetunion betont wurde, Anlaß, einen außenpolitischen Wandel anzuzeigen.

Eine gemeinsame Erklärung der Volkskammer und der Länderkammer der DDR wiederholte die bekannte Abfolge von Schritten zur Wiedervereinigung, die in erster Linie Sache der Deutschen selbst sei.[57] Der Vorsitzende der sowjetischen Kontrollkommission General Čujkov teilte den Autoren eines Schreibens und Vorsitzenden der sogenannten »Deutschen Sammlung« an die Vier Mächte, Joseph Wirth und Wilhelm Elfes, mit, die darin erhobene Forderung nach Viermächteverhandlungen zur Vorbereitung eines deutschen Friedensvertrages und zur Wiederherstellung der Staatlichen Einheit entspreche dem Standpunkt der Sowjetregierung.[58] Da man die Briten als am meisten verhandlungswillig wähnte, appellierte das Präsidium der Volkskammer der DDR in einer Botschaft vom 11. April an den Sprecher des Unterhauses, sich für Viermächteverhandlungen einzusetzen.[59]

Bedeutsamer als solche Ersatzhandlungen war die erkennbare Bereitschaft der Sowjetunion, in der Frage der Repatriierung von Kriegsgefangenen und eines Waffenstillstandes in Korea einzulenken.[60] Auch das Angebot Čujkovs vom 18. März an den britischen Hohen Kommissar Kirkpatrick, bilaterale Gespräche militärischer Vertreter in Berlin zur Vermeidung der sich häufenden Luftzwischenfälle an den

Befreiung des Nordens fortzuführen, die »scharfe Ablehnung« in britischen Regierungskreisen betont. Auf die Frage eines Mitarbeiters der deutschen Vertretung an den Leiter der Europa-Abteilung im Foreign Office, Hancock, ob die Öffentlichkeit nicht eine Parallele zu künftigen Entwicklungen in Deutschland ziehen könnte, meinte dieser, es gehe Syngman Rhee nicht bloß um die Wiedervereinigung, die ihm im übrigen niemals zugesagt worden sei, sondern um die Eroberung mit Waffengewalt. Wörtlich schrieb Schlange-Schöningen weiter: »Bei einem entsprechenden Verlangen des deutschen Bundeskanzlers auf militärische Wiedereroberung der Sowjetzone würde die britische Regierung ›zögern, eine positive Antwort zu geben‹« (PA AA 202-03II/8433/53).

55 In der Unterhausrede vom 11. Mai 1953 (EA, 1953, S. 5743).

56 Keesing's, 1953, S. 3901; vgl. Malenkovs Regierungserklärung vom 15. März 1953, ebd., S. 3909.

57 »Tägliche Rundschau«, 20. März 1953.

58 Keesing's, 1953, S. 3934. Grotewohl betonte in einer gemeinsamen Sitzung der Volks- und Länderkammer der DDR vom 20. März 1953 ebenfalls die Übereinstimmung mit den Forderungen der von der Bundesregierung als kommunistische Tarnorganisation eingestuften »Deutschen Sammlung«.

59 Dokumente zur Außenpolitik der DDR, Bd. I, S. 487 ff.

60 s. Molotovs Erklärung vom 1. April 1953 (Keesing's, 1953, S. 3935 f.).

Grenzen zur DDR und zur ČSR zu beginnen, mochten Churchills Optimismus beflügelt haben.[61]
Insgesamt überwog im Westen allerdings eine tiefe Skepsis hinsichtlich einer fundamentalen Überprüfung der sowjetischen Innen- und Außenpolitik. Der schon vor Stalins Tod einsetzende Machtkampf verlieh den ersten Maßnahmen des Triumvirates Malenkov-Berija-Molotov (der einflußreiche Sekretär des ZK der KPdSU, Chruščev, wirkte zunächst im Hintergrund) überaus ambivalenten Charakter. Die Milderung der Repressionen, die Rehabilitierung nicht nur der im Januar 1953 wegen eines angeblichen »Komplotts« verhafteten, meist jüdischen Ärzte sowie die Kritik an der Führung des inzwischen aufgelösten bzw. im Innenministerium aufgegangenen Ministeriums für Staatssicherheit mochten als Beginn einer Abkehr von den Auswüchsen der Vergangenheit erscheinen. Der Amnestie-Erlaß des Obersten Sowjet vom 27. März, aufgrund dessen etwa eine Million Häftlinge entlassen wurden, betraf allerdings nicht in erster Linie politische Gefangene und bevorzugte sogar kriminelle Serientäter, die Teile des Landes mit einer Welle der Gewalt überzogen, deren Wirkung sich Berija offensichtlich zunutze machen wollte.[62]
Im kulturellen Bereich kam die Forderung nach »Aufrichtigkeit« (iskrennost') einer Sensation gleich, während Il'ja Ėrenburgs unmittelbar nach dem ZK-Plenum der KPdSU vom September 1953 begonnener Roman »Tauwetter« (Ottepel') eher zum Symbol einer überaus gefährdeten Periode geistigen Aufbruchs wurde.[63]
Die Stellungnahme der »Pravda« vom 25. April zur Rede Eisenhowers vor amerikanischen Zeitungsverlegern am 16. April[64] ließ vergleichbare Wandlungen für den außenpolitischen Bereich nicht erwarten. Der Kommentator warf den Vereinigten Staaten vor, den Westteil Deutschlands zum »Werkzeug der eigenen ›dynamischen‹ Außenpolitik in Europa« zu machen und die Sicherheitsinteressen der Nachbarn, namentlich Frankreichs, zu mißachten. Das Potsdamer Abkommen blieb demnach Grundlage jeder deutschen Lösung. Eisenhowers Formel vom »Ende einer Ära« mit dem Tod Stalins wurde als »sonderbare Behauptung« abgetan und

61 Churchill hatte dem Vorschlag am 24. März im Unterhaus zugestimmt (Keesing's, 1953, S. 3932 f.). Durch die Zusage der amerikanischen und britischen Regierung zur Teilnahme eigener Vertreter wurde die Initiative auf die Viermächteebene verlagert.

62 s. die Erinnerungen von Ja.L.Rapoport, Na rubeže dvuch ėpoch: Delo vračej 1953 goda. Moskva 1988; Roy Medwedjew, Chruschtschow. Eine politische Biographie. Stuttgart, Herford, 1984, S. 84-93. Die »Pravda« berichtete am 6. April 1953 von der Verhaftung des ehemaligen Ministers für Staatssicherheit S.D.Ignat'ev und seines Stellvertreters und Chefs der Untersuchungsabteilung Rjumin. Zur Welle von Schauprozessen in der späten Stalinzeit s. Georg Hermann Hodos, Stalinistische Säuberungen in Osteuropa 1948-1954. Frankfurt a.M./New York 1988. Der Ukaz »Über die Amnestie« war am 28. März 1953 in der »Pravda« veröffentlicht worden. Den Verdacht, Berija spekuliere mit der Entlassung der Serientäter auf eine für ihn vorteilhafte innenpolitische Krisenlage, äußerte Malenkov auf dem Juli-Plenum des ZK (Plenum CK KPSS. Ijul' 1953 goda. Stenografičeskij otčet. In: Izvestija CK KPSS 1991, Nr. 1, S. 144). Bulganin sprach von einem »Schlag gegen die öffentliche Ordnung« (ebd., S. 174).

63 s. V.Pomerancev, Ob iskrennosti v literature, in: Novyj mir, 1953, Nr. 12 (deutsche Auszüge in: Ost-Probleme, 1954, Nr. 10, S. 416 ff.); I.Ėrenburg, Ottepel', in: Znamja, 1954, Nr. 5 (Buchausgabe des ersten Teils, Moskau 1954). Im Kapitel 10 findet sich die Anspielung auf einen Pressebericht über die Berliner Konferenz. s. a. Ėrenburgs Essay O rabote pisatelja, in: Znamja, 1953, Nr. 10 (deutsch in: Ost-Probleme, 1954, Nr. 2).

64 Leitartikel K vystupleniju prezidenta Ėjzenchauera, in: »Pravda«, 25. April 1953; deutsch in: EA, 1953, S. 5734-5738.

eine Abkehr von der bisherigen sowjetischen Außenpolitik, »deren Richtigkeit durch den gesamten Verlauf der internationalen Entwicklung erwiesen ist«, abgelehnt. Am Ende befleißigte sich die »Pravda« jedoch eines konzilianten Tons, der fortan häufiger neben oder an die Stelle der Polemik trat. Ėrenburg erklärte gar die »Zeit der Monologe« zugunsten einer »Zeit des Dialogs« für beendet.[65] Dafür mochte sprechen, daß Eisenhowers Rede dem sowjetischen Leser zugänglich gemacht worden war und westliche Diplomaten eine gewisse Lockerung der strengen Reglementierung ihrer Bewegungsfreiheit verzeichnen konnten.[66] Obwohl der »Pravda«-Kommentar vom 25. April dies ausdrücklich geleugnet hatte, war das sichtbare Bemühen um eine entspanntere internationale Atmosphäre auch eine Folge des westlichen, vor allem amerikanischen Drucks auf die sowjetische Hegemonialsphäre. Die gewaltigen innenpolitischen Aufgaben und der Machtkampf einer noch ungefestigten Führungsspitze ließen ein Überspannen des außenpolitischen Engagements nicht zu.

Die vom Pressesekretär des amerikanischen Präsidenten, James C.Hagerty, geforderte »offizielle Aktion« der Sowjetführung gegenüber den Westmächten[67] ließ auf sich warten. Die amerikanische Regierung konnte deshalb in Übereinstimmung mit Adenauer die abwartende Haltung gegenüber der Sowjetunion aufrechterhalten.[68] Die sowjetischen »Friedensfühler« nahm man als Zeichen innerer Schwäche. Die beobachteten Irritationen bei den sowjetischen Besatzungsorganen in Ost-Berlin und in der DDR, die man auf mangelnde klare politische Anweisungen aus Moskau zurückführte, entsprangen nicht zuletzt einer teils von Berija bewußt herbeigeführten, teils von der gesamten Moskauer Führung zu verantwortenden Desorganisation der sowjetischen Auslandsaufklärung.[69] Das Antwortschreiben Molotovs vom 27. April an die Kommission des Volkskongresses für den Frieden in Paris diente unter der Fahne des »Friedenskampfes« der außenpolitischen Defensivstrategie und sollte eine innenpolitische Atempause abschirmen.[70] Die Kommission hatte zuvor das

65 Il'ja Ėrenburg, Nadežda (»Pravda«, 7. Mai 1953).

66 s. die Memoiren des britischen Botschafters Sir William Hayter (The Kremlin and the Embassy. New York 1966, S. 32 ff.; zum Vergleich für die Jahre zuvor: George F.Kennan, Memoirs 1950-1963. Boston/Toronto 1972, S. 145).

67 s. Keesing's, 1953, S. 3974.

68 s. die Aufzeichnung eines Gesprächs zwischen Dulles und Adenauer in Washington vom 17. April 1953 (FRUS 1952-1954, VII, 1, S. 433).

69 Memorandum eines Gesprächs zwischen Daniel W.Montenegro vom Office of German Political Affairs beim State Department mit dem Berliner Regierenden Bürgermeister Ernst Reuter vom 24. März 1953 in Washington (ebd., VII, 2, S. 1320). S.N. Kruglov, Berijas Nachfolger in Amt des Innenministers, berichtete auf dem Juli-Plenum des ZK der KPdSU, sein Vorgänger habe im April und Mai gleichzeitig etwa die Hälfte aller Mitarbeiter der Auslandsagenturen des Innenministeriums nach Moskau beordert, wo sie sich zwei bis drei Monate aufgehalten hätten bzw. noch aufhielten. Dadurch sei die sowjetische Aufklärung im kapitalistischen Ausland für längere Zeit »entblößt« und »ohne Führung« gewesen. Auch der Bevollmächtigte des Innenministeriums für Deutschland und seine Stellvertreter befanden sich drei Monate in der sowjetischen Hauptstadt. Berija hatte zudem im Vorfeld des 17.Juni eine Verringerung des Apparates der Bevollmächtigten angeordnet (Plenum CK KPSS, Nr. 1, S. 213).

70 Keesing's, 1953, S. 3974. Der Kommission gehörten Joseph Wirth, Pietro Nenni und Frederic Joliot-Curie an. Wirth hatte zusammen mit Elfes eine Partei (»Bund der Deutschen«) gegründet, die, wie das Vorstandsmitglied Otto Schönfeldt erklärte, eine Zusammenarbeit mit den Kommunisten bei der Verhinderung der Teilung Deutschlands als notwendig erachtete

sowjetische Anliegen eines Fünfmächtepaktes zwischen der Sowjetunion, den USA, der Volksrepublik China, Großbritannien und Frankreich nachdrücklich unterstützt. Ein Sprecher des State Department sprach von einer »Propagandaschlacht« und bezeichnete den Volkskongreß als »Vorhängeschild der internationalen kommunistischen Bewegung«.[71]

Churchills Rede vom 11. Mai nahm die Sowjetunion unterkühlt auf. Der Locarno-Gedanke wurde abgewiesen, da er »zu einer Verschlimmerung der internationalen Lage« führen werde. Ihm wurde sogar ein Gutteil der Schuld an der Vorbereitung des Zweiten Weltkrieges angelastet. Jalta und Potsdam blieben die Eckpfeiler bei einer »Verhütung der Wiedergeburt des deutschen Militarismus«. Churchills Elan bei der Ingangsetzung einer Entspannungsoffensive wurde mit dem Hinweis konterkariert, die Bereitschaft zur Einhaltung der Verpflichtungen gegenüber Westdeutschland lasse an der Verhandlungsbereitschaft des Premierministers zweifeln. Die angekündigte Gipfelkonferenz von Bermuda bot demnach keine guten Voraussetzungen für eine Viererkonferenz, da letztere nur »ohne Vorbedingungen« denkbar sei.[72]

Churchills Vorschlag eines das sowjetische Sicherheitsbedürfnis einbeziehenden Garantievertrages blieb völlig unbeachtet. Die theoretische Parteizeitschrift »Kommunist« erweckte den Eindruck, als dränge die deutsche Frage nicht nach einer raschen Lösung.[73] Gleiches galt für die Verhandlungen über Österreich.

Die personellen Veränderungen in den sowjetischen Organen in der DDR, die formale Ablösung des Besatzungsstatuts bzw. die Auflösung der Sowjetischen Kontrollkommission (28. Mai 1953), die Ernennung Semenovs zum Hohen Kommissar und die Ablösung Armeegeneral Čujkovs als Oberbefehlshaber der Sowjettruppen in Deutschland durch Generaloberst A. A. Grečko bildeten den Rahmen eines ernsthaften Versuchs, die lädierte Bastion sowjetischer Herrschaft auf deutschem Boden durch eine größere Akzeptanz bei der Bevölkerung zu halten. Dieser »neue Kurs« wurde am 27. Mai im Präsidium des Ministerrates der UdSSR anhand einer Vorlage Berijas erörtert, am 2. Juni als Beschluß »Über die Maßnahmen zur Gesundung der politischen Lage in der Deutschen Demokratischen Republik« gefaßt und am Folgetag einer dreiköpfigen SED-Delegation in Moskau als Weisung übergeben.[74]

(s. ebd., S. 4028). Sie unterhielt Kontakte zur DDR-Regierung und zum sowjetischen Hohen Kommissar Semenov. Molotov verbuchte es auf dem Juli-Plenum der ZK der KPdSU als Erfolg der »sogenannten ›Friedensinitiative‹ der UdSSR«, daß sie »nicht wenige Schwankungen [kolebanija] in die Reihen unserer aggressiven Gegner« getragen habe (Plenum CK KPSS, Nr. 1, S. 171).

71 Keesing's, 1953, S. 3974; vgl. »The Times«, 28. April 1953, die Äußerungen des Sprechers des Foreign Office.

72 K sovremennomu meždunarodnomu položeniju, Leitartikel der »Pravda« vom 24. Mai 1953.

73 Za procvitanie našej rodiny, za mir vo vsem mire (»Kommunist«, Nr. 7, 1953, S. 3-11).

74 Über die Maßnahmen zur Gesundung der politischen Lage in der Deutschen Demokratischen Republik, in: Beiträge zur Geschichte der Arbeiterbewegung 1990, Nr. 5, S. 651-654. Die Übersetzung entspricht jener von sowjetischer Seite angefertigten Fassung, die der SED-Delegation aus Walter Ulbricht, Fred Oelßner und Otto Grotewohl überreicht worden war. Zu einigen Umständen der Moskauer Begegnung s. die Redebeiträge Malenkovs, Chruščevs, Molotovs und Bulganins auf dem Juli-Plenum des ZK der KPdSU (Plenum CK KPSS, Nr. 1, S. 143 f., 157 f., 161-164, 173 f.) sowie die knappe Einleitung zum deutschen Text des Ministerratsbeschlusses von Rolf Stöckigt (S. 648-651) und ders., Direktiven aus Moskau, S. 81-88. Der Beschluß stammte ursprünglich nicht – wie in der deutschen Edition angegeben – vom Politbüro des ZK der KPdSU (das zu dieser Zeit im übrigen Präsidium des ZK hieß), sondern vom

Mit wenig schmeichelhaften Worten wurde die Politik des »beschleunigten Aufbaus des Sozialismus« nach der II. Parteikonferenz vom Juli 1952 für übereilt erklärt, und Berija sparte offensichtlich nicht mit Ausfällen gegen die deutschen Genossen. Nach seiner Rückkehr meinte Grotewohl vor dem Politbüro des ZK der SED in Ost-Berlin, man habe in Moskau »einen schlechten Eindruck gemacht«.[75]
Die Annahme, die Sowjetunion habe mehr als eine Entschärfung des politischen Klimas in der DDR und mehr als eine Hebung des Lebensstandards intendiert, geht fehl. Vielmehr zielte die Kritik Moskaus ausdrücklich darauf, daß die »politische und ideologische Arbeit« der SED »nicht den Aufgaben der Stärkung der Deutschen Demokratischen Republik« entsprochen und »eine ernste Gefahr« für deren »politische Beständigkeit« heraufbeschworen habe.[76] Der verordnete Maßnahmenkatalog sollte der »Stärkung unserer Positionen« in Deutschland selbst und in der Deutschlandpolitik der Vier Mächte dienen, indem er die »Basis einer Massenbewegung« für ein »einheitliches, demokratisches, friedliebendes unabhängiges Deutschland« schaffen half.
Die »Empfehlungen« ließen deutlich Elemente der zwiespältigen sowjetischen Neuen Ökonomischen Politik vom Beginn der zwanziger Jahre erkennen. Kompromisse etwa in der Frage »lebensunfähiger« landwirtschaftlicher Produktionsgenossenschaften wurden durch eine Stärkung der Maschinen-Ausleihstationen (MTS) – »der wichtigste Hebel der Einwirkung im Dorfe« – entwertet. Sei es die als »vorzeitig« bezeichnete »Ausdrängung des mittleren und kleinen Privatkapitals«, seien es die geforderte »Lockerung des überspannten Tempos« des Fünfjahrplans, die »Stärkung der Gesetzlichkeit« oder die »Ausrottung der Elemente von nackter Administrierung« – alles hatte der »Stärkung der bestehenden Ordnung« und dem »Einfluß der SED unter den breiten Arbeitermassen und anderen demokratischen Schichten« zu dienen. Entsprechend galt es auch, »die schädliche Praxis der groben Einmischung der Behörden in die Angelegenheiten der Kirche« durch eine flexiblere »antireligiöse Propaganda« in Form einer »weiten Verbreitung der wissenschaftlichen und politischen Kenntnisse« zu ersetzen. Semenov und Grečko sollten die »Mängel in der Ausübung des Besatzungsregimes« – gemeint waren die Klagen der Bevölkerung über willkürliche Übergriffe und die Besetzung von Krankenhäusern und Bildungsanstalten durch sowjetische Truppen – abstellen. Der Beschluß des Ministerrates resümierte:

> »Da zur Zeit die Hauptaufgabe der Kampf für die Verteidigung Deutschlands auf demokratischer und friedlicher Grundlage ist, müssen die SED und die KPD, als Bannerträger im Kampf für die nationalen Bestrebungen und für die Interessen des ganzen deutschen Volkes, die Durchführung einer elastischen, auf maximale Zersplitterung der Kräfte des Gegners und die Ausnutzung jeglicher

Ministerrat. Molotov hatte auf dem Juli-Plenum des ZK ausdrücklich den »anormalen Zustand« beklagt, daß in der ersten Zeit nach Stalins Tod wichtige Fragen wie die der internationalen Lage auf Betreiben Berijas und »entgegen der unveränderbaren bolschewistischen Tradition« nicht im Präsidium des ZK, sondern im führenden Regierungsorgan erörtert und entschieden wurden (Plenum CK KPSS, Nr. 1, S. 161).

75 Zit. Stöckigt, Einleitung, S. 649. Chruščev berichtete dem Juli-Plenum des ZK der KPdSU, es sei »peinlich« gewesen, wie Berija Ulbricht und seine Begleiter »angebrüllt« und »traktiert« habe (Plenum CK KPSS, Nr. 1, S. 157). Mit Kritik an der Politik der SED hielten sich aber auch die anderen Sowjetführer nicht zurück.

76 Über die Maßnahmen zur Gesundung, S. 652. Danach auch das Folgende.

oppositioneller Strömungen gegen die käufliche Clique Adenauers gerichtete Taktik gewährleisten.«

Dafür war man bereit, die »total feindliche Position« gegenüber der SPD »für die heutige Periode zu verwerfen« und »gemeinsame Aktionen gegen die Adenauersche Politik der Spaltung und der imperialistischen Knechtschaft Deutschlands zu organisieren«.

Die revidierte Taktik intendierte eine Verlangsamung des Sowjetisierungskurses in der DDR, eine Neuordnung der Kräfte und die Suche nach Bündnispartnern für die Erreichung nächstliegender Ziele sowjetischer Deutschlandpolitik. Da dies aufsehenerregend genug und für die Zeitgenossen in den Konsequenzen kaum absehbar war, sind die folgenden partiellen Überbewertungen der Ereignisse verständlich.[77] Das Eingeständnis von »Fehlern« in einem Kommunique des Politbüros der SED vom 9. Juni 1953[78] entsprang nicht der Einsicht der Führung der ostdeutschen Kommunisten angesichts einer kontinuierlich zunehmenden Massenflucht aus der DDR oder dem Durchsetzungsvermögen einiger interner Kritiker des Führungsstils Ulbrichts und der unsozialen und nicht zuletzt arbeiterfeindlichen Politik der vergangenen Monate, sondern der Direktive aus Moskau. Ihr entsprach auch das vieldeutige Bekenntnis zur deutschen Einheit auf dem Wege einer »Annäherung der beiden Teile Deutschlands«.

Die Ereignisse des 17. Juni »retteten« deshalb nicht nur den ungeliebten Ulbricht und eröffneten ihm die Möglichkeit, mit Rückendeckung der sowjetischen Führung innerparteiliche Kritiker mundtot zu machen. Sie besiegelten vielmehr auch das zwar nicht nominelle aber faktische Ende des »Neuen Kurses« mit seinen zweifelhaften Zugeständnissen an den »Kapitalismus« unter Beibehaltung der SED-Vorherrschaft. Das klägliche Scheitern des Experiments veranlaßte zwar die sowjetische Führung den am 26. Juni verhafteten Berija allein verantwortlich zu machen, doch können seine im Vergleich zu anderen radikaleren und provokanten Vorschläge während der deutschlandpolitischen Debatte Ende Mai nicht eindeutig in Richtung auf eine bereitwillige Preisgabe der DDR zu den Bedingungen des Westens ausgelegt werden, wie es die Parteikritiker auf dem Juli-Plenum des ZK der KPdSU einhellig versuchten.[79] Der erst mit der Verhaftung entschiedene Machtkampf[80] war durch die

77 s. Heinz Brandt, Die sowjetische Deutschlandpolitik im Frühsommer 1953 aus der Sicht fortschrittlicher Kräfte der SED, in: Osteuropa, 1965, Nr. 6, S. 369-377; ders., Ein Traum, der nicht entführbar ist. Mein Weg zwischen Ost und West. München 1967, S. 297 ff.; s. dazu Boris Meissner, Die Sowjetunion und die deutsche Frage, 1949-1955, in: Osteuropa-Handbuch. Sowjetunion. Außenpolitik 1917-1955. Hg. Dietrich Geyer, Köln/Wien 1972, S. 483-490.

78 Dokumente der Sozialistischen Einheitspartei Deutschlands. Bd. IV, Berlin (Ost) 1954, S. 428.

79 Delo Berija. Plenum CK KPSS, Nr. 1, S. 140-214; Nr. 2, S. 141-208. Das Protokoll war streng geheim, und es durften keine Abschriften angefertigt werden. Das Plenum tagte in fünf Sitzungen zwischen dem 2. und 7. Juli 1953. Am 7. Juli wurde der Beschluß »Über die verbrecherischen partei- und staatsfeindlichen Aktivitäten Berijas« gefaßt, nachdem nur 24 von insgesamt 46 vorgesehenen Redebeiträgen gehört worden waren. Er wurde nicht veröffentlicht und kursierte nur als geheimer Brief in den Parteiorganisationen (abgedruckt in ebd., Nr. 2, S. 200-208).

80 s. Meissner, Die Sowjetunion und die deutsche Frage, S. 484 ff.; Bernd Bonwetsch, Deutschlandpolitische Alternativen der Sowjetunion, 1949-1955, in: Deutsche Studien, Nr. 96, 1986, S. 331-335. Bonwetsch spricht wohl zu weitgehend von »Fraktionen« in der sowjetischen Führung. s. weiterhin: Hans Wassmund, Kontinuität im Wandel. Bestimmungsfaktoren sowjetischer Deutschlandpolitik in der Nach-Stalin-Zeit. Köln/Wien 1974, S. 32-40.

Krise der sowjetischen Deutschlandpolitik entscheidend verschärft worden. Berijas Beschlußvorlage vom 27. Mai bezeichnete den »Kurs auf den Aufbau des Sozialismus« in der DDR »unter den heutigen Bedingungen als fehlerhaft« und forderte »für die gegenwärtige Zeit« eine Abkehr davon. Molotov setzte zur Verdeutlichung durch, daß diesbezüglich nur vom »beschleunigten Aufbau des Sozialismus« die Rede sein sollte.[81] Auf dem in Form eines Tribunals organisierten Juli-Plenum trugen alle ihr Scherflein zur Verdammung des »Kapitulanten«, »imperialistischen Agenten«, »Spions« und »konterrevolutionären Verschwörers« Berija bei, der für die Errichtung einer persönlichen Diktatur zum Ausverkauf des Sozialismus bereit gewesen sei und mit der Unterstützung Churchills, Dulles' und Titos habe rechnen können.[82]

Alle Vorwürfe mündeten in einem Ziel: den Abgesang der sowjetischen Führung auf das nicht direkt genannte Neutralisierungsangebot Stalins vom März 1952. Die hierin für ein vereinigtes Deutschland genannten Epitheta »demokratisch, friedliebend, unabhängig« waren bereits im Programm des »Neuen Kurses« auf ein nur nach dem Modell einer sozialistischen DDR zu bildendes Gesamtdeutschland gemünzt worden. Ernüchtert über die Früchte der von der gesamten Führung mitgetragenen Politik der »Verbesserung« der Position der DDR in gesamtdeutscher Perspektive, erschien fortan jedes Entgegenkommen gegenüber dem Westen von Übel. Das von Berija offenbar favorisierte neutralisierte und sowjetisch orientierte Gesamtdeutschland konnten sich seine Ankläger nur noch als »bürgerlich« vorstellen.[83] Für Chruščev liefen »Zugeständnisse an den Westen« darauf hinaus, »18 Millionen Deutsche unter die Herrschaft der amerikanischen Imperialisten zu geben«. Nicht anders verstand er Berijas Konzept eines »neutralen demokratischen Deutschlands«, vor dem man sich nicht mit Verträgen schützen könnte, solange diese nicht »durch Kanonen verstärkt« waren.[84] Molotov assistierte mit dem Hinweis auf die Unmöglichkeit eines »bürgerlichen friedliebenden Staates« und führte aus:

> »Niemand von uns kann vergessen, daß auf Deutschland wegen der Entfesselung des Ersten Weltkrieges eine überaus große Verantwortung liegt, daß eine umso größere Verantwortung auf dem bürgerlichen Deutschland für die Entfesselung des Zweiten Weltkrieges liegt.
>
> Für uns als Marxisten war und bleibt klar, daß bei der bestehenden Lage, das heißt unter den Bedingungen der heutigen imperialistischen Epoche, von der

81 Plenum CK KPSS, Nr. 1, S. 163. Sperrung im Original.

82 Plenum CK KPSS, Nr. 1, S. 165. In der »Pravda« vom 10. Juli und 17. Dez. 1953 war nur unspezifisch davon die Rede gewesen, Berija habe als »Agent des internationalen Imperialismus« »im Interesse des kapitalistischen Auslands« gehandelt (vgl. Keesing's, 1953, S. 4068, 4306 f.).

83 So Malenkov auf dem Juli-Plenum (Plenum CK KPSS, Nr. 1, S. 144). Im ZK-Beschluß vom 7. Juli hieß es ergänzend, Berija habe »unter der Flagge des Kampfes gegen Mängel und Überspitzungen beim Aufbau der Kolchosen in den Ländern der Volksdemokratie und in der DDR ... offen kolchosfeindliche Ansichten« geäußert – bis hin zum Vorschlag einer »Auflösung der Kolchosen in diesen Ländern« (Postanovlenie Plenuma CK KPSS o prestupnych antipartijnych i antigosudarstvennych dejstvijach Berija [Beschluß des Plenums des ZK der KPdSU über die verbrecherische partei- und staatsfeindliche Tätigkeit Berijas], ebd., Nr. 2, S. 204). Chruščev hatte erstmals öffentlich in einer Rede vom 8. März 1963 den Vorwurf erhoben, Berija habe die DDR »als sozialistischen Staat« liquidieren wollen (»Pravda«, 10. März 1963). Zu einem früheren Beleg s. Wolfgang Leonhard, Kreml ohne Stalin. Köln 1959, S. 111.

84 Plenum CK KPSS, Nr. 1, S. 157.

Perspektive auszugehen, als ob ein bürgerliches Deutschland im Verhältnis zur UdSSR ein friedliebender oder neutraler Staat werden könne, nicht nur eine Illusion ist, sondern auch den faktischen Übertritt auf Positionen bedeutet, die dem Kommunismus fremd sind.«[85]

Verteidigungsminister N. A. Bulganin schloß schließlich jede Form einer Neutralisierung aus. Für ihn gab es nur die Alternative zwischen der »Festigung« oder der »Liquidierung« der DDR, und er behauptete, darum sei es auch schon in der Erörterung Ende Mai gegangen. Seinerzeit, so meinte Bulganin, habe er Berija vergeblich in einem Gespräch von der zweiten Variante abbringen wollen:

»Ich führte ihm Beispiele für eine Neutralisierung Deutschlands in früherer Zeit an und sagte, daß dabei nichts herauskomme. Als Beispiel verwies ich darauf, daß es in der Geschichte solche Tatsachen wie den Versailler Vertrag gebe, gemäß dem Deutschland entwaffnet wurde. Doch was passierte dann? Deutschland bewaffnete sich und überfiel die Sowjetunion. Berija erklärte grob und ziemlich unverschämt: ›Das kann sich nicht weiter fortsetzen. Wenn die Sache so läuft, müssen wir einige Minister von den Ministerposten entfernen‹.«[86]

Die Bedrohung der Amtsinhaber in Partei und Staat durch Berijas persönliche Machtambitionen[87] erklärt allerdings nicht hinreichend das Zustandekommen des Beschlusses vom 2. Juni zur deutschen Frage. Schwerlich als reines Diktat Berijas

85 Ebd., S. 162 f.

86 Ebd., S. 173 f.

87 Zur Verhaftung Berijas in der Präsidiumssitzung des ZK vom 26. Juni 1953, zur Anklageschrift und zum Prozeß s. neben dem Protokoll des ZK-Plenums vom Juli und dem veröffentlichten Abschlußbericht der Untersuchungsbehörden (»Pravda«, 24. Dez. 1953): Anton Antonov-Ovseenko, Berija, in: Junost', 1988, Nr. 12, S. 81-84; Fedor Burlackij, Chruščev. Štrichi k političeskomu portretu, in: Nikita Sergeevic Chruščev. Materialy k biografii. Moskva 1989, S. 11-14; ders., Posle Stalina. Zametki o političeskoj ottepeli, in: Novyj mir, 1988, Nr. 10, S. 164 ff. Medwedjew, Chruschtschow, S. 93-98, 103 ff.; Berija: konec kar'ery. Hg. v. V.F. Nekrasov. Moskau 1991; Amy Knight, Berija. Stalin's First Lieutenant. Princeton 1993. Alle Autoren verfügen über interne Informationen. In die Strafsache flossen zahlreiche Details aus Berijas Tätigkeit seit dem russischen Bürgerkrieg ein (s. die Dokumentation »Berievščina« in: Voenno-Istoričeskij Žurnal, 1989, Nr. 5, S. 38-41, Nr. 7, S. 82-87; 1990, Nr. 1, S. 68-78, Nr. 3, S. 81-90, Nr. 5, S. 85-89). Hauptbelastungszeuge für den zentralen Anklagepunkt – geplanter Staatsstreich durch Ausschaltung der Parteibehörden mittels des Innenministeriums – war Generalleutnant T.A.Strokač, Chef der Gebietsverwaltung des Innenministeriums von L'vov. Aus dessen Eingaben an das ZK und an Chruščev persönlich zitierte Malenkov in seiner Rede vor dem ZK-Plenum am 2. Juli 1953 (Dokumenty general-lejtenanta T.A.Strokača o podgotovke Beriej zagovora v 1953 g., in: Novaja i novejšaja istorija, 1989, Nr. 3, S. 166-176). Demnach beabsichtigte Berija, »entschlossen alle alten Ordnungen, nicht nur in unserem Land, sondern auch in den demokratischen Ländern [Variante: »in den Ländern der Volksdemokratie«] zu zerbrechen« (ebd., S. 171, 175). Der Kontext legt nahe, dies in Richtung auf die von Berija geplante Machtkonzentration im Innenministerium zu verstehen. Auf internes Material beruft sich die Darstellung des jugoslawischen Parteifunktionärs Anton Kolendić (Machtkampf im Kreml. Vom Tode Stalins bis zur Hinrichtung Berijas. Bergisch-Gladbach 1983, zuvor in französischer [1982] und serbokroatischer [1980] Fassung). Zwar ist Vorsicht wegen erheblicher Mängel der Präsentation geboten, doch darf das Werk wegen Berijas geheimer Fühlungnahmen mit Tito gewisse Aufmerksamkeit beanspruchen. Chruščev erwähnt in seinen Memoiren nur den innenpolitischen Aspekt des Machtkampfes (Chruschtschow erinnert sich. Hg. v. Strobe

vorstellbar, lag ihm ein auch auf dem Juli-Plenum des ZK spürbarer Konsens und damit eine gewisse Risikobereitschaft zugrunde. Letztere gab die sowjetische Führung nun vollends auf, da nach dem 17. Juni kein Zweifel mehr bestehen konnte, daß die zumindest theoretisch erwogene und 1952 von Stalin angebotene Neutralisierung Deutschlands nach sowjetischen Vorstellungen unrealistisch war. Nach Malenkovs Eingeständnis war die Massenflucht aus der DDR zu Beginn des Jahres 1953 Geburtshelfer des »Neuen Kurses« gewesen. Man befürchtete eine »innere Katastrophe«, wenn man nicht gegensteuerte.[88] Die Krise im Frühjahr hatte zu der Erkenntnis geführt, »daß ohne die Anwesenheit der sowjetischen Truppen das bestehende Regime in der DDR nicht zu halten« sei.[89] Der Kern der deutschen Frage aus sowjetischer Sicht war damit bloßgelegt. Ob Berija wirklich eine Räumung des deutschen Teilstaates erwogen hatte, muß zumindest angezweifelt werden. Sein Ehrgeiz, in persönlicher Regie und am ZK vorbei das amerikanische Wasserstoffbombenmonopol zu brechen, sowie der Versuch, dem höchsten Parteigremium genaue Kenntnisse über die bedeutsamen Uranvorkommen in der DDR vorzuenthalten,[90] machen einen Rückzug wenig wahrscheinlich. Verhandlungsbereitschaft hingegen darf angenommen werden. Doch sie schwang auch beim »Neuen Kurs« mit – in entsprechender ideologischer Verbrämung.[91]

Berijas Streben nach der Alleinherrschaft hatte gegen das im Machtvakuum nach Stalins Tod wiederentdeckte kollektive Führungsprinzip verstoßen. Im ZK-Beschluß vom 7. Juli hieß es:

> »Mehrere Jahre traten keine Plena des Zentralkomites der Partei zusammen. Lange Zeit funktionierte das Politbüro nicht normal. Beschlüsse zu wichtigen Fragen der staatlichen Tätigkeit und des wirtschaftlichen Aufbaus wurden nicht selten ohne gebührendes vorheriges Studium und ohne kollektive Erörterung in den leitenden Parteiorganen – wie dies vom Statut der Partei vorgesehen ist – gefaßt. Im Ergebnis solcher Anormalitäten in der Organisation der Tätigkeit des Zentralkomitees war die Kollektivität in der Arbeit sowie die erforderliche Kritik und Selbstkritik nicht gewährleistet. Das Vorhandensein solcher anormalen Erscheinungen führte in der Praxis gelegentlich zu ungenügend begründeten

Talbott. Reinbek 1971, S. 326-346, bes. S. 342). Westliche Diplomaten in Moskau waren auf Mutmaßungen über die Hintergründe angewiesen. Der britische Botschafter Sir Alvary Gascoigne schrieb am 11. Juli 1953 an das Foreign Office: »It is not known whether Beria's downfall is to be ascribed to personal suspicion, or rivalry, or a clash of policy« (PRO PREM 11/540). Vgl. Lord Moran, S. 457. Zur Einschätzung des amerikanischen Botschafters Bohlen s. die Berichte an das State Department vom 10. Juli, 10. Aug. und 24. Dez. 1953 (FRUS 1952-1954, VIII, S. 1207, 1210 ff., 1222 f.).

88 Plenum ZK KPSS, Nr. 1, S. 144. Molotov meinte, die eingetretene Lage sei »nur für die Regierung Adenauer, die westdeutsche Bourgeoisie und die internationalen imperialistischen Kreise günstig« gewesen (S. 162).

89 Ebd.

90 Ebd., S. 145, 205; Nr. 2, S. 166, 170 (Redebeiträge Malenkovs, des ZK-Mitglieds und Ministers für mittleren Maschinenbau, V. A. Malyšev, sowie dessen Stellvertreters, dem ZK-Mitglied A. P. Zavenjagin).

91 Spekulationen über eine von Malenkov und Berija angestrebte Viererkonferenz tauchten nach der Replik der »Pravda« vom 24. Mai 1953 auf Churchills Unterhausrede auf (Brandt, Ein Traum, S. 208).

Beschlüssen und zur Herabminderung der Rolle des Zentralkomitees als eines Organs der kollektiven Führung der Partei.«[92]

Der Beschluß wurde in der DDR nicht veröffentlicht und vermutlich nicht einmal im ZK der SED allgemein bekanntgemacht. Vielmehr nutzte Ulbricht die Lage für eine Abrechnung mit jenen Parteigenossen, die gewisse Vorbehalte gegen seinen Führungsstil geäußert hatten. Dem Minister für Staatssicherheit Wilhelm Zaisser und dem Chefredakteur des Parteiorgans »Neues Deutschland«, Rudolf Herrnstadt, (beide waren Mitglieder des ZK der SED und Mitglied bzw. Kandidat des Politbüros) wurde in Anlehnung an die Anklageschrift gegen Berija eine »Restaurierung des Kapitalismus« in der DDR und »Nachgiebigkeit gegenüber dem Westen« zur Last gelegt.[93] Die Konstruktion einer angeblichen »Berija-Gruppe« suggerierte Parallelen zum Fall des sowjetischen Innenministers, die es nicht gab. Der Vorwurf, geheime Beziehungen zu Berija unterhalten und, wie dieser, einen Putsch angestrebt zu haben, besiegelte auf der 15. ZK-Tagung im Juli 1953 den Ausschluß Herrnstadts und Zaissers aus dem ZK und auf der 17. ZK-Tagung im Januar 1954 den Ausschluß aus der Partei und führte zu Maßregelungen weiterer Funktionäre »wegen parteifeindlicher fraktioneller Tätigkeit, die die Einheit und Reinheit der Partei bedrohte«.[94] Ulbricht konnte nun ungestraft einen von Herrnstadt im Auftrag des Politbüros der SED verfaßten Entschließungsentwurf für die 15. Tagung des ZK der SED vom 24. bis 26. Juli 1953, der in wesentlichen Teilen auf der Kritik des Beschlusses des Ministerrates der UdSSR vom 2. Juni fußte, darüber hinaus aber einige Konkretisierungen enthielt, in eine Anklageschrift gegen seine Widersacher ummünzen.[95] Neben einem grundsätzlichen Bekenntnis zur Politik der »Regierung Grotewohl, die der Amerikanisierung und Faschisierung unseres Vaterlandes Einhalt

92 Beschluß des Plenums des Zentralkomitees der Kommunistischen Partei der Sowjetunion über die verbrecherische partei- und staatsfeindliche Tätigkeit Berijas. (Einstimmig angenommen auf der Plenarsitzung des ZK der KPdSU vom 7. Juli 1953) (Izvestija CK KPSS 1991, Nr. 2, S. 202). Auch in diesem Fall waren Ulbricht, Oelßner und Grotewohl zur Entgegennahme des Dokuments und weiterer Informationen am 8. Juli 1953 nach Moskau gereist (s. Stöckigt, Einleitung, S. 650).

93 Vorgetragen von Ulbricht auf der 15. Tagung des ZK der SED vom 23. Aug. 1953 (s. »Neue Zeitung«, 23. und 30. Aug.; vgl. Meissner, Die Sowjetunion und die deutsche Frage, S. 485). Heinz Lippmann, Der 17. Juni im Zentralkommitee der SED, in: Aus Politik und Zeitgeschichte. Beilage zur Wochenzeitung »Das Parlament«, 13. Juni 1956, S. 376. Hier ist von einem Rundschreiben der sowjetischen Parteispitze an die Parteiführungen der osteuropäischen Staaten die Rede. s. a. Gerhard Wettig, Die sowjetische Deutschlandpolitik am Vorabend des 17. Juni, in: Ilse Spittmann/Karl Wilhelm Fricke (Hg.), 17. Juni 1953. Arbeiteraufstand in der DDR. Köln 1982, S. 68, Anm. 33. – Die Hintergründe des Falls Herrnstadt/Zaisser sind inzwischen aufgrund neuer Quellen genauer rekonstruierbar: Rudolf Herrnstadt: Das Herrnstadt-Dokument. Das Politbüro der SED und die Geschichte des 17. Juni 1953, hg., eingeleitet und bearbeitet von Nadja Stulz-Herrnstadt, Reinbek 1990; Dokumente zur Auseinandersetzung in der SED 1953. Hg. und eingeleitet von Wilfriede Otto, in: Beiträge zur Geschichte der Arbeiterbewegung 1990, Nr. 5, S. 655-672; Helmut Müller-Enbergs, Der Fall Rudolf Herrnstadt. Tauwetterpolitik vor dem 17. Juni. Berlin 1991.

94 Zit. Otto, Einleitung zu: Dokumente zur Auseinandersetzung in der SED 1953, S. 657.

95 Der neue Kurs und die Erneuerung der Partei, in: Dokumente zur Auseinandersetzung in der SED 1953, S. 659-667. Akten des Ministeriums für Staatssicherheit belegen, daß es Zaisser und Herrnstadt ebenso wie den anderen Spitzenfunktionären vordringlich um die »Brechung des Widerstandes« gegen die Parteiherrschaft ging (Armin Mitter, Die Ereignisse im Juni und Juli 1953 in der DDR: Aus den Akten des Ministeriums für Staatssicherheit, in: Aus Politik und Zeitgeschichte. B5/91, 25.Jan. 1991, S. 39).

gebietet und die Interessen der deutschen Werktätigen beharrlich vertritt«, wurde der »Neue Kurs« als eine »langfristige politische Linie« bezeichnet, die das übereilte Tempo des »beschleunigten Aufbaus des Sozialismus« zurücknahm, weil einerseits »die nationale Lage Deutschlands« dies verböte, andererseits die »internationale Lage der DDR« mit ihrer Einbettung in den »demokratischen Weltmarkt« dies entbehrlich erscheinen ließe. Der Versuch, »Maßnahmen und Organisationsformen, die in der Sowjetunion richtig und möglich sind, mechanisch auf unsere Verhältnisse [zu] übertragen«, verstoße nicht nur »gegen die Interessen des deutschen Volkes«, sondern auch »gegen den Geist des Marxismus-Leninismus«. Das Ziel der Herstellung eines »einheitlichen, demokratischen, fortschrittlichen Deutschlands« galt als »vollauf real«, weil sich »in allen Teilen der Welt die Friedenskräfte in schnellem Vormarsch befinden«. Im Sinne der Moskauer Direktive kam einer erneuerten DDR Vorbildfunktion für ganz Deutschland zu. Der Garant dafür würde die erneuerte SED sein, die »die große Mehrheit der Arbeiterklasse der DDR zu bewußten, aktiven, bolschewistischen Kadern der Partei machen«, gleichzeitig aber auch eine »Partei des Volkes« sein sollte, die »allen anderen werktätigen Klassen ein zuverlässiger, verständnisvoller, weitschauender Führer« war und die »berechtigten Interessen auch der anderen Klassen und Klassenteile – der Bauern, der Intelligenz, der Handwerker, des kleinen Privatbesitzes« wahrnahm. Die Herstellung der »Massenverbundenheit« konnten demnach Stalins »Zwölf Punkte«[96] gewährleisten, während man sich bei der Überwindung der Mißachtung der Arbeiter, der »Methode des Administrierens« und des »Personenkults« auf »Wissenschaftlichkeit«, auf die »Kollektivität« im Sinne Lenins und eine Umbesetzung an der Parteispitze und im zentralen Apparat sowie eine »neue Arbeitsweise« der Bezirks- und Kreisleitungen verlassen wollte.
Grotewohls nach der Rückkehr der SED-Delegation aus Moskau im Juli geäußerte Ansicht, »Nun wird Licht!«,[97] mochte einer verbreiteten Hoffnung in der Führungsriege Ausdruck verleihen. Tatsächlich klärte sich die verworrene Lage nur insofern, als Ulbricht gerade nicht – wie in der Sowjetunion – einem kollektiven Führungsstil huldigen mußte, sondern unangefochten unter der Weisung der Besatzungsmacht den nunmehr nur noch nominellen »Neuen Kurs« weitersteuern durfte.
Semenov hatte nach der Auflösung der Sowjetischen Kontrollkommission (SKK), die in Personalunion vom Oberkommandierenden der Sowjetischen Truppen in Deutschland geleitet worden war, im neugeschaffenen Amt eines Hohen Kommissars die Funktion der Koordination der SED- und der Regierungspolitik der DDR gemäß den Direktiven aus Moskau übernommen.[98] Ulbricht konnte nun sogar zu der verwegenen Behauptung Zuflucht nehmen, seine parteitreuen Gegenspieler hätten »mit der Konzeption Churchills in Zusammenhang« gestanden.[99]

96 Vgl. J.W. Stalin, Über die Perspektiven der KPD und über die Bolschewisierung. Unterredung mit dem Mitglied der KPD Herzog, in: Werke, Bd. 7, Berlin (Ost) 1952, S. 32 ff.

97 Memorial über Wilhelm Zaisser (verfaßt von seiner Frau Else Zaisser im Jahre 1958), in: Dokumente zur Auseinandersetzung in der SED 1953, S. 671.

98 Vgl. Stöckigt, Direktiven, S. 82, 85 (Anm. 3); Wettig, Die sowjetische Deutschlandpolitik, S. 64.

99 s. Ulbrichts Schlußrede auf der 15.Tagung des ZK der SED (24.-26. Juli 1953), die nur parteiintern in Umlauf war (s. Hermann Weber, Geschichte der DDR. München 1985, S. 246 f., Anm. 2 und 3), bald aber in den Westen gelangte und veröffentlicht wurde (»Neue Zeitung«, 24. Aug. 1953; vgl. Aus Politik und Zeitgeschichte. Beilage zur Wochenzeitung »Das Parlament«, 12. Juni 1957, S. 364 ff.).

In der Folgezeit wurde der deutschlandpolitische Aspekt des Machtkampfes in den Vordergrund gerückt, vor allem auf dem zunächst für den Oktober 1953 anberaumten, dann aber erst vom 30. März bis 6. April 1954 zusammengetretenen IV. Parteitag der SED.[100] Unmittelbar nach dem Ausschluß Herrnstadts und Zaissers nahm Ulbricht den unerbittlichen ideologischen Kampf gegen die Sozialdemokratie wieder auf. Diese Korrektur an den ursprünglichen Absichten der Moskauer Direktive vom Juni 1953 signalisierte die Rückkehr zu einer konfrontativen Linie in der DDR wie in der sowjetischen Deutschlandpolitik. Vage genährte Hoffnungen, sich die in der SPD zutage tretenden Neutralisierungstendenzen im Falle eines Wahlsieges bei den Bundestagswahlen oder gar nach der Bildung einer sozialdemokratisch geführten gesamtdeutschen Regierung für eine größere Einflußnahme der Sowjetunion mittels der SED zunutze machen zu können, zerstoben. Den »Kapitulanten« Herrnstadt und Zaisser, die wenig mehr als eine Durchsetzung der sowjetischen Direktive intendierten, kreidete Ulbricht nun »mangelndes Vertrauen zur Sowjetunion« und »sozialdemokratische Ideologie« an.[101] Dieser dialektische Abgesang auf wesentliche Bestandteile des »Neuen Kurses« und damit auf eine östliche Variante der Konvergenzpolitik verlangte prominente Opfer in der SED-Führung.

Der Spielraum für Churchills »westliche« Neutralisierungsidee, die essentielle sowjetische Konzessionen voraussetzte, ist insgesamt äußerst schmal gewesen. Sie war allein schon unvereinbar mit sowjetischen Neutralitätsvorstellungen sowie mit Plänen, die in der SED für potentielle gesamtdeutsche Entwicklungen entworfen

100 s. die Rede von H.Matern vom 30. März 1954 (»Neues Deutschland«, 1. April 1954; Protokoll der Verhandlungen des IV.Parteitages der Sozialistischen Einheitspartei Deutschlands. 30. März bis 6. April 1954. Bd. 1. Berlin (Ost) 1954, S. 218-221). 1956 tauchte die Version auf, Berija sei selbst mit »führenden Genossen« der SED zum Zwecke der »Unterstützung westlicher reaktionärer Kräfte« zusammengetroffen (»Neues Deutschland«, 14. März 1956).

101 »Neues Deutschland«, 22. Aug. 1953. Die Spekulationen hielten sich auch nach dem 17. Juni bis unmittelbar vor Berijas Verhaftung. Die schwedische Zeitung »Expressen« berichtete am 30. Juni 1953 in einem Artikel ihres Berliner Korrespondenten unter Berufung auf zuverlässige Informanten im Ostteil der Stadt, die plötzliche Abreise des sowjetischen Hohen Kommissars Semenov nach Moskau diene der Billigung eines im Stab Semenovs entworfenen Konzepts durch Malenkov, Berija und Molotov. Darin werde vorgeschlagen, die westdeutschen Wahlen im September abzusagen, gesamtdeutsche Wahlen unter Viermächtekontrolle vorzubereiten, alle von den beiden deutschen Staaten geschlossenen Verträge aufzuheben bzw. ihre Inkraftsetzung aufzuschieben (etwa die Westverträge und das Görlitzer Abkommen), sämtliche Besatzungstruppen abzuziehen, die Kasernierte Volkspolizei sowie die »militärische Polizei« und den Bundesgrenzschutz aufzulösen und die SED wieder in SPD und KPD zu gliedern. Von Semenov heißt es, er sei bereit gewesen, ein sozialdemokratisches neutrales Deutschland (das man nach gesamtdeutschen Wahlen erwarten könne) in Kauf zu nehmen, da »die Kommunisten in Sowjetdeutschland das Land an den Rand des Abgrundes führten und der Sache Moskaus nur schadeten«. Ein »taktisches Nachgeben« könne aber die Existenz der kommunistischen Parteien in Ost und West »retten«. Zunächst wurde eine Absetzung Ulbrichts und ein an die Stelle des Politbüros tretendes Präsidium unter Grotewohls Vorsitz erwartet, das die Auflösung der Fusion einleiten sollte (telegraphischer Bericht der diplomatischen Vertretung der Bundesrepublik in Stockholm, 1. Juli 1953, PA AA 202-03II/9359/53). Von »Differenzen und Spannungen« zwischen dem Parteivorstand der SED und der Sowjetischen Kontrollkommission nach der II. Parteikonferenz berichtete ein Informant des »Ostbüros« der SPD (s. Dietrich Staritz, Zwischen Ostintegration und nationaler Verpflichtung. Zur Ost- und Deutschlandpolitik der SED 1948-1952, in: Ludolf Herbst (Hg.), Westdeutschland 1945-1955. Unterwerfung, Kontrolle, Integration. München 1986, S. 288).

wurden.[102] Die westliche Untätigkeit am 17. Juni[103] ließ die amerikanische »Politik der Befreiung« unglaubwürdig erscheinen. Die Briten hatten in ihr ohnehin nur ein propagandistisches Manöver gesehen. Churchill zeigte sogar Verständnis für die seiner Meinung nach besonnene sowjetische Krisenbewältigung in der DDR.[104] Vorerst blieb das seit 1952 angebotene Konzept Bestandteil der offiziellen sowjetischen Deutschlandpolitik bis 1955, weil es angesichts der Gewißheit westlicher Ablehnung immerhin die defensive Politik in der DDR abschirmen konnte. Zudem behielt es für eine Störung der Westintegrationspolitik begrenzten Nutzen.

Das komplexe, weiterhin unvollständige Bild von den deutschlandpolitischen Implikationen des Machtkampes um Stalins Erbe und der Juni-Ereignisse rechtfertigt nur sehr bedingt das Wort von einer »versäumten Stunde« (Heinz Brandt), in der die Westmächte anstelle abzuwarten Viermächteverhandlungen fordern und den »Neuen Kurs« hätten stützen sollen. Es fehlen die Belege dafür, daß die Sowjetunion – abgesehen davon, daß diplomatische Offerten ausblieben – bereit gewesen wäre, über ihre bisher bekannten Zielmodelle hinauszugehen.[105]

102 Ein Generalplan der SED, in: SBZ-Archiv, Nr. 10, 1955, S. 147 ff.; vgl. die Pläne in der Ost-CDU (Richter, Die Ost-CDU, S. 351-364); s. a. Ulbrichts Äußerungen in Leipzig vom 28. Mai 1960 über den »langen Weg des Kampfes in Deutschland« nach einer Wiedervereinigung (»Neues Deutschland«, 10. Juni 1960); Meyer, Die sowjetische Deutschlandpolitik, S. 100 f.; George Ginsburgs, The Soviet-Union, Neutrality and Collective Security 1945-1959, in: OE-Recht, 1959, Nr. 2, S. 77-98; ders., Neutrality and Neutralism and the Tactics of Soviet Diplomacy, in: ASEER, 1960, Nr. 4, S. 531-560; B.V.Ganjuškin, Sovremennyj nejtralitet. Moskva 1958; H.Fiedler, Der sowjetische Neutralitätsbegriff in Theorie und Praxis. Ein Beitrag zum Problem des Disengagement. Köln 1959.

103 Dieser Vorwurf wurde von der Presse vor allem gegen die Amerikaner erhoben (Conant, My Several Lives, S. 601); vgl. Wilfried Loth, Die Teilung der Welt. Geschichte des Kalten Krieges 1941-1955. München [6]1987, S. 302; Richard Löwenthal, Vom kalten Krieg zur Ostpolitik. Stuttgart 1974, S. 20 f.; ders., Vorwort zu: Arnulf Baring, Der 17. Juni 1953. Stuttgart [2]1983, S. 15 f. Der Direktor des Büros für Europäische Angelegenheiten im State Department, James W.Riddleberger, begründete die ausgebliebene »volle Ausnutzung (der) sowjetische(n) Krise in Ostdeutschland« mit der prekären Lage in Korea (Telegramm der deutschen diplomatischen Vertretung in Washington an das Auswärtige Amt, 22. Juni 1953, PA AA 202-03II/9016/53). Conant betont die »geringe Sympathie« für das Aufstandsgeschehen seitens der britischen und französischen Regierung, die ein notwendiges gemeinsames Vorgehen verhindert hätten (Conant, My Several Lives, S. 601).

104 Aufzeichnung Churchills für Strang vom 19. Juni 1953 (PRO FO 371/103842/CS 1016/124; PRO PREM 11/673); vgl. Michael Gehler, Der 17. Juni 1953 aus der Sicht des Foreign Office, in: Aus Politik und Zeitgeschichte. Beilage zur Wochenzeitung Das Parlament. B 25/93, 18. Juni 1993, S. 22-31. Eine ähnliche Einschätzung wie die Churchills vermerkte Blankenhorn nach Gesprächen mit Engländern, Franzosen und deutschen Journalisten (Tagebucheintrag vom 17. Juni 1953; BA NL351, Bd. 21, fol. 60). s. a. »NZZ«, Nr. 259, 20. Sept. 1953, S. 3. Hier war vom »recht robusten Gebilde« des Viermächtstatus in Berlin die Rede. Zu den Hintergründen der amerikanischen »liberation«-Politik und den britischen Vorbehalten s. Beatrice Heuser, Subversive Operationen im Dienste der »Roll-back«-Politik 1948-1953, in: VjhfZG 37 (1989), H. 2, S. 279-297.

105 So auch jüngste Erkenntnisse aufgrund sowjetischer Akten von Gerhard Wettig, Zum Stand der Forschung über Berijas Deutschland-Politik im Frühjahr 1953, in: DA 1993, Nr. 6, S. 674-682. Loth (Die Teilung der Welt, S. 299) spricht hingegen von »Vorbereitungen für ein substantielleres sowjetisches Wiedervereinigungsangebot«, die »durch das Zusammenwirken der Gegner eines Kompromisses in Ost und West unterbunden« worden seien.

Die Westmächte erkannten im Juni 1953 die eigene Mitverantwortung für den hohen Preis, den die Bevölkerung in der DDR für den Stillstand der Deutschlandpolitik zu zahlen hatte. Ihnen mußte daher an der Aufbesserung des Ansehens in der Öffentlichkeit und – ebenso wie der Sowjetunion – an der Abwälzung von Schuld gelegen sein. Die Sowjetunion sah sich dabei stärker in die Defensive gedrängt und zur vorübergehenden Drosselung des Sowjetisierungstempos in der DDR gezwungen.[106] Churchill zog sich auf die Position der westlichen Note an die Sowjetunion vom 23. September 1952 bzw. die Entschließung des Deutschen Bundestages vom 10. Juni 1953 zurück und bezeichnete die darin niedergelegten Grundsätze als »einzige Grundlage« eines »in Freiheit wiedervereinigten Deutschlands.«[107] Sein offensichtlich allzu positives Bild von Malenkov und seiner Machtfülle im Verbund mit Berija war nach dessen Sturz erschüttert. Die auf einen Mann gesetzten Hoffnungen, der selbst über Nacht zur Unperson werden konnte, zerstoben, das »Luftschloß« einer direkten Bekanntschaft, wie Lord Moran es nannte, verflüchtigte sich.[108] Die Absicht, die Hand auszustrecken und »die Tatze des russischen Bären zu ergreifen«, wich düsterer Ernüchterung; der Glaube, das »Vorurteil der Welt« mit großer Geste notfalls allein und gegen den amerikanischen Präsidenten und dessen Außenminister, den er für »a terrible handicap« und einen »Methodist Minister« mit Predigereigenschaften hielt, beiseite zu räumen, entsprang dem Starrsinn des alternden Premierministers.[109] Selwyn Lloyd hatte bereits am Vorabend des 17. Juni in einem Gespräch mit Blankenhorn betont, »daß kein Jota von den Verträgen, von den Verteidigungsvorbereitungen, von dem Zusammenspiel der Westmächte aufgegeben werden darf, wenn die Ausgangsposition für Verhandlungen mit den Sowjets nicht völlig verdorben werden soll«.[110]

Die Sowjetunion befleißigte sich, »Illusionen« über einen Entspannungsimpuls als Folge des von ihr sogenannten »faschistischen Abenteuers vom 17. Juni in Berlin – einem Werk ausländischer Söldlinge und krimineller Elemente«[111] zu zerstören. Das waren denkbar schlechte Voraussetzungen für deutschland- und sicherheitspolitische Vereinbarungen.

106 Karl C.Thalheim, in: Die Sowjetisierung Ost-Mitteleuropas 1945-1957. Hg. von Ernst Birke und Rudolf Neumann. Frankfurt a.M./Berlin 1959, S. 360.

107 Antwort Churchills auf Adenauers telegraphische Appelle an die drei westlichen Regierungen vom 22. Juni 1953. Staatsminister Selwyn Lloyd verlas die Botschaft Churchills am 24. Juni im Unterhaus (s. Keesing's, 1953, S. 4057).

108 Lord Moran, S. 448.

109 Ebd., S. 410, 433 f., 508; vgl. Colville, S. 673, 680.

110 Tagebucheintrag Blankenhorns vom 16. Juni 1953 nach einem Gespräch mit Selwyn Lloyd (BA NL351, Bd. 21, fol.58).

111 Sowjetnote an die Westmächte vom 4. Aug. 1953 (Die deutsche Frage 1952-1956, S. 42). Auf den Juli-Plenum sprach Molotov von einem »eigentümlichen Putsch« (Plenum CK KPSS, Nr. 1, S. 171).

Die Konferenzvorbereitung

II

II.1 Der Notenwechsel zwischen Juli 1953 und Januar 1954

Die dreizehn Noten, die in dem halben Jahr vor der Einigung auf die Außenministerkonferenz zwischen den drei westliche Hauptstädten und Moskau ausgetauscht wurden,[1] stehen stellvertretend für das Wechselbad der Gefühle in der Öffentlichkeit und hinter den Kulissen der Diplomatie. So sehr sie wegen des Ziels, ein Viermächtetreffen zuwegezubringen, eine thematische Einheit bilden, so wenig lassen sich alle konzeptionellen Linien durchgängig verfolgen. Positionen, Befürchtungen, Hoffnungen der Akteure wandelten sich zeitweise, schienen gelegentlich ins Gegenteil verkehrt. Eine Einigung wurde schließlich nur erreicht, weil sich jene Kräfte durchsetzten, die eine Klärung der Lage verlangten. Dabei wurde ein ausgeklügeltes taktisches deutschlandpolitisches Konstrukt entworfen, das die Belastungsprobe einer Konferenz bestehen sollte.

Das Kommuniqué der Washingtoner Außenministerkonferenz der drei Westmächte vom 10. bis 14. Juli 1953 hatte auf Drängen Adenauers eine Viermächtezusammenkunft erst für den Herbstbeginn – d.h. nach den Bundestagswahlen – vorgeschlagen und nur die Erörterung der »ersten Etappen« einer deutschen Wiedervereinigung in Aussicht gestellt.[2] Die westliche Note an die Sowjetunion vom 15. Juli sprach ergänzend vom Wunsch nach einer »beschränkten Dauer« dieses Treffens. Eine Folgekonferenz zur Erörterung eines Friedensvertrages wurde nicht ausgeschlossen.[3]

Was Adenauer als Erfolg der Bundesregierung verbuchte,[4] galt der französischen Zeitung »Le Monde« als vordergründige »Bekehrung« kurz vor den Bundestagswahlen.[5] Tatsächlich befürchtete Adenauer – »absolut sicher« – eine neue Initiative der Sowjetunion in der deutschen Frage, die er für geeignet hielt, seine Wahlchancen zu mindern und »eine gefährliche Situation« in Deutschland heraufzubeschwören.[6]

1 Im Jahre 1952 erstreckte sich der Austausch von nur acht Noten auf sieben Monate.

2 Keesing's, 1953, S. 4076. Vor der Außenpolitischen Kommission der französischen Nationalversammlung hatte Bidault am 22. Juli 1953 den Konferenzbeginn frühestens Anfang 1954 erwartet (Bericht Hausensteins an das Auswärtige Amt, 24. Juli 1953, PA AA 202-03II/-/53)

3 s. Die deutsche Frage 1952-1956, S. 41.

4 Keesing's, 1953, S. 4076.

5 Ebd.

6 s. die Auszüge aus dem Tagebuch von David K. E. Bruce über ein Gespräch mit Hallstein und Blankenhorn vom 9. Juli 1953 (FRUS 1952-1954, VII, 1, S. 484); Schreiben des amerikanischen Botschafters in London, Aldrich, an das State Department vom 17. Juni 1953 (ebd., S. 474); vgl. Blankenhorn, Verständnis, S. 154 ff., 158. Conants streng geheimes Schreiben an Dulles vom 17. Juli 1953 (FRUS 1952-1954, VII, 1, S. 487 ff.). Das sowjetische Angebot würde

Gegenüber dem amerikanischen Beobachter beim Interimsausschuß der EVG in Paris, David K. E. Bruce, behauptete Hallstein sogar, es gebe Verbindungen der SPD zur SED, »wahrscheinlich mit dem Ziel, Möglichkeiten zu finden, den Kanzler zu stürzen«.[7] Adenauer entwarf hastig per Telefon mit Blankenhorn und Hallstein ein Schreiben an die Washingtoner Konferenz, das ersterer direkt, unter Umgehung des üblichen Weges über die Alliierte Hohe Kommission, in die amerikanische Hauptstadt verbringen sollte.[8] Die Wogen der Empörung über dieses Vorgehen schlugen auf westlicher Seite nicht allzu hoch, denn der amerikanische Hohe Kommissar Conant meinte bereits am 17. Juli in einem nur für Dulles bestimmten Schreiben: »I think everyone must admire the skillful way in which he [Adenauer] has turned the flank of the SPD.«[9]
Adenauer und die Regierungsparteien hatten kurz zuvor einen Zusatzantrag der Sozialdemokraten im Bundestag abgewiesen, in dem sofortige Viermächteverhandlungen gefordert worden waren.[10] Nachdem der Bundeskanzler nun die Initiative an sich gerissen hatte und der Eindruck vorherrschte, er habe die westlichen Außenminister auf seine Seite gebracht, hing alles von der sowjetischen Antwortnote ab. Schlug sie sofortige Verhandlungen vor, würde sie der SPD in die Hände gespielt haben, die schon nach der Washingtoner Konferenz die Verschiebung auf die Zeit nach den Wahlen kritisiert hatte. Auf amerikanischer Seite wappnete man sich gegen diese Situation mit dem Argument, man müsse hinsichtlich einer Konferenz die Bundesregierung konsultieren und deshalb auf deren Neubildung nach den Wahlen warten.[11] Damit glaubte Conant nicht nur die »reale Gefahr« einer früheren Konferenz bannen zu können; auch die SPD, so meinte er, würde sich kaum dieser Ansicht widersetzen.
Die sowjetische Note vom 4. August 1953 beschwor die befürchtete Zwangslage nicht herauf. Sie ließ ganz im Gegenteil die Chancen für eine Konferenz in nächster Zukunft deutlich sinken und kritisierte die Vorabsprache der westlichen Außenminister. Die einzige Neuheit in der die deutsche Frage nur streifenden Note war der Eindruck, man sei von der Forderung nach einer bindenden Wirkung des Potsdamer Abkommens abgerückt.[12] Stillschweigend wurde der Volksrepublik China bei der Forderung einer Fünfmächtekonferenz Kompetenz für die Beratungen zur deutschen Frage zugesprochen. Ein Kommentar der Parteizeitung »Pravda« hatte

demnach im Angebot freier Wahlen und der sofortigen »desovietization« der »Ostzone« bestanden haben. Als Bedingungen erwartete man die Verschiebung der Bundestagswahlen und die Zusicherung, daß die von der Bundesregierung eingegangenen Verpflichtungen eine gesamtdeutsche Regierung nicht bänden. Vgl. das Schreiben von Roberts aus Washington an das Foreign Office vom 11. Juli 1953 über ein Gespräch mit Blankenhorn (nach Foschepoth, Churchill, S. 1299).

7 Tagebucheintrag Blankenhorns vom 9. Juli 1953 (BA NL351, Bd. 22, fol.240).

8 FRUS 1952-1954, VII, 1, S. 485.

9 Streng geheimes Schreiben von Conant an Dulles vom 17. Juli 1953 (ebd., S. 487)

10 Keesing's, 1953, S. 4071.

11 Conant an Dulles, 17. Juli 1953 (FRUS 1952-1954, VII, 1, S. 488). Insgeheim spielte Conant mit dem Gedanken, die Befreiung der »Ostzone« zu fordern, bevor eine Viererkonferenz die Details gesamtdeutscher Wahlen ausarbeitete.

12 s. Memorandum von Jacob Beam vom Policy Planning Staff des State Department vom 5. Aug. 1953 (FRUS, VII, 1, S. 608); den Wortlaut der Sowjetnote: Die deutsche Frage 1952-1956, S. 41 ff.

sich zuvor darauf beschränkt, die »inneren Gegensätze« der westlichen Regierungen auf der Washingtoner Außenministerkonferenz zu vermerken, und es abgelehnt, sich Termin und Tagesordnung einer Viererkonferenz diktieren zu lassen.[13] Die scheinbar nichtssagende Note ließ in Washington trotzdem die Alarmglocken läuten. Der Special Assistant des amerikanischen Präsidenten Eisenhower, C. D. Jackson, sah die Stunde für das »sorgfältigste Überdenken unserer deutschen Position« gekommen. In einem streng geheimen Schreiben an Dulles meinte er:

> »Does it have to be EDC, unification, free elections, or else? This was a very smart position for us to take at the time, because it backed them [die Russen, N.K.] into giving us some leads. If we persist now in that ›or else‹-position, it becomes very much like ›unconditional surrender‹ – giving them no room for the slightest maneuver, and what we are asking them to agree to, in their eyes and in the eyes of the world would be complete, total, crushing defeat.
>
> I am all for complete, total, and crushing defeat if we really have the leverage to bring it about. But we haven't, and they know it, and therefore all they have to do is to lay their ears back, and no real progress will have been made except raising hatred of Russia a notch or two in German minds.«[14]

Er schlug Dulles vor, vor einer gemeinsamen westlichen Antwort einen »amerikanischen Versuchsballon« zu starten, um zu ergründen, welche Konzessionen den Russen erlaubten, ihr Gesicht zu wahren und gleichzeitig dem eigenen »äußersten Ziel« näherzukommen. Damit war die Hoffnung verknüpft, daß jede Verbesserung des Schicksals der »Ostdeutschen« diese »hungriger nach mehr« und die Russen unfähiger machen würde, weitere Zugeständnisse abzulehnen.[15]

Völlig überraschend ließ die sowjetische Regierung am 15. August eine zweite Note folgen, die ganz dem deutschen Problem gewidmet war.[16] Zweifach wurde betont, die Einbeziehung Westdeutschlands in die EVG werde die Wiedervereinigung »unmöglich« machen. Zwar schien die Sowjetunion mit diesem Schachzug aus der reagierenden Rolle herauskommen zu wollen, doch war die enge Anlehnung an die Vorschläge der Märznote von 1952 kaum geeignet, Bewegung in das diplomatische Spiel zu bringen. Innerhalb sechs Monaten sollte eine Friedenskonferenz stattfinden, wobei die deutsche Beteiligung unklar blieb. Freie gesamtdeutsche Wahlen waren in eine ungewisse Zukunft verlegt und wurden »als endgültige Vollendung« der Wiedervereinigung Deutschlands apostrophiert. Wenig Hoffnung ließ auch die Leugnung einer »besonderen Bedeutung« der als »faschistisches Abenteuer« bezeichneten Ereignisse um den 17. Juni für die Dringlichkeit der deutschen Frage.

Adenauer fühlte sich in seiner Haltung bestätigt und bekräftigte vor Journalisten seine geringen Erwartungen an ein Verertreffen. Seiner Ansicht nach sollte sich

13 »Pravda«, 23. Juli 1953; vgl. Keesing's, 1953, S. 4092 f.

14 FRUS 1952-1954, VII, 1, S. 613.

15 Jackson nannte als mögliche amerikanische Vorschläge: Verzicht auf die 1952 geforderte Wahlüberwachungskommission, Hinauszögerung der offenen Wiederbewaffnung Deutschlands im Rahmen der EVG bei gleichzeitiger verdeckter Organisation und Bewaffnung einer eigenen »Volkspolizei«, politische Übergangslösungen vor einer Wiedervereinigung, freien Wahlen und einer gesamtdeutschen Regierung.

16 Die deutsche Frage 1952-1956, S. 43-46.

der Westen nicht verleiten lassen, »in der Integration Europas Halt zu machen«.[17] Im Foreign Office werte man die wirtschaftlichen Vorschläge der sowjetischen Note als Versuch, die Bundestagswahlen zu beeinflussen.[18] Dabei wurde übersehen, daß sie eine Hinausschiebung der westlichen Antwort bedeutete und damit dem Wunsch Adenauers entgegenkam, »nicht zu hastig« zu reagieren.[19] Die Überzeugung im State Department, aus der sowjetischen Note vom 4. August ein »precise agreement« der Russen zu einer Konferenz über Deutschland herauslesen zu können,[20] wich nun der Ernüchterung. Die bereits fertigen Entwürfe einer Antwort waren Makulatur geworden.[21] In den westlichen Hauptstädten suchte man fieberhaft nach einer geeigneten Antwort auf das taktische Manöver der sowjetischen Führung. Alsbald beruhigte man sich mit der Einsicht, daß die zweite Note vorwiegend dazu bestimmt war, die westliche öffentliche Meinung zu verwirren und eine Viererkonferenz auf unbestimmte Zeit zu vertagen.[22] Die Sowjetunion betrachtete demnach die deutsche Frage als »zweitrangigen Gegenstand«, dem sie die Erörterung über Asien, die internationale Entspannung und Abrüstung sowie über die NATO vorzöge. Aus britischer Sicht wurde daraus der Schluß gezogen, daß die Sowjetunion den »Karren vor das Pferd spannen« wolle, weshalb kein Grund zur Eile bestand und die Anwort auf beide sowjetischen Noten ohne Nachteile erst nach den Bundestagswahlen ergehen konnte.[23] In die »sowjetische Falle«, für das Nichtzustandekommen von Verhandlungen verantwortlich gemacht zu werden, wollte man nicht hineintappen. Die Sowjetunion lehnte nicht, wie der amerikanische Botschafter in Moskau Charles E. Bohlen befürchtet hatte, die westlichen »Vorbedingungen« ab und beschwor nicht die Gefahr einer notwendig werdenden Abkehr von den Prinzipien der Bundestagsresolution vom 10. Juni herauf,[24] sondern stellte Gegenbedingungen. Grundsätzlich befanden sich die

17 Kanzler-Tee vom 17. Aug. 1953 (Teegespräche 1950-1954, S. 482). Blankenhorn notierte am 23. Aug. 1953 in sein Tagebuch, die Sowjetunion werde kaum einer erneuten Aufforderung zu einer Konferenz zustimmen, sofern aber doch, werde man »sechs, sieben oder acht Monate verhandeln, um genau da aufzuhören, wo man begonnen hat« (BA NL351, Bd. 23, fol.404; vgl. Blankenhorn, Verständnis, S. 168).

18 PRO FO 371/10 3709/C 1071/1, Überblick über die sowjetische Deutschlandpolitik von 1945 bis 1953, 7. Okt. 1953, verfaßt in der Forschungsabteilung des Foreign Office.

19 C.D. Jackson, der Special Assistant Eisenhowers, hatte in einem streng geheimen Schreiben an Dulles vom 8. Aug. 1953 ein entsprechendes Telegramm aus Bonn vom 5. Aug. erwähnt und die Möglichkeit skizziert, die westliche Antwortnote auf die Zeit nach den Bundestagswahlen zu verschieben (FRUS 1952-1954, VII, 1, S. 612).

20 s. das Memorandum von Beam vom 5. Aug. 1953 (FRUS 1952-1954, VII, 1, S. 608). Die Amerikaner meinten, die Passagen zur deutschen Frage hätten »a more businesslike precision« als jene über Abrüstung und asiatische Probleme (s. das Telegramm des britischen Botschafters in Washington, R. Makins, an das Foreign Office vom 6. Aug. 1953 [PRO PREM 11/419]).

21 s. ebd., S. 614 ff.; die Entwürfe der westlichen Antwortnote (PRO PREM 11/419). Das State Departement hatte vorgeschlagen, von den drei Möglichkeiten einer glatten Ablehnung von Gegenvorschlägen und einem »höflichen Einverständnis« die letztere zu wählen und einen Ort und Termin für eine Deutschlandkonferenz vorzuschlagen (Makins an das Foreign Office, 6. Aug. 1953 [PRO PREM 11/419]).

22 PRO PREM 11/419 Telegrammentwurf des Foreign Office vom August 1953 an die britischen Botschaften in Washington, Paris, Moskau und an die britische Hohe Kommission in Wahnerheide. Vgl. die Analyse Jacksons für Dulles, 8. Aug. 1953 (FRUS 1952-1954, VII, 1, S. 611-614).

23 Ebd. (PRO PREM 11/419).

24 Memorandum Bohlens vom 17. Juli 1953 für Dulles (FRUS 1952-1954, VII, 1, S. 603 f.)

Westmächte in einer schwierigen Lage. Als »nicht vorhersehbares Ergebnis« der Initiative vom 15. Juli war herausgekommen, daß die Sowjetunion von der westlichen Ablehnung einer auf eine Friedensregelung gerichteten Konferenz mehr profitieren würde als die Westmächte. Deshalb sollte auf ein frühes Treffen gedrängt werden.[25] Die Hoffnung auf eine gemeinsame Erklärung Adenauers und Ollenhauers sowie des Außenpolitischen Ausschusses des Bundestages gegen die sowjetischen Forderungen eines »Zurück nach Potsdam« und der Bildung einer provisorischen gesamtdeutschen Regierung aus Vertretern beider deutscher Staaten verkannte die Realitäten in der Bundesrepublik. »Staatsmännisches Verhalten« und die Unterordnung der Wahlkampagne unter das »deutsche Nationalinteresse«, wie sie ein hoher amerikanischer Beamter forderte,[26] hatten in der Bundestagsresolution vom 10. Juni nur scheinbar Niederschlag gefunden.

Aus Rücksichtnahme auf Adenauers Wahlchancen wurde die westliche Antwortnote schließlich doch bereits am 2. September 1953 übergeben.[27] Die Sowjetunion hatte die Westmächte durch die Rekapitulation alter Vorschläge nicht in Zugzwang bringen können. Die westliche Note enthielt sich eines Kommentars der Einzelheiten, konzentrierte sich lediglich auf die Frage einer baldigen Viererkonferenz und forderte auf Drängen der Amerikaner die Begrenzung der Tagesordnung auf das deutsche und österreichische Problem.[28] Adenauer hatte am 27. August an dem ihm vorgelegten letzten Entwurf scharf kritisiert, daß neben freien Wahlen und dem Status einer gesamtdeutschen Regierung die Erörterung »anderer Aspekte des Problems der deutschen Einheit« in Aussicht gestellt wurde, darunter die Prinzipien eines Friedensvertrages. Er befürchtete, diese Abweichung von der letzten westlichen Note aus dem Jahre 1952 werde von der SPD im Endstadium des Wahlkampfes gegen ihn verwendet werden, seine Wahlchancen verringern und »die deutsche Position« aufs Spiel setzen«.[29] Da man die Russen in der deutschlandpolitischen Defensive wähnte, glaubten britische und amerikanische Experten mehr Flexibilität zeigen zu können, während die Regierungsspitzen im Sinne Adenauers argumentierten.[30] Freie Wahlen wurden zur »Schlüssel«-Frage der Konferenz deklariert, wenngleich man die am 15. Juli 1953 vorgeschlagene Zulassung einer Untersuchungskommission nicht als Vorbedingung verstanden wissen wollte. Von den »anderen Fragen« und von einem Friedensvertrag war in der Note keine Rede mehr. Gleichwohl erinnerte der amerikanische Hohe Kommissar Conant Adenauer bei der Vorlage der revidierten Fassung am 31. August daran, daß der Bundeskanzler Anfang Juli Beratungen der vier Hohen Kommissare mit der Begründung abgelehnt habe, nur die »magischen

25 W.B.Smith, Unterstaatssekretär beim amerikanischen Hohen Kommissar, aus Washington an die amerikanische Hohe Kommission, 17. Aug. 1953 (FRUS 1952-1954, VII, 1, S. 625). Er schlug eine Antwort vor den Bundestagswahlen vor (S. 626).

26 Ebd., S. 625.

27 Die deutsche Frage 1952-1956, S. 46 f.

28 s. O.Harveys Bericht über die Arbeit des Komitees der drei Westmächte in Paris, das die Antwortnote entwarf, an das Foreign Office vom 22. Aug. 1953 (PRO PREM 11/419).

29 Aufzeichnung Salisburys vom 28. Aug. 1953 (PRO PREM 11/419; FRUS 1952-1954, VII, 1, S. 627).

30 s. Harveys Schreiben vom 22. Okt. 1953 aus Paris an das Foreign Office, Salisburys und Churchills Aufzeichnungen vom 28. Aug. 1953 (PRO PREM 11/419).

Worte« »Viermächte-Außenminister-Konferenz« würden in der Öffentlichkeit Wirkung erzielen.[31] Da sie nun in Umlauf gebracht waren, war die Erörterung nicht mehr auf wenige Punkte zu begrenzen. Die geweckten Erwartungen waren mit einer Konferenz, die sich auf freie Wahlen und den Status einer gesamtdeutschen Regierung beschränkte, nicht zu erfüllen. Die westliche Note entsprach trotzdem Adenauers Wünschen. Die Differenzen waren jedoch nicht behoben, da beide Seiten auf ihrer Position beharrten. Conant sagte bereits voraus, daß eine Viererkonferenz in dem von Adenauer gewünschten Rahmen die Vorbereitungen »ausschließlich auf eine technische Ebene« verlagerten und am sinnvollsten zwischen den drei Hohen Kommissaren und der Bundesregierung getroffen würden.[32]
Aus westlicher Sicht hatte zu diesem Zeitpunkt die Terminfrage ihre Brisanz verloren. Im Kampf um die Gunst der öffentlichen Meinung konnte mit dem konkreten Vorschlag, die Konferenz am 15. Oktober 1953 ins schweizerische Lugano einzuberufen, sogar Boden gewonnen werden. Lange konnte ein solcher Vorteil nicht zu Buche schlagen, da die unwahrscheinliche Einigung auf dieses Datum zwar Zeit für die Ratifizierung der EVG versprach, sich in Frankreich aber die Stimmen mehrten, eine Viererkonferenz vorzuziehen. Der Zwang zum Minimalkonsens lähmte wie im Jahre 1952 die westliche Notendiplomatie.
Nach Adenauers deutlichem Wahlerfolg war von der erneut umfangreichen sowjetischen Antwort vom 28. September 1953 wenig Neues zu erwarten. Die deutsche Frage rangierte weiterhin an untergeordneter Stelle in einem weit ausgreifenden Verhandlungsangebot.[33] Der Terminvorschlag des Westens wurde ignoriert und der Vorwurf erhoben, es gehe den USA lediglich um ein »Gerede von Verhandlungen«.[34] In der westlichen Presse war schon vor Eintreffen der sowjetischen Note gemutmaßt worden, die vier Siegermächte schickten sich an, bis zum Jahresende zu verhandeln, ob sie überhaupt verhandeln wollten, und Churchill zeigte sich wenig überrascht über die sowjetische Abneigung gegenüber einer Konferenz, hielt er doch die westliche Forderung nach einer losgelösten Regelung der österreichischen Frage vor einer Einigung über Deutschland aus sowjetischer Sicht für unakzeptabel.[35] Der französische Botschafter in Washington, Bonnet, versicherte Dulles, die Note werde kaum Auswirkungen auf die Ratifizierungsdebatte in Frankreich haben. Dulles erwog deshalb, die sowjetische Antwort zum Anlaß eines »allgemeinen Rückzugs«

31 Conant an Dulles, 31. Aug. 1953 (FRUS 1952-1954, VII, 1, S. 629). An dem eineinhalbstündigen Gespräch nahmen auch Blankenhorn und Hallstein teil.

32 Conant an das State Department, 10. Sept. 1953 (FRUS 1952-1954, VII, 1, S. 633). Adenauer hatte seine Position auf Anfrage Conants ausdrücklich bekräftigt und selbst ein unverbindliches Gespräch über Fragen eines Friedensvertrages auf der Viererkonferenz abgelehnt, gegen dessen Ergebnisse eine gesamtdeutsche Regierung kaum angehen könnte (Vermerk über eine Unterredung Adenauers mit Conant, 11. Sept. 1953, BA, NL351, Bd. 24, fol.192 f.).

33 Die deutsche Frage 1952-1956, S. 47 ff. In einem Sechspunkteprogramm, das die sowjetische Wochenzeitung »Neue Zeit« (Nr. 40, 3. Okt. 1953) vorstellte, wurde das Deutschlandproblem erst an letzter Stelle genannt.

34 »Neue Zeit«, Nr. 38, 19. Sept. 1953, S. 1.

35 »NZZ«, Nr. 264, 26. Sept. 1953, S. 1. Aufzeichnung Churchills vom 2. Sept. 1953 (PRO PREM 11/419). Der Premierminister schrieb: »If I were in the Kremlin, and even if I were well intentioned, I would not think that a settlement with Austria would be a good prelude to German negotiations.«

aus der Notendebatte zu nehmen.[36] Zwar ließ er sich davon abbringen, doch blieb im State Department nur mehr Spott über ein zehnseitiges Dokument, dessen erste neun Seiten »Präambel« seien. Aus dem Foreign Office trug man die Klage über den »langen Wust altbekannter Formeln« in einem insgesamt »trostlosen Dokument«[37] an die Öffentlichkeit. Der amerikanische Botschafter in Moskau, Bohlen, sprach von dem Bestreben der Sowjetunion, »to talk about talks rather than to hold them«.[38] Außenminister Dulles beruhigte sich mit dem Gedanken, der sowjetischen Führung könne derzeit an keiner deutschen Lösung gelegen sein, weil jede Veränderung der Lage in der DDR »einen schweren Schlag gegen ihr Prestige und ihre Position in den anderen Satellitenstaaten« nach sich zöge.[39] Allerdings stellte auch er die hilflose Frage: »Do we really want a meeting?«, nachdem das Thema freie Wahlen ergebnislos ausgereizt war. Eine Erweiterung des Verhandlungsangebots wurde unvermeidlich.[40]

Der Notenwechsel geriet noch stärker zu einem Mittel, die Öffentlichkeit zu beschäftigen und gleichzeitig den diplomatischen Stillstand zu verlängern. Der Vorschlag aus der britischen Botschaft in Washington, dem Austausch ein Ende zu machen, wurde mit der Begründung abgelehnt, man würde damit den Russen die Möglichkeit eröffnen, die Initiative zu ergreifen.[41] Wenn es so war, wie Bohlen im Gespräch mit britischen Diplomaten in Washington meinte, daß die Kreml-Führung den Status quo in Deutschland wie in Korea erhalten und die »Sterilität« ihrer Politik nicht auf einer internationalen Konferenz präsentieren wolle,[42] mußte die Fortsetzung des Notenwechsels sinnlos erscheinen. Zumindest bestand noch weniger Anlaß zur Eile als im Sommer des Jahres. Am 18. Oktober boten die Westmächte den 9. November als Tagungstermin an und nahmen nun – gegen Adenauers Einwände – den in der Note vom 2. September weggelassenen Passus auf, wonach man bereit war, »zu allen Gesichtspunkten« der deutschen Frage Stellung zu nehmen.[43] Hinsichtlich der sowjetischen Forderung nach einer Fünfmächtekonferenz blieb man

36 Memorandum eines Gesprächs zwischen Dulles, Bohlen und Experten, 30. Sept. 1953 (FRUS 1952-1954, VII, 1, S. 645).

37 »NZZ«, Nr. 269, 1. Okt. 1953, S. 1.

38 Makins aus Washington an das Foreign Office, 29. Sept. 1953 (PRO FO 371/103680/C 1071/413). Bohlen hielt sich zu dieser Zeit in der amerikanischen Hauptstadt auf.

39 PRO FO 371/103680/C 1071/412, Makins an das Foreign Office, 29. Sept. 1953. Ein Bericht der »Neuen Zürcher Zeitung« (Nr. 269, 1. Okt. 1953, S. 1) faßte Stimmen aus dem State Department dahingehend zusammen, die Sowjetunion sei durch interne Probleme so gebunden und durch den 17. Juni 1953 und Adenauers Wahlsieg in einer so schwachen Verhandlungsposition, daß vorerst mit keiner Einigung zu rechnen sei.

40 Memorandum eines Expertengesprächs mit Dulles, 30. Sept. 1953, und Schreiben von Dulles an die amerikanische Botschaft in London, 3. Okt. 1953 (FRUS 1952-1954, VII, 1, S. 646, 649).

41 PRO FO 371/103680(C 1071/412 Telegramm des Foreign Office an die britische Botschaft in Washington vom 29. Sept. 1953.

42 PRO FO 371/103680/C 1071/413, Makins an das Foreign Office, 29. Sept. 1953.

43 Die deutsche Frage 1952-1956, S. 50. Vgl. den amerikanischen Entwurf der Note, die der Dreimächtegruppe, die diesmal wegen der bevorstehenden Außenministerkonferenz in London tagte, zunächst als Erörterungsgrundlage diente, am 12. Okt. aber wegen eines neuen Entwurfs der Franzosen völlig überarbeitet wurde (FRUS 1952-1954, VII, 1, S. 649 ff.). Zur Ablehnung von Adenauers Einwänden (ebd., S. 648 f., 652 f., 654 f.). Conant berichtete streng geheim am 12. Okt. an Dulles, Adenauer sei aus dem Foreign Office vorab über Entwürfe informiert worden, um »die Einwände« des Bundeskanzlers »zu stimulieren« (ebd., S. 653 f.).

ablehnend. Mit einem Durchbruch konnte danach niemand rechnen. Gleichwohl blieb – nicht zuletzt beim französischen Außenminister Bidault – die Furcht, die Russen könnten eine überraschende Kehrtwendung machen, einen Tag vor dem 9. November zustimmend antworten und damit »uns alle ein wenig lächerlich« machen.[44]

Solche Befürchtungen erwiesen sich als unbegründet. Die »Palais-Rose-Phase« des Notenwechsels[45] war keineswegs mit der westlichen Note vom 18. Oktober beendet, sondern erlebte erst mit dem sowjetischen Gegenstück vom 3. November ihren definitiven Abschluß.[46] Nach diesem Rückfall in die Sprache zur Zeit des Abbruchs des Notenwechsels von 1952 gab es nur noch die Möglichkeit, sich den »Familienangelegenheiten«[47] im eigenen Lager zuzuwenden oder Abschied von der bisherigen Taktik im Notenwechsel zu nehmen.

In unverhüllter Schärfe war in der sowjetischen Antwort von den »Revanceplänen« der »herrschenden Kreise Westdeutschlands« die Rede, die mittels der Pariser Verträge eine »neue Aggression« vorbereiteten. Den USA wurde die Einkreisung der Sowjetunion und der volksdemokratischen Länder durch die Bildung eines Staatengürtels von Norwegen bis zur Türkei vorgeworfen, in dem einem remilitarisierten Westdeutschland eine wichtige Funktion zufiele. Die sowjetische Regierung bezeichnete die deutsche Frage als »gegenstandslos«, wenn die Westmächte nicht auf weitere Ratifizierungsmaßnahmen bei den Westverträgen verzichteten.

Die Lösung der deutschen Frage sollte nun eine Außenministerkonferenz »erleichtern«, die in zwei »Gremien« tagte: Ein Gremium der fünf Außenminister, einschließlich Chinas, würde über »Maßnahmen zur Minderung der Spannung in den internationalen Beziehungen« beraten, ein Vierergremium über Deutschland und Österreich.

Die erneute völlige Ignorierung des westlichen Konferenzvorschlags zeitigte für die Sowjetunion unerwartete Folgen. Sie führte in der internationalen Öffentlichkeit zu einer so weitgehenden Isolation, daß sich ihr nun auch die Stimmen versagten, die zuvor die westliche Haltung angegriffen hatten.

Ohne im Kern von den Positionen der Note abzuweichen, versuchte der sowjetische Außenminister in einer Pressekonferenz vom 13. November mit moderateren Tönen die Wogen zu glätten.[48] Bei der Einschätzung der Note entwickelte sich zwischen dem britischen Botschafter in Moskau, Hayter, und dem Unterstaatssekretär im Foreign Office, Roberts, eine Grundsatzdiskussion über die Intentionen der sowjetischen Außenpolitik. Hayters negativem Urteil widersprach Roberts mit dem Hinweis, es handele sich bei der Note vom 3. November um ein »besseres Stück Arbeit als ihre Vorgänger«, weil sie unabhängig von der wirkungslosen

44 Aufzeichnung von Roberts vom 3. Nov. 1953 (PRO FO 371/103689/C 1071/643). Bidault hatte demnach keinen Hehl daraus gemacht, daß er »definitiv« keine Viererkonferenz wollte.

45 »NZZ«, Nr. 289, 21. Okt. 1953, S. 2.

46 Die deutsche Frage 1952-1956, S. 51-54.

47 »NZZ«, Nr. 306, 7. Nov. 1953, S. 1.

48 Dokumente zur Deutschlandpolitik der Sowjetunion I, S. 372 ff.; s. a. »Neue Zeit«, Nr. 47, 21. Nov. 1953, S. 1 f.

Präsentation »eine vollständige, wenn auch unversöhnliche Darlegung« sowjetischer Ziele enthalte.[49]
Adenauer nannte die Sowjetnote »dumm, starr und geeignet, die EVG voranzutreiben«.[50] Obwohl er die sowjetischen Versuche, nach Stalins Tod eine günstigere internationale Stellung zu erreichen, als »Schaufensterdekoration« (window-dressing) bezeichnete und in nächster Zeit nicht mit einer Verhandlungsbereitschaft über Deutschland rechnete, trat er für eine westliche Antwortnote ein, die die Bereitschaft signalisierte, sich »jederzeit« mit den Russen zu treffen.[51] Damit lag er ganz auf der Linie des Foreign Office.[52] Die französische Regierung drängte auf eine Antwort noch vor der außenpolitischen Debatte in der Nationalversammlung.[53]
Die Westmächte versuchten, die Stimmungsvorteile dadurch zu festigen, daß sie die ganze Verantwortung für ein Zustandekommen der Konferenz der UdSSR zuschoben. Die Anwortnote vom 16. November 1953[54] enthielt zwar noch den Hinweis auf Verhandlungsbereitschaft, aber keinen Termin- und Ortsvorschlag mehr. Der Vorwurf, die Sowjetunion mache ein »schutzloses Westeuropa« zum »Preis« einer Konferenz, war nach dem sowjetischen propagandistischen Frontalangriff ein präsentables Argument, um die Kreml-Führung in Zugzwang zu bringen.
Tatsächlich traf am 26. November die sowjetische Zustimmung zu einer Viererkonferenz ein. Tagungsort sollte Berlin sein.[55] In der Frage der Fünfmächtekonferenz lenkte die Sowjetunion ein: Sie sollte nun lediglich Gegenstand der Erörterungen der Viererkonferenz sein. Die Preisgabe der EVG und die Beseitigung der US-Basen entlang der sowjetischen Peripherie waren nicht länger Vorbedingungen. Trotz dieses Rückzuges in moderate Umgangsformen blieb die grundsätzliche Ablehnung der westlichen Deutschland-, EVG- und NATO-Politik gültig. Im Foreign Office hatte man zudem den Eindruck, die sowjetische Note ziele »unzweifelhaft« auf eine Beeinflussung der Parlamentsdebatte in Frankreich.[56] Im übrigen schien sie geeignet, durch ihre »schmackhaftere Form« und die relative Kürze Widerhall »in der Penny- und Halfpenny-Presse« zu finden.[57]

49 PRO FO 371/103695/C 1071/798 Schreiben von Roberts an Hayter, 26. Nov. 1953. Hayter hatte die Note in die »beste Tradition sowjetischer Stumpfheit und Halsstarrigkeit« gestellt, aber auch alle Grundsätze der sowjetischen Außenpolitik vertreten gesehen (PRO FO 371/103690/C 1071/661, Hayter an das Foreign Office, 5. Nov. 1953). Die Note hielt Hayter für »zynisch«, Molotovs nachträgliche Erläuterung »heuchlerisch« (Schreiben an das Foreign Office, 18. Nov. 1953, PRO FO 371/103694/C 1071/749).

50 So Hallstein gegenüber Hoyer-Millar über Adenauers Ansicht (PRO FO 371/103689/C 1071/652, Hoyer-Millar an das Foreign Office, 7. Nov. 1953).

51 Ebd.

52 PRO FO 371/103690/C 1071/667 und 671, Aufzeichnungen von Roberts vom 5. und 10. Nov. 1953. In einem Schreiben an Eisenhower vom 5. Nov. sprach Churchill von einem »deadlock« im Notenwechsel, der die Beziehungen zur Sowjetunion in den Zustand vor der für den Sommer geplanten Bermuda-Konferenz zurückwerfe. Er verband dies mit dem Wunsch nach erneuter Vorbereitung einer westlichen Gipfel-Konferenz (PRO PREM 11/418). Zur Reaktion von Dulles auf das »sehr unversöhnliche Dokument« s. FRUS 1952-1954, VII, 1, S. 667 ff.

53 Aufzeichnung von Roberts vom 11. Nov. 1953 (PRO FO 371/103695/C 1071/788).

54 Die deutsche Frage 1952-1956, S. 54 f. Vgl. den Entwurf der Expertengruppe vom 7. Nov. 1953 (FRUS 1952-1954, VII, 1, S. 670 f.)

55 Die deutsche Frage 1952-1956, S. 55 ff.

56 Aufzeichnung von H.A.F.Hohler, 27. Nov. 1953 (PRO FO 371/103695/C 1071/791).

57 Ebd.

Die Sowjetunion schien allzu hohen Erwartungen an die Konferenz keinen Vorschub leisten zu wollen und sprach nur von einer Erörterung aller bisherigen Vorschläge und der »Festlegung gemeinsamer Ansichten«.[58] Das österreichische Problem wurde gar nicht erwähnt.

Die Chancen einer Übereinkunft in der deutschen Frage waren gering. Das scheinbare Abrücken der UdSSR von früheren Vorbedingungen brachte die Westmächte nun ihrerseits in die Lage, eine Konferenz nicht mehr ablehnen zu können.[59] Der britische Botschafter in Moskau, Hayter, deutete die Kehrtwendung der Russen auf gewohnt eigenwillige Weise. Die Russen hätten sich, so meinte er, davon überzeugt, »daß wir [die Westmächte] kein Treffen wollen, und es deshalb eines zu ihren Gunsten geben muß«. Ihre bisherige Ablehnung habe sich als unhaltbar erwiesen und dazu geführt, das »Notensperrfeuer« aufzugeben und die Risiken eines »Gefechts auf engem Raum« zu akzeptieren.[60] Im Foreign Office fand diese Ansicht volle Zustimmung. Wenn die Sowjetunion die Divergenzen im Westen schüren wollte, war dies augenblicklich eher durch die Zustimmung zu einer Konferenz zu erreichen.[61]

Der amerikanische Botschafter in Moskau, Bohlen, kam zu einer ähnlichen Einschätzung, wenn er annahm, die Sowjetunion wolle jene westlichen Stimmen zurückgewinnen, die sie mit der Note vom 3. November zu verlieren drohte.[62] Dies bestätigte sich in einer häufig übersehenen Besonderheit der Note vom 26. November. Die Fassungen an die Regierungen Frankreichs und Großbritanniens wichen diesmal in einer Passage von jener an die Vereinigten Staaten ab. Die erste Variante lautete:

> »Die Sicherheit kann für alle europäischen Länder völlig gewährleistet werden, wenn sowohl die Anstrengungen Frankreichs und der UdSSR als auch die Anstrengungen der übrigen Länder Europas eben diesen Zielen entsprechen.«[63]

In der Note an die amerikanische Regierung hieß es hingegen:

> »Die Sicherheit kann für alle europäischen Länder völlig gewährleistet werden, wenn die Anstrengungen aller europäischen und anderer interessierter Staaten eben diesen besonderen Zielen entsprechen.«[64]

Die übliche Schlußfloskel, wonach »gleichlautende Noten« an die jeweils anderen westlichen Regierungen gerichtet seien, war diesmal eine bewußte taktische Irreführung. Der übrige Wortlaut der Noten unterstreicht dies durch seine eindeutige Tendenz, den USA das Präsenzrecht auf dem europäischen Kontinent zu bestreiten. Von daher erklärt sich die Einschätzung aus dem französischen Außenministerium, es handele sich um eine »beträchtliche« Textabweichung.[65]

Dabei blieb es nicht. Eine polnische Note vom 19. November 1953 über die deutsche Wiederbewaffnung war an die Regierungen Frankreichs, Hollands, Luxemburgs,

58 Die deutsche Frage 1952-1956, S. 56.
59 Aufzeichnung von Hohler, 27. Nov. 1953 (PRO FO 371/103695/C 1071/791).
60 Schreiben Hayters an Eden, 1. Dez. 1953 (PRO FO 371/103696/C 1071/836).
61 s. die Notiz Hohlers vom 11. Dez. zu Hayters »excellent dispatch« (so Palliser in einer Notiz vom 9. Dez.), ebd.
62 Bohlen an das State Department, 27. Nov. 1953 (FRUS 1952-1954, VII, 1, S. 678).
63 Die deutsche Frage 1952-1956, S. 56.
64 FRUS 1952-1954, VII, 1, S. 676. Die Abweichung ist in den Dokumentationen nicht vermerkt.
65 s. das Schreiben der britischen Botschaft in Moskau an das Foreign Office, 2.Dez, 1953 (PRO FO 371/103696/C 1071/838).

Belgiens, Dänemarks und Norwegens (als ehemals von Deutschland besetzten Staaten) gerichtet.[66] Sie eskortierte die sowjetische Losung »Europa den Europäern«, die in der Note vom 26. November durch den Hinweis auf die Begrenzung der »Europaarmee« auf nur sechs Staaten nachdrücklich vertreten wurde. Gerüchteweise war davon die Rede, die anderen sowjetischen Satellitenstaaten dem polnischen Vorbild folgen zu lassen.

Das sowjetische-polnische Manöver hatte kurzzeitig Mißstimmung zwischen London und Paris zur Folge. Frankreich hatte die polnische Note ohne Konsultation der Alliierten beantwortet. Im Foreign Office hielt man dies für »ziemlich ungehörig«. Damit werde die Bereitschaft bezeugt, über die von der polnischen Regierung aufgeworfenen Fragen wie das »Wiederaufleben des Nazismus« in West-Deutschland, die Neutralisierung Deutschlands und die amerikanische Europapolitik auf der Viererkonferenz debattieren zu wollen. Dies galt es nach Ansicht der britischen Beamten gerade zu verhindern.

Das französische Außenministerium versicherte, man habe »rein formell« und ohne Verpflichtungen einzugehen geantwortet.[67] Da niemand damit rechnete, die Russen könnten auf die polnische Note auf der Viererkonferenz zurückkommen, verlief der Streit im Sande.

In London wollte man nach der sowjetischen Kehrtwendung zugunsten einer Konferenz weitere Diskussionen mit den Russen vermeiden, bis man am Verhandlungstisch saß, und deshalb »rasch, kurz und bereitwillig« antworten.[68] Den Tagungsort Berlin war man umgehend bereit zu akzeptieren. Um unerwünschte Parallelen zur Potsdamer Konferenz auszuschließen, kam erstmals der Gedanke abwechselnder Sitzungen im sowjetischen Sektor und den Westsektoren auf.[69] Weitere Einzelheiten sollte der westliche Gipfel auf Bermuda klären. Vorsichtshalber schränkte Dulles seine Zustimmung zum Tagungsort Berlin unter Verweis auf die noch anstehende, »wichtige« Meinung Adenauers in dieser Frage ein. Ihm hatte vor allem der »antideutsche Ton« der sowjetischen Note mißfallen, der auf Stimmungen in Frankreich gerichtet war. Bereitwillig stimmte er dem Wunsch der französischen Regierung zu, in der Antwort eine knappe Zurückweisung der sowjetischen Angriffe gegen die EVG aufzunehmen.[70]

66 s. das Schreiben von A.C.Stewart von der britischen Botschaft in Moskau an das Foreign Office, 25. Nov. 1953 (PRO FO 371/103696/C 1071/837).

67 PRO FO 371/103701/C 1071/986, Kommentar Hancocks vom 31.Dez, 1953; Aufzeichnung von Warner vom 9.Jan 1954 mit einem Vermerk von Roberts. Die norwegische Regierung hatte ebenfalls – nach Rücksprache mit Kopenhagen und Den Haag – lediglich den Eingang der Note bestätigt und sich jeden inhaltlichen Kommentars enthalten (Schreiben der deutschen Gesandtschaft in Oslo an das Auswärtige Amt, 17.Dez, 1953, PA AA, Bestand EVG 215-54 3/A.232-00).

68 Aufzeichnung Hohler, 27. Nov. 1953 (PRO FO 371/103695/C 1071/791).

69 Ebd.; s. a. die positive Reaktion von Dulles auf Edens entsprechende Kommentare zur Sowjetnote (Dulles' Schreiben an die amerikanische Botschaft in London, 28. Nov. 1953, FRUS 1952-1954, VII, 1, S. 680 f.). In Frankreich war zunächst Berlin als Tagungsort abgelehnt worden (ebd., S. 680, Anm. 4).

70 PRO FO 371/103695/C 1071/793 Aufzeichnung von Roberts über ein Telefonat mit dem französischen Außenministerium, 28. Nov. 1953; FRUS 1952-1954, VII, 1, S. 680.

Die von der Bermuda-Konferenz gebilligte westliche Note vom 8. Dezember 1953[71] war entgegen anderer Einsichten von einem zur Schau getragenen Optimismus erfüllt. Darin war von der Hoffnung die Rede, die Konferenz werde »zur Wiedervereinigung Deutschlands in Freiheit und zum Abschluß eines österreichischen Staatsvertrages führen«. Das nur in groben Umrissen bekannte System kollektiver Sicherheit, wie es der sowjetischen Führung vorschwebte, erhielt eine ironisierende Bewertung, indem das westliche Bündnis als »kollektiver Beitrag« zur Gewährleistung der »Sicherheit« »gewisser europäischer Staaten« deklariert wurde. Abgesehen von solchen propagandistischen Wortspielereien waren die Einwilligung der Amerikaner zur Erörterung der Frage einer Fünfmächtekonferenz, die Zustimmung zum Tagungsort Berlin und der Terminvorschlag (4. Januar 1954) bedeutsame Zugeständnisse.
Die Sowjetunion zeigte keine Eile, der prinzipiellen Einigung eine rasche Begegnung folgen zu lassen. Erst nach knapp drei Wochen, am 26. Dezember 1953, erreichte ihre Antwort die Westmächte, mit dem Vorschlag, sich frühestens am 25. Januar 1954 zu treffen.[72] Die Zustimmung der Westmächte erging am 1. Januar 1954.[73] Einen Grund, auf einen früheren Termin zu drängen, hatte man ohnehin nicht, da die französischen Präsidentschaftswahlen nur die Wahl zwischen mehr oder weniger ungünstigen Terminen offenließen.[74] Detailfragen wurden der Klärung durch die Hohen Kommissare überlassen.
Eine wenig ruhmvolle Übereinkunft auf eine Konferenz zu einem wenig erfolgversprechenden Zeitpunkt war erreicht. Glücklich darüber waren nur noch wenige. Der britische Hohe Kommissar erinnerte noch einmal daran, daß der deutsche Bundeskanzler »privat kein Geheimnis daraus gemacht« habe, daß er die Konferenz lieber verhindert hätte, bis die EVG ratifiziert war. Dem stand aber das starke Interesse in Deutschland an der Wiedervereinigung entgegen.[75] Dem amerikanischen Hohen Kommissar Conant schien Adenauer »echt und ernsthaft aufgeregt« über die baldige, unabweisbare Konferenz.[76] Im Unterschied zu Briten und Amerikanern versuchte Adenauer erneut, wie er in einem Gespräch mit dem amerikanischen Hohen Kommissar am 30. November 1953 verdeutlichte, »Zeit zu gewinnen«. Er gab an, Informationen über Churchills »prekären« Gesundheitszustand zu besitzen. Die Briten waren deshalb nach seiner Meinung wie die Franzosen nicht in der Lage, eine entschiedene Europapolitik zu führen. Es sei »Selbstmord«, sich in nächster Zukunft mit den Russen zu treffen.[77] Adenauer schien der Möglichkeit einer »deutsch-amerikanischen Lösung« der Probleme nachzuhängen, die von den

71 Die deutsche Frage 1952-1956, S. 57.
72 Ebd.
73 Ebd., S. 58.
74 Für den 17. Jan. 1954 war die Einsetzung des neugewählten Präsidenten vorgesehen. Erst danach würde eine neue Regierung gebildet werden.
75 Schreiben Hoyer-Millars an das Foreign Office, 27. Nov. 1953 (PRO FO 371/103694/C 1071/757).
76 PRO FO 371/103694/C 1071/773; Hoyer-Millar an das Foreign Office, 30. Nov. 1953; vgl. »NZZ«, Nr. 337, 8. Dez., S. 2; Nr. 332, 3. Dez. 1953, S. 2.
77 Streng geheimes Schreiben Conants an Dulles vom 30. Nov. 1953 (FRUS 1952-1954, VII, 1, S. 683). Adenauer forderte zunächst eine Dreierkonferenz Ende Jan. 1954 nach Bildung der neuen französischen Regierung.

Amerikanern abgelehnt wurde. Der »Lehrer« (preceptor) Amerika sollte die europäischen Angelegenheiten regeln, die deutsche Partnerschaft mit den drei Westmächten garantieren und die Bundesrepublik nicht »mit dem hysterischen Frankreich allein auf dem Kontinent lassen«.[78] Adenauer wollte die westliche Zustimmung von einer bestimmten Reihenfolge der Tagesordnungspunkte abhängig machen, ohne in der Note das Wort »Agenda« zu erwähnen. Dem Tagungsort Berlin müsse er als Kanzler »natürlich offiziell zustimmen«, hege aber »beträchtliche Zweifel« wegen zu erwartender Propaganda zwischen Ost- und Westsektoren. Vor der »feindseligen Meinung« in Deutschland im Falle einer nicht eindeutigen Zustimmung zur Konferenz, von der Conant sprach, fürchtete sich Adenauer nicht. Er werde eine verzögernde Antwort des Westens öffentlich unterstützen.[79] Am 4. Dezember machte er eine überraschende Kehrtwendung und schwenkte auf die westliche Linie ein.[80] Der britische Außenminister Eden hatte sich gegen »kategorische Bedingungen« gewandt und die »allgemeine Harmonie« der westlichen Position nicht gefährden wollen.[81]

Mit der nach nur drei Tagen nach Erhalt der letzten westlichen Note erfolgten auffallend kurzen sowjetischen Antwort vom 4. Januar 1954 endete »ein Gespräch unter tauben Leuten«,[82] bei dem die Teilnehmer sich meist an die Öffentlichkeit und nicht an den Dialogpartner wandten. Nach diesem »beklagenswerten Tiefstand der Diplomatie«[83] verblieb lediglich die Hoffnung auf überraschende Wandlungen hinter verschlossenen Konferenztüren oder die Festschreibung des Status quo. Ein Fortdauern des Schwebezustandes hielt kaum jemand nach dem Notenwechsel für denkbar. Die erste Option konnte aber auch Adenauers alte Befürchtungen vom Frühjahr 1953 wegen Churchills Neigung zur »Geheimdiplomatie« und die Furcht vor einer Einigung hinter dem Rücken und auf Kosten Deutschlands wecken. Die zweite war – zumindest als erklärte Zielvorstellung – einer kritischen internationalen Öffentlichkeit nicht zumutbar. Von daher mochte die erste Viermächtekonferenz seit Gründung der beiden deutschen Staaten durchaus Spannung und Ungewißheit erzeugen.

II.2 Das Problem der Konsultation und Beteiligung deutscher Vertreter

In allen Noten der Westmächte an die Sowjetunion im Vorfeld der Berliner Konferenz war eine Konsultationsklausel enthalten, die Absprachen zwischen den Regierungen der Alliierten und der Bundesrepublik erwähnte und einer Aufwertung des Anteils der deutschen Seite an der Konferenzvorbereitung gleichkam.[1] Im

78 s. Conants streng geheime Schreiben an Dulles vom 30. Nov. und 5. Dez. 1953 (FRUS 1952-1954, VII, 1, S. 683, 685).

79 Protokoll des Gesprächs zwischen Conant und Adenauer am 30. Nov. 1953 (PRO FO 371/103694/C 1071/780; FRUS 1952-1954, VII, 1, S. 685).

80 FRUS 1952-1954, VII, 1, S. 685.

81 PRO FO 371/103694/C 1071/779, Eden an die britische Botschaft in Washington, 1. Dez. 1953.

82 Eberhard Jäckel, Einleitung zu: Die deutsche Frage 1952-1956, S. 12.

83 Ebd.

1 Lediglich in der letzten, sehr kurzen westlichen Note vom 1. Jan. 1954 fehlte diese Klausel, da es nicht mehr um inhaltliche oder andere Entscheidungen ging und auch kein Wunsch der

Notenwechsel des Jahres 1952 war nur in der westlichen Note vom 25. März ein vergleichbarer Passus verwendet worden, in dem es allerdings nur geheißen hatte, deutsche Vertreter seien »zu Rate gezogen« worden.[2]
In den sowjetischen Noten findet sich keine auf die DDR-Regierung bezogene Entsprechung, wenngleich die Sowjetunion ausdrücklich für sich beanspruchte, in deutschem Interesse zu handeln. Von einer deutschen Beteiligung war nur im Zusammenhang mit einer Friedenskonferenz die Rede.[3]
Für die Sowjetunion mochte es den Anschein haben, die Bundesregierung sei eng mit der Entscheidungsfindung im westlichen Lager verbunden oder sei gar die Triebfeder der westlichen Konferenzplanung.[4] Dabei blieb unberücksichtigt, daß zwar das Besatzungsstatut in zähen Verhandlungen revidiert und der Deutschland-Vertrag ausgehandelt worden war, die in letzterem verbrieften Rechte aber noch nicht in Kraft gesetzt waren.[5] Ohnehin ließ sich gegenseitiges Vertrauen nicht vertraglich vereinbaren. Der Verlauf der Konsultation zwischen den Westalliierten und der deutschen Seite gibt darüber beredt Auskunft und macht deutlich, daß dies nur beständige sachliche Kontakte zu leisten vermochten. Der amerikanische Hohe Kommissar beschrieb in seinen Memoiren den Schwebezustand zwischen in Aussicht gestellter, aber vorerst nicht existenter Souveränität der Bundesrepublik:

> »Nothing illustrates better the special position of the United States High Commissioner for Germany than the fact that on arrival in Bonn I presented no credentials to President Theodor Heuss. He was not yet the head of a sovereign state. Strictly speaking, he was responsible to me as one of the three High Commissioners who jointly ruled the Federal Republic of Germany. My call was a matter of personal courtesy, not of diplomatic protocol.«[6]

Die unmittelbare Vorgeschichte der Berliner Konferenz förderte die Einsicht in die gegenseitige Abhängigkeit beim Entwurf eines einheitlichen westlichen Konzepts in der Deutschlandfrage und bei der Auseinandersetzung mit der Sowjetunion. Die Alliierten sahen sich alsbald gezwungen, dem potentiellen Verbündeten Zugeständnisse auch ohne formelle Regelung zu machen. Adenauer versuchte seinerseits,

Bundesregierung zur Aufnahme des üblichen Passus vorlag (s. das Schreiben der britischen Botschaft in Washington an das Foreign Office vom 29. Dez. 1953 und das Schreiben des Foreign Office an die Botschaft in Paris vom 30. Dez. (PRO FO 371/103702/C 1071/991) und Harveys Schreiben aus Paris nach London vom 30. Dez. (PRO FO 371/103702/C 1071/1002).

2 s. Die deutsche Frage 1952-1956, S. 24. Es war dabei von Vertretern der Bundesrepublik und Berlins die Rede.

3 Näheres s.unten im Abschnitt über die Deutschlandpolitik der SED.

4 s. dazu das Werk des langjährigen Korrespondenten der »Pravda« in der Bundesrepublik, Pavel Naumov (Bonn. Macht und Ohnmacht, Frankfurt a.M. 1968, S. 163). In anderen sowjetischen Arbeiten über die westliche Deutschlandpolitik ist von einem deutschen Einfluß überhaupt nicht die Rede (s. P.A.Nikolaev, Politika SŠA, Anglii i Francii v germanskom voprose 1945-1954, Moskva 1964); V.N.Beleckij (Belezki, Die Politik der Sowjetunion in den deutschen Angelegenheiten in der Nachkriegszeit 1945-1976, Berlin [Ost] 1977, S. 156) meint, die Bundesregierung habe keine entscheidende Rolle bei der Meinungsbildung der Westmächte gespielt.

5 s. Wilhelm G.Grewe, Deutsche Außenpolitik der Nachkriegszeit. Stuttgart 1960, S. 46 ff., 169 ff.; Hedwig Maier und Achim Tobler, Die Ablösung des Besatzungsstatuts in der Bundesrepublik Deutschland, in: EA, 20. Aug. 1955, S. 8082-8097.

6 James B.Conant, My Several Lives. Memoirs of a Social Inventor. New York 1970, S. 547. Conant trat sein Amt im Febr. 1953 an.

den sich dabei eröffnenden Spielraum entschlossen für die Bundesregierung zu nutzen. Im Verlauf des Notenwechsels mochte gelegentlich der Eindruck entstehen, als seien bereits »aus Besatzungsmächten ... Verbündete, aus Befehlsempfängern einflußreiche Partner« geworden.[7] Dabei wird leicht übersehen, daß es sich um einen zähen Wandlungsprozeß deutsch-alliierter Umgangsformen handelte, der bis in die Zeit nach der Viererkonferenz andauern sollte. Nicht zuletzt der französische Hohe Kommissar André François-Poncet hegte ein tiefes Mißtrauen gegen die »psychologie allemande« und erinnerte, indem er auf einer mehr als nur symbolischen Kontrolle Deutschlands beharrte, gern an die bedingungslose Kapitulation von 1945.[8]
Adenauer spürte im Sommer 1953 die Gunst der Stunde, sich im Bundestagswahlkampf der deutschen Öffentlichkeit und den westlichen Regierungen als Befürworter und Förderer einer Viermächtekonferenz zu präsentieren, nachdem er sich über die gewohnte »diplomatische Kleiderordnung« hinweg in Washington die Versicherung hatte einholen lassen, daß bei einer solchen Konferenz nichts ohne Rücksprache bei der Bundesregierung erfolge.[9] Nicht überall stieß er auf Wohlwollen, und es war von »deutscher Taktlosigkeit« die Rede.[10]
Blankenhorns Überraschungsvisiten und Sondermissionen nach Washington und London im Frühjahr und Sommer 1953 bildeten nur den Auftakt für die wiederholte Anwendung dieses diplomatischen Mittels in dem Halbjahr vor der Berliner Konferenz. Hallstein zählte alsbald ebenfalls zu den geheimnisumwitterten Emissären des Bundeskanzlers.[11] Die Reise von Adenauers engsten Vertrauten dienten vordringlich dem Zweck, den Westmächten die Bedenken des Kanzlers gegen Churchills Plan für informelle Gespräche mit den Russen beharrlich ins

7 So Foschepoth, Churchill, S. 1297.

8 Armand Bérard, Un ambassadeur se souvient. Washington et Bonn 1945-1955. Paris 1978, S. 270; Hans Manfred Bock, Zur Perzeption der frühen Bundesrepublik Deutschland in der französischen Diplomtie: Die Bonner Monatsberichte des Hochkommissars André François-Poncet 1949-1955, in: FRANCIA. Forschungen zur westeuropäischen Geschichte. Hg. vom Deutschen Historischen Institut Paris. Bd. 15 (1987). Sigmaringen 1988, S. 608. Der amerikanische Hohe Kommissar McCloy neigte in der Rückschau zu einer etwas beschönigenden Sicht bezüglich der Einvernehmlichkeit der Alliierten in der Frage der Kooperation mit der deutschen Seite (John McCloy, Adenauer und die Hohe Kommission, in: Konrad Adenauer und seine Zeit. Bd. 1. Stuttgart 1976, S. 425). McCloy amtierte bis Juli 1952.

9 Herbert Blankenhorn, Verständnis und Verständigung. Blätter eines politischen Tagebuchs 1949-1979. Frankfurt/Berlin/Wien 1980, S. 152 f., 159; vgl. Adenauer, Erinnerungen 1953-1955, S. 213 f., 222. Die Kabinettsprotokolle der Bundesregierung 1953, S. 340 ff. (Sondersitzung vom 10. Juni 1953). Blankenhorn war erstmals Ende Mai/Anfang Juni 1953 mit einer persönlichen Botschaft und einem Memorandum für Präsident Eisenhower entsandt worden (s. weiterhin FRUS 1952-1954, VII, 1, S. 459-463, 466-471; BA NL351, Bd. 20a, fol.1-14, 26-28).

10 So Kirkpatrick in einem Schreiben an das Foreign Office vom 10. Juli 1953 (PRO FO 371/103667/C 1071/52); vgl. Blankenhorns Tagebucheintrag vom 10. Juli 1953 (BA NL351, Bd. 22, fol.192; Verständnis, S. 160 f.).

11 s. etwa den Zeitungsbericht über eine Visite Hallsteins in London in den Tagen der Konferenz der drei westlichen Außenminister (»NZZ«, Nr. 286, 18. Okt.1953, S. 1): »Ein bemerkenswert datierter Zufall will es, daß der deutsche Staatssekretär Professor Hallstein, der sich auf eine Vortragsreise nach den Vereinigten Staaten begibt, am Samstag mit dem Flugzeug von Bonn in London eintrifft und wahrscheinlich einen kurzen Aufenthalt hier macht. Die auch in deutschen Kreisen Londons angestellte Kombination liegt nahe, er könnte sozusagen im Vorbeiflug einen Beitrag zu den Besprechungen der drei Außenminister leisten.«

Gedächtnis zu rufen und den amerikanischen Präsidenten zu drängen, die Führung in der westlichen Deutschlandpolitik zu übernehmen.[12] Der direkte Kontakt wurde nicht zuletzt damit begründet, daß von amerikanischer Seite derzeit »kein wirklicher Kenner der deutschen Probleme« in der Hohen Kommission tätig sei.[13] Doch brachte diese Form der Geheimdiplomatie mit sich, daß sich die deutsche Vertretung in Washington übergangen fühlte und den Eindruck hatte, als »Organ der Außenpolitik ... offensichtlich nicht zu exisitieren« und vom State Department über die Politik der Bundesregierung unterrichtet zu werden.[14] Die von den Amerikanern erwartete Wahlhilfe stellte sich Adenauer zunächst in Form einer Umwandlung der deutschen Vertretung in Washington und des amerikanischen Hohen Kommissariats in Botschaften sowie einseitiger Maßnahmen der USA in der Kriegsverbrecherfrage vor.[15]

Die Amerikaner waren zu ideeller Wahlhilfe bereit. Dulles, der kurz zuvor vermieden wissen wollte, daß durch eine allzu aufdringliche Unterstützung des »hochgeschätzten Anhängers der Westpolitik« Adenauer als »American puppet« erschien, erklärte schließlich doch in einer Pressekonferenz vom 3. September 1953, eine Wahlniederlage Adenauers werde »katastrophale Folgen für die Aussichten Deutschlands auf eine Wiedervereinigung und die Wiedererlangung voller Souveränität haben«.[16]

12 Letzteres hatte Adenauer schon vor Churchills Unterhausrede bei seinem Amerikabesuch im April 1953 vorgebracht (s. dazu die Dokumente in: FRUS 1952-1954, VII, 1, S. 425 ff.; Adenauer, Erinnerungen 1945-1953, S. 564 ff); zu Adenauers Bedenken gegen Churchills Initiative s. FRUS 1952-1954, V, 2, S. 1606 f.; Adenauer, Erinnerungen 1953-1955, S. 200 ff.; Aufzeichnung einer Unterredung Hallsteins mit dem amerikanischen Vertreter bei der Europäischen Gemeinschaft für Kohle und Stahl, David K.E.Bruce, in Paris vom 29. Mai 1953 (BA NL 351, Bd. 21, fol.25 f.; vgl. FRUS 1952-1954, VII, 1, S. 457 f.).

13 Schreiben Blankenhorns an den Direktor des Büros für Europäische Angelegenheiten im State Department, James W.Riddleberger, 13. Juni 1953 (BA NL351, Bd. 20a, fol.158; vgl. FRUS 1952-1954, VII, 1, S. 466). Blankenhorn hätte anstelle Conants Bruce in Bonn bevorzugt (BA NL351, Bd. 21, fol.81).

14 Schreiben Georg Federers aus Washington an Blankenhorn vom 10. Juli 1953 (BA NL351, Bd. 22, fol.147).

15 s. Memorandum eines Gesprächs zwischen Blankenhorn und dem Unterstaatssekretär Smith in Washington vom 4. Juni 1953 (FRUS 1952-1954, VII, 1, S. 467); vgl. den Vermerk von Roberts über ein Gespräch Adenauers mit dem französischen Hohen Kommissar François-Poncet, 12. Juni 1953 (PRO PREM 11/499). Selwyn Lloyd hatte Unterstützung zugesagt, hielt aber nichts von ein- oder zweiseitigen Abmachungen, d.h. von einer Umgehung Frankreichs (Tagebucheintrag Blankenhorns, 16. Juni 1953, BA NL351, Bd. 21, fol.58). Die Botschafterfrage hatte Adenauer erstmals bei seinem Amerikabesuch im April 1953 aufgeworfen (Protokoll einer Unterredung mit Dulles vom 7. April 1953, BA NL351, Bd. 19a, fol.3; vgl. FRUS 1952-1954, VII, 1, S. 432; Adenauer, Erinnerungen 1945-1953, S. 571 f.). Dulles hatte »wohlwollende« Prüfung zugesagt. Die Hohen Kommissare Conant und Kirkpatrick wurden im Juni zu Botschaftern ernannt und den deutschen Geschäftsträgern in Washington (Heinz Krekeler), London (Hans Schlange-Schöningen) und Paris (Wilhelm Hausenstein) im Juli der persönliche Rang eines Botschafters verliehen (s. die Aufzeichnung der Kabinettssitzung vom 30. Juni 1953 [Die Kabinettsprotokolle der Bundesregierung 1953, S. 370, 371; Bulletin, 9. Juli 1953, S. 1084). Diese förmliche Geste änderte nichts am Status der Hohen Kommissionen (vgl. Conant, My Several Lives, S. 588).

16 Schreiben Dulles' an den amerikanischen Hohen Kommissar, 20. Juli 1953 (FRUS 1952-1954, VII, 1, S. 499); Department of State Bulletin, 14. Sept. 1953, S. 353; s. a. »New York Times«, 4. Sept. 1953, S. 1; »NZZ«, Nr. 244, 5. Sept. 1953, S. 2. Der deutsche Vertreter im Interimsausschuß für die Organisation der EVG, Albrecht von Kessel, hatte bei einem Besuch in den USA den Eindruck gewonnen, daß sich wegen einer »gewissen Ratlosigkeit« in der

Die Empörung der SPD über diese massive Einmischung in den deutschen Wahlkampf focht Adenauer nicht an. Am 5. September schrieb er an den amerikanischen Außenminister:

»I feel a strong desire, Mister Secretary, to thank you for your recent remarks in which you once again so impressively and understandingly stated your position concerning the German question. The vast majority of the German people agreed with your remarks.«[17]

Auch die französische Regierung hatte sich zur Rücksichtnahme verpflichtet gefühlt und »jeden Schritt« vermeiden wollen, der Adenauer »ungelegen« sein konnte. Ihr fiel dies um so schwerer, als Adenauer in einem Schreiben vom 25. Juni scharfe Vorwürfe gegen sie wegen der am 20. Mai mit der Saarregierung geschlossenen Verträge erhoben hatte. Nachdem der Wahlkampf »nun unter außerordentlich glücklichen Umständen beendet« war, gab Bidault die volle Zurückhaltung auf und verwahrte sich in einem frostigen Schreiben gegen die Unterstellungen, »die endgültige Regelung der Saarfrage präjudiziert«, das »Völkerrecht mißachtet« und an der Saar eine »Vormachtstellung« gesichert zu haben.[18]

Es war naheliegend, die Fixierung der westlichen Regierungen auf den amtierenden Bundeskanzler nicht nur durch die Konsultationsklausel in den Noten an die Sowjetunion zu bestätigen, sondern sich auch ernsthafter mit Adenauers Vorschlägen zu einer stärkeren personellen Verzahnung westalliierter und westdeutscher Außenpolitik zu befassen. Bereits Ende Mai 1953 hatte Adenauer in einem Schreiben an Eisenhower die Abstimmung der westlichen Deutschlandpolitik mit der Bundesregierung vor einer Viermächtekonferenz vorgeschlagen.[19] Nach dem 6. September wurde er nicht müde, das Wahlergebnis als Stärkung der außenpolitischen Stellung der Bundesrepublik auszugeben und daraus Verhandlungsspielraum zu gewinnen.[20] Doch stieß die amerikanische Bereitschaft zu angemessener Beteiligung der deutschen Seite auf erhebliche Bedenken bei den beiden anderen alliierten Mächten.[21] Vorerst

Europapolitik der Amerikaner »alle Blicke auf den Kanzler richten«, von dem man »Wunder« erwarte. Von Kessel schrieb ironisierend an Blankenhorn: »Er [Adenauer] soll einen Trank zusammenbrauen, an dem Frankreich genesen, Europa über Nacht entstehen und Moskau in tödliche Schwäche verfallen soll. Darüber hinaus soll Deutschland unter dem ›Zepter‹ des Bundeskanzlers vereinigt werden, nach Westen so schwach, nach Osten so stark als möglich wirkend. Und dann sollen die Satelliten sich selbst befreien und von da an in alle Ewigkeit im amerikanischen Kindergarten lieb miteinander spielen« (Brief vom 9. Juli 1953, BA NL351, Bd. 22, fol.242).

17 FRUS 1952-1954, VII, 1, S. 533. Nach der Sowjetnote vom 15. Aug. hatte Adenauer bei einem Kanzler-Tee den Russen Wahlhilfe für die Gegner der EVG-Politik vorgeworfen (Teegespräche 1950-1954, S. 477, 482). Conant berichtete am 3. Sept. 1953 an das State Department, der Pressechef der SPD habe in der Erregung über Dulles' Erklärung hunderttausende von antiamerikanischen Wahlplakaten angekündigt, die Adenauer als amerikanische Marionette darstellen sollten (FRUS 1952-1954, VII, 1, S. 533).

18 s. das streng geheime Schreiben Bidaults an Adenauer vom 25. Sept. 1953 (BA NL351, Bd. 24, fol.48-53) [deutsche Übersetzung].

19 Schreiben Adenauers an Eisenhower, 29. Mai 1953 (BA NL351, Bd. 21, fol.39). Der Kanzler dachte an Konsultationen der stellvertretenden Außenminister.

20 Etwa in der Sitzung des CDU-Bundesvorstandes vom 19. Jan. 1954 (Adenauer: »Wir haben wirklich etwas geschaffen«, S. 105 f.).

21 Adenauer hatte am 29. Mai 1953 in einem Schreiben an Eisenhower vorgeschlagen, eine Viererkonferenz durch die stellvertretenden westlichen Außenminister unter Beteiligung eines

blieb daher die gewohnte Rangfolge gewahrt, und die Westmächte verständigten sich zunächst untereinander, bevor sie die deutsche Seite einbezogen. Die sich zunehmend verschlechternde innenpolitische Lage der französischen Regierung im zweiten Halbjahr 1953 begünstigte es, daß Adenauers Forderung nach einer Ausweitung der Konsultation in London und Washington größeres Gehör fand.[22]
Die ersten Ansätze, mit der Bundesregierung im Blick auf die konkrete inhaltliche Planung der Viererkonferenz ins Gespräch zu kommen, datieren Ende September 1953. Nach Adenauers deutlichem Wahlsieg mußte die auf ihn zugeschnittene Deutschlandpolitik in ein Programm gefaßt werden, das sich gegenüber sowjetischen Vorschlägen behaupten konnte. Eine alliierte Expertengruppe wurde mit der Ausarbeitung beauftragt.[23] Auf Wunsch des State Department sollte das Expertentreffen möglichst geheim gehalten und bei Nachfragen als routinemäßige Fortsetzung der alliierten Konsultation nach der Washingtoner Außenministerkonferenz deklariert werden. Eine Beteiligung deutscher Vertreter war nicht vorgesehen, wenngleich Kontakt zur Bundesregierung gehalten werden sollte.[24]
Die Anfänge dieser Konsultationen waren bescheiden. Das Auswärtige Amt erhielt am 22. September ein Aide Mémoire der Westmächte in Form eines Fragenkatalogs zu verschiedenen Aspekten gesamtdeutscher Wahlen und der Bildung einer gesamtdeutschen Regierung.[25] Am 8. Oktober trug Grewe die Ansichten der Bundesregierung gegenüber Vertretern der Alliierten Hohen Kommission vor, allerdings nur zum Problem freier Wahlen, während er »noch nicht in der Lage war«, die Fragen der Westmächte zum künftigen Status einer gesamtdeutschen Regierung zu beantworten.[26]
Die Koordination der Meinungsbildung auf deutscher Seite kam nur schleppend voran. Dem französischen Hohen Kommissar war aus Adenauers Umgebung beschieden worden, der Kanzler könne einer Konsultation erst zustimmen, wenn die Regierungbildung abgeschlossen sei und er Zeit gefunden habe, »eine Position zum Gegenstand einzunehmen«.[27] Obwohl es sich nur um informelle Gespräche handeln sollte, begründete Blankenhorn Adenauers Verzögerung mit dem Argument, das Problem freier Wahlen, um das es vor allem ging, berühre die Kompetenzen verschiedener Ministerien, und die bisherigen Leiter der beiden wichtigsten, des Innenministeriums und des Ministeriums für gesamtdeutsche Fragen, würden ausgetauscht.[28] Dies entsprach nur zu einem Teil den Tatsachen, denn für Adenauer ging

deutschen Vertreter vorbereiten zu lassen. Auf der Konferenz selbst, hoffte er, durch eine »prominente Persönlichkeit« vertreten zu sein, die von den westlichen Delegationen »vollständig« informiert würde (FRUS 1952-1954, VII, 1, S. 461).

22 s. Adenauers Schreiben an die westlichen Außenminister vom 14. Sept.1953 (PRO FO 371/103691/C 1071/693) [in englischer Übersetzung].

23 PRO FO 371/103680/C 1071/409, Aufzeichnung P.F.Hancocks vom 24. Sept. 1953. Näheres im Abschnitt über die Pariser Arbeitsgruppe der Westmächte.

24 Ebd.

25 PRO FO 371/109284/C 1071/436. Der Katalog umfaßte 20 Fragen, teilweise mit Unterfragen. Die Fragen Nr. 16-20 betrafen die gesamtdeutsche Regierung.

26 Ebd.

27 PRO FO 371/103680/C 1071/407, Ward von der britischen Hohen Kommission an das Foreign Office, 28. Sept. 1953.

28 Ebd. Zur neugebildeten Regierung s. Bulletin, Nr. 201, 21. Okt. 1953, S. 1673. Der Rechtsberater des Auswärtigen Amtes, Erich Kaufmann, begründete die Verzögerung mit einer vorzeitigen

es vor allem darum, das Amt des Außenministers gegen heftigen Widerstand selbst wieder einzunehmen. Während sich von Brentano auch öffentlich für diesen Posten ins Gespräch gebracht hatte, und Globke die Bedenken gegen eine Weiterführung der Personalunion aus der Fraktion vortrug, diktierte Adenauer kurzerhand seinem Pressechef ein unmißverständliches Dementi eines bevorstehenden Wechsels an der Spitze des Auswärtigen Amtes, während Blankenhorn mit der Bemerkung sekundierte, ein »Außenminister dritter Güte« werde »die deutsche Stimme« auf internationalen Konferenzen kaum durchdringen lassen.[29] Aufgeschoben werden mußte »mit Rücksicht auf die gegenwärtige außenpolitische Lage« auch die Ernennung Theodor Blanks, des Inhabers des »Amtes Blank«, zu einem Minister für Verteidigungsaufgaben.[30] Sehr bald sollte sich herausstellen, daß der Bundeskanzler und Außenminister auch die Entscheidungsfindung in den Fragen des alliierten Aide Mémoire nicht auf breiter Basis anstrebte.

Auf britischer Seite zeigte man sich verwundert darüber, daß »der Kanzler nicht fähig war, zwischen offiziellen Erörterungen ohne Verpflichtung und politischen Regierungsgesprächen zu unterscheiden«.[31] Man führte dies darauf zurück, daß in Bonn »so vieles in des Kanzlers persönlichem Büro zentralisiert« war.[32] Es kam sogar die Vermutung auf, Adenauer wolle zu diesem Zeitpunkt nicht die alleinige Verantwortung bei einem »so kontroversen Gegenstand« übernehmen. Auf britischer Seite erwartete niemand, der Kanzler könnte statt dessen einem seiner Beamten erlauben, Gespräche mit den alliierten Stellen auf der Grundlage von Papieren zu beginnen, die er selbst noch nicht gelesen hatte. Der Entwurf von Positionspapieren war auf deutscher Seite einem Arbeitskomitee übertragen worden, das seine Tätigkeit jedoch noch nicht abgeschlossen hatte.[33] Es befaßte sich mit verschiedenen Aspekten der Wiedervereinigung.

Die negative Antwort der Sowjetunion auf den westlichen Konferenzvorschlag verhinderte, daß die Westmächte bei ihrer Planung und der Ergründung des »deutschen Standpunkts« in Zeitnot gerieten. Die erste alliierte Expertengruppe tagte vom 21. Oktober bis 2. November 1953 und sprach sich in ihrem Abschlußbericht für die Konsultation aller westlichen Regierungen aus, angefangen von der Bundesregierung über die Regierungen Österreichs und der Benelux-Staaten bis zu denen des Nordatlantikpaktes. Dafür wurden gesonderte Vorlagen zusammengestellt, die auf Teilen des Abschlußberichts beruhten.[34]

Stellungnahme des Ministeriums für gesamtdeutsche Fragen, die eine zusätzliche Begutachtung erforderlich gemacht habe (Schreiben Kaufmanns an Blankenhorn bzw. Hallstein vom 31. Okt. 1953, BA NL351, Bd. 25a, fol.2).

29 s. Blankenhorns Tagebuchaufzeichnungen vom 9. und 10. Sept. 1953 (BA NL351, Bd. 24, fol.194, 201 f.). Hier wie an vielen anderen Stellen zeigt sich, daß die publizierten »Blätter« seines politischen Tagebuchs (Blankenhorn, Verständigung) nicht nur stark redigiert wurden, sondern wesentliche Auslassungen und Veränderungen aufweisen, die den Gehalt und den Geist der ursprünglich notierten Fassung deutlich begrenzen.

30 Auszug aus dem Kurzprotokoll über die 1.Kabinettssitzung der Bundesregierung am 20. Okt.1953 (PA AA Bestand EVG, 232-00, ohne weitere Aktennummer).

31 PRO FO 371/103680/C 1071/407.

32 Ebd.

33 s. den Abschnitt über den »deutschen Standpunkt«.

34 s. den Abschlußbericht (PRO FO 371/103691/C 1071/676, S. 42 f.).

Die sowjetische Haltung erleichterte zwar die westliche Planung, verlieh ihr aber den Hauch akademischer Unverbindlichkeit. Die Bundesregierung nutzte den Zeitgewinn nicht zu einer größeren Einflußnahme und schien sich mit der Ergebnislosigkeit des Notenwechsels abfinden zu wollen. Die erste Expertenrunde in Paris war daher ohne wesentlichen deutschen Beitrag vorübergegangen.[35] Erst am 31. Oktober 1953 wurde die Stellungnahme des völkerrechtlichen Beraters des Auswärtigen Amtes, Kaufmann, zu den noch nicht beantworteten Fragen einer gesamtdeutschen Regierung im Aide Mémoire der Alliierten vom 22. September an das Bundeskanzleramt abgesandt.[36] Dem britischen Delegationsleiter Sir Frank Roberts erschien es deshalb naheliegend, der Bundesregierung nur die Abschnitte des Expertenberichts über freie Wahlen und den Status einer gesamtdeutschen Regierung zu Gesicht kommen zu lassen.[37] Es ist nicht auszuschließen, daß die Bundesregierung bei den noch bestehenden »ziemlich wichtigen Differenzen« unter den Alliierten in den anderen, Deutschland betreffenden Teilen des Berichts vermittelnd oder zu deutschen Gunsten hätte einwirken können. Nun aber befand sie sich in einer bloß reaktiven Lage. Adenauers formales Konsultationsgesuch vom 14. September wurde erst nach Abschluß der Expertenrunde vom amerikanischen Hohen Kommissar Conant als dem Vorsitzenden der Alliierten Hohen Kommission am 3. November beantwortet.[38] Immerhin gestand Conant in seinem Schreiben einen deutschen »Beobachter« für die Viererkonferenz zu, der von den westlichen Delegationen über den Verhandlungsverlauf informiert werden und für Rückfragen vor Ort verfügbar sein sollte.

In der Konsultation vor der Konferenz wurde weiterhin die wenig erquickliche Form des Frage-Antwort-Verfahrens beibehalten, bei dem die Westmächte Thema und Umfang bestimmten.

Es bleibt jedoch anzumerken, daß die Konsultation noch unbefriedigender verlaufen wäre, wenn das Foreign Office nicht beharrlich um ein größeres Entgegenkommen Frankreichs geworben hätte. Am Quai d'Orsay hatte man sich noch nicht davon losmachen können, ein Bündnis unter Ausschluß eines Bündnispartners aufbauen zu wollen. Allerdings bestanden – abgesehen von den belastenden Erinnerungen an die Kriegszeit – zwischen Frankreich und der Bundesrepublik Differenzen, etwa in der Saarfrage, die es im Verhältnis der Deutschen zu den Briten und Amerikanern nicht gab.

Als Hoyer-Millar beauftragt wurde, Adenauer noch vor der Presse über die Tagesordnung der Gipfelkonferenz der drei westlichen Regierungschefs auf Bermuda zu informieren, meldeten sich umgehend kritische Stimmen aus Paris, die dies für überflüssig und zu weitgehend hielten.[39] Zu rasche Kontaktaufnahmen zu Adenauer,

35 Hallstein hatte am Rande der Londoner Außenministerkonferenz darum gebeten, den deutschen Standpunkt bei den bevorstehenden Expertengesprächen »angemessen« vortragen zu können (Memorandum des Gesprächs zwischen Dulles und Hallstein vom 21. Okt. 1953, FRUS 1952-1954, VII, 1, S. 546). Dieser Wunsch mußte angesichts des Fehlens eines deutschen Konzepts überraschen. Dulles beruhigte Hallstein damit, es würde dort keine »endgültige Entscheidung« in irgendeiner Sache gefällt.

36 Aufzeichnung vom 31. Okt. 1953 (BA NL351, Bd. 25a, fol.4-13).

37 PRO FO 371/103691/C 1071/683, Aufzeichnung von Roberts für Eden, 6. Nov. 1953.

38 PRO FO 371/103691/C 1071/693.

39 PRO FO 371/103693/C 1071/723, Schreiben des britischen Botschafters in Paris, Oliver Harvey, an Roberts, 11. Nov. 1953.

so wurde moniert, untergrüben die Position Bidaults. Man befürchtete, als »Satellit« der USA zu erscheinen.

Roberts hingegen war der Meinung, man könne die Deutschen nicht unendlich als »inferior beings« behandeln, schon gar nicht, wenn es um ihre eigenen Angelegenheiten gehe.[40] Er erinnerte an Adenauers Mißtrauen, die Westmächte könnten sich hinter seinem Rücken und auf Kosten Deutschlands mit der Sowjetunion einigen.[41] Immerhin seien es die Franzosen, so meinte Roberts, die die Ratifizierung der Bonner Verträge aufhielten, während sich Adenauer und die Bundesregierung in dieser Zeit als »kluge und verantwortungsvolle Partner« des Westens gezeigt hätten. Man müsse die Deutschen daher »mit Vorsicht und Takt« behandeln. Der Bundeskanzler galt Roberts als »einzig verläßlicher Punkt« und »weiser Anwalt unter den Mittelmächten in Europa«.

Adenauer verstand es, Briten und Amerikaner in dieser Sichtweise zu bestärken. Er brachte mehrfach das Argument eines möglichen Vertrauensverlustes der deutschen Bevölkerung in die Westintegrationspolitik ins Spiel, um seinem Drängen auf eine vorzeitige, teilweise Inkraftsetzung des Deutschlandvertrages Nachdruck zu verleihen.[42] In London versuchte man umgehend, solchen Spekulationen, die sich zunehmend auf die Bermuda-Konferenz konzentrierten, den Boden zu entziehen.[43] Dies erschien um so notwendiger, als man sich in der deutschen Presse schon Gedanken über einen »Beobachter« bei dieser Konferenz machte oder doch zumindest nicht ausschloß, daß der »geheimnisvolle Herr Blankenhorn im Dezember auf Bermuda einen ›Erholungsurlaub‹ antreten würde«.[44]

Der amerikanische Außenminister Dulles hatte solchen Erwägungen Vorschub geleistet, als er die Gipfelkonferenz am 9. November als eine »Deutschland-Konferenz ohne die Sowjetunion« angekündigt hatte, auf der »Entschlüsse über die nicht-kommunistischen Teile Deutschlands« getroffen würden.[45]

Der britische Hohe Kommissar Hoyer-Millar stellte in einem Schreiben an das Foreign Office vom 11. November allerdings klar, daß es keinen deutschen Beobachter auf Bermuda geben würde und Adenauer auch keinen gefordert hatte.[46] Gleichwohl

40 Ebd., Antwortschreiben von Roberts an Harvey, 12. Nov. 1953.

41 Vgl. PRO FO 371/103693/C 1071/742, Aufzeichnung von Roberts, 9.Nov, 1953, und die darauf beruhende Aufzeichnung Edens für Churchill vom selben Tag.

42 s. sein Interview mit »US News and World Report« vom 9. Nov. 1953; vgl. den Bericht in: »NZZ«, Nr. 309, 10. Nov. 1953, S. 2. Solche Überlegungen wurden bereits im Sommer 1953 in diplomatischen Kreisen erörtert. Der Botschaftsrat in der deutschen Vertretung in Washington, Georg Federer, schrieb am 25. Juni am Blankenhorn, Adenauer müsse das deutschlandpolitische »Vakuum« bei den Westmächten in eigener Intitiative ausfüllen und die amerikanische Regierung auffordern, »die Souveränität mit den im Generalvertrag niedergelegten Maßgaben sofort« zu gewähren, und zwar als Antwort auf das sowjetische Eingreifen in der »Ostzone«, um den Sieg des Bundeskanzlers »einer souveränen Republik« bei den Septemberwahlen sicherzustellen, um eine »erhebliche Verstärkung des Bundesgrenzschutzes« vorzunehmen und »para-militärische Polizeistreitkräfte« zur Vorbereitung des deutschen Truppenkontingents für die EVG aufstellen zu können (BA NL351, Bd. 21, fol.95 f.).

43 »NZZ«, Nr. 318, 19. Nov. 1953, S. 1.

44 »NZZ«, Nr. 311, 12. Nov. 1953, S. 1.

45 Zitiert nach: »NZZ«, Nr. 311, 12. Nov. 1953, S. 1.

46 PRO FO 371/103693/C 1971/732. Adenauer bestätigte dies in einem Gespräch mit Hoyer-Millar vom 16. Nov. unter Verweis auf seine in dieser Frage nicht geänderte Meinung seit dem Juni 1953 (PRO FO 371/103693/C 1071/744, Schreiben Hoyer-Millars an das Foreign Office, 17. Nov.).

blieb man auf der Hut, galt es doch zu verhindern, daß der deutsche Kanzler erneut darauf verfallen könnte, Blankenhorn oder Hallstein »ohne Vorwarnung« loszuschicken und erneut – wie im Sommer in Washington – »beträchtliche Verwirrung« zu stiften.[47] Wegen des informellen Charakters des Gipfeltreffens hielt man einen deutschen Vertreter für »unangemessen« – im Unterschied zur geplanten, formellen Viermächtekonferenz.[48] Immerhin gaben die Spekulationen in der Bundesrepublik Anlaß, das Problem der deutschen Konsultation grundsätzlich zu klären. Dabei zeigte sich, daß der Widerstand gegen einen deutschen Vertreter für »inoffizielle Konsultation« auf Bermuda abzubröckeln begann. Zwar war die Bundesregierung schließlich doch nicht vertreten – Roberts hatte vermerkt, ein deutscher Repräsentant werde dort ohnehin nur »herumlungern«[49] –, doch sahen sich die Briten zu der Presseerklärung veranlaßt, Adenauer werde in allen Deutschland betreffenden Fragen »voll konsultiert« werden.[50] Der dafür übliche Weg führte weiterhin über die Alliierte Hohe Kommission.

In Paris wollte man allerdings nichts überstürzen. Gelegentlich führte dies zu kuriosen Situationen. Schon Anfang November 1953 hatten sich aus dem französischen Außenministerium Stimmen gemeldet, die Teile eines Gesprächs zwischen dem britischen Hohen Kommissar und dem Bundeskanzler vor Bidault verborgen wissen wollten, da es nicht mit ihm abgesprochen und inhaltlich nicht auf französischer Linie lag.[51] Man stieß sich vor allem an einer Formulierung des schriftlichen Gesprächsberichts, wonach es Ziel der Westmächte war, »die frühestmögliche Inkraftsetzung der Bonner und Pariser Verträge zu fördern«. De Margerie vom Quai d'Orsay meinte, Bidault und Laniel seien bereits »genug gereizt« wegen der Art, wie sich Briten und Amerikaner ohne Absprache mit Frankreich auf die Bermuda-Konferenz geeinigt hätten. Bidault werde »an die Decke gehen«, wenn er von der Formulierung erführe, deren Inhalt Frankreich mehr als Deutschland betreffe.[52]

Vor dem Hintergrund der innenpolitischen Bedrängnis war die Nervosität der französischen Regierung verständlich. Die westliche Gipfelkonferenz konnte durchaus als Druckmittel gegen eine Regierung erscheinen, die sich eigentlich mit Amerikanern und Briten in grundsätzlichen Fragen einig wähnte.[53] Während es jedoch dem Foreign Office darum ging, Adenauer noch einmal der alliierten Position zu versichern, hielt man in Paris einen zu frühen Austausch mit Adenauer für einen »Fehler«.[54] Hier wollte man den Bundeskanzler auf die Zeit nach der Gipfelkonferenz vertrösten, wenn die westliche Antwortnote an die Sowjetunion ausgearbeitet sein würde.

47 PRO FO 371/103693/C 1071/736, Hoyer-Millar an das Foreign Office, 12. Nov. 1953.

48 PRO FO 371/103693/C 1071/732, Schreiben aus dem Foreign Office an Hoyer-Millar, 13. Nov. 1953.

49 PRO FO 371/103695/C 1071/788, Aufzeichnung von Roberts vom 11. Nov. 1953.

50 »NZZ«, Nr. 311, 12. Nov. 1953, S. 1.

51 PRO FO 371/103695/C 1071/788, Rumbold von der britischen Botschaft in Paris an das Foreign Office, 10. Nov. 1953.

52 Ebd.

53 Ebd., Aufzeichnung von Roberts, 11. Nov. 1953. Presseberichten zufolge wirkte die Ankündigung der Konferenz auf einige französische Politiker »wie ein Peitschenknall« (»NZZ«, Nr. 310, 11. Nov. 1953, S. 1).

54 Aufzeichnung Hancocks vom 3. Dez. 1953, unter Bezugnahme auf eine Information aus der französischen Botschaft in London.

Da man am Quai d'Orsay ohnehin Schwierigkeiten mit Adenauer über Form und Ausmaß der Konsultation erwartete, wollte man sich lieber auf Abwarten verlegen, als selbst die Initiative zu ergreifen.[55]
Parallel zu diesen diplomatischen Peinlichkeiten unter den Alliierten nahm das träge Konsultationsverfahren mit der Bundesregierung seinen Lauf. Am 11. November 1953 erhielt Adenauer Einblick in zwei Memoranda, die auf der Grundlage des Abschlußberichts der ersten Pariser Expertenrunde zu den Themen »freie Wahlen« und »Status einer gesamtdeutschen Regierung« verfaßt waren.
Obwohl die Entscheidungsfindung auf deutscher Seite in der nächsten Umgebung Adenauers konzentriert war, geriet die nun eigentlich erst einsetzende Konsultation über Fragen der Wiedervereinigung zunehmend unter Zeitdruck. In einer Kabinettsitzung vom 8. Dezember 1953 sprach Adenauer von der Notwendigkeit, die Materialien für die Konferenz »beschleunigt« zusammenzustellen.[56] Am 16. Dezember, dem Tag des Beginns der zweiten Pariser Expertenrunde, übergab Kaufmann Vertretern der Alliierten Hohen Kommission die schriftlichen Antworten auf die Memoranda vom 11. November. Am selben Tag traf eine schriftliche Stellungnahme Adenauers bei den Alliierten ein und befand sich Wilhelm Grewe, kommissarischer Leiter der Rechtsabteilung im Auswärtigen Amt, mit Adenauers Ansichten im Gepäck auf dem Weg zu den Experten nach Paris.
Die dreifache Präsentation deutscher Ansichten deutete weniger auf das Bemühen der Bundesregierung hin, den »deutschen Standpunkt« nachdrücklich vorzubringen, als vielmehr auf eine überstürzte Meinungsbildung, mangelnde Abstimmung und Unsicherheit. Das Interministerielle Komitee, dessen Aufgabe es sein sollte, die von den Alliierten vorgelegten Fragen zu bearbeiten, konnte erst kurz vor dem Pariser Treffen, nämlich am 14. Dezember, zusammentreten.[57] Die Einbeziehung von Ergebnissen dieses Gremiums in die alliierten Beratungen war damit praktisch ausgeschlossen.
Grewes Auftritt in Paris stand wegen der sich häufenden Ad-hoc-Entscheidungen in formalen Konsultationsfragen auf alliierter Seite und fehlender breiter Rückendeckung in inhaltlichen Fragen auf deutscher Seite unter einem ungünstigen Stern. Briten und Amerikaner reagierten in der Folgezeit auf jedes Ansinnen Adenauers, ohne eine klare Linie erkennen zu lassen. Als Blankenhorn am 8. Dezember Hoyer-Millar am Krankenbett empfangen und von Adenauers Wunsch gesprochen hatte, Grewe nach Paris zu entsenden, damit er dort »verfügbar für Konsultation« sei, war er nicht auf taube Ohren gestoßen.[58] Den Briten erschien es »unklug«, Grewe von dieser Reise abzuhalten, da dies Adenauer »mißtrauisch und unglücklich« machen werde. Vielleicht konnte die Anwesenheit eines deutschen Vertreters sogar »von Nutzen« sein.[59]
Adenauers Haltung war jedoch nicht so eindeutig, wie man in London wähnte. Hier schien man nicht immer zwischen vermuteten und tatsächlich angemeldeten Ansprüchen zu unterscheiden. Denn Adenauer hatte wiederholt nur von »gründlicher

55 So berichtete Eden am 4. Dez. 1953 aus Bermuda an das Foreign Office über Bidaults Ansichten (PRO FO 371/103696/C 1071/815).
56 Die Kabinettsprotokolle der Bundesregierung 1953, S. 548.
57 PRO FO 371/103698/C 1071/875, Aufzeichnung Hancocks, 10. Dez. 1953.
58 PRO FO 371/103696/C 1071/839, Hoyer-Millar an das Foreign Office, 8. Dez. 1953.
59 PRO FO 371/103696/C 1071/839, Hancock an die britische Botschaft in Paris, 10. Dez. 1953.

Dreier-Konsultation« vor der Viermächtekonferenz gesprochen[60] und auch durch die zögerliche Meinungsbildung nicht den Eindruck erweckt, er wolle sich allzusehr in die inhaltliche Vorbereitung einmischen. Noch drei Tage vor Blankenhorns Anfrage bei Hoyer-Millar spekulierte man im Foreign Office darüber, ob es Adenauer genügen werde, wenn man ihn über die Ergebnisse der Expertenrunde »gründlich informiert« hielt, oder ob er nicht gar auf einer persönlichen Begegnung mit den drei Außenministern bestehen werde.[61] Letzteres schloß man nicht aus und dachte an ein Treffen unmittelbar vor Konferenzbeginn. Kirkpatrick hielt dieses Zugeständnis schon deshalb für gerechtfertigt, weil der Kanzler »gets intermittent bouts of nerves, largely because he is a lonely man«.[62]

Dies war nicht gerade ein überzeugendes Plädoyer für eine ernsthafte gemeinsame Konferenzplanung. Zur Entschuldigung für die eigene Wankelmütigkeit führte man im Foreign Office an, das erste Pariser Expertentreffen sei eine »vergleichsweise gemütliche Angelegenheit« gewesen, weil niemand im Innersten seines Herzens an ein Treffen mit den Russen geglaubt habe. Nun aber, da die Zeit drängte, wollte man Adenauer keine »Schwierigkeiten« machen.[63]

Grewes Status als »Beobachter« ließ von vornherein keine gleichberechtigte Teilnahme an den Pariser Beratungen erwarten. Doch selbst diese eingeschränkte Rolle war von alliierter Seite nicht eindeutig bestimmt worden. So erschöpfte sich die Konsultation weitgehend in einem formellen Austausch von Ansichten, der im Frage-Antwort-Verfahren abgewickelt wurde.[64]

Den Gründen für die Halbherzigkeit der Alliierten im Umgang mit der deutschen Seite kommt man auf die Spur, wenn man zurückverfolgt, auf welche Weise man sich auf die Zulassung eines deutschen Vertreters in Paris »einigte«.

Kirkpatrick hielt Grewe zwar für einen ziemlich zugänglichen Menschen, wollte ihn aber nicht »in den Sitzungen sitzen« haben.[65] Aus Paris verlautete sogar, Bidault wünsche überhaupt keinen deutschen Vertreter, um in der Öffentlichkeit nicht den Eindruck zu erwecken, es handele sich um ein Vierer-Vorbereitungstreffen.[66] Im französischen Außenministerium erinnerte man daran, daß die Bundesregierung den Westmächten noch ein Papier mit Antworten zum Themenbereich »Gesamtdeutsche Regierung« »schulde«, zu dessen Übergabe aber kein deutscher Vertreter nach Paris reisen müsse.[67] Auf unterer Ebene wurde als Kompromiß ein »sehr kurzer und geheimer Besuch« Grewes in Paris erwogen.

60 PRO FO 371/103696/C 1071/813 und 814, Telegramme Hoyer-Millars an das Foreign Office, 4. Dez. 1953.

61 PRO FO 371/103696/C 1071/814(1), Aufzeichnung von Hancock, 5. Dez. 1953.

62 Kirkpatricks Vermerk ebd.

63 PRO FO 371/103696/C 1071/839(1), Aufzeichnung Hancocks, 9. Dez. 1953.

64 Im Sprachgebrauch der Experten rangierten Grewes Begegnungen mit den drei Delegationsleitern als »informelle Treffen«, bei denen er von den Experten zuvor untereinander vereinbarte Fragen zu beantworten hatte (PRO FO 371/103699/C 1071/923, Harvey an das Foreign Office, 18. Dez. 1953).

65 PRO FO 371/103696/C 1071/839(1) Vermerk zur Aufzeichnung Hancocks vom 9. Dez. 1953.

66 PRO FO 371/103697/864, Britische Botschaft in Paris an das Foreign Office, 12. Dez. 1953. In einer Aufzeichnung Warners vom 13. Dez. hieß es, nach nochmaliger Rücksprache mit Paris gebe es kaum eine Chance, Bidault umzustimmen. Im Foreign Office wollte man daher die Angelegenheit einem klärenden Gespräch zwischen Adenauer und Bidault überlassen.

67 Ebd.

Eine komische Note erhielt die französische Verweigerungstaktik durch das Eingeständnis, man werde Grewes Kommen auch durch entschiedensten Widerstand nicht verhindern können. Den zu erwartenden Schaden wollte man dadurch begrenzen, daß man den unerwünscht-unvermeidlichen Gast nicht als »offiziellen Emissär« behandelte.[68]

Am Rande der NATO-Tagung in Paris waren sich Eden und Adenauer rasch über Grewes Mission einig geworden. Auch Dulles drängte und wollte die Bundesrepublik als »a real party at interest« und nicht länger als »defeated occupied country« und »second class power« betrachtet wissen.[69] Nun wollte auch Bidault »ohne weiteres« dem Kompromiß zustimmen, Grewe in einer der Expertensitzungen zu empfangen. Auch an seinem weiteren Verbleiben in Paris nahm man keinen Anstoß mehr. Diese Kehrtwendung veranlaßte den britischen Botschafter in Paris zu dem lakonischen Kommentar, man habe niemals an eine weitergehende Lösung gedacht.[70] Die Ansicht der Franzosen, das Foreign Office habe Grewe als »observer throughout« gewollt, bezeichnete er als »Mißverständnis«.

Damit war nur scheinbar eine Klärung erreicht worden. Als die Expertengespräche am 16. Dezember begannen, hatte die französische Delegation noch immer nicht mit Bidault abgesprochen, »wie man Grewe behandeln« sollte, der nun bereits in Paris eingetroffen war.[71]

Briten und Amerikaner waren sich einig, den deutschen Gast in gemeinsamer Sitzung und nicht gesondert in jeder Delegation zu empfangen, was offensichtlich französische Absicht war. Unklar war weiterhin, ob die Begegnung im Rahmen einer Vollsitzung oder nur mit den drei Delegationsleitern stattfinden sollte. In jedem Fall rechnete man mit einem Treffen am 17. Dezember.[72]

Grewe sollte also empfangen werden, ohne daß man sich einig war, wie und in welchem Maße. Von einer »vollen Einbeziehung eines deutschen Vertreters«[73] konnte unter diesen Umständen keine Rede sein. Gleichwohl trug der nur stotternd in Gang gekommene Kontakt eines westdeutschen Experten mit alliierten Kollegen in der Folgezeit merklich zur Entkrampfung der Beziehung bei.

Aufgrund der Erfahrungen arbeiteten die Experten in Paris Empfehlungen für Art und Umfang künftiger Konsultationen mit Adenauer aus.[74] Denn das französische Verhalten lief dem Bestreben zuwider, »mit einer Stimme« zu den Deutschen zu sprechen und, umgekehrt, die deutschen Ansichten gemeinsam entgegenzunehmen.[75]

68 Ebd.

69 Bericht über eine geschlossene Sitzung des NATO-Rates in Paris vom 16. Dez. 1953 (FRUS 1952-1954, V, 1, S. 477). s. a. Adenauer, Erinnerungen 1953-1955, S. 235-238.

70 PRO FO 371/103697/C 1071/870, Harvey an das Foreign Office, 14. Dez. 1953.

71 PRO FO 371/103702/C 1071/1023, Aufzeichnung Roberts' vom 16. Dez. 1953 über ein Treffen mit den beiden anderen Delegationsleitern Seydoux und McArthur.

72 Wilhelm Grewe spricht in seinen Erinnerungen (Rückblenden 1976-1951. Frankfurt/Berlin/Wien 1979, S. 176) davon, die erste Sitzung sei für den 18. Dez. bestimmt worden, und er habe am 17. Dez. vergeblich auf eine Einladung gewartet. Nach den Archivmaterialien fand die erste Sitzung am 17. Dez. statt (s. Roberts' Bericht an das Foreign Office, 17. Dez. 1953, PRO FO 371/103698/C 1071/895).

73 Grewe, Rückblenden, S. 175.

74 PRO FO 371/103698/C 1071/871, Foreign Office an die britische Botschaft in Paris, 12. Dez. 1953.

75 Aufzeichnung Roberts', 15. Dez. 1953 (PRO FO 371/103702/C 1071/1025).

Während man sich in Paris mit der formellen Seite der Konsultation plagte, konnte in Bonn auf dem üblichen Weg über die Hohe Kommission gleich zur Sache gegangen werden. Doch erweckte Kaufmann, der offiziell den nach Paris abgereisten Grewe vertrat, im Gespräch mit den Hohen Kommissaren am 16. Dezember bei Hoyer-Millar den Eindruck, die Bundesregierung sei »noch weit davon entfernt«, sich auch nur in einem der beiden vorgelegten Fragenkomplexe »klar zu sein«.[76] Hoyer-Millar hegte den Verdacht, die Bundesregierung wolle ihren Einfluß auf die Pariser Gespräche und auf die Berliner Konferenz dadurch steigern, daß sie die Alliierten »in Unkenntnis über ihre Ansichten« hielt. Unzutreffend machte er dafür als »entscheidenden Faktor« die Schwierigkeit verantwortlich, »die Ansichten der verschiedenen Ministerien und Minister in Einklang zu bringen«.[77] Er beobachtete »unkoordinierte Diskussionen auf allen Ebenen« und vermißte das Gefühl, »daß die Formulierung von endgültigen Ansichten dringend ist«.[78]

Im Foreign Office zeigte man mehr Milde als der britische Hohe Kommissar, und bezeichnete es als schädlich, »die Deutschen zu hart zu drängen«.[79] Die anstehenden Fragen seien »sehr schwierig«, und die Deutschen täten »ihr Bestes«, meinte Hancock. Die vorgelegten Ansichten waren seiner Meinung nach zwar »unvollständig«, aber »ziemlich wertvoll«.

Die in Berlin zu verhandelnde Materie erwies sich um so komplizierter, je eingehender die Westmächte und die Bundesregierung eine Klärung der Positionen anstrebten. Adenauer legte zunehmend Nervosität an den Tag. Einerseits wurde er nicht müde zu betonen, es gebe »keine anstehenden Probleme«, die nicht auf dem üblichen Wege geklärt werden könnten. Andererseits wurden er und seine Mitarbeiter beharrlich in London vorstellig, um einen Blitzbesuch Hallsteins für einen »quick exchange of views« anzubieten. Der Anlaß dafür mochten Presseberichte über divergierende Interessen bei den Westmächten und der Bundesregierung sein.[80]

Die Verschiebung des Konferenzbeginns auf den 25. Januar 1954 verschaffte den Alliierten zwar mehr Zeit zur Komplettierung ihrer Pläne; die Abstimmung der Interessen mit der Bundesregierung geriet gleichwohl in eine überaus hektische Phase, obwohl die Themen der Konsultation begrenzt blieben. Die »gewissen Auslassungen und Streichungen« im Paris-Report vor der Präsentation bei den Deutschen[81] machten beträchtlich Teile aus. Die heikle Frage des Friedensvertrages hielt man völlig zurück, da Adenauers Abneigung bekannt war, dieses Thema vor freien Wahlen auch nur zu diskutieren.[82] Immerhin machten sich die Briten schließlich stark dafür, die Passagen über die alliierten »Objectives and Tactics at Berlin« und das Problem der europäischen Sicherheit später in die Konsultationsgespräche einzubeziehen.[83]

76 PRO FO 371/103698/C 1071/887, Hoyer-Millar an das Foreign Office, 16. Dez. 1953.
77 Ebd.
78 PRO FO 371/103698/C 1071/922, Hoyer-Millar an das Foreign Office, 19. Dez. 1953.
79 Aufzeichnung Hancocks in Absprache mit Roberts, 17. Dez. 1953.
80 PRO FO 371/109272/C 1071/109, Aufzeichnung von Roberts, 11. Jan. 1954.
81 So ein amerikanisches Memorandum zum Expertenbericht von Paris, 5. Jan. 1954, FRUS 1952-1954, VII, 1, S. 739.
82 Hancock-Minute, 30. Dez. 1953 (PRO FO 371/109270/C 1071/58).
83 PRO FO 371/109269/C 1071/19, Aufzeichnung Warner, 8. Jan. 1954.

Am 4. Januar 1954 überreichte der Vorsitzende der Alliierten Hohen Kommission Adenauer eine maschinenschriftliche Sonderanfertigung der Passagen über freie Wahlen und den Status einer gesamtdeutschen Regierung aus dem für den internen Gebrauch gedruckten Paris-Report.[84] Gleichzeitig wurde dem Bundeskanzler Einblick in den überwiegenden Teil der Abschnitte über die europäische Sicherheit gewährt. Dazu zählte auch der Entwurf einer Sicherheitserklärung der Bundesregierung, dem Adenauer bereits am 14. Dezember 1953 zugestimmt hatte.[85]
Grewe traf am 12. Januar 1954 mit drei führenden Beamten der Hohen Kommission zusammen, um den Standpunkt der Bundesregierung zu den alliierten Memoranda zu erläutern.[86] Einen Tag später erörterte Hoyer-Millar als Vorsitzender der Hohen Kommission die gleichen Fragen mit Adenauer und händigte ihm nun den Auszug aus dem Paris-Report über die »Objectives and Tactics at Berlin« aus.[87]
Bis zu diesem Zeitpunkt der Konsultation war die Bundesregierung stets nur reagierender Teil geblieben. Am 18. Januar wurde diese Haltung aufgegeben. Eine Woche vor Konferenzbeginn legte die Bundesregierung der Alliierten Hohen Kommission ein Memorandum vor, dessen neue Ansichten die westliche Konferenzplanung zu gefährden drohte. Allerdings nahm Grewe hinter Adenauers Rücken eine vorsichtige Distanzierung vor. Der Bundeskanzler bekam am 20. und 21. Januar in Gesprächen mit dem amerikanischen und britischen Hohen Kommissar deutlichen Widerstand gegen seine Ansichten zu spüren.[88]
Die bereits Anfang Januar erfolgte Ablehnung, den Bundeskanzler beim Vortreffen der westlichen Außenminister zu empfangen, wurde nicht rückgängig gemacht.[89] Abgesehen von grundsätzlichen französischen Bedenken hielt man auch in London

84 PRO FO 371/109270/C 1071/59.

85 Vgl. Paris-Report, II, S. 33.

86 PRO FO 371/109273/C 1071/146. Schreiben von J.H.Johnston von der britischen Hohen Kommission an das Foreign Office vom 15. Jan. 1954 mit dem Gesprächsbericht in der Anlage.

87 PRO FO 371/109272/C 1071/129, Hoyer-Millar an das Foreign Office, 14. Jan. 1954. Der maschinenschriftliche Auszug findet sich als Anlage zu Hoyer-Millars Gesprächsbericht (PRO FO 371/109274/C 1071/173). An dem Treffen hatte auch Hallstein teilgenommen. Die Fassung für Adenauer enthielt nicht den Passus I.2 (V) (Paris-Report II, S. 4): »In the event of the Soviet Union taking such a position (d.h. eine die westlichen Vorschläge ablehnende) to prevent Soviet delaying tactics at the meeting from producing an impassé, as a result of which it will be difficult for the Western Powers to extricate themselves from the meeting and to complete their plans for Western European Integration.« Ansonsten umfaßte das Memorandum alle Zielvorgaben für die deutsche Frage, das taktische Vorgehen bei der Verhandlung des Procedere (Paris-Report II, S. 6 f. mit Ausnahme von Passus VII, in welchem davon die Rede war, einen sowjetischen Vorschlag zur Delegierung gewisser Fragen an die stellvertretenden Außenminister abzulehnen) und eine Liste von »Questions of Substance« (Paris-Report II, S. 7 f.) des Deutschlandproblems. Angefügt war der westliche Vorschlag zur Tagesordnung.

88 s. dazu den Abschnitt über den »deutschen Standpunkt«.

89 Bidault, der den Eindruck vermeiden wollte, die Alliierten würden nicht »in voller Freiheit« agieren, war lediglich bereit, möglicherweise Hallstein zuzugestehen, jeden Außenminister getrennt aufzusuchen (PRO FO 371/109270/C 1071/38, Harvey aus Paris an das Foreign Office, 7. Jan. 1954; vgl. Schreiben Bidaults an Dulles vom 7. Jan. [FRUS 1952-1954, VII, 1, S. 745 f.]). Von Dulles, der ursprünglich ein Treffen mit Adenauer befürwortet hatte (s. sein Schreiben an Eden vom 5. Jan. [ebd., S. 740] und sein Schreiben an Bidault vom 8. Jan. [ebd., S. 754]) kam schließlich der Vorschlag, Grewe vor Konferenzbeginn formell zu treffen (PRO FO 371/109270/C 1071/65, Hoyer-Millar an das Foreign Office, 9. Jan. 1954).

nichts davon, der Öffentlichkeit durch aufsehenerregende Besuche Anlaß zu Spekulationen über Differenzen zwischen Westmächten und Bundesregierung zu geben.[90] Allerdings hoffte man, in Berlin auf eine deutsche Beobachterdelegation zu treffen, die nicht nur »letztgültige Entscheidungen«, sondern auch »volle Instruktionen« hatte.[91]

Adenauers Wunsch nach einem deutschen »Beobachter« in Berlin war von Blankenhorn bereits am 8. Dezember 1953 in einem Gespräch mit Hoyer-Millar vorgebracht worden.[92] Diesen Anspruch hielt man im Foreign Office für selbstverständlich – mit einer Einschränkung, daß es sich nicht um einen »Teilnehmer«, sondern um einen »Beobachter außerhalb der Mauern« handelte.[93] Auch der amerikanische Außenminister Dulles sprach sich für einen »engen Kontakt« mit Adenauer während der Konferenz aus, wollte aber auf »französische Sensibilitäten« Rücksicht genommen wissen.[94]

Am 15. Dezember 1953 gab das Bundespressebüro bekannt, Grewe sei zum »Sonderbeauftragten der Bundesregierung für die Berliner Konferenz« bestimmt worden. Seine Aufgabe sollte darin bestehen, aufgrund der Weisungen Adenauers mit den Außenministern der Westmächte und ihren Delegationen »intern Fühlung zu halten«.[95] Im zweiten Paris-Report wurde vorgeschlagen, dafür auf seiten der Alliierten eine Dreiergruppe aus je einem Mitglied der westlichen Delegationen zu bilden. Sofern es sich nur um Mitteilungen an die deutsche Seite handelte, sollten diese von einem Gruppenmitglied »in gemeinsam vereinbarten Linien« dem deutschen Delegationsleiter überbracht werden. Als Dreiergruppe wollte man ihm gegenüber auftreten, wenn es um eine »Konsultation« oder um »wichtige Fragen« ging und »der Standpunkt und die Kommentare der Bundesregierung« erwünscht waren. In Fragen von »besonderer Wichtigkeit« war eine direkte Kontaktaufnahme mit der Bundesregierung über die Hohe Kommission vorgesehen. Zu diesem

90 PRO FO 371/109270/C 1071/52, Aufzeichnung Roberts' vom 5. Jan. 1954 über ein Gespräch mit Schlitter, der Adenauers Wunsch vorgebracht hatte. Vgl. Schreiben Edens an Dulles vom 7. Jan. (FRUS 1952-1954, VII, 1, S. 746 f.).

91 PRO FO 371/109273/C 1071/146, Hancock an Johnston in Bonn, 18. Jan. 1954.

92 PRO FO 371/103696/C 1071/839, Hoyer-Millar an das Foreign Office, 8. Dez. 1953. Im zweiten Paris-Report (PRO FO 371/103700/C 1071/951, S. 39) war erstaunlicherweise davon die Rede, Adenauer habe keinen »Beobachter« (observer) verlangt, sondern Grewe als »Plenipotentiary Extraordinary« der Bundesregierung bestimmt, der Fühlung zu den westlichen Außenministern und Delegationen halten sollte. Vgl. Adenauers Äußerung nach der Rückkehr von der NATO-Tagung in Paris am 14. Dez. 1953 vor Journalisten in Bonn (»NZZ«, Nr. 345, 16.Dez, 1953, S. 2). Gegenüber Eisenhower hatte Adenauer bereits Ende Mai 1953 den Wunsch geäußert, »am Verhandlungsort einer Viererkonferenz durch eine Persönlichkeit vertreten (zu) sein, die laufend und in vollem Umfange von den Delegationen der Westmächte über die Verhandlungen unterrichtet wird« (Schreiben vom 29. Mai 1953, BA NL351, Bd. 21, fol.39 f.).

93 PRO FO 371/103696/C 1071/839(1), Aufzeichnung Hancocks vom 9.Dez, 1953. Das entsprach Adenauers Wunsch. (FRUS 1952-1954, VII, 1, S. 546, Memorandum eines Gesprächs zwischen Dulles und Hallstein vom 21. Okt. 1953).

94 Bericht von Achilles an das State Department vom 14. Dez. 1953 über ein Gespräch zwischen Dulles und Adenauer am Rande der NATO-Tagung in Paris (FRUS 1952-1954, V, 1, S. 866); vgl. Adenauer, Erinnerungen 1953-1955, S. 237.

95 PRO FO 371/103702/C 1071/1009, Schreiben Hallsteins an Roberts nach Paris vom 15. Dez. 1953.

Zeitpunkt schloß man auch direkte Begegnungen der westlichen Außenminister mit Grewe oder Adenauer nicht aus.[96]
Ein besonderes Problem warf die unterschiedliche Behandlung der deutschen und österreichischen Frage auf. Da die Westmächte eine Koppelung vermeiden wollten, wurden Behandlung und Einbeziehung deutscher und österreichischer Vertreter in Berlin durchaus zu einem »delikaten politischen Angelpunkt«. In der deutschen Frage erschien eine »Konsultation« ausreichend, bei der Verhandlung des österreichischen Staatsvertrags eine »Vertretung« notwendig.[97] Von der besonderen Behandlung Österreichs wollte man auch dann nicht abrücken, wenn die deutsche Öffentlichkeit Unverständnis zeigte oder die Sowjetunion mit »kommunistisch organisiserten Demonstrationen« dem Postulat nach einer Beteiligung west- und ostdeutscher Vertreter Nachdruck zu verleihen suchte.[98] Man wußte sich dabei mit Adenauer einig, der schon im September 1953 den Verzicht auf direkte deutsche Konferenzbeteiligung erklärt und im Dezember öffentlich sogar den Status eines »Beobachters« im Sinne eines Vertreters am »grünen Tisch« abgelehnt hatte.[99] Auch in diesem Fall ging es darum, einer »Anerkennung der Schattenregierung von Pankow« keinen Vorschub zu leisten bzw. den Eindruck von »Friedensbesprechungen« zu erwekken.
Nachdem sich die Westmächte und Adenauer auf den minderen Status des westdeutschen Vertreters geeinigt hatten, verlieh der Bundeskanzler der scheinbar bereinigten Frage noch einmal beträchtliche Publizität. Grewe wurde am 13. Januar 1954 kurzerhand zum »Bevollmächtigten der Bundesregierung zur Vorbereitung der Berliner Konferenz« zurückgestuft und Blankenhorn, der sich noch im Krankenstand befand, zum Leiter der westdeutschen Delegation ernannt.[100]
In alliierten Kreisen rechnete man zu diesem Zeitpunkt damit, Blankenhorn werde sich ohnehin nicht voll am Gang der Dinge in Berlin beteiligen können. Dies traf nicht zu, weshalb die Amerikaner unverhohlen zum Ausdruck brachten, daß sie über Blankenhorns rasche Genesung und »seine Rückkehr auf die Szene« zum gegebenen Zeitpunkt nicht begeistert waren.[101]
Es wurden Vermutungen darüber angestellt, ob Adenauers Gesinnungswandel auf parlamentarischen Druck zurückzuführen war, der darauf abzielte, das Berliner

96 Paris-Report II, S. 39. Vgl. dazu die letzten Präzisierungen im Schreiben Hoyer-Millars an das Foreign Office vom 18. Jan. 1954 (PRO FO 371/109273/C 1071/157).

97 s. Paris-Report II, S. 39 f.

98 Ebd.

99 Vermerk über ein Gespräch Adenauers mit Conant, 11. Sept. 1953 (BA NL351, Bd. 24. fol.193); Memorandum eines Gespräches zwischen Dulles und Hallstein, 21. Okt. 1953 (FRUS 1952-1954, VII, 1, S. 546; Presseerklärung Adenauers vom 14. Dez. 1953). Vor dem CDU-Bundesvorstand betonte Adenauer am 19. Jan. 1954: »Wir sind bewußt nicht beteiligt« (Adenauer: »Wir haben wirklich etwas geschaffen«, S. 110).

100 s. Grewe, Rückblenden, S. 177 f.

101 PRO FO 371/109274/C 1071/199, Hoyer-Millar an das Foreign Office, 21. Jan. 1954. Vgl. die Aufzeichnungen des Expertentreffens in Berlin vom 23. Jan. 1954 (PRO FO 371/109276/C 1071/255). Demanch sollte vermieden werden, Blankenhorns Rolle durch ein Treffen mit den westlichen Außenministern aufzuwerten. Bidault sprach sich dafür aus, der täglichen Konsultation mit Blankenhorn nicht zu große Publizität zu verleihen (PRO FO 371/109276/C 1071/255, Aufzeichnung des dritten Treffens der westlichen Außenminister vom 24. Jan.).

Treffen der Vier Mächte mit einer bekannteren Persönlichkeit als Grewe zu beschicken.[102] Möglicherweise spielte aber ein Zwischenfall vom Dezember 1953 eine Rolle, der Adenauers Mißtrauen gegen ein zu selbstbewußtes und eigenmächtiges Auftreten seines Experten geweckt haben könnte. Es ging dabei um Grewes seinerzeit sogenannten »Enthüllungen« über die Gespräche mit der Expertengruppe in Paris.[103]

Diese Äußerungen erhielten Sensationswert, weil Grewe sich dem Vorbild Adenauers anschloß und vor einer ausgewählten Runde von Journalisten sprach. Am Quai d'Orsay zeigte man sich über die Auslassungen des deutschen Experten »äußerst verärgert« und wies den französischen Hohen Kommissar an, in Bonn zu protestieren.[104] Auf amerikanischer und britischer Seite hielt man Grewes Indiskretionen immerhin für »ungehörig und schädlich«.

Nach Berards »scharfem mündlichen Protest« entschuldigte sich Hallstein »ohne Einschränkung« und gab an, von Grewes Absicht, Informationen an die Presse zu geben, nichts gewußt zu haben. Er habe bereits »angemessen« mit Grewe am Telefon gesprochen und werde allen Beamten die formelle Weisung erteilen, eine Wiederholung eines solchen Vorfalls zu vermeiden.[105]

Nach Hallsteins Angaben zeigte sich Grewe überrascht von den Vorwürfen und rechtfertigte sich damit, nichts gesagt zu haben, was nicht schon »allgemein bekannt« gewesen sei.[106] Dieser Ansicht war eigentlich auch Hallstein, der nicht – wie sein britischer Gesprächspartner – glaubte, Grewe habe es den Russen erleichtert, ein Strategiepapier für Berlin zu entwerfen.

Auf britischer Seite blieb man zwar weiterhin dabei, Grewe der Preisgabe »wertvoller Informationen« zu zeihen und deshalb die deutsche Seite für mögliche Komplikationen im Blick auf die Viererkonferenz verantwortlich zu machen. Allerdings wollte man den Druck auf die Bundesregierung nicht so weit treiben, daß Grewe »aus dem Verkehr gezogen« würde.[107]

Grewes Presseerklärung war deshalb auf Unmut gestoßen, weil der amerikanische Delegationsleiter in Paris, McArthur, die Frage, ob ein Pressekommuniqué über die Beratungen der alliierten Expertengruppe vorgesehen sei, ausdrücklich verneint hatte. Bei Anfragen wollte man lediglich die Tatsache von Verhandlungen bestätigen und ansonsten auf den Inhalt des Notenwechsels verweisen.[108] Trotz dieses Sachverhalts fühlte sich Grewe keiner Schuld bewußt und erklärte Anfang Januar 1954

102 PRO FO 371/109273/C 1071/134, Hoyer-Millar an das Foreign Office, 14. Jan. 1954. In einem Gespräch mit Conant hatte Adenauer allerdings bereits im September 1953 zu verstehen gegeben, daß mit dem »Mann meines Vertrauens«, der »im Hintergrund in einem Hotel zur Verfügung der westlichen Außenminister« stehen sollte, Blankenhorn gemeint war (Aktenvermerk vom 11. Sept. 1953, BA NL351, Bd. 24, fol.192 f.).

103 Vgl. »NZZ«, Nr. 354, 25. Dez. 1953, S. 3 f.

104 PRO FO 371/103701/C 1071/975, Ward, Bonn, an das Foreign Office, 26. Dez. 1953.

105 Ebd.

106 PRO FO 371/103702/C 1071/1016, Aufzeichnung vom 24. Dez. 1953 über das Gespräch eines britischen Beamten von der Hohen Kommission mit Hallstein.

107 Ebd.

108 PRO FO 371/103702/C 1071/1017, Protokoll der 7.Plenarsitzung der Pariser Expertengruppe vom 20. Dez. 1953. McArthur hatte amerikanischen Journalisten schon vor Beginn der Gespräche erklärt, er werde nachher »nichts zu erzählen« haben (PRO FO 371/103702/C 1071/1023, Aufzeichung Roberts' vom 16. Dez. 1953).

im Gespräch mit einem Beamten der britischen Hohen Kommission »reumütig«, er sei von der Presse »schlecht behandelt« worden.[109]
Überblickt man den Verlauf der Konsultation der Bundesregierung, so gewinnt man nicht immer den Eindruck, die deutsche Seite sei erstmals »voll in die Konferenzplanung ... einbezogen« worden.[110] Nicht nur äußerlich waren die Alliierten auf Wahrung einer gewissen Distanz bedacht. Als die Nachricht kursierte, die Bundesregierung beabsichtige, die westdeutsche Delegation in demselben Gebäude unterzubringen, das auch das internationale Pressezentrum beherbergen sollte, hielt man dies im Foreign Office für eine »äußerst schlechte Idee«.[111] Weder an zu großer Publizität noch an einer zur Schau getragenen Verbrüderung hatte man Interesse. Der Umgang mit den westdeutschen Vertretern sollte »korrekt« und »höflich« sein und den Russen keine Gelegenheit bieten, die Kommunisten der DDR ins Spiel zu bringen.[112] Kirkpatrick schlug sogar vor, sich gegenüber Adenauer nicht »streng an ein besonderes Verfahren« zu binden.[113]
Die Hohen Kommissare blieben auch in Berlin der wichtigste Kommunikationskanal zwischen Westmächten und Bundesregierung. Am 24. Januar 1954 erhielt Blankenhorn von ihnen die Meinung der Alliierten zu den jüngsten Vorschlägen Adenauers und die Gründe für die Ablehnung wesentlicher Teile mündlich, am Tag des Konferenzbeginns in Form dreier Memoranda überbracht. Erst am 27. Januar händigte man ihm den Entwurf des »Plans für die Wiedervereinigung Deutschlands in Freiheit« aus, den Grewe sofort nach Bonn brachte, wo er am Folgetag im Kabinett beraten wurde. An diesem 28. Januar kehrte Grewe am Abend nach Berlin zurück, wo er Vertretern der drei westlichen Delegationen eine Reihe von Änderungswünschen präsentierte. Einige davon wurden am Morgen des 29. Januar von den drei westlichen Außenministern akzeptiert. Am Nachmittag desselben Tages legte Eden der Viererkonferenz den später nach ihm benannten Plan vor.[114]
Beschwerden von deutscher Seite über die späte Möglichkeit zur Einsichtnahme in den Entwurf des Planes wies man in der britischen Delegation weit von sich. Man erinnerte an die monatelange Konsultation, vor allem aber an die »Schwerfälligkeit« der Bundesregierung bei der Formulierung eigener Ansichten und auf die daraus

109 PRO FO 371/109271/C 1071/68, Hoyer-Millar an das Foreign Office, 8. Jan. 1954.

110 So Hans-Peter Schwarz, Die Ära Adenauer. Gründerjahre der Republik 1949-1957. Stuttgart/Wiesbaden 1981 (Geschichte der Bundesrepublik Deutschland, Band 2), S. 213. Zur Beruhigung seiner Partei beschrieb der Kanzler die Qualität der Konsultation gelegentlich allzu euphemistisch. In der Sitzung des CDU-Bundesvorstandes vom 19. Jan. 1954 betonte er, aus der nicht direkten Beteiligung an der Konferenz entstehe kein materieller Schaden, da man »hinter den Kulissen absolut vertreten sein« werde und sprach von der »absoluten Zusicherung« detaillierter Konsultation (Adenauer: »Wir haben wirklich etwas geschaffen«, S. 111)

111 PRO FO 371/103701/C 1071/980, Johnston aus Paris an Hancock, 21. Dez. 1953.

112 s. den Bericht über das 2.Treffen der westlichen Außenminister in Berlin vom 24. Jan. 1954 (FRUS 1952-1954, VII, 1, S. 793).

113 Kirkpatrick in einem Telegramm an Hoyer-Millar vom 19. Jan. 1954 (PRO FO 371/109273/C 1071/157).

114 Näheres zu den letzten Beratungen s. im Abschnitt über den »deutschen Standpunkt« und im Kapitel über den Konferenzverlauf.

resultierenden Nachteile für die beiden Expertenrunden in Paris.[115] Adenauers überraschender Sinneswandel in einigen Fragen der Wiedervereinigung kurz vor Konferenzbeginn hatte die Fertigstellung des westlichen Plans zu einem Wettrennen gegen die Zeit werden lassen. Wie sich zeigen sollte, kamen die Westmächte mit ihrem Plan dem Memorandum der DDR-Regierung an die Viermächtekonferenz um nur einen Tag zuvor, ein Umstand, den man im Kampf um die Gunst der öffentlichen Meinung auf die Haben-Seite des westlichen Prestigekontos verbuchte.
Auf deutscher Seite war man nur scheinbar zu einer einheitlichen Meinungsbildung in der deutschen Frage gelangt. Adenauers letzte Vorschläge an die Westmächte hatten nur deshalb nicht zu einer ernsten Krise innerhalb der CDU-Fraktion, im Interministeriellen Komitee sowie im Auswärtigen und im Gesamtdeutschen Ausschuß des Bundestages und damit zu einer offen ausgetragenen Kontroverse geführt, weil sich alle internen Kritiker, angefangen vom Fraktionsvorsitzenden der CDU, Heinrich von Brentano, über die Bundesminister Robert Tillmanns und Jakob Kaiser bis zum inzwischen wichtigsten westdeutschen Experten, Wilhelm Grewe, auf öffentliches Schweigen und die Wahrung äußerer Einigkeit verständigt hatten.[116] Nur wenigen waren zudem die Felder umfassend bekannt, auf die sich die nach dem »›Schottensystem‹« gestaltete Meinungsbildung Adenauers erstreckte: Die Fäden der Außenpolitik liefen bei strenger, untereinander kaum koordinierter Arbeitsteilung der einzelnen Ressorts in der engsten Umgebung des Kanzlers zusammen.[117] Die Darlegung dessen, was die Zeitgenossen unscharf »den deutschen Standpunkt« nannten, muß daher erweisen, ob die Bundesregierung und in erster Linie der Bundeskanzler bei dessen Formulierung das »Risiko der Festlegung«[118] eingegangen sind.

II.3 Die Pariser Expertengruppe der Westmächte

Die auf Beschluß der Washingtoner Außenministerkonferenz vom Juli 1953 gebildete und in Paris tagende westliche Expertengruppe[1] spielte bei der Interessenskoordination der Alliierten eine entscheidende Rolle. Die Abstimmung der Politik gegenüber der Sowjetunion war um so dringlicher, als man in den westlichen Hauptstädten, besonders aber in Washington, darangegangen war, die Deutschlandpolitik neu zu überdenken.

115 PRO FO 371/109284/C 1071/436, Anlage zur Aufzeichnung von Hoyer-Millar vom 6. Febr. 1954, s. a. General Colemans Telegramm an das Foreign Office vom 29. Jan. mit Hoyer-Millars Bericht über das Gespräch mit Grewe und Blankenhorn in Berlin (PRO FO 371/109277/C 1071/297).

116 s. Conants Bericht aus Bonn an das Büro des Hohen Kommissars in Berlin vom 21. Jan. 1954 (FRUS 1952-1954, VII, 1, S. 775 ff.). Kaiser beschwerte sich über »mangelhafte Unterrichtung und Beteiligung« des Vertreters des Ministeriums für gesamtdeutsche Fragen in der deutschen Delegation, von Zahn, was Blankenhorn als »völlig unberechtigt« bezeichnete (Telegramm Blankenhorns an das Auswärtige Amt, 27. Jan. 1954 [BA NL351, Bd. 27, fol.373]). s. a. den Abschnitt über den »deutschen Standpunkt«.

117 Arnulf Baring, Außenpolitik in Adenauers Kanzlerdemokratie. Westdeutsche Innenpolitik im Zeichen der Europäischen Verteidigungsgemeinschaft. Bd. 1. München 1971, S. 49 f.

118 Schwarz, Die Ära Adenauer, S. 213.

1 PRO PREM 11/419, Schreiben des britischen Botschafters in Paris, Sir G.Jebb, an das Foreign Office vom 15. Juli 1953 (der zugrundeliegende Bericht stammte von Frank Roberts).

Nicht einig waren sich die Außenminister über den Status der Expertengruppe. In jedem Fall wollte man sie als bloße Fortführung normaler offizieller Kontakte ausgeben und sie nicht allzu deutlich und zu früh als Vorbereitungstreffen für die Viererkonferenz erscheinen lassen. Auf britischer und französischer Seite wurden Bedenken geäußert, die Gruppe auch ohne Zusage der Russen zu einer Konferenz in Erscheinung treten zu lassen, da man in Deutschland nicht den Eindruck erwecken wollte, »that we were contemplating major changes in policy«.[2]

Der Beginn der Beratungen der Experten für die am 15. Oktober 1953 geplante Lugano-Konferenz war auf den 1. Oktober festgelegt worden.[3]

Die sowjetische Absage vom 28. September bedingte einen Aufschub bis in die Zeit nach Fertigstellung der westlichen Antwortnote.[4] Die erste Serie von Gesprächen fand schließlich nach der Londoner Außenministerkonferenz vom 21. Oktober bis 2. November 1953 in Paris statt. Die erneute Absage der Sowjetunion vom 3. November machte zwar eine Reihe von taktischen Empfehlungen der Experten hinfällig. Doch gab es nun erstmals eine gemeinsame Diskussionsgrundlage der Westalliierten in der deutschen Frage und für den österreichischen Staatsvertrag in Gestalt der ersten Fassung des »Paris-Report«.[5] Die Ergebnisse der Beratungen galten als Empfehlungen an die Außenminister. Von den vier Schwerpunkten »General Tactics«, »Security Assurances«, »Austria« und »Germany« war der letzte der umfangreichste und umfaßte Kommentare zu einer »Declaration of Intent«, zu freien Wahlen, dem Status einer gesamtdeutschen Regierung, den »Heads of the Peace Treaty« und zu wirtschaftlichen Fragen. In den beiden letzten Bereichen bestanden die größten Differenzen, weshalb der britische Delegationsleiter Frank Roberts Außenminister Eden bei der Vorlage des Berichts empfahl, die Abschnitte gar nicht zur Kenntnis zu nehmen, da sie noch weiter erörtert werde müßten.[6] Der amerikanische Außenminister Dulles hatte schon vor Beginn der Expertenberatungen geäußert, das Treffen sei wegen des kaum noch wahrscheinlichen Zustandekommens der Lugano-Konferenz »little more than an academic exercise«.[7]

Die Aktualisierung des Berichts fiel der zweiten Serie der Expertengespräche in Paris vom 16. bis 21. Dezember 1953 zu. Die Bedeutung dieses Treffens war durch die inzwischen erfolgte Zusage der Sowjetunion zur Viermächtekonferenz in Berlin beträchtlich gestiegen. Doch sprach die spürbare Reduzierung der Delegationsstäbe kaum dafür, daß es sich um eine vertiefende Fortsetzung der ersten Runde handelte.[8]

2 Ebd.

3 PRO FO 371/103680/C 1071/409, Aufzeichnung Hancocks, 24. Sept. 1953.

4 PRO FO 371/103680/C 1071/412, Foreign Office an die britische Botschaft in Washington, 2. Okt. 1953.

5 Tripartite Official Talks on Germany and Austria. Paris, October 21 – November 2, 1953 (künftig zitiert als Paris-Report I.) Der Bericht umfaßt in der für den internen Gebrauch gedruckten Fassung 37 Seiten (PRO FO 371/103691/C 1071/676).

6 Roberts an Eden, 6. Nov. 1953 (PRO FO 371/103691/C 1071/683).

7 FRUS 1952-1954, VII, 1, S. 546, Memorandum eines Gesprächs zwischen Dulles und Hallstein vom 21. Okt. 1953.

8 Die französische Delegation unter der Leitung von François Seydoux (der gleichzeitig den Vorsitz der Expertenrunde führte) war um neun auf zehn Mitglieder, die amerikanische von fünfzehn auf sieben und die britische von elf auf acht beschränkt worden. Die amerikanische Delegation leitete Douglas McArthur II.

Die Dokumente und Kommentare des zweiten Expertenberichts[9] waren in der Reihenfolge der angestrebten Tagesordnung für die Viermächtekonferenz angeordnet.[10]
Nach einer Liste der westliche Konferenzziele und Empfehlungen zur Verhandlungstaktik folgte die ausführliche Erörterung des ersten Tagesordnungspunktes »Deutschland«. An zweiter Stelle rangierte die »Österreichfrage« und erst an dritter Stelle das Problem der europäischen Sicherheit. Eine Reihe von Fragenkomplexen wurde in der zweiten Expertenrunde angeblich aus Zeitmangel nicht wieder zum Gegenstand der Erörterungen gemacht.[11]
Dazu zählten so bedeutsame deutschlandpolitische Gegenstände wie die »Declaration of Intent«, die »Heads of a German Peace Treaty« und ökonomische Fragen im Zusammenhang mit der Grundsatzerklärung und dem Friedensvertrag.
Im weitesten Sinne können die Ergebnisse der beiden Expertenrunden als Urform des späteren »Eden-Plans« zur Wiedervereinigung Deutschlands gelten. Die Berichte nannten als wichtigste Etappen zur Erlangung der deutschen Einheit: freie Wahlen zur Nationalversammlung, die Bildung einer gesamtdeutschen Regierung und einen »frei vereinbarten« Friedensvertrag. Sehr viel deutlicher als im späteren »Eden-Plan« war davon die Rede, sicherzustellen, daß ein vereinigtes Deutschland (oder wenigstens die Bundesrepublik) in die westeuropäische Gemeinschaft integriert würde, die ihrerseits Teil einer »sich ständig entwickelnden Atlantischen Gemeinschaft« sein sollte.[12] Der geplanten Viererkonferenz wurde lediglich die Aufgabe zugewiesen, eine Übereinkunft mit der Sowjetunion über eine »Wiedervereinigung in Freiheit« zu erzielen, die den Weg zu einer »allgemeinen Regelung« ebnen konnte. Sofern dies scheiterte, sollten die westlichen Vorschläge als »einzige Mittel« zur Lösung der deutschen Frage ausgegeben werden. Die Experten betrachteten sie als Teil eines Programms, das den Sicherheitsbedürfnissen »aller europäischen Staaten und der Sowjetunion« Rechnung trug und die »friedliche Koexistenz der Sowjetunion mit dem Westen« ermöglichte.
Von der Viererkonferenz erwartete man näheren Aufschluß über die sowjetische Deutschlandpolitik. Da man jedoch mit einer »negativen Haltung« zu den Vorschlägen des Westens rechnete, sollte das Außenministertreffen dazu dienen, die Russen »für die Aufrechterhaltung der Teilung Deutschlands und Europas allein verantwortlich« zu erklären. Der zweite Expertenbericht forderte zusätzlich, zu verhindern, daß es der »sowjetischen Verschleppungstaktik« gelang, die Konferenz in eine »Sackgasse« zu führen und es den Westmächten zu erschweren, sich aus der Konferenz »herauszuwinden« (extricate) und die Westintegrationspläne fortzusetzen.[13] Dies bedeutete nicht, daß man die Tür zu weiteren Verhandlungen völlig verschließen wollte.[14]

9 Tripartite Official Talks on Germany and Austria. Second Series. Paris, December 16-21, 1953 (im folgenden zitiert als: Paris-Report II). Der Bericht umfaßt in der gedruckten Fassung 43 Seiten (PRO FO 371/103700/C 1071/951).

10 s. dazu die Aufzeichnung von Roberts vom 16. Dez. 1953 mit dem amerikanischen Vorschlag zur Tagesordnung als Anlage (PRO FO 371/103702/C 1071/1023).

11 Paris-Report II, S. 3.

12 Paris-Report I, S. 3; II, S. 4.

13 Ebd. II, S. 4.

14 Ebd. I, S. 3; II, S. 4.

Zur Konferenzvorbereitung zählten auch Mutmaßungen über die sowjetischen Ziele. Die Sowjetunion würde nach Ansicht der Experten versuchen, die NATO-Politik zu verzögern, die EVG zu verhindern, die Auflösung der NATO-Stützpunkte und den Abzug der US-Truppen aus Europa zu erreichen. Hinsichtlich Deutschlands glaubte man, sie werde, »wenn möglich«, die Westintegration der Bundesrepublik oder des vereinten Deutschlands und vor allem die Einbeziehung der deutschen militärischen und wirtschaftlichen Ressourcen in das westliche Verteidigungsbündnis zu durchkreuzen trachten. Dies konnte durch eine Isolierung Deutschlands vom Westen und die Forcierung sowjetischer Vorherrschaft erfolgen. Wenigstens würde sie bestrebt sein, ihre Position in der »Ostzone Deutschlands« wiederherzustellen und das Prestige der diskreditierten DDR-Administration zu heben.[15]

Für die Experten war es ausgemachte Sache, daß die Sowjetunion die Unterzeichnung des österreichischen Staatsvertrages von einer befriedigenden Deutschland-Lösung abhängig machte. Hinsichtlich der Tagesordnung durfte man nach den letzten sowjetischen Noten die nachdrückliche Forderung einer Fünfmächtekonferenz, einem Vorschlag zur europäischen Sicherheit und erst an dritter Stelle die Regelung der Deutschlandfrage in der Weise erwarten, wie sie letztmals Ulbricht in einer Rede vom 16. Dezember 1953 dargelegt hatte.

Von ganz entscheidender Bedeutung für die westliche Planung war die Kennzeichnung jener Punkte, an denen die Sowjetunion vermutlich einen Abbruch der Verhandlungen anstrebte bzw. bei denen ein Scheitern vorauszusehen war. Dazu zählte ein westliches Beharren auf bevorzugter Behandlung Deutschlands und Österreichs, die fehlende Bereitschaft zu Fünfmächtegesprächen, die Ablehnung eines Sicherheitssystems auf der Grundlage eines Bruchs der »defensiven Verbindung« zwischen den USA und den europäischen Verbündeten und schließlich das Bestehen auf freien Wahlen als ersten Schritt für eine deutsche Lösung sowie die Weigerung, letztere in die Hände der bestehenden Regierungen zu legen.[16]

Die Ziele der Deutschen wurden von den alliierten Experten in die schlichte Formel gefaßt: »Erreichen der deutschen Wiedervereinigung in Freiheit und im Rahmen der westeuropäischen Integration.«[17]

Unausgegoren blieben einige Vorschläge für die westliche Konferenztaktik. Erstaunlicherweise spielte man mit dem Gedanken, dem zu erwartenden Gerangel über die Tagesordnung eine »general discussion« vorzuschalten, in der die westlichen Außenminister ihre Politik gegenüber Deutschland und Österreich sowie in der Sicherheitsfrage darlegen und gleichzeitig die wichtigsten Einwände gegen die sowjetischen Vorschläge der letzten Jahre vorbringen konnten. Damit glaubte man, die Themen »Freie Wahlen« und »Bildung einer gesamtdeutschen Regierung« als Kernprobleme der Konferenz herausstellen zu können.[18] Dies widersprach der bisherigen Absicht, der Sowjetunion durch allgemeine Debatten nicht die Möglichkeit zur Ausweitung der Themenkreise zu bieten und die Gefahr heraufzubeschwören, daß die Konferenz in die Unverbindlichkeit abglitt, bevor sie richtig begonnen hatte.

15 Ebd. I, S. 4; II, S. 4.
16 Ebd. II, S. 5.
17 Ebd. I, S. 4; II, S. 5.
18 Ebd. I, S. 4; II, S. 7.

Die Reihenfolge der Tagesordnung sollte nicht zum Anlaß für einen »breakdown« genommen werden,[19] was im Unterschied zum Notenwechsel eine flexiblere Haltung bedeutete.
Diese Linie hatte sich bereits mit der westlichen Note vom 18. Oktober angekündigt, als man der Sowjetunion anbot, zu *allen* Aspekten der deutschen Frage Stellung nehmen zu wollen. Einer Erörterung der europäischen Sicherheit war danach nicht mehr auszuweichen, und die Westmächte verzichteten konsequenterweise in der Note von 16. November völlig auf Vorbedingungen.
Die vom Westen angestrebte, aber nicht mehr starr festgelegte Tagesordnung hatte im zweiten Expertenbericht folgendes Aussehen:

1. Probleme der deutschen Einheit,
2. der österreichische Staatsvertrag,
3. die Sicherheit in Europa,
4. andere Themen.[20]

Auf einen gesonderten Punkt über freie Wahlen wurde verzichtet, und man wollte sich nun auch nicht mehr einem sowjetischen Drängen widersetzen, den Friedensvertrag ausdrücklich in die Tagesordnung aufzunehmen. Die Experten empfahlen lediglich, auf einer einschränkenden Formel im Sinne einer bloßen »Vorbereitung eines Friedensvertrages« zu bestehen.[21] Dem vierten Tagesordnungspunkt ordnete man das Problem einer Fünfmächtekonferenz, die Internationle Entspannung und die Abrüstung zu.
Die Vorschläge zur technischen Abwicklung der Konferenz waren am deutlichsten vorbehaltlicher Natur.[22] Die Maximalforderung, alle Sitzungen im Gebäude des ehemaligen Alliierten Kontrollrats in West-Berlin abzuhalten und bei einer sowjetischen Forderung, nur in Ost-Berlin zu tagen, die Konferenz platzen zu lassen, war kaum durchzusetzen. Als Kompromiß boten die Experten an, die jeweiligen Vorsitzenden über das Konferenzgebäude entscheiden zu lassen, was entsprechend den laufenden Gesprächen über die Luftsicherheit zu einem 3:1-Verhältnis zugunsten der Westmächte geführt hätte.
Wegen der »ziemlich unglücklichen Assoziationen« an die Jahre 1946 bis 1949 sollte einem sowjetischen Versuch, die Viererkonferenz zu einer Wiederbelebung des Rates der Außenminister zu benutzen, widerstanden werden, ohne es über dieser Frage zum Abbruch der Verhandlungen kommen zu lassen.[23]
Wenig Gutes für den Verlauf der Konferenz ließ ein Passus des Berichts erwarten, der für den Fall einer unbefriedigenden Tagesordnung den westlichen Außenministern empfahl, sich die sowjetischen Ansichten »anzuhören«, die eigenen vorzutragen und dann »so schnell wie möglich zum nächsten Tagesordnungspunkt

19 Ebd. I, S. 4; II, S. 7.
20 Ebd. II, S. 10.
21 Ebd. II, S. 10, Anmerkung.
22 Nur im Paris-Report II, S. 6 f.
23 Problematisch erschien in diesem Zusammenhang auch die mögliche Anwärterschaft Chinas auf Beteiligung an der Konferenz. Umgekehrt wollte man verständlicherweise Reminiszenzen an die Zeiten des Kontrollrats verhindern. Molotov hat diese Sorge selbst zerstreut. Eine Sprachregelung legte für alle Verlautbarungen bezüglich des Kontrollratsgebäudes den Zusatz »ehemalig« fest (»Der Spiegel«, 20.Jan. 1954, Nr. 4, S. 6).

überzugehen«.[24] Ziel dieses Vorschlages war es, die »negative sowjetische Haltung« zu den Gegenständen der einzelnen Tagesordnungspunkte besser verdeutlichen, die Konferenz auf zwei bis drei Wochen begrenzen und im Fall ergebnisloser Verhandlungen leichter eine Gelegenheit finden zu können, ohne Schaden für die eigene Position die Konferenz abzubrechen. Der angestrebte scharfe Schnitt am Ende des Außenministertreffens würde es zudem erforderlich machen, den sowjetischen Wunsch, bestimmte Fragen an die stellvertretenden Außenminister zu delegieren, mit Ausnahme des österreichischen Staatsvertrages, abzulehnen.
Die Experten zogen mit solchen Empfehlungen, die eine Fortführung des unergiebigen Notenwechsels im Konferenzsaal befürchten ließen, Konsequenzen aus den Erfahrungen der stellvertretenden Außenminister im Frühjahr 1951 im »Palais Marble Rose«. Bevor man sich in vergleichbare rhetorische Schaukämpfe einließ, wollte man lieber auf jede Diskussion verzichten.
Die Arbeit der zwei Expertenrunden hatte sich auf zwei Ebenen vollzogen. Koordinierend wirkten die seltenen Plenarsitzungen, in deren erster am 21. Oktober 1953 fünf Sub-Komitees für einzelne Themenbereiche bestimmt worden waren:

1. ein politisches Sub-Komitee, das sich unter anderem mit gesamtdeutschen Wahlen und dem Status einer gesamtdeutschen Regierung beschäftigte
2. ein Sub-Komitee für wirtschaftliche Fragen
3. ein Sub-Komitee für Sicherheitsfragen
4. ein Sub-Komitee für Österreich
5. ein Sub-Komitee für Industriekontrolle[25]

Sie leisteten die inhaltliche Arbeit. Die größten Probleme bereiteten die Sicherheitsgarantien. Das zuständige Sub-Komitee konnte während der ersten Expertenrunde kein gemeinsames Positionspapier erarbeiten, und auch in den Plenarsitzungen gelang kein Durchbruch. Dies bedeutete in einer von der Sowjetunion favorisierten, übergeordneten Frage den Verzicht auf ein abgestimmtes Konzept.

II.3.1 Friedensvertrag und Grenzfrage

Die neue amerikanische Regierung hatte beim Entwurf ihrer offensiven Politik gegenüber der Sowjetunion feststellen müssen, daß ihr beim europäischen Kernproblem, der Deutschen Frage, ein schlüssiges Konzept fehlte. Besonders gravierend empfand man das Fehlen eines Gegenstücks zum sowjetischen Friedenvertragsentwurf von 1952. Im State Department wurden daher im Sommer 1953 Positionspapiere entworfen, die diesem Mangel abhelfen sollten.[26] Damit hoffte man, die westliche Konferenztaktik geschmeidiger gestalten zu können. Dies war nicht gleichzusetzen mit der Bereitschaft, auf der bevorstehenden Konferenz tatsächlich über einen Friedensvertrag zu verhandeln.

24 Ebd.
25 FRUS 1952-1954, VII, 1, S. 722.
26 s. die streng geheimen Memoranda des National Security Council und der Joint Chiefs of Staff von Mitte August 1953 (FRUS 1952-1954, VII, 1, S. 501-531; Hermann-Josef Rupieper, Die Berliner Außenministerkonferenz von 1954, in: VjhfZG 34 (1986), H.3, S. 433; ders., Der besetzte Verbündete, S. 333-351; Felken, Dulles und Deutschland, S. 110-126).

Ähnliche Beweggründe wie im State Department führten im Foreign Office zu vergleichbaren Ausarbeitungen. Ende September 1953 war der Entwurf über die »Heads of a German Peace Treaty« fertiggestellt, den die britische Delegation beim Expertentreffen in Paris vorlegte.[27] Das Dokument erhob nicht den Anspruch, die Bestimmungen eines Friedensvertrages im Detail festzulegen, sondern sollte, wie Lord Salisbury in einem Memorandum vom 30. September für das Kabinett schrieb, »simply give a broad picture of what a peace treaty should look like«.[28]

Der Entwurf gliederte sich in zwei Hauptabschnitte:

1. Politische und militärische Bestimmungen,
2. Wirtschaftsklauseln mit Reparationen,
   Entschädigungsleistungen
   und auswärtige Besatzungskosten.

Die Frage der künftigen Grenzen Deutschlands, die in den »Heads of a German Peace Traty« nur knapp behandelt war, wurde in einem gesonderten Annex zum »Steering brief« der britischen Delegation ausführlich dargelegt.[29]

Im Auswärtigen Amt der Bundesrepublik hatte indessen eine Expertengruppe »Auswärtige Angelegenheiten« zwei geheime Ausarbeitungen vorgelegt, die sich mit den militärischen Klauseln in Friedensverträgen nach dem Ersten und Zweiten Weltkrieg und der Lösung der Oder-Neiße-Frage befaßten.[30]

Die darin erörterten »theoretischen Möglichkeiten« eines Friedensvertrages und einer Grenzregelung flossen jedoch nicht in die westlichen Expertenberatungen ein, da Adenauer dieses Thema strikt aus der Viererkonferenz heraushalten wollte. Auch bei der Konsultation zwischen Westmächten und Bundesregierung blieb es ausgeklammert. Immerhin fand jener Lösungsvorschlag aus dem Auswärtigen Amt Erwähnung im britischen Positionspapier über die Grenzfrage, der die vage Möglichkeit eines deutsch-polnischen »Kondominiums« vorsah und den Adenauer unvorsichtigerweise vor der Presse ausgeplaudert hatte.[31] In dem britischen Dokument hieß es:

> »On the German side, Dr. Adenauer has always taken the line that, while no German Government could accept as definitive the present Eastern frontier, a settlement of the question must be worked out in peaceful negotiations between Germany and Poland. His most recent suggestion has been for a Polish/German condominium in, or United Nations administration of, the Eastern territories, to be worked out with ›any future Government of a free Poland‹. Since this presumably implies the replacement of the present Communist Government of Poland, it hardly seems a practical proposition at present.«[32]

27 PRO PREM 11/419, der mit dem Geheimvermerk versehene Entwurf datiert auf den 28. Sept. 1953.

28 PRO FO 371/103683/C 1071/476.

29 PRO FO 371/103683/C 1071/478.

30 PA AA 232-00 II 2101/53, »Über militärische Klauseln in Friedensverträgen nach dem I. und II.Weltkriege sowie über die Stellungnahme der Alliierten zur Entmilitarisierung und Wiederbewaffnung Deutschlands«, »Zur Lösung der Oder-Neiße-Frage. Theoretische Möglichkeiten«. Die Dokumente wurden Anfang Oktober 1953 vom Büro des Rechtsberaters des Auswärtigen Amtes in Umlauf gebracht und sollten der Arbeitsgruppe »Auswärtige Angelegenheiten« als Materialbasis dienen.

31 s. »NZZ«, Nr. 249, 10. Sept. 1953, S. 1. In einem Interview behauptete Adenauer am 22. Okt., nie von einem Kondominium gesprochen zu haben (»NZZ«, Nr. 292, 24. Okt. 1953, S. 3).

32 PRO FO 371/103683/C 1071/478.

Die Experten des Auswärtigen Amtes hatten zwei Typen von Lösungen unterschieden. Auf der einen Seite bestand die Möglichkeit einer erneuten Grenzziehung, auf der anderen Seite bot sich die Bildung einer »deutsch-polnischen Heimatgemeinschaft« an. Die beiden Alternativen wurden in der Ausarbeitung mit zahlreichen Differenzierungen erörtert. Grundsätzlich bewerteten sie die Autoren zusammenfassend:

> »Diese [erste] Art von Lösungsvorschlägen hat für sich den *Vorteil der Klarheit*, der besonders in den westlichen Ländern mit klarer nationalstaatlicher Organisation geschätzt werden dürfte. Sie hat den *Nachteil*, daß daraus die *Notwendigkeit einer polnischen Rücksiedlung* entsteht, wogegen sich möglicherweise starker internationaler Widerstand erheben könnte, vor allem, wenn die Regelung der Frage erst nach einer längeren Zeitspanne erfolgen würde. Denn in dieser Zeit könnte der dort ansässigen polnischen Bevölkerung eine Art Heimatrecht zugebilligt werden, wie es jetzt die Heimatvertriebenen in Anspruch nehmen.
> Daher ist auch der zweite Typ von Lösungsmöglichkeiten, die *deutsch-polnische Heimatgemeinschaft*, in Erwägung zu ziehen. Sie kann unter sehr unterschiedlichen rechtlichen Formen verwirklicht werden. Die wichtigsten sind: *das Kondominium, die Europäisierung, die Internationalisierung, die Aufhebung der Grenzen überhaupt.*«[33]

33 PA AA 232-00 II 2101/53, »Zur Lösung der Oder-Neiße-Frage«, S. 3 f. (Unterstreichungen im Original). In einer Referentenbesprechung über außenpolitische Fragen, den internationalen Status Gesamtdeutschlands, entmilitarisierte Zonen und Rüstungsbeschränkungen am 25. Sept. 1953 stand bei der Erörterung der Grenzfrage das von Adenauer favorisierte »Heimatrecht« im Blickpunkt. Der Rechtsberater des Auswärtigen Amtes Kaufmann erwartete von Alliierter Seite keine Unterstützung für die Geltendmachung eines gemeinsamen »Kompensationsanspruches« bezüglich der Gebiete östlich von Oder und Neiße. Da Deutschland aber auf die Grenzen von 1937 »nicht verzichten« könnte, schlug er drei Lösungsvarianten vor: Es müßte versucht werden, »wenigstens ein Teilgebiet, so etwa Niederschlesien, zu bekommen« und für die restlichen Gebiete ein Kondominium, die Europäisierung oder die Treuhänderschaft der UNO anzubieten. Kaufmann sprach sich für letztere Lösung aus, wenngleich nur als »ultima-ratio-Lösung« (PA AA, Bestand EVG, 232-00II-1961/53, Aufzeichnung vom 26. Sept. 1953). In einer gemeinsamen Sitzung des Auswärtigen und des Gesamtdeutschen Ausschusses des Bundestages vom 8. Juli 1953 hatte Hallstein behauptet, in allen Gesprächen mit den Alliierten hätten territoriale Fragen »nie eine Rolle gespielt«, von der Bundesregierung sei aber »bei jeder Gelegenheit« erklärt worden, »die Oder-Neiße-Linie sei für uns nicht akzeptabel«. Auf eine Nachfrage des FDP-Bundestagsabgeordneten Pfleiderer, ob die Bundesregierung über eine Lösung der Grenzfrage beraten habe, meinte Hallstein: »Die Grenzen von 1937 sind Ausgangspunkt und Grundlage jeden Gespräches, das eine deutsche Regierung etwa zu führen hätte.« Die »Beteiligung eines freien Polens an der Regelung der territorialen Fragen« hielt der Staatssekretär für »eine sicher große Chance ... des politischen Hineinwirkens in den Raum, der hinter dem Eisernen Vorhang von Rußland dominiert wird« (Kurzprotokoll der Sitzung vom 8. Juli 1953, PA AA 202-03). Im CDU-Bundesvorstand war am 19. Jan. 1954 die Befürchtung der Vertriebenenverbände erörtert worden, das Heimatrecht der Vertriebenen könnte »annulliert« werden. Auf die Bitte, eine Direktive zur Sprachregelung auszugeben, erklärte Adenauer: »Machen Sie sich und ihren Leuten klar, daß an der Oder-Neiße-Linie sich nichts ändern wird, sondern daß es sich zunächst darum handelt, ob die Amerikaner aus Europa gebracht werden und ob der Atlantikpakt bestehen bleibt. Im jetzigen Augenblick die Frage der Oder-Neiße-Linie anzuschneiden, wäre politisch völlig falsch und auch zwecklos. Wenn aber eine allgemeine Befriedigung eintritt ..., dann kann man hoffen, daß auch eine Regelung mit dem freien Polen erfolgt.« Ähnlich argumentierten Kaiser und Franz-Josef Strauß (Adenauer: »Wir haben wirklich etwas geschaffen«, S. 121 f.). Johann Baptist Gradl meinte, es gehe jetzt darum, »die Russen hinter die Oder zu bringen« (ebd., S. 123).

Eine Vielzahl ergänzender Zwischenlösungen deutete darauf hin, daß die Experten eine glatte Revision für unrealistisch hielten. Der Katalog flankierender Maßnahmen berührte Bereiche der Außenpolitik, der Wirtschaft, des Verkehrs und der Sicherheitspolitik. Da sich die Ausarbeitung auf bisher im In- und Ausland gemachte – zum Teil weit zurückliegende – sowie der Öffentlichkeit meist bekannte Vorschläge zu den deutschen Grenzen beschränkte, fehlte ihr scheinbar ein originärer Zug. Tatsächlich waren die Autoren aber bemüht, die interne Diskussion auf eine auch international vertretbare Basis auszurichten. Unmißverständlich gelangten sie zu der Einsicht, daß alle für Deutschland günstigen Vorschläge der Zeit vor Festlegung der Oder-Neiße-Linie entstammten und somit nicht eigentlich zu deren Revision unterbreitet worden waren. Illusionslos sprach man von dem günstigsten bekanntgewordenen amerikanischen Vorschlag, der die Abtretung Ostpreußens und »im Prinzip« auch Oberschlesiens vorsah. Abschließend hieß es daher:

> »Der *einzige ausländische Vorschlag*, von dem wir heute mit einiger Sicherheit annehmen dürfen, daß er *auch gegenüber einem freien Polen* vertreten werden dürfte, besteht in der Vertauschung der beiden Neißen.«

Letztendlich würde die friedensvertragliche Grenzregelung aber auch davon abhängig sein, welche Stellung Deutschland zum Zeitpunkt der Friedenskonferenz in der Welt einnähme.[34]

Die Ausarbeitung beschränkte sich weitgehend auf historische Vergleichsmöglichkeiten und denkbare rechtliche Paradigmata. Der Verzicht der Westmächte auf die Offenlegung eines Friedensvertragsentwurfs zwang die Autoren dazu, ihre Rückschlüsse auf den EVG-Vertrag zu beziehen. Hinsichtlich der militärischen Beschränkdungen gelangten sie zu der Formel:

> »Alles, was nicht erlaubt ist, ist verboten, d.h. man wird die Bestimmungen des EVG-Vertrages zunächst als Maximalzugeständnis der Westmächte in Fragen einer deutschen Wiederbewaffnung ansehen.«[35]

Die Empfehlungen der alliierten Expertengruppe an die Außenminister hinsichtlich eines Friedensvertrages stimmten im ersten und zweiten Paris-Report weitgehend überein. Ausgehend davon, daß es dem Westen bisher an einer Grundsatzerklärung zur Lösung des Deutschlandproblems im ganzen mangelte – entschuldigend führten die Experten an, darauf hätten weder die Bundesregierung noch die deutsche Öffentlichkeit gedrängt[36] –, erörterten die Fachleute in Paris den Entwurf der »Declaration of Intent«, der schließlich wegen der »zu großen Differenzen« in der zweiten Gesprächsserie von der Tagesordnung abgesetzt wurde.[37]

Die Grundsatzerklärung, von der man hoffte, sie könnte schließlich doch noch »auf höchster Ebene« abgesegnet werden, war zunächst für den Fall vorgesehen, daß die Sowjetunion nicht zur Viererkonferenz erschien. Sie konnte aber auch

34 PA AA 232-00II 2101/53, S. 20 (Unterstreichung im Original).

35 Ebd., »Über militärische Klauseln«, S. 26.

36 Paris-Report I, S. 13.

37 s. das Memorandum von Leon W.Fuller vom Politischen Planungsstab des State Department vom 5.Jan. 1954 (FRUS 1952-1954, VII, 1, S. 739). Vgl. den früheren Entwurf einer Grundsatzerklärung, der während des Adenauer-Besuches in Washington im Frühjahr 1953 verfaßt worden war (Annex I zu einem Memorandum Fullers vom 17.April 1953, NA Lot File 64 D 563 RG 59 General Records of the Department of State. Records of the Policy Planning Staff 1947-1953. Country and Area Files. Box 16, folder Germany 1950-1953).

dann von Wert sein, wenn die Konferenz zu keiner Übereinkunft führte oder das spätere Inkrafttreten der Westverträge flankierende Maßnahmen in der Öffentlichkeit wünschenswert erscheinen ließ.
Der ursprüngliche Entwurf der »Declaration of Intent« ging auf Pläne der Amerikaner zurück – so schrieb der britische Delegationsleiter Roberts an Eden –, »die Initiative in Deutschland durch eine lauttönende Propaganda-Erklärung« zu ergreifen.[38]
Er war weitreichender als die Fassung, die im ersten Paris-Report niedergelegt ist. Die Erklärung diente – nach den gemäßigteren Worten des Berichts – vornehmlich dem Zweck, die Bereitschaft der Westmächte zu bekunden, weiter bei der Erlangung der deutschen Einheit und einer friedensvertraglichen Regelung mitzuwirken.[39] Briten und Franzosen bestritten aber die Notwendigkeit einer solchen Erklärung und befürchteten »unerwünschte Auswirkungen« in Frankreich.[40] Als kleinster gemeinsamer Nenner blieb schließlich, sie lediglich als »Hintergrund« für die Viermächtekonferenz zu betrachten. Sie sollte erst hervorgeholt werden, wenn es Rückschläge bei der Inkraftsetzung der Westverträge gab oder sich »die innere Lage in Deutschland zum Schlechten« änderte.[41] Bis dahin galt der Entwurf als »pretty anodyne«.
Umstritten war die Aufnahme eines Passus, der Berlin zum »Symbol der künftigen Einheit Deutschlands« und die Politik der Vier Mächte gegenüber der Stadt zum Gradmesser für den Willen erklärte, einer weiteren Vertiefung der Spaltung Deutschlands entgegenzuwirken.[42] Die amerikanische Delegation hielt die Hervorhebung des »Sonderproblems« Berlin in der Deklaration für unpassend. Dies entsprang nicht einem geminderten Interesse an der nach wie vor heiklen Lage der ehemaligen Hauptstadt Deutschlands. Vielmehr war dies Ausdruck einer amerikanischen Berlin-Politik, die unter Beibehaltung der bisher gewährten Garantien vor öffentlichen Bekundungen eine intensivere Abstimmung mit Briten, Franzosen und Adenauer anstrebte.[43] Obwohl Eisenhower derzeit »keine dunkle Wolke« über Berlin sah, konnte eine Neuauflage der Blockade nicht ausgeschlossen werden. In diesem Fall wollte man nicht durch eine erzwungene Duldung des Geschehens »die Führung der freien Welt opfern« müssen und »weichlich und rückgratlos erscheinen«.[44] Wenngleich man vor Ort »gewisse Zeichen des Sieges am Horizont« wahrzunehmen meinte, war »der Kampf um Berlin noch nicht gewonnen«.[45] Abgesehen von den wirtschaftlichen Problemen der Stadt, von der steigenden Zahl der Flüchtlinge und der sowjetischen Haltung drohte nach dem plötzlichen Tod des Regierenden Bürgermeisters Reuter die Berliner Politik in zwei Lager zu zerfallen. In dieser Situation galt es besonders sorgsam zu prüfen, wie man der Sowjetunion unmißverständlich zu

38 PRO FO 371/103691/C 1071/683, Schreiben vom 6. Nov. 1953.
39 Paris-Report I, S. 13.
40 So Roberts in seinem Schreiben an Eden vom 6. Nov. 1953 (PRO FO 371/103691/C 1071/683).
41 Ebd.
42 Paris-Report I, S. 14.
43 s. das Memorandum einer Diskussion des National Security Council vom 1. Okt. 1953 (FRUS 1952-1954, VII, 1, S. 1364 f.).
44 Ebd.
45 Schreiben des Direktors der Vertretung der amerikanischen Hohen Kommission in Berlin an das Büro der Hohen Kommission in Bonn vom 26. Okt. 1953 (ebd., S. 1370).

erkennen gab, daß man die Position in der Stadt und den freien Zugang notfalls durch Gewaltanwendung zu halten gewillt war.[46] Der Status und die Integrität Berlins blieben somit Kernbestandteil jeder westlichen Sicherheitsgarantie für die Sowjetunion. Beim Entwurf der »Declaration of Intent« empfahlen die amerikanischen Experten jedoch, sich auf die Formeln des Jahres 1952 zu beschränken.

Die Grundsatzerklärung forderte in ihren Ausführungen zum Friedensvertrag, einen wiederhergestellten, »voll souveränen« deutschen Staat in die UNO aufzunehmen, ihrer Charta zu unterwerfen und das Recht zur eigenen Verteidigung zuzugestehen sowie die Pflicht zur friedlichen Konfliktlösung aufzuerlegen.[47]

In der Grenzfrage vermieden die Experten jede Formulierung, die auf deutscher Seite Anlaß für anti-alliierte Stimmungen sein konnte. Frühere bilaterale quasi-Verpflichtungen – etwa Großbritanniens gegenüber Polen – sowie eindeutige Meinungsbildungen auf alliierter Seite, die entschieden von deutschen Positionen abwichen und auf eine Billigung der Oder-Neiße-Linie hinausliefen,[48] wurden –

46 Aufzeichnung über ein Treffen des Ständigen Berlin Komitees vom 29. Okt. 1953 (ebd., S. 1371 f., 1374). Die bisherige amerikanische Berlin-Politik orientierte sich am streng geheimen Bericht Nr. 132/1 an den National Security Council vom 12. Juni 1952 (s. ebd., S. 1261-1269, »United States Policy and Courses of Action to Counter Possible Soviet or Satellite Action Against Berlin«), der nach den Ereignissen im Juni 1953 aktualisiert wurde (s. den von Dulles gezeichneten »Progress Report« vom 10. Sept. 1953 [ebd., S. 1347-1360]). Die offizielle alliierte Berlin-Politik folgte der Berlin-Erklärung und der Erklärung über die Einbeziehung Berlins in internationale Verträge der Bundesrepublik, die von den alliierten Kommandanten im Gefolge der Unterzeichnung der Westverträge am 26. Mai 1952 abgesegnet wurden (s. ebd., S. 1246 ff., 1248 ff.). s. a. das Schreiben der drei westlichen Hohen Kommissare an Adenauer vom 26. Mai 1952 (ebd., VII, 1, S. 162 f.) und die Erklärung der drei westlichen Außenminister zur EVG vom 27. Mai 1952 (ebd., V, 1, S. 686).

47 Paris-Report I, S. 14.

48 Im geheimen Entwurf des Positionspapiers der britischen Delegation zu den deutschen Grenzen hieß es: »Her Majesty's Government cannot go back on their undertakings of 1944 to the Polish Government. In any final settlement of the German-Polish frontier therefore, they could not argue for the return to Germany of any area except that between the Eastern and Western Neisse«. Dies bezog man auch auf den Fall, daß die Deutschen auf einen Artikel im Friedenvertrag bestünden, der die endgültige Grenzregelung »friedlichen Verhandlungen« zwischen Deutschland und Polen vorbehielt. Von vergleichbaren Festlegungen gegenüber Polen auf französischer oder amerikanischer Seite wußte man im Foreign Office nichts (s. den Text des Enwurfes von Ende Sept. 1953, PRO FO 371/103683/C 1071/478). Ein Absatz im zweiten Paris-Report scheint darauf hinzudeuten, daß auch die französischen und amerikanischen Experten nur das Gebiet zwischen den beiden Neiße-Flüssen für noch verhandelbar hielten. Hier heißt es, die Sowjetunion behaupte, daß das Potsdamer Abkommen »finally delimited the Oder-Western Neisse Line as the Eastern frontier of Germany« (Paris-Report II, S. 21). Die auffällige, ansonsten unübliche Erwähnung der westlichen Neisse bekam ihren Sinn durch den Hinweis, die Westmächte hätten das Abkommen stets nur als »an interim arrangement« bis zum Friedensvertragsschluß betrachtet. Trotz dieses Friedensvertragsvorbehalts war im Zusammenhang mit der Westgrenze Polens im Potsdamer Abkommen unmißverständlich die Rede von den »früher deutschen Gebiete(n) östlich der Linie, die von der Ostsee unmittelbar westlich von Swinemünde und von dort die Oder entlang bis zur Einmündung der westlichen Neiße und die westliche Neiße entlang bis zur tschechoslowakischen Grenze verläuft« (Alexander Fischer (Hg.), Teheran. Jalta. Potsdam. Die sowjetischen Protokolle von den Kriegskonferenzen der »Großen Drei«, Köln ³1985, S. 401).

Das britische Positionspapier hatte hinsichtlich Ostpreußens und des Memel-Gebiets von einer »acceptance in principle« der endgültigen Eingliederung der »Königsberg area« in die Sowjetunion, des Memel-Gebiets nach Litauen bzw. in die Sowjetunion und des übrigen wie es seit Ausbruch des Kalten Krieges üblich geworden war – durch die Floskel überspielt, die im Verhältnis zu den Deutschen so wie bei der Auseinandersetzung mit der Sowjetunion den größten Spielraum versprach: Die Festlegung der Grenzen sollte einem frei verhandelten Friedensvertrag unter Einschluß einer frei gewählten gesamtdeutschen Regierung vorbehalten bleiben. Der Dissens zwischen Adenauer und den Westmächten hatte eine tragfähige Kompromißformel gefunden, die den Deutschen mehr oder weniger theoretische Optionen für künftige einvernehmliche Verhandlungen mit einem »freien Polen« offenhielten und die Westmächte zu nichts verpflichteten.

Ausdrücklich verwies man auf die »provisorische Natur der Potsdam-Klauseln« und auf die Gültigkeit der Punkte 1 und 2 der Atlantik-Charta sowie Artikel 1 der Charta der Vereinten Nationen. Angesichts der Praxis territorialer Regelungen der Nachkriegszeit bedeutete der Verweis auf die Atlantik-Charta für die deutsche Seite immerhin ein Zugeständnis, hatte es doch 1951 der damalige amerikanische Außenminister Dean Acheson strikt abgelehnt, durch solche Bezugnahme etwa das Recht auf Volksabstimmungen abzuleiten.[49]

Ostpreußens nach Polen gesprochen.Das Foreign Office sah sich in der Grenzfrage in der Tradition der vorausgegangenen Regierungen. Trotzdem schlug Lord Salisbury in dem Glauben, dies sei bislang nicht geschehen, dem Kabinett am 30. Sept. 1953 vor, die in dem Positionspapier skizzierte und aus den Verhandlungen des Zweiten Weltkrieges hergeleitete Haltung durch formalen Beschluß zu billigen (s.Lord Salisburys Memorandum vom 30. Sept. 1953 [PRO FO 371/103683/C 1071/476). Bezüglich der Grenze zur Tschechoslowakei fühlte man sich in Übereinstimmung mit der Sowjetunion. Möglichen deutschen Gegenvorschlägen hielt man entgegen: »It would be difficult for a German Government to argue the contrary, particularly since the Sudeten Germans have almost all been transferred to the United States and Soviet Zones of Germany, in accordance with Part XII of the Potsdam Agreement. The Government of Czechoslovakia an the East German Administration have declared that they have no territorial claims on each other« (PRO FO 371/103683/C 1071/478).
Die Festlegung auf amerikanischer Seite kommt in einem streng geheimen Positionspapier der Joint Chiefs of Staff vom August 1953 zum Ausdruck. Darin hieß es, man wolle Vorschläge zu einer friedlichen Grenzregelung zwar unterstützen, aber jede Ermutigung für Gebietsansprüche »außerhalb der Bundesrepublik, der Sowjetzone und Berlins vermeiden (Guidance for the Peacetime Conduct of Military Activities in Support of U.S. National Strategy With Respect to Germany, in: FRUS 1952-1954, VII, 1, S. 529). Zur Grenzfrage weiterhin: Raymond Poidevin, Frankreich und die Deutsche Frage 1943-1949, in: Josef Becker/Andreas Hillgruber (Hgg.), Die Deutsche Frage im 19. und 20.Jahrhundert. München 1983, S. 411; Josef Foschepoth, Die Oder-Neiße-Frage im Kalkül der britischen Außenpolitik 1941-1947, in: Die beiden deutschen Staaten im Ost-West-Verhältnis. Köln 1982, S. 69-80; vgl. die Variante desselben Beitrages in: MGM 34 (1983), H.2, S. 61-90; zum Gesamtzusammenhang s. Wolfgang Wagner, Die Entstehung der Oder-Neiße-Linie in den diplomatischen Verhandlungen während des Zweiten Weltkrieges. Stuttgart [3]1964; ders., Oder-Neiße-Linie, in: Sowjetsystem und demokratische Gesellschaft, Bd. IV, Freiburg u.a. 1971, Sp.797-808; Hans Georg Lehmann, Der Oder-Neiße-Konflikt. München 1979; Michael Schmitz, Die Rechtslage der deutschen Ostgebiete. Die Oder-Neiße-Grenze im Blickpunkt des Völkerrechts. Köln 1986; aus der Sicht der DDR: Paul Wandel, Wie es zur Oder-Neiße-Grenze kam. Berlin (Ost) 1955; Polen, Deutschland und die Oder-Neiße-Grenze. Hg. vom Deutschen Institut für Zeitgeschichte. Redaktion Rudi Goguel, Berlin (Ost) 1959; aus polnischer Sicht: Alfons Klafkowski, Die deutsch-polnische Grenze nach dem II. Weltkrieg. Poznań 1970; Euzebiusz Basiński/Ryszard Nazarewicz, Sojusz polsko-radziecki a zachodnia granica Polski. Warszawa 1987.

49 Paris-Report I, S. 14; Adenauer, Erinnerungen 1945-1953, S. 514.

Dem liefen Passagen über die Gültigkeit von Verträgen zuwider, die von der Bundesrepublik und »Ostdeutschland« vor der Wiedervereingiung geschlossen wurden. Eine Variante dieses Passus sah vor, daß diese Verträge »in Kraft bleiben und automatisch auf das gesamte wiedervereinigte Deutschland ausgedehnt« wurden – sofern sie nicht von einer »verfassungsmäßigen gesamtdeutschen Regierung« gekündigt oder ihre Ausdehnung von den anderen Vertragspartnern abgelehnt wurde.
Die amerikanische Delegation wollte vermeiden, bestehende Vereinbarungen einer erneuten Verhandlung mit den Russen beim Friedensvertragsschluß zu unterwerfen.[50]
Die britische Seite wollte sicherstellen, daß »gewisse bestehende deutsche Verpflichtungen« »obligatorisch« übernommen wurden.[51] Die möglichen Konsequenzen in der Grenzfrage wurden an dieser Stelle von den Experten nicht erörtert.
Eine gewisse Parallele hinsichtlich einer »Bindungsklausel« in der Grenzfrage findet sich in der sowjetischen Note vom 24. Mai 1952, in der die mehrfach beschworene Endgültigkeit des Görlitzer Abkommens vom 6. Juli 1950 scheinbar in Frage gestellt wurde. In ihr hieß es, separate Abkommen jedes der beiden Teile Deutschlands würden einer gesamtdeutschen Regierung keine Verpflichtungen auferlegen.[52]
Eine andere Stelle der Note betont jedoch, daß sich die Vier Mächte beim Friedensvertragsschluß »unter anderem in der Frage der Grenzen Deutschlands« von den Bestimmungen des Potsdamer Abkommen »leiten lassen werden«.[53] Der Bundesminister für gesamtdeutsche Frage, Jakob Kaiser, hatte in einer Rede vom 7. Juni 1952 vor allem auf den Passus über die Separatabkommen Wert gelegt und dadurch beträchtliche Unruhe in Warschau hervorgerufen.[54]
Uneins waren sich die westlichen Experten über einen Paragraphen, der den Friedensvertrag mit Deutschland als »wesentliches Element« einer europäischen Friedensordnung bezeichnete und nach seiner Inkraftsetzung den »Abzug der Besatzungstruppen und die Beseitigung der Folgelasten in Mittel- und Osteuropa innerhalb einer bestimmten Periode« und »im Rahmen einer allgemeinen europäischen Regelung« in Aussicht stellte. Ausgerechnet die Amerikaner sprachen sich für diesen Passus aus, weil sie mit ihm wiederholten sowjetischen Vorschlägen zu einem Truppenabzug entgegenwirken wollten. Die britische und französische Delegation hingegen befürchteten bei der bloßen Erwähnung einer solchen Möglichkeit »eine verwirrende Wirkung auf die öffentliche Meinung in Europa«.[55]
Im wirtschaftlichen Teil der »Declaration of Intent« wurde gefordert, die von der Bundesrepublik eingeleitete »blühende Wirtschaft« für Gesamtdeutschland zu erhalten und auszubauen.[56] Umstritten war der Passus, daß es »keine weiteren Reparationen« geben und auf Ansprüche aus der Kriegs- und Okkupationszeit gegenseitig

50 Der Alternativvorschlag, es der gesamtdeutschen Regierung zu überlassen, vor ihrem Amtsantritt geschlossene Verträge »in Kraft zu setzen oder in Kraft zu lassen« – vorbehaltlich der »notwendigen« Billigung durch die anderen Vertragspartner –, fand kein einhelliges Echo.

51 Die französische Seite hielt die alternative Formulierung für geeigneter, da es ihr vor allem darum ging, in der Öffentlichkeit nicht den Eindruck zu erwecken, die Westmächte wollten die gesamtdeutsche Regierung vorab durch eine »komplizierte Rechtsformel« binden.

52 Die deutsche Frage 1952-1956, S. 31.

53 Ebd.

54 s. Meissner, Rußland, die Westmächte und Deutschland, S. 347 f.

55 Paris-Report I, S. 15.

56 Ebd.

verzichtet werden sollte, sofern dies noch nicht geregelt war. Die französischen Experten erwarteten bei einem formellen Verzicht auf das Reparationsrecht »eine überaus ungünstige Wirkung auf die französische öffentliche Meinung«. Zudem würde er vom Parlament »niemals« akzeptiert werden. Die Briten wollten lediglich den zweiten Teil des Passus streichen, da sie einen Verzicht auf Ansprüche nicht vor den Friedensverhandlungen erklären wollten. Die französische Delegation lehnte auch bei der zweiten Expertenrunde die von den Amerikanern weiterhin gewünschten Passagen als bloße »Antwort auf eine sowjetische Propagandageste« ab.[57]

Damit waren die Vereinbarungen zwischen der Sowjetunion und der DDR vom August 1953 gemeint, nach denen ab dem 1. Januar 1954 Moskau auf Reparationen und die Begleichung von Nachkriegsschulden verzichtete. Zwar hatte man das Abkommen nicht recht ernst genommen, gleichwohl fühlten sich die Experten zu Rechtfertigungen der westlichen Politik herausgefordert. Man habe »niemals«, so hieß es im zweiten Paris-Report, »deutsche Industrieunternehmen zum eigenen Vorteil ausgebeutet« und die Demontage von Fabriken bereits im Jahr 1950 eingestellt. »Zu keinem Zeitpunkt« seien Reparationen aus der laufenden Produktion entnommen worden.[58] Die endgültige Regelung von Ansprüchen sollte erst in einem Friedensvertrag erfolgen, wobei die Franzosen nicht, wie Briten und Amerikaner, schon vorab ihren Verzicht auf diese Ansprüche zu erklären bereit waren.[59]

Schließlich forderte die »Declaration of Intent« die Rückführung von deutschen Kriegsgefangenen und Internierten »ausnahmslos« und »in kürzester Zeit« nach Inkraftsetzung des Friedensvertrages, spätestens nach einer Frist von 90 Tagen.[60] Unterzeichner des Friedensvertrages sollten alle Staaten oder deren Nachfolger sein, die im Krieg mit Deutschland standen.

Die Schwierigkeiten der Experten, sich auf die allgemeinen Prinzipien der Grundsatzerklärung zu einigen, standen stellvertretend für die Probleme, eine gemeinsame westliche Deutschlandpolitik jenseits unverbindlicher Verlautbarungen zu entwerfen. Die Abhängigkeit von politischen Stimmungen im jeweiligen Land zwang dazu, den gemeinsamen Nenner auf ein immer niedrigeres Niveau herabzusetzen. Der Wunsch, dem sowjetischen Friedensvertragsentwurf etwas entgegenzusetzen, und sei es aus reinen Propagandagründen, reichte nicht aus, die disparate Deutschlandplanung in ein gemeinsames Konzept münden zu lassen. Die »Declaration of Intent« wurde den Außenministern zugeleitet, von diesen vor sich hergeschoben und schließlich zu den Akten gelegt.

Ähnlich erging es den beiden britischen Entwürfen, die sich speziell mit dem Problem eines deutschen Friedensvertrages befaßten. Im zweiten Paris-Report fehlten die »Heads of a German Peace Treaty« und das »Procedure for Negotiating a German Peace Treaty«.[61] An ihre Stelle trat eine ausführliche Kommentierung der

57 Paris-Report I, S. 15; II, S. 24.

58 Ebd., S. 24.

59 s. die von der französischen Delegation eingebrachte Vorlage (ebd., S. 26) und das Schreiben Roberts an Eden vom 6. Nov. 1953 (PRO FO 371/103691/C 1071/683).

60 Paris-Report I, S. 15.

61 s. die Entwürfe im ersten Paris-Report (I, S. 22-25, 26-30). Das Dokument »Procedure for Negotiating a German Peace Treaty« beschränkte sich auf Verfahrensfragen der Sitzungen des Außenministerrates (bis 1949) und enthielt Empfehlungen für die künftige Haltung der Westmächte.

sowjetischen Noten vom 4. und 15. August, 28. September, 3. und 26. November und von Molotovs Pressekonferenz vom 13. November 1953 sowie der sowjetischen Wirtschaftsvorschläge für Deutschland.[62] Die konzeptionelle Arbeit war in reaktive taktische Vorbereitung der Konferenz übergegangen.

Die Experten empfahlen, die Erörterung freier Wahlen und der Bildung einer gesamtdeutschen Regierung zur Vorbedingung jeder Diskussion über die Prinzipien eines Friedensvertrages zu machen. Mit diesen Trümpfen glaubte man, das Scheitern der Konferenz am ehesten der Sowjetunion zuschreiben zu können.[63] Die in den Noten der Westmächte an die Sowjetunion vom 2. September und 18. Oktober 1953 erklärte Bereitschaft, den Friedensvertrag wenigstens in allgemeinen Zügen erörtern zu wollen, mußte diese Gewißheit mit Fragezeichen versehen. Auszuschließen war nun nicht mehr, daß die Westmächte in eine Debatte über die »delikaten Gegenstände« Oder-Neiße-Frage und Neutralisierung Deutschlands verwickelt wurden.

Ein präsentabler Friedensvertragsentwurf hätte der deutschen und westlichen Öffentlichkeit sowie der sowjetischen Regierung zahlreiche Ansatzpunkte für eine Forderung nach Offenlegung der Konsequenzen und weiterreichenden Ziele der alliierten Deutschlandpolitik geboten. Dieses Risiko wollte man unter allen Umständen meiden und sich, wenn es denn unumgänglich war, nur auf eine »vorläufige Diskussion« über ein Arbeitsporgramm, über Fragen, die ein Friedensvertrag zu lösen hatte und über das Procedere der Vertragsverhandlungen einlassen.[64]

Damit waren selbst die vagen Formulierungen des Entwurfes »Heads of a German Peace Treaty« Makulatur geworden. Die möglichen Alternativen für den internationalen Status eines wiedervereinigten Deutschlands waren mit Fragezeichen versehen. Der Entwurf sah entweder eine Bekräftigung (affirmation) der deutschen Souveränität und Unabhängigkeit, eine Viermächtegarantie für die Unabhängigkeit Deutschlands oder eine Verknüpfung des internationalen Status mit anderen Sicherheitsvereinbarungen vor.[65] Von einer tendenziellen Favorisierung gab es keine Spur.

Die wenigen militärischen Klauseln erübrigten weitere Kommentare, denn die erste forderte lapidar die Zugehörigkeit Deutschlands zur EVG.[66] Während die Westmächte bisher stets verlangt hatten, ein Friedensvertrag dürfe keine Bestimmungen enthalten, die diese Zugehörigkeit verhinderte, war man sich nun klar darüber, daß diese Frage außerhalb der Vertragsverhandlungen geregelt werden mußte.

In den Verfahrensfragen unterschieden sich die Ausführungen von den Positionen bei den Tagungen des Rates der Außenminister. Im Jahre 1947 war Frankreichs Widerstand gegen die uneingeschränkte Beteiligung einer gesamtdeutschen Regierung an Friedensverhandlungen deutlich spürbar gewesen und die Ausarbeitung eines Vertragsentwurfs dem Rat der Außenminister vorbehalten worden. In beiden Fällen

62 Paris-Report II, S. 17-22, 23-27.
63 Ebd. I, S. 20; II, S. 17.
64 Ebd. I, S. 21; II, S. 17.
65 Ebd. I, S. 22.
66 Ebd., S. 23.

waren sich die Westmächte nun über eine volle Beteiligung Deutschlands einig geworden.[67]
Ein sehr ausführlicher Abschnitt der Entwurfs über die Verfahrensfragen war den komplexen und umstrittenen ökonomischen Problemen im Zusammenhang mit einem Friedensvertrag gewidmet.[68] Die amerikanische Delegation trat dafür ein, möglichst alle wirtschaftlichen Fragen aus dem Vertrag herauszuhalten, da die wesentlichsten von ihnen bereits zwischen den Westmächten und der Bundesrepublik geregelt seien und man deshalb das »kalkulierte Risiko« eingehen sollte, darauf zu vertrauen, daß eine frei gewählte gesamtdeutsche Regierung diese Übereinkünfte übernehmen, die von der DDR eingegangenen Verpflichtungen aber kündigen werde.[69] Sie hielt es für schwierig, in Verhandlungen mit den Russen für den Westen zufriedenstellende wirtschaftliche Bestimmungen im deutschen Friedensvertrag unterbringen zu können. Den Experten Großbritanniens und Frankreichs erschien es hingegen »gefährlich«, eine deutsche Regierung friedensvertraglich zu ermächtigen, »to denounce unilaterally agreements of great economic importance to the Western Allies or, which is possibly more likely, to use the threat of such denunciation as a means of exerting pressure in the Western Allies to modify the terms of such agreements«.[70]
Darüber hinaus befürchtete man einen »unglücklichen Beginn« der Beziehungen des Vereinigten Deutschlands mit der Sowjetunion, wenn die gesamtdeutsche Regierung einseitig nur die wirtschaftlichen Verpflichtungen der DDR aufkündigte. Am Ende blieb von den Erörterungen der Experten nur die Empfehlung an die Außenminister übrig, sowjetische Wirtschaftsvorschläge für einen Friedensvertrag mit einer Gegenüberstellung des westlichen Bemühens um den »wirtschaftlichen Aufbau« der Bundesrepublik und der sowjetischen Politik der »Ausbeutung der Ostzone Deutschlands« zu beantworten.[71]
Die Erörterung des erklärten Ziels, bei der Grenzregelung »allen betroffenen Interessen« Rechnung tragen und »einen höchsten Grad an Stabilität in diesem Teil Europas« sichern zu wollen,[72] blieb in Sophistereien stecken. Für die Auseinandersetzung mit der sowjetischen Delegation am Konferenztisch empfahl man den Außenministern, auf das Argument zu vertrauen, es sei »unmöglich«, eine

67 Ebd., S. 27. Problematisch war die mögliche Einbeziehung Chinas. 1947 hatten die Westmächte China als ein zur Einberufung einer Friedenskonferenz berechtigtes Mitglied vorgesehen. Seinerzeit hatte dies die Sowjetunion abgelehnt. Inzwischen hatten sich die Positionen umgekehrt. Großbritannien hatte die chinesische Nationalregierung, die Sowjetunion die Volksrepublik China anerkannt. Schwierigkeiten bereitete auch die Ansicht, der Rat der Außenminister existiere nicht mehr und die Verhältnisse hätten sich seit 1947 gewandelt, denn die westlichen Experten fühlten sich dem Bericht der stellvertretenden Außenminister von 1947 als Ausgangsbasis verpflichtet (s. ebd., S. 29).

68 Ebd., S. 30-37.

69 Die Amerikaner dachten vor allem an folgende westliche Vereinbarungen: die Bonner Verträge, die Londoner Schulden-Übereinkünfte vom Februar 1953, die Vereinbarungen über die europäische Wirtschaftskooperation, die europäische Kohle- und Stahl-Gemeinschaft sowie die Abkommen mit dem Internationalen Währungsfond, der Weltbank und dem GATT.

70 Paris-Report I; S. 31. Dabei ging es um Staats- und um Privatinteressen.

71 Ebd., S. 35.

72 Ebd., S. 21.

letztgültige Position einzunehmen, bevor man nicht die »legitimierten Vertreter ganz Deutschlands« gehört habe.[73]
Der britische Entwurf »Heads of a German Peace Treaty« hatte auch auf dieser Linie gelegen, aber die Sachlage detaillierter beschrieben. Die Klauseln zu den deutschen Grenzen lauteten:

> »Definition of Germany's frontiers covering, in particular, the Eastern Frontier with Poland, Czechoslovakia, the areas now incorporated in the Soviet Union (East Prussia), Schleswig-Holstein, the Saar, the frontier adjustments with the Netherlands, Belgium and Luxembourg.
> German recognition of Austria's independence. (The inclusion of this in any German Peace Treaty is provided for in Articles 3-4 of the draft Austrian State Treaty.)
> German renunciation of all territorial claims, or, at least, an undertaking not to press any claims by other than peaceful means.«[74]

Die westlichen Experten meinten, die Sowjetunion spekuliere bei einer gesamtdeutschen Lösung ohnehin darauf, daß sich Deutschland rasch ihrem Machtbereich anschließen und die Grenzfrage nur noch rein »akademischer Natur« sein werde. Wenn es sich aber dieser Einvernahme entzog und auch nicht dem westlichen Verteidigungssystem angehörte, bestand die Gefahr eines deutsch-polnischen Konfliktes, der »zu einem weiteren Weltkrieg führen« konnte.[75] Sicherheitsprobleme und Deutsche Frage standen somit in engem Zusammenhang. Wollte man die Einbeziehung Deutschlands in den sowjetischen Hegemonialvereich nicht hinnehmen, mußte man die Westbindung anstreben. Eine Zwischenlösung stand nicht mehr offen.

II.3.2 Freie Wahlen

Für den Angelpunkt des westlichen Wiedervereinigungskonzepts war seit der Erklärung der westlichen Außenminister auf der Pariser Viermächtekonferenz von 1949, vor allem aber seit McCloys erneuter Anregung vom Februar 1950 und der Erklärung der Bundesregierung vom 22. März desselben Jahres die meiste Vorarbeit auf alliierter und deutscher Seite geleistet worden.[76] Nun galt es, das vorhandene Material in ein taktisches Konferenzprogramm einzubetten. Der Abschnitt über

73 Ebd.

74 Ebd., S. 22.

75 Diese Sichtweise findet sich nur im zweiten Paris-Report (II, S. 21).

76 Die Bemühungen der Bundesrepublik um Wiederherstellung der Einheit Deutschlands durch gesamtdeutsche Wahlen. Dokumente und Akten. Hg. vom Bundesministerium für gesamtdeutsche Fragen. Teil I. Bonn ⁴1959, S. 9 ff. Über die alleinige Zuständigkeit des gesamtdeutschen Ministeriums in der Wahlfrage gab es erhebliche Meinungsverschiedenheiten in der Regierung. Für die Ausarbeitung der Wahlordnung leistete der im Dezember 1949 gegründete »Königsteiner Kreis«, eine Vereinigung von Juristen und Verwaltungsbeamten der vormaligen Sowjetischen Besatzungszone, vor allem sein Verfassungsausschuß, wichtige, wenngleich vom Ministerium nicht allzu sehr gewürdigte Beiträge (s. Gisela Rüß, Anatomie einer politischen Verwaltung. Das Bundesministerium für gesamtdeutsche Fragen – Innerdeutsche Beziehungen 1949-1970. München 1973, S. 92 ff.). Auf alliierter Seite hatten die Hohen Kommissare ein gemeinsames Papier über das Wahlverfahren vorgelegt. Es gehörte zu den Materialien der Expertenrunde (s. PRO FO 371/103683/C 1071/477).

freie Wahlen fiel im ersten Paris-Report vergleichsweise knapp aus und war mehr inhaltlichen Fragen gewidmet, während er im zweiten wegen der inzwischen erfolgten Konsultation der Bundesregierung eine Erweiterung, Präzisierung und teilweise Veränderung erfuhr. Der Kernpunkt der Argumentation bestand darin, den »echt-demokratischen Charakter« der Wahlen durch »angemessene Kontrolle und Sicherheiten« zu gewährleisten.[77] Den Außenministern fiel auf der Viererkonferenz lediglich die Aufgabe zu, sich auf Grundprinzipien zu einigen und die Detailarbeit einer Viermächte-Arbeitsgruppe zu überlassen. Letztere sollte unmittelbar nach Abschluß der Konferenz zusammentreten und spätestens nach vier Wochen einen Ergebnisbericht vorlegen. Für ihre Leitung waren die Hohen Kommissare oder deren Stellvertreter vorgesehen.

Im Abschnitt über die Vorbereitung und Verkündung des gesamtdeutschen Wahlgesetzes[78] wurden die Gründe dargelegt, warum die Westmächte den sowjetischen Vorschlag ablehnten, die beiden deutschen Regierungen mit der Vorbereitung des Gesetzes zu betrauen. Ein Hinweis auf die fehlende Legitimation der DDR-Regierung findet sich nur indirekt in der geäußerten Erwartung, die ostdeutschen Vertreter würden »unvermeidlich« versuchen, die Kontakte von der technischen auf die politische Ebene zu verlagern.

Die Experten befürchteten zudem eine Schwächung des westlichen Arguments von der Notwendigkeit internationaler Kontrolle der Wahlen. Erst an dritter Stelle nannten sie den Widerstand Adenauers und – wie erst im zweiten Paris-Report erwähnt – der SPD gegen die Bildung einer deutsch-deutschen Arbeitsgruppe.

Im weiteren führte der Bericht aus, daß die Vier Mächte die Vorbereitung und Verkündung des Wahlgesetzes übernehmen und die Westmächte dies »in enger Konsultation« mit der Bundesregierung tun sollten. Für die zuständige Viermächte-Arbeitsgruppe galt bei Abstimmungen das Mehrheitsprinzip, doch war man bereit, der Forderung nach einstimmigen Beschlüssen nachzugeben.[79]

Die Experten schlossen nicht aus, daß sich die Sowjetunion der Vorbereitung eines Wahlgesetzes während der Viererkonferenz verweigerte. Sie hielten einen Stillstand oder sogar einen Abbruch der Verhandlungen bei diesem Punkt für möglich, hofften jedoch, der öffentlichen Meinung plausibel machen zu können, daß das Scheitern nicht auf die Ablehnung einer deutschen Arbeitsgruppe zurückzuführen war.[80] Um ein solches »Mißverständnis« zu vermeiden, sollte man vorsorglich oder, wie es im zweiten Paris-Report hieß, »dringend« die Bundesregierung konsultieren.[81]

Als Grundlage des Wahlgesetzes war der vom Bundestag am 6. Februar 1952 gebilligte Entwurf vorgesehen.[82] Auf Wunsch der Bundesregierung wollte man bei einer Ablehnung durch die Sowjetunion das Weimarer Wahlgesetz von 1924 als Ausgangsbasis anbieten. Es unterschied sich vom Bundestagsentwurf nur geringfügig. Vorteilhaft konnte sich auswirken, daß es dem Gesetzentwurf der

77 Paris-Report II, S. 12.

78 Paris-Report I, S. 16; II, S. 12 f.

79 Paris-Report II, S. 13. Dieser Passus sowie die Ausführungen über die Zusammensetzung und Aufgabe der Arbeitsgruppe sind im ersten Paris-Report nicht enthalten.

80 Ebd. I, S. 16; II, S. 13.

81 Ebd.

82 Ebd. II, S. 13. Dies und das folgende ist nur im zweiten Paris-Report enthalten.

DDR-Regierung zugrunde lag, den die Experten als »auf dem Papier weitgehend befriedigend« ansahen.[83]
Da man »keinen Zweifel« an einer breiten Opposition gegen das kommunistische Regime in der »Ostzone« hegte und unter Verweis auf die Bundestagswahlen vom 6. September 1953 mit einer »breiten prowestlichen Mehrheit« bei gesamtdeutschen Wahlen rechnete, verzichtete man auf ein »vollständiges und detailliertes System von Garantien«. Allzu »exzessive Forderungen« konnten den Effekt einer sowjetischen Ablehnung freier Wahlen mindern. Als »unwesentlich« galt, demokratische Freiheiten »für einen langen Zeitraum vor dem Wahltag« garantiert zu sehen. Wichtig erschienen den Experten die geheime Stimmabgabe, die Sicherheit der Wahlurnen und die genaue Stimmenzählung.[84] Im zweiten Paris-Report wurde als besonderer Wunsch der Bundesregierung angefügt, es solle »vollständige Radiofreiheit« gewährleistet, Störungen der Sendungen verhindert und westdeutschen Wahlkandidaten ermöglicht werden, über das »Sowjetzonen-Radio und Fernsehsystem« zu sprechen.[85]
Zur »fundamentalen Garantie« freier Wahlen gehörte eine funktionsfähige Kontrollorganisation. Sie sollte als zentrale Instanz bestehen, die strahlenförmig Beobachterkommissionen über ganz Deutschland auf die regionalen und lokalen Ebenen aussandte, d.h. in die 790 Kreise und 40.000 Wahlbezirke. Beobachter waren nur bis zur Kreisebene vorgesehen, bis zu der sie auch, um die Wähler in der DDR zu beruhigen, eine Auszählung der Wahlergebnisse vornehmen würden.[86]
Zusammensetzung, Funktion und Befugnisse der Überwachungskommissionen hielten die Experten für weniger wichtig als ihre bloße Präsenz, die der Bevölkerung der DDR den Eindruck eines »unwiderruflichen Wandels in der politischen Situation« vermitteln sollte.[87]
Zu den Aufgaben der Überwachungsorgane gehörten die Kontrolle, Beobachtung und Berichterstattung, nicht jedoch das Recht, direkt bei den örtlichen Behörden zu intervenieren. Der zweite Paris-Report fügte alternativ den Vorschlag der Bundesregierung an, den Kommissionen doch »gewisse Entscheidungs- und Sanktionsbefugnisse« zu übertragen. Dazu zählte etwa die Möglichkeit des Appells an die zentrale Überwachungskommission. Zusätzlich war an die Einrichtung eines internationalen »Wahlprüfungsgerichts« gedacht.[88]
Die Kommissionen entschieden wie die Viermächte-Arbeitsgruppe nach dem Mehrheitsprinzip. Doch auch hier war man zu taktischen Zugeständnissen bereit. Als beste Lösung bei der Zusammensetzung betrachtete man die Berufung von »›Neutralen‹«, die neben den Vertretern der Vier Mächte in der höchsten Kontrollinstanz saßen.[89]

83 Ebd. II, S. 12.
84 Ebd. I, S. 16.
85 Im zweiten Paris-Report (S. 13) wurde zusätzlich die Bedeutung »absoluter Freiheit bei der Aufstellung der Kandidaten« hervorgehoben. Zu den Garantien hieß es ergänzend, der Wahlgesetzentwurf der Volkskammer sehe eine Reihe von Garantien vor, die man als »Minimum« betrachte. Dies galt vor allem für die in Artikel I, Absatz 4 und 5 des bundesrepublikanischen Entwurfs angeführten Freiheiten der politischen Aktivität, der Immunität der Kandidaten, des Schutzes vor Schikanen und der politischen Versammlung.
86 Ebd. II, S. 13.
87 Ebd. I; S. 16; II, S. 14.
88 Ebd. II, S. 14.
89 Ebd. I, S. 16; II, S. 14.

Die Vielzahl der Kreise ließ dies aber schwer realisierbar erscheinen. Die Bundesregierung hatte deshalb vorgeschlagen, lediglich den Vorsitz einer Kommission von einem neutralen Vertreter übernehmen zu lassen. Der zweite Platz konnte von einem Vertreter eines sowjetischen Satellitenstaates und der dritte von einem Vertreter eines nichtkommunistischen Staates eingenommen werden.[90] Bei Abstimmungen nach dem Mehrheitsprinzip glaubte man, damit Entscheidungen zugunsten der westlichen Position sicherstellen zu können.
Für die gemischten Kontrollkommissionen aus Neutralen und Vertretern der Vier Mächte hatte die Bundesregierung ein Verhältnis von zwei zu eins vorgeschlagen, wobei auf dem Gebiet der DDR ein Vertreter der Westmächte und auf dem der Bundesrepublik (»Westzone«) ein sowjetischer Vertreter vorgesehen war.[91]
Schwierigkeiten bereitete den Experten die Definition von »Neutralen«. Grewe hatte diesbezüglich um Erläuterungen gebeten. Nach Ansicht der Westmächte waren Neutrale entweder Vertreter von Nationen, die nicht am Krieg gegen Deutschland beteiligt waren oder Vertreter anderer Nationen als den Vier Mächten. Folgte man der zweiten Definition, würde man mit Sicherheit genügend Kandidaten für die Kommissionen gefunden haben. Die erste versprach nur bei einer Beschränkung der Kommissionen auf die Kreisebene keine Besetzungsprobleme.

II.3.3 Der Status einer gesamtdeutschen Regierung

Im Notenwechsel mit der Sowjetunion hatten die Westmächte vor allem darauf bestanden, der gesamtdeutschen Regierung die Freiheit zuzugestehen, einen Friedensvertrag frei auszuhandeln und sich dem westlichen Verteidigungssystem anschließen zu dürfen. Wenn es das Ziel der Westmächte war, das vereinigte Deutschland in die europäische Gemeinschaft zu integrieren, so mußte verhindert werden, daß die Sowjetunion mit einer gesamtdeutschen Regierung »Katz und Maus spielen« konnte und durch die Hinauszögerung des Friedensvertrages eine »österreichische Situation« schuf. Bevor es dazu kam, wollte man »das möglichste« tun, um der Sowjetunion die Verantwortung für die Fortdauer der Teilung Deutschlands anzulasten.[92]
Die Pariser Arbeitsgruppe stellte für den Fall einer Viermächtevereinbarung über die Wiedervereinigung zwei »Hypothesen« auf: Wenn die gesamtdeutschen Wahlen erst nach Inkrafttreten der EVG stattfanden, mußte sichergestellt werden, »jeden Bruch in der Kontinuität von Deutschlands internationalen Verpflichtungen zu vermeiden«.

90 Ebd. II, S. 14, 41.

91 Ebd. II, S. 14. Weitere Alternativen waren:
a) Kommissionen nur aus Viermächtevertretern (bevorzugt wurde sie von der Bundesregierung, während sie die Sowjetunion bislang abgelehnt hatte);
b) Kommissionen mit gleicher Zahl ost- und westdeutscher Mitglieder unter neutralem Vorsitz;
c) Kommissionen nur aus ost- und westdeutschen Vertretern. Die Zusammensetzung sollte dem Bevölkerungsverhältnis (5 zu 2 zugunsten der Bundesrepublik) entsprechen.
Die Reihenfolge der Alternativen zeigt die Präferenzen der Bundesregierung an. Die letzte Variante war wegen des Mehrheitsprinzips für die Sowjetunion schwerlich annehmbar.

92 Paris-Report I, S. 17; II, S. 15.

Würden die Wahlen jedoch vorher durchgeführt, war eine Lösung anzustreben, die das Inkrafttreten der EVG, soweit sie Deutschland betraf, »erleichterte«.[93]
Nach den Plänen der Experten ging aus den freien Wahlen eine gesamtdeutsche Nationalversammlung hervor. Ihre Aufgabe war es, eine Verfassung zu entwerfen. Zunächst war noch von einem »notwendigerweise« sich ergebenden »gewissen Zwischenraum« zwischen den Wahlen und der Bildung einer gesamtdeutschen Regierung die Rede, in dem die Regierungen der Bundesrepublik und der DDR weiterbestanden.[94]
In der zweiten Gesprächsrunde wurde die Frage des Zeitpunkts des Machttransfers – nicht zuletzt wegen der heftigen Kontroverse auf deutscher Seite[95] – als »grundlegendes Problem« angesehen.[96] Die Experten strebten nun an, keinen »Hiatus« zwischen der Ablösung der Bundesregierung und der Bildung einer gesamtdeutschen Regierung entstehen zu lassen und die Kontinuität der Westbindung vor der endgültigen friedensvertraglichen Regelung zu sichern.[97] Damit wurde eine Entscheidung zwischen zwei ursprünglich erörterten Varianten gefällt. Die amerikanische und die britische Delegation hatten bei der ersten Pariser Expertenrunde mit unterschiedlichen Argumenten das Weiterbestehen der beiden deutschen Regierungen nach gesamtdeutschen Wahlen favorisiert.[98] Sie sollten in ihren bisherigen Funktionen weiterbestehen, während die neugebildete gesamtdeutsche Regierung die Vertretung Deutschlands bei den Friedensvertragsverhandlungen übernahm, deren Beginn unmittelbar nach den Wahlen angesetzt war.[99]
Die britischen Experten sprachen sich für die Bildung der gesamtdeutschen Regierung gemäß der von der Nationalversammlung ausgearbeiteten Verfassung aus. Sie sollte etappenweise die Macht übernehmen, angefangen mit der Innenpolitik. Den weiterbestehenden Teilregierungen blieben bis zum Inkrafttreten des Friedensvertrages die Außen- und Verteidigungspolitik sowie die Aufrechterhaltung der öffentlichen Ordnung vorbehalten.
Die amerikanische Delegation befürwortete eine Lösung, bei der die Zentralregierung erst gebildet wurde, wenn der Friedensvertragsentwurf und die Verfassung von der Nationalversammlung und den Vier Mächten gebilligt war und »die ganze Macht zu einem Zeitpunkt« übernommen werden konnte.
Unschlüssig blieben sich die Experten, ob die bisherige Praxis in Ost- und Westdeutschland für diese Lösung ausreichte oder ob man eine zusätzliche Übereinkunft

93 Ebd.
94 Ebd. I, S. 17.
95 s. dazu den Abschnitt über den »deutschen Standpunkt«.
96 Paris-Report II, S. 15.
97 Auf dieses Problem von »kardinaler Bedeutung« für den Westen hatte Lord Salisbury bereits in seinem Memorandum für das Kabinett vom 30. Sept. 1953 hingewiesen (PRO FO 371/103683/C 1071/476).
98 Ebd. I, S. 18 f.
99 Zwar war man sich auf britischer Seite der negativen Auswirkungen auf die öffentliche Meinung beim Vorschlag, die DDR-Regierung weiterbestehen zu lassen, bewußt, doch hielt man dies mach Abwägung der eigenen Interessen für das »kleinere Übel« (so Lord Salisbury in seinem Memorandum für das Kabinett vom 30. Sept. 1953 [PRO FO 371/103683/C 1071/476]). Zur britischen Haltung s. a. die Anlage zum »Steering brief« der britischen Delegation über den Status der gesamtdeutschen Regierung (PRO FO 371/103682/C 1071/481).

zwischen den Westmächten und der Sowjetunion »auf neuer Basis« anstreben sollte.
Die zweite Variante in der Behandlung des Zeitraums zwischen gesamtdeutschen Wahlen und dem Friedensvertragsschluß war zunächst nur von der französischen Delegation vertreten worden. Sie sah die Bildung der gesamtdeutschen Regierung mit allen Vollmachten bereits nach Verkündung der Verfassung, aber noch vor Beginn der Friedensvertragsverhandlungen vor.[100] Der Zentralregierung oblag es, das Verfahren des Machttransfers festzulegen.
Diese Alternative entsprach der bisherigen westlichen Position am ehesten, gemäß der eine »nur scheinbare« und nicht »reale« Wiedervereinigung der Sowjetunion die »volle Kontrolle« über ihre »Zone« erhielt und das Recht auf Einflußnahme in ganz Deutschland bekräftigte.
Dabei hatte man nicht zuletzt an die deutsche öffentliche Meinung gedacht, von der man meinte, sie würde nur eine rasche Beseitung der DDR-Regierung nach freien Wahlen akzeptieren. Auch das Wahlergebnis im Bereich der DDR hing nicht zuletzt von dieser Gewißheit ab. Eine »starke Zentralregierung«, die »nach Westen blickt«, konnte das »schwierige Problem«, die Westintegration in der »Übergangsphase« zu gewährleisten, zudem eher lösen als eine begrenzte gesamtdeutsche Behörde. Zweifel an der westlichen Ausrichtung der gesamtdeutschen Regierung wischte man unter Verweis auf die Ereignisse in der DDR und Berlin und auf die Septemberwahlen in der Bundesrepublik vom Tisch und glaubte, sie werde in der Zusammensetzung der Bundesregierung »sehr ähnlich« sein.[101]
Kamen wider Erwarten während der Ausarbeitung der Verfassung doch Bedenken auf, ob die Zentralregierung den »Verpflichtungen« aus dem Bonner Vertrag nachkam, mußten die Westmächte über »ausreichende Mittel« politischer und rechtlicher Art verfügen, um »angemessene Versicherungen« über den künftigen Kurs zu erhalten.
Die zweite Lösung bannte nach Ansicht ihrer Befürworter auch die Gefahr, daß die westdeutsche Regierung durch die Existenz einer gesamtdeutschen Institution »psychologisch und politisch paralysiert« wurde. Andererseits setzte die bloße Aufgabe, Friedensvertragsverhandlungen ohne Kompetenzen in der Außenpolitik zu führen, die Zentralregierung stärker sowjetischem Druck aus. Führte dies zu einem Vertrag auf der Grundlage der Neutralisierung, so waren die Konsequenzen für die Bundesregierung unvorhersehbar.
Zur Zeit der ersten Expertenrunde hatte man Adenauers Haltung als eindeutige Präferenz des amerikanisch-britischen Vorschlags, also der ersten Lösungsvariante, gedeutet, weil man annahm, der Bundeskanzler wolle durch das Weiterbestehen der Bundesregierung die Zentralbehörde »unter seiner Kontrolle« halten.[102] Das entsprach dem Willen der Westmächte, den »aktiven, prosperierenden und demokratischen Staat« Bundesrepublik als »Element der Stabilität« bei einer gesamtdeutschen Regelung einzusetzen. Sein frühzeitiges Verschwinden konnte eine »Lücke« in der Bindung an die westeuropäischen Institutionen entstehen lassen und ihr die »legale Basis« entziehen. Eine gesamtdeutschen Regierung konnte diese Verpflichtungen

100 Paris-Report I, S. 19 f.
101 Ebd., S. 19.
102 Ebd.

schwerlich übernehmen, solange die »Ostzone« von der Sowjetunion besetzt blieb und der Friedensvertrag noch ausstand. Briten und Amerikaner erschien deshalb das Weiterbestehen der Teilregierungen und die Bildung einer nur beschränkten Zentralbehörde die »stärkste Verhandlungsposition« zu sein, wenn man die Sowjetunion zu freien Wahlen zwingen wollte.[103]
Eine Entscheidung über die beiden Alternativen fällten die Experten während der ersten Gesprächsrunde nicht und machten sie von der Stellungnahme der Bundesregierung (»der Deutschen«) abhängig.
Einige »klar geschnittene Lösungen« der Bundesregierung führten deshalb dazu, daß der Abschnitt über den Status einer gesamtdeutschen Regierung im zweiten Paris-Report bedeutend kürzer ausfiel und die alternative Erörterung weitgehend weggelassen wurde. Die Experten legten jedoch Wert darauf, den westlichen Außenministern »eine gewisse Flexibilität« für die Viererkonferenz zu empfehlen. Denn man wollte den sowjetischen Vorwurf vermeiden, man beraube die Deutschen der freien Wahl bei der Übernahme internationaler Rechte und Pflichten.[104]
Die neugefaßten Vorschläge sahen vor, die frei gewählte Nationalversammlung zu autorisieren, während der Ausarbeitung der Verfassung eine provisorische gesamtdeutsche »›Behörde‹« mit begrenzten Befugnissen zu bestellen.[105] Sobald die Verfassung von der Nationalversammlung und den Vier Mächten durch Mehrheitsentscheid gebilligt war, würde die gesamtdeutsche Regierung gebildet werden. Die Experten hielten erneute gesamtdeutsche Wahlen zu diesem Zweck nicht für wünschenswert, wollten die Entscheidung darüber aber der Nationalversammlung überlassen, sofern die Sowjetunion auf neuen Wahlen bestand. Die gesamtdeutsche Regierung konnte umgehend mit den Friedensvertragsverhandlungen beginnen.[106]
Der Nationalversammlung blieb es vorbehalten, den Zeitpunkt des Machttransfers an die Zentralregierung und der Auflösung der Teilregierungen festzulegen, mit der Ausnahme, es läge ein gegenteiliges Mehrheitsvotum der Vier Mächte vor. In Übereinstimmung mit Artikel 7 Absatz 3 des Bonner Vertrages übernahm die gesamtdeutsche Regierung die internationalen Rechte und Verpflichtungen der Bundesrepublik und der DDR. Auch dies unterlag der mehrheitlichen Billigung der Vier Mächte, bis ein Friedensvertag die internationalen Beziehungen regelte.[107]
Der britische Delegationsleiter Roberts hatte die Bedeutung dieser Einschränkung der Befugnisse der Nationalversammlung auf der fünften Plenarsitzung der Experterunde in Paris am 19. Dezember 1953 nachdrücklich betont. Es lag demnach

103 Uneinigkeit herrschte über die Befugnisse dieser Zentralregierung. Einige hielte eine Übereinkunft mit den Russen über freie Wahlen, die Freiheit, eine Verfassung zu entwerfen und an Friedensvertragsverhandlungen teilzunehmen, für ausreichend. Andere forderten Verhandlungen über »alle Machtbefugnisse« sowie über die »Vorbehaltsrechte« der Vier Mächte bis zum Friedensvertragsschluß.

104 Paris-Report II, S. 15.

105 Ebd. Zu den Befugnissen zählten die Beratung bei der Verfassungsarbeit, die Vorbereitung des »Kerns« künftiger gesamtdeutscher Ministerien und Vorbereitungen für die Friedensvertragsverhandlungen. Die Behörde konnte auch befähigt werden, mit den Verhandlungen selbst zu beginnen, um sie später an die gesamtdeutsche Regierung abzutreten. Dieser Punkt wurde nur vorbehaltlich in den Bericht aufgenommen, da er noch nicht mit der Bundesregierung endgültig abgeklärt war.

106 Paris-Report II, S. 15.

107 Ebd.

nicht im Interesse der Westmächte, der Nationalversammlung die alleinige und letztgültige Entscheidung über die internationalen Verpflichtungen ganz Deutschlands zu überlassen, denn niemand konnte vorab gewährleisten, daß die Verträge der Bundesrepublik übernommen, die der DDR aber gekündigt wurden. Bis zum Friedensvertragsschluß sollten daher alle Verpflichtungen eingehalten werden.[108]
Nur dann war es möglich, einerseits die Befugnisse der Besatzungsmächte in Deutschland aufrechtzuerhalten, andererseits »keine besondere Kontrolle« über die Nationalversammlung und die provisorische gesamtdeutsche Behörde vor der Bildung der Zentralregierung auszuüben.[109] Auch in der Zeit danach bis zum Friedensvertragsschluß dachte man nicht an »größere Kontrollen«, berief sich aber auf die Einhaltung der Vorbehaltsrechte aus dem Bonner Vertrag. Letzteres wurde durch die Forderung abgesichert, daß alle Schritte der Vier Mächte gegenüber der gesamtdeutschen Regierung dem Mehrheitsbeschluß unterlagen.
Die Erörterung der Varianten des Status einer künftigen gesamtdeutschen Regierung hatte ganz im Zeichen der Sicherstellung der Westorientierung gestanden. Da die Experten überzeugt waren, daß keine der dargelegten Lösungen das westliche Anliegen in der zu erwartenden langen Periode zwischen freien Wahlen und Friedensvertragsschluß »absolut sichern« konnte, mußte man jedoch ein gewisses Risiko eingehen, sonst würde man den Russen »niemals die Schuld für die Ablehnung der Vereinigung (Deutschlands) in die Schuhe schieben« können. Ein Abbruch der Verhandlungen allein wegen des Beharrens auf freien Wahlen *vor* der Bildung einer gesamtdeutschen Regierung erschien unter »Propagandagesichtspunkten« als »unvorteilhaft«.[110]
Wenig sinnvoll war es auch, einer sowjetischen Forderung nach Begrenzung der Befugnisse der gesamtdeutschen Regierung eine ähnliche, westliche gegenüberzustellen. Folgerichtig sollten sich die Außenminister nicht auf den Status der Zentralregierung konzentrieren, sondern darauf, daß sie aus freien Wahlen hervorgehen mußte. Erst wenn darüber Einigkeit erzielt war, war man zu einer detaillierten Erörterung bereit.
Die westlichen Experten waren sich bewußt, daß der »schwache Punkt« in ihrer Argumentation in der »zu offenen« Unterordnung der Wiedervereinigung Deutschlands unter die europäischen Integrationspläne lag. Entsprechend sahen sie die Schwachstelle der sowjetischen Position im Wunsch, die Kontrolle über die »Ostzone« beizubehalten.[111]
Den einzigen Ausweg, den die Experten zu empfehlen wußten, war die Beibehaltung der bisherigen Position, daß freie Wahlen am Beginn jeder Regelung stehen müßten. Mit den Überlegungen über den Status der gesamtdeutschen Regierung wollte man vorerst hinter dem Berg halten.
Das westliche Konzept ging mehr oder weniger stillschweigend von einem Einschwenken der Sowjetunion auf die westlichen Vorschläge aus. Doch selbst für diesen unwahrscheinlichen Fall durfte man keine Ära des Vertrauens erwarten. Die Westmächte dachten bei der theoretischen Möglichkeit einer Übereinkunft für freie Wahlen bereits an Schutzmaßnahmen für die Zeit unmittelbar danach und für den

108 PRO FO 371/103701/C 1071/958, Protokollentwurf der Plenarsitzung vom 19. Dez. 1953.
109 Paris-Report II, S. 16.
110 Ebd. I, S. 20.
111 Ebd.

Fall, daß sich die Beseitigung des DDR-Regimes hinauszögerte. Sofern sich keine wirkungsvolleren Maßnahmen anboten, schlugen die alliierten Experten vor, Teile der Wahlüberwachungsorganisation aufrechtzuerhalten, um die Menschen in der »Sowjetzone« gegen Willkürmaßnahmen und die Verletzung ihrer demokratischen Rechte zu schützen.[112]

Die langen Jahre der Konfrontation zwischen den Westmächten und der Sowjetunion hatten die elementare Forderung nach freien Wahlen in ihrem Wert deutlich relativiert. Das von der Sowjetunion kaum zu erwartende Zugeständnis hätte, dies zeigten die Erörterungen der westlichen Experten über den Status einer gesamtdeutschen Regierung, für einen Neubeginn in Deutschland nicht ausgereicht, da er nicht mit einer grundlegenden Wandlung der sowjetischen Deutschlandpolitik gleichgesetzt wurde und werden konnte. Die »Preisgabe« der DDR und damit des Einflusses auf ganz Deutschland war gefordert, so wie umgekehrt die Abkehr von der Westintegration der Bundesrepublik bzw. Gesamtdeutschlands gefordert wurde. Die Gesprächsrunden der Experten vermitteln den Eindruck, daß man die Realisierung beider Maximalpositionen für ausgeschlossen hielt.

So zog man sich am Ende doch nur wieder auf die Erfahrungen zurück, die man mit »Demokratie«, »freien Wahlen« und »Freiheit« in der DDR gemacht hatte. Eine Deutschlandregelung im Sinne der Sowjetunion würde sich als »Travestie der demokratischen Prinzipien« des Westens entpuppen.[113] Doch war es nur eine Seite, sich unter Berufung auf die Bundestagsresolutionen von 1953 darauf festzulegen, die westdeutsche Entwicklung auf ganz Deutschland zu übertragen, aber eine andere, der gesamtdeutschen Regierung und der Nationalversammlung Entscheidungsfreiheit zuzugestehen. Für das letztere gab es weder bei der Sowjetunion noch bei den Westmächten eine reale Basis. Was die Bundesregierung betraf, so hatte sie nach Ansicht der Experten »no rigid views on steps leading to unification« und stimmte »with basic allied objectives« überein.[114] Für deutschlandpolitische Gedankenexperimente bestand demnach auf alliierter Seite kaum Anlaß.

II.3.4 Europäische Sicherheit und deutsche Nationalarmee

Die Einsicht in die begrenzte Bedeutung freier Wahlen für eine gesamtdeutsche Regelung ließ diesen überstrapazierten Topos zum bloßen taktischen Mittel der Konferenzplanung absinken. Die Überlegungen zum Status einer gesamtdeutschen Regierung hatte die Aushöhlung dieses unverzichtbaren Elements der westlichen Demokratie angedeutet. Die zaghaften Vorstöße in Richtung auf eine gemeinsame westliche Linie für einen Friedensvertrag und eine Grenzregelung machten die Vorbehalte der Westmächte gegen eine von den Deutschen selbst maßgeblich bestimmte künftige Gestaltung und außenpolitische Orientierung Deutschlands noch offenkundiger. Handlungsfreiheit, Neutralisierung oder aber eindeutige bis verdeckte Weichenstellung für die Westbindung standen zur Entscheidung. Eine zumindest

112 Ebd. II, S. 16.

113 Ebd. II, S. 20.

114 So der stellvertretende Direktor des Büros für politische Angelegenheiten Deutschlands, Leon W.Fuller, in einem Memorandum vom 5. Jan. 1954 über den Abschlußbericht der Experten (FRUS 1952-1954, VII, 1, S. 736).

partielle Öffnung gegenüber der bisher von der Sowjetunion weitgehend allein bestrittenen Sicherheitsdiskussion war damit nicht mehr vermeidbar. Allerdings wagten sich die Westalliierten noch nicht sehr weit über die Frage einer Sicherheitsgarantie für die Sowjetunion hinaus.

In einem streng geheimen Memorandum von Lord Salisbury für das Kabinett vom 14. September 1953 wurde eine Reihe von Alternativen für Sicherheitsvereinbarungen mit der Sowjetunion dargelegt.[115] Von britischer Seite war man bereit, für das Recht eines vereinten Deutschlands, sich über die EVG mit dem Westen zu verbinden, anzuerkennen, daß sich die Sowjetunion selbst wie auch ihre Satelliten »against attack by Germany acting alone or in conjunction with E.D.C. an N.A.T.O. Powers« schützen wollte. Die »beste Sicherung« für den Osten und den Westen gegen eine deutsche Aggression bot demnach die EVG-Mitgliedschaft Deutschlands, »because Germany will no longer be able to take individual decisions leading to war and also because under the E.D.C. agreements she will be limited to 12 divisions«.[116]

Die sowjetische Forderung nach einer Garantie der österreichischen und deutschen Grenzen war aber nur durch das eindeutige Angebot einer Regelung der Ostgrenze aufzufangen. Da letztere aber nur mit einer gesamtdeutschen Regierung friedensvertraglich festgelegt werden konnte, galt jede Sicherheitsgarantie »as a climax of a series of agreements constituting a German settlement«.[117]

Abgesehen vom sowjetischen Sicherheitsbedürfnis hielt man ein Angebot an die Sowjetunion im Blick auf die westliche öffentliche Meinung für nötig, nicht zuletzt, um in Frankreich »das rechte Klima« für die EVG-Ratifizierung zu schaffen.[118] Selbst wenn keine Übereinkunft für Deutschland auf der Viererkonferenz erreicht wurde, war man bereit, der Sowjetunion »some kind of assurance« zu geben, die in Form eines Abkommens oder einer Erklärung die Inkraftsetzung der EVG und die Wiederbewaffnung der Bundesrepublik begleitete.

Neben den bisher in dieser Hinsicht gemachten Vorschlägen[119] und bestehenden vertraglichen Bindungen Frankreichs und Großbritanniens an die Sowjetunion[120] sollte eine Sicherheitsvereinbarung folgende Bedingungen erfüllen:

115 PRO PREM 11/419. Churchill zeichnete ein Exemplar am 22. Sept. 1953 ab.

116 Ebd.

117 Ebd.

118 Ebd.

119 Churchill hatte in seiner Rede vom 11. Mai 1953 eine Wiederbelebung der Locarno-Idee für die deutsch-sowjetischen Beziehungen vorgeschlagen (EA, 10-11, 1953, S. 5740-5744). Adenauer unterbreitete den westlichen Außenministern den Vorschlag, die EVG als Grundlage eines Sicherheitssystems der westlichen Allianz (NATO) mit den Staaten des »Ostblocks« im globalen Rahmen der Vereinten Nationen zu erklären. Der französische Vertreter beim NATO-Rat, Hervé Alphand, sprach in einer Unterredung mit Beamten des Foreign Office von der Möglichkeit einer Erklärung der EVG-Staaten, Großbritanniens und der Vereinigten Staaten, die EVG niemals für aggressive Zwecke oder für eine gewaltsame Veränderung der Grenzen in Europa zu benutzen (PRO PREM 11/419, Memorandum Lord Salisburys vom 14. Sept. 1953). Der Belgier Paul-Henri Spaak, der Präsident der Montanunion und Leiter des Internationalen Rates der Europäischen Bewegung, dachte an multilaterale Nichtangriffspakte im Rahmen der Vereinten Nationen, denen neben der Sowjetunion, den EVG-Staaten, Großbritannien und den Vereinigten Staaten weitere europäische Länder beitreten konnten (EA, 21, 1953, S. 6078).

120 Die USA besaßen keine vergleichbare Verpflichtung im Falle einer deutschen Aggression gegen die Sowjetunion, doch hatten sie, wie Churchill handschriftlich am Rande des Memorandums von Lord Salisbury notierte, 1947 ein solches Angebot unterbreitet (PRO PREM 11/419).

a) Die Vereinigten Staaten nahmen teil.
b) Es sollte damit keine Verpflichtung eingegangen werden, die Satellitenstaaten auf Dauer der sowjetischen Einflußsphäre zuzurechnen oder die Teilung Europas als dauerhaft anzuerkennen.
c) Die Westmächte dürften nicht verpflichtet werden, bei einem Konflikt innerhalb der »Sowjetblocks« intervenieren zu müssen.
d) Die deutsche EVG-Mitgliedschaft durfte nicht ausgeschlossen werden.
e) Die Sowjetunion sollte gegen einen deutschen Angriff allein oder im Verbund mit der EVG oder anderen Staaten geschützt sein.
f) Sofern die Sowjetunion es wünschte, konnte eine Übereinkunft für den Fall angeboten werden, daß ein Unterzeichnerstaat einen anderen angriff.
g) Wenn die Viermächtekonferenz scheiterte, sollte es möglich sein, die Sicherheitsvereinbarung provisorisch auf die Bundesrepublik als Mitglied der EVG anzuwenden.[121]

Neben der ungeregelten deutschen Ostgrenze galten als besondere Schwierigkeiten, inwieweit die Vereinigten Staaten weitere vertragliche Verpflichtungen in Europa akzeptieren konnten oder wollten, wie die Gefahr zu vermeiden war, in eine Allianz mit der Sowjetunion gegen die USA zu geraten, und bis zu welchem Ausmaße Großbritannien gezwungen sein könnte, in einen Konflikt zwischen Deutschland und Polen oder der Tschechoslowakei verwickelt zu werden.

In Lord Salisburys Memorandum wurden alternative Sicherheitsvereinbarungen für den Fall der Wiedervereinigung Deutschlands erörtert. Es handelte sich dabei um Variationen multilateraler Nichtangriffspakte, die entweder auf der Grundlage der EVG und NATO geschlossen wurden und damit die Teilung Europas zwangsläufig festschreiben mußten oder die zwischen einzelnen Staaten, etwa den USA, der Sowjetunion, Großbritanniens, Frankreichs und Deutschlands, geschlossen wurden und jenseits bestehender Vertragsorganisationen galten. Da es im Falle des Scheiterns der Viermächtegespräche keine Regelung der Grenzfrage und damit keine Basis für eine Sicherheitsgarantie des angestrebten Typs geben konnte, blieben nur Übereinkünfte oder Erklärungen auf der Grundlage der EVG- oder NATO-Satzung.

Die britischen Vorüberlegungen waren dazu ausersehen, in die Dreiergespräche mit den Amerikanern und Franzosen eingebracht zu werden und zu einem gemeinsamen Angebot an die Sowjetunion zu führen.[122] Lord Salisbury ließ durchblicken, daß er jene für die »hoffnungsvollste Lösung« ansah, die einen Nichtangriffspakt zwischen den EVG-Staaten und möglicherweise Österreichs auf der einen Seite und dem »russischen Block« auf der anderen Seite anstrebte, wobei die Vereinigten Staaten, Großbritannien und andere Staaten, die der NATO, nicht aber der EVG angehörten, als Garantiemächte auftraten.[123]

Die Teilung Europas und, im Falle eines Abbruchs der Viermächtegespräche, die Teilung Deutschlands hätten die Basis dieser Lösung bilden müssen.

121 Ebd.
122 Roberts berichtete bereits am 23. Okt. 1953 ausführlich von ernsten Einwänden der amerikanischen und französischen Delegation bei den Expertengesprächen in Paris gegen mehrere britische Sicherheitsvorschläge, in erster Linie gegen die Varianten gegenseitiger Nichtangriffspakte auf der Grundlage der EVG. Beide legten eigene Entwürfe vor (PRO PREM 11/449).
123 PRO PREM 11/419, Memorandum vom 14. Sept. 1953.

Da man mit einem sowjetischen Vorschlag für ein europäisches Sicherheitssystem rechnete, erteilten die westlichen Außenminister auf ihrem Treffen in London im Oktober 1953 den Experten Instruktionen, ein westlichen Gegenstück auszuarbeiten.[124] Die drei Delegationen auf der ersten Expertenrunde in Paris waren sich rasch prinzipiell einig, daß die deutsche Wiedervereinigung keine Bedingungen schaffen durfte, »die die Integration Deutschlands in die Europäische Gemeinschaft ausschlossen«.[125] Der zweite Paris-Report sprach jedoch noch deutlicher von der »Notwendigkeit«, die Westintegration sicherzustellen.[126] Unabhängig vom Gelingen oder Mißlingen der Viererkonferenz galt es, eine Stellungnahme vorzubereiten, die die Balance hielt zwischen dem »nicht aggressiven« Charakter der westlichen Allianz und den »legitimen russischen Sicherheitsbedürfnissen«.[127]

Von den britischen Alternativen blieb in der Beratung der Experten nur noch eine einseitige westliche Erklärung übrig, die »keiner Verhandlung« bedurfte, weder »zu früh« noch »zu umfassend« der Außenministerkonferenz präsentiert wurde und »unabhängig von sowjetischen Reaktionen« ihren Zweck erfüllte.[128] Dieses reduzierte Programm widersprach aber keineswegs den britischen Interessen. Die im »Steering brief« der britischen Delegation niedergelegten Richtlinien nannten gleich zu Beginn als Ziel der Westmächte:

> »Our objective is the integration of a unified democratic Germany on a basis of equality in a Continental European community which itself will form a part of a constantly developing Atlantic community. An essential element of German membership of this system is the provision of a German defence contribution in the form of German membership of the E.D.C. Failing a unified Germany, we must agree to nothing which might impede the integration of the German Federal Republic into the E.D.C.«.[129]

Doch war dies nur eine Seite des westlichen Plans einer Sicherheitserklärung. Sie ließ sich leicht mit der offensiven sowjetischen Politik seit dem Kriegsende begründen, die »unter dem Deckmantel von Sicherheitsbedürfnissen« Garantien für ihre Territorialgewinne verlangt und ihre Einmischung in die internen Angelegenheiten anderer Staaten gerechtfertigt hatte.[130] Weiterhin konnte man auf die sowjetische Ablehnung des amerikanischen Vorschlags zur Entmilitarisierung Deutschlands vom April 1946 und April 1947 und auf die kritische Aufnahme von Churchills Rede vom 11. Mai 1953 verweisen. Immer wieder hatte sich die Sowjetunion westlichen Sicherheitsgarantien verschlossen, um im Gegenzug unerfüllbare Forderungen, wie die Auflösung der NATO oder die Beseitigung der Militärbasen in Deutschland, zu stellen.

124 PRO FO 371/103691/C 1071/683, Aufzeichung von Roberts vom 6. Nov. 1953.

125 Paris-Report I, S. 17; II, S. 15.

126 Ebd. II, S. 15.

127 Ebd. II, S. 8.

128 Ebd. II, S. 8. Entwürfe einer solchen Erklärung: ebd. II, S. 32 f. Zu den in der ersten Expertenrunde noch erörterten Alternative eines amerikanischen und eines britisch-französischen Entwurfs s. Schreiben von Roberts an Eden, 6. Nov. 1953 (PRO FO 371/103691/C 1071/683). Text der Entwürfe (Paris-Report I, S. 6 f., 7 f.).

129 PRO FO 371/103683/C 1071/477.

130 Paris-Report I, S. 6; II, S. 31.

Die andere Seite war die tatsächliche Anerkennung eines »legitimen Sicherheitsbedürfnisses«, das man jedoch nur bis zu einer westlichen Verteidigungslinie gelten lassen wollte, die »so weit östlich wie möglich in Europa« gezogen wurde.[131] Deutschland mußte dabei die zentrale Rolle spielen. Obwohl man den Anspruch auf eine Garantie gegen deutsche Grenzrevisionsansprüche nach einem Friedensvertragssschluß anerkannte, hielt man eine »rein europäische Sicherheit«, wie die Sowjetunion sie mit dem Slogan »Europa den Europäern« propagierte, für unmöglich. Über ein »gegenseitiges Sicherheitssystem« war man daher nur im Fall von Fortschritten in der Wiedervereinigungsfrage zu verhandeln bereit.[132] Blieben sie aus, sollte die Bundesregierung eine Sicherheitserklärung abgeben und die Westalliierten sie »bekräftigen«.[133]
Die Abkehr von den sehr viel weitergehenden theoretischen Überlegungn auf westlicher Seite hatte ihre Ursache im Grundsätzlichen. Staatsminister Selwyn Lloyd hatte bereits am 22. Juni 1953 in einem Memorandum für Premierminister Churchill eine wegweisende Lagebeurteilung abgegeben. Darin hieß es:

> »Germany is the key to the peace of Europe. A divided Europe has meant a divided Germany. To unite Germany while Europe is divided, even if practicable, is fraught with danger for all. Therefore everyone – Dr. Adenauer, the Russians, the Americans, the French and ourselves – feel in our hearts that a divided Germany is safer for the time being. But none of us dare say so openly because of the effect upon German public opinion. Therefore we all publicly support a united Germany, each on his own terms.«[134]

Diese noch ganz unter dem Eindruck der Ereignisse des 17. Juni verfaßten Zeilen blieben nicht die Ausnahme, sondern wurden gedanklich weitergesponnen – nicht nur im Foreign Office. Als sich die Regierungsbildung des glänzenden Wahlsiegers Adenauer schwieriger als erwartet gestaltete und der Kanzler zeitweise unbedachte deutschlandpolitische Kommentare abgab, verdächtigte ihn der amerikanische Hohe Kommissar Conant, dem »wiederauflebenden deutschen Nationalismus« anheimzufallen.[135] Conant ging noch weiter und hielt es für möglich, daß Adenauer unter dem Einfluß nationalistischer Elemente in der Koalition »may himself be flirting with the idea of a national German army within the NATO framework«.[136] Noch am 10. September hatte letzterer sich hingegen strikt für die EVG-Lösung ausgesprochen und erklärt, er wolle keine Nationalarmee.[137]
Der amerikanische Hohe Kommissar nutzte die Irritation über Adenauers tatsächlichen Kurs zu grundsätzlichen, »persönlichen« Schlußfolgerungen:

> »... I would be deeply concerned if there were any possibility of a national German army. I know some people in the Pentagon and in Congress feel

131 Ebd.

132 Ebd. II, S. 9.

133 Ebd. II, S. 32 f. Adenauer hatte sich dazu bereit erklärt und einen vorgelegten Entwurf akzeptiert. Darin bekundete die Bundesregierung, die UN-Charta zu achten und verwies auf den »strikt defensiven Charakter« der EVG, der »jede bewaffnete Einzelaktion in Europa« verhindere.

134 PRO PREM 11/673, Memorandum von Selwyn Lloyd vom 22. Juni 1953.

135 Conant an Dulles, 28. Okt. 1953, mit Geheimvermerk und dem Zusatz »Eyes only« (FRUS 1952-1954, VII, 1, S. 551).

136 Ebd.

137 Ebd.

otherwise. And the former British High Commissioner, Sir Ivone Kirkpatrick, also was willing to consider the possibility, but from what I have seen I would consider the creation of a national German army a most dangerous undertaking. The basic German political situation is too unstable and the German governmental structure is too new to trust the final command of a national army to the hands of the unknown German leaders of the future. It could well be that such a national army would find itself allied with the East against the West«.[138]

Nach Conants Meinung stand in den folgenden Monaten die Entscheidung an, ob es gelang, Westdeutschland politisch, ökonomisch und militärisch an den Westen zu binden. Wenn in dieser Zeit ernsthafte Erwägungen in Washington über eine deutsche Nationalarmee aufkamen, wollte er seine Einwände »at the highest level« vortragen und schrieb danach wörtlich an Dulles: »If worse came to worst I myself would prefer the withdrawal of all but token forces from Europe and a so-called peripheral defense rather than a German national army«.[139] Conant konnte sich zudem nicht vorstellen, daß französische Politiker »in a rational mood« eine deutsche Nationalarmee vorzogen. Ähnliches wußte man aus anderen europäischen Staaten.[140] Offensichtlich ahnte Conant nichts von Eisenhowers stiller Vorliebe für eine »möglichst rasche« Wiederbewaffnung der Bundesrepublik, der einzig Adenauers Widerstand gegen eine Nationalarmee und sein kategorisches Festhalten an der EVG-Lösung entgegenzustehen schien. Unter dem Eindruck der Ereignisse in Ost-Berlin und in der DDR vom 17. Juni forderte der Präsident in einer Sitzung des National Security Council deshalb eine Beschleunigung des Ratifikationsverfahrens und als »dringliche Angelegenheit«, Adenauer »zusätzliche Bewaffnung für seine Polizeikräfte« anzubieten.[141]

Dulles stimmte mit Conant überein und berichtete Eisenhower von dessen Schreiben.[142] Ihm galt eine nationale deutsche Armee in der NATO als »a most unsatisfactory alternative to European unity«, und er erwartete im Falle eines Scheiterns der EVG einen »radikaleren Wechsel« als die bloße Aufnahme Deutschlands in die NATO. Seiner Meinung nach würden Churchill und viele amerikanische Militärs aber gerade diesen Kurs favorisieren.

Wenig später sandte Conant einen noch alarmierenderen Brief an den amerikanischen Außenminister. Nun war er sich bereits sicher, daß Adenauer Interesse an Alternativen zur EVG zeigte. Dies konnte aus seiner Sicht nur die Forderung einer Nationalarmee bedeuten, die »vermutlich« der NATO angehörte und in enger Zusammenarbeit mit den USA stand.[143] Conant schloß nicht aus, daß Adenauer

138 Ebd., S. 551 f.

139 Ebd., S. 552.

140 So sprach sich etwa Spaak öffentlich dafür aus, die EVG-Lösung zu befürworten, wenn eine deutsche Wiederbewaffnung im Interesse des Bündnisses mit den USA unvermeidlich war (s. Paul-Henri Spaak, Memoiren eines Europäers. Hamburg 1969, S. 212 f.) Spaaks Modell eines wiedervereinigten, nicht neutralen Deutschlands sah eine entmilitarisierte Zone beiderseits des Eisernen Vorhangs, den Abzug aller Besatzungstruppen und einen europäischen Sicherheitspakt unter Beteiligung der Vereinigten Staaten und der Sowjetunion vor (s.EA, 21, 1953, S. 6078).

141 Memorandum der 150.Sitzung des NSC vom 18. Juni 1953 (FRUS 1952-1954, VII, 2, S. 1588).

142 s. sein Antwortschreiben an Conant vom 9. Nov. 1953 (FRUS 1952-1954, VII, 1, S. 553).

143 Conant an Dulles, 13. Nov. 1953 (FRUS 1952-1954, VII, 1, S. 553). Conant verwies auf entsprechende Information von Blank. Er vermutete, daß amerikanische Offiziere gegenüber

seine Meinung angesichts der deutsch-französischen Spannungen in der Saarfrage geändert hatte. Er formulierte seine Ablehnung gegen eine deutsche Nationalarmee noch schärfer und zog ihr sogar das Risiko einer Verteidung durch eine »emasculated NATO« vor.[144]

Das koreanische Beispiel hatte nach seiner Ansicht die Gefahren aufgezeigt, die eine nationalistische Regierung mit einer unabhängigen, wenngleich kleinen Armee in sich barg. Und es eignete sich, wie er meinte, zur Übertragung auf die deutschen Verhältnisse: »Needless to say, the relation between the Bundesrepublik and the East Zone is almost as explosive as between North and South Korea«.[145]

In dieser Perspektive war es aus der Sicht der alliierten Experten konsequent, sowjetischen Vorschlägen zu einer Neutralisierung Deutschlands im Verbund mit dem Zugeständnis einer Nationalarmee entschieden entgegenzutreten, weil sie »die gemeinsamen Aufrüstungsanstrengungen« des Westens »hemmen« und »die öffentliche Meinung verwirren« konnten.[146] Vor allem jedoch mußten sie sie als Gefährdung der labilen Sicherheit im Herzen Europas erscheinen lassen. Im »schlechtesten« Fall würde ein wiedervereinigtes, bewaffnetes Deutschland dem »Sowjetblock« angehören. Ein neutralisiertes Deutschland mit einer Nationalarmee hingegen würde Ost und West gegeneinander ausspielen können und, je stärker es würde, einen Konflikt über die Ostgrenze heraufbeschwören.[147] Der »Preis« für jede andere gesamtdeutsche Lösung außerhalb der vom Westen vorgeschlagenen erschien als »zu hoch für die gesamte westliche Welt«, einschließlich der Bundesrepublik.[148] Da man Alleingänge selbst eines mit dem Westen verbundenen, an der Ostgrenze aber nicht befriedigten Gesamtdeutschlands nicht ausschloß, mußten alle Regelungen jenseits einer solchen Lösung als unkalkulierbares Risiko erscheinen. Aus taktischen Gründen hatte man im ersten Paris-Report vorgesehen, eine Diskussion über die Neutralisierung Deutschlands mit dem Argument ablenken zu können, dazu müsse erst die Meinung einer frei gewählten gesamtdeutschen Regierung eingeholt werden.[149] Im zweiten Expertenbericht wurde die klare Aussage bevorzugt, daß »jede Formel dieser Art unannehmbar« war.[150] Zwar bot man damit den Russen die Gelegenheit zum Abbruch der Verhandlungen. Jedoch bestand kein Anlaß, mit diesem »fundamentalen Prinzip« der westlichen Politik[151] hinter dem Berg zu halten.

Nach Ansicht der Experten gehörten in diesen Zusammenhang auch westliche Denkmodelle über entmilitarisierte Zonen, deren Sicherheitswert sie als »sehr fragwürdig« einstuften und die dazu geeignet schienen, häufige Zwischenfälle zu provozieren.[152] Man war sich bewußt, daß die Sowjetunion wegen ihrer gefestigten

deutschen Militärs und Politikern Andeutungen über eine mögliche deutsch-amerikanische Allianz gemacht und gleichzeitig »Geringschätzung« der Franzosen geäußert hatten. Conant schrieb: »A little of this sort of talk will go a long way in the present mood in a country which today is feeling its oats.«

144 Ebd., S. 554.

145 Ebd.

146 Paris-Report I, S. 6; II, S. 31 f.

147 Ebd. II, S. 22.

148 Ebd.

149 Ebd. I, S. 21.

150 Ebd. I, S. 21; II, S. 17.

151 Ebd. II, S. 17.

152 Ebd. I, S. 8.

Position in den Satellitenstaaten in solchen Fragen mehr »Manövrierfreiheit« als der Westen besaß. Unterschwellig schwang der Vorwurf an die östliche Seite mit, sie benutze diesen Vorteil, um ungeachtet der selbst für notwendig gehaltenen Sicherheitsregelung in Europa gefährliche, aber propagandawirksame Vorschläge zur deutschen Wiederbewaffnung zu machen.

Der zweite Paris-Report hatte sich wegen der ausgreifenden Spekulationen in westlichen Kreisen sehr viel ausführlicher als der erste mit entmilitarisierten Zonen auseinandergesetzt.[153] Die Modelle sahen im Osten die vollständige Entmilitarisierung »Ost-Deutschlands« – womit die DDR gemeint war – und möglicherweise eines Teils Polens und/oder eines Teils der Tschechoslowakei vor. Für den Westen standen drei Varianten in der Diskussion:

a) die vollständige Entmilitarisierung West-Deutschlands oder die teilweise Entmilitarisierung durch den Abzug aller Truppen hinter den Rhein, die nicht der EVG angehörten;
b) der Abzug alliierter (oder EVG-) Truppen nur aus einem Teil West-Deutschlands;
c) die Bildung eines schmalen entmilitarisierten Gürtels im Bereich der »Zonengrenze«, um Grenzzwischenfälle zu vermeiden sowie aus »psychologischen« Gründen.[154]

Die westlichen Experten ließen keinen Zweifel an ihrer ablehnenden Haltung gegenüber diesen Überlegungen. Abgesehen von der Schwierigkeit, die Einhaltung der Entmilitarisierung wirksam zu kontrollieren, zählten sie »eine Reihe schwerer Nachteile« in militärischer Hinsicht auf:

a) Jeder Truppenabzug, der den Russen Genüge tun wollte, bedeutete in Friedenszeiten den Verlust des an Dänemark angrenzenden Gebietes und in Kriegszeiten den Verzicht auf den Kiel-Kanal. In Friedenszeiten konnte dadurch die dänische NATO-Unterstützung gefährdet sein.
b) Pläne und Vorbereitungen für taktische oder strategische Zerstörungen müßten in der geräumten Zone »drastisch beschränkt« werden.
c) Das Radar-Frühwarnsystem würde in seinen Möglichkeiten beschnitten und die Luftverteidigung »an Tiefe« verlieren.
d) Für die Russen, die ihre Truppen möglicherweise bis hinter die Weichsel zurückzogen, wäre es »viel leichter als für uns«, »die Übereinkunft zu brechen« und Truppen in das entmilitarisierte Gebiet zurückzuführen. Abgesehen davon standen polnische Truppen unter russischem Oberbefehl am Rande der Zone, während die aus West-Deutschland abgezogenen alliierten Truppen »kein ›Hinterland‹« (der Begriff ist im Original deutsch aufgeführt) besaßen. Die Konsequenz wäre eine »vollständige Truppenverschiebung« im Westen und möglicherweise der Abzug »eines großen Teils« der Truppen vom Kontinent. Nach Ansicht der Experten kam dies einer »konsequenten Zersetzung der NATO-Pläne für die Verteidigung Westeuropas im Krisenfalle« gleich.[155]

Den Experten erschien es nicht einmal ausgemacht, daß die Russen solchen Plänen etwas abgewinnen konnten, denn die Uranvorkommen in Sachsen und, falls die Tschechoslowakei einbezogen wurde, diejenigen Böhmens würden »ungeschützt«

153 Ebd. II, S. 35.
154 Ebd. II, S. 35 f.
155 Ebd. II, S. 36.

sein. Von Vorteil mochten sie ihnen nur erscheinen unter dem Gesichtspunkt des Abzugs alliierter Truppen und der Auflösung westlicher Militärstützpunkte, wodurch den westlichen Verteidigungsbemühungen »der Zahn gezogen« werden konnte. Letztlich mochte eine Diskussion über die Entmilitarisierung Moskau auch nur dazu dienen, die Neutralisierung Deutschlands zu propagieren.[156]

Zwar hatten die Experten gegen den Vorschlag eines entmilitarisierten Gürtels entlang der Zonengrenze weniger militärische Bedenken, doch würde man einen gewissen Mangel an Informationen über die andere Seite zu beklagen haben und der Möglichkeit entbehren müssen, gewisse strategische Operationen, wie etwa die Blockade des Elbe-Trave-Kanals, durchzuführen.

Gegen einen solchen Gürtel sprach grundsätzlich, daß »die Nähe zur ›anderen Seite‹« keineswegs als »Hauptgefahr für einen Konflikt galt, wie das Beispiel Berlins zeigte. Vielmehr schuf man sich mit einem schmalen, bewohnten »›Niemandsland‹«, das den Boden für jede Art von Zwischenfällen abgab, ein »überaus gefährliches Unternehmen«.[157]

Nach diesen Erwägungen verwundert es nicht, daß die Experten auch diesen letzten und eingeschränktesten Vorschlag aus der Berliner Konferenz herausgehalten wissen wollten, weil es grundsätzlich schwierig war, der Öffentlichkeit Argumente gegen eine Entmilitarisierung plausibel zu machen. Sie wollten, abgesehen davon, daß man die Überlegungen intern weiterentwickelte, keine unvorsichtigen Sondierungen mit unvorhergesehenen Konsequenzen, bevor die westlichen Verteidigungs- und Sicherheitspläne für Westeuropa zu einem Abschluß gebracht waren. Man war sich bewußt, einer Debatte über die europäische Sicherheit auf der Viermächtekonferenz nicht ausweichen zu können, wollte aber nicht an »die Grundlagen der eigenen Sicherheit« rühren lassen.[158] Ohne Widersprüche ließ sich dies nicht erreichen. Einerseits verlangte man von der Sowjetunion nicht die Preisgabe ihres Paktsystems in Osteuropa, andererseits sollte dies nicht als »Anerkennung der gegenwärtigen de-facto-Situation« verstanden werden.[159]

Solange die Grenzfrage nicht endgültig geregelt war, war man nur bereit, das westliche Verteidigungssystem, für das man die dem sowjetischen Sprachgebrauch entlehnte Bezeichnung »System kollektiver Sicherheit« wählte,[160] in groben Zügen darzulegen. Der Akzent lag dabei weniger auf neuen Perspektiven als vielmehr auf der Kontrastierung des im Westen Erreichten mit der Entwicklung in den sowjetischen Satellitenstaaten. Dem sowjetischen Slogan »Europa den Europäern« stellte man den weniger griffigen vom »Europa, wie wir es wollen« (the Europe we would like to see) entgegen.[161]

In diese Richtung zielte auch der Vorwurf an die Sowjetunion, hinter dem Vorwand einer drohenden »deutschen Aggression« einen »Militärblock der Satelliten« und eine »gegen den Westen gerichtete Allianz« zu verbergen, die einer »kleinen Gruppe

156 Ebd. Am ehesten rechnete man mit einem sowjetischen Vorschlag für einen nur schmalen entmilitarisierten Gürtel (s. das Memorandum von Leon W.Fuller über die Pariser Expertengespräche, 5. Jan. 1954 [FRUS 1952-1954, VII, 1, S. 738]).

157 Paris-Report II, S. 36.

158 Ebd. I, S. 9; II, S. 9.

159 Ebd. I, S. 9.

160 Ebd. II, S. 38.

161 Ebd. II, S. 37.

von Männern im Kreml« unterstand.[162] Auf höherem »moralischen Niveau« glaubte man die »freiwillige Assoziation freier Staaten in der NATO und der EVG« vor der Öffentlichkeit ansiedeln zu können.[163] Einen möglichen sowjetischen Brückenschlag über diese Abgrenzung hinweg mit dem Angebot bilateraler Nichtangriffs- und Beistandspakte wollten die Experten mit dem Hinweis auf die »unglückliche Geschichte« solcher Verträge in der Zwischenkriegszeit zurückweisen.[164]

Über den Tag hinaus wies die Ansicht, ein Kontrollsystem für die deutsche Aufrüstung als grundsätzlich »fragil« anzusehen und spätere Fortschritte nur im Rahmen einer »breiteren Vereinbarung über die Rüstungsbegrenzung und -reduzierung« in Aussicht zu stellen.[165] Hilflos wirkten die Experten aber bei ihrer Empfehlung, russische Anfragen, die westliche Position näher zu erläutern, mit der entsprechenden Gegenfrage zu beantworten und zu versuchen, zum »Kernproblem der Wiedervereinigung« zurückzukehren.

Der Wortlauf der am Ende der Expertenberatungen übriggebliebenen einseitigen Sicherheitserklärung der Westmächte, die bei einem Scheitern der Viererkonferenz veröffentlicht werden sollte, konnte nicht endgültig festgelegt werden.[166] Für den Fall, daß sie im Lichte einer positiven Einwicklung der Beratungen der vier Außenminister neugefaßt werden mußte, richtete man sich nicht ein.

Die beiden Paris-Reports enthalten sich einer eindeutigen Präferenz für ergebnislose oder erfolgreiche Verhandlungen. Sie legen aber nahe, anzunehmen, daß letzteres nicht eingeplant war. Das vordringliche Ziel der Experten schien gewesen zu sein, eine Taktik der Schadensbegrenzung zu entwerfen.

Kam es wider Erwarten doch zu einem Überraschungsangebot der Russen bezüglich freier Wahlen, hatten die Experten eine nicht gerade originelle Empfehlung zu bieten: Die westlichen Außenminister sollten dies begrüßen und betonen, es käme nun darauf an, »das Recht des neuen, vereinigten Deutschlands sicherzustellen, die Verpflichtungen der Bundesrepublik zu übernehmen«.[167] Es schien nicht um eine deutsche Regelung, sondern um eine Niederlage der Sowjetunion in Deutschland zu gehen. Während der erste Paris-Report nicht dazu taugte, eine einheitliche westliche Position zu umreißen, divergierende Meinungen in substantiellen Fragen

162 Ebd. II, S. 37 f.

163 Ebd. II, S. 38.

164 Ebd. Genannt wurden die Pakte der Sowjetunion mit den baltischen Staaten, mit Finnland, Polen und Rumänien.

165 Ebd. I, S. 9; II, S. 9.

166 Die westlichen Außenminister berieten am Rande der Bermuda-Konferenz Anfang Dezember 1953 über einen britisch-französischen Entwurf (s. das Schreiben von Dulles an Eden vom 9. Dez. und den Text des Entwurfs [FRUS 1952-1954, VII, 1, S. 723ff]). Seit Beginn des zweiten Expertenrunde wurde an einer Revision dieses Entwurfs auf der Grundlage der amerikanischen Einwände und Adenauers Kommentaren gearbeitet (s. den Bericht der amerikanischen Delegation an das State Department vom 16. Dez. [ebd., S. 726 f.]). Am 17. Dez. legte die britische Delegation einen weiteren Entwurf einer Sicherheitserklärung vor (s.ebd., S. 729 ff.), den die amerikanische Delegation wegen seiner Nähe zum urspünglichen eigenen Entwurf weitgehend guthieß. Streitpunkte entstanden schließlich fast nur noch wegen Divergenzen zwischen dem amerikanischen und dem französischen Entwurf (s. ebd., S. 731ff). Über die verbliebenen Differenzen am Ende der Beratungen s. a. Leon W.Fullers Memorandum über den zweiten Paris-Report (ebd., S. 737 f.).

167 Paris-Report II, S. 8.

aufzulösen und zu versuchen, »›über die Ritzen zu tapezieren‹«,[168] waren im zweiten Anlauf alle wesentlichen strittigen Punkte aus dem Vorbereitungskonzept gestrichen und die Empfehlungen auf eine enge taktische Marschroute hin gestrafft worden. Die Entwürfe alternativer Sicherheitsvereinbarungen mit der Sowjetunion wurden zwar nicht endgültig zu den Akten gelegt, wohl aber auf die Zeit nach der erhofften EVG-Ratifizierung verschoben. Ein spezieller Katalog listete alle Argumente für die Verantwortung der Sowjetunion bei der Teilung Europas auf.[169] Die Verstöße gegen die Vereinbarungen von Jalta und Potsdam, freie, demokratische Ordnungen in Osteuropa zu schaffen, rangierten an erster Stelle. Die deutsche Wiederbewaffnung schuf für Wiedervereinigung und europäische Sicherheit neue Tatsachen und stellte das Deutschlandproblem in den Zusammenhang künftiger Abrüstungsverhandlungen. Unter den westlichen Experten machte sich niemand Illusionen über bessere Ausgangsbedingungen für eine Lösung der deutschen Frage.

II.4 Der »deutsche Standpunkt«

Drei Tage nach der sowjetischen Note vom 15. August 1953 forderte der SPD-Vorsitzende Ollenhauer in einer Wahlrede in Stuttgart, den Notenwechsel zu beenden und die sowjetischen Vorschläge auf einer Viererkonferenz zu prüfen. Dort sollte »der deutsche Standpunkt« zur Geltung gebracht werden.[1] Ollenhauer hatte dabei keine deutsche Vertretung im Sinn. Sie sollte erst nach freien Wahlen und der Bildung einer gesamtdeutschen Regierung auf der Friedenskonferenz beteiligt sein.

Worin aber bestand der »deutsche Standpunkt«? Wenn es ihn gab, wer würde die Vier Mächte veranlassen können, ihn zu berücksichtigen, oder wer könnte wenigstens das Vertrauen der Westmächte gewinnen, damit sie ihn sich auf einer Viererkonferenz zu eigen machten? Reichte zu seiner Bestimmung die Bundestagsresolution vom 10. Juni 1953 aus? Das Bekenntnis des Bundestages zu einem Fünf-Punkte-Programm (Freie Wahlen in ganz Deutschland, Bildung einer gesamtdeutschen Regierung, frei vereinbarter Friedensvertrag, Grenzregelung, Handlungsfreiheit der gesamtdeutschen Regierung und des Parlaments) mochte als gemeinsame Ausgangsbasis erscheinen, dessen Umsetzung in ein praktisches Wiedervereinigungskonzept aber weithin im unklaren lag. Dringlicher war ohnehin das an die Sowjetunion und die DDR-Regierung gerichtete Sofortprogramm der Bundesregierung vom 1. Juli 1953, dessen »Minimalforderungen«:

- Öffnung aller Zonenübergänge,
- Aufhebung des Sperrstreifens und der evakuierten Zone,
- Freizügigkeit aller Deutschen in ganz Deutschland,
- Presse- und Versammlungsfreiheit,
- Zulassung aller Parteien,

168 So Roberts in einem Schreiben an Eden vom 6. Nov. 1953 (PRO FO 371/103691/C 1071/683).

169 Rebuttal Paper »Soviet Responsibility for the Present Division of Europe«, 29. Dez. 1953 (NA Lot File M 88: RG 43, Box 85, folder: Four-Power-Conference, Background Papers: BER Documents 2/14).

1 Keesing's, 1953, S. 4122.

– Schaffung demokratischer Rechtsformen zum Schutz des Menschen gegen Willkür und Terror

– nach einer Erläuterung des Staatssekretäres Thedieck – zum Ziel hatten, »die ungleiche Entwicklung der politischen Verhältnisse im Bundesgebiet und in der Sowjetzone auf den Gebieten des öffentlichen Lebens zu beenden, die für die Durchführung gesamtdeutscher freier Wahlen von Bedeutung sind.«[2]

Abgesehen davon, daß dieses Programm von den Westalliierten nicht in Form einer offiziellen Offerte weitergeleitet wurde[3] und somit politische Willenserklärung der Bundesregierung blieb, bedurften die Forderungen näherer Erläuterung, etwa bei der Frage, wie mit der Ost-CDU bei der Zulassung aller Parteien zu verfahren war.

Völlig außer acht blieb die Frage, ob die Bundesrepublik alleinberechtigt für die Formulierung einer gesamtdeutschen Position war. Zwar untersagte es der Alleinvertretungsanspruch, offiziell mit DDR-Behörden in Verbindung zu treten, und waren aus der DDR stammende, in westdeutschen Parteien tätige Politiker überzeugt, für ihre Parteibasis im Osten mitzusprechen. In der kritischen Lage in Deutschland im Juni 1953 gab es gleichwohl Überlegungen, sich durch »Vertreter aus den Ostsektoren Berlins« zusätzlich zu legitimieren, »die als Sprecher für alle Deutschen hinter dem Eisernen Vorhang im Bundestag mit beratender Stimme mitwirken sollen«.[4]

Die im Verlauf des Notenwechsels von 1952 erhobene Forderung nach einer Außenministerkonferenz ließ sich eher vom – ungeliebten – Wunsch nach Prüfung der sowjetischen Vorschläge leiten als von der Absicht, einen »deutschen Standpunkt« vorzutragen. Freie Wahlen waren alleiniger Maßstab, aber noch nicht als erster Schritt eines durchdachten Wiedervereinigungsprogramms konzipiert. Der »deutsche Standpunkt« war somit zur Zeit der Bundestagsresolution eine unbekannte Größe.

Das Bekenntnis Adenauers zur Westbindung stand sozialdemokratischen Vorstellungen nicht grundsätzlich entgegen. Umstritten waren vor allem Art und Zeitpunkt.[5]

Die SPD hatte unter Schumacher die Neutralisierung Deutschlands ebenso entschieden wie Adenauer abgelehnt und versuchte, das Dilemma, keine Alternative zur Regierungspolitik zu bieten[6], durch die Forderung nach Entscheidungsfreiheit der künftigen gesamtdeutschen Regierung zu beheben. Die Sowjetunion sollte ebenso wie die Westmächte das »Risiko der Unbestimmtheit des Verhandlungsergebnisses«, d.h. einen vorher nicht festgelegten internationalen Status Gesamtdeutschlands, tragen.[7]

Die Monate vor der Berliner Außenministerkonferenz rückten dieses Problem ins Zentrum der Aufmerksamkeit, nachdem sich die Westintegration der Bundesrepublik

2 Schreiben Thediecks an das Auswärtige Amt, 3. Sept. 1953(PA AA 202-03II/12133/53).

3 Der Leiter der Zentraleuropa-Abteilung im Foreign Office schloß eine Weiterleitung über die Hohen Kommissare aus, da er den Anschein einer Wiederbelebung des Kontrollrates vermeiden wollte (PA AA 202-03II/ohne Nummer/53, Telegramm Schlange-Schöningens, 3. Juli 1953).

4 Diesen Vorschlag unterbreitete Blankenhorn – offensichtlich erfolglos – Adenauer (Tagebucheintrag vom 22. Juni 1953, BA NL351, Bd. 21, fol.81).

5 s. Knud Dittmann, Adenauer und die deutsche Wiedervereinigung. Die politische Diskussion des Jahres 1952. Düsseldorf 1981, S. 78 ff.

6 Klaus Erdmenger, Das folgenschwere Mißverständnis. Bonn und die sowjetische Deutschlandpolitik 1949-1955. Freiburg 1967, S. 80.

7 So Carlo Schmid am 3. April 1952 vor dem Deutschen Bundestag (Verhandlungen des Deutschen Bundestags. Stenographische Berichte. 1.Wahlperiode, S. 8775).

durch das Ausbleiben der Ratifizierung der Westverträge in Frankreich verzögert hatte. Weder war Adenauers Konzept zur Schaffung vollendeter Tatsachen aufgegangen, noch hatte sich die Hoffnung der SPD auf rasche Viermächtverhandlungen erfüllt. Die Veränderungen des Jahres 1953 und die neu geschürten Erwartungen in eine Konferenz hatten auf deutscher Seite einen ernsthafteren Versuch zur Formulierung eines eigenen Standpunkts zur Folge.

Doch worauf sollte man sich berufen? Die Sowjetunion und die SED waren nicht müde geworden, das Potsdamer Abkommen als ausreichende Grundlage für eine Viermächtevereinbarung über Deutschland zu bezeichnen. Die ständige Wiederholung hatte selbst wohlwollende Kritiker der Stalin-Note vom 10. März 1952 stutzig gemacht.[8] Adenauer hatte schon 1952 vom »Alptraum von Potsdam« gesprochen und damit nicht nur die ungeregelte Grenzfrage, sondern auch das Diktat eines Friedensvertrages im Blick.[9] Erstaunlicherweise fehlte in der Sowjetnote vom 26. November 1953, die die Zusage zur Viererkonferenz ohne Vorbedingungen enthielt, jede direkte Bezugnahme auf die Potsdamer Beschlüsse.

Ollenhauer hingegen bezeichnete das Abkommen unter Verweis auf die Vorbehaltsrechte der Westalliierten im Generalvertrag zwar nicht inhaltlich, wohl aber formal als einzige Basis für ein Gespräch der Vier Mächte über Fragen der deutschen Besatzung.[10] Auch im Foreign Office leugnete man nicht, daß sich »the duty of democratising Germany« von ihm herleitete und die Einklagbarkeit gegenüber der Sowjetunion betreffend die gegenteilige Entwicklung in der DDR zwangsläufig darauf zurückwies.[11] Die Scheu vor einer ausufernden Debatte über Demokratie und Freiheit ließ es aber geraten erscheinen, der Sowjetunion die einseitige Inanspruchnahme des Dokuments zu überlassen.

Was dem SPD-Führer als Verfahrenshilfe und Hoffnungsschimmer für eine Viererkonferenz galt, schreckte den Bundeskanzler wegen der unterschwelligen Gefahr des Wiederauflebens der Viermächtekontrolle, wofür die schwankende Haltung der französischen Regierung in der EVG-Frage zu sprechen schien. Adenauer befürchtete, Frankreich könnte der sowjetischen Verzögerungstaktik zum Opfer fallen, und sein Berater Grewe eine Präjudizierung des sachlichen Gehalts des Abkommens selbst bei bloßer Berufung auf formale Verfahrensfragen.[12]

Einen gemeinsamen Ausgangspunkt zwischen Regierung und größter Oppositionspartei gab es also nicht. Die Einigkeit über das Ziel »Wiedervereinigung« endete bei der Festlegung des Weges, auf dem man es erreichen wollte. Doch galt dies ebenso für die Regierungskoalition und für die einzelnen an der Wiedervereinigung

8 Carlo Schmid, Erinnerungen. München ^{2}1985, S. 527.

9 Vgl. die Regierungserklärung Adenauers vom 10. Juni 1953, in: Keesing's, 1953, S. 4032. Adenauer meinte fälschlich, im Potsdamer Abkommen seien die bestehenden Grenzen festgelegt. In seinen Erinnerungen hat Adenauer keine eindeutige Stellung zum Potsdamer Abkommen bezogen. Einerseits spricht er vom »Bruch« des Abkommens – was eine verbindliche Gültigkeit voraussetzt –, andererseits befürchtet er einen »Diktatfrieden« auf dessen Grundlage (s.Adenauer, Erinnerungen 1953-1955, S. 166 und 211 ff.).

10 Keesing's, 1953, S. 4032.

11 Aufzeichnung Nuttings für Eden, 28. Jan. 1954 (PRO FO 371/109291/C 1071/644).

12 Aufzeichnung vom 14. Dez. 1953 über ein Gespräch zwischen Dulles und Adenauer am Rande der NATO-Tagung in Paris (FRUS 1952-1954, V, 1, S. 865-868); Grewes Beitrag für die Zeitschrift »Außenpolitk« (1954, H.2) »Berliner Konferenz und Potsdamer Abkommen« (Nachdruck in: ders., Deutsche Außenpolitik der Nachkriegszeit, S. 199-208).

beteiligten Ressorts – vor allem Bundeskanzleramt, Auswärtiges Amt, Ministerium für gesamtdeutsche Fragen, Innenministerium – sowie für Referate und einzelne Abteilungen dieser Ministerien.

Im Auswärtigen Amt, dem »Spätheimkehrer unter den Ministerien«, herrschte das Provisorische – verteilt auf vierzehn Gebäude, wobei die Zusammenarbeit der Abteilungen unter der Unkenntnis darüber litt, »wo es wen wofür schon gibt«.[13] Als der Referatsleiter im Auswärtigen Amt Dirk Oncken, der Sohn des Historikers Hermann Oncken, durch das Abflauen der Notendiskussion des Vorjahres und die gegenwärtige Undurchführbarkeit einer »unmittelbare(n) politischen(n) Lösung der Wiedervereinigungsfrage durch Wahlen in Freiheit« eine erhebliche Gefährdung der Westintegrationspolitik heraufziehen und den Vorwurf an die Regierung, sie vernachlässige das Ziel der deutschen Einheit, im Aufwind begriffen sah und deshalb Richtlinien für eine forcierte »agitatorische Behandlung der Deutschlandfrage« durch die Bundesregierung verlangte, brachen diese Unstimmigkeiten auf. Blankenhorn erbat zunächst eine Absprache mit dem Bundespresseamt. Die folgenden Gespräche des »an einer Aktivierung der Agitation sehr interessiert(en)« gesamtdeutschen Ministeriums führten zur Idee eines »interministeriellen Koordinationsausschusses« der politischen Ressorts, der »als eine Art ›brain trust‹ der Wiedervereinigungsfrage die politische Seite der deutschen Frage unter allen ihren Aspekten« erörtern und »nötigenfalls konkrete, der politischen Lage entsprechende Vorschläge« unterbreiten sollte. Oncken befürwortete diese Lösung, weil das Auswärtige Amt schon auf der Referentenebene auf die Meinungsbildung einwirken konnte. Ziel der Öffentlichkeitskampagne war seiner Meinung nach, die zu erwartende »sehr geschickt getarnte Wiedervereinigungspropaganda« der Sowjetunion zu konterkarieren und »die Kommunisten ... in die Defensive [zu] drängen«: »Der Öffentlichkeit muß deshalb das Vertrauen vermittelt werden, daß die Bundesregierung auch mit Rücksicht auf die immer stärker werdende Abschließung der Sowjetzonenbevölkerung und ohne Berücksichtigung der Wahrscheinlichkeit eines Mißerfolges ihr Möglichstes für die Wiedervereinigung tut ... Die Erörterung der Deutschlandfrage dient also zunächst nicht nur dem Fernziel der deutschen Einigung, sondern – was zur Zeit mehr ins Gewicht fallen dürfte – dem Nahziel einer innenpolitischen Entlastung der Bundesregierung für die europäische Politik.« Angesichts der bevorstehenden Bundestagswahlen in Herbst 1953 war man bereit, mit diesen Bemühungen eher »akademischen Charakters« die Gefahr in Kauf zu nehmen, daß »politische Leidenschaften« in beiden Teilen Deutschlands freigesetzt würden, »die sich schwer kontrollieren lassen«.[14] Auf Wunsch Thediecks übernahm das Ministerium für gesamtdeutsche Fragen die Aufgabe, für die Bildung des Arbeitsausschusses Sorge zu tragen. Bereits im Januar 1953 war die Frage eines »Interministeriellen Ausschusses« für den Forschungsbeirat erwogen, dann aber vertagt worden. Während bisher die Ergebnisse des seit 1952 beim Bundesministerium für gesamtdeutsche Fragen gebildeten »Forschungsbeirat für die Fragen der Wiedervereinigung Deutschlands« wegen Einsprüchen einzelner Ressorts

13 Rolf Lahr, Zeuge von Fall und Aufstieg. Private Briefe 1934-1974. Hamburg 1981, S. 195. Brief vom 10. April 1953. Lahr war Anfang 1953 aus dem Wirtschaftsministerium ins Auswärtige Amt gewechselt und hatte als Vortragender Legationsrat das Referat Westeuropa übernommen.

14 Alle Zitate nach zwei Aufzeichnungen Onckens vom 8. und 27. Jan. 1953 (PA AA 202-03II/210/53, 202-03II/1147/53).

nicht veröffentlicht worden waren, pochte Thedieck bei einer Sitzung des neuen »Interministeriellen Ausschusses für Fragen der Wiedervereinigung Deutschlands« am 15. Juli 1953[15] darauf, die jüngsten Thesen des Beirates der Öffentlichkeit bekannt zu machen. Dafür sprachen Gründe politischer Opportunität, aber auch die Kampagnen der DDR-Presse gegen den Forschungsbeirat als einem »Generalstab«, der die Ereignisse des 17. Juni vorbereitet und gesteuert habe. Gegen die erneuten Vorbehalte gab er zu bedenken, die Thesen würden die Bundesregierung in keiner Weise binden und stellten lediglich empfehlendes Material für einen künftigen gesamtdeutschen Gesetzgeber dar.

Somit potenzierten sich die Abstimmungsprobleme im Forschungsbeirat durch ebensolche bei der Erörterung seiner Ergebnisse im Interministeriellen Ausschuß. Thediecks Wunsch, den Ausschuß nicht mit einer nochmaligen Prüfung der Ergebnisse vor einer Veröffentlichung zu betrauen, weil die Beteiligung der verschiedenen Ressorts im Forschungsbeirat genügend Sicherheit für die Ausgewogenheit der Entscheidungen böte, war nicht durchsetzbar. Das Kriterium der Wissenschaftlichkeit half bei der Umsetzung von Vorschlägen dieser Ebene in politische Argumente nicht weiter. Während Thedieck dem Ausschuß von Hallsteins prinzipieller Zustimmung für die Veröffentlichung der jüngsten Thesen des Forschungsbeirats berichtete, erklärte der Vertreter des Auswärtigen Amtes, Ministeraldirigent Bräutigam an gleicher Stelle, man sei in einer Besprechung mit dem Staatssekretär zu dem Ergebnis gekommen, daß eine Publikation »nicht zweckmäßig« erscheine, »da es den westlichen Alliierten unter Umständen nicht angenehm sein würde, wenn vor der Viererkonferenz etwas vorweg genommen wird, was erst im Wege der Verhandlungen geklärt werden müsse«.[16] Gegen den Inhalt der Thesen wurden keine Bedenken erhoben. Durchaus verständlich angesichts solcher Entscheidungsfindung war daher das Argument des Vorsitzenden des Gesamtdeutschen Ausschusses, Herbert Wehner, die Ergebnisse des Forschungsbeirates grundsätzlich nur von diesem veröffentlichen zu lassen, um ihre Verwertung als Wahlkampfmaterial zu verhindern.[17] Tatsächlich boten die Thesen: »Bekämpfung von Arbeitslosigkeit nach der Wiedervereinigung«, »Außerordentliche Besteuerung des Konsums« und »Beseitigung der sowjetzonalen Zwangswirtschaft auf agrarischem Gebiet« genügend Zündstoff, aus aufkommenden Ängsten in der Bevölkerung Kapital zu schlagen. Warnenden Stimmen vor einer »gefährliche(n) Vereinfachung der Probleme« durch solche Thesen blieben im Ausschuß trotzdem vereinzelt.[18]

Nicht für die Öffentlichkeit bestimmt und unabhängig von den genannten Gremien entstanden war jenes Kernprogramm, das Adenauer in einem Memorandum an Eisenhower vom 29. Mai 1953 niedergelegt hatte[19] und das den Hintergrund jeder Viermächtekonferenz aus deutscher Sicht abgeben sollte. Die Wiedervereinigung wurde darin nur nach freien Wahlen unter internationaler Kontrolle akzeptiert. Eine gesamtdeutsche Regierung durfte nicht »fremder Kontrolle« unterliegen, konnte

15 Niederschrift über die Sitzung des Interministeriellen Ausschusses für Fragen der Wiedervereinigung Deutschlands, 15. Juli 1953 (PA AA 202-03II/10631/53, Anlage).

16 Ebd., S. 5.

17 Die Bitte Wehners trug Thedieck vor (ebd., S. 7).

18 So etwa Ministerialdirigent Fischer-Menshausen vom Finanzministerium (ebd., S. 7 f.).

19 Adenauer, Erinnerungen 1953-1955, S. 213 f.; FRUS 1952-1954, VII, 1, S. 462; BA NL351, Bd. 21, fol.41.

Bündnisse zu friedlichen Zwecken schließen und als gleichberechtigter Partner an den Friedensvertragsverhandlungen teilnehmen. Neben dem »Recht aller Menschen auf die Heimat« gemäß »christlichen und naturrechtlichen Grundsätzen« hieß es zur Frage künfiger Grenzen: »Keine deutsche Regierung wird je in der Lage sein, die Oder-Neiße-Linie anzuerkennen. Deutschland wird aber anstreben, die damit zusammenhängenden territorialen Fragen in einem neuen Geist internationaler friedlicher Zusammenarbeit zu ordnen«.[20] Die Sicherheit der Nachbarn Deutschlands werde durch die begrenzten deutschen Streitkräfte aus dem EVG-Vertrag gewährleistet. Die Selbstgefälligkeit gegenüber den Staaten des sowjetischen Hegemonialbereiches rührte zu einem Gutteil von der für vordringlich erachteten Westintegration her, konnte auf Dauer aber kaum eine aktive Ostpolitik ersetzen. Dazu fehlten zunächst allein schon die organisatorischen und technischen Voraussetzungen, die wiederum mangelnde Sachkenntnis bedingten. Aufschluß etwa über die sowjetische Politik Mitte 1953 bezog man, wie Hallstein eingestand, weitgehend aus der »Pravda«. Ein Ausbau des bescheidenen »Ostreferates« im Auswärtigen Amt tat Not und wurde vorangetrieben. Oncken hatte Anfang 1953 wegen der »Verquickung der Wiedervereinigungsfrage mit der Frage einer deutschen Ostpolitik« die stärkere Einbeziehung dieses Referates der Abteilung III für wünschenswert erachtet.[21] Dankbar nahm man, wie Hallstein vor dem Auswärtigen und dem Gesamtdeutschen Ausschuß des Bundestages am 8. Juli 1953 bekannte, westliche Informationshilfe in Anspruch: »Die Westmächte lassen uns an ihren Informationen teilhaben.«[22] Daneben befragte man Flüchtlinge und Emigrantenorganisationen. In der gemeinsamen Sitzung der beiden Ausschüsse wurde zusätzlich gefordert, das Auswärtige Amt solle ein Exposé über die sowjetischen Satellitenstaaten und die Haltung der Westmächte zu deren Exilregierungen erstellen, in dem auch die Möglichkeit der Einflußnahme auf die Exilregierungen zu den Fragen der deutschen Ostgrenze erörtert werde.[23] Hallstein beauftragte den einstigen Leiter der Ostabteilung Richard Meyer von Achenbach 1953 mit der Abfassung einer Denkschrift über eine mögliche Ostpolitik, die wegen der kritischen Betrachtung der Westpolitik und der Konzentration auf die Priorität der Wiedervereinigung eines künftig blockfreien Deutschlands und eines Interessenausgleichs mit der Sowjetunion nicht im gewünschten Sinne ausfiel und unter Verschluß blieb.[24]

20 In einer Rede an die Berliner Bevölkerung vom 6. Okt. 1951 hatte Adenauer noch apodiktisch festgestellt: »Lassen Sie mich in letzter Klarheit sagen: Das Land jenseits der Oder-Neiße-Linie gehört für uns zu Deutschland« (Die Bemühungen der Bundesrepublik um Wiederherstellung der Einheit Deutschlands durch gesamtdeutsche Wahlen. Dokumente und Akten. Hg. vom Bundesministerium für gesamtdeutsche Fragen. Teil I. Bonn ⁴1959, S. 46).

21 Aufzeichnung vom 27. Jan. 1953 (PA AA 202-03II/1147/53). Zu den Anfängen des »Ostreferates« der Länderabteilung des Auswärtigen Amtes s. die Erinnerungen des ersten Referenten Oskar Kossmann, Es begann in Polen. Erinnerungen eines Diplomaten und Ostforschers. Lüneburg 1989, S. 247-312. Kossmann war zunächst allein für »Ostfragen« zuständig. Allmählich entwickelte sich das Referat zu einer regulären »Unterabteilung Ost«, deren Leitung Otto Bräutigam übernahm. Unter den ersten Mitarbeitern waren auch der vormalige Botschaftsrat an der deutschen Botschaft in Moskau, Gustav Hilger, und der Sowjetunionexperte Boris Meissner.

22 Kurzprotokoll einer gemeinsamen Sitzung des Auswärtigen und des Gesamtdeutschen Ausschusses vom 8. Juli 1953 (PA AA 202-03II/ohne Nummer/53).

23 Aufzeichnung über die Sitzung vom 8. Juli 1953 (PA AA 202-03II/9983/53).

24 Richard Meyer von Achenbach, Gedanken über eine konstruktive deutsche Ostpolitik. Eine

Im Sommer 1953 wurde unter Blankenhorns Federführung eine Arbeitsgruppe im Auswärtigen Amt gebildet, die sich in Verbindung mit der Dienststelle Blank und im Blick auf die geplante Viererkonferenz vor allem mit Adenauers Vorschlag einer Sicherheitsgarantie für die Sowjetunion befassen sollte. Dies geschah in der Hoffnung, auf der Konferenz durch einen Beobachter vertreten zu sein. Der Interministerielle Arbeitsausschuß im gesamtdeutschen Ministerium befaßte sich mit politischen Fragen und Studiengruppen der einzelnen Ressorts mit Spezialfragen der Wiedervereinigung.[25] Die Koordination ließ aber zu wünschen übrig. So gaben etwa das Bundesministerium für gesamtdeutsche Fragen und das Auswärtige Amt zwei gesonderte, inhaltlich bis auf einige merkwürdige textliche Abweichungen und die Auslassung von Stellungnahmen »der Gegenseite« (Hallstein) identische Dokumentensammlungen über die »Bemühungen der Bundesregierung« für die Wiedervereinigung heraus.[26] Auf Dauer ließen sich die internen Kontroversen nicht vor der Öffentlichkeit verbergen. Kaiser wurde nicht müde, die Gefahren einer weiteren Verzögerung der Wiedervereinigung zu beschwören: »Auch ein in scheinbar gesicherte Gefilde europäischer Integration eingegliedertes Westdeutschland könnte niemals Ruhe, niemals Stabilität finden, solange die Wiedervereinigung noch aussteht.«[27] Sein Staatssekretär Thedieck, ein entschiedener Gegner des Kommunismus, bekannte sich vorbehaltlos zur Westintegration des Kanzlers als »einziger und unfehlbarer Vorstufe zur Wiedervereinigung«.[28] Im Spätherbst 1953 drangen Details aus der Regierungsplanung für die Viermächtekonferenz an die Presse, die

unterdrückte Denkschrift aus dem Jahre 1953. Hg. von Julius H.Schoeps. Frankfurt/M. 1986. Meyer von Achenbach leitete zwischen 1931 und 1936 die Ostabteilung des alten Auswärtigen Amtes. Blankenhorn schrieb in einem Brief an Meyer von Achenbach vom 22. März 1954 von einem »schroffen Gegensatz« der Denkschrift zu den Ansichten der Bundesregierung und einer Unterschätzung der »drohenden Gefahr« aus dem Osten (ebd., S. 12, Einleitung). Der Leiter der Unterabteilung Ost im Auswärtigen Amt, Bräutigam, der Meyer von Achenbach über den Verbleib der Denkschrift vertraulich auf dem laufenden hielt, schrieb am 15. Oktober 1954: »Manche Voraussagen Ihrer Denkschrift sind inzwischen eingetroffen ... Gegenüber den Fragen des Ostens besteht hier eine sehr große Unsicherheit und Ängstlichkeit, die die Politik weitgehend lähmt« (ebd., S. 14).

25 s. dazu den Bericht über ein Gespräch Bräutigams mit dem amerikanischen Hohen Kommissar Conant vom 16. Sept. 1953 (FRUS 1952-1954, V, 1, S. 806); Aufzeichnung von Oncken, 17. März 1954 (PA AA 202-03II/3565/54). Die Interministerielle Arbeitsgruppe »Wiedervereinigung Deutschlands« war bereits im März 1953 vom Auswärtigen Amt vorgeschlagen und im August vom Gesamtdeutschen Ministerium gebildet und an sich gezogen worden. Die Kompetenzen waren offensichtlich nicht eindeutig festgelegt.

26 s. das Schreiben von Staatssekretär Thedieck an Hallstein vom 16. Okt. 1953 mit der Klage über das befremdliche Konkurrenzunternehmen des Auswärtigen Amtes und Hallsteins Antwortschreiben vom 2. Nov. 1953 (PA AA 202-03II/14268/53; 202-03II/12125/53); Die Bemühungen der Bundesrepublik um Wiederherstellung der Einheit Deutschlands durch gesamtdeutsche Wahlen. Dokumente und Akten. Hg. Bundesministerium für gesamtdeutsche Fragen. Bonn 1951 ([4]1953); Dokumente zu den Bemühungen der Bundesregierung und des Bundestages um die Wiedervereinigung Deutschlands in Frieden und Freiheit. Hg. Auswärtiges Amt. Bonn 1953.

27 »NZZ«, 15. Dez. 1953, Nr. 344, S. 2, Rede Kaisers vor Sowjetzonenflüchtlingen am 13. Dez. 1953. Vgl. seine Rede an die BevölKerung der DDR (»NZZ«, 15. Nov. 1953, Nr. 315, S. 3).

28 »NZZ«, 12. Nov. 1953, Nr. 311, S. 2, unter Berufung auf eine Rundfunkrede Thediecks. s. a. Rüß, Anatomie einer politischen Verwaltung, S. 25 f.; Erich Kosthorst, Jakob Kaiser. Bundesminister für gesamtdeutsche Fragen 1949-1957. Suttgart 1972, S. 289 f.

umgehend über die »hochpolitischen Meinungsverschiedenheiten« und die »fundamentalen Gegensätze über den Aufbau des künftigen Gesamtstaates« spekulierte.[29]
Für kontinuierlichen Wirbel sorgte Wilhelm Wolfgang Schütz, Kaisers halboffizieller enger Berater und vormals Korrespondent der »Neuen Zürcher Zeitung« in London, der öffentlich oder im Gespräch mit Experten der Westmächte seine Vorstellungen eines Kompromisses mit der Sowjetunion zum besten gab.[30]
In der entscheidenden Phase der alliiert-deutschen Konsultation gegen Jahresende 1953 wurde schließlich ein zusätzlicher Kabinettsausschuß für die Konferenzvorbereitung geschaffen, dessen Zusammensetzung ebenso zum Zankapfel wurde wie Adenauers Wunsch, ihn »weitgehend« auf die Vorarbeiten des Auswärtigen Amtes für die geplatzte Lugano-Konferenz zu verpflichten.[31]
Die von Adenauer aufgegriffene Idee einer Sicherheitsgarantie für die Sowjetunion wurde zu einem Prüfstein seiner Deutschlandpolitik. Das Bild des Bundeskanzlers von der Großmacht im Osten und sein Verhältnis zu ihr sind es daher wert, im Zusammenhang mit der Vorbereitung der Viererkonferenz näher untersucht zu werden.

II.4.1 Adenauer, die Bundesregierung und ihre Kritiker

II.4.1.1 Adenauers Verhältnis zu Rußland

Adenauer war nicht bereit, selbst in Fragen eines europäischen Sicherheitssystems über die EVG hinauszudenken, in der er den Kern einer Regelung zur Rüstungsbegrenzung in Europa und die Grundlage einer Sicherheitsgarantie für alle europäischen Staaten, einschließlich der Sowjetunion, sah.[32] Weiterreichende Pläne,

29 »NZZ«, 16.Dez, 1953, Nr. 345, S. 2.

30 W.W.Schütz, Deutschland am Rande zweier Welten. Voraussetzungen und Aufgabe unserer Außenpolitik. Stuttgart 1952; Rüß, Anatomie einer politischen Verwaltung, S. 25; Kosthorst, Jakob Kaiser, S. 105 ff. Zu einem Gespräch Schütz' mit dem Vizedirektor des Office of German Political Affairs im State Department, Leon W.Fuller, im April 1953, s. Hermann-Josef Rupieper, Wiedervereinigung und europäische Sicherheit: Deutsch-amerikanische Überlegungen für eine entmilitarisierte Zone in Europa 1953, in: MGM 37 (1986), Nr. 1, S. 95 f.

31 Kabinettsitzung vom 8. Dez. 1953 (Die Kabinettsprotokolle der Bundesregierung 1953, S. 548). Vorsitzender des Ausschusses war der Innenminister. Vertreten waren daneben das Bundesministerium für gesamtdeutsche Fragen, das Justizministerium, Staatsekretär Hallstein, die Bundesminister ohne Geschäftsbereich als Verbindungsleute zu den Fraktionen (S. 549). Nach den Sitzungen vom 9. und 11. Dez. beklagte der Innenminister, der Ausschuß sei – nicht zuletzt wegen der Hinzuziehung je eines Vertreters der Bundestagsfraktionen – zu umfangreich geworden (ebd., S. 580. Kabinettsitzung vom 18. Dez. 1953). Minister Tillmanns erhob Bedenken gegen die Hinzuziehung der Opposition, da dadurch der Charakter eines Kabinettsausschusses »verfälscht« würde (ebd., S. 567, Sitzung vom 11.Dez, 1953).

32 Adenauer, Erinnerungen 1953-1955, S. 217 f., 221 f., 225 ff.; Adenauers Regierungserklärung vom 20. Okt. 1953 (Keesing's, 1953, S. 4215); Adenauers Appell an Malenkov vom 4. Sept. 1953, unmittelbar vor den Bundestagswahlen, mit Vorschlägen zur Ausweitung des Warenaustausches zwischen Ost und West (ebd., S. 4147; EA, 1953, S. 6015; Protokoll des Kanzler-Tees vom 17. Aug. 1953 (Teegespräche 1950-1954, S. 480 f.); vgl. Grewes Beitrag aus dem Jahre 1952 für die Zeitschrift »Archiv des öffentlichen Rechts«, H.2 (1952): Die EVG als System kollektiver Sicherheit (Nachdruck in: ders., Deutsche Außenpolitik der Nachkriegszeit, S. 331-338).

etwa die von Adenauers Sicherheitsberater Generalleutnant Heusinger vom August 1953 über eine truppenfreie und rüstungsbeschränkte Zone in Europa[33] blieben im Entwurfsstadium. Ähnliche Modelle wurden auch in den westlichen Hauptstädten erörtert, ohne daß sie auf höherer Ebene zu einem ernsthaften Verhandlungsgegenstand gemacht worden wären.[34]

Ein Blick auf Adenauers Rußlandbild verdeutlicht, warum ihm wenig an alternativen Konzepten zur EVG unter Berücksichtigung sowjetischer Sicherheitsbedürfnisse gelegen war.

In der Sitzung des CDU-Bundesvorstandes vom 15. Juli 1953 umriß Adenauer in einer Auseinandersetzung mit Jakob Kaiser mit scharfen Strichen seine Einschätzung der internationalen Lage und sein Verhältnis zur Sowjetunion:

> »Amerika ist in den atomischen Waffen Sowjetrußland weit voraus. Wir leben jetzt in Ruhe unter dem Schutz der atomischen Waffen der Amerikaner. Es wird aber der Zeitpunkt kommen, an dem Sowjetrußland auf atomischem Gebiet höchstwahrscheinlich Amerika gleich geworden ist. ... Die Kohle-, Eisen- und Stahlproduktion in Amerika ist derjenigen Sowjetrußlands einschließlich Polens usw. weit überlegen. ... Aber vor dem Eisernen Vorhang liegen das Industriegebiet, das nordfranzösische Gebiet und das belgische Industriegebiet. Das Ziel der sowjetischen Politik ist es, diese Gebiete im Wege des Kalten Krieges zu bekommen. ... Unser ganzes Bestreben muß deshalb sein – daher auch die Integration Europas –, dafür zu sorgen, daß Sowjetrußland im Wege des Kalten Krieges nicht diese Industriegebiete bekommt. Und dabei ist kein Risiko! ... Herr Kaiser sagt, ich solle das russische Risiko nicht übersehen. Gegenüber den Leuten ist jedes Zeichen von Furcht fehl; der Russe hat vor nichts mehr Respekt als vor Entschlossenheit und Willen.«[35]

Adenauer machte keinen Hehl daraus, daß er Churchills Idee einer Vereinbarung mit der Sowjetunion im Sinne des Locarno-Vertrages rundweg ablehnte.[36] Er war überzeugt, die Sowjetunion wolle ihre Ziele nicht mit einem »heißen Krieg«

33 s. Helga Haftendorn, Adenauer und die europäische Sicherheit, in: Konrad Adenauer und seine Zeit. Bd. II. Stuttgart 1976, S. 98 f.

34 Im Blick auf die konkrete Vorbereitung der Berliner Konferenz erscheint es fragwürdig, anzunehmen, die deutsch-amerikanischen Überlegungen zur Wiedervereinigung und europäischen Sicherheit im Sommer 1953 seien »echte Möglichkeiten für Gespräche mit der neuen kollektiven sowjetischen Führung« gewesen (so Rupieper, Wiedervereinigung und europäische Sicherheit, S. 101). s. zu diesem Komplex auch Eugene Hinterhoff, Disengagement. London 1959.

35 Adenauer: »Es mußte alles neu gemacht werden.« Die Protokolle des CDU-Bundesvorstandes 1950-1953. Bearbeitet von Günter Buchstab. Stuttgart [2]1986, S. 652 f. Vgl. die Protokolle der Kanzler-Tees vom 8. Mai und 17. Aug. 1953 (Teegespräche 1950-1954, S. 447, 479, 497). Hier finden sich z.T. wörtliche Übereinstimmungen. s. weiterhin: »NZZ«, Nr. 292, 24. Okt. 1953, S. 3.

36 Am 22. Mai 1953 nahm Adenauer zur Unterhausrede Churchills vom 10. Mai Stellung und sagte – auch rückblickend auf seine London-Reise – wenig feinfühlig über den britischen Premierminister: »Ich glaube, man sollte diesen Ausführungen Churchills keine große Bedeutung beilegen. Churchill ist ein sehr emotionaler Mann und, wie Sie alle wissen, ein künstlerisch sehr begabter Mann. Er leidet unter seinem Gehörleiden. Dieses Gehörleiden bringt es mit sich, daß er manchmal doch nicht alles mitbekommt in einer Verhandlung, namentlich dann, wenn er – ungeduldig wie er ist – sein Maschinchen wegtut« (Protokoll des CDU Bundesvorstandes 1950-1953, S. 18). Vgl. Adenauer, Erinnerungen 1953-1955, S. 203. Hier unterscheidet Adenauer zwischen der – positiven – »Idee« des Locarno-Vertrages und den – negativen – »einzelnen Bestimmungen«.

erreichen[37] und versuchte beharrlich, die Rolle Deutschlands im sowjetischen Sicherheitsdenken herunterzuspielen. Schon am 6. September 1951 hatte er vor dem Bundesvorstand seiner Partei erklärt:

> »Sowjetrußland macht zwar viel Geschrei, aber es wird keinen Krieg wegen 250.000 deutscher Soldaten anfangen, die ohnehin erst in zwei Jahren komplett stehen werden. Warum Rußland den deutschen Verteidigungsbeitrag hintertreiben will, findet seinen Grund ganz einfach in dem russischen Ziel, die Möglichkeit einer Einbeziehung der Bundesrepublik in die russische Einflußsphäre nicht zu verbauen. Rußland möchte, daß die USA sich an Europa für desinteressiert erklären.«[38]

Damit spannt sich der Bogen noch weiter zurück zu Adenauers scheinbar beiläufigen Bemerkungen vom Kriegsende zur sowjetischen Politik in Europa. In einem Brief vom Oktober 1945 hatte er eine äußerst pessimistische Lagebeurteilung abgegeben:

> »Rußland hat in Händen: die östliche Hälfte Deutschlands, Polen, den Balkan, anscheinend Ungarn, einen Teil Österreichs. Rußland entzieht sich immer mehr der Zusammenarbeit mit den anderen Großmächten. ... In den von ihnen beherrschten Ländern herrschen schon jetzt ganz andere wirtschaftliche und politische Grundsätze als in den übrigen Teilen Europas. Damit ist die Trennung in Osteuropa, das russische Gebiet und Westeuropa eine Tatsache.«[39]

Die Sowjetunion galt ihm nicht als europäische Macht, sondern verkörperte das »geistige und machtmäßige Vordringen Asiens« in das Herz des Alten Kontinents. Die Beschwörungsformel »Asien steht an der Elbe« appellierte an die Einsicht in die Notwendigkeit eines wirkungsvollen Abwehrwalls westeuropäischer Staaten, einschließlich des »nicht von Rußland besetzten Teils Deutschlands«.[40]

Selbst ein vorsichtiger Umgang mit dieser Einschätzung legt bei einem Vergleich mit Äußerungen aus dem Jahre 1953 nahe, daß sich Adenauer weitgehend ungebrochen von einem festgefügten, negativen Rußlandbild leiten ließ, das so lange keinen Verhandlungsspielraum eröffnete, bis die Konsolidierung der Bundesrepublik im Rahmen des westlichen Bündnisses abgeschlossen war. Sein Eintreten für eine »Politik der Stärke« konnte – in Anerkennung der Tatsache, daß die Wiedervereinigung Deutschlands nur mit der Sowjetunion zu erreichen war[41] – zunächst nichts anderes als die beschleunigte Westintegration der Bundesrepublik bedeuten. Denn die sowjetische Hegemonie in Europa schien nur im Verbund mit Amerika und einem vereinten Westeuropa verhinderbar. Für einen Verdacht der Westmächte, die Bundesregierung unter Adenauer könnte der Versuchung einer Rückkehr zur »Tradition geschickter Schaukelpolitik« erliegen und eine eigene Ostpolitik mit dem

37 Protokoll des CDU-Bundestagsvorstandes 1950-1953, S. 653.

38 Protokoll der Sitzung vom 6. Sept. 1951 (ebd., S. 59); vgl. Adenauer, Erinnerungen 1953-1955, S. 198 und das Protokoll des Kanzler-Tees vom 8. Mai 1953 (Teegespräche 1950-1954, S. 447).

39 Konrad Adenauer, Briefe 1945-1947. Bearb. H.P.Mensing. Berlin 1983, Nr. 127a; vgl. Adenauer, Erinnerungen 1945-1953. Stuttgart 1965, S. 39.

40 Adenauer, Briefe 1945-1947, S. 191, Brief vom 16. März 1946.In einer Sitzung des CDU-Bundesvorstands vom 26. Apr. 1954 sprach Adenauer von Sowjetrußland als einem »diktatorisch geführten asiatischen Staat« (Adenauer: »Wir haben wirklich etwas geschaffen«, S. 143).

41 s. Protokolle des CDU-Bundesvorstandes 1950-1953, S. 307.

Ziel der deutschen Wiedervereinigung betreiben, boten sich daher kaum Anhaltspunkte. Vielmehr widersetzte sich Adenauer entschlossen allen Bestrebungen, die aus seiner Perspektive »zwischen den Fronten des Kalten Krieges« lavierten.[42] Die Ansicht, nur eine realistische Politik des Ausgleiches mit der Sowjetunion schaffe die Voraussetzungen für eine Überwindung der Teilung Deutschlands, konnte zu diesem Zeitpunkt nicht auf das Verständnis Adenauers stoßen.[43] Sein tief in der Zeit vor dem Zweiten Weltkrieg wurzelndes Rußlandbild und die Überzeugung einer akuten Bedrohung durch die Sowjetunion prägten ein eher defensiv angelegtes westliches Eindämmungskonzept, das auf die Verbindung militärischer Stärke mit wirtschaftlicher Überlegenheit vertraute.[44]

Eine Sicherheitsgarantie an die Sowjetunion seitens der Bundesrepublik gehörte deshalb nicht zu seinen vordringlichen Überlegungen. Die »Sowjetzone« würde vorerst und so lange »Faustpfand« in den Händen der Sowjets bleiben, bis

42 Hans-Peter Schwarz, Adenauer und Rußland, in: Friedrich J. Kroneck/Thomas Oppermann (Hg.), Im Dienste Deutschlands und des Rechtes. Festschrift für Wilhelm G.Grewe zum 70.Geburtstag am 16. Okt. 1981. Baden-Baden 1981, S. 366, 368 ff.

43 Die Denkschrift Meyer von Achenbachs wurde daher nicht zu einer breiten und intensiven Erörterung zugelassen. Sie plädierte für eine angemessene Einbeziehung der Sowjetunion bei der Vertretung deutscher Interessen und schlug ein Sechs-Punkte-Programm für ein blockfreies Deutschland vor:
»1. Freie Wahlen,
2. Bildung einer freien gesamtdeutschen Regierung unter Festlegung ihres allianzfreien Status sowohl nach Westen wie nach Osten (Verzicht auf die Verträge),
3. Räumung der Ostzone und der Westzonen von allen ausländischen militärischen Verbänden und Dienststellen sowie von allen ausländischen Organisationen und Behörden.
4. Aufstellung einer deutschen Nationalarmee gemäß den mit den Vier Mächten vereinbarten Richtlinien.
5. Regelung der deutschen Ostgrenze unter Vorbehalt späterer vertraglicher Änderung,
6. Abschluß eines Garantievertrages zwischen den vier Großmächten und Gesamtdeutschland über die Integrität des Gebietes der deutschen Republik.«
(Meyer von Achenbach, Gedanken über eine konstruktive deutsche Ostpolitik, S. 73). Die am 31. Dez. 1953 fertiggestellte Ausarbeitung für das Auswärtige Amt weist Affinitäten mit der Denkschrift Karl Georg Pfleiderers (FDP) für den Auswärtigen Ausschuß des Bundestages auf, die bei ihrer Vorlage im September 1952 für Aufsehen sorgte, aber zunächst selbst bei Parteifreunden wenig Zustimmung fand (Text in: Karl Georg Pfleiderer, Politik für Deutschland. Reden und Aufsätze 1948-1956. Stuttgart 1961, S. 100-123; s. dazu Hein Hoebink, Westdeutsche Wiedervereinigungpolitik 1949-1961. Meisenheim 1978, S. 90 ff.; Karl-Heinz Schlarp, Alternativen zur deutschen Außenpolitik 1952-1955: Karl Georg Pfleiderer und die »deutsche Frage«, in: Wolfgang Benz/Hermann Graml (Hgg.), Aspekte deutscher Außenpolitik im 20. Jahrhundert. Aufsätze. Hans Rothfels zum Gedächtnis. Stuttgart 1976, S. 211-248; Dietrich Wagner, FDP und Wiederbewaffnung. Die wehrpolitische Orientierung der Liberalen in der Bundesrepublik Deutschland 1949-1955. Boppard 1978, S. 106-111; Sebastian J.Glatzeder, Die Deutschlandpolitik der FDP in der Ära Adenauer. Konzeption in Entstehung und Praxis. Baden-Baden 1980, S. 58-65). In Grundzügen hatte Pfleiderer seine Gedanken bereits in einer Rede in Waiblingen am 6. Juni 1952 bekanntgemacht. Er sah in der Berücksichtigung des sowjetischen Sicherheitsbedürfnisses den »Angelpunkt« einer deutschen Lösung.

44 Schwarz, Adenauer und Rußland, S. 380; s. a. Norbert Wiggershaus, Bedrohungsvorstellungen Bundeskanzler Adenauers nach Ausbruch des Korea-Krieges, in: MGM, H.25 (1979), S. 79-122; Gottfried Niedhart/Normen Altman, Zwischen Beurteilung und Verurteilung: Die Sowjetunion im Urteil Konrad Adenauers, in: Josef Foschepoth (Hg.), Adenauer und die Deutsche Frage. Göttingen 1988, S. 99-117.

eine »allgemeine Entspannung« der Ost-West-Beziehungen herbeizuführen war.[45] Adenauer meinte, die Preisgabe der DDR müßte zu einer Erschütterung des gesamten Satellitensystems der Sowjetunion führen, weshalb die Wiedervereinigung Deutschlands nicht als »politischer Einzelvorgang« zu betrachten war.[46] Nicht zuletzt im Blick auf Stalins Schrift »Ökonomische Probleme des Sozialismus in der UdSSR« aus dem Jahre 1952[47] und die Beschlüsse des 19. Parteitages des KPdSU vom 5. bis 14. Oktober 1952 in Moskau[48] postulierte Adenauer die Einheit des Westens gegenüber dem Osten. Zunächst die militärische und erst in zweiter Linie die politische Integration Westeuropas erschienen ihm »absolut notwendig«.[49] In dieser Perspektive wurde die Überlegenheit des Westens zur Vorbedingung einer »friedlichen Auseinandersetzung« mit der Sowjetunion, an deren Ende die Freigabe der »Ostzone« und eine Neuregelung Osteuropas standen.[50]
Ein Eingehen auf die sowjetischen Vorschläge zu einem neutralisierten Deutschland bezeichnete er als »Selbstmord Deutschlands«, da eine begrenzte Nationalarmee keine Sicherheit bieten und Deutschland rasch dem »russischen Sog anheimfallen« werde.[51] Zwar hielt er die Bevölkerung der Bundesrepublik und der DDR im Unterschied zu der Frankreichs und Italiens für »immun« gegen den Kommunismus, »da die Deutschen die Russen aus eigener Erfahrung kennengelernt und Grausamkeiten erduldet hätten, die noch schlimmer als unter Hitler gewesen seien«, gleichwohl fürchtete er eine Unterwanderung des Westens und sprach von »ungezählten kom-

45 Adenauer, Erinnerungen 1953-1955, S. 206; vgl. Kanzler-Tee vom 17. Aug. 1953 (Teegespräche 1950-1954, S. 480). In dieser langfristigen Perspektive ließ Adenauer bereits 1952 Vorstellungen eines vagen Europakonzepts nach einer »Neuordnung des europäischen Ostens« anklingen, für das er die Zeit noch nicht reif hielt (s. die Aufzeichnungen über Adenauers Äußerungen in einer Sitzung des Fraktionsvorstandes der CDU/CSU vom 25. März 1952 (Hermann Pünder, Von Preußen nach Europa. Lebenserinnerungen. Suttgart 1968, S. 488 f.; Arnulf Baring, Außenpolitik in Adenauers Kanzlerdemokratie. Westdeutsche Innenpolitik im Zeichen der Europäischen Verteidigungsgemeinschaft. Bd. 1. München 1971, S. 257 ff.).

46 Adenauer, Erinnerungen 1953-1955, S. 118.

47 Veröffentlicht in der Zeitschrift »Bol'ševik« im September 1952 und in der Parteizeitung »Pravda« am 3. bzw.4. Okt. 1952. Über den Zusammenhang und die Datierung der gewöhnlich unter dem genannten Titel zusammengefaßten Einzelschriften s. die editorische Notiz in: I.V.Stalin, Sočinenija. Bd. 3 (XVI) 1946-1953. Stanford/Cal. 1967, S. 188 f. (deutsche Übersetzung der Schriften: Ost-Probleme Nr. 42 und 43, 1952).

48 s. dazu: Osteuropa 1952, H.6, S. 400 ff.; Keesing's, 1952, S. 3693 f.; Boris Meissner, Rußland, die Westmächte und Deutschland. Die sowjetische Deutschlandpolitik 1943-1953. Hamburg ^{2}1954, S. 333 ff.

49 Kanzler-Tee vom 22. Febr. 1953 (Teegespräche 1950-1954, S. 413).

50 Zit. nach Klaus Erdmenger, Das folgenschwere Mißverständnis. Bonn und die sowjetische Deutschlandpolitik 1949-1955. Freiburg 1967, S. 124.

51 Kanzler-Tee vom 17. Aug. 1953 (Teegespräche 1950-1954, S. 477). Während der Berliner Konferenz erklärte Adenauer vor ausgewählten Journalisten am 2. Febr. 1954: »Wir wollen keine Neutralisierung. ... Auch ein wiedervereinigtes Deutschland, das neutralisiert würde, wäre innerhalb verhältnismäßig kurzer Zeit ein Satellitenstaat« (ebd., S. 521). 1952 hatte er ein neutrales Deutschland mit einem »Niemandsland« zwischen völlig verschiedenen Weltanschauungen gleichgesetzt (Pünder, S. 488). s. a. Blankenhorns Tagebucheintrag vom 23. Aug. 1953, in der es ohne Bezug auf die Neutralisierung heißt, Rußland werde »die Wiedervereinigung nur dann zulassen, ... wenn Aussicht auf ein isoliertes, aus Westeuropa gelöstes Gesamtdeutschland besteht, das dem sowjetischen Zugriff offen ist« (BA NL351, Bd. 23, fol.404). In der publizierten Fassung ist diese Aussage ins Gegenteil verkehrt (Blankenhorn, Verständnis, S. 168).

munistischen Spionen« in der Bundesrepublik, »die als Deutsche aus der Ostzone im Dienst der SED stünden«.[52] In einem Gespräch mit zwei führenden Journalisten der britischen Tageszeitung »The Times« vom 3. Juni 1952 ließ Adenauer keinen Zweifel an der Endgültigkeit seiner Westbindungspolitik und versicherte, »daß ihn kein Angebot der Sowjetunion bewegen könne, aus der Verbindung mit dem Westen auszubrechen, denn die Beobachtung der Weltgeschehnisse seit 1914 habe ihn gelehrt, daß ein solcher Ausbruch die Bundesrepublik schließlich dem asiatischen Osten ausliefern müsse«.[53]

Diese Mischung aus nüchternem Kalkül und Beschwörung unterschwelliger Ängste durchzog alle Äußerungen Adenauers über die östliche Vormacht. Der Kanzler konnte sich dabei in Übereinstimmung mit der ausgeprägten Furcht weiter Kreise der deutschen Bevölkerung vor dem Kommunismus und dem sowjetischen Expansionsstreben wähnen. Auch Churchill hatte diese Frucht der nationalsozialistischen Propaganda, der Erfahrungen beim Vormarsch der Roten Armee in den Jahren 1944 und 1945 und der sowjetischen Politik in der SBZ in seine Erwägungen einbezogen. Russenangst, die Ablehnung kommunistischer Diktatur und ideologischen Totalitätsanspruchs, die Überzeugung von der ökonomischen Rückständigkeit der Sowjetunion und der Glaube an die ungebrochene Kontinuität vom zarischen zum sowjetischen Imperialismus bildeten die verbreiteten Grundmuster der Wahrnehmung.[54] Auch in den politischen Parteien gab es einen Konsens in der Ablehung jeder Form von »Bolschewisierung« und »Sowjetisierung«. Die Notwendigkeit aber, eine Politik zur Wiedererlangung nationaler Einheit zu entwerfen und dabei die Interessen der »Schlüssel«-Macht zu berücksichtigen, verhinderte einen Schulterschluß. Die Ansichten über die Mittel, Wege und »Preise« einer Übereinkunft mit der östlichen Hegemonialmacht bei gleichzeitiger Wahrung bzw. Erreichung der eigenen Sicherheit, Souveränität und Freiheit gingen auseinander oder wurden aus politischen Gründen überbetont.[55]

Vorerst bestand freilich kaum Aussicht, daß Adenauers Kritiker den breiten Rückhalt für dessen gewagtes Spiel einer »einseitig anti-russischen und pro-westlichen Außenpolitk«[56] zu erschüttern vermochten. Vielmehr schöpfte dieses Konzept seine Überzeugungskraft aus der außenpolitischen Funktionalisierung des Ost-West-Konflikts und der gleichzeitigen Handhabung des Antikommunismus als Integrationsfaktor nach innen.[57] Hinzu kam die sich erhärtende Einsicht, daß die Lösung der deutschen Frage kaum mehr »der Schlüssel zur Bereinigung des Weltkonfliktes« sein konnte, sondern der Einbettung in eine Gesamtdiskussion bedurfte. Der

52 Aufzeichnung einer Unterredung zwischen Adenauer, Walter Lippmann und anderen Journalisten vom 6. Nov. 1953 (Teegespräche 1950-1954, S. 497 f.).

53 Teegespräche 1950-1954, S. 297.

54 s. dazu Arnold Sywottek, Die Sowjetunion aus westdeutscher Sicht seit 1945, in: Gottfried Niedhart (Hg.), Der Westen und die Sowjetunion. Einstellungen und Politik gegenüber der UdSSR und in den USA seit 1917. Paderborn 1983, S. 289-362. In einem Gespräch mit dem Chefredakteur und einem Historiker der »Times« zog Adenauer eine Parallele zwischen der »panslawistischen« und der bolschewistischen »Expansionspolitik« (Aufzeichnung vom 4. Juni 1952, BA NL351, Bd. 10, fol.297).

55 s. Hoebink, Westdeutsche Wiedervereinigungspolitik, S. 107-122.

56 Schwarz, Adenauer und Rußland, S. 372.

57 Niedhart/Altmann, Zwischen Beurteilung und Verurteilung, S. 112.

SPD-Abgeordnete Fritz Erler befürchtete eine Isolierung Deutschlands, wenn der Eindruck entstünde, die Deutschen seien »nur an einer Einigung der Großmächte in der Deutschland-Frage interessiert«.[58]
Die vielfachen Bekundungen zur deutschen Einheit bei gleichzeitigem Festhalten an der Westintegrationspolitik lassen sich schwerlich nur als Lippenbekenntnisse abtun, wenngleich sich Adenauer gelegentlich zu fragwürdigen zeitlichen Prognosen für die Wiedervereinigung verstieg, die seinem politischen Realismus entgegenliefen.[59] Wenn Adenauer Zweifel über die Chancen der Wiedervereinigung ausräumen wollte – besonders nachdem die Russen sie in ihrer Note vom 15. August 1953 für den Fall des Beitritts der Bundesrepublik zur EVG ausgeschlossen hatten –, verlegte er sich auf die Hoffnung, die Sowjetunion werde erst nach Schaffung vollendeter Tatsachen mit sich reden lassen.[60] Dabei ging Adenauer von der illusorischen Erwartung gravierender Wandlungen in der Sowjetunion aus. Er prognostizierte einen »wirtschaftlichen Kollaps«, vor allem in der Landwirtschaft, und einen Machtverlust, der sich für die DDR-Bevölkerung wegen der Attraktivität der Bundesrepublik als echte Chance zu einer friedlichen Wiedervereinigung entwickeln würde.[61]
Im Foreign Office fragte man erstaunt nach den Experten, die den Bundeskanzler in dieser Ansicht bestärkt haben konnten. Die Erklärung, Adenauer suche nach

58 Aufzeichnung über die 130.Sitzung des Auswärtigen Ausschusses des Bundestages vom 11. Aug. 1953 (PA AA 202-06II/11612/53, Mappe Friedensvertrag mit Deutschland [Sowjetnote]).

59 Etwa in der Sitzung des CDU-Bundesvorstandes vom 10. Sept. 1953, in der er auf 1955 als dem Jahr der Wiedervereinigung und 1957 als dem Jahr der europäischen Einigung »tippen« wollte (Adenauer:«Wir haben wirklich etwas geschaffen.«, S. 31 f.).

60 Kanzler-Tee vom 17. Aug. 1953 (Teegespräche 1950-1954, S. 479 f.).

61 PRO FO 371/103689/C 1071/658, Johnston aus Bonn an das Foreign Office, 7. Nov. 1953; s. dazu die Aufzeichnung des Gesprächs zwischen Adenauer und Lippmann vom 6. Nov. 1953 (Teegespräche 1950-1954, S. 502). Der Bundeskanzler berief sich auf »zuverlässige Sachverständigenberichte«, ohne Namen zu nennen. Johnston gab an, seine Informationen über Adenauers Ansichten von Lippmann und einem emigrierten polnischen Journalisten namens »Dr. Ruber« erhalten zu haben, der sie wiederum von Bräutigam aus dem Auswärtigen Amt erfahren haben wollte. Demnach erwartete Adenauer, die Sowjetunion werde spätestens 1958 die »Grenze des Möglichen erreichen« (so Johnstons Bericht). Bräutigam hatte allerdings zu verstehen gegeben, daß er dies für unbegründet hielt. Auch im Foreign Office hielt man Adenauers Einschätzung für »völlig unrealistisch« und »völlig im Widerspruch zu den Fakten«. Man erwartete eher eine Besserung der wirtschaftlichen Lage. Im übrigen galt es erfahrungsgemäß als unwahrscheinlich, daß die Sowjetunion im Gegenzug für Wirtschaftshilfe politische Konzessionen machen würde (s. die Aufzeichung von R.Hutchings vom 30. Nov. 1953 und das Schreiben von P.F.Hancock an Johnston vom 14. Dez. [PRO FO 371/103689/C 1071/658]). Vgl. dazu das Protokoll des Kanzler-Tees vom 17. Aug. 1953 (Teegespräche 1950-1954, S. 481); Adenauer, Erinnerungen 1953-1955, S. 118 f. Möglicherweise stammen Adenauers Ansichten von Allan Dulles, dem Bruder des amerikanischen Außenministers und seit Januar 1953 Chef des amerikanischen Geheimdienstes, mit dem Adenauer in Verbindung stand (s.die Angaben Fabian von Schlabrenndorffs vom 8. Juli 1954 [FRUS 1952-1954, VII, 1, S. 581]). Wiederholt hat Adenauer den Mangel an Konsumgütern und die schlechte Versorgungslage in der Sowjetunion als mögliche Ursache außenpolitischen Einlenkens gesehen (Adenauer: »Wir haben wirklich etwas geschaffen«, S. 114, 143). Eine vergleichbare Episode rankte sich um Adenauers Ansicht aus dem Jahre 1955, die Sowjetunion werde durch einen Konflikt mit China an Macht einbüßen. Zu diesem Schluß war er nach der Lektüre des Buches von Wilhelm Starlinger (Grenzen der Sowjetmacht im Spiegel einer West-Ost-Begegnung hinter Palisaden 1945-1954. Würzburg 1955) gekommen.

»geeigneten Mitteln« und Argumenten, um interne Widerstände gegen seine »›gradualistische‹ Betrachtung« des Weges zur Wiedervereigung zu brechen, befriedigte die Beamten des Foreign Office nicht. Hancock meinte sogar, die von Adenauer vertretene Meinung könnte auf diesen selbst ungünstig »zurückschlagen«.[62] Im Foreign Office hatte man sich längst vom Wunschdenken gelöst. Als der deutsche diplomatische Vertreter in London, Hans Schlange-Schöningen, nach der Sowjetnote vom 3. November 1953 meinte, die Hoffnungen vom Frühsommer auf eine grundlegende Wandlung der sowjetischen Politik seien enttäuscht worden, vermerkte Roberts lakonisch, er sei in dieser Hinsicht nie sehr optimistisch gewesen. Es werde nur »a change in mood« geben, solange die Sowjetunion vorwiegend mit ihren inneren Angelegenheiten beschäftigt sei. Er bezeichnete es als bloße Annahme, die Russen könnten nach Verabschiedung der Westverträge eher zu Verhandlungen bereit sein. Konzessionen erwartete Roberts »eventuell« infolge »interner Entwicklungen in der Sowjetunion«. Damit rechnete er in absehbarer Zeit nicht.[63] Die Wiedervereinigung Deutschlands stand demnach praktisch nicht auf der Tagesordnung.

Zu diesem Zeitpunkt verlegte sich Adenauer im Unterschied zu eigenen Parteikollegen und zur SPD[64] darauf, ohne die Viererkonferenz zu kalkulieren. Er wollte die bei den Wahlen errungene Mehrheit dazu nutzen, das Grundgesetz zu erweitern und die Westverträge verfassungsmäßig zu verankern. Ein entsprechender Gesetzentwurf wurde im November 1953 von Vertretern der Koalitionsparteien, des Justizministeriums und des Amtes Blank erörtert.[65]

Was in Frankreich auf der Stelle trat, hoffte Adenauer durch Bewegung in der Bundesrepublik zu befördern. Im Foreign Office mutmaßte man, der Bundeskanzler, den man für einen »überzeugten Befürworter der EVG« hielt, werde seine Position gegen die ungeduldige öffentliche Meinung in Deutschland ohnehin höchstens bis zum Frühjahr 1954 halten können.[66]

Adenauer hat mehrfach versucht, den drohenden Vertrauensverlust der deutschen Bevölkerung in die Politik des Westens in die Waagschale zu werfen, um seiner Forderung nach vorzeitiger Inkraftsetzung des Generalvertrages, zumindest der Aufhebung des Besatzungsstatuts, Nachdruck zu verleihen.[67]

Dulles hatte unwillentlich mit seiner Bemerkung vom 9. November, die »Deutschland-Konferenz ohne die Sowjetunion« auf Bermuda »werde Entschlüsse über die nichtkommunistischen Teile Deutschlands« fassen, zu Spekulationen in diese

62 Schreiben Hancocks an Johnston, 14. Dez. 1953 (PRO FO 371/103698/C 1071/958).

63 Aufzeichnung von Roberts, 10. Nov.1953 (PRO FO 371/103690/C 1071/671).

64 Der Fraktionsvorsitzende von Brentano und Bundesminister Strauß appellierten an die Westmächte, den Glauben an eine Viererkonferenz nicht aufzugeben und bei der Gipfelkonferenz auf Bermuda nach Lösungsmöglichkeiten für die Probleme zwischen Ost und West zu suchen. Der SPD-Vorsitzende Ollenhauer mahnte, die Idee der Viererkonferenz nicht als gescheitert zu betrachten (»NZZ«, Nr. 311, 12. Nov.1953, S. 1).

65 s. das Positionspapier für die Bermuda-Konferenz »Policy towards Germany« (PRO FO 371/103694/C 1071/771).

66 Ebd.

67 s. sein Interview mit »US News und World Report« vom 9.Nov, 1953; vgl. Keesing's, 1953, S. 4246; »NZZ«, Nr. 309, 10. Nov.1953, S. 2. Hallstein hatte diesen Wunsch Adenauers bereits am 21. Okt. bei Dulles vorgebracht, ohne eine direkte Antwort zu erhalten (FRUS 1952-1954, VII, 1, S. 545).

Richtung Anlaß gegeben.[68] Adenauers Ansinnen wurde jedoch sowohl in London als auch in Washington strikt abgelehnt – weniger aus Rücksicht auf französische Vorbehalte als wegen der engen Verknüpfung von EVG- und Deutschlandvertrag.[69] Gleichwohl hielt Adenauer daran fest, die EVG-Ratifizierung zur Nagelprobe für das eigene politische Überleben zu erklären.[70]

Die französische Abneigung gegen die EVG kalkulierte Adenauer nur beiläufig ein. Die stockenden und unerfreulichen Saarverhandlungen ließen seine Versuche, die Befürchtungen der westlichen Nachbarn zu zerstreuen, wenig überzeugend erscheinen. Dies verleitete ihn dazu, gelegentlich zu kläglichen Beschwichtigungsversuchen Zuflucht zu nehmen. Der französischen Sorge, die Bundesrepublik könnte die westlichen Staaten in einen Krieg für die Wiedervereingiung und die Rückgewinnung der Ostgebiete hineinziehen, hielt er entgegen, kein Deutscher in Ost und West könne auf einen so »absurden« Gedanken verfallen. Den Argwohn der Franzosen, die Deutschen könnten rasch ein ökonomisches Übergewicht in Westeuropa gewinnen, glaubte er mit der Behauptung entkräften zu können, die deutsche Arbeitswut sei nur zeitbedingt.[71]

Es verwundert nicht, daß die aufsehenerregende Erklärung von Dulles auf der NATO-Tagung in Paris im Dezember 1953, die USA könnten bei einem Scheitern der EVG ihre Europapolitik überprüfen, von der Bundesregierung mit Befriedigung aufgenommen wurde.[72]

Blank bedauerte in einem Beitrag für die »Times« vom 21. Dezember 1953 die »leidenschaftlichen Diskussionen« über die EVG, die »das Verständnis für politische und militärische Notwendigkeiten verdunkeln«.[73]

Für ihn war die Wiederbewaffnung beschlossene Sache, und er hielt die Vorbereitungen für so weit gediehen, daß mit der Aufstellung deutscher Kontingente jederzeit begonnen werden könnte.[74]

68 »NZZ«, Nr. 311, 12. Nov. 1953, S. 1.

69 »NZZ«, Nr. 318, 19. Nov. 1953, S. 1.

70 So Hallstein im Gespräch mit Dulles am 21. Okt. 1953 (FRUS 1952-1954, VII, 1, S. 544); vgl. Hallsteins Gespräch mit Eisenhower am 22. Okt. (ebd., S. 547 ff.). Eisenhowers Kommentar: Er wisse, »that the Chancellor was unalterably opposed to the formation of a National German army«. In unangemessen positiver Einschätzung hinsichtlich Churchills Verhältnis zur EVG meinte er, der britische Premier sei inzwischen »thoroughly in favour of E.D.C.« und werde sie unterstützen (ebd., S. 548). Hingegen hatte Dulles am 16. Okt. aus London an Eisenhower berichtet: »Winston made usual uncomplimentary references EDC with grudging acquiescence in importance early decision one way or another« (ebd., S. 691).

71 »NZZ«, Nr. 345, 16. Dez.1953, S. 2. Vgl. Adenauers Interview mit »Le Figaro« vom 16. Dez.; s. a. das Wortprotokoll der Pressekonferenz vom 14. Dez. (Teegespräche 1952-1954, S. 506). Hier sprach Adenauer davon, niemand in Deutschland denke daran, »ein derart frivoles Abenteuer auch nur in Aussicht zu nehmen«.

72 »NZZ«, Nr. 346, 17. Dez. 1953, S. 1, unter Berufung auf den offiziösen »Deutschland-Union-Dienst«, in welchem die Ablehnung Washingtons, über Alternativen zu diskutieren, mit der Formel unterstrichen wurde: »Einigung oder Untergang« Europas.

73 »Times« vom 21. Dez. 1953; vgl. »NZZ«, Nr. 351, 22. Dez. 1953, S. 2.

74 Interview mit der »Deutschen Soldaten-Zeitung«, hier nach »NZZ«, Nr. 358, 30. Dez. 1953, S. 1. Allerdings gab Blank zu, daß der Bedarf an Freiwilligen und Offizieren noch nicht gedeckt war. Adenauer hatte beim Kanzler-Tee vom 20. Okt. erklärt, nur aus psychologischer Rücksichtnahme auf Frankreich noch kein Verteidigungsministerium eingerichtet und Blank zum Minister ernannt zu haben (Teegespräche 1950-1954, S. 492).

Die scheinbar unerschütterliche Ausrichtung auf die EVG zeigte jedoch Risse. Es drangen Informationen an die Presse, nach denen das vage Maximalkonzept eines europäischen Sicherheitssystems auf der Grundlage der EVG im Auswärtigen Amt und im Amt Blank im Detail erörtert wurde. Überlegungen zu einer Neutralisieurng des Gebietes der DDR und zur Schaffung einer entmilitarisierten Zone beiderseits der Oder-Neiße-Linie waren offensichtlich dazu ausersehen, der Sowjetunion ein vereinigtes Deutschland schmackhafter zu machen.[75]

Während Adenauers Äußerungen zu einem Sicherheitspakt in der Öffentlichkeit vor dem 6. September deutlich wahltaktische Gründe hatten[76], scheint es, als hätten ihn die auf unterer Ebene angestellten Überlegungen zu militärstrategischen Alternativen nicht ernsthaft interessiert.[77]

Gleichwohl hat Adenauer solche Pläne zur Kenntnis genommen, wenngleich sie vorerst nur »diplomatisches Spielmaterial«[78] sein mochten. Van Zeeland hatte ihn im Oktober 1953 angerufen, um mit ihm seinen Plan zu erörtern, nachdem er ihn Eisenhower und Dulles am 29. September entwickelt hatte.[79] Zudem war er von der britischen Regierung darauf hingewiesen worden, die Erörterung eines Sicherheitspaktes mit der Sowjetunion ließe sich auf Dauer nicht umgehen.[80]

Adenauer störte vor allem die in den Plan eingebaute Sicherheitsgarantie für die Sowjetunion als Gegenleistung für die Präsenz amerikanischer Truppen in Deutschland. Darüber hinaus wurde seiner Meinung nach die Oder-Neiße-Grenze, zumindest zeitweilig, festgeschrieben. Im übrigen hielt er es für eine schlechte

75 »NZZ«, Nr. 255, 16. Sept. 1953, S. 1; vgl. Blankenhorns und Bräutigams Äußerungen gegenüber dem amerikanischen Hohen Kommissar Conant (FRUS 1952-1954, V, 1, S. 806 f., Schreiben an das State Department vom 16. Dez. 1953). Zur Entstehung und Bedeutung des Positionspapiers, auf das sich die Presseberichte offenbar bezogen, s. Rupieper, Wiedervereinigung, S. 94 ff. Rupieper übersieht die Indiskretionen gegenüber der Presse. – In einer Referentenbesprechung unter der Leitung Kaufmanns wurde die Frage einer Verstärkung des »Schutzbedürfnisses« der Sowjetunion erörtert. Eine entmilitarisierte Zone sollte nur erwogen werden, wenn neben Deutschland »mindestens« auch Polen und die Tschechoslowakei einbezogen würden (PA AA 232-00II 1961/53, Aufzeichnung vom 26. Sept. 1953).

76 Dies vermuteten auch die Amerikaner (s.Rupieper, Wiedervereinigung, S. 96 f.).

77 So Grewe in einer schriftlichen Stellungnahme für Rupieper (ebd., S. 96). Allerdings dürfte der emsige Zeitungsleser Adenauer spätestens nach den Indiskretionen umgehend Einblick genommen haben. In einem Schreiben des amerikanischen Hohen Kommissars Conant an das State Department vom 16. Sept. 1953 hatte es noch geheißen, Globke habe mitgeteilt, der Bundeskanzler habe noch keines der Arbeitspapiere gesehen und werde sie auch nicht eher studieren, bis klar sei, daß eine Viererkonferenz stattfinde (FRUS 1952-1954, V, 1, S. 807).

78 Helga Haftendorn, Adenauer und die europäische Sicherheit, in: Konrad Adenauer und seine Zeit. Bd. II, S. 98.

79 FRUS 1952-1954, V, 1, S. 813 f. Van Zeeland kündigte Eisenhower und Dulles an, er werde seinen Plan Churchill, Bidault und Adenauer vorlegen. Sofern er Zustimmung fände, wollte er ihm »some publicity« verschaffen. Zu seinem Gesprächsangebot an Adenauer s. Hallsteins Bemerkung gegenüber Dulles am 21. Okt. in Washington (FRUS 1952-1954, VII, 1, S. 545). Eine Abschrift des Van-Zeeland-Plans in französischer Sprache, datiert vom 15. Sept., befindet sich in den Unterlagen Blankenhorns (BA NL351, Bd. 24, fol.165-169).

80 Telegramm des deutschen Botschafters in London, Schlange-Schöningen, an das Auswärtige Amt, 21. Sept. 1953, über ein Gespräch mit dem Leiter der Zentraleuropa-Abteilung des Foreign Office (PA AA 202-06II/13306/53, Mappe Friedensvertrag mit Deutschland [Sowjetnote]).

Taktik, einen solchen Plan vor der EVG-Ratifizierung zu erörtern.[81] Sein Ziel war es daher, den Plan so rasch wie möglich aus der Welt zu schaffen.[82]
Konsequenterweise meldete Adenauer entschiedenen Widerstand gegen die Aufnahme eines Passus über eine Sicherheitsgarantie für die Sowjetunion in die westliche Note vom 18. Oktober 1953 an.[83]
Der Bundeskanzler, »dessen Schatten als Vierter am Tisch« der Außenministerkonferenz von London im Oktober 1953 saß, wie die »Neue Zürcher Zeitung« meinte[84], ließ seine Einwände nachdrücklich durch Hallstein in der britischen Hauptstadt vortragen.[85] Sein Gesinnungswandel im Bezug auf seine Äußerungen vor der Bundestagswahl begründete er mit der Befürchtung, es könne zu weiteren Verzögerungen bei der EVG-Ratifizierung kommen – ein Argument, das er ebenso stereotyp wie häufig einsetzte. In seiner Regierungserklärung vor dem Deutschen Bundestag vom 20. Oktober 1953 brachte Adenauer seine Haltung auf die Formel: »Frieden und

81 FRUS 1952-1954, VII, 1, S. 545 f. Memorandum des Gesprächs zwischen Dulles und Hallstein vom 21. Okt. 1953. Bereits im Juli 1953 hatte Blankenhorn nach Absprache mit Hallstein Adenauer auf Bühlerhöhe ergänzende Überlegungen zu einer Sicherheitsgarantie an die Sowjetunion unterbreitet. Da eine sowjetische Initiative in der Luft zu hängen schien, verstand Blankenhorn seine Gedanken als Verhandlungsmöglichkeiten auf einer Viererkonferenz. Im Kern ging es um eine stufenweise »territoriale Räumung« Deutschlands von englischen und amerikanischen Truppen (Rückzug bis hinter den Rhein) sowie russischer (bis hinter die Oder-Neiße-Linie). Als weitere Maßnahmen waren vorgesehen: »das Gebiet zwischen Rhein und Elbe von EVG-Truppen besetzt zu halten und das Gebiet zwischen Elbe und Oder-Neiße zu demilitarisieren, d.h unter eine internationale Kontrolle (UNO) zu stellen«. Dieser »Ansatz zu einer neutralen Zone« werde der Sicherheit beider Seiten dienen. Zum weiteren Verfahren hieß es in Blankenhorns Aufzeichnungen: »In einer zweiten Etappe würden sich die Sowjets bis hinter die Grenzen Deutschlands vom Dezember 1937 zurückziehen, die Engländer und Amerikaner an die Peripherie, d.h. auf eine Linie Nord-Afrika, Spanien, Großbritannien. Die EVG würde an der Elbe stehenbleiben. Das neutrale Gebiet zwischen Elbe und Oder-Neiße würde um das Gebiet zwischen Oder-Neiße und deutscher Ostgrenze von 1937 vergrößert werden, wobei dieses Gebiet nicht einfach Deutschland wieder zugesprochen, sondern angesichts der dort jetzt lebenden vier Millionen Polen unter eine internationale Verwaltung gestellt würde, die eine vernünftige Rückgliederung der Flüchtlinge aus diesen Gebieten, soweit sie überhaupt Wert darauf legen, vornimmt«. (Aufzeichung Blankenhorns über ein Gespräch mit Hallstein, 7. Juli 1953, BA NL351, Bd. 23, fol.259 f.). Adenauer lehnte den Gedanken eines solchen »Sicherheitssystems durch territoriale Lösungen« allerdings als »verfrüht« ab (Aufzeichnung Blankenhorns vom 8. Juli 1953, BA NL351, Bd. 23, fol.244). Blankenhorn legte dem Kanzler am 1. Aug. 1953 eine Kurzfassung seiner Überlegungen vor, in der die entmilitarisierte Zone sich von Skandinavien bis zur Adria erstreckte (ebd., fol.3 ff.). Vgl. die im Ansatz ähnlichen Überlegungen in NATO-Kreisen in Paris (streng geheimes Brieftelegramm von Kessels von der deutschen Delegation beim Interims-Ausschuß zur Organisation der EVG vom 4. Sept. 1953 [PA AA 232-00/1828/53]).

82 PRO FO 371/103699/C 1071/935, Aufzeichung über ein Gespräch Edens mit Adenauer am Rande der NATO-Tagung in Paris am 12. Dez. 1953.

83 FRUS 1952-1954, VII, 1, S. 694 f. Bericht der US-Delegation über die Beratung der drei Außenminister über den Noten-Entwurf und Adenauers Einwände sowie das Schreiben von Dulles an die US-Botschaft in London vom 13. Okt. 1953 (ebd., S. 654 f.). Bidault wollte den Passus gerade deshalb belassen, weil Adenauers Widerstand publik geworden war. Im Sommer 1953 hatte Adenauer den Gedanken einer Sicherheitsgarantie selbst ins Gespräch gebracht (s. das Memorandum eines Gespräches Blankenhorns mit Riddleberger [FRUS 1952-1954, V, 2, S. 1606]).

84 »NZZ«, Nr. 285, 17. Okt. 1953, S. 2.

85 »NZZ«, Nr. 286, 18. Okt. 1953, S. 1.

Freiheit ist nicht möglich ohne Sicherheit.«[86] Er versäumte nicht anzufügen, daß die Wiedervereinigung »oberstes Ziel der Bundesregierung« bleiben sollte. Priorität besaß zunächst jedoch der sicherheitspolitische Aspekt, mit dem das Ziel einer Gleichstellung der Bundesrepublik in einem westlichen Bündnis, einschließlich einer eigenen Armee, eng verknüpft war.[87] Die EVG war in Adenauers Augen daher ausersehen, der Sowjetunion die letzte Hoffnung zu nehmen, Westeuropa in die Hand zu bekommen. Obwohl auch er seinen Zweckoptimismus etwas dämpfen mußte und nun damit rechnete, daß die Ratifizierung in Frankreich noch einige Monate auf sich warten lassen würde, nannte er öffentlich Blank als künftigen Verteidigungsminister. Die Inkraftsetzung der Westverträge stand noch in ungewisser Zukunft, doch nannte Adenauer bereits von Brentano als seinen Nachfolger im Auswärtigen Amt für die Zeit danach. Dieses ungeduldig verbissene Festhalten an einer weithin ungeliebten Konzeption brachte es mit sich, daß Adenauer allen Kontakten mit der Sowjetunion aus dem Wege gehen mußte. Einer Reise Churchills nach Moskau, über die im Herbst erneut spekuliert wurde, prophezeite er wenig Erfolg und lehnte direkte deutsch-sowjetische Verhandlungen ab.[88] Die erneute Absage Moskaus auf das westliche Konferenzangebot verstärkte Adenauers Konzentration auf die EVG. Nicht zufällig gab er gezielt amerikanischen Journalisten Interviews, da er die USA für sein Drängen gewinnen wollte.[89]

Detaillierte Pläne, die den Weg zur deutschen Wiedervereinigung ebnen sollten, wurden in dieser Situation noch stärker als zuvor zu unverbindlichen Vorstudien zurückgestuft. Alle Sicherheitsvereinbarungen mit der Sowjetunion wurden auf die Zeit nach der Verabschiedung der Westverträge verschoben. General Alfred M. Gruenther, seit August 1953 Oberster Kommandierender der Alliierten Truppen in Europa, begründete dies in einem Schreiben an das State Department vom 27. September 1953 mit den Worten, Deutschland, »especially a divided Germany, cannot achieve and long maintain neutrality in the East-West-struggle«.[90]

Die defensive Haltung der Bundesregierung in der Sicherheitsfrage übertrug sich zunächst auch auf jene Bereiche, in denen eine Stellungnahme und möglicherweise ein aktives Vorgehen gefordert waren. Adenauers Beharren auf der »Position der Stärke« war auf Zeitgewinn abgestellt. Im Triumphgefühl seines Wahlsieges hatte er im Interview mit einem amerikanischen Journalisten vorgeschlagen, nicht mehr von der Wiedervereinigung, sondern von einer »Befreiung der sowjetischen Zone und der deutschen Ostgebiete« zu sprechen. Gleichzeitig hatte er laut über Verhandlungen mit einem freien Polen über ein deutsch-polnisches Kondominium in den Ostgebieten nachgedacht.[91]

86 Keesing's, 1953, S. 4215.

87 Anselm Doering-Manteuffel, Die Bundesrepublik Deutschland in der Ära Adenauer. Außenpolitik und innere Entwicklung 1949-1963. Darmstadt 1983, S. 90.

88 Interview mit dem Direktor des Frankfurter Büros von »United Press«, Joe Grigg, vom 22. Okt. 1953 (s. »NZZ«, Nr. 292, 24. Okt. 1953, S. 3); s. a. Teegespräche 1950-1954, S. 492 ff.

89 s. das Interview mit »US News and World Report« vom 9. Nov. 1953; vgl. »NZZ«, Nr. 309, 10. Nov. 1953.

90 s. den Abdruck des Dokuments bei: Rupieper, Wiedervereinigung, S. 119 ff., hier S. 120.

91 Keesing's, 1953, S. 4151; vgl. »NZZ«, Nr. 249, 10. Sept. 1953, S. 1. Der CDU-Fraktionsvorsitzende von Brentano wertete die aufsehenerregenden Äußerungen umgehend als Appell zu friedlichen Verhandlungen und im Sinne einer »politischen Befreiung« der »Ostzone« (»NZZ«, Nr. 250, 11. Sept. 1953, S. 3).

Die sich hier scheinbar anbahnende offensive Deutschland- und Ostpolitik blieb allerdings aus. Vielmehr schien sich Adenauer auf seine eigene Prognose zu verlassen, die EVG werde noch im Jahre 1953 das französische Parlament passieren.[92] Diesem Ziel hatte auch sein entschlossener, gleichwohl nur verbaler Vorstoß in der Saarfrage gegolten, denn eine Lösung an der Saar galt inzwischen als Vorbedingung für die Verwirklichung der EVG.

Im Vorfeld der Berliner Konferenz, als die Experten der Westmächte immer nachhaltiger die Idee einer gesonderten Sicherheitsvereinbarung zwischen der Sowjetunion und der Bundesrepublik propagierten, zog sich Adenauer zunächst auf seine alte Position zurück, nicht Deutschland, sondern die Vereinigten Staaten spielten die zentrale Rolle in den Sicherheitsinteressen Moskaus.[93] Im Foreign Office war dies Anlaß, dem Kanzler eine Unterschätzung der nationalen Stimmung in Deutschland anzukreiden. Roberts meinte: »No doubt it serves Adenauer's ends to propagate this view, but I think he holds it quite sincerely«.[94]

Adenauer plädierte erneut für eine »Globallösung« zwischen den beiden Großmächten USA und UdSSR in Form eines Nichtangriffspaktes ohne Grenzgarantien, aber mit Maßnahmen zur Rüstungsbegrenzung und Rüstungskontrolle. Dies, so meinte er, werde es der Sowjetunion erlauben, bei Zugeständnissen das Gesicht zu wahren.[95]

Zur Stützung seiner Position hoffte Adenauer auf einen baldigen Besuch Churchills in Bonn, doch das Foreign Office vertröstete ihn auf die Zeit nach Inkrafttreten der Westverträge.[96] So blieb Adenauer nichts anderes übrig, als in seiner »üblichen einspurigen Art« – wie Hallstein es nannte – auf den raschen Abschluß der EVG-Ratifizierung zu drängen. Amerikaner und Briten bestärkten ihn darin, indem sie trotz der unübersehbaren Schwierigkeiten in Frankreich behaupteten, es gebe keine Alternativen.[97]

Der Bundeskanzler paßte seine Argumente ungeachtet möglicher Widersprüche einzig dem verfolgten Zweck an. Wollte er von verbliebenen Chancen zur Wiedervereinigung überzeugen, sprach er über den Niedergang des russischen Imperiums. Wollte er für die EVG werben, beschwor er die Gefahr aus dem Osten und den »russischen Sog«.[98] Je wahrscheinlicher die Viererkonferenz wurde, um so ent-

92 Nachdem der Nationalausschuß der MRP, Bidaults Partei, am 19. Okt. 1953 für eine baldige Ratifizierung der EVG gestimmt hatte, schöpfte Adenauer neue Zuversicht (Teegespräche 1950-1954, S. 490, Kanzler-Tee vom 20. Okt. 1953).

93 PRO FO 371/103695/C 1071/798, Schreiben von Roberts an den britischen Botschafter in Moskau, Hayter, 26. Nov. 1953; vgl. Adenauer: «Wir haben wirklich etwas geschaffen«, S. 114.

94 Ebd. Zu dieser Fehleinschätzung kam es, weil Roberts die Ansichten Adenauers »vertraulich« von Donald McLachlan vom »Economist« nach dessen Gespräch mit dem Kanzler erhalten hatte. Tatsächlich hatte Adenauer ähnliche Gedanken schon früher und erneut Anfang November 1953 öffentlich geäußert (etwa im Interview mit »US News and World Report« vom 9. Nov.; s. a. »NZZ«, Nr. 309 und 311, 10. und 12. Nov. 1953, S. 2, 1 f.).

95 PRO FO 371/103695/C 1071/798, Roberts' Schreiben an Hayter, 26. Nov. 1953.

96 Aufzeichnung von Roberts, 14. Nov. 1953 (PRO FO 371/103695/C 1071/800).

97 s. Bericht über das Gespräch Edens mit Adenauer in Paris vom 12. Dez. 1953 (PRO FO 371/103699/C 1071/935) und zwischen Dulles und Adenauer vom 13. Dez. (FRUS 1952-1954, V, 1, S. 865 ff.).

98 A. Hillgruber spricht bezogen auf Adenauers Haltung zum Notenwechsel des Jahres 1952 davon, dessen Haltung habe »dem bekannten seltsam-doppelpoligen Rußland-›Bild‹« entsprochen, »das seit Jahrzehnten in Deutschland und auch in Westeuropa populär war, in dem sich

schiedener schob er Probleme beiseite. So konnte er behaupten, die Saarfrage bilde kein Hindernis für die EVG-Ratifizierung in Frankreich. Entsprechend lehnte er eine amerikanisch-britische Garantie für eine französische Saarregelung ab, da er keine Präjudizierung der Ostgrenzen provozieren wollte.[99] Was von den Westmächten als Beschleunigungsmoment verstanden wurde, galt Adenauer als gefährlicher Vorgriff auf den Friedensvertrag.

Die Zusage der Russen zur Viermächtekonferenz machte ihn nunmehr »höchst besorgt«, denn er fürchtete nicht nur, sie könnten »einen Keil zwischen die drei westlichen Regierungen treiben«, sondern auch, daß eine Verzögerung der EVG-Ratifizierung negative Auswirkungen auf die öffentiche Meinung in der Bundesrepublik haben werden.[100] Er malte sich bereits das Bild schleppender, fruchtloser Verhandlungen aus.[101] Jede Aussicht auf eine Entspannung der Ost-West-Beziehungen zu diesem kritischen Zeitpunkt mußte in seinen Augen der Westintegrationspolitik die Legitimationsgrundlage entziehen. Er klammerte sich aber an die Aussicht auf ein knappes Ergebnis in der französischen Nationalversammlung zugunsten der EVG und hoffte, diesem Votum Vorschub leisten zu können, wenn die Bundesrepublik »im geeigneten Augenblick mehr Wein und Fleisch in Frankreich« kaufe.[102]

Im Foreign Office zeigte man wenig Verständnis für die wachsende Unruhe des Bundeskanzlers. Kirkpatrick sprach von »intermittent bouts of nerves« bei Adenauer und führte sie darauf zurück, daß er ein »einsamer Mann« sei.[103] Aufmunternd erinnerte er an die »united front« des westlichen Lagers im Jahre 1949. Zu Hallstein sagte er nachdrücklich, wenn man irgendeinen Fortschritt bei der EVG-Ratifizierung in Frankreich wolle, müsse man »durch den russischen Reifen« springen, gemeint war die Außenministerkonferenz.

Adenauer hingegen wurde nicht müde zu betonen, es komme auf den »richtigen Moment« an, die Konferenz zu beenden.[104] Während Eden den Doppelcharakter

eine Überschätzung der Bedrohung Europas durch die Sowjetunion mit der Erwartung eines plötzlichen Zusammenbruchs des Sowjetimperiums infolge seiner Überanstrengung verband« (A.Hillgruber, Adenauer und die Stalin-Note vom 10. März 1952, in: Konrad Adenauer und seine Zeit. Bd. II, S. 125).

99 PRO FO 371/103699/C 1071/935, Bericht über Edens Gespräch mit Adenauer vom 12. Dez. 1953.

100 Ähnliche Befürchtungen und Andeutungen über eine Kehrtwendung der amerikanischen Europa-Politik brachte Hallstein streng vertraulich von einem Gespräch mit Dulles von Anfang Dezember 1953 mit (PRO FO 371/103696/C 1071/813, Schreiben Hoyer-Millars an das Foreign Office, 4. Dez. 1953; PRO FO 371/103696/C 1071/834, Aufzeichnung von Kirkpatrick über ein Gespräch mit Hallstein, 3. Dez. 1953).

101 Kirkpatrick hatte Hallstein sehr vage mitgeteilt, die westlichen Außenminister wollten nicht »den Rest ihres Lebens in Berlin verbringen«. Am Rande der NATO-Tagung in Paris erfuhr Adenauer in den Gesprächen mit Eden und Dulles, man wolle sich nicht von vornherein auf eine Konferenzdauer festlegen, werde das Treffen aber bei unfruchtbaren Verhandlungen auf drei Wochen begrenzen (PRO FO 371/103699/C 1071/935; FRUS 1952-1954, V, 1, S. 866).

102 FRUS 1952-1954, V, 1, S. 866. Adenauer rechnete mit einer Mehrheit zugunsten der EVG von 310 zu 300 stimmen.

103 Kommentar Kirkpatricks zur Aufzeichnung Hancocks vom 5. Dez. 1953 (PRO FO 371/103696/C 1071/814). Hallstein sollte die Sorgen des Kanzlers zerstreuen.

104 PRO FO 371/103699/C 1071/935, Bericht über Edens Gespräch mit Adenauer vom 12. Dez. 1953; FRUS 1952-1954, V, 1, S. 866, Bericht über das Gespräch von Dulles mit Adenauer, 14. Dez. 1953.

der gestellten Aufgabe hervorhob, nämlich Verhandlungsbereitschaft zu zeigen und nicht zu große Erwartungen in der Öffentlichkeit zu wecken, ging es Adenauer nun nur noch darum, letzteres sicherzustellen.[105]
Im Adenauerschen Denken hatte am Vorabend der ersten Viermächteverhandlungen seit der Gründung der beiden deutschen Staaten ein flexibles taktisches Konzept gegenüber der Sowjetunion keinen Platz. Aus seiner klischeehaften Sicht galt es, dem von den Zaren überkommenen russischen »Drang nach Westen« sowie die »russischen Welteroberungs- und -erneuerungspläne« durch Einbindung der Bundesrepublik in den Westen zu widerstreben.[106] Diese Aufgabe fiel der amerikanischen Führungsmacht zu. Adenauer hielt es für »lächerlich« und »kindisch« anzunehmen, »daß die Russen etwa vor einem wiederbewaffneten Deutschland irgendwelche Furcht hätten«.[107] Seiner starren Haltung in einigen Detailfragen der Konferenzvorbereitung wollten die Westmächte nicht immer folgen. Trotzdem konnte Adenauer, ungeachtet der von ihm vernachlässigten Notwendigkeit einer geschmeidigen Planung, darauf zählen, grundsätzlich Gehör zu finden. Gemessen an der Interessenlage bei den Westmächten blieb Adenauer der berechenbarste Partner an der Nahtstelle zwischen Ost und West.

II.4.1.2 Eine oder drei Regierungen in Deutschland?

Adenauer hatte in der deutschlandpolitischen Diskussion seit 1952 strikt an der Bindungsklausel des Deutschlandvertrages festgehalten und sich gegen jede Einschränkung gewehrt. Vor Journalisten erklärte er am 23. Mai 1952:

> »Wer glaubt, die Russen würden einwilligen in freie Wahlen, in die Bildung einer gesamtdeutschen Regierung mit dem Recht der Koalitionsfreiheit, der läßt eben ... außer Betracht, daß die Frage ›Was wird mit Gesamtdeutschland, was wird mit der Sowjetzone?‹ ein Teil einer fast den Erdball umspannenden Reihe von Fragen ist.«[108]

105 PRO FO 371/103699/C 1071/935; vgl. den Bericht Hoyer-Millars an das Foreign Office vom 8. Dez. 1953 über ein Gespräch mit Blankenhorn (PRO FO 371/103696/C 1071/839).

106 Adenauer, Erinnerungen 1945-1953, S. 96; Adenauer: »Wir haben wirklich etwas geschaffen«, S. 114.

107 So Adenauer in der Sitzung des CDU-Bundesvorstandes vom 19. Jan. 1954 (Adenauer: «Wir haben wirklich etwas geschaffen«, S. 114).

108 Protokoll des Kanzler-Tees vom 23. Mai 1952 (Teegespräche 1950-1954, S. 260); vgl. die Protokolle vom 28. Mai 1952 (ebd., S. 278 ff.), 11. Juli 1952 (ebd., S. 321 ff.), 19. Febr. 1954 (ebd., S. 529 ff.), 5. Okt. 1954 (ebd., S. 540 ff.). Gemeint war Artikel 7, Absatz 3 des Deutschlandvertrags: »Im Falle der Wiedervereinigung Deutschlands – vorbehaltlich einer zu vereinbarenden Anpassung – werden die Drei Mächte die Rechte, welche der Bundesrepublik aufgrund dieses Vertrages und der Zusatzverträge zustehen, auf ein wiedervereinigtes Deutschland erstrecken und werden ihrerseits darin einwilligen, daß die Rechte aufgrund der Verträge über die Bildung einer integrierten europäischen Gemeinschaft in gleicher Weise erstreckt werden, wenn ein wiedervereinigtes Deutschland die Verpflichtungen der Bundesrepublik gegenüber den Drei Mächten oder einer von ihnen aufgrund der genannten Verträge übernimmt. Soweit nicht alle Unterzeichnerstaaten ihre gemeinsame Zustimmung erteilen, wird die Bundesrepublik kein Abkommen abschließen noch einer Abmachung beitreten, welche die Rechte der Drei Mächte aufgrund der genannten Verträge beeinträchtigen oder die Verpflichtungen der Bundesrepublik aufgrund dieser Verträge mindern würde.« Vgl. dazu die Ausführungen Grewes, der maßgeblich

Die Kritik an der gegenseitigen Verpflichtung der Bundesrepublik und der Westmächte auf einen Status für Gesamtdeutschland, der dem der Bundesrepublik aus dem Deutschland-Vertrag erwachsenen glich und der einer künftigen gesamtdeutschen Regierung die Entscheidungsfreiheit nahm, wies der Bundeskanzler unter Hinweis darauf zurück, daß die Sowjetunion wegen der zu erwartenden Folgen in den anderen Satellitenstaaten einer Preisgabe der DDR durch freie Wahlen ohnehin nicht zustimmen werde. Den Kritikern warf er vor, dem Artikel mit der Bindungsklausel zu große Bedeutung beizumessen. In seiner Zukunftsschau verlor die Bindungsklausel ihre entscheidende Rolle:

> »Es wird einer Tages«, so sagte Adenauer 1952 vor Journalisten, »– ich weiß keine andere Lösung – zwischen den Westalliierten und Sowjetrußland verhandelt werden müssen über die Beruhigung des ganzen osteuropäischen Gebietes, und erst wenn diese Verhandlungen in Gang kommen, können wir damit rechnen, daß auch die Sowjetzone entlassen wird aus der Hand der Russen.«[109]

Dieser Zeitpunkt war am Vorabend der Berliner Konferenz aus der Sicht Adenauers nicht gekommen. Wie wichtig er die Bindungsklausel trotz aller Beschwichtigungen nahm, zeigten seine teilweise überraschenden Vorschläge zum westlichen Programm für die Viererkonferenz. Noch bevor Adenauer seine Experten bei den Westmächten über seine Ansichten Bericht erstatten ließ, enthüllte er wesentliche Punkte vor der Presse. Damit wollte er ihnen offensichtlich Nachdruck verleihen.

Am 14. Dezember 1953, unmittelbar nach seiner Rückkehr von der NATO-Tagung in Paris, erklärte der Kanzler in einer Pressekonferenz, daß er gewillt war, nicht nur vom Wahlgesetzentwurf abzuweichen, den der Bundestag am 6. Februar 1952 verabschiedet hatte, sondern alle Bundestagsresolutionen hinter sich zu lassen gedachte. Seine Forderung nach freien Landtagswahlen auf dem Gebiet der DDR und damit der Wiederherstellung der Länder, nach einer Begrenzung der Befugnisse der künftigen Nationalversammlung auf die Verfassungsgebung sowie nach einem Weiterbestehen der Bundesrepublik und der DDR (mit einer frei gewählten Regierung) bis zur Inkraftsetzung der gesamtdeutschen Verfassung, ging über den bislang vermeintlich vorhandenen Konsens betreffend einer sofortigen Ablösung des DDR-Regimes nach freien Wahlen hinaus.[110] Auch die Bildung einer gesamtdeutschen Regierung, deren Befugnisse von den Besatzungsmächten bis zu einem Friedensvertrag garantiert werden sollten, galt demnach nicht mehr als vordringliche Aufgabe. Die vielfach erhoffte rasche Absetzung von Funktionären, Bürgermeistern, Landräten, Polizeichefs und Volksrichtern und die Aufhebung zahlreicher Gesetze und Verordnungen in der DDR schien gefährdet. In der Presse mutmaßte man, Adenauer sei entschlossen, die Bundesrepublik so lange wie möglich weiterbestehen zu lassen, um den Föderalismus, die antisozialistische Gesellschaftsordnung und die Westorientierung auf Gesamtdeutschland übertragen zu können.[111]

an der Ausarbeitung des Vertrages beteiligt war (Von der Kapitulation zum Deutschland-Vertrag, in: Außenpolitik, H.7 (1952); ebenso in: ders., Deutsche Außenpolitik der Nachkriegszeit, S. 46-60).

109 Protokoll des Kanzler-Tees vom 23. Mai 1952 (Teegespräche 1950-1954, S. 260).

110 »NZZ«, Nr. 345, 16. Dez. 1953, S. 2.

111 Ebd.; vgl. »NZZ«, Nr. 347, 18. Dez. 1953, S. 1.

Der Fraktionsvorsitzende von Adenauers Koalitionspartner DP, von Merkatz, goß zusätzlich Öl ins Feuer mit der Bemerkung, die Bundesregierung sei in den Verhandlungen mit den Westmächten nicht an Bundestagsresolutionen gebunden.[112] Die Absage an die einzigen Konsensbekundungen zwischen Regierung und Opposition mußten die Formulierung eines »deutschen Standpunktes« erheblich erschweren. Die Gründe dafür lagen einerseits in Adenauers Wunsch, die Entscheidungsfindung in seiner Hand zu konzentrieren. Andererseits lagen sie in der Natur der Sache. Da bei einem Versuch, die sehr kontrovers erörterte Deutschlandproblematik erstmals seit Jahren in ein präsentables Konzept zu bringen, nicht alle Interessen und Vorschläge berücksichtigt werden konnten, lag es nahe, einen »Regierungsstandpunkt« zu entwerfen. Doch selbst dieses eingeschränkte Verfahren barg, wie die letzten Wochen vor der Berliner Konferenz zeigten, erhebliche Schwierigkeiten.

Am 16. Dezember 1953 hatte – wie erwähnt – die Alliierte Hohe Kommission erstmals Adenauers neue Ansichten zu freien Wahlen und zu einer gesamtdeutschen Regierung von Kaufmann im Zusammenhang vorgelegt bekommen. Grewe hatte sie den westlichen Experten in Paris überbracht.[113] Eine schriftliche Fassung der deutschen Stellungnahme war bewußt kurz gehalten, weil es angeblich die »entgegengesetzten Ansichten in den verschiedenen deutschen Ministerien ... unmöglich machten, die ganze Situation auf dem Papier zusammenzufassen«.[114] Kaufmann berichtete von noch nicht abgeschlossenen Arbeiten an einem gesamtdeutschen Wahlgesetzentwurf, dem eine revidierte Fassung des Bundestagsentwurfs vom 6. Februar 1952 zugrunde liegen sollte, und einer alternativen Revision des Weimarer Wahlgesetzes von 1924.[115] Tatsächlich hatte man sich im Auswärtigen Amt mit einer Festlegung schwer getan. In Unkenntnis der Verhandlungspositionen der westlichen Alliierten und der möglichen Nachgiebigkeit der Sowjetunion befürchtete man »im luftleeren Raum« zu planen oder durch Einzelbestimmungen eine grundsätzliche Einigung zu gefährden.[116] Abgesehen von einer taktischen Handhabung optimaler Ziele, die ein sowjetisches Zurückweichen voraussetzten, konzentrierte man sich in der Rechtsabteilung auf eine »Minimallösung« in Gestalt gesamtdeutscher Wahlen. Der sowjetische Vorschlag einer gesamtdeutschen provisorischen Regierung zur Vorbereitung der Wahlen wurde mit bemerkenswerter Nüchternheit erörtert.

112 »NZZ«, Nr. 349, 20. Dez. 1953, S. 5. Auch Grewe vertrat wenig später diese Ansicht vor der Presse (»NZZ«, Nr. 354, 25. Dez., S. 3).

113 s. Schreiben von Roberts an das Foreign Office, 17. Dez. 1953 (PRO FO 371/103698/C 1071/895). »Der Spiegel« (13. Jan. 1954, Nr. 3. S. 5) unterschied zwischen einem »ersten Kaufmann-Plan« (Weiterbestehen bisheriger Regierungen in Bonn und Pankow, Wahl einer Nationalversammlung mit dem Auftrag der Ausarbeitung einer gesamtdeutschen Verfassung, Gesamtdeutsche Regierung mit der Aufgabe der Aushandlung des Friedensvertrages) und einem »zweiten (revidierten) Kaufmann-Plan«, der die neuen Vorschläge (neue Regierungen in Bonn und Pankow nach freien Wahlen neben der Nationalversammlung und der gesamtdeutschen Regierung) enthielt.

114 So Hallstein am Rande der NATO-Tagung in Paris während eines Gesprächs Adenauers mit der amerikanischen Delegation (Schreiben von Achilles an das State Department, 14. Dez. 1953, FRUS 1952-1954,V, 1, S. 867).

115 Hoyer-Millar an das Foreign Office, 16. Dez. 1953 (PRO FO 371/103698/C 1071/888).

116 Aufzeichnung aus der Rechtsabteilung des Auswärtigen Amtes über gesamtdeutsche Wahlen, 22. Okt. 1953 (PA AA 202-03/3041/54). Die Aufzeichnung war als interne Diskussionsgrundlage gedacht und Kaufmann, Oncken (Abt.II) und Bräutigam (Abt.III) zugeleitet worden.

Direkten Eingang in den Zweiten Bericht der Pariser Expertenrunde fanden daher nur die Ansichten zur Überwachung der Wahlen.[117] Der britische Hohe Kommissar hatte nach dem Gespräch mit Kaufman den Eindruck, daß die Bundesregierung »weiter als jemals davon entfernt war«, auch nur in dieser letzten Frage, bei der sie verschiedene Möglichkeiten anbot, zu einem Entschluß zu kommen.

Hinsichtlich des Status einer gesamtdeutschen Regierung blieb Kaufmann in der Reserve und antwortete zunächst nur auf Fragen der Hohen Kommissare. Es bestätigte sich die schon im Ersten Pariser Bericht geäußerte Mutmaßung, daß Adenauer für die Weiterexistenz der beiden deutschen Regierungen plädieren würde, um die provisorische gesamtdeutsche Behörde nach freien Wahlen »unter seiner Kontrolle« zu halten.[118] Adenauer maß diesem Punkt »fundamentale Bedeutung« zu, und das Bundeskabinett billigte den Vorschlag nur begrenzter Befugnisse der gesamtdeutschen Regierung, von denen die Legitimation der Bundesregierung »bis auf weiteres« nicht berührt werden sollte.[119]

Deshalb wollte sich die Bundesregierung nicht auf eine klare Terminierung des Beginns von Friedensvertragsverhandlungen festlegen, gegen alle Eventualitäten gewappnet sein und zunächst die Reaktion der Russen auf diesen Vorschlag abwarten.

Hoyer-Millar erschienen die genannten Gründe »obskur«.[120] Nach seinen Worten sprach Kaufmann von einer Einflußnahme der Bundesregierung vornehmlich in den beiden folgenden Fällen:

1. »The Russians aggreeing to free elections in the East Zone in the full knowledge of where this would lead and letting events take their course, i.e. in practice resigning themselvses to see a sort of de facto disappearance of the East Zone Government – in which case it would not have been necessary to agree to purchase this by agreeing to a simultaneous liquidation of the Federal Government having regard to the advantages of stability and continuity implied by its maintenance in being during the transition.«
2. »The Russians, agreeing to free elections and the transfer of power to an all-German Government but not in fact allowing its authority to run in the East Zone at all – in which event the transfer of powers to an all-German Government as such would be no improvement on the maintenance in being of the Federal Government.«

Der britische Hohe Kommissar hielt dies zwar für »nützliche Gedanken«, vermißte aber deren bündige Zusammenfassung. In Berlin werde eine abgestimmte westliche

117 s. Paris-Report II, S. 14 und Hoyer-Millars Schreiben an das Foreign Office vom 16.Dez, 1953.

118 Paris-Report I, S. 19. Tatsächlich votierte Kaufmann bereits in einer internen Stellungnahme zum Problem einer gesamtdeutschen Regierung vom 31. Okt. 1953 gegen eine »in ihrer Macht höchst zweifelhafte provisorische Regierung« und für die Beibehaltung der Bundesregierung (und damit auch der DDR-Regierung) bis die Nationalversammlung eine Verfassung verabschiedet haben würde und eine stabile gesamtdeutsche Regierung auf deren Grundlage gebildet sei (Aufzeichnung vom 31. Okt. 1953, BA NL351, Bd. 25a, fol.9). In diesem Dokument, das im wesentlichen eine Zurückweisung von Vorschlägen aus dem Ministerium für gesamtdeutsche Fragen zu einer gesamtdeutschen Regierung darstellt, sind die Grundlinien des sogenannten »Kaufmann-Planes« (s.u.) erkennbar. Vgl. die Vorüberlegungen in der Rechtsabteilung (Aufzeichnung vom 22. Okt. 1953, PA AA 202-03/3041/54).

119 Kabinettssitzung vom 8. Dez. 1953 (Die Kabinettsprotokolle der Bundesregierung 1953, S. 548).

120 Schreiben an das Foreign Office vom 16. Dez. 1953 (PRO FO 371/103698/C 1071/889).

Haltung notwendig sein, die man nicht »von einem russischen Verhalten einige Zeit später« abhängig machen könne.[121]
Für zusätzliche Verwirrung sorgte Minister Tillmanns als Mitglied des Interministeriellen Ausschusses. Er erklärte einem Beamten der britischen Hohen Kommission, Adenauer schließe keineswegs eine von der Nationalversammlung mit »gewissen begrenzten Befugnissen« ausgestattete provisorische Regierung aus. Tillmanns fügte gleich seine Zweifel hinzu, ob solche Befugnisse beim Weiterbestehen der beiden existierenden Verfassungen wirksam werden konnten.[122] Er glaubte nicht an eine definitive Entscheidung der Bundesregierung in dieser Frage und hielt deren Position für »noch sehr fließend«.
Diesen Eindruck bestätigte Grewe am 18. Dezember vor der alliierten Expertenrunde in Paris. Allerdings war er bemüht, den ihm telegraphisch übermittelten Bericht eines Gesprächs Adenauers mit Ollenhauer und Wehner so weiterzugeben, daß die gemeinsamen Punkte (rasche Beseitigung des kommunistischen Systems in der DDR und Gewährleistung rechtsstaatlicher Ordnung durch Viermächtegarantie) mehr zum Tragen kamen als die grundsätzlichen Streitfragen.[123]
Zu letzteren zählte Adenauers Erklärung, sich nicht mehr mit freien gesamtdeutschen Wahlen zu begnügen. Unentschieden blieb zunächst lediglich, ob er zusätzlich gleichzeitige Volkskammer- und/oder Landtagswahlen in der DDR fordern würde.[124]
Die Machtübertragung an eine gesamtdeutsche Regierung hätte demzufolge einer Regelung zwischen der Nationalversammlung, dem Bundestag und der neugewählten Volkskammer sowie den Regierungen der Vier Mächte bedurft. Eine kommunistische Mehrheit in der Volkskammer schloß Adenauer bei freien Wahlen aus. Er und seine Berater hielten gesonderte Wahlen für notwendig, um die Wiederherstellung der Länder in der DDR vorzubereiten, die man zur Vorbedingung der Übertragung einer »deutschen demokratischen Struktur auf der Grundlage des Grundgesetzes der Bundesrepublik« auf die DDR machte.[125]
Im Gegenzug war man bereit, erneute Bundestagswahlen in Kauf zu nehmen.[126] Die Wahlen zur Volkskammer und zum Bundestag sollten gemäß den Wahlgesetzen in der DDR bzw. der Bundesrepublik stattfinden. Die weitere Entwicklung sah nach Grewes Darlegungen wie folgt aus: Gemäß dem Ergebnis der gesamtdeutschen Wahlen würde die Nationalversammlung zusammentreten und eine »Provisorische Regierungsbehörde« mit begrenzter Autorität bestellen. Während sich die Nationalversammlung der Ausarbeitung der gesamtdeutschen Verfassung widmete, sollte die

121 Ebd.

122 s. Hoyer-Millars Gesprächsbericht an das Foreign Office, 17. Dez. 1953 (PRO FO 371/103698/C 1071/901).

123 Harvey an das Foreign Office, 18. Dez. 1953 (PRO FO 371/103698/C 1071/906).

124 Ebd. und Hoyer-Millar an das Foreign Office, 19. Dez. 1953 (PRO FO 371/103698/C 1071/922).

125 PRO FO 371/103699/C 1071/936, Harvey an das Foreign Office, 21. Dez. 1953. Das Telegramm enthält den Bericht von Roberts über Grewes Befragung in Paris.

126 Ursprünglich hatte Adenauer dies unter Verweis auf die nicht vorhandene Legitimation der Volkskammer und die kürzlichen Bundestagswahlen nicht zugestehen wollen (PRO FO 371/109273/C 1071/132, Hoyer-Millar an das Foreign Office, 14. Jan. 1954). Im Foreign Office hielt man den Vorschlag, wenn überhaupt, dann nur unter dieser Bedingung für präsentabel (Hancock an Johnston, 18. Jan. 1954, PRO FO 371/109273/C 1071/146).

neugewählte Volkskammer mit der Reorganisation der Länder beginnen und möglicherweise Landtagswahlen ausschreiben. Mit Billigung der Nationalversammlung, des Bundestages und der Volkskammer konnten anschließend weitere Befugnisse an die Provisorische Regierung übertragen werden.
Grewe legte besonderen Wert auf das Vetorecht des Bundestages, das sicherstellen sollte, daß »keine weitere Entwicklung der gesamtdeutschen Regierung ohne Billigung des Bundestages« erfolgen konnte.[127] Erstaunlicherweise ging Grewe mit diesen keineswegs entschiedenen Alternativen am 22. Dezember 1953 an die Öffentlichkeit.[128]
Nach den Presseberichten hatte Adenauer der Bildung des »Provisorischen Exekutivgremiums« nach gesamtdeutschen Wahlen nur im Interesse einer »elastischen Konzeption« für die Viererkonferenz zugestimmt. Dies war wohl gemeint, als Bundespressechef von Eckardt nach der Kabinettsitzung vom 18. Dezember erklärte, Adenauer habe in der Frage der Nationalversammlung einen »begrenzten Rückzug« angetreten.[129] Die zunächst favorisierte Forderung nach Landtagswahlen war zugunsten von Volkskammerwahlen aufgeschoben worden. Damit bestätigte und präzisierte Grewe Adenauers Verfahren für die Wiedervereinigung vom 14. Dezember. Es war nun klar, daß es letzterem um den Anschluß der »Ostzone« an die Bundesrepublik gemäß Arikel 23 des Grundgesetzes ging. Nach Grewes Angaben stand hinter allen Überlegungen die Besorgnis des Bundeskanzleramtes, es könnte ein rechtliches Vakuum entstehen, wenn die Bundesrepublik, die außenpolitisch weitgehend aus Vertragsentwürfen und juristisch nicht bindenden Abmachungen bestand, voreilig aufgelöst würde.
Adenauer hatte die Volkskammerwahlen damit begründet, daß die Wähler in der DDR wissen müßten, »daß die Tage der Ostzonenregierung gezählt« seien.[130] Doch galt dieses Argument auch für freie gesamtdeutsche Wahlen gemäß den Bundestagsresolutionen. Während Grewe in Paris den Eindruck vermittelte, die SPD-Führung teile Adenauers Meinung zu Volkskammerwahlen,[131] meinte der Kanzler selbst, sein Gespräch mit Ollenhauer vom 17. Dezember habe »kein abschließendes Resultat« erbracht.[132]
Umstritten war die Beschränkung der Nationalversammlung auf die Verfassungsgebung, die Gültigkeit des Grundgesetzes bis zur Inkraftsetzung einer neuen Verfassung, der Zeitpunkt der Bildung einer gesamtdeutschen Regierung und deren sofortige Kompetenzen.[133] Die SPD wollte es der Nationalversammlung überlassen, zu entscheiden, ob das Grundgesetz zunächst für ganz Deutschland Bestand haben sollte.[134]

127 PRO FO 371/103699/C 1071/936
128 »NZZ«, Nr. 354, 25. Dez. 1953, S. 3. Vgl. oben den Abschnitt über die Konsultation der Bundesregierung.
129 »NZZ«, Nr. 349, 29. Dez. 1953, S. 5.
130 So Grewe in Paris über Adenauers Ansichten (PRO FO 371/103698/C 1071/906).
131 Ebd.
132 »NZZ«, Nr. 348, 19. Dez. 1953, S. 2.
133 »NZZ«, Nr. 347, 18. Dez. 1953, S. 1 f.; Keesing's, 1953, S. 4300; Kabinettsprotokolle 1953, S. 580, Kabinettssitzung vom 18. Dez. 1953.
134 »NZZ«, Nr. 349, 20. Dez. 1953, S. 5. Über den genauen Inhalt seines Gesprächs mit Adenauer äußerte sich Ollenhauer nicht und verwies ausweichend auf Adenauers Briefwechsel mit Schumacher aus dem Jahre 1951.

Rückendeckung erhielten die Sozialdemokraten von der FDP, die eine starke Zentralgewalt nach gesamtdeutschen Wahlen forderte, um die zu erwartenden Probleme, etwa das Zurückströmen von Flüchtlingen in die mitteldeutschen Gebiete, meistern zu können.[135]

Adenauers neue Vorschläge hatten auch das Kabinett, die Beamten des Auswärtigen Amtes und die Koalitionsparteien überrascht. Man wandte vor allem ein, das Weiterbestehen zweier deutscher Regierungen eröffne der Sowjetunion Einflußmöglichkeiten auf die Regierung in Pankow und werde Verzögerungsversuche bei der Ausarbeitung der gesamtdeutschen Verfassung provozieren.[136]

Der SPD-Pressedienst sprach erneut davon, Adenauer ziehe ohnehin die militärische Westintegration der Wiedervereinigung vor.[137]

Der britische Hohe Kommissar verfolgte die »unkoordinierten Diskussionen ... auf allen Ebenen« mit Unverständnis und vermißte die Entschlossenheit zur »Formulierung endültiger Ansichten«.[138]

Die Befragung Grewes in Paris hatte nur teilweise Klarheit gebracht. Der deutsche Sonderbeauftragte teilte zwar die Meinung der westlichen Experten, die Friedensvertragsverhandlungen »so bald wie möglich« beginnen zu lassen, doch wollte er der Nationalversammlung die Festlegung des Zeitpunktes vorbehalten.[139]

Was Grewe »Flexibilität« nannte, entsprang der Furcht vor ungewissen taktischen Manövern der Russen. Deshalb unterblieb eine eindeutige Haltung hinsichtlich einer gesamtdeutschen Regierung. Im Memorandum der Bundesregierung für die Alliierten vom 16. Dezember 1953, auf dem Grewes und Kaufmanns Erläuterungen basierten, war der Bildung einer »Provisorischen gesamtdeutschen Regierung« vor Inkrafttreten der neuen Verfassung zugestimmt worden. Nun aber war nur noch von einer »Provisorischen Behörde« mit begrenzten Aufgaben die Rede. Dazu zählten die Unterstützung der Nationalversammlung bei der Ausarbeitung der gesamtdeutschen Verfassung, die Bildung gesamtdeutscher Ministerien und die interne Vorbereitung der Friedensvertragsverhandlungen. Die Behörde galt der Bundesregierung nur als »Kern«, aus dem später – »soweit es die Umstände erlaubten« – die gesamtdeutsche Regierung hervorgehen sollte.[140]

135 Ebd. Trotz grundsätzlicher Unterstützung von Adenauers Außenpolitik begann in den Reihen des geschwächt aus den Bundestagswahlen hervorgegangenen Koalitionspartners FDP Ende 1953 eine spürbare Neuorientierung in der nationalen Frage unter dem neuen Fraktionsvorsitzenden Thomas Dehler (ab März 1954 auch Parteivorsitzender) (s.Friedrich Klingl, »Das ganze Deutschland soll es sein!« Thomas Dehler und die außenpolitischen Weichenstellungen der fünfziger Jahre. München 1987, S. 132-148).

136 »NZZ«, Nr. 347, 18. Dez. 1953, S. 1 f. Die alliierte Expertengruppe in Paris setzte diese Frage gesondert auf ihre Tagesordnung und wollte dabei die Positionen von SPD und FDP berücksichtigen (PRO FO 371/103701/C 1071/957, Protokoll der 3.Plenarsitzung vom 18. Dez. 1953).

137 »NZZ«, Nr. 347, 18. Dez. 1953, S. 1 f.

138 Hoyer-Millar an das Foreign Office, 19. Dez. 1953 (PRO FO 371/103698/C 1071/922).

139 PRO FO 371/103699/C 1071/923, Harvey an das Foreign Office, 18. Dez. 1953. Der Bericht stammte von Roberts.

140 In einer weiteren Befragung räumte Grewe ein, daß die »Behörde« gg f. auch mit den Friedensvertragsverhandlungen beginnen könnte – wenn ihr von Bundestag und Volkskammer oder den beiden deutschen Regierungen die Befugnisse dazu übertragen würden (PRO FO 371/103699/C 1071/936). Kaufmann hatte sich zunächst gegen jede Festlegung auf eine provisorische Regierung ausgesprochen (Aufzeichnung vom 31. Okt. 1953, BA NL351, Bd. 25a, fol.6).

Grewe begründete diese Haltung mit Artikel 146 des Grundgesetzes, der die Auflösung der Bundesrepublik vor Inkrafttreten der gesamtdeutschen Verfassung verbot.
Diese Position war deswegen problematisch, weil man die Ablösung der DDR-Regierung ebensowenig fordern konnte. Deshalb war man ausdrücklich dazu bereit, das »Risiko kommunistischer Verfolgung in der Ostzone nach den Wahlen ... für einige Monate« in Kauf zu nehmen.[141]
Man glaubte sich damit trösten zu können, daß die Russen nach dem Zugeständnis freier Wahlen keine »Terrorherrschaft« planen würden. Es wurde aber daran gedacht, die neutrale Wahlüberwachungskommission auf dem Gebiet der DDR auch nach dem Wahltag als Kontrollinstanz im Amt zu lassen. Wie man dies vor den Russen und der Weltöffentlichkeit würde rechtfertigen können, wußte derzeit niemand.
Adenauers Bekenntnis zur Bindungsklausel des Deutschland-Vertrages ließ die Übergangsperiode zwischen Bildung einer gesamtdeutschen Regierung und dem Friedenvertragsschluß zu einem neuralgischen Punkt der westlichen Konferenzvorbereitung werden. Entsprechend dem Paragraphen 13 des Memorandums der Bundesregierung vom 16. Dezember betonte Grewe in Paris, es sei von »größter Wichtigkeit«, die »bundesrepublikanischen Verbindungen mit der westlichen Gemeinschaft« zu erhalten.
Deshalb mußte die Bundesregierung so lange im Amt bleiben, bis abzusehen war, daß eine gesamtdeutsche Regierung deren Verpflichtungen übernahm. Diese »sehr delikate rechtliche Frage« (Grewe) brachte notwendigerweise eine Begrenzung der Befugnisse der Nationalversammlung mit sich, denn zur Viermächtekontrolle wollte auf westlicher Seite niemand zurückkehren. Auf der Suche nach Sicherungen für eine Fortführung der Politik der Bundesregierung nach gesamtdeutschen Wahlen schloß Grewe einen erneuten Urnengang für eine Zentralregierung nicht aus. Bevor die Zusammensetzung der Nationalversammlung nicht vorlag, lehnte es Grewe jedoch ab, sich hinsichtlich der Maßnahmen zu ihrer »Verbesserung« festzulegen.[142]
Der französische Delegationschef Seydoux warf der deutschen Seite vor, »eine ganze Reihe von gesamtdeutschen Regierungen« mit unterschiedlichen Befugnissen ins Auge zu fassen, deren erste Variante »sehr schwach« sei.[143] Er sprach sich für die umgehende Bildung einer gesamtdeutschen Regierung nach den Wahlen aus und hielt es – darin stimmte er mit Grewe überein – für notwendig, die Übergangsperiode möglichst kurz zu halten.
Grewe hatte mit dem Hinweis auf eine mögliche Viermächtekontrolle bei der Machtübergabe an die gesamtdeutsche Regierung einen weiteren Sicherungsvorschlag unterbreitet. Der britische Delegationsleiter Roberts wich jedoch mit der Bemerkung aus, dies sei in der Praxis nicht recht vorstellbar. In den Westverträgen hätten die Alliierten vier Vorbehaltsrechte niedergelegt, hinsichtlich der Wiedervereinigung, des Friedensvertrages, Berlins und der Truppenstationierung. Aufschlußreich war, daß Roberts den Friedensvertrag offenbar nicht zu den Rechten zählte, die sich die Westmächte »besonders« vorbehielten. Seydoux hingegen erklärte sich für die

141 PRO FO 371/103699/C 1071/923, Harvey an das Foreign Office, 18. Dez. 1953.

142 Ebd.

143 s. das Protokoll der 4.Plenarsitzung der Expertenrunde in Paris vom 18. Dez. 1953 (PRO FO 371/103699/C 1071/944).

französische Seite bereit, die Rechte betreffend der Wiedervereinigung Deutschlands auszusetzen. Hieraus wurde ersichtlich, daß hinter den scheinbar nur akademischen Erörterungen die einzelnen Interessenschwerpunkte der Westmächte durchschienen, wobei die Experten erkennen ließen, daß sie der deutschen Seite ohne Not keine allzu detaillierten Antworten auf die heikle Frage der alliierten Rechte gegenüber Nationalversammlung und gesamtdeutscher Regierung zu geben gewillt waren.[144] Kaufmann hatte dies vorausgesehen und der Bundesregierung empfohlen, gegenüber der im Wahlgesetzentwurf des gesamtdeutschen Ausschusses des Bundestages formulierten weitreichenden legislativen Befugnis der Nationalversammlung »realpolitisch für uns annehmbare Rückzugslinien vorzubereiten«.[145] Ohne akademische Spitzfindigkeiten war dies kaum leistbar.

In der wichtigen Frage der Wahlüberwachung überbrachte Grewe im Laufe der Pariser Gespräche ein Zugeständnis der Bundesregierung, das eine flexiblere Formulierung des Programmteiles über die Wahlen erlaubte. Man widersetzte sich nun nicht mehr der Beteiligung von Vertretern aus den sowjetischen Satellitenstaaten – vorausgesetzt, die nichtkommunistische Mehrheit in den Überwachungskommissionen war gewährleistet. Alternativ schlug die deutsche Seite gemischte Kommissionen aus Vertretern der Vier Mächte und aus neutralen Staaten vor, wobei neben zwei »echten« Neutralen ein Viermächtevertreter den Vorsitz führen sollte.[146]

Während die Planungen der Westmächte für die Viererkonferenz mit dem Zweiten Paris-Report einen vorläufigen Abschluß fanden, stand auf deutscher Seite die turbulenteste Phase der Vorbereitungen noch bevor. Grewe hatte am 20. Dezember noch einmal die Gelegenheit erhalten, vor der Expertenrunde zu allen offenen Fragen Stellung zu nehmen[147], und löste nach seiner Rückkehr aus Paris durch die erwähnte Pressekonferenz vom 22. Dezember mit ausgewählten Journalisten eine zeitweise erbittert geführte Diskussion aus.

Intern regte sich der Unmut zuerst bei Wehner, dem Mitglied des Interministeriellen Komitees. Ein Vertreter der britischen Hohen Kommission berichtete von einem Dinner, bei dem der SPD-Politiker in einer »überaus heftigen Tirade« Grewes Äußerungen ein Beispiel für Adenauers »diktatorische Methoden« nannte. Seiner Meinung nach wäre es das Recht des Interministeriellen Komitees gewesen, eher als die Presse über die Ergebnisse von Paris in Kenntnis gesetzt zu werden.[148] Erregt warf er dem Westen wie dem Osten mangelnde Bereitschaft vor, die

144 Vgl. dazu auch die Anlage zum Sitzungsbericht vom 18. Dez. 1953 (PRO FO 371/103701/C 1071/957).

145 Aufzeichnung vom 31. Okt. 1953 (BA NL351, Bd. 25a, fol.11). Die »Maximallösung« der Befugnisse der Nationalversammlung war im Art. 4, Abs. 2 des Wahlgesetzentwurfs niedergelegt, der wesentlich auf einen Antrag der SPD im Ausschuß zurückging. Er lautete: »Sie (die Nationalversammlung) hat diejenige Gewalt, die erforderlich ist, um bis zum Inkrafttreten der gesamtdeutschen Verfassung die freiheitliche, rechtsstaatliche, demokratische und föderative Ordnung herbeizuführen und zu sichern« (ebd., fol.7).

146 PRO FO 371/103699/C 1071/936, Harvey an das Foreign Office, 21. Dez. 1953 (enthält den Bericht von Roberts). Auf dem Gebiet der Bundesrepublik sollte demnach ein sowjetischer, auf dem der DDR ein westlicher Vertreter den Vorsitz innehaben.

147 s. das Protokoll der Vormittagssitzung vom 20. Dez. 1953 (PRO FO 371/103699/C 1071/949). Eine Auflistung aller an Grewe gerichteten Fragen findet sich in den amerikanischen Entwürfen für die Expertenrunde (s.Anlagen zu PRO FO 371/103701/C 1071/957).

148 s. Aufzeichnung von Winch vom 23. Dez. 1953 (PRO FO 371/103702/C 1071/1013).

Wiedervereinigung Deutschlands voranzutreiben. Die Westmächte erschienen ihm »in keiner Weise besser« als die Russen, denn sie hätten eine Viererkonferenz schon zwei Jahre zuvor ermöglichen können. Statt dessen sei »in krimineller Weise ... aus achtzehn Millionen menschlichen Wesen in der Sowjetzone ein Spielzeug« gemacht worden. Das geteilte Deutschland passe den Westmächten ins Konzept, und sie klopften den Deutschen so lange auf die Schulter, wie diese sich als »gute Jungs« (good boys) erwiesen. Wehner warnte jedoch vor jenem Zeitpunkt, an dem die Deutschen aufhören würden, »gefügig zu sein«. Gleichwohl ging es dem Sozialdemokraten nicht um eine antiwestliche Stimmung, sondern um die Möglichkeit eines vereinten Deutschlands, »frei mit der westlichen Welt zusammenzuarbeiten«, was es seiner Meinung nach »zweifellos« tun würde.

Wehner erläuterte an diesem Abend die Gründe, warum die SPD die sofortige Bildung einer vollbefugten deutschen Zentralregierung nach freien Wahlen und die Verabschiedung einer »kurzen Verfassung« durch die Nationalversammlung forderte. Er nannte es »unmoralisch«, die Bewohner der »Ostzone« gegen die Kommunisten stimmen zu lassen, um sie dann doch unter »kommunistischer Ordnung« zu halten.[149] Diese Situation könnte zu einem »weiteren 17. Juni« führen, der der Roten Armee Anlaß zum Einschreiten gäbe. Jede Hoffnung auf eine Befreiung »der Zone« müßte danach fahren gelassen werden. Nach Wehners Worten mußte deshalb das Risiko einer »Österreich-Lösung« getragen werden.[150]

Verständlicherweise fragte man Wehner im Gegenzug, wie er zu einem neutralisierten Deutschland stand. Erregt nannte er dies »unfair« und meinte unter Hinweis auf das schwedische Modell, eine deutsche UNO-Mitgliedschaft sei eine »vorzügliche Alternative«. Er warf den Westmächten vor, diesen früher von der Sowjetunion unterbreiteten Vorschlag ausgeschlagen zu haben und durch ihren Versuch, »Deutschland zu fesseln«, sich einen »Feind« heranzuziehen.

Wehners fundamentale Kritik an der Deutschlandpolitik der Westmächte versuchte man auf britischer Seite dadurch herunterzuspielen, daß es »der frühere Kommunist« unterlassen habe, die Sowjetunion in ähnlicher Weise zu attackieren.[151] Man erwartete von dem »potentiellen Gesinnungsgenossen« der Kommunisten, daß er sich in Zukunft »aus Verzweiflung« an diese um Hilfe wenden könnte. Andererseits, so berichtete Wehners Gesprächspartner nach London, fanden die nationalen Töne des SPD-Politikers »beträchtliche Sympathie« bei anderen deutschen Teilnehmern des Gesprächs.[152]

149 Ebd. In der Stellungnahme des gesamtdeutschen Ministeriums zum alliierten Aide Mémoire vom 22. Sept. 1953 war die Überzeugung geäußert worden, durch das Ergebnis gesamtdeutscher Wahlen werde »das SED-Regime von unten her aufgelöst« und »die lokalen Behörden und die Grotewohl-Ulbricht-Regierung« würden abtreten. Deshalb sei es notwendig, daß das SED-Regime sofort »hinweggeschwemmt« würde durch die Bildung einer einzigen gesamtdeutschen Regierung, um sich nicht erneut stabilisieren zu können (Aufzeichnung Kaufmanns, 31. Okt. 1953, BA NL351, Bd. 25a, fol.10).

150 Wehners britischer Gesprächspartner hatte jedoch den Eindruck, als teile der SPD-Politiker die Ansicht W.W.Schütz', des inzwischen außeramtlichen Beraters Kaisers, alle Besatzungstruppen sollten vor Beginn der Friedensvertragsverhandlungen abgezogen werden. Eine vermutlich von Kirkpatrick stammende Randbemerkung machte die Vorbehalte im Foreign Office gegen solche Gedanken deutlich. Sie lautete lapidar: »What a hope!«

151 Ebd.

152 Neben Wehner und Schütz wurden Kossmann vom Auswärtigen Amt und Friedensburg vom Kanzleramt namentlich erwähnt.

An der weitgehenden Ausschaltung des Interministeriellen Komitees von der Meinungsbildung Adenauers änderte die harsche Kritik Wehners nichts. Grewe lieferte dafür Anfang Januar 1954 eine neue Begründung gegenüber einem Vertreter der britischen Hohen Kommission. Während in kleinem Kreise die Auszüge aus dem Zweiten Paris-Report erörtert und Grewe mit der Stellungnahme bei den Alliierten betraut war, galt der Ausschuß inzwischen als zu groß und seine Überlegungen als »nicht immer sehr überzeugend« (conclusive).[153] Deshalb glaubte man, mit der Übermittlung der deutschen Ansichten zu den alliierten Papieren nicht bis nach dessen nächster Sitzung warten zu müssen.[154] Wenngleich Grewe meinte, die vorhandenen Unstimmigkeiten auf deutscher Seite seien durch die »Flexibilität« des Paris-Reports weitgehend überwunden, konnte von einem festen Regierungsstandpunkt nicht die Rede sein. In der britischen Hohen Kommission hielt man diese Ansicht für eine »unangemessen optimistische Feststellung«. Der britischen Seite fiel es offenbar weniger leicht, die in der Presse entbrannte und intern längst nicht entschiedene Kontroverse zwischen »Unitariern« und »Trinitariern«, d.h. den Anhängern *einer* künftigen deutschen Zentralregierung bzw. zunächst *dreier* deutscher Regierungen nach gesamtdeutschen Wahlen, zu ignorieren. Vielmehr hatte man den Eindruck, sie werde hinter den Kulissen noch »schärfer« als in der Öffentlichkeit geführt.[155]

Wenngleich die Diskussion und Aufregung in der Bundesrepublik von außen trotzdem als »Sturm in einer Teetasse« erscheinen mochte,[156] verbanden sich mit ihnen unabhängig von den Aussichten der Viererkonferenz die elementaren Gegensätze in der Deutschlandpolitik. Die Atmosphäre war äußerst gespannt. Die Ablehung der DDR-Verfassung als Grundlage einer gesamtdeutschen Verfassung in einer kritischen Analyse, die im regierungsamtlichen »Bulletin« Anfang Januar 1954 erschien,[157] wurde in der Presse als Kritik an der Bundesregierung gewertet. Adenauer hatte, ebenso wie Experten der Westmächte, gewisse Teile der DDR-Verfassung (etwa hinsichtlich von Wahlen) als auch westlichen Ansprüchen genügend bezeichnet.

In der »Frankfurter Rundschau« wurde am folgenden Tag der Faden weitergesponnen und eine Kritik der Alliierten am sogenannten »Kaufmann-Plan« – womit

153 So berichtete Hoyer-Millar am 8. Jan. 1954 Grewes Äußerungen nach London (PRO FO 371/109271/C 1071/68).

154 Sie war für den 12. Jan. 1954 anberaumt.

155 Johnston, Bonn, an Warner, Foreign Office, 9.Jan 1954 (PRO FO 371/109271/C 1071/70). Die »Unitarier«-Lösung ging offensichtlich auf die erste Stellungnahme des gesamtdeutschen Ministeriums zum alliierten Aide Mémoire vom 22. Sept. 1953 zurück. Darin hieß es, die Nationalversammlung solle »unverzüglich« und vor dem Inkrafttreten der Verfassung eine »vorläufige gesamtdeutsche Regierung« berufen, die »im Zeitpunkt der Wahlen an der Macht befindlichen Behörden« sollten daher »grundsätzlich« keine Regierungsfunktionen mehr ausüben und die Machtbefugnisse beider unmittelbar auf die provisorische Regierung »übergeleitet« werden (s. Aufzeichnung Kaufmanns vom 31. Okt. 1953, BA NL351, Bd. 25a, fol.5 f.). Letztere würde sich dann organisatorisch der bisherigen Bundesministerien bedienen, die alsbald nach Berlin zu verlegen seien (ebd., fol.9).

156 Johnston an das Foreign Office, 9. Jan. 1954 (PRO FO 371/109271/C 1071/ 70).

157 Bulletin, 6. Jan. 1954. Der Beitrag ging – laut »Der Spiegel« (13. Jan. 1954, Nr. 3, S. 5) – auf eine Denkschrift Thediecks zurück.

die »Trinitarier«-Lösung gemeint war – ausgemacht.[158] In der britischen Hohen Kommission sah man darin den Versuch des SPD-nahen Blattes, seine Leser davon zu überzeugen, die Westmächte seien auf den Standpunkt der Sozialdemokraten, d.h. die »Unitarier«-Lösung, umgeschwenkt.[159]

Seitens der Bundesregierung wußte man sich keinen anderen Rat, als eine undichte Stelle in der britischen Hohen Kommission für den Zeitungsbericht verantwortlich zu machen. Adenauer beschuldigte im Unterschied zu Grewe gleich die gesamte Alliierte Hohe Kommission in einem Schreiben an Hoyer-Millar und befürchtete Schaden für die »größtmögliche Einheitsfront« im westlichen Lager vor der Berliner Konferenz.[160]

Diese Beschuldigung wies man entrüstet zurück, da sich Kontakte weder des Korrespondenten der »Frankfurter Rundschau« noch des der »Frankfurter Allgemeinen Zeitung«, die ähnlich, aber kürzer berichtet hatte,[161] mit Vertretern der Hohen Kommission in den vorausgehenden Tagen nachweisen ließen.[162]

Für den Pressebericht waren geheime Informationen kaum notwendig gewesen. Der Wirbel, den er auslöste, war symptomatisch für die wachsende Unruhe in der Bundesregierung. Aus der Sicht der Alliierten Hohen Kommission war Grewes Pressererklärung vom 22. Dezember 1953 gravierender als die neuen Berichte. Letztere zeugten von den erheblichen internen Widerständen gegen Adenauers Alleingang in der Deutschlandpolitik, der zu diesem Zeitpunkt verkürzt mit dem »Kaufmann-Plan« gleichgesetzt wurde. W.W. Schütz, der in deutschen wie allierten politischen Kreisen als »graue Eminenz« hinter Kaiser galt,[163] wollte gar von einer Palastrevolte wissen, die von Kaiser, Mitgliedern des Auswärtigen Amtes und des Ministeriums für gesamtdeutsche Fragen sowie den Parteien SPD und FDP getragen wurde.[164]

158 »Frankfurter Rundschau«, 7. Jan. 1954. Ursprünglich hatte Kaufmann eher die Lösung bevorzugt, in der Phase nach Konstitutierung der Nationalversammlung bis zur Inkraftsetzung einer gesamtdeutschen Verfassung und der erst dann erfolgenden Entscheidung über den Machttransfer die beiden bestehenden Regierungen im Amt zu belassen (Aufzeichnung Kaufmanns vom 31. Okt. 1953, BA NL315, Bd. 25a, fol.9). Eine provisorische Regierung lief nach seiner Meinung Gefahr, wie die Frankfurter Nationalversammlung von 1848 »in der Luft zu schweben« (ebd., fol.8).

159 Johnston an das Foreign Office, 9.Jan. 1954 (PRO FO 371/109271/C 1071/70). Die Festlegung der SPD auf die sofortige Bildung einer gesamtdeutschen Regierung durch die Nationalversammlung war keineswegs eindeutig (s. Kaufmanns Stellungnahme vom 31. Okt. 1953, BA NL351, Bd. 25a, fol.7 f.).

160 s. die englische Übersetzung von Adenauers Brief vom 7. Jan. 1954 PRO FO 371/109271/C 1071/70). In einer ansonsten mit dieser Fassung identischen Variante der Übersetzung findet sich zusätzlich ein Satz, in dem sich Adenauer beklagt, die Presseberichte seien »polemisch gegen die Bundesregierung benutzt worden« (PRO FO 371/109274/C 1071/174). Hallstein hatte den Inhalt des Zeitungsberichts am Erscheinungstag dementiert.

161 s. »FAZ«, 7. Jan. 1954, Nr. 5, S. 1.

162 Johnston an das Foreign Office (PRO FO 371/109271/C 1071/70). Wesemann, der Korrespondent der »Frankfurter Rundschau« in Bonn, bezeichnete seinen Artikel selbst als das Ergebnis von Vermutungen, wobei der »Bulletin«-Artikel vom 6. Jan. Ausgangspunkt gewesen sei.

163 s. die Aufzeichnung von Winch vom 9. Jan. 1954 (PRO FO 371/109271/C 1071/70); zu dieser Einschätzung des späteren Geschäftsführers des Kuratoriums »Unteilbares Deutschland« und zu seinen deutschlandpolitischen Vorstellungen s. Kosthorst, Jakob Kaiser, S. 105 f.; Hoebink, Westdeutsche Wiedervereinigungspolitik, S. 80-84.

164 So Winch in seiner Aufzeichnung vom 9. Jan. 1954 über ein Gespräch mit Schütz vom Vortag.

Schütz behauptete, die »Trinitarier«-Lösung habe außerhalb des »›Prolitbüros‹«, dem er neben Adenauer die Professoren Hallstein und Kaufmann sowie Grewe als »Sprachrohr« zurechnete, niemals echte Unterstützung erfahren. Er brachte erneut erhebliche Bedenken gegen diese Lösung vor. Abgesehen davon, daß die Russen Wahlen zu einer Nationalversammlung eher als Volkskammerwahlen zustimmen würden, könnte das Konzept des »Kaufmann-Planes« zur Existenz dreier Außenministerien mit unterschiedlichen Ansichten führen. Zudem werde man vom Westen aus keinen Einfluß auf die Festlegung der Wahlbezirke für Volkskammerwahlen nehmen können. Ferner sei es gar nicht ausgemacht, daß sich die vermeintlich westlich gesinnten Mitglieder der Ost-CDU, LDPD und ehemaligen Ost-SPD nach einer solchen Wahl tatsächlich dem Westen zuwenden würden. Damit wurde Adenauers Sicherheitsdenken in der Deutschlandpolitik aus sich heraus zu widerlegen versucht. Selbst wenn die Sowjetunion Volkskammerwahlen zustimmte, so meinte Schütz, würde sie schwerlich deren Kontrolle zulassen. Man hätte sich daher auf die problematische Situation einzustellen, daß in Berlin eine nur teilweise für die DDR zuständige, frei gewählte Nationalversammlung neben einer unfreien Volkskammer existiere.
So bedenkenswert solche Befürchtungen waren, so unzutreffend war Schütz' Annahme klarer Frontlinien zwischen Befürwortern und Gegnern des »Kaufmann-Plans«. Beide Seiten verfügten keineswegs über ein schlüssiges Konzept, und die Alliierten hüteten sich, allzu massiv in die schwebende Diskussion einzugreifen. Schütz' britischer Gesprächspartner wich der Frage aus, ob sich die Westmächte für eine der umstrittenen Lösungen entschieden hatten. Sein Bericht an das Foreign Office vermerkte aber, niemand aus der »dissident group«, die FDP nahm er vorbehaltlich davon aus, werde das Verschwinden der EVG bei einer »Unitarier«-Lösung bedauern. Sie werde zu einer »Österreich-Lösung« führen, von der nur die Sowjetunion profitieren würde.[165] Dies bedeutete jedoch nicht, daß man Adenauers Vorschlag zu überwachten Volkskammerwahlen teilte. Die Experten hatten ihn nicht einmal als Alternative in ihren Bericht aufgenommen, angeblich, weil er zu spät präsentiert worden war. Tatsächlich lehnte man ihn wegen ernsthafter praktischer Schwierigkeiten« und der Gewißheit ab, daß die Russen niemals zustimmen würden.[166]
Damit war keine stärkere Hinwendung zu den ähnlich denkenden Kritikern Adenauers verbunden. Das Bekenntnis zur Politik des Bundeskanzlers und die Priorität der EVG-Ratifizierung ließen eine andere Wahl nicht zu. Allerdings stellte Adenauer seine alliierten Partner auf eine harte Geduldsprobe. Im Unterschied zu den Westmächten schien Adenauer die Pariser Ergebnisse weniger als Grundlage für die Viermächtekonferenz denn als Ausgangspunkt neuer und weiterer Sicherheitsüberlegungen für freie Wahlen zu sehen. Von alliierter Seite versuchte man ihn und seine Berater mit immer neuen Gegenargumenten auf das einfache Konferenzkonzept vom Dezember 1953 festzulegen, während er sich in einem »Drahtverhau der Widersprüche«[167] zu verfangen drohte. Doch Einwände, man werde nicht genügend Kandidaten für eine freie Volkskammerwahl finden, vor allem für die nicht-kommunistischen

165 Ebd.
166 s. Hoyer-Millars Schreiben an das Foreign Office, 8. Jan. 1954 (PRO FO 371/109271/C 1071/68).
167 »Der Spiegel«, 13. Jan. 1954, Nr. 3, S. 6.

Parteien, ließ Hallstein nicht gelten. Im Verlauf des Gesprächs mit Hoyer-Millar am 13. Januar 1954 meinte er:

»The Western democratic parties would probably choose candidates who were well known in the East, e.g. recent refugees. Candidates would not be obliged to appear personally in the East Zone during elections, but would be able to do so if they wished. Nor would they have to have been resident there before the elections. Proper supervision of the elections should make sure that they were not victimised.«[168]

Der britische Hohe Kommissar konnte solchen Gedanken wenig abgewinnen und kommentierte sie nach einer weiteren Unterredung mit Grewe:

»With all respect to the Chancellor's views on the subject, was it really likely that recent refugees would popular and respected candidates for the Western cause among the Germans who had stayed behind there?«[169]

Hallstein sah keine Komplizierung des Wahlproblems, da die Wähler lediglich zwei an Stelle eines Stimmzettels auszufüllen hätten. Zudem hielt er es für vorteilhaft, beide Wahlen, zur Volkskammer und zur Nationalversammlung, mit nur einer Wahlkampagne und einer internationalen Überwachung durchzuführen.[170] Grewe hingegen scherte aus und schlug ratlos hinter Adenauers Rücken vor, die Hohen Kommissare sollten den Kanzler vor ihrer Abreise nach Berlin noch einmal treffen und versuchen, »seine Ansicht zu erschüttern«.[171]

Adenauer rechnete nicht mit einer »unbefriedigenden« Zusammensetzung der Volkskammer bei überwachten Wahlen. Auf alliierter Seite war man nicht so sicher, und Grewe teilte die Bedenken. Fiel nämlich das Wahlergebnis tatsächlich nicht wunschgemäß aus, würden die Westmächte und auch die Bundesregierung gezwungen sein, die neue Volkskammer und Regierung anzuerkennen, selbst wenn sie »noch in der Gewalt oder in Allianz mit den Russen« standen.[172] Im Gegensatz dazu konnte man die bestehende DDR-Regierung »völlig ignorieren«. Eine neugewählte, unliebsame Regierung würde aber »weitgehend unsere eigene Schöpfung« sein.[173]

Nur eine neutral überwachte gesamtdeutsche Wahl konnte aus Sicht der westlichen Experten das freie Votum der DDR-Wähler gewährleisten und sie davon überzeugen, »that the Russians were really contemplating a new deal in Germany«.[174]

168 PRO FO 371/109273/C 1071/132, Hoyer-Millar an das Foreign Office, 14. Jan. 1954.

169 Telegramm Hoyer-Millars an das Foreign Office, 20. Jan. 1954 (PRO FO 371/109274/C 1071/192).

170 PRO FO 371/109273/C 1071/132.

171 PRO FO 371/109274/C 1071/192.

172 PRO FO 371/109273/C 1071/146, Bericht über Grewes Stellungnahme vom 12. Jan. 1954.

173 PRO FO 371/109273/C 1071/146, Hancock an Johnston, 18. Jan. 1954.

174 PRO FO 371/109272/C 1071/109, Aufzeichnung von Roberts über das Gespräch mit Schlitter vom 11. Jan. 1954. Grewe hatte schon in seiner Presseerklärung vom 22. Dez. 1953 erklärt, der Frage der Kontrolle freier Wahlen komme dann untergeordnete Bedeutung zu, wenn die Russen solchen Wahlen überhaupt zustimmten. Dies sei gleichbedeutend mit der Preisgabe der DDR (»NZZ«, Nr. 354. 25. Dez. 1953, S. 4). Nun fügte Grewe selbst noch einen Einwand gegen Adenauers Vorschlag hinzu. Auf Drängen der Russen könnte es dazu kommen, daß schließlich drei verschiedene Wahlgesetze in Anwendung kämen: eines für die DDR, eines für die Bundesrepublik und eines für gesamtdeutsche Wahlen. Das DDR-Wahlgesetz erschien ihm aber nur hinsichtlich des Wahlsystems, nicht aber der Bedingungen und Freiheiten während

Kirkpatrick versuchte einen Vorstoß aus anderer Perspektive. Adenauer werde kaum, so resümierte er alle Einwände, in der Lage sein, drei Wahlkampagnen zu bewältigen und dabei noch auf eine seiner jetzigen vergleichbaren Mehrheit der Stimmen hoffen können. Einen Vorschlag »auf so einseitiger Basis« konnte man nach seiner Meinung nicht vor der Öffentlichkeit rechtfertigen.[175]

Die in dieser Frage unterschiedliche Interessenslage wurde offenkundig, als der britische Hohe Kommissar Grewes Überzeugung, sein Vorschlag werde der deutschen öffentlichen Meinung »völlig natürlich« erscheinen, mit dem Hinweise begegnete, die Westmächte müßten Angebote machen, die der Öffentlichkeit in ihren Ländern »fair« erschienen.[176]

Schließlich war bei Volkskammerwahlen zusätzlich zu entscheiden, ob in Berlin getrennt nach Ost- und Westsektoren gewählt werden sollte. Dazu präsentierte Grewe fünf Tage vor Konferenzbeginn – nach Rücksprache mit West-Berliner Politikern, nicht aber mit Adenauer – nur seine »persönliche« Meinung, Berlin geschlossen wählen zu lassen, um eine Vertiefung der Spaltung zu vermeiden.[177]

Offensichtlich durch Bedenken des amerikanischen Hohen Kommissars Conant gegen die bloße Wahl eines »Zonenparlaments« angeregt, unterbreitete Adenauer kurz vor Konferenzbeginn in einem Gespräch mit diesem noch einmal detaillierte Vorschläge zu Landtagswahlen in der DDR, die möglicherweise an die Stelle der Volkskammerwahlen treten sollten.[178] Da die Ländergliederung und die föderative Verfassungsstruktur der DDR de jure weiterbestand und lediglich Landtage und Landesregierungen 1952 aufgelöst worden waren, sollte mit der Forderung nach Landtagswahlen die Wiederbelebung der Länderstruktur erreicht und der Zentralgewalt die regionale Basis entzogen (»die Beine abgeschnitten«) werden. Auf diese Weise sollte die SED-Regierung von oben (durch die Nationalversammlung) und von unten »umklammert« werden. Zwar hielt Adenauer Volkskammerwahlen weiterhin für die bessere Lösung, gewann aber dem Vorschlag, durch Landtagswahlen die föderative Struktur der Bundesrepublik auf die »Ostzone« auszudehnen, nicht zuletzt auch parteitaktische Vorzüge ab, da er meinte, der »zentralistischen Schule« in der Opposition einen Schlag versetzen zu können. Die Russen könnten ihr Gesicht wahren, da die von ihnen gestützte kommunistische Zentralregierung vorerst im Amt blieb, während die Länderregierungen die wichtige Kontrolle der Partei übernahmen.

der Wahl ausreichend. Für die DDR sollte daher das gesamtdeutsche Wahlgesetz gelten. Grewe fürchtete allerdings eine Anpassung des bundesrepublikanischen Wahlgesetzes und mögliche Reaktionen in der Bundesrepublik. Im Foreign Office hielt man allerdings am Prinzip nur einer Wählerschaft bei gesamtdeutschen Wahlen, also der Gültigkeit nur eines Gesetzes für ganz Deutschland fest (PRO FO 371/109271/C 1071/146, Bericht über Grewes Stellungnahme vom 12. Jan. 1954, Hancocks Schreiben an Johnston, 18. Jan. 1954). Obwohl man Grewes Ansicht nicht teilte, wollte man diese Frage »sehr vorsichtig« handhaben, da sie »den Deutschen ... von der größten Wichtigkeit« zu sein schien.

175 Ebd.

176 Hoyer-Millar an das Foreign Office, 20. Jan. 1954 (PRO FO 371/109274/C 1071/192).

177 PRO FO 371/109273/C 1071/146, Bericht über Grewes Stellungnahme vom 12. Jan. 1954; PRO FO 371/109274/C 1071/192, Hoyer-Millar an das Foreign Office, 20. Jan. 1954.

178 FRUS 1952-1954, VII, 1, S. 779 f. Vgl. die Aufzeichnung »Freie Wahlen und Bildung einer gesamtdeutschen Regierung« vom 21. Jan. 1954, dem Tag, an dem das Gespräch Adenauer-Conant stattfand (PA AA Wiedervereinigung Deutschlands, 202-03, ohne Stücknummer).

Nicht nur im Blick auf die Widerstände seiner Berater in der CDU-Fraktion war es darüber hinaus vermessen zu behaupten, diese Idee werde »von der großen Mehrheit der Meinung in der Bundesrepublik« getragen.[179] Im Foreign Office hatte man schon den Vorschlag zu Volkskammerwahlen für »unausführbar« gehalten. Der neue Vorschlag galt dort als »absolut unrealistisch«.[180]
Wie man die Dinge auch wendete, durch Adenauers neue Forderungen war der westliche Topos »Freie Wahlen in Deutschland« seiner vermeintlichen Eindeutigkeit entkleidet worden. Nicht mehr die Wahlen selbst, sondern die Frage des Machttransfers auf die mit noch nicht endgültig definierten Befugnissen auszustattende gesamtdeutsche Regierung wurde in den Brennpunkt gerückt. Mit ihrem Vorschlag, diese Regierung nicht von der Nationalversammlung, sondern von den (neugewählten) Parlamenten der Bundesrepublik und der DDR »in Kooperation« bilden zu lassen,[181] gerieten Adenauer und Hallstein in bedenkliche Nähe sowjetischer Verfahrensvorschläge. Weder die Nationalversammlung noch die Zentralregierung wären demnach durch das gesamtdeutsche Wählervotum in ihre vollen Befugnisse eingesetzt worden, sondern mittels eines unklar gehaltenen Machttransfers von den bestehenden Parlamenten und Regierungen.[182]
Entscheidend war weniger, daß man – im Unterschied zu den sowjetischen Vorschlägen – die Neuwahl der Volkskammer voraussetzte, sondern daß das gesamtdeutsche Votum entwertet und gesamtdeutsche Wahlen aufschiebbar wurden, was dem sowjetischen Standpunkt einer sofortigen gesamtdeutschen Regierungsbildung in die Hände gespielt hätte. Im Blick auf die bisherige westliche Haltung, die Sowjetunion ziele damit lediglich auf das Fortbestehen ihres Einflusses auf die Verhältnisse in ganz Deutschland, hätte Adenauers unausgereiftes Konzept dem westlichen Wiedervereinigungsplan denselben Vorwurf mit umgekehrten Vorzeichen eingehandelt.
Unumstritten war, daß die Westintegration der Bundesrepublik den Einfluß der von Adenauer geführten Bundesregierung in ganz Deutschland für die Zeit nach gesamtdeutschen Wahlen absichern sollte. Etwas anderes war es, dieses Ziel einer kritischen Öffentlichkeit zu vermitteln. Adenauers Vorschläge drückten – wie man im Foreign Office meinte – gar zu offensichtlich einen »Mangel an Vertrauen« in das Ergebnis der Wahlen aus.[183]
Grewe, der mehrfach »gesondert« den britischen Experten Ansichten des Bundeskanzlers erläutert hatte, gestand unumwunden ein, was Adenauer und Hallstein unter »größter Flexibilität« bei den bevorstehenden Viermächteverhandlungen verstanden:

> »In fact the advantage of this provision ... would be to give the Federal Government control over the modalities and timing of the transfer of powers to the all-German Government.«[184]

179 Ebd.

180 Aufzeichnung Hancocks, 22. Jan. 1954 (PRO FO 371/109275/C 1071/200[1]).

181 PRO 371/109273/C 1071/132, Hoyer-Millar an das Foreign Office, 14. Jan. 1954.

182 Vgl. das Memorandum der Bundesregierung vom 16. Jan. 1954 (PRO FO 371/109276/C 1071/241); Hoyer-Millars Telegramm an das Foreign Office vom 20. Jan. 1954 (PRO FO 371/109274/C 1071/192).

183 Randbemerkung von Roberts zu einem Telegrammentwurf Kirkpatricks an die britische Hohe Kommission vom 21. Jan. 1954 (PRO FO 371/109273/C 1071/146).

184 PRO FO 371/109273/C 1071/132, Hoyer-Millar an das Foreign Office, 14. Jan. 1954.

Adenauer wollte »master in its own house« bleiben und gegebenenfalls den Lauf der Dinge aufhalten können – »until the difficulties could be resolved«. Ein »zu schneller« Machttransfer hingegen gefährdete die Weichenstellungen der Bundesrepublik.[185]

Patrick Hancock unterstrich in einem Schreiben an die britische Hohe Kommission in Bonn bei aller grundsätzlichen Übereinstimmung die Reserviertheit des Foreign Office in taktischer Hinsicht mit den Worten:

> »The Chancellor's view is based on the assumption that we shall accept his proposal for elections in Eastern Germany at the same time as all-German elections take place, but even in that event we should still have no confidence that the East German Assembly would be able to act independently. On the other hand, we are confident that the all-German Constituent Assembly will be the sort of body which the Western Powers and the Chancellor himself would wish to see. This is the one rock upon which we can count.«[186]

Grewe hatte von Adenauers Bestreben gesprochen, »jeden Schritt« des Machttransfers an eine »gesamtdeutsche Behörde« und damit auch die Erlaubnis zum Beginn von Friedensvertragsverhandlungen, von der Billigung durch Bundestag und Volkskammer abhängig zu machen.[187] Er hielt dabei die Frage nach den Kompetenzen der Nationalversammlung »nicht von großer praktischer Bedeutung«, denn sie werde von sich aus versuchen, mehr Kompetenzen zu erhalten. Daher erschien es ihm überflüssig, eine entsprechende Konsultationsklausel dafür vorzusehen.[188] Im Pariser Expertenbericht hingegen war der Nationalversammlung das Recht des Machttransfers zugestanden worden.[189]

Im Foreign Office hoffte man, Adenauer von der Forderung nach Volkskammerwahlen abbringen zu können, und stellte dafür als Kompromiß in Aussicht, sofern ein sowjetischer Vorschlag zur Bildung einer gesamtdeutschen Regierung aus den bestehenden Teilregierungen dies geboten erscheinen ließ, zunächst freie Wahlen in

185 Ebd.

186 PRO FO 371/109273/C 1071/146, Schreiben vom 18. Jan. 1954.

187 PRO FO 371/109273/C 1071/146, Hoyer-Millars Bericht über Grewes Stellungnahme vom 12. Jan. 1954.

188 Ebd. Grewes Gesprächspartner von der Alliierten Hohen Kommission meinten hingegen, es werde schlecht aussehen, wenn das gesamtdeutsche Parlament, das mit beträchtlichen Schwierigkeiten entstanden sein würde, »should ostensibly have no say whatever in the transfer of powers to itself«.

189 Hancock bekräftigte diesen Standpunkt im wesentlichen in seinem Schreiben an Johnston in Bonn vom 18. Jan. 1954. Er schränkte aber ein, daß für den Fall die Zusammensetzung der Nationalversammlung »unbefriedigend« ausfiel – womit man nicht rechnen wollte –, keine Friedensvertragsverhandlungen mit ihr begonnen werden sollten. Sicherheitshalber sollte sich die gesamtdeutsche Regierung nicht vorab an Entscheidungen der »gesamtdeutschen Behörde« binden (ebd.). Roberts ergänzte in einem für die britische Hohe Kommission bestimmten Telegrammentwurf Kirkpatricks vom 21. Jan., der Machttransfer von der Nationalversammlung auf die gesamtdeutsche Regierung solle »in Konsultation« mit den Regierungen der Bundesrepublik und der DDR sowie – »wenn nötig« – mit den Hohen Kommissaren der Vier Mächte erfolgen (ebd.). Damit wich Roberts stillschweigend von der bisherigen Ablehnung von Adenauers Vorschlag zu Volkskammerwahlen ab. Eine Kooperation mit der bestehenden DDR-Regierung konnte kaum gemeint sein.

der DDR zu fordern.[190] Die Vorlage des westlichen Wiedervereinigungsplans sollte davon unberührt bleiben.
Durch alle Erwägungen, auch durch den die Diskussion noch mehr komplizierenden Plan zu Landtagswahlen, schimmerte Adenauers Bekenntnis zur Bindungsklausel hindurch. Der Alleinvertretungsanspruch wurde in abgeschwächter Form mit der Ungleichbehandlung der Regierungen und Parlamente nach den Wahlen angemeldet. Grewe hatte in seiner Stellungnahme vom 12. Januar 1954 zwar zugestanden, daß die Bundesrepublik und die DDR ihre vertraglichen Bindungen nach den Wahlen zunächst aufrechterhalten sollten, und es der gesamtdeutschen Regierung beim Friedensvertragsschluß zukäme, zu entscheiden, welche davon auf ganz Deutschland übertragen würden. Völlige Entscheidungsfreiheit war damit jedoch nicht gemeint, denn der deutsche Experte betonte, daß es »›might‹ be a different rule applicable to treaties concluded by the Federal Government for an area ›wider than the Federal Republic‹«.[191] Für Verhandlungen mit der Sowjetunion wäre dies schwerlich ein aussichtsreicher Rechtsstandpunkt gewesen.
Als die britischen Experten Eden am 21. Januar 1954 den ersten Entwurf des »Plans zur Wiedervereinigung Deutschlands in Frieden und Freiheit« vorlegten, blieben eine Reihe von Adenauers jüngsten Ansichten unberücksichtigt. Es fehlten darin vor allem Hinweise auf Volkskammer- bzw. Landtagswahlen,[192] auf die Zweifel bezüglich der Viermächtekontrolle in Deutschland, die Forderung, den Machttransfer nicht durch die Nationalversammlung, sondern durch die beiden Teilregierungen erfolgen zu lassen,[193] der Wunsch, auf die Mehrheitsentscheidung der Vier Mächte über die gesamtdeutsche Verfassung zu verzichten, und der Wunsch, die Bundesrepublik für die Zeit bis zu ihrer Auflösung nicht unter dem Besatzungsstatut zu halten.[194]
Als die drei Hohen Kommissare dies am 24. Januar Blankenhorn begründeten, bat dieser dringlich, die Meinungsverschiedenheiten nicht öffentlich werden zu

190 s. Kirkpatricks Telegrammentwurf an die britische Hohe Kommission vom 21.Jan 1954 (ebd.).

191 Ebd. Hoyer-Millar an das Foreign Office vom 14. Jan. 1954 über Grewes Stellungnahme von 12. Jan. Die Anführungszeichen im Zitat geben wörtliche Äußerungen Grewes wieder.

192 Die Amerikaner hatten sich dem Vorschlag zu Volkskammerwahlen nicht völlig verschlossen (s. die Aufzeichnung über das Expertentreffen der Westmächte vom 23. Jan. in Berlin, PRO FO 371/109276/C 1071/255). Roberts hingegen betrachtete es als »Sinnwidrigkeit«, wenn Adenauer für sich einerseits die breite Unterstützung durch die ostzonale Bevölkerung bei Wahlen reklamiere, andererseits aber eine neue Volkskammer verlange.

193 Man fand sich jedoch zu einer Kompromißformel bereit: »As soon as this all-German Government has been formed, the Assembly will lay down, in consultation with the existing Federal Government and with the authorities in the Soviet Zone and, as necessary, with the High Commissioners of the Four Powers how these two administrations should be brought to an end« (PRO FO 371/109275/C 1071/224, Aufzeichnung von Roberts vom 21. Jan. 1954 mit dem Entwurf des Wiedervereinigungsplans).

194 Weitere Erläuterungen und Begründungen für die Zurückweisung einzelner Punkte finden sich in den Papieren der britischen Delegation in Berlin (s. PRO FO 371/109276/C 1071/258, 259, 260). Gegen die vorgesehene Form des »Verfassungsvetos« der Vier Mächte erhoben die deutschen Verhandlungsführer »nachdrücklich Widerspruch«, ließen sich jedoch davon überzeugen, daß eine Streichung des Abschnittes über die mögliche Ablehnung von Beschlüssen der Nationalversammlung durch Stimmenmehrheit der Siegermächte ein sowjetisches Beharren auf einstimmiger Billigung provozieren könnte (Telegramm Grewes an das Auswärtige Amt, 29. Jan. 1954 [BA NL351, Bd. 27., fol. 365]).

lassen, da das Memorandum vom 18. Janaur über die Bildung einer gesamtdeutschen Regierung nicht wie das vorhergehende vom 16. Januar mit dem Auswärtigen Ausschuß des Bundestages abgestimmt worden war. Gleichzeitig machte er noch einmal den Versuch, die Vorschläge zu den Wahlen doch noch durchzusetzen, indem er sie für den Fall detaillierter Verhandlungen in Berlin empfahl.[195] Hier schimmerte Adenauers Befürchtung durch, die Westmächte könnten sich trotz seiner Ablehnung doch auf konkrete Verhandlungen einlassen.

Die Hohen Kommissare zeigten wenig Entgegenkommen und erklärten Blankenhorn, man werde die Vorschläge nicht vergessen, habe den drei Delegationen allerdings nicht empfohlen, sie zu irgendeinem Zeitpunkt vorzutragen.[196] Diese Haltung wurde von den drei Außenministern auf ihrem Vortreffen in Berlin am 23. Januar bekräftigt.[197] Trotz dieser eindeutigen Haltung hoffte man im Foreign Office einen Weg zu finden, um eine »head-long collision« über der Frage der Wahlen in der DDR zu vermeiden.[198] Die mangelnde Rückendeckung bei seinen einsamen Entscheidungen ließ allerdings kaum befürchten, daß Adeanuer eine Kraftprobe gewagt hätte. Dies bezeugen Äußerungen des CDU-Fraktionsvorsitzenden von Brentano und des Vorsitzenden des Auswärtigen Ausschusses des Bundestages, Gerstenmaier, die in einem Gespräch mit dem amerikanischen Hohen Kommissar Conant Adenauers »übervorsichtige« Haltung und »Nervosität« kritisierten.[199]

Von Brentano meinte, Adenauers Vorschläge seien so kompliziert, daß sie weder von der Öffentlichkeit noch von den Bundestagsführern verstanden würden und leicht »als Hinweise auf die Bevorzugung der EVG vor der Idee der deutschen Einheit zu diesem Zeitpunkt« ausgelegt werden könnten. Da die angeschnittenen Fragen nur »sehr theoretisch« waren, wollte die CDU-Fraktion, die nach Brentanos Angaben fast einhellig gegen Adenauers Vorschläge war, Loyalität bewahren und öffentliche Kritik vermeiden. Man rechnete damit, der Kanzler werde zum ursprünglichen, einfachen Programm zurückkehren, sobald sich – was man aber für unwahrscheinlich hielt – Anzeichen für ein Einlenken der Sowjetunion bezüglich freier Wahlen erkennen ließen. In diesem Fall wäre eine »so vollständige Revolution« der Verhältnisse zu erwarten, daß die von Adenauer gewünschten Sicherungen überflüssig würden. Von Brentano deutete diesbezüglich sogar Zugeständnisse in der Frage des Truppenanbzugs an.[200] Er teilte Adenauers Besorgnis über den Ausgang gesamtdeutscher Wahlen nicht. Er und – wie er meinte – auch andere führende Kräfte der Koalitionsparteien rechneten mit einer noch größeren Mehrheit für Adenauer als

195 PRO FO 371/109276/C 1071/257, Bericht über das Gespräch der Hohen Kommissare mit Blankenhorn.

196 Ebd. Während der Konferenz liefen die Arbeiten an einem Wahlgesetzentwurf weiter. Grewe beabsichtigte, mit von Kaufmann begutachteten Entwürfen aus dem Innenministerium noch Einfluß auf die alliierte Entscheidungsfindung nehmen zu können. Anfang Februar 1954 waren die deutschen Stellungnahmen noch nicht »übergabereif« (Telegramm Grewes an das Auswärtige Amt, 3. Febr. 1954 [BA NL351, Bd. 27. fol.295]).

197 FRUS 1952-1954, VII, 1, S. 789.

198 PRO FO 371/109275/C 1071/224, Aufzeichnung von Roberts vom 21. Jan. 1954.

199 FRUS 1952-1954, VII, 1, S. 775 ff., Conant aus Bonn an das Büro des amerikanischen Hohen Kommissars in Berlin, 21. Jan. 1954.

200 Zwar sollte die Präsenz amerikanischer Truppen nicht in Frage gestellt, wohl aber angeboten werden, sie hinter die Weser zurückzuziehen, wenn die Russen hinter die Oder-Neiße-Linie zurückgingen.

bei den zurückliegenden Bundestagswahlen. Die Risiken bei einer Verwirklichung des westlichen Wiedervereinigungsprogramms hielt er für »äußerst gering«. Gerstenmaier beschrieb Adenauers Absicht dahingehend, daß er allen potentiellen Gefahren vorab begegnen wolle, auf die Gefahr hin, daß dies zum Ende der Viererkonferenz führte.[201]

II.4.1.3 Die Volkspolizei als Verhandlungsobjekt?

Je näher die Viererkonferenz rückte, um so mehr kam Adenauers urspüngliche Abneigung gegen sie wieder zum Vorschein. Da sie nach dem sowjetischen Einlenken nicht mehr zu vermeiden war, hoffte er, sie in allgemeine, unverbindliche Bahnen lenken zu können und damit der Sowjetunion jede Möglichkeit zu einer Verlängerung des Treffens zu nehmen. Deshalb sprach er sich vorab gegen die Bildung von Viermächte-Arbeitsgruppen zur Erörterung spezieller Fragen während der Konferenz aus.[202] Die Außenminister sollten sich nur auf »wesentliche Grundprinzipien« einigen, deren Erörterung einer Arbeitsgruppe *nach* Ablauf der Konferenz obliegen würde.[203] Abweichend vom Paris-Report würden demnach die Hohen Kommissare nach der Konferenz mit der Ausarbeitung eines Wahlgesetzes beauftragt werden.[204] Adenauer wich auch in der Endphase der Konferenzvorbereitung nicht von der Praxis der Meinungbildung und -übermittlung innerhalb und durch seine engsten Mitarbeiter ab. Im Foreign Office bedauerte man, daß die Umbesetzung in der deutschen Vertretung in London keinen besseren Informationsfluß aus Bonn mit sich brachte. Der deutsche Chargé d'Affaires, Schlitter, erweckte vielmehr den Eindruck, als sei er weder über Adenauers Gespräche am Rande des NATO-Treffens noch über Grewes Auftritte bei den Experten in Paris ausreichend in Kenntnis gesetzt worden.[205] Sicherlich hätten aber Adenauers Vorschläge, die er nach Erhalt der alliierten Memoranda vom 4. Januar 1954 unterbreitete, sehr viel mehr Staub aufgewirbelt, wenn er sein bisher geübtes Konsultationsverfahren auf mehr Schultern verteilt hätte.

201 Ebd. Conant schrieb in seinem Bericht, die Minister Kaiser und Tillmanns, Staatssekretär Thedieck und Fraktionsgeschäftsführer Krone hätten privat »fast identische« Ansichten wie von Brentano und Gerstenmaier geäußert.

202 Sofern sie nicht zu umgehen waren, sollte für sie ein Abstimmungsmodus zugunsten des Westens durchgesetzt werden. Diese Ansichten Adenauers hatte erstmals der neue deutsche Vertreter in London, Schlitter, am 11. Jan.1954 Roberts überbracht (PRO FO 371/109272/C 1071/109 Aufzeichung von Roberts). Vgl. das Schreiben Johnstons an das Foreign Office vom 15. Jan. 1954 mit dem Bericht über ein Gespräch mit Grewe am 12. Jan. (PRO FO 371/109273/C 1071/146).

203 s. die zitierte Aufzeichnung von Roberts vom 5. Jan. 1954 sowie den Bericht Hoyer-Millars über ein Gespräch mit Adenauer und Hallstein vom 13. Jan. 1954 (PRO FO 371/109273/C 1071/131).

204 Trotz Bedenken wegen der zu erwartenden sowjetischen Ablehnung stimmte man im Foreign Office diesem Vorschlag zu (PRO FO 371/109273/C 1071/146, Telegrammentwurf Kirkpatricks an die britische Hohe Kommission, 21. Jan. 1954), ohne sich jedoch grundsätzlich gegen eine Arbeitsgruppe während der Konferenz auszusprechen, die allerdings strikt auf das Thema »Freie Wahlen« begrenzt werden sollte (Memorandum vom 24. Jan. 1954, PRO FO 371/109276/C 1071/260).

205 Roberts vermerkte in einer Aufzeichnung vom 5. Jan. 1954, Adenauer zöge es weiterhin vor, »to keep everything within a very small circle« (PRO FO 371/109270/C 1071/52).

Grewe nahm am 12. Januar 1954 ausführlich Stellung.[206] In der Frage der Wahlüberwachung war Adenauer inzwischen dazu übergegangen, nicht mehr eine neutrale, sondern eine Viermächtekommission zu fordern. Nach Grewes Ansicht bot sich dabei die Gelegenheit, die sowjetische Delegation in Bedrängnis zu bringen, da die Sowjetunion widersprüchlich nicht nur beide Varianten der Überwachung, sondern speziell auch eine UN-Kommission mit dem Hinweis auf die Zuständigkeit der Vier Mächte in Deutschland abgelehnt hatte.[207]
Dies war verwunderlich, da Adenauer die Rückkehr zu jeder Art von Viermächtekontrolle bisher strikt abgelehnt hatte und man auch bei den Alliierten befürchtete, sich dem Vorwurf auszusetzen, »die Uhr zurückstellen« zu wollen.[208] Darüber hinaus mußte man mit dem bekannten sowjetischen Vorschlag nach Einstimmigkeitsbeschlüssen in Viermächtegremien rechnen, dem man mit neutralen Kommissionen gerade zu begegnen wünschte.[209]
Grewe hingegen verwies nun auf den »bedeutenden psychologischen Vorteil«, den der Anblick westlicher Offizieller bei der Bevölkerung im Osten erzielen könnte. Um diesen Effekt zu steigern, sollten sie »erkennbare Uniformen« tragen. Die Bundesregierung erklärte sich im Gegenzug dazu bereit, der Präsenz uniformierter Russen während der Wahlen in der Bundesrepublik zuzustimmen.[210]
Die Besorgnis, es werde schwer sein, genügend geeignete Kandidaten für die Wahlüberwachung bei den Streitkräften zu finden, teilte Adenauer nicht, da es »nicht unbedingt reguläre Mitglieder der Streitkräfte« sein mußten. Wichtig war seiner Meinung nach der Eindruck, den der Ablick »einer fremden Uniform als solcher« auslösen würde. »Neutrale Beobachter in Zivilkleidung« vermochten »durchaus nicht dasselbe«.[211]
Damit war Adenauer beim Kernpunkt seiner neuen Überlegungen angelangt. Während es hier nur um äußere Wirkung ging, zielte der Vorschlag, die Volkspolizei der DDR auf der Viererkonferenz ins Gespräch zu bringen, auf die gesamte sicherheitspolitische Situation bei freien gesamtdeutschen Wahlen ab und, im weiteren Sinne, auf das Problem der Wiederbewaffnung und die militärische Lage in Deutschland.
Im Memorandum der Bundesregierung für die Westmächte vom 16. Januar 1954 wurde die Reduzierung und Abrüstung der von Adenauer auf 200.000 Mann geschätzten Volkspolizei auf das Niveau des Bundesgrenzschutzes in der

206 s. Hoyer-Millars Bericht an das Foreign Office vom 15. Jan. 1954 (PRO FO 371/109273/C 1071/146).

207 Adenauer war schon am 17. Aug. 1953 von der strikten Forderung einer UN-Überwachung abgerückt, ohne nähere Angaben über die angestellte Alternative zu machen. Wörtlich sagte er beim Kanzler-Tee vor Journalisten: »Das sind nach meiner Meinung keine entscheidenden Gesichtpunkte; da läßt sich irgend etwas finden« (Teegespräche 1950-1954, S. 486).

208 Hoyer-Millar an das Foreign Office, 20. Jan. 1954 (PRO FO 371/109274/C 1071/200).

209 Hancock, Foreign Office, an Johnston, Bonn, 18. Jan. 1954 (PRO FO 371/109273/C 1071/146); Kirkpatrick meinte allerdings: »Indeed, the fact that is likely to be the least acceptable to the Russians is perhaps an argument for putting it forward first« (ebd., Telegrammentwurf an die britische Hohe Kommission vom 21. Jan.)

210 s. den Bericht über Grewes Stellungnahme vom 12. Jan. 1954 (PRO FO 371/109273/C 1071/146). Vgl. Hoyer-Millars Bericht über ein Gespräch mit Adenauer, 14. Jan. 1954 (PRO FO 371/109273/C 1071/131).

211 s. Hoyer-Millars Bericht vom 14. Jan. 1954 über das Gespräch mit Adenauer.

Bundesrepublik gefordert.[212] Die Verwunderung bei den Westmächten war groß, und man sprach von der »Anomalie« des Vergleichs zwischen Volkspolizei und Bundesgrenzschutz.[213] Entweder mußte man die Polizeikräfte beider deutscher Staaten, einschließlich der Kasernierten Volkspolizei und des Bundesgrenzschutzes, vergleichen oder nur die zivile Polizei, einschließlich der mobilen Reserven in den Bundesländern. Im übrigen hielt man die zivile Volkspolizei der DDR bei der Sicherstellung einer freizügigen Wahl für ein sehr viel schwerer zu kontrollierendes Problem als die paramilitärische Kasernierte Volkspolizei.

In den Augen der westlichen Experten bedeutete der Vorschlag eine Infragestellung der »Grundhypothese« des gesamten Plans für freie Wahlen und eine Komplizierung der Konferenzvorbereitung. Wenngleich Grewe selbst »nicht begeistert« schien, hielt er doch »die bloße Existenz großer Polizeikräfte in der Ostzone« »für ein potentielles Einschüchterungsmittel« und betonte, es handele sich bei dem Vorschlag um einen »wesentlichen Teil jeden Plans für freie Wahlen ungeachtet der äußersten Unwahrscheinlichkeit«, daß – wie man auf alliierter Seite meinte – »die Russen ihm jemals zustimmten«.[214]

Das gesamte westliche Programm zur Wiedervereinigung war aus Adenauers Blickwinkel dadurch gefährdet, daß eine gesamtdeutsche Regierung auf den »unüberwindlichen Widerstand der kommunistischen Volkspolizei« stoßen werde, beim Versuch, in der DDR eine demokratische Ordnung durchzusetzen. Für die Rote Armee böte sich bei Zwischenfällen der Anlaß zur Intervention, in die auch die Westmächte verwickelt werden könnten.[215]

Erst aus dieser Sicht erklärt sich, warum Adenauer dem Vorschlag, neben der Nationalversammlung gleichzeitig oder sogar vorgezogen eine neue Volkskammer zu wählen,[216] »sehr große Bedeutung« beimaß und trotz Bedenken seiner Mitarbeiter unbeirrt daran festhielt.[217] Doch war dies nur ein Aspekt seines nicht immer kohärenten Konzepts. Die Suche nach politischen Garantien für eine günstige Konstellation in der DDR reichte ihm nicht. Seinem Grundgedanken folgend verlangte er, die Sicherheitsfrage vordringlich zu lösen. In diesem Fall schienen seine Überlegungen aber weniger nüchternem Kalkül als nervöser Sorge zu entspringen.

Zum gegebenen Zeitpunkt erschienen ihm grundsätzliche Entscheidungen über Veränderungen in Deutschland als Gefährdung des bisher in der Bundesrepublik Erreichten bzw. noch Unvollendeten.

212 s. die englische Übersetzung des Memorandums (PRO FO 371/109276/C 1071/241; s. a. Hoyer-Millars Telegramme an das Foreign Office vom 19. und 20. Jan. 1954 (PRO FO 371/109274/C 1071/178 und 200). Vgl. Adenauers Ausführungen vor dem CDU-Bundesvorstand vom 19. Jan. 1954 (Adenauer: »Wir haben wirklich etwas geschaffen«, S. 112).

213 s. Hoyer-Millars Bericht vom 20. Jan. 1954 über ein Gespräch zwischen Vertretern der Alliierten Hohen Kommission und Grewe (PRO FO 371/109274/C 1071/200).

214 Ebd.; s. a. das Memorandum der Bundesregierung vom 16. Jan. 1954 (PRO FO 371/109276/C 1071/241).

215 s. das Memorandum der Bundesregierung vom 16. Jan. 1954.

216 Letzteres hatte Schlitter Roberts mitgeteilt (s. Aufzeichnung von Roberts vom 11. Jan. 1954, PRO FO 371/109272/C 1071/109).

217 So Grewe im Gespräch mit Hoyer-Millar vom 13. Jan. 1954 (PRO FO 371/109273/C 1071/132). Im Memorandum der Bundesregierung vom 16. Jan. hieß es, das Bundeskabinett habe dem Vorschlag »nach sorgfältiger Erörterung« zugestimmt (PRO FO 371/109276/C 1071/241).

Auf alliierter Seite zeigte man kein Interesse, den Vorschlag zur Volkspolizei ernsthaft zu prüfen. Offensichtlich hielt man das in Paris in den Grundzügen entworfene Konzept für ausreichend und wollte sich durch Adenauers Bedenken nicht »verwirren« lassen.[218] In den westlichen Wiedervereinigungsplan ging Adenauers Vorschlag daher nicht ein.

Roberts hielt es für »widersinnig«, die Reduzierung der Volkspolizei und nicht den Abzug der Roten Armee zu fordern. Auf französischer Seite meinte man, die Ereignisse des 17. Juni 1953 hätten gezeigt, daß die Rote Armee die tatsächliche Macht besaß und gegebenenfalls einen »schlechten Einfluß« auf deutsche Wahlen nehmen werde.[219] Sie jedoch zum Gegenstand von Gesprächen mit der Sowjetunion zu machen, war so lange ausgeschlossen, als das westliche Sicherheitssystem der Vervollständigung harrte. Bis dahin galt es, jeden Anlaß für eine sicherheitspolitische Erörterung zu vermeiden. Conant hatte Adenauer nachdrücklich darauf hingewiesen, die Sowjetdelegation könnte den Vorschlag nutzen, um den Abzug aller Besatzungstruppen vor freien Wahlen zu verlangen.[220] Die drei westlichen Außenminister baten darüber hinaus die Bundesregierung, die Vorarbeiten für die anstehende Erhöhung des Bundesgrenzschutzes bis nach dem Konferenzende auszusetzen.[221]

II.4.1.4 Die Viererkonferenz und die Souveränität der Bundesrepublik

Im Gespräch mit dem britischen Hohen Kommissar Hoyer-Millar vom 13. Januar 1954 kam Adenauer scheinbar beiläufig auf ein Anliegen zu sprechen, das er schon 1953 in unterschiedlicher Weise angedient hatte. Wegen des Ausbleibens der französischen Ratifizierung der Westverträge hoffte er auf Verständnis bei den Alliierten für seinen Wunsch, wenigstens die politischen Teile des Vertragswerks vorab in Kraft zu setzen und die Bundesrepublik in die bedingte Souveränität zu entlassen. Die Vorbereitungen zur Viererkonferenz erschienen ihm geeignet, einen neuen Vorstoß zu wagen. Er kleidete ihn in das Gewand eines Kommentars zum Paragraphen 8 des Abschnittes über den Status einer gesamtdeutschen Regierung im zweiten Paris-Report.[222] Darin war vorgesehen, die gesamtdeutsche Verfassung nicht nur von der Nationalversammlung verabschieden, sondern auch von den Vier Mächten nach dem Mehrheitprinzip billigen zu lassen.

Da Adenauer – wie viele andere – überzeugt war, die Sowjetunion werde das Mehrheitprinzip ablehnen, Einstimmigkeitsbeschlüsse fordern und damit die Verfassung ganz verhindern können, sah er »eine österreichische Situation« auf Deutschland zukommen.[223]

218 Aufzeichnung Hancocks vom 22. Jan. 1954 (PRO FO 371/109275/C 1071/200[1]); vgl. Blankenhorns Telegramm an Adenauer und Hallstein, 24. Jan. 1954, und den Tagebucheintrag vom 25. Jan. (BA NL351, Bd. 27, fol.394, 396 f.).

219 s. die Aufzeichnung über das westliche Expertentreffen in Berlin am 23. Jan. 1954 (PRO FO 371/109276/C 1071/255). Hoyer-Millar hegte angesichts Adenauers Starrsinnigkeit den Verdacht »that he was not so keen as some to see a successful outcome of the present conference«.

220 Telegraphischer Bericht vom 21. Jan. 1954 über eine Unterredung Conants mit Adenauer vom Vortag (FRUS 1952-1954, VII, 1, S. 780).

221 Telegramm Blankenhorns an Adenauer und Hallstein, 27. Jan. 1954 (BA NL351, Bd. 27, fol.374).

222 Paris-Report II, S. 16.

223 PRO FO 371/109273/C 1071/132, Hoyer-Millars Bericht über das Gespräch mit Adenauer vom 13. Jan. 1954.

Deshalb versuchte Adenauer den Westmächten mit geschickten Formulierungen nahezulegen, ganz auf das Genehmigungsrecht für die Verfassung zu verzichten, da es »der Absicht der Westmächte« widerspräche, den gesamtdeutschen Staat als »souveränes Gebilde« entstehen zu lassen. Er hielt dieses Recht ohnehin von nur »begrenzter Wirksamkeit«, da es der Nationalversammlung freistehen werde, später Verfassungsänderungen vorzunehmen.[224]

Adenauer kam es nicht darauf an, die tatsächlichen Intentionen der Westmächte betreffend ganz Deutschland korrekt wiederzugeben. Sein Blick galt der aktuellen Lage der Bundesrepublik. Die im Paris-Report vorgesehene Wahrnehmung »bestehender Rechte« durch die Besatzungsmächte nach freien Wahlen bis zu Bildung einer gesamtdeutschen Regierung[225] wollte der Bundeskanzler dahingehend ausgelegt wissen, daß »die Regierungen und Parlamente in West- und Ostdeutschland so frei wie möglich« belassen wurden. Er begründete dies mit dem geradezu ketzerischen Argument, »daß in der Ostzone das Kontrollstatut aufgehoben« und »die Ostzone nun theoretisch frei sei, während Westdeutschland unter Besatzungsrecht lebe«.[226]

Grewe hatte dies am 12. Januar sehr viel zurückhaltender formuliert und in die Frage gekleidet: »... did this (d.h. die Wahrnehmung »bestehender Rechte«, N.K.) mean that the Allies envisaged the prolongation of the Occupation Statute as long as the Federal Government existed?«[227] Man habe gehofft, die Westmächte würden ihre Beziehungen zur Bundesregierung im Sinne der Bonner Verträge regeln oder ein Verfahren finden, nach dem die Bundesregierung auf gleiche Weise wie die gesamtdeutsche Regierung behandelt würde. Grewe sprach die Befürchtung aus, mit den »bestehenden Rechten« könnte die Rückkehr zum Viermächte-Kontrollrat gemeint sein.

Seine Gesprächspartner erläuterten, es sei damit die augenblickliche Regelung gemeint, bei der im Westteil Deutschlands nach dem revidierten Besatzungsstatut und im Ostteil nach der sowjetischen Regelung verfahren würde. Auf diesen Kommentar spielte Adenauer am Folgetag in seinem Gespräch mit Hoyer-Millar an. Während Grewe lediglich auf die sich ergebende unterschiedliche Behandlungsweise verwies, ging Adenauer einen Schritt weiter, indem er die formalen sowjetischen Zugeständnisse an die DDR für praktisch durchgesetzt ausgab.

Im Foreign Office sprach man von einem »Mißverständnis« der Bundesregierung. Sofern die Bundesrepublik betroffen war, sollte die bestehende Regelung bis zum Inkrafttreten der Bonner Verträge aufrechterhalten bleiben. Danach würden die Westmächte nur noch die darin vorbehaltenen Rechte ausüben. Kirkpatrick und Roberts betrachteten dies »gewiß im Interesse der Deutschen selbst«, denn es handelte sich dabei um die »legale Basis«, auf der allein sich das Verbleiben in

224 Ebd. Vgl. Grewes Äußerungen vom 12. Jan. 1954 im Gespräch mit Vertretern der Alliierten Hohen Kommission (PRO FO 371/109273/C 1071/146) und das Memorandum der Bundesregierung vom 16. Jan. 1954 (PRO FO 371/109276/C 1071/241).

225 Paris-Report II, S. 16 Paragraph 10.

226 PRO FO 371/109273/C 1071/132, Hoyer-Millars Gesprächsbericht vom 13. Jan. 1954; vgl. das Memorandum der Bundesregierung vom 16. Jan. (PRO FO 371/109276/C 1071/241).

227 PRO FO 371/109273/C 1071/146, Bericht über Grewes Stellungnahme zu den alliierten Memoranda vom 4. Jan. 1954.

Deutschland, »ganz besonders in Berlin«, begründen lasse. Adenauer könne nicht wollen, daß die Westmächte diese Basis aufgäben.[228]

Es war unschwer zu erkennen, daß Adenauer nachhaltig an seine Gedanken vom November 1953 erinnern wollte, den Generalvertrag vor dem EVG-Vertrag in Kraft zu setzen. Grewe machte dies in einem Gespräch mit Vertretern der Hohen Kommission am 20. Januar 1954 deutlich.[229]

Er forderte, die Westmächte sollten in der Übergangsperiode zwischen gesamtdeutschen Wahlen und Bildung einer Zentralregierung bzw. dem Friedensvertragsschluß in jedem Fall nur die Vorbehaltsrechte aus dem Bonner Vertrag ausüben, gleichgültig, ob dieser »in Kraft getreten ist oder nicht«. Denn, so argumentierte Grewe, in dieser Phase werde es schwierig sein, die Verträge in Kraft zu setzen.

Auf alliierter Seite hielt man dies für eine »very sweeping suggestion«. Die Deutschen würden demnach die Vorzüge der Verträge in Anspruch nehmen, »without necessarily taking on the corresponding responsibilities«.[230]

Die westlichen Experten waren rasch auf Adenauers Schliche gekommen. Hancock meinte, wenn Adenauer Sorgen wegen der »Zuverlässigkeit« der Nationalversammlung habe, »then he should insure against them by giving final control not to the Bundestag and the East German Assembly, but to the Allies themselves«. Er dachte dabei an das Verfahren der Billigung durch die Besatzungsmächte, das kein russisches Veto ermöglichte, d.h. an das Mehrheitsprinzip, und meinte: »If the worst comes to the worst, however, and the Russians refuse to accept it, we shall have to fall back on a system which merely ensures that work will be no interference with the actions of the assembly«. Ihm schwebte daher das österreichische Modell vor, bei dem alle Maßnahmen des Parlaments und der Regierung rechtskräftig wurden, sofern keine einstimmige Mißbilligung durch die Besatzungsmächte vorlag. Zwar bot dies nicht die Sicherheiten einer Mehrheitsregelung, doch waren dabei kaum Behinderungen in der Handlungsfreiheit der deutschen Behörden zu erwarten, denn es galt als unwahrscheinlich, daß sich die Vier Mächte auf einstimmige Mißbilligungen einigen konnten.[231]

Hancocks Kommentar lag ein Mißverständnis der Adenauerischen Absicht zugrunde. Letzterem ging es erst in zweiter Linie um die gesamtdeutsche Problematik der Frage. Vordringlich zielte er auf eine Lockerung der strikten Haltung der Westmächte, die Westverträge nur im Bündel in Kraft treten zu lassen. Sein taktisches Spiel mit den Befugnissen künftiger deutscher Verfassungsorgane, die er mal aufgewertet, mal künstlich begrenzt wünschte, zielte auf eine Abkürzung des Weges zur Souveränität der Bundesrepublik. Daraus sprach ein nicht mehr unerschütterlicher Glaube an die Ratifizierung in Frankreich. Churchill dachte ebenfalls laut über die Alternative einer NATO-Mitgliedschaft der Bundesrepbulik nach,[232] während die Außenministerien

228 PRO FO 371/109273/C 1071/146, Telegrammentwurf Kirkpatricks an die britische Hohe Kommission vom 21. Jan. 1954 mit Kommentaren von Roberts.

229 PRO FO 371/109273/C 1071/192, Hoyer-Millar an das Foreign Office, 20. Jan. 1954.

230 Ebd.

231 PRO FO 371/109273/C 1071/146, Hancock an Johnston, 18. Jan. 1954.

232 s. seine Rede vor dem Parteitag der Konservativen in Margate vom 10. Okt. 1953 (Auszüge in: Bulletin, Nr. 196 14. Okt. 1953, S. 1639 f.). Zu den Reaktionen in Frankreich: »NZZ«, Nr. 282, 14. Okt. 1953, S. 3. Vgl. Churchills Unterhausrede vom 17. Dez. 1953 (Keesing's, 1953, S. 4297 f.).

in Washington und London solche Spekulationen aus der Öffentlichkeit heraushalten wollten. Gleichwohl machte man sich im Foreign Office Gedanken über die »einseitige alliierte Konzession« einer vorzeitigen Inkraftsetzung der Bonner Verträge, wenn die Ratifizierung in Frankreich noch länger auf sich warten ließ. Dazu waren »streng vertrauliche« Gespräche mit den Amerikanern, nicht mit den Franzosen, vorgesehen.[233] Da man vor Komplikationen zurückschreckte, blieben diese Überlegungen unter Verschluß, und in der Konsultation mit Adenauer erinnerte man an den eigentlichen Zweck der bevorstehenden Konferenz: die Förderung der Ratifizierungsaussichten in Frankreich.

Dulles versuchte in einem streng geheimen Schreiben an Adenauer vom 20. November 1953[234] nachdrücklich die abbröckelnde Front der Befürworter der EVG in der Bundesrepublik zu schließen, indem er jede Form (west)europäischer Sicherheitsvereinbarungen als nutzlos und unsolide bezeichnete, »which are not based on full and effective Franco-German integration in the military and related fields«; das hieß nach Meinung des amerikanischen Außenministers, es sei keine Alternative bekannt, die wie die EVG eine solche Kooperation vorsah. Da die amerikanischen Interessen in Europa die Möglichkeit einer Wahl zwischen Frankreich oder Deutschland ausschlössen, wurde Adenauer an sein Versprechen erinnert, das bedeutendste Hindernis für die EVG-Ratifizierung, die ausbleibende Saar-Regelung zu beseitigen, umgehend einzulösen. In Anbetracht des »entscheidenden« und »günstigen historischen Augenblicks« schrieb er: »I do hope that no effort will now be spared to reach early agreement«. Der Oberkommandierende der alliierten Truppen in Europa, General Gruenther, erhob in einer Unterredung mit Adenauer erhebliche Einwände vor allem militärischer Art gegen eine »Ausschaltung« Frankreichs aus der westlichen Verteidigungsplanung und gegen ein politisches Abkommen zwischen den Vereinigten Staaten, Großbritannien und der Bundesrepublik im Falle eines Scheiterns der EVG.[235]

Unter diesem Blickwinkel gewann die Frage des Endes der Konferenz wieder an Bedeutung. Adenauer wollte verhindern, daß das Ergebnis nicht klar einzuordnen war und zu deutlich auf weitere Verhandlungen mit der Sowjetunion hinwies. Sein einziges Zugeständnis, das keinen glatten Abbruch verfolgte, war die Errichtung einer Viermächte-Arbeitsgruppe für Detailprobleme von Wahlen im Anschluß an das Außenministertreffen. Die Aussicht auf weitergehende Verhandlungen würde nach seiner Meinung die Ratifizierung in Frankreich weiter verzögern.[236]

Im Paris-Report war ausdrücklich formuliert worden: »To keep open the prospect of further negotiation with the Soviet Union at a later date«.[237] Adenauer drängte darauf, den Paragraphen »negativer« zu fassen, und schlug vor: »not

233 Positionspapier für die Bermuda-Konferenz (»Policy towards Germany«, PRO FO 371/103694/C 1071/771). Von deutscher Seite erwartete man den Wunsch nach Neuverhandlungen einzelner Klauseln.

234 Schreiben Dulles' an Adenauer, 20. Nov. 1953, Abschrift (BA NL351, Bd. 26. fol.230 f.).

235 Streng geheime Aufzeichnung über die Unterredung mit General Gruenther im Hause Adenauers vom 16. Nov. 1953 (BA NL351, Bd. 26, fol.246,247). Adenauer erwog ein solches Abkommen, um »den unvermeidlichen psychologischen Schock« beim deutschen Volk »zu absorbieren«, den ein Scheitern der EVG nach sich zöge.

236 PRO FO 371/109272/C 1071/129, Hoyer-Millar an das Foreign Office, 14. Jan. 1954.

237 Paris-Report II, S. 4 Paragraph 2 (VI).

to make later negotiations with the Soviet Union impossible«.[238] Er forderte weiterhin, ein sowjetisches Beharren auf dem Status der Berliner Konferenz als Nachfolgekonferenz bzw. Siebtes Plenartreffen des »Rates der Außenminister« zum »breaking point« zu machen.[239]

Da man auf alliierter Seite mit einem solchen Vorstoß der sowjetischen Delegation rechnete,[240] hätte Adenauers Position ein sehr frühes Ende der Konferenz heraufbeschworen. Der Bundeskanzler meinte, ein Nachgeben in dieser Frage werde den Eindruck entstehen lassen, man sei zur Viermächtekontrolle zurückgekehrt und die gesamte Arbeit der vergangenen Jahre in der Bundesrepublik würde zunichte gemacht.[241]

Die westlichen Außenminister bekräftigten jedoch bei ihrem Vortreffen am 23. Januar 1954 in Berlin die Empfehlung ihrer Experten, sich wegen der »unhappy associations« mit den Sitzungen des Rates der Außenminister zwischen 1946 und 1949 einem sowjetischen Ansinnen zu deren Wiederbelebung zu widersetzen, es darüber aber nicht zum Bruch kommen zu lassen.[242]

Kirkpatrick hielt Adenauers Haltung für »unrealistisch«, weil man sie kaum der Öffentlichkeit plausibel machen konnte. Wichtiger schien ihm das Argument, daß es bei einem derartigen Abbruch der Sowjetunion gelungen sein würde, den Westmächten die Schuld für das Scheitern der Konferenz zuzuschieben.[243]

Unmittelbar vor Konferenzbeginn hatte sich somit ein Kreis geschlossen. Hoyer-Millar fühlte sich daran erinnert, daß »Adenauer niemals große Begeisterung für das Berliner Treffen gezeigt hat«.[244] Der Kanzler beklagte das Wunschdenken hinsichtlich eines Erfolges der Konferenz, beruhigte sich aber gleichzeitig damit, nur zehn Prozent der westdeutschen Bevölkerung würden tatsächlich konkrete Ergebnisse erwarten.[245] Eine eigenwillige Deutung erlaubte ihm gar, für diese skeptische Sichtweise Ollenhauer als Zeugen zu bemühen.[246] Blankenhorn glaubte ebenfalls nicht an eine Lösung der deutschen Frage und notierte in sein Tagebuch, es sei »nach Lage der Dinge ... nichts anderes übrig (geblieben), als auf die Konferenz einzugehen«.[247] Es galt allerdings, die Gefahr zu bannen, daß die Sowjetunion »Fußangeln« zur Störung der Westintegrationspolitik erfolgreich anwendete und Europa einer »Balkanisierung« aussetzte. Gleichwohl hielt Blankenhorn die Möglichkeiten der EVG-Lösung zur Erlangung der Souveränität für erschöpft. Das bisherige Verfahren, »quasi mit suggestiver Kraft den Franzosen die EVG einzureden« und auch vor dem – von Dulles angewandten – »letzten Mittel« des »›shock treatment‹« nicht zurückzuschrecken, war an seine Grenzen gestoßen. Unmißverständlich gestand

238 PRO FO 371/109272/C 1071/129, Hoyer-Millar an das Foreign Office, 14. Jan. 1954.
239 Ebd. Er fürchtete vor allem eine sowjetische Verzögerungstaktik wegen des seinerzeit gültigen Einstimmigkeitsprinzips.
240 s. Paris-Report II, S. 6.
241 Hoyer-Millar an das Foreign Office, 14. Jan. 1954 (PRO FO 371/109272/C 1071/129).
242 FRUS 1952-1954, VII, 1, S. 788.
243 PRO FO 371/109273/C 1071/146, Telegrammentwurf Kirkpatricks an die britische Hohe Kommission, 21. Jan. 1954; vgl. das britische Memorandum vom 24. Jan. (PRO FO 371/109276/C 1071/260).
244 Hoyer-Millar an das Foreign Office, 14. Jan. 1954 (PRO FO 371/109273/C 1071/130).
245 Ebd.
246 Ebd. Vgl. Steininger, Deutsche Geschichte, Bd. 2, S. 469.
247 Aufzeichnung vom 16. Dez. 1953 (BA NL351, Bd. 26, fol.5, die folgenden Zitate fol.6,7).

Adenauers Vertrauter ein: »Es kann aber kein Zweifel daran bestehen, daß die EVG unsere politische Handlungsfähigkeit hinsichtlich der Wiedervereinigung beeinträchtigt. Niemals wird Frankreich ein Interesse daran haben, die deutschen Grenzen nach Osten zurückzurollen.« Für die bevorstehende Konferenz mit den Russen hätte er eine »vollzogene EVG« im Interesse einer »Position der Stärke« bevorzugt, aus der heraus man den deutschen militärischen Beitrag hätte »modifizieren« können, »für den Fall, daß die Sowjets die Ostzone herausgeben«. Nun müsse man aber mit einer »Alternativlösung« aufwarten, »die denselben ›bargaining value‹ hat«.
Obwohl Adenauer nichts von den Erörterungen der Westmächte über einen deutschen Friedensvertrag wußte und nur die erklärte Absicht kannte, ihn nicht zum Gegenstand der Verhandlungen in Berlin zu machen – nicht zufällig meinte man im Foreign Office, der Bundeskanzler werde »aus dem Häuschen geraten«, wenn er mehr erführe[248] –, forderte er auch in dieser Hinsicht noch eine Verschärfung. Die westlichen Experten hatten empfohlen, bei anhaltendem Druck seitens der Russen die Aufnahme des Themas als Tagesordnungspunkt zu akzeptieren, und zwar unter der Formel »Preparation of a German Peace Treaty«.[249] Adenauer pochte auch hier auf einen Wortlaut in stärker »negativer Form«: »We should not push too far our opposition to its inclusion«.[250]
Sicherlich handelte es sich bei dieser Stilübung nur um »a point not of substance but of ›face‹ as between Federal Republic and Soviet Union«, wie Hoyer-Millar meinte, und der Unterschied in den Positionen der Bundesregierung und der Westmächte erschien als »nicht so ernsthaft«.[251] Allerdings bestätigte dies, daß Adenauer nicht nur nicht an einen Erfolg der Viererkonferenz glauben mochte, sondern daß er ihn zu diesem Zeitpunkt nicht wollte und sogar fürchtete. Ungeachtet zahlreicher optimistischer Prognosen hinsichtlich einer baldigen Wiedervereinigung sah er die vordringliche Aufgabe am gegenwärtigen »Brennpunkt des Geschehens« darin, »unsere jetzige Politik fortzusetzen und die Nerven nicht (zu) verlieren«. Die deutsche Frage werde »nicht zur Ruhe kommen« und die Konferenz der »Anfang einer weiteren Verhandlung zwischen Ost und West sein«.[252] Adenauer ließ erkennen, daß seine Hoffnungen auf Frieden und einen internationalen Ausgleich auf der Wirkungskraft des atomaren Patt gründete.[253] Die Ambivalenz der Politik der Bundesregierung erforderte eine argumentative Gratwanderung. Bundesminister Tillmanns beschrieb die schwierige Aufgabe in einer Sitzung des CDU-Bundesvorstandes vom 19. Januar 1954 mit den Worten, man werde »gegen unsere eigenen Sorgen sprechen« und Optimismus verbreiten müssen, gleichzeitig aber »keine leichtfertigen Hoffnungen erwecken dürfen«.[254]

248 Hancocks Aufzeichnung vom 30. Dez. 1953 (PRO FO 371/109270/C 1071/58). Vor allem Franzosen und Amerikaner hatten auf Stillschweigen gedrängt (Aufzeichnung Warners vom 8. Jan. 1954, PRO FO 371/109269/C 1071/19).

249 Paris-Report II, S. 10.

250 PRO FO 371/109272/C 1071/129, Hoyer-Millar an das Foreign Office, 14. Jan. 1954. Hancock bekräftigte in einem Schreiben an Johnston vom 18. Jan. die britische Haltung (PRO FO 371/109273/C 1071/146) und Kirkpatrick verwies auf Präzedenzfälle, etwa die Tagesordnung von 1949 (Telegrammentwurf an die britische Hohe Kommission, 21. Jan. 1954, ebd.).

251 PRO FO 371/109274/C 1071/177, Hoyer-Millar an das Foreign Office, 19. Jan. 1954.

252 Protokoll der Sitzung des CDU-Bundesvorstandes vom 19. Jan. 1954 (Adenauer: »Wir haben wirklich etwas geschaffen«, S. 118 f.).

253 Ebd., S. 120.

254 Ebd., S. 128.

II.4.2 Zur Deutschlandpolitik der SED

Die enge Verzahnung der deutschlandpolitischen Aktivitäten der SED mit der sowjetischen Deutschlandpolitik macht es problematisch, aus diesem Beziehungsgefüge ein eigenständiges Konzept der SED herauszupräparieren. Gleichwohl ist es unumgänglich, die Rolle der SED im Rahmen der sowjetischen Politik während der Vorbereitung und des Verlaufs der Berliner Konferenz genauer zu bestimmen. Selbst wenn man den Anspruch der Partei, der wahre Sachwalter deutscher Interessen zu sein,[255] als Anmaßung ablehnt, bildete sie doch den Hauptstützpfeiler der Sowjetunion in Deutschland – neben der Präsenz der Roten Armee.[256]

Von einer unabhängigen Außenpolitik der DDR zum gegebenen Zeitpunkt zu sprechen, verbietet sich nach einem Blick auf die innere und äußere Lage zwischen dem 17. Juni 1953 und der Viermächtekonferenz. Formal hatte ihr die Sowjetunion mit der Staatsgründung im Jahre 1949 einen außenpolitischen Apparat zugestanden, doch fehlten diesem in der Praxis die souveränen Kompetenzen.[257]

Die Anlehnung der SED an die Sowjetunion stand außer Zweifel. Otto Grotewohl hatte schon 1948 von der Notwendigkeit gesprochen, sich »eindeutig und ohne jeden Rückhalt nach dem Osten zu orientieren«.[258] Der erste Außenminister der DDR, Georg Dertinger, bestätigte diesen Kurs und machte ihn zur außenpolitischen Maxime des neugegründeten Staatswesens.[259]

Die Ereignisse des 17. Juni 1953 hatten die SED-Führung in existentielle Bedrängnis gebracht. Das diffuse Meinungsbild innerhalb der Partei in den folgenden Wochen wurde jedoch rasch wieder auf Einheitlichkeit ausgerichtet. Ziel der Parteiführung unter dem gestärkten Ulbricht war die Abkehr von der anfänglichen »Büßerstimmung«.[260] Eine Parteisäuberung und die Kampagne für den mit deutschen »Be-

255 s. dazu allgemein: Werner Hänisch, Die Geschichte der Außenpolitik der Deutschen Demokratischen Republik. Grundlagen, Aufgaben, Etappen und Ergebnisse. Teil I, 1945-1955. Potsdam-Babelsberg 1964; ders., Außenpolitik und internationale Beziehungen der DDR. Bd. 1, 1949-1955. Berlin (Ost) 1972; ders. u.a., Geschichte der Außenpolitik der Deutschen Demokratischen Republik. Abriß. Berlin (Ost) 1968; Außenpolitik der DDR. Drei Jahrzehnte sozialistischer deutscher Friedenspolitik. Berlin (Ost) 1979.

256 Von einer »ostdeutsch-sowjetische(n) Interessen-Divergenz« spricht Dietrich Staritz (Zwischen Ostintegration und nationaler Verpflichtung. Zur Ost- und Deutschlandpolitik der SED, 1948-1952, in: Ludolf Herbst (Hg.), Westdeutschland 1945-1955. Unterwerfung, Kontrolle, Integration. München 1986, S. 280).

257 Streng genommen vollzog er nur die Sanktionierung bestehender Verhältnisse, etwa mit dem Görlitzer Abkommen (1950). s. Ernst Richert, Der Fall Dertinger und die DDR-Außenpolitik, in: OE (1953), H.3, S. 184 ff. Noch nicht erforscht ist die konkrete Ausübung der Weisungsbefugnis der Sowjetischen Kontrollkommission (SKK) gegenüber staatlichen und Parteistellen der DDR. Gegen Memoranda der SKK gab es »kaum eine Einspruchsmöglichkeit« (Stöckigt, Direktiven, S. 82). Die darin enthaltenen »Ratschläge« betrafen alle Bereiche des politischen, gesellschaftlichen und militärischen Lebens.

258 »ND«, 1. Juli 1948, S. 1. Rede vor dem Parteivorstand der SED vom 29./30. Juni 1948.

259 s. seine Erklärung vom 22. Febr. 1950, die sich eng an das Programm des Nationalrates der DDR von Mitte Februar 1950 anlehnte (»Tägliche Rundschau«, 23.Febr. 1950); vgl. dazu Meissner, Rußland, die Westmächte und Deutschland, S. 221 ff.

260 »ND«, 12. Juli 1953, S. 1; vgl. Grotewohls Rede auf der 15.Tagung des ZK der SED in: NW (1953), H.14/15, S. 4.

sonderheiten« ausgestatteten »Neuen Kurs« sollten dem hoffnungslos beschädigten Ansehen der Partei wiederaufhelfen.[261]
Hinsichtlich der deutschen Frage breitete sich in und außerhalb der SED tiefe Resignation aus, und auch die Sowjetunion zog sich vorerst aus der vordersten Linie des Propagandakampfes für die Wiedervereinigung Deutschlands zurück. Das Ergebnis der Bundestagswahlen mußte auf jene ernüchternd wirken, die ihre Hoffnungen insgeheim auf die Sozialdemokraten oder Kommunisten gesetzt hatten. Ideologische Abgrenzung wurde zum Gebot der Stunde. In der »Neuen Welt« hieß es apodiktisch: »Da die Kommunisten nicht mehr im Bundestag vertreten sind, kann es mit Westdeutschland zu keiner Einheit auf der Basis friedlicher Verhandlungen kommen.«[262]
Den Zungenschlag dieser Einschätzung hatte die »Pravda« am 9. September 1953 vorgegeben. Sie sprach von »Terror« bei den Wahlen und fügte hinzu: »Wenn die Adenauer-Clique und ihre Auftraggeber jenseits des Atlantiks die Einbeziehung Westdeutschlands in die Euroapaarmee und den Nordatlantikblock erreichen, dann bleibt die Wiedervereinigung Deutschlands unter einer gesamtdeutschen Regierung unmöglich.«[263]
Ulbricht meinte am 17. September 1953 in Anspielung auf Adenauers »Befreiungs«-These nach dem Wahlsieg, Westdeutschland müsse »von den Ketten der Versklavung durch den sogenannten Schuman-Plan sowie die Bonner und Pariser Verträge befreit werden«.[264] Es folgte die bekannte Forderung nach einer »Gesamtdeutschen Beratung« aus Vertretern beider deutscher Staaten zur Erreichung eines Deutschlands auf »demokratischer und friedliebender Basis« und für den raschen Abschluß eines Friedensvertrages. Parallel sollte eine Provisorische Regierung gebildet werden, die für die Organisation freier Wahlen zuständig war. Ulbricht fügte jedoch unmißverständlich hinzu, die Wiedervereinigung werde »nicht durch das reaktionäre Bonner Parlament«, sondern durch »das deutsche Volk« entschieden, und zwar »ohne und gegen Adenauer«.[265]
In enger Anlehnung an die Sowjetnote vom 15. August 1953 und unter Verweis auf die baldige Durchführung entsprechender sowjetischer Maßnahmen in der DDR sprach Ulbricht von der Notwendigkeit, daß die Westmächte sich hinsichtlich der Bundesrepublik diesen Maßnahmen anschlössen und Westdeutschland von finanziellen Verpflichtungen aus den Kriegsfolgen, von Reparationen, Restitutionen und Nachkriegsschulden befreiten.[266] Am 7. November 1953 mündete dieser Appell in eine von der Sowjetunion veranlaßte Note der DDR-Regierung an die Westmächte.[267]

261 s. Grotewohls und Ulbrichts Reden auf der 15.Tagung des ZK der SED in: NW, H.14/15 (1953); vgl. den ZK-Beschluß »Der neue Kurs und die Aufgaben der Partei«, in: Dokumente der SED. Bd. V. Berlin (Ost) 1954, S. 450, 458ff; s. a. die knappen Hinweise in: Frank Thomas Stößel, Positionen und Strömungen in der KPD/SED 1945-1954. Köln 1985, S. 581-587; zum Gesamtzusammenhang: Hermann Weber, Geschichte der DDR. München 1985, S. 245-255.

262 Hanna Starck, Aktionseinheit der Arbeiterklasse – das Gebot der Stunde, in: NW (1953), H.24, S. 5.

263 »Pravda«, 9. Sept. 1953; s. a. P.Naumov, in: ebd., 5. Okt. 1953.

264 »ND«, 7. Okt. 1953,; Keesing's, 1953, S. 4192.

265 Ebd.

266 Ebd.

267 s. den Wortlaut in: Dokumente zur Außenpolitik der DDR, Bd. 1, S. 217 ff.

Da die SED im Westen keine politische Basis für gemeinsame Aktionen besaß, blieb ihr nur die deklamatorische Empfehlung, die genannten Vorschläge der westdeutschen Arbeiterschaft und den Gewerkschaften zu vermitteln.[268] Daneben forcierte sie den Propagandafeldzug gegen Adenauer, dem sie »Wahlbetrug« unterstellte und den sie beschuldigte, keine »wahre und echte Demokratie«, sondern »eine ›Demokratie‹ der deutschen Monopolherren« errichtet zu haben.[269]
Solche Stimmen und Stimmungen waren kaum geeignet, die weiterhin gepflegte Parole »Deutsche an einen Tisch!« glaubwürdiger zu machen. Die SED-Politiker machten sich zu bedingungslosen Befürwortern sowjetischer Ziele nicht nur in der deutschen Frage, sondern selbst bei der Forderung einer Fünfmächtekonferenz mit der Volksrepublik China.[270] In dem Halbjahr zwischen dem 17. Juni 1953 und der Berliner Konferenz wurde die nationale Frage spürbar in den Hintergrund gerückt.[271] Zwar liefen die gesamtdeutschen Aktionen der »Nationalen Front« mit kaum verminderter Intensität weiter, doch wirkten sie träge und hatten gegen zahlreiche Widerstände anzukämpfen.[272]
Der Prestigeverlust der DDR-Regierung und die mangelnde Eigenständigkeit ihrer nationalen Politik konnten durch verbale Gesten in den sowjetischen Noten an die Westmächte nicht aufgewogen werden, die den Anschein erweckten, die deutsche Seite agiere in den eigenen Angelegenheiten selbstverantwortlich. Tatsächlich war die Rolle der SED als Einflußkanal sowjetischer Politik in ganz Deutschland kaum zu kaschieren. Die Einladung an den Ministerrat der DDR vom 15. August 1953, in Moskau über die Beziehungen der UdSSR und der DDR sowie über »das deutsche Problem im ganzen« zu beraten, entsprach dem Bild dieser Aufgabenteilung.[273] Der Ministerrat bedankte sich für den »Ausdruck großen Vertrauens zu den demokratischen Kräften des deutschen Volkes«.[274]
Die sowjetisch-deutschen Gespräche vom 20. bis 22. August dienten in erster Linie dazu, der DDR-Regierung wieder auf die Beine zu helfen. Wenngleich die hohen Belastungen für den Unterhalt der Sowjettruppen und andere Rüstungsausgaben blieben, kam dem Verzicht auf weitere Reparationszahlungen ab dem 1. Januar 1954 mehr als nur symbolische Bedeutung zu. Mit wenigen Ausnahmen gingen die sowjetischen Aktiengesellschaften wieder in deutschen Besitz über und

268 Vgl. Ulbrichts Rede vor der Volkskammer am 2. Okt. 1953, (ebd. S. 507-528); Rede Grotewohls vom 6. Okt. 1953, dem Vorabend des 4.Gründungstages der DDR (Otto Grotewohl, Im Kampf um die einige Deutsche Demokratische Republik. Reden und Aufsätze. Bd. III. Berlin (Ost) 1959, S. 529-538.

269 So Grotewohl am 2. Okt. 1953 vor der Volkskammer (s. Grotewohl, Im Kampf, S. 523).

270 Ebd., S. 524 ff.

271 Dies wird besonders in der mit großem Aufwand betriebenen Berichterstattung über die Vorbereitung des IV.Parteitages der SED erkennbar; s. dazu Stößel, S. 585.

272 s. Gerd Friedrich, Der neue Kurs und die Situation des SED-Regimes. Eine Analyse der politischen Absichten, Methoden und Ziele der SED, in: SBZ-Archiv, H.5 (1954), S. 69; s.auch »NZZ«, Nr. 347, 18. Dez. 1953, S. 2. Hier wird von einer »Aufklärungs«-Kampagne in der DDR über die Berliner Konferenz und Adenauers Rolle als »Hauptkriegstreiber« berichtet. Adenauer habe einen »Sonderausschuß zur Sabotierung der Berliner Konferenz« gebildet.

273 Dokumente zur Außenpolitik der DDR, Bd. I, S. 275.

274 Beschluß des Ministerrates der DDR vom 18.Aug. 1953 (Keesing's, 1953, S. 4122).

wurden die restlichen Nachkriegsschulden erlassen.[275] Nachdem Semenov am 27. September, einen Tag vor der Übergabe einer sowjetischen Note an die Westmächte, zum Außerordentlichen und Bevollmächtigten Botschafter in der DDR ernannt worden war, stieg auch der bisherige Missionschef der DDR in Moskau, Rudolf Appelt, in den Rang eines Botschafters auf.[276] Die formale Neuordnung der Beziehungen – Semenov behielt seine Funktion als Hoher Kommissar bei – umfaßte auch den Versuch, dem Außenministerium der DDR durch die Ernennung des bisherigen Aufbauministers, stellvertretenden Ministerpräsidenten und Vorsitzenden der NPD, Lothar Bolz, zum neuen Außenminister am 1. Oktober und des bisherigen Botschafters in Rumänien, Georg Handke, zum Staatssekretär und stellvertretenden Außenminister am 30. Oktober 1953 neuen Glanz verleihen. Die nach Grotewohls Meinung erreichte »erhöhte« Souveränität der DDR[277] sollte dazu befähigen, in der deutschen Frage ein gewichtiges Wort mitzureden.

Die Stoßrichtung der neuen Kampagne seit dem Frühherbst 1953 zielte gegen die Wiederbewaffnung der Bundesrepublik. Die von Grotewohl ausgemachte »fühlbare Entspannung der Weltlage« sei nur durch das EVG-Projekt gefährdet.[278] In der Diktion des DDR-Ministerpräsidenten standen Deutschland und Europa vor der Alternative zwischen »Europaarmee« und »Frieden«. Das angestrebte »einheitliche, demokratische, friedliebende und unabhängige« Deutschland sollte »keinerlei Pakten oder Koalitionen« angehören, »die gegen andere Völker gerichtet sind«.[279] Hinter dieser Formel verbarg sich kaum verhüllt ein neutralisiertes, gleichwohl mit der Sowjetunion verbundenes Deutschland.

Die SED hatte es sich in Übereinstimmung mit der sowjetischen Deutschlandpolitik zur Aufgabe gemacht, bei der Verhinderung der westlichen »Kriegsverträge« mitzuhelfen.[280] Denn diese Vereinbarungen, so stellte Bolz fest, dienten der »Wiedergeburt des aggressiven deutschen Militarismus« und der »Aufstellung einer westdeutschen Wehrmacht«, »die dem amerikanischen Oberkommando für die amerikanischen Kriegspläne zur Verfügung stehen soll«.[281] Die Bundesrepublik würde demnach zum »Hauptaufmarschgebiet eines neuen Krieges in Europa« und zu einem »gefährlichen Aggressionsherd« werden.[282] Dies entsprach der Sichtweise, die am 21. Oktober die sowjetische Regierungszeitung »Izvestija« unter Verweis auf angebliche

275 s. das Kommuniqué der Moskauer Verhandlungen vom 23.Aug. 1953 (Dokumente zur Deutschlanpolitik der Sowjetunion, Bd. I, S. 347). Eine Arbeitsgruppe von SED-Funktionären soll bereits zwischen Febr. und April 1953 »im Einvernehmen« mit der Sowjetischen Kontrollkommission eine Ausarbeitung über den Zusammenhang von Wirtschaftskrise und Reparations- bzw. Rüstungskosten verfaßt haben. Erst nach dem Tode Stalins sei sie nach Moskau weitergeleitet worden (Stöckigt, Direktiven, S. 83 f.).

276 s. Grotewohls Rede vom 2. Okt. 1953 vor der Volkskammer, in: Grotewohl, Im Kampf, S. 514.

277 Ebd.

278 Ebd., S. 515 ff.

279 Ebd., S. 528.

280 Erklärung Ulbrichts vor der Volkskammer am 25. Nov. 1953 (Dokumente zur Außenpolitik der DDR, Bd. I, S. 84).

281 So Bolz in einem ADN-Interview vom 28. Okt. 1953 (ebd., S. 78).

282 Ebd., S. 78 f.

»Geheimklauseln« in den Westverträgen dargelegt hatte.[283] Den Höhepunkt bildete dabei die Behauptung, der urspüngliche Gedanke zur EVG stamme von Hitler, und die Bundesregierung versuche, sein Werk zu »vollenden«.[284] Im Zuge der verschärften Propaganda vor der Viermächtekonferenz versuchte Albert Norden, offizieller Pressesprecher der DDR-Regierung, in einer Pressekonferenz vom 15. Dezember 1953, zu der auch westliche Journalisten geladen waren, nachzuweisen, die USA hätten bereits mit der Aufstellung westdeutscher Truppenkontingente begonnen, während französische Offiziere nicht einmal mehr in der eigenen Zone Einfluß hätten.[285]

Der Hinweis auf französische Interessen war nicht zufällig. Nachdem sich führende DDR-Politiker fast ausschließlich der Auseinandersetzung mit der Regierung Adenauer und den »aggressiven Plänen« der Vereinigten Staaten gewidmet hatten, wurde im Spätherbst – analog der sowjetischen Westpolitik – das Schwergewicht auf Frankreich verlagert.[286] Ulbricht erklärte am 25. November 1953 vor der Volkskammer: »Der Hauptstoß Adenauers richtet sich gegenwärtig gegen die nationale Unabhängigkeit Frankreichs, aber auch gegen die Deutsche Demokratische Republik und gegen die demokratischen Länder in Mittel- und Osteuropa.«[287]

Westdeutschland würde demnach unter der Führung der USA Westeuropa beherrschen.[288] Ulbricht weckte alte Ängste und Ressentiments in Frankreich, wenn er die »diffamierenden und erpresserischen Töne gegen Frankreich« mit der »Hitlerischen und Goebbelschen Herrenvolkagitation gegen unser westliches Nachbarvolk« in Verbindung brachte[289] und schließlich an die Reihenfolge von Hitlers Feldzügen erinnerte.

Damit war der Boden bereitet für den überraschenden Appell des Präsidiums der Volkskammer vom 5. Dezember 1953 an die französische Nationalversammlung, gegen die EVG zu votieren.[290] Das französische Parlament sollte verhindern, sich von einem wiederbewaffneten Westdeutschland »in neue Abenteuer hineinzerren« zu lassen.

283 N.Poljanov in: »Izvestija«, 21. Okt. 1953; vgl. dazu den Bericht über eine Sendung des DDR-Rundfunks vom 29. Okt., in der von »zuverlässigen Informationen« über ein »Geheimabkommen« zwischen Washington und Bonn die Rede war, welches vorsehe, im ersten Halbjahr 1954 unabhängig von der EVG-Ratifizierung in Frankreich und Italien mit der Aufstellung der westdeutschen Armee zu beginnen (s. »NZZ«, Nr. 299, 31. Okt. 1953, S. 2). Die Sondersendung war mehrfach angekündigt worden. s. a. die Dementi aus Bonn und Washington (ebd. und Nr. 301, 2. Nov. 1953, S. 2).

284 »Pravda«, 29. Okt. 1953.

285 s. »NZZ«, Nr. 346, 17. Dez. 1953, S. 3. Anfang 1954 erschien die vom Ausschuß für Deutsche Einheit herausgegebene Propagandaschrift »Bonn bereitet Revanchekrieg vor. Tatsachen über die Wiedergeburt des deutschen Militarismus im Adenauerstaat«, o.O., o.J.

286 Erste Ansätze waren unmittelbar nach den Bundestagswahlen vom 6. Sept. in der Ostberliner Presse bemerkbar (vgl. »NZZ«, Nr. 259, 20. Sept. 1953, S. 3).

287 Dokumente zur Außenpolitik der DDR, Bd. I, S. 85. Ulbrichts Rede ging eine breite Kampagne in Presse und Rundfunk voraus (s. »NZZ«, Nr. 316, 17. Nov. 1953, S. 2).

288 Dokumente zur Außenpolitik der DDR, Bd. I, S. 84.

289 Ebd., S. 94.

290 Ebd., S. 492-496. Die Botschaft an die Nationalversammlung wurde über den französischen Hohen Kommissar François-Poncet weitergeleitet.

Der DDR war jedoch in dieser Aktion nicht die Rolle des Vorreiters unter den sowjetischen Satellitenstaaten zuerkannt worden. Vielmehr folgte ihr Appell dem ähnlichen Unternehmen von polnischer Seite.[291]

Immerhin war er das Präludium zu einem Artikel des Parteiorgans der KPdSU »Pravda« vom 10. Dezember 1953 anläßlich des Jahrestages des sowjetisch-französischen Bündnisvertrages von 1944, in dem unter Bezugnahme auf die lebhafte Debatte in der französischen Nationalversammlung vom 17. November die Gefährdung von Frankreichs traditioneller Großmachtstellung durch die EVG beschworen wurde.[292]

Zwar reagierte das französische Außenministerium sehr distanziert auf das von sowjetischer Seite gezollte, ungewohnte Wohlwollen,[293] doch war die labile Regierung ohnhin nicht eigentlicher Adressat des östlichen Vorstoßes, sondern dieser richtete sich vornehmlich an die regen Gegner der EVG. Der britische Botschafter in Moskau, Hayter, hatte zum Jahresbeginn 1954 die hinter der DDR-Attitüde stehende sowjetische Zielsetzung mit den Worten beschrieben:

> »They (die Sowjets, N.K.) *ought* to believe that a Germany integrated with a genuinely pacific West would be less dangerous to them than a floating Germany, but their minds do not work that way. In any case the choice must seem to them between a unified Germany integrated with the West and the Federal Republic integrated with the West, and while still hoping to avoid both they will obviously prefer the latter.«[294]

Zur Strategie der Durchkreuzung der westlichen EVG-Politik gehörten die zahlreichen, politisch motivierten Friedenskongresse in der DDR, der Sowjetunion und anderen osteuropäischen Staaten. Die deutsche Frage bildete dabei einen wesentlichen Aspekt.

Im Westen vermutete man dahinter den sowjetischen Versuch, einen »breakdown« der Viererkonferenz nicht beim Thema »Freie Wahlen«, sondern beim Thema der deutschen Wiederbewaffnung zu suchen.

Im Foreign Office befürchtete man ein beträchtliches Echo in Westeuropa, vor allem bei der »middle-of-the-road-opinion« »among the neutralists and the faint-hearts«, wenn es der Sowjetunion gelänge, freie Wahlen gegen die Neutralisierung Deutschlands wirkungsvoll anzubieten.[295]

291 Polen hatte am 19. Nov. 1953, einen Tag vor der sowjetischen Zustimmung zur Viermächtekonferenz und zwei Tage nach Beginn der außenpolitischen Debatte in der französischen Nationalversammlung eine Note an die Regierungen Frankreichs, Belgiens, Hollands, Luxemburgs, Dänemarks und Norwegens gerichtet. (s. das Schreiben des britischen Botschafters in Warschau an das Foreign Office, 3. Dez. 1953 [PRO FO 371/103695/C 1071/804]. Deutscher Text: »Tägliche Rundschau«, 24. Nov. 1953 unter dem Titel »Polen alarmiert die Nachbarn Deutschlands«).

292 »Pravda«, 10. Dez. 1953; vgl. A. Kurow, Frankreichs wahre und falsche Freunde, in: »Neue Zeit« Nr. 51, 19. Dez. 1953, S. 14 f.; s. a. die Sowjetnote vom 3. Nov. 1953 (Die deutsche Frage 1952-1956, S. 51-54); zur Debatte in der französischen Nationalversammlung, in der erstmals seit längerer Zeit die EVG wieder auf der Tagesordnung stand, s. Keesing's, 1953, S. 4265 f.

293 s. »Le Monde«, 10. Dez. 1953; Keesing's, 1953, S. 4289.

294 Schreiben Hayters an Eden, 1. Jan. 1954 (PRO FO 371/109271/C 1071/84). Unterstreichung im Original.

295 Aufzeichnung J.W.Nicholls für Kirkpatrick, 1. Jan. 1954 (PRO FO 371/109270/C 1071/35). Nicholls meinte, einem solchen Angebot werde man schwerlich etwas entgegensetzen können.

An der IV.Tagung des Weltfriedensrates in Budapest vom 15. bis 20. Juni 1953 hatte eine »gesamtdeutsche Delegation« teilgenommen, der Martin Niemöller, Wilhelm Elfes und Johannes R.Becher angehörten. Niemöller hatte vom »Wagnis friedlichen Nebeneinanderlebens«, vom »großzügigen Versuch« der DDR, Maßnahmen rückgängig zu machen, und von der Hoffnung, »am Ende zu einer friedlichen Lösung der deutschen Frage« zu kommen, gesprochen. Obwohl ihm die Ereignisse um den 17. Juni 1953 noch nicht bekannt gewesen sein dürften und er gewissen Hoffnungen der Zeit unmittelbar zuvor Ausdruck verlieh, ging Becher schon zu diesem Zeitpunkt sehr viel deutlicher auf die »Taten« der DDR zur »Sicherung des Friedens« und die Forderung ein, auf einer Konferenz »unter Beteiligung von deutschen Vertretern einen Friedensvertrag für Deutschland auszuarbeiten«. Elfes versuchte trotz eines klaren Bekenntnisses gegen die EVG eine vermittelnde Position an den Tag zu legen:

> »Das deutsche Volk kennt nicht zwei deutsche Teilstaaten, sondern nur ein Deutschland. Darum verlangt es die Wiedervereinigung, nicht die Einbeziehung der DDR in die Bundesrepublik und nicht die Einbeziehung der Bundesrepublik in die DDR, sondern über Bundesrepublik und Deutsche Demokratische Republik hinaus die nationale und staatliche Einheit Deutschlands.«[296]

In der DDR richtete man das Augenmerk vor allem auf gemeinsame Auftritte deutscher Vertreter aus Ost und West. Die Kulturszene eignete sich dafür am ehesten, da offizielle politische Fühlungnahmen bisher gescheitert waren. Der DDR-Schriftsteller Stephan Hermlin wertete das Auftreten Niemöllers in Budapest sowie die Teilnahme des Vorsitzenden der Gesamtdeutschen Volkspartei, Gustav Heinemann, an der »Konferenz für die friedliche Lösung der deutschen Frage« am 9. Juni 1953 als »Fortschritte im Gespräch der Deutschen untereinander«.[297]

Doch war inzwischen der Aufstand des 17. Juni niedergeschlagen, und Hermlin sprach davon, die gezeigten Ansätze zum Gespräch seien von den durch die »Verbrechen der Kriegspartei« »Betrogenen und Irregeleiteten« zunichte gemacht worden.[298]

Als Ulbricht am 25. November 1953 sein Postulat einer »Gesamtdeutschen Beratung« zum wiederholten Male vortrug, schloß sich der Kulturbund mit der Resolution »Für eine gesamtdeutsche Beratung der Geistesschaffenden« an.[299] Becher nannte nun die DDR einen »wahrhaft demokratischen Staat«[300] und ließ keinen Zweifel daran, daß sich das neue Unternehmen als Ausdehnung der DDR-Politik auf ganz Deutschland verstand. Der »Deutsche Friedenstag«, der vom 10. bis 12. Dezember 1953 in Weimar stattfand, zollte der neuen Entwicklung Tribut.[301]

296 s. die Auszüge der Reden in: Aufbau, Nr. 6/7, 1953, S. 487-491, 492-496.

297 Aufbau, Nr. 8,1953, S. 611.

298 Ebd., S. 612.

299 Aufbau, Nr. 12, 1953, S. 1034 f.

300 Ebd., S. 1027.

301 SBZ 1945-1954, S. 287; zum Gesamtzusammenhang der Friedenskongresse: Peer Lange, Konfrontation mit dem westlichen Bündnis in Europa, in: Osteuropa-Handbuch, Sowjetunion, Bd. I, Außenpolitik, S. 550-557.

Die von Ulbricht ausgegebene Marschroute, die Konfrontation gegen die Regierung der Bundesrepublik und gegen die größte Oppositionspartei SPD zu verschärfen,[302] ließ nur zwei Deutungen zu: Die Entwicklung der DDR sollte auf ganz Deutschland übertragen werden, oder die gestellten Bedingungen sollten Verhandlungen über Deutschland ausschließen. Beide Alternativen hingen miteinander zusammen und konnten mit unterschiedlicher Gewichtung gleichzeitig vertreten werden. Die enge Verquickung des Kampfes gegen die EVG mit der nationalen Frage wurde aus Ulbrichts Wort vom drohenden »Bruderkrieg« zwischen Ost- und Westdeutschland nach Bildung einer Europaarmee deutlich. Nachdem es in Korea gerade zu einem ungewissen Waffenstillstand gekommen war, malte Ulbricht nun das Schreckgespenst eines »zweiten Korea« an die Wand.[303]

Neben dem »aktiven Kampf« gegen die EVG, wie ihn auch der Nationalrat der Nationalen Front in einem Aufruf vom 7. Dezember 1953 verkündete,[304] galt es vor allem, die DDR im Innern zu konsolidieren. Ulbricht hatte in seiner programmatischen Rede vom 25. November 1953 erklärt:

> »Die erste Aufgabe im Kampf um die Erhaltung des Friedens und um die nationale Wiedervereinigung Deutschlands auf demokratischer Grundlage ist die Stärkung der Deutschen Demokratischen Republik. Die Stärke der Deutschen Demokratischen Republik gibt der Arbeiterklasse und allen patriotischen Kräften in Westdeutschland immer wieder neue Kraft in ihrem schweren und opferreichen Kampf gegen die Kräfte des westdeutschen Militarismus, gegen den Amerikanismus. Die Stärke der Deutschen Demokratischen Republik zeigt aber auch den Militaristen in Westdeutschland die Aussichtslosigkeit ihrer Pläne.«[305]

Als die westliche Gipfelkonferenz auf Bermuda bekanntgegeben worden war, verbreitete man in Ost-Berlin das Gerücht, die Sowjetunion plane wenig später eine Außenministerkonferenz der Ostblockstaaten, an der die DDR beteiligt sein werde. Das angeblich für Mitte Dezember 1953 geplante Treffen sollte demnach die Aufhebung des Besatzungsregimes in der DDR und die formale Souveränitätserklärung beschließen.[306]

Die rasche Anerkennung der Souveränität der DDR durch die Sowjetunion nach Ablauf der Berliner Konferenz deutet darauf hin, daß dieser Schritt lange geplant und für einen günstigen Moment aufgespart worden war.

Die drei ZK-Tagungen der SED in dem reichlichen halben Jahr zwischen dem 17. Juni 1953 und dem Beginn der Berliner Konferenz sind Marksteine einer Politik, die zu Anfang mit der Rückbesinnung auf die »Richtigkeit der Generallinie« und mit der »Beseitigung der Folgen des 17. Juni« beschäftigt war, um über die nach außen gegen die EVG-Politik der Bundesregierung gerichtete Offensive zur

302 s. Dokumente zur Außenpolitik der DDR, Bd. I, S. 89 f.

303 Ebd., S. 84.

304 SBZ 1945-1954, S. 287.

305 Dokumente zur Außenpolitik der DDR, Bd. I, S. 115.

306 Die Gerüchte besagten sogar, es werde sich um eine Konferenz (in Warschau) zur Deutschen Frage handeln (s. die Materialien PRO FO 371/109303/C 1071); s. a. »NZZ«, Nr. 324, 25. Nov. 1953, S. 2. Viele Beobachter sahen in den Gerüchten nur einen »Versuchsballon« zur Beeinflussung der Westmächte und deuteten sie als Parallelaktion zur polnischen Note vom 19. Nov. Am ehesten schien man in Frankreich geneigt, darin mehr als nur ein russisches »Störmanöver« zu sehen.

»Stärkung der DDR« beizutragen und schließlich »mit wachsender Unterstützung der Sowjetunion« zu einer stärker nach innen gewendeten Konsolidierungspolitik zu finden.[307]

Für die SED ging es nicht darum, den »Aufbau des Sozialismus« zu »verlangsamen«, wie Grotewohl nach der Rückkehr aus Moskau Ende August 1953 erklärt hatte,[308] sondern um die Neustrukturierung der Politik vor dem Hintergrund erbitterter Auseinandersetzungen in der Parteiführung.

Auf der Suche nach Anerkennung beschränkte sich die DDR-Regierung bei der »Verständigung der Deutschen miteinander« nicht auf Fragen der Wiedervereinigung, sondern verlagerte sie zusehends auf die Ebene praktischer Vereinbarungen auf unterer Ebene. Auch dabei wurde sie von sowjetischer Seite eskortiert.[309]

In seiner Rede vom 25. November 1953 hatte Ulbricht die Möglichkeit einer Beseitigung von Handelsschranken, die Übernahme einer Vermittlerrolle der DDR-Regierung zu den anderen osteuropäischen Staaten, Erleichterungen im Interzonenverkehr und den Austausch über Fragen der Polizeistärke, Bewaffnung, Standorte und Aufgaben durch deutsch-deutsche Verhandlungen angeboten.[310]

In Anlehnung an Formeln des Notenwechsels zwischen den Westmächten und der Sowjetunion sollten »ohne vorherige Bedingungen ... am runden Tisch zu jeder Zeit sämtliche Fragen« erörtert werden.[311] Ulbricht stellte der Bundesrepublik einen blühenden Osthandel in Aussicht und wiederholte dieses Angebot in seiner Regierungserklärung vom 16. Dezember 1953.[312]

Doch war inzwischen eine Übereinkunft zur Viererkonferenz erzielt und das Schwergewicht wieder auf die übergeordnete Ebene innerdeutscher Verhandlungen über die Bildung einer Prosvisorischen Regierung, die Vorbereitung gesamtdeutscher Wahlen, die »Herbeiführung eines Friedensvertrages und den Abzug aller Besatzungstruppen« verlagert.

307 s. V.N.Belezki, Die Politik der Sowjetunion in den deutschen Angelegenheiten der Nachkriegszeit 1945-1976. Berlin (Ost) 1977, S. 153. Zu den ZK-Tagungen vom 24. bis 26. Juli und 17. bis 19. September 1953 sowie vom 22. bis 23. Januar 1954 (d.h. die 15., 16. und 17.Tagung), s. Der neue Kurs und die Aufgaben der Partei (ZK-Beschluß vom 26. Juli 1953), in: Dokumente der SED, Bd. IV. Berlin (Ost) 1954, S. 449-478; ausführlicher: Das 15.Plenum des ZK der SED vom 24. bis 26. Juli 1953. Parteiinternes Material. Berlin (Ost) 1953. Laut ZK-Beschluß galt als »wichtigste Voraussetzung für die Herstellung der Einheit Deutschlands« »die Verständigung der Deutschen aus Ost und West über konkrete Maßnahmen« unter der Parole »Deutsche an einen Tisch«. Dokumente zur nationalen Frage der 16.Tagung sind in der Sammlung nicht enthalten. Zur 17.Tagung s. Über die Entfaltung der politischen Massenarbeit im Dorf und die nächsten Aufgaben in der Landwirtschaft (ZK-Bescluß vom 23. Jan. 1954). Darin war einleitend davon die Rede, daß sich »immer breitere Schichten unseres Volkes ... aktiv am Kampf gegen die Verwirklichung des EVG-Vertrages« beteiligten (Dokumente der SED, Bd. IV, S. 34-58, hier: S. 34).

308 Bericht Grotewohls vom 28.Aug. 1953 vor dem Politbüro der SED (Zit. nach Weber, Geschichte der DDR, S. 247).

309 So wurde am 3. Okt. 1953 den DDR-Behörden die Ausstellung von Interzonenpässen übertragen (SBZ 1945-1954, S. 276). Die westlichen Hohen Kommissare hoben auf Ersuchen der Bundesregierung am 14. Nov. den Interzonenpaß auf und erklärten den Verzicht auf Aufenthaltsgenehmigungen von Besuchern aus der DDR (ebd., S. 282). Daraufhin gestaltete das DDR-Innenministerium das Reglement des Interzonenverkehrs neu (ebd., S. 284).

310 Dokumente zur Außenpolitik der DDR, Bd. I, S. 101 ff.

311 Ebd., S. 99.

312 Ebd., S. 220-224.

Der Bogen wurde aus der Gegenwart zurück in das Jahr 1945 zur »Berliner Konferenz« – gemeint war die Potsdamer Konferenz – gespannt und die »historische Gültigkeit« des Potsdamer Abkommens beschworen.[313]
Pikanterweise versuchte Ulbricht zu widerlegen, daß die sowjetischen Vorschläge auf eine Neutralisierung Deutschlands hinausliefen. Die Behauptung, nur ein »einiges, friedliebendes, demokratisches Deutschland, dessen militärische Kräfte im Friedensvertrag festgelegt und dessen Grenzen durch die Unterzeichner des Friedensvertrages garantiert sind«, könnte »eine selbständige, den nationalen Interessen des deutschen Volkes entsprechende Außenpolitik durchführen und friedliche und freundschaftliche Beziehungen zu seinen Nachbarn pflegen«, stellte sich daher vor allem als formelhaft verschleiertes Bekenntnis zu einer Orientierung an der Sowjetunion dar.[314]
Unklar blieb, mit wem Ulbricht auf westdeutscher Seite verhandeln wollte. In den Bereich gezielter Desinformation dürften Berichte über Äußerungen des stellvertretenden Außenministers Handke gehören, nach denen die Sowjetunion ihre Deutschlandpolitik im Sinne des ursprünglichen Kaufmann-Plans modifiziert und nur die militärische Neutralität zur entscheidenden Bedingung gemacht hätte.[315] In diese Richtung zielte auch Ulbrichts Vorschlag, Vertreter der DDR und der Bundesrepublik zu den Beratungen der Viermächtekonferenz hinzuzuziehen.[316] Vergeblich bemühte sich Volkskammerpräsident Johannes Dieckmann am 17. Januar 1954 um Unterstützung dieses Antrags beim Bundestagspräsidenten Hermann Ehlers.[317] Die »Tägliche Rundschau« hatte die Offerte mit den Worten begleitet: »Diese Vorschläge sind die Stimme Deutschlands.«[318]
Die Bestrebungen mündeten in dem Ersuchen der DDR-Regierung an die Außenminister der Vier Mächte vom 24. Januar 1954, Vertreter beider Teile Deutschlands an der Konferenz in Berlin »teilnehmen« und »mitwirken« zu lassen.[319] Von einer »gesamtdeutschen« Delegation war nicht ausdrücklich die Rede. Ulbricht hatte schon in seiner Rede vom 25. November 1953 – in Kenntnis der Sowjetnote an die Westmächte vom folgenden Tag, wie der britische Botschafter in Moskau, Hayter, meinte[320] – ein Treffen von Vertretern beider Teile Deutschlands gefordert und zu Vermutungen Anlaß gegeben, die Sowjetunion werde diese Karte auf der Viererkonferenz entschlossener als bisher ausspielen. Die Richtlinien des ZK der SED vom 29. Dezember 1953 für das Verhalten der Partei während der Konferenz und für die Vorbereitung des IV. Parteitages der SED hoben diesen Punkt besonders

313 Vgl. die Schrift von Karl Bittel, Vom Potsdamer Abkommen zur Viermächtekonferenz. Berlin (Ost) 1953, S. 72. Darin wird das Abkommen als »das entscheidende geschichtliche Dokument« für die Gestaltung der »nationalen Zukunft« Deutschlands bezeichnet.

314 Regierungserklärung Ulbrichts vom 16. Dez. 1953 (Dokumente zur Außenpolitik der DDR, Bd. I, S. 221).

315 »Der Spiegel«, Neujahr 1954, H.1, S. 5.

316 Dokumente zur Außenpolitik der DDR, Bd. I, S. 224.

317 s. Hänisch, Außenpolitik und internationale Beziehungen, S. 213.

318 s. den Leitartikel in »Tägliche Rundschau«, 18. Dez. 1953; vgl. »NZZ«, Nr. 348, 19. Dez. 1953, S. 2.

319 Dokumente zur Außenpolitik der DDR, Bd. I, S. 117 f. Am Vortage hatte der Präsident des Nationalrates der Nationalen Front, Erich Correns, Bolz' Schreiben an die vier Außenminister mit der gleichen Forderung überreicht.

320 PRO FO 371/103696/C 1071/836, Hayter an Eden, 1. Dez. 1953.

hervor. Die Entfaltung einer »großen patriotischen Volksbewegung« sollte einem »neuen politischen Kräfteverhältnis in ganz Deutschland« den Weg ebnen und sich so stark bemerkbar machen, daß »ihre Stimme zur Berliner Konferenz als Meinung der Mehrheit des deutschen Volkes« gelten konnte.[321]

Die Legitimität dazu hatte Ulbricht aus dem »guten Gewissen« der DDR abgeleitet, das sich nach seinen Worten darauf gründete, daß »kein Kriegstreiber sein verderbliches Spiel treiben« konnte, die Jugend »im Geiste der Völkerfreunschaft und der Feindschaft gegen jeden Rassismus erzogen« werde und durch die Errichtung der »Arbeiter- und Bauernmacht« »eine neue Seite der deutschen Geschichte aufgeschlagen« worden sei.[322]

Trotz des rhetorischen Aufbegehrens gegen die verbreitete Ansicht vom Scheitern einer Konferenz[323] läßt die wahlweise Benutzung der Formel von der »gesamtdeutschen Beratung«, der Parole »Deutsche an einen Tisch!« sowie der Forderung nach Hinzuziehung von Vertretern »beider Teile Deutschlands« oder »aus West- und Ostdeutschland« Anklänge an die spätere »Zwei-Staaten-Theorie« erkennen. Ulbricht hatte bereits auf der 16. ZK-Tagung der SED am 17. September 1953 von »faktisch zwei Staaten« in Deutschland gesprochen und deutsch-deutsche Verhandlungen gerade damit begründet.[324] In seiner Rede vor der Volkskammer vom 25. November sprach er sogar unumwunden von »zwei Staaten«.[325]

Kein sowjetischer Politiker hatte bisher öffentlich in dieser Deutlichkeit Stellung bezogen. Ulbrichts Wort erinnerte an Ždanovs unversöhnliche Theorie von den »zwei Lagern« aus dem Jahre 1947.[326] Allerdings gab es noch vor der offiziellen Erklärung der »Zwei-Staaten-Theorie« im Anschluß an die Genfer Gipfelkonferenz von 1955 tendenzielle sowjetische Kommentare in dieser Richtung.[327]

Im zweiten Halbjahr 1953 handelte es sich noch nicht um eine verbindliche Sprachregelung. Ulbricht hatte aber bereits mit aller Schärfe die Unterschiede der »beiden Teile Deutschlands« betont und die These von den »zwei Staaten« von der rein staatsrechtlichen in eine militärische, ökonomische und gesellschaftliche Dimension gewendet. Aus seiner Sicht ging es um eine Entscheidung zwischen »Krieg« und »Frieden«.[328] Diese auf ganz Deutschland bezogene Perspektive

321 Dokumente der SED, Bd. V, S. 33.

322 Rede vor der Volkskammer am 25. Nov. 1953 (Dokumente zur Außenpolitik der DDR, Bd. I, S. 116).

323 s. Ulbrichts Regierungserklärung vom 16. Dez. 1953, ebd., S. 221.

324 Der Weg zu Frieden, Einheit und Wohlstand. Aus dem Referat von Walter Ulbricht auf der 16.Tagung des ZK der SED am 17. Sept. 1953, in: »ND«, 19. Sept. 1953. In der Sammlung »Dokumente der SED« ist diese Rede nicht enthalten. Die Redaktion des »Neuen Deutschlands« wurde durch Beschluß des Politbüros vom 22. Sept. wegen der Berichterstattung vom 19. Sept. 1953 über die ZK-Tagung scharf verurteilt (s. Dokumente der SED, Bd. IV, S. 508 ff.).

325 Dokumente zur Außenpolitik der DDR, Bd. I, S. 95.

326 s. sein Referat auf der Gründungsversammlung des Kominform, Ende September 1947 (Über die internationale Lage, in: Neue Welt, 1947, S. 3-22).

327 s. dazu Jens Hacker, Der Rechtsstatus Deutschlands aus der Sicht der DDR. Köln 1974, S. 133-148.

328 Malenkov hatte am 22.Aug. 1953 während des Besuchs der DDR-Regierungsdelegation in Moskau von der Alternative »Frieden« oder »Aggression« gesprochen (Dokumente zur Deutschlandpolitik der Sowjetunion, Bd. I, S. 341).

verlangte ein – zumindest zeitweiliges – Bekenntnis zum Status quo, denn »die nationale Wiedervereinigung« werde »nicht plötzlich erfolgen«.[329] Erst eine Konsolidierung des Regimes in der DDR versprach der SED einen Zuwachs an Manövrierfähigkeit in der deutschen Frage. Die sowjetische Betonung der »historischen Rolle« der DDR anläßlich des vierten Jahrestages der Staatsgründung am 7. Oktober 1953 bekräftigte diese Absicht.[330]
Erfolge der DDR kamen demnach einem »Todesurteil« für die »reaktionären Kräfte« im Westen gleich. Allerdings war die Vorbildfunktion der DDR für Gesamtdeutschland – damit mußte Ulbricht trotz allem kalkulieren – nur eine Seite der mehrgleisigen sowjetischen Deutschlandpolitik. Entsprechend hieß es im Kommentar zum Jahrestag:

> »Die Deutsche Demokratische Republik hat der ganzen Welt gezeigt, daß es möglich ist, ein friedliebendes, demokratisches Deutschland zu schaffen. ... Die Deutsche Demokratische Republik geht sicheren Fußes den Weg, den sie sich vorgezeichnet hat, und wird ihn auch weiter gehen.«[331]

Über allen weiteren propagandistischen Aktionen lag entsprechend der sowjetischen Interessenlage in Deutschland der Schleier des Zwiespältigen. Die Einflußmöglichkeit auf ganz Deutschland war nicht aufgegeben, auch wenn sie für den Augenblick wenig Erfolgsaussicht besaß.
Dies galt auch für den Vorschlag des DDR-Ministerrats vom 7. Januar 1954, einen »Ausschuß für deutsche Einheit« zu bilden. Dem vordergründigen gesamtdeutschen Anliegen mangelte es an Stoßkraft, da es mit der für den Westen unannehmbaren Forderung verquickt war, zuerst einen Friedensvertrag vorzubereiten.[332]

329 Rede vom 25. Nov. 1953 (Dokumente zur Außenpolitik der DDR, Bd. I, S. 114). Dem entsprach ein »geheimer« Bericht, der dem britischen Stadtkommandanten von Berlin, General Coleman, aus »gewöhnlich zuverlässiger« Quelle zugegangen war. Demnach soll Peter Florin, Leiter der ZK-Abteilung für Internationale Beziehungen, in einer Sitzung im Außenministerium vom 27. Nov. die Meinung vertreten haben, von der Berliner Konferenz seien keine nennenswerten Ergebnisse zu erwarten, und es werde schwierig sein, die gegenwärtige starre internationale Lage zu verändern (s. Colemans streng geheimen Bericht an das Foreign Office vom 5. Dez. 1953, PRO FO 371/103696/C 1071/822). Nach der gleichen Quelle soll Fritz Grosse, Leiter der Abteilung für die Beziehungen zur Sowjetunion und zu den Volksdemokratien, geäußert haben, die Sowjetunion werde sich vor allem auf die Einberufung einer Fünfmächtekonferenz konzentrieren. Eine Lösung der deutschen Frage sei für sie hingegen nur durch eine »Erfüllung des Potsdamer Abkommens« denkbar. Grosse betonte die Forderung, Vertreter beider Teile Deutschlands müßten zur Lösung des Deutschlandproblems zusammentreten, und erklärte apodiktisch, niemand solle glauben, die Sowjetunion sei zur Preisgabe der DDR bereit. Dies gelte selbst für den Fall, daß sie bereit wäre, nach Zusicherung von Garantien über die künftige »friedliche und demokratische Entwicklung Deutschlands« die Rote Armee abzuziehen. Coleman merkte zu Recht an, Grosses Äußerungen müßten nicht notwendigerweise auf einer intimen Kenntnis der sowjetischen Absichten beruhen und könnten aus der Sowjetnote vom 26. Nov. 1953 abgeleitet sein. Grosses letzter Gedanke konnte auch als bloße »geistige Rückversicherung« gegen die Möglichkeit verstanden werden, die Russen könnten sich schließlich doch für die Wiedervereinigung entscheiden und die DDR »opfern«. Immerhin spiegelt der Bericht eine illusionslose Sicht der Viererkonferenz.

330 s. Neue Zeit, Nr. 41, 10. Okt. 1953, S. 1 ff.

331 Ebd., S. 2.

332 Vorsitzender des »Ausschusses« war der stellvertretende Ministerpräsident und Finanzminister Hans Loch (LDPD), Sekretär Norden (SED), der gleichzeitig in den Rang eines Staatssekretärs erhoben wurde (s. SBZ 1945-1954, S. 291).

Damit war der Weg geebnet für die Propagierung eines Minimalprogramms kleinerer Vereinbarungen zwischen den Großmächten oder zwischen den Deutschen selbst, das darauf angelegt war, eine unentschiedene Lage überbrücken zu helfen. Die innere Lage der DDR sollte durch eine Mischung aus politischem Zwang und gewissen wirtschaftlichen Zugeständnissen beruhigt werden. Dies war für die Amerikaner ein Grund mehr, die Möglichkeit von »minor concessions« aus ihrem Katalog für die Viererkonferenz zu streichen, da man der Sowjetunion keinen Weg eröffnen wollte, den zentralen Fragen auszuweichen.[333] Am 16. Dezember 1953 wurde von den Ministerpräsidenten der Sowjetunion und der DDR das weitere Vorgehen bis zur Konferenz abgestimmt.[334] Schon eine Woche später richteten das Ost-Berliner Stadtparlament und der Ost-Berliner Bürgermeister Friedrich Ebert eine »Botschaft an die Berliner Bevölkerung« und an den Präsidenten des Westberliner Abgeordentenhauses, Otto Suhr, die darauf abzielte, eine gemeinsame Initiative von Vertretern beider Teile der »Hauptstadt Deutschlands« für die bevorstehende Viererkonferenz und Verhandlungen über besondere Berliner Probleme zu erreichen.[335] Bemerkenswerterweise erklärte der Propagandaexperte der SED, Norden, in einer Pressekonferenz in Ost-Berlin am 15. Dezember 1953, Verhandlungen zwischen »beiden deutschen Staaten« müßten auch die Frage einer Reduzierung der beiderseitigen Polizeistreitkräfte einbeziehen.[336] Inwieweit Adenauer durch solche Vorstöße veranlaßt wurde, das Thema »Volkspolizei« in der Konsultation mit den Westmächten aufzugreifen, ist ungeklärt. Ein Zusammenhang, möglicherweise auch in umgekehrter Richtung, ist nicht auszuschließen.

Überblickt man die SED-Politik in der nationalen Frage im Halbjahr vor der Berliner Konferenz, so ist vornehmlich festzuhalten, daß es nach dem Willen der deutschen Kommunisten kein Zurück hinter die »Errungenschaften« der DDR in Gestalt der Bodenreform, der volkseigenen Wirtschaft und der Kollektivierung der Landwirtschaft geben sollte. Dies war von Ulbricht mehrfach bekräftigt worden. Grotewohl hatte am Vorabend des vierten Jahrestages der Gründung der DDR sechs Bedingungen aufgestellt, die in Westdeutschland vor einer Wiedervereinigung zu erfüllen waren:

1. »Entschädigungsloser« Entzug der Bergwerke, Hüttenwerke und Chemiebetriebe der »deutschen und amerikanischen Monopolherren« und Übergabe »in die Hände des Volkes«;

333 s. das Schreiben von Cecil B.Lyon, Direktor der Berliner Amtsstelle, an das Zentralbüro der amerikanischen Hohen Kommission, Bonn, 21. Okt. 1953 (FRUS 1952-1954, VII, 2, S. 1662 f.); s. das Schreiben des britischen Botschafters in Washington, Makins, an das Foreign Office, 30. Dez. 1953 (PRO FO 371/103702/C 1071/1007).

334 An der Aussprache nahmen neben Malenkov und Grotewohl Molotov, Chruščev und Semenov teil (Dokumente zur Außenpolitik der DDR, Bd. I, S. 299). Hänisch (Außenpolitik und internationale Beziehungen der DDR, Bd. 1, S. 211) meint, die Standpunkte der Sowjetunion und der DDR hätten bereits bei den Verhandlungen in Moskau im August 1953 »völlig« übereingestimmt. Im Dezember sei es nur darum gegangen, das Vorgehen »im einzelnen« zu koordinieren.

335 s. Berlin. Chronik der Jahre 1951-1954. Berlin 1968, S. 881, 884; vgl. den Bericht in »NZZ«, Nr. 355, 27. Dez. 1953, S. 2.

336 s. »NZZ«, Nr. 346, 17. Dez. 1953, S. 3. Der Frage nach der gegenwärtigen Rolle von Feldmarschall Paulus in der DDR wich Norden mit der Bemerkung aus, sie gehöre nicht in den Zusammenhang.

2. »kostenlose« Verteilung des Grundbesitzes über 100 ha an Klein- und Mittelbauern durch eine »gerechte Bodenreform«;
3. »Ausdehnung des von der Deutschen Demokratischen Republik eingeschlagenen Kurses des Friedens und der Demokratie auf ganz Deutschland«;
4. Auflösung der amerikanischen Stützpunkte in der Bundesrepublik;
5. Einführung einer »Steuergesetzgebung nach sozialen Gesichtspunkten«;
6. Beseitigung der Arbeitslosigkeit in Westdeutschland.[337]

Abgesehen davon, daß es Grotewohl in seinem Aufsatz mit den Tatsachen nicht so genau nahm, war sein Versprechen, die Produktivität und Leistung der Bundesrepublik der der DDR »anzugleichen«, eher geeignet, im eigenen Lande von der Realität abzulenken, als im Westen Gehör zu finden. Immerhin hatte auch Grotewohl deutlich gemacht, daß bei einer gesamtdeutschen Lösung kein Weg an den Veränderungen der DDR vorbeiführen sollte. Nicht zufällig zitierte er ausführlich aus Stalins an Wilhelm Pieck und ihn gerichtetem Telegramm vom 13. Oktober 1949 anläßlich der Staatsgründung der DDR[338] und machte sich die Formel des sowjetischen Diktators vom »Wendepunkt in der Geschichte Europas« zu eigen. Die Absichtserklärung, die sowjetischen Vorschläge zur Lösung der deutschen Frage »noch entschiedener als bisher« zu unterstützen, ließ keine vermittelnde Deutung zu.

Die Kampagnen der SED waren zeitweilig auf drei Bahnen verlaufen. Auf der einen Seite versuchte man, mit der Parole »Deutsche an einen Tisch!« die Isolation zu durchbrechen. Andererseits nährte man die Hoffnungen auf die Viererkonferenz, schob jedoch sicherheitshalber schon vorab den Westmächten die Schuld für ergebnislose Verhandlungen zu. Schließlich galt ein Gutteil der Aufmerksamkeit der Sonderrolle Frankreichs, die man zur Aufbrechung der westlichen Allianz nutzen wollte. Das SED-Organ »Neues Deutschland« beschrieb die Lage mit den Worten:

> »Wenn nämlich die Westmächte in geschlossener feindlicher Front gegen die Sowjetunion aufmarschieren und an die Stelle sachlicher Verhandlungen vorausabgefaßte, von Dulles und Eisenhower redigierte Bedingungen und Diktate auf den Tisch der Viererkonferenz zu knallen beabsichtigen, so wollen sie keine Verständigung, sondern eine Sprengung der Konferenz.«[339]

Die Betonung der Rolle der DDR diente nicht zuletzt dem psychologischen Effekt, allen Hinweisen auf mögliche sowjetische Zugeständnisse an den Westen zum Nachteil des SED-Regimes entgegenzuwirken oder sie zu verdrängen. Doch glaubte man, die eigene Position am besten behaupten zu können, wenn man den Wirbel um die Viermächtekonferenz nicht auf die Spitze trieb. Ende Dezember 1953 befürchtete

337 Vier Jahre Deutsche Demokratische Republik. 6. Oktober 1953, in: Grotewohl, Im Kampf, S. 529-538; vgl. die Berichte der »NZZ«, Nr. 276, 8. Okt. 1953, S. 1 und Nr. 353, 24. Dez. 1953, S. 1 f.

338 Grotewohl, Im Kampf, S. 529 f.; der Text des gesamten Grußtelegramms in: Dokumente zur Deutschlandpolitik der Sowjetunion, Bd. I, S. 238 f.

339 »ND«, 8. Dez. 1953 (Zit. nach »NZZ«, Nr. 338, 9. Dez. 1953, S. 2). Die Mehrgleisigkeit der SED-Politik veranlaßte die »Neue Zürcher Zeitung« zu dem Kommentar: »Während sie (die ostdeutschen Kommunisten, N.K.) die Franzosen vor einer angeblichen deutschen Großmachtpolitik warnen, propagieren sie die Tauroggen- und Rapallo-Idee. Der Mythos mit der deutsch-russischen Waffenbrüderschaft von 1813 ist in erster Linie für westdeutsche militärische Kreise bestimmt, während Industrielle und Kaufleute in Westdeutschland durch Versprechungen mit dem Osthandel beeinflußt werden sollen« (»NZZ«, Nr. 346, 17. Dez. 1953, S. 3).

man im Westen zwar, die Reise zahlreicher westdeutscher Kommunisten in die DDR lasse großangelegte Propagandaaktionen im Umfeld des Außenministertreffens erwarten.[340] Es scheint jedoch, als habe der zeitweilige Exodus eher der Besänftigung der Gemüter und einer Abstimmung der Verhaltens- und Sprachregeln gedient. Das »Neue Deutschland« jedenfalls deutete nach Grotewohls vorzeitiger Rückkehr aus dem Urlaub in der Sowjetunion die vormalige Ankündigung »machtvoller Demonstrationen der Massen« zur Beeinflussung der Viererkonferenz dahingehend um, die entsprechenden Meldungen seien auf amerikanische Absichten gemünzt gewesen. Das Zentralorgan der SED hielt es für das Gebot der Stunde, »im Interesse der Herbeiführung einer friedlichen Atmosphäre mitzuhelfen, diese Provokationen zu verhindern.«[341]

Die SED blieb in dem Dilemma, einerseits die volksdemokratische Entwicklung in der DDR vorantreiben zu wollen und andererseits in der Abhängigkeit von sowjetischen Manövern in der deutschen Frage zu stehen. Eigene Initiative hatte sie bestenfalls nach innen entwickeln können. Nach außen blieb nur der Gleichschritt mit der Sowjetunion.[342] In dieser Einschätzung gingen westliche Öffentlichkeit und Außenminsterien weitgehend konform. Es war von den »Ostberliner Exponenten Moskaus«[343] und dem »puppet regime at Pankow«[344] die Rede. In dieser Lage war der Blick der SED notgedrungen auf das Ende der Viererkonferenz gerichtet, das zeigen mußte, ob und in welcher Form die Ostintegration weiter vorangetrieben werden konnte.

II.5 Konferenzziele und Taktik der Westmächte

In einem für Eden erstellten Papier für eine Kabinettsitzung vom 11. Januar 1954 war das westliche Konferenzprogramm mit knappen Worten umschrieben:

> »The main Western objective at Berlin will be to make progress towards a German Peace Treaty. An important negative objective will be to ensure

340 s. »NZZ«, Nr. 357, 29. Dez. 1953, S. 3.

341 »ND«, 24. Dez. 1953; vgl. »NZZ«, Nr. 355, 27. Dez. 1953, S. 2.

342 Die Spezialliteratur von Historikern der DDR beschränkte sich vornehmlich auf die Darstellung der sowjetischen Deutschlandpolitik und eine Kritik an den Westmächten und der Bundesregierung. Die Aktionen der DDR zählte etwa Ernst Laboor schematisch auf und kommentierte: »Abgestimmt mit den letzten Vorbereitungen der Sowjetunion auf die Außenministerkonferenz, bemühte sich die DDR, von seiten der beiden deutschen Staaten soviel wie möglich zur Vorbereitung der Konferenz beizutragen«. (Ernst Laboor, Auf dem Wege nach Helsinki 1954-1975. Die Berliner Außenministerkonferenz 1954 – Beginn des Kampfes der Sowjetunion um die Gesamteuropäische Konferenz für Sicherheit und Zusammenarbeit in Europa. Berlin (Ost) 1977, S. 41). Für Rolf Badstübner (Die DDR, die deutsche Frage und die europäische Sicherheit, in: Die doppelte Eindämmung. Europäische Sicherheit und deutsche Frage in den Fünfzigern. Hg. von Rolf Steininger u. a. München 1993, S. 39-62) erschöpften sich die Initiativen der DDR nicht in propagandistischen Pflichtübungen, sondern zeichneten sich durch Kompromißfähigkeit aus. Da er keinen »nennenswerten Unterschied« zwischen den nunmehr zugänglichen Akten und den öffentlichen Verlautbarungen ausmacht, sieht er keinen Grund , an den »echten und starken Motiven« der Sowjetunion und der DDR zu einer »Verständigungsregelung« zu zweifeln (S. 42, 52).

343 »NZZ«, Nr. 338, 9. Dez. 1953, S. 2.

344 PRO FO 371/109269/C 1071/5, Johnston an Hancock, 31. Dez. 1953.

that French ratification to the E.D.C. Treaty is not further delayed by the Conference.«[1]

Unumwundener unterschied der amerikanische Hohe Kommissar Conant zwischen dem »unausgesprochenen« Hauptziel der Konferenz, Frankreich von der Notwendigkeit der EVG-Ratifizierung zu überzeugen, und der für die Öffentlichkeit formulierten Zweckbestimmung (»public aim«).[2] In jedem Fall erforderte das »Negativziel« einen »clean break«, der zumindest kurzfristig alle Hoffnungen auf eine gesamtdeutsche Regelung zerstörte. Diesen Bruch favorisierten lange die Amerikaner,[3] gemildert lediglich durch Überlegungen, wie eine Demoralisierung der Deutschen vermieden werden konnte.

Die Einsicht, kurzfristig eine gesamtdeutsche Lösung zu westlichen Bedingungen nicht erreichen zu können, verlangte ein ständig neues Abwägen der Vor- und Nachteile der gegen den sowjetischen Einfluß in der DDR gerichteten Maßnahmen. Im Juni 1953 hatte man die Überzeugung gehegt, mit dem Sender RIAS, den »Ost-Büros« von SPD und CDU, der »Kampfgruppe gegen Unmenschlichkeit, e.V.« und dem »Untersuchungsausschuß freiheitlicher Juristen, e.V.« »wirksame Instrumente« zu haben, »to feed and nurture the spirit of revolt among the people of the Soviet Zone of Germany«. Gleichwohl eröffneten die Aktionen dieser halbverdeckt und mit streng gehüteter amerikanischer Unterstützung operierenden Einrichtungen durchaus zwiespältige Perspektiven. In einem streng geheimen Arbeitspapier der Eastern Affairs Division der Berliner Sektion der amerikanischen Hohen Kommission vom 25. Juni 1953 hieß es:

»If it is determined that our strategy and tactics are to be those of driving and uncompromising bargain and unconditional surrender upon the Soviets, then these instruments can be exploited to an even more powerful extent than they have to date. However, if this is done, there should be clarity as to the possible consequences. One is that it could possibly lead to war, because of basic internal weaknesses in the Kremlin. We should be prepared to meet this challenge and heavy responsibility. The alternative we must be prepared to meet is the possibility that the situation in the Kremlin is stronger than we suspect; that the Kremlin can withstand the pressures and force the East Germans into submission, gradually turning their bitterness from the direction of the Soviets to that of the Western Allies. This process might in the end lead to the isolation of the United States from its present friends and Allies.«[4]

In einem ähnlichen Dilemma befanden sich die Amerikaner mit den von Adenauer immer wieder erbetenen Nahrungs- und Kleidungssendungen für die Bewohner Ost-Berlins und der DDR, deren humanitäre Zielsetzung nur schwer von politischen Absichten zu trennen war.[5] Der amerikanische Hohe Kommissar Conant zollte

1 PRO FO 371/109271/A 1071/72.

2 James B.Conant, My Several Lives. Memoirs of a Social Inventor. New York u.a. 1970, S. 603.

3 s. die Aufzeichnung von Roberts für Kirkpatrick vom 11. Jan. 1954 (PRO FO 371/109272/A 1071/112).

4 FRUS 1952-1954, VII, 2, S. 1597 f. Zur Tätigkeit der genannten Institutionen s. Ernst Nolte, Deutschland und der Kalte Krieg. Stuttgart [2]1985, S. 352-369.

5 s. die Dokumente in; FRUS 1952-1954, VII, 2, S. 1600 ff. Während dem Bundeskanzler in der Öffentlichkeit zunächst Untätigkeit angesichts der Unruhen in der DDR im Juni 1953 vorgeworfen wurde, häuften sich Anfang Herbst kritische Stimmen über das »Spiel mit dem

in einem Schreiben an Eisenhower vom 19. Oktober 1953 der »brillanten Idee« vom Sommer, der Sowjetunion »Nahrung für die Ostzone« anzubieten, Respekt und resumierte die Vorteile aus der sowjetischen Ablehnung und der daraufhin unabhängig von ihr und den DDR-Behörden erfolgten Verteilung der Lieferungen. Allerdings mußte man inzwischen sowjetische Blockademaßnahmen befürchten, die den Amerikanern den Vorwurf einbringen konnten, Leben und Wohl der DDR-Bewohner aufs Spiel zu setzen.[6] Das »richtige Programm zur richtigen Zeit«[7] brachte in der ungewissen Lage nach dem Juni psychologische Vorteile im Ringen mit der Sowjetunion. Doch die Übergangsphase war kurz. Da sich Eisenhower auf der »konservativen Seite« wähnte – im Unterschied zu den Briten, die er der »mehr abenteuerlustigen« zurechnete –, stimmte er Conants Bedenken zu.[8]

Der erst im August 1953 vom National Security Council festgelegte Rahmenplan für die amerikanische Deutschland- und Westeuropapolitik bedurfte den jüngsten Erfahrungen angepaßter Modifikationen. Die Maßnahmen zur »Verhinderung sowjetischer Vorherrschaft über ganz Deutschland und zur Verringerung der bestehenden Sowjetmacht in Ostdeutschland und des kommunistischen Einflusses in ganz Deutschland«[9] drohten mit dem – bei aussichtsloser Wiedervereinigung zu westlichen Bedingungen – Hauptziel, der Westintegration der Bundesrepublik, in Konflikt zu geraten. Letzterem sollte nun Priorität eingeräumt werden.[10] Eine ergebnislose Viererkonferenz würde daher zu einer neuen Aufgabenstellung führen. Die »Ostdeutschen« mußten auf einen »langwierigen Kampf« vorbereitet und ihre »Hoffnung lebendig erhalten« werden, »ohne unberechtigte Erwartungen auf eine frühe Vereinigung zu wecken«.[11] Für diesen Balanceakt gab es keine Zauberformel, wohl aber ein Trostpflaster:

Hunger« im Zusammenhang mit den Nahrungsmitteltransporten. Staatssekretär Thedieck vom Ministerium für gesamtdeutschen Fragen forderte daher im Auftrag der Bundesregierung und des Berliner Magistrats in Gesprächen mit Vertretern der amerikanischen Hohen Kommission einen »sichtbaren Stop« des von den politischen Stellen initiierten Hilfsprogramms und seine Verlagerung auf die üblichen Hilfsorganisationen. Dafür sprachen nicht nur »psychologische und humanitäre Gesichtspunkte« – Empfänger von Rationen waren Repressionen durch die DDR-Behörden ausgesetzt –, sondern auch wirtschaftliche und politische, da Maßnahmen zur Unterbindung des Handelsverkehrs und zur weiteren Abgrenzung zwischen den beiden Teilen Berlins, Ost-Berlins und der DDR sowie der DDR und der Bundesrepublik nicht auszuschließen waren (ebd., S. 1651 f., Schreiben des stellvertretenden amerikanischen Hohen Kommissars Loyd V. Steere an das State Department, 24. Sept. 1953). Adenauer hatte sich kurz zuvor über die von Thedieck skizzierte Linie hinweggesetzt und ohne rechtzeitige Abstimmung mit dem Kabinett Textillieferungen öffentlich angekündigt. s. a. die Kabinettsprotokolle der Bundesregierung 1953, S. 406 f., 387.

6 FRUS 1952-1954, VII, 2, S. 1660 f.

7 Memorandum von John C.Ausland vom Büro für Deutsche Politische Angelegenheiten, 27. Okt. 1953 (ebd., S. 1665).

8 Schreiben Eisenhowers an Conant, 26. Okt. 1953 (ebd., S. 1664). Die Lagebeurteilung des Hohen Kommissars wollte er geheim halten und nur Dulles einsehen lassen.

9 Top Secret Statement of Policy by the National Security Council, 17. Aug. 1953 (ebd., VII, 1, S. 510-520, hier: S. 518).

10 Memorandum von Ausland, 27. Okt. 1953 (ebd., VII, 2, S. 1666). Randbemerkung des Assistant Secretary of State for European Affairs Livingston T.Merchant: »I agree«.

11 Ebd.

»... we can at least keep in mind that the reduction of Soviet power is an objective requiring constant medication – rather than occasional shots of adrenalin.«[12]

In dieser Situation entwarfen die Amerikaner und zögernd auch die Briten den Plan einer »fall-back-position«, die es den westlichen Delegationen ermöglichen sollte, die Konferenz durch kritische Situationen, etwa einen drohenden Abbruch beim Thema EVG, zu steuern und durch Präsentation einer »neuen Idee« die Möglichkeit einer »echten Übereinkunft« zu eröffnen – ohne jedoch »irgendetwas von Wert für den Westen aufzugeben«.[13] Roberts hielt dies auf den ersten Blick für einen »very ingenious proposal«, sah aber die Gefahr, daß man mit zu vielen Alternativen »throwing all our existing arrangements into the melting pot«.[14]

Ein Ausweg aus der prekären Situation war schwer zu finden. Wie sollte ein »clean break« erreicht werden, ohne daß die Moral der Deutschen »zusammenbrach«?[15] Sollte man zweitrangige Übereinkünfte in untergeordneten Fragen anstreben – etwa bezüglich der Luftsicherheit über Berlin, die Behandlung der Kriegsverbrecher in Spandau oder die Wiedereröffnung von Zonenübergängen? Lief man damit aber nicht Gefahr, mit den DDR-Behörden in Kontakt zu geraten?

Roberts wollte keine Assoziationen mit dem Jahr 1949 und der Bewältigung der Berlinkrise aufkommen lassen. Seiner Meinung nach stand die kommende Konferenz vor einem breiteren Hintergrund als nur der deutschen und österreichischen Frage, und es ging nicht um die Bereinigung einer akuten Krise. Er meinte:

»We and the Russians are really both shadow-boxing in that neither of us really want to unite Germany soon. They will use the conference to delay the E.D.C. and, if possible, confuse the whole Western alliance. We, on the other hand, want to be able, immediately after the conference, to complete our plans for the E.D.C., etc.«[16]

Der »clean break« mußte nach außen durch »some limited satisfaction for the Germans«, vor allem in Berlin und der DDR gemildert werden.[17] Hoyer-Millar schlug vor, zwischen Maßnahmen, die man mit den Sowjets vereinbaren könnte, und solchen zu unterscheiden, die die Westmächte einseitig vornahmen, um »den Schock des Scheiterns der Konferenz in den wichtigeren Fragen für die deutsche Meinung zu mildern«.[18] Doch plagten auch ihn Zweifel:

12 Ebd., S. 1666 f.

13 Johnston aus Bonn an Hancock, 31. Dez. 1953 (PRO FO 371/109269/A 1071/5). Beispielsweise sollte ein sowjetischer Vorschlag zur Bildung einer gesamtdeutschen Regierung vor Wahlen mit der Offerte erwidert werden, zunächst eine neue Volkskammer zu wählen. Die aus den beiden frei gewählten deutschen Parlamenten und Regierungen bestellte »provisorische, gesamtdeutsche Autorität« sollte mit den Friedensvertragsverhandlungen beginnen dürfen.

14 Ebd., Schreiben von Roberts an Hoyer-Millar vom 11. Jan. 1954. Immerhin wollte er solche Ideen für die Konferenz »in Reserve« halten, ohne sie zuvor mit den Alliierten oder den Deutschen zu erörtern. Die Gefahr, eine neue Volkskammer könnte eine unliebsame Zusammensetzung haben, sah Hoyer-Millar nicht. In seinem Antwortschreiben an Roberts (ebd.) hieß es, Adenauer und Hallstein hätten in anderem Zusammenhang die feste Überzeugung geäußert, freie, überwachte Wahlen in der »Ostzone« würden »an entirely satisfactory and Western-minded Volkskammer« hervorbringen.

15 PRO FO 371/109269/A 1071/14, Aufzeichnung Hancocks vom 23.Dez, 1953.

16 Ebd., Aufzeichnung Roberts' vom 24. Dez. 1953.

17 Ebd.

18 PRO FO 371/109270/A 1071/47, Schreiben Hoyer-Millars an das Foreign Office vom 7. Jan. 1954. Hoyer-Millar dachte an Gespräche mit sowjetischen Vertretern v o r Konferenzbeginn,

»Any relaxations to which the Russians agreed would be made in the context of continued Soviet Control over East Germany and therefore continued risk of arbitrary interference with persons and goods, despite Russian assurances to the contrary. This would weigh against the favourable effect of, e.g. persuading the Russians to abolish the requirement for West Germans visiting the Soviet Zone to obtain a residence permit.«[19]

Sofern die Russen solche Fragen in den Kompetenzbereich der DDR-Behörden stellten, konnten sie die Westmächte zwingen, abzulehnen oder der Bundesregierung direkte Verhandlungen aufzubürden.

Im Foreign Office steuerte man daher auf Gegenkurs. Nach Meinung des Staatsministers für Auswärtige Angelegenheiten Nutting trachteten die Russen danach, die Vier Mächte möglichst lange »am deutschen Knochen nagen« zu lassen. Eine Entspannung der Ost-West-Beziehungen ohne Lösung der deutschen Frage würde den Eindruck erwecken, als erhielten die Deutschen »von beiden Seiten das Schlechteste«.[20] Im Foreign Office wollte nun niemand mehr die Amerikaner drängen, einer gemäßigten britischen »fall-back-position« zuzustimmen. Eine vorzeitige Inkraftsetzung von Bestimmungen des Bonner Vertrages würde eine »schlechte Wirkung« auf die Franzosen und die Aussichten der EVG-Ratifizierung in der französischen Nationalversammlung haben.[21] Da Roberts wie Hoyer-Millar die Moral in der Bundesrepublik für gefestigter hielt als in Berlin, glaubte er, »einige Wochen« nach der Berliner Konferenz auch ohne Konzessionen überbrücken zu können. Die Nachteile eines unklaren Endes der Konferenz erschienen ihm so gravierend, daß die Besorgnis über den möglichen Eindruck eines »endgültigen Bruchs mit den Russen« weniger schreckte. Letzteren hoffte er dadurch aufzufangen, daß man Molotov überredete, Verhandlungen der Hohen Kommissare nach der Konferenz über Erleichterungen für Berlin zuzustimmen,[22] aber ohne den Eindruck einer Fortsetzung der Konferenz auf anderer Ebene zu erwecken.[23]

Die Konferenzplanung folgte ab dem Herbst 1953 nur noch dem Zentralmotiv, Frankreich von der Unmöglichkeit einer Einigung mit der Sowjetunion über Deutschland zu überzeugen. Hancock umschrieb das Dilemma der Westmächte: »Of course our policy is to get Germany to join E.D.C.; but we can't say that to the Russians.«[24] Für die forcierte EVG-Politik war Frankreich »der Schlüssel zum Erfolg«.[25]

um wenigstens Teile der Resolution des West-Berliner Senats vom 17. Dez. 1953 zu erörtern. Zur Resolution s. Berlin. Chronik der Jahre 1951-1954. Herausgegeben im Auftrag des Senats von Berlin. Berlin 1968, S. 878 f. Unter einseitigen westlichen Maßnahmen verstand Hoyer-Millar die beschleunigte Durchführung von Erleichterungen für Berlin (s. Memorandum on Principles governing relationship between Allied Kommandatura and Greater Berlin vom 26. Mai 1952 bzw. die »Erklärung über Berlin«, in: Berlin. Chronik der Jahre 1951-1954, S. 371 f.). Hoyer-Millar nannte darüber hinaus Maßnahmen zur Stimulierung der West-Berliner Industrie und amerikanische Finanzhilfen für den Wiederaufbau (PRO FO 371/109270/A 1071/47).

19 PRO FO 371/109270/A 1071/47, Schreiben Hoyer-Millars vom 7. Jan. 1954.

20 PRO FO 371/109276/A 1071/244, Aufzeichnung Nuttings für Kirkpatrick vom 11. Jan. 1954.

21 PRO FO 371/109270/A 1071/47, Schreiben Roberts' an Hoyer-Millar vom 14. Jan. 1954.

22 Ebd.

23 PRO FO 371/109276/A 1071/244 (1), Aufzeichnung von Roberts für Nutting vom 11. Jan. 1954.

24 PRO FO 371/109270/A 1071/58, Hancock-Aufzeichnung für Palliser vom 31. Dez. 1953.

25 PRO FO 371/103694/C 1071/769, Aufzeichnung von Roberts vom 13. Nov. 1953.

Doch wie sollte man vorankommen, ohne Druck auf Frankreich auszuüben? Schon Dulles' Erklärung auf einer Pressekonferenz am Rande der Tagung des NATO-Rats in Paris vom 14. bis 16. Dezember 1953, die USA würden ihre Europapolitik im Falle des Scheiterns der EVG überprüfen, löste in Frankreich helle Empörung aus.[26]
Die Verkrampfung, die wegen dieser mißlichen Lage die Konferenzvorbereitung prägte, löste sich nur allmählich. Die französische Regierung, namentlich Bidault, stand angesichts bevorstehender Wahlen und einer sehr ungewissen Gefolgschaft für den EVG-Kurs ohnehin auf schwankenden Füßen. Die aus der Sicht Adenauers »entscheidende Woche« für das Zustandekommen der EVG, die Zeit der Debatte der französischen Nationalversammlung zwischen dem 17. und 27. November 1953, ging erneut ergebnislos vorüber, ohne daß es zum befürchteten »Knall« eines Sturzes der Regierung kam.[27]
Die Situation hatte sich somit seit dem Sommer 1953 radikal gewandelt. Die Ereignisse des 17. Juni hatten die Erwartung geweckt, die Sowjetunion könnte in naher Zukunft zu Zugeständnissen in der deutschen Frage gezwungen sein. Der amerikanische Hohe Kommissar Conant argwöhnte, die politischen Kräfte in der Bundesrepublik könnten einem »kühnen Angebot« der Sowjets vorschnell nachgeben und Viermächtegesprächen auch unter der Bedingung zustimmen, daß die Bundestagswahlen im September verschoben würden. In einem streng geheimen Schreiben an Dulles vom 17. Juli 1953 hatte er geschrieben:

> »Leading members of almost all parties seem to be in agreement that the events of June 17 in the Soviet Zone are such as to make the Russians more willing to withdraw from the German commitments. Put in other words, the price they will ask for unification has been lowered but I doubt if it is low enough as yet to make real negotiations a possibility. It would be my own view that the troubles in the East Zone will continually decrease until a point comes when reunification and European integration are not antithetical doctrines.«[28]

Da das gefürchtete Angebot der Sojwetunion ausgeblieben war, ebbte die Diskussion im Westen um den »Preis« der Wiedervereinigung ab. Trotzdem gehörte das Schreckgespenst einer isolierten deutschen Einigung mit der Sowjetunion zum beständigen Repertoire zumindest einiger amerikanischer Senatoren.[29] Varianten einer

26 Zu Dulles' Erklärung vom 17. Dez. 1953 s. Keesing's, 1953, S. 4296 f.; vgl. die Rede vor dem Nationalen Presseclub in Washington vom 22. Dez. und Eisenhowers Bekräftigung dieser Position (ebd., S. 4308); s.auch »NZZ«, Nr. 345, 16. Dez. 1953, S. 1 f. und Nr. 346, 17. Dez. 1953, S. 1.

27 Aufzeichnung einer Unterredung Adenauers mit General Gruenther vom 16. Nov. 1953 (BA NL351, Bd.26, fol.242, 246); s. a. L'Année Politique 1954, S. 1 f.; Keesing's, 1954, S. 4318; 1953, S. 4264 ff., 4306. Der Nachfolger des scheidenden Präsidenten Vincent Auriol, der Unabhängige René Coty, wurde erst im 13.Wahlgang gewählt, nachdem zuvor Ministerpräsident Joseph Laniel vergeblich neben anderen für dieses Amt kandidiert hatte (s. »NZZ«, Nr. 354, 25. Dez. 1953, S. 1). Zur außenpolitischen Debatte der Nationalversammlung vom 17. bis 27. Nov. 1953, in der erstmals seit fast zwei Jahren die EVG wieder auf der Tagesordnung stand, s. Gabriele Latte, Die französischen Europapolitik im Spiegel der Parlamentsdebatten (1950-1965). Berlin 1979, S. 48-51. Zur Abstimmung über die Vertrauensfrage der Regierung Laniel s. «NZZ«, Nr. 328, 29. Nov. 1953, S. 2.

28 Streng geheimes Schreiben von Conant an Dulles vom 17. Juli 1953 (FRUS 1952-1954, VII, 1, S. 489).

29 Bereits im Frühjahr 1953 berichtete der diplomatische Vertreter der Bundesrepublik in Washington, Krekeler, von solchen Befürchtungen bei den Senatoren Taft und Hickenloper (Telegramm

Wiedervereinigungspolitik, entworfen zur Erweiterung der Reaktionsmöglichkeiten und gekoppelt mit Vorschlägen zur teilweisen Entmilitarisierung Deutschlands, führten fortan ein Schattendasein in den Schubladen der Konferenzplaner. Skeptische Stimmen hatten schon im Sommer 1953 prophezeit, es werde »in absehbarer Zukunft« keine Einigung mit der Sowjetunion über Deutschland geben.[30] Die Joint Chiefs of Staff in Washington legten deshalb ein Deutschlandkonzept vor, das »mit friedlichen Mitteln« die amerikanische Befreiungsstrategie für Osteuropa auf deutsche Verhältnisse anwandte. Ihre erklärte Absicht, »das politische, ökonomische und militärische System in der Sowjetzone zu schwächen« und »die Grundlage für eine eventuelle Eingliederung in die freie westliche Gemeinschaft zu legen«, war Bestandteil einer klaren Prioritätenliste der Ziele der USA:
1. Westintegration Westdeutschlands,
2. Minderung der sowjetischen Möglichkeiten in »Ostdeutschland«,
3. Erringung der deutschen Einheit,
4. Festlegung der Rolle eines vereinigten Deutschlands in einem vereinten Europa.[31]

Um den Deutschen dieses Konzept »schmackhaft« zu machen, wollte man in die Medienoffensive gehen. Wörtlich hieß es in dem Positionspapier:

»We must adjust our approach in accordance with the changes in public opinion and with the impressions and impacts which various political, economic and cultural issues have on the German psychological climate.«[32]

Wenngleich man sich hütete, deutsche Gebietsansprüche über den Status quo hinaus auch nur verbal zu unterstützen, hielt man die Oder-Neiße-Grenzfrage weiterhin geeignet als »non-attributable propaganda media« und als »evidence of basic Soviet anti-German attitudes and imperialistic aims«. Vergleichen der Grenzfrage im Osten mit der Saarfrage wollte man abschwächend begegnen.[33]

Der Balanceakt zwischen amerikanischen und deutschen Interessen mußte den Argwohn in den osteuropäischen Staaten, namentlich in Polen und in der Tschechoslowakei, in Kauf nehmen, wo man einerseits auf eine Befreiung von sowjetischer Vorherrschaft hoffte, andererseits das Wiederaufleben einer deutschen fürchtete.[34]

Adenauers Wahlsieg vom September 1953 war eine notwendige Voraussetzung für die zuvor nur theoretisch umrissene neue Linie in der amerikanischen Deutschlandpolitik. Man hoffte nun, wie Conant am 7. September 1953 nach Washington schrieb, ein gestärkter Adenauer werde durch Konzessionen in der Saarfrage die Willigkeit der Franzosen zur EVG-Ratifizierung fördern. Die Sammlung der Deutschen um die politische Mitte schien dem amerikanischen Hohen Kommissar zudem Gewähr dafür zu sein, daß die Sowjetunion nicht mehr würde mit dem Schreckgespenst des

an das Auswärtige Amt vom 14. März 1953, PA AA 202-03II/3834/53). Umgehend wurde ein Rundschreiben an alle diplomatischen und berufskonsularischen Auslandsvertretungen entworfen, in dem die deutschen Diplomaten aufgefordert wurden, unter Anführung offizieller Erklärungen die »politische Zuverlässigkeit« der Bundesrepublik sowie die Beibehaltung der Westintegrationspolitik und der Forderung nach freien Wahlen nachdrücklich zu betonen.

30 s. das streng geheime Memorandum der Joint Chiefs of Staff, ohne Datum (Beilage zu einer Aufzeichnung vom 31. Aug. 1953) (FRUS 1952-1954, VII, 1, S. 521-531).

31 Ebd., S. 523, 521.

32 Ebd., S. 524.

33 Ebd., S. 529.

34 Ebd., S. 523.

deutschen »Nazismus« einen Keil zwischen Briten und Franzosen treiben können.[35] Sehr rasch stellte sich jedoch heraus, daß Adenauers Wahlsieg die europäischen Regierungen keineswegs beflügelte.
Hätte die Sowjetunion ihre Karten mit der Note vom 3. November nicht überreizt, wäre eine Viererkonferenz in noch weitere Ferne gerückt und die Politik der Westmächte in eine ernste Krise geraten. Nun aber hatte sich das Blatt so gewendet, daß die einstigen Gegner eines Vierertreffens nach der Zustimmung der Russen erleichtert aufatmen konnten. Die Zeit für eine offene Erörterung von Alternativen war aber noch nicht reif. Im National Security Council (NSC) machte sich statt dessen die amerikanische Führung Gedanken darüber, wer und zu welchen Anteilen die gewaltigen Kosten der deutschen Wiederbewaffnung tragen sollte.[36]
Am 13. Oktober 1953 einigte sich der NSC darauf, den 1. April 1954 als Plandatum für den Beginn des Wiederaufbaus der westdeutschen Armee festzulegen – vorausgesetzt, die EVG war zuvor ratifiziert.[37]
Eisenhower hatte die Befürchtung geäußert, der Westen laufe wegen seiner Entschlußlosigkeit Gefahr, ein »wirklich attraktives Angebot« der Russen an die Deutschen zu provozieren.[38] Damit stand der amerikanische Präsident weitgehend isoliert und war in die Lagebeurteilung Conants vom 17. Juli zurückgefallen. Dulles und Bohlen waren ganz anderer Meinung. Immerhin gewährte der Verlauf des Notenwechsels dem Westen eine »kleine Atempause« (Eisenhower), die man jedoch nicht so recht zu füllen wußte. Harold E. Stassen, zuständig für Fragen gegenseitiger Sicherheit und »Foreign Operations«, beurteilte die Lage vom militärischen Standpunkt aus günstig und rechnete für die beiden folgenden Jahre nicht mit einem »massiven Angriff« der Sowjetunion gegen die USA. Er stellte die Frage, ob diese Zeitspanne dazu genutzt werden sollte, die russische Macht »zurückzurollen«.[39] Die Amerikaner betrachteten ihren atomaren Vorsprung trotz der Zündung der russischen Wasserstoffbombe vorläufig als gesichert.[40] Perspektiven für eine offensive Europapolitik eröffnete dies noch nicht.
Die EVG war ein Hindernis, das viele Kräfte lähmte. Detaillierte Pläne über neutralisierte und halbneutralisierte Zonen in Mitteleuropa, wie sie etwa van Zeeland vorgelegt hatte, akzeptierte Eisenhower lediglich als »Versuchsballons« und nur

35 Conant an das State Department, 7. Sept. 1953 (FRUS 1952-1954, VII, 1, S. 533 f.).

36 In einer Sitzung des NSC vom 1. Okt. 1953 wurde eine Summe von etwa fünf Billionen Dollar genannt. Dulles hielt zu diesem Zeitpunkt alternative Planungen für das EVG-Konzept, bzw. die deutsche Mitgliedschaft, spätestens Anfang 1954 für notwendig. Eisenhower hingegen zweifelte an einer wirklichen Alternative zur französischen EVG-Mitgliedschaft (FRUS 1952-1954, VII, 1, S. 541 f.).

37 Ebd., S. 543.

38 Memorandum der Sitzung des NSC vom 1. Okt. 1953 (ebd., S. 542).

39 Ebd., S. 542 f.; vgl. Dulles' Äußerungen in einem Gespräch mit Hallstein vom 21. Okt. 1953 (ebd., S. 546).

40 Verteidigungsminister Charles E.Wilson hatte sich auch öffentlich in diesem Sinne geäußert, was Eisenhower am 8. Okt. in einer Pressekonferenz zu der Bemerkung veranlaßte, die atomare Bedrohung durch die Sowjetunion bestehe unmittelbar (Keesing's, 1953, S. 4193). Der Oberbefehlshaber der Alliierten Truppen in Europa, General Gruenther, sah die zahlreichen taktischen und strategischen Vorteile gegenüber der Sowjetunion gefährdet, wenn die europäische Einigung und der deutsche Verteidigungsbeitrag nicht bis zum 1. März 1954 geregelt seien (streng geheime Aufzeichnung über eine Unterredung mit Adenauer vom 16. Nov. 1953, BA NL351, Bd.26, fol.243 ff.).

unter der Bedingung, daß die Amerikaner nicht allzu eng damit in Verbindung gebracht wurden.[41] Van Zeeland gestand ein, daß er die EVG als Voraussetzung für seinen Plan betrachtete.

Da die Presse hartnäckig spekulierte, fragte Eden bei Adenauer nach, ob er seinen Widerstand gegen van Zeelands Plan schärfer als bisher zum Ausdruck bringen sollte.[42]

Churchill hatte sich, geschwächt aus dem Krankenstand zurückgekehrt, angesichts der Veränderungen seit dem Sommer von seiner »Gipfel«-Idee trennen müssen. Zwei Tage nach Eintreffen der Sowjetnote vom 3. November 1953 schrieb er gereizt an Eden:

> »I never thought anything would come from the plan made at Washington for a formal conference of Foreign Ministers to settle the German problem, or that the Russians would settle Austria while Germany was unsettled. I am not at all surprised, nor I gather were you, that the project collapsed. To ask for a conference on the deadly issues that are open might well lead to a very sharp and clear cut breakdown.«[43]

Er konnte sich nur schwer damit abfinden, daß die Westmächte und die Sowjetunion einander einen »catalogue of trifels« auflisteten, während »the great alternatives before our minds« waren.

Eden belehrte den Premierminister über die neue Sachlage in Herbst 1953, nicht ohne die eigene Weitsicht zu rühmen:

> »I have always believed and openly said that tension can best be reduced by tackling small problems first and moving on the more difficult ones later ... As you know, I feel there are serious dangers in having discussions with the bear unless we have some idea what we are to talk about and what we expect to achieve.«[44]

41 s. das Memorandum des Gesprächs Eisenhowers und Dulles' mit van Zeeland in Washington vom 29. Sept. 1953 (FRUS 1952-1954, V, 1, S. 814); vgl. daneben den Vorschlag eines Nichtangriffspaktes zwischen den Westmächten und der Sowjetunion (»NZZ«, Nr. 271, 3. Okt. 1953, S. 2), den der Führer der Demokraten, Adlai Stevenson, Eisenhower vorlegte. Der Vorschlag eines Nichtangriffspaktes zwischen den Vereinigten Staaten bzw. der NATO und der Sowjetunion, wie er im Kabinett Eisenhowers erörtert wurde, galt zunächst nur als Möglichkeit, die Russen an den Verhandlungstisch zu bekommen (s. »NZZ«, Nr. 272, 4. Okt. 1953, S. 2). s. a. die Äußerungen des Senators Knowland vom 5. Okt. (ebd., Nr. 275, 7. Okt., S. 3), wonach ein Nichtangriffspakt nur dann in Aussicht gestellt werden sollte, wenn nicht nur in der DDR, sondern in allen Satellitenstaaten einschließlich der Baltischen Republiken zuvor freie Wahlen stattgefunden hatten und damit die sowjetischen Grenzen von 1939 wiederhergestellt worden wären. Ansonsten sei, so Knowland, ein Pakt mit der Hinnahme der »Unterjochung« der betroffenen Völker gleichzusetzen. Zu diesem Zeitpunkt vermied es Außenminister Dulles, sich auf solche Diskussionen oder die Aufstellung von Vorbedingungen für eine westliche Sicherheitsgarantie für die Sowjetunion öffentlich einzulassen (s. »NZZ«, Nr. 276, 8. Okt. 1953, S. 2). Allerdings bestätigte er die interne Erörterung darüber und über neutrale Zonen in Mitteleuropa.

42 PRO FO 371/103699/C 1071/935, Aufzeichnung über ein Gespräch zwischen Eden und Adenauer vom 12. Dez. 1953 am Rande der NATO-Tagung in Paris. Adenauer sagte zum Plan van Zeelands: »The sooner it was killed the better. It was calculated to play into Soviet hands and was wholly unacceptable.«

43 PRO FO 371/103691/C 1071/699, Aufzeichnung Churchills für Eden vom 5. Nov. 1953.

44 Ebd., Aufzeichnung Edens für Churchill.

Immerhin gewährte man Churchill sein Gipfeltreffen ohne Agenda – wenngleich nur ein kleines der westlichen Staatschefs auf Bermuda. Eden hatte süffisant vermerkt, daß Molotov in seiner Erklärung vom 13. November einem informellen Vierertreffen auf Außenminister-, nicht auf höchster Ebene Vorzug eingeräumt hatte.[45]
Reibungslos verlief die Zurücksetzung Churchills allerdings nicht. Dieser drohte Dulles und Eisenhower erneut den einsamen Gang zu Malenkov an – »vielleicht mit Eden«.[46]
Obwohl Churchill schließlich dem Drängen nachgab, den Passus aus dem Kommuniqué der Londoner Konferenz zu streichen, in dem vom Meinungsaustausch über ein Gipfeltreffen die Rede gewesen war, setzte er durch, die Formulierung, die Viererkonferenz der Außenminister sei der »praktischste Schritt« für eine Reduzierung der internationalen Spannung in »sei ein unschätzbarer Schritt« umzuwandeln.
Das mit Spannung erwartete westliche Gipfeltreffen auf Bermuda endete mit einer glatten Enttäuschung. Die »Churchill-Schau« (Le Monde) löste in französischen Regierungskreisen und der Öffentlichkeit Verstimmung aus. Bereits in der ersten Plenarsitzung hatte der nicht vorbereitete Premierminister unmittelbar nach einer »unversöhnlich antirussischen Rede« Bidaults die von ihm sogenannte Theorie des »double-dealing« erläutert, die Stärke gegenüber der Sowjetunion mit freundschaftlichem Entgegenkommen verbinde, und dabei die Einigkeit des Westens beschworen. Roberts hielt diesen Start für ein »Desaster«.[47] Die internationale Presse orakelte angesichts des mageren Ergebnisses, der amerikanische Präsident habe mit der Konferenz ohnehin nur dem Wunsch des greisen Premier entsprochen.[48]
Das Bekenntnis zur »Politik der Stärke« war wegen der unüberwindbaren Zwänge in der westlichen Allianz kaum mehr als ein Lippenbekenntnis. Eisenhowers Rede vor der UNO vom 8. Dezember 1953, in der Vorschläge zur Begrenzung des atomaren Wettrüstens unterbreitet wurden, hatte Churchill gar zu verhindern versucht.[49] Ein »neuer Abschnitt des Kalten Krieges«[50] war angesichts der deutlichen Absage der

45 PRO FO 371/103692/C 1071/715, Kommentar Edens zu einer Aufzeichnung von Roberts vom 14. Nov. 1953. Schon vor der Londoner Außenministerkonferenz vom 16. bis 18. Okt. 1953 hatte Dulles zu verstehen gegeben, daß er und Eisenhower die bloße Diskussion über einen Vierer-Gipfel strikt ablehnten (FRUS 1952-1954, VII, 1, S. 689, Memorandum eines Gesprächs zwischen Eisenhower, Dulles, McArthur II und Bowie).

46 Streng geheimes Schreiben von Dulles an Eisenhower aus London vom 16. Okt. 1953 (FRUS 1952-1954, VII, 1, S. 691); s. a. die Diskussion der drei Außenminister am 17. Okt. (ebd., S. 711 ff.) und den Bericht über das Dinner mit Churchill vom 19. Okt. (ebd., S. 716 f.). Die »NZZ« (Nr. 269, 1. Okt. 1953, S. 1) hatte zuvor vermerkt, Churchill halte – »das Stundenglas vor Augen« – an der Hoffnung fest, sich mit Stalins Nachfolger zu treffen, um zu beraten, »ob es nichts Besseres gäbe, als ›uns gegenseitig in Stücke zu reißen‹«.

47 Colville, S. 683 (Tagebucheintrag vom 4. Dez. 1953). Eisenhower reagierte heftig: »He said that as regards the P.M.'s belief that there was a New Look in Soviet Policy, Russia was a woman of the streets and whether her dress was new, or just the old one patched, it was certainly the same whore underneath. America intended to drive her off her present ›beat‹ into the back streets.« Er hinterließ betretenes Schweigen.

48 s. die Presseauszüge in: Keesing's, 1953, S. 4284 f.; »NZZ«, Nr. 340, 11. Dez. 1953, S. 1. s. weiterhin: Anfänge westdeutscher Sicherheitspolitik 1945-1956. Bd.2: Die EVG-Phase. München 1990, S. 161-170.

49 s. den Auszug der Rede in: Keesing's, 1953, S. 4283 f.

50 »NZZ«, Nr. 342, 13. Dez. 1953, S. 1.

Sowjetunion keineswegs in Sicht.[51] Churchill mochte sich bestätigt sehen, doch vermochte er nichts daran zu ändern, daß sich die Deutschlandpolitik fest in den Händen der Außenminister bzw. ihrer Experten befand. Ihnen oblag nicht nur, wie bisher, die inhaltliche Planung der bevorstehenden Konferenz über Deutschland. Sie legten im wesentlichen auch die Ziele fest. Churchills Versuch einer Rückkehr zur »personal diplomacy« war zwar »a refreshing departure from the hopelessness of the Cold War«,[52] hatte aber wegen der veränderten Entscheidungsprozesse in den Administrationen keine Erfolgschance mehr und flößte wegen seiner Sprunghaftigkeit wenig Vertrauen ein.

Bereits die Tagung der westlichen Außenminister vom 16. bis 18. Oktober 1953 in London war eine Ersatzlösung für ein von Churchill am 7. Oktober vorgeschlagenes Treffen mit Eisenhower bzw. eines von Eisenhower und Dulles vorgeschlagenen Treffens mit Laniel und Bidault in Washington gewesen.[53] Die kurze Vorbereitungszeit hatte nur die Erörterung der westlichen Antwortnote an die Sowjetunion und einen informellen Meinungsaustausch zugelassen. Vordringliche Probleme waren die Triest-Frage[54] und der für Frankreich immer drängendere Indochina-Konflikt gewesen. Die von den Russen geforderte Fünfmächtekonferenz hatte im französischen Kabinett zu ernsthaften, bis in die Presse vorgedrungenen Kontroversen geführt.[55]

In der deutschen Frage türmte Bidault ein neues Hindernis auf und machte eine Übereinkunft mit der Bundesrepublik in der Saarfrage zur »wesentlichen Vorbedingung für die EVG-Ratifizierung«, womit er erneut Adenauer den Ball zurückspielte, wohl wissend, daß dieser Schwierigkeiten mit »Reaktionären« (rightist) und anderen Gruppen in der Koalition hatte, die »gegen eine für Frankreich akzeptable Saar-Regelung« arbeiteten.[56]

Nicht zufällig tauchten in der Presse Spekulationen auf, die USA könnten enttäuscht über die europäischen Zustände große Truppenteile abziehen. Nicht nur die Äußerungen des amerikanischen Verteidigungsministers Wilson[57] nährten solche

51 s. die am 21. Dez. an Bohlen überreichte sowjetische Erklärung zu Eisenhowers Rede (Keesing's, 1953, S. 4303 ff.) und den Bericht über die Reaktion Vysinskijs (»NZZ«, Nr. 340, 11. Dez. 1953, S. 3).

52 J.W.Young, Churchill, the Russians and the Western Alliance: the three-power conference at Bermuda, December 1953, in: English Historical Review, October 1986, S. 912. Walter Lippmann sprach in einem Kommentar für die »New York Herald Tribune« am 8. Okt. 1953 von Churchills Verdienst, mit der Initiative vom Mai die westliche Allianz »gerettet« und zu einer »aktiven Diplomatie zur Verhinderung eines großen Krieges« bewegt zu haben (Keesing's, 1953, S. 4193).

53 s. dazu FRUS 1952-1954, VII, 1, S. 687.

54 s. ebd., S. 692 ff., 698 ff., 712, 713 ff.

55 s. den Bericht über das Treffen zwischen Dulles und Bidault in London vom 18. Okt. 1953 (ebd., S. 701 ff., 706 ff.).

56 Ebd., S. 703. Vgl. die Rede Laniels in der außenpolitischen Debatte der französischen Nationalversammlung am 17. Nov. 1953, in der er von einer »Unterordnung« der EVG-Ratifizierung unter eine vorherige Saarregelung sprach (Keesing's, 1953, S. 4266).

57 In einer Pressekonferenz vom 20. Okt. 1953 bezeichnete er einen erheblichen Truppenabbau in Europa als möglich – nicht jedoch aus politischen Gründen, sondern wegen der Entwicklung neuer Waffensysteme s. «NZZ«, Nr. 289, 21. Okt. 1953, S. 2). In der Presse und in politischen Kreisen wertete man dies als »Disengagement«-Absichten der USA. Zur Reaktion von Dulles und in Frankreich s. ebd., Nr. 291, 23. Okt. 1953, S. 3. Dulles und Wilson dementierten am

Gerüchte. Dulles goß im Dezember 1953 in öffentlichen Erklärungen Öl in dieses Feuer. Tatsächlich waren keine qualitativen Veränderungen der militärischen Präsenz der USA in Europa geplant.[58]

Die Verstörung im westlichen Lager konnte nicht dadurch wettgemacht werden, daß man sich in Foreign Office mit Dulles und Adenauer einig wußte in der Einschätzung, die Sowjetunion fürchte nicht in erster Linie ein wiederbewaffnetes Deutschland, sondern ein Deutschland, das den Westen, vor allem die Vereinigten Staaten, wegen der verlorenen Gebiete im Osten in einen Krieg gegen die Sowjetunion hineinzog. Demnach ging es der im Kern defensiven sowjetischen Politik in Deutschland um die Erhaltung ihrer »sehr günstigen strategischen Position an der Elbe« und die »Ausbesserung ihrer Zäune in Ostdeutschland«, während sie gleichzeitig die Stellung der Westmächte im Fernen Osten zu schwächen versuchte.[59]

Wenn die Sowjetunion daher nicht mehr die Absicht zu einer gesamtdeutschen Lösung hatte, konnte der Westen sein eigenes Programm um so zielstrebiger angehen. Dazu mußte man aber die deutsche Seite in den entscheidenden Fragen für sich gewinnen und mußte sie, wie Dulles in einer Sitzung des NATO-Rates in Paris am 16. Dezember 1953 betont hatte, »as a real part at interest and not as defeated, occupied country«, d.h. als eine »Macht zweiter Klasse« behandeln.[60] Dies galt nicht zuletzt für jede Art von Sicherheitsvereinbarungen mit der Sowjetunion.

Schließlich bewegte sich die Diskussion in alliierten Kreisen vorwiegend um die Terminierung des »deadlock« der bevorstehenden Viererkonferenz.[61]

Gegenüber Adenauers immer neuen Wünschen für »Sicherungen« gegen einen ungewollten Verlauf der Verhandlungen auf der Viererkonferenz, die nach Kirkpatricks Einschätzung darauf zielten, den Kommunisten »alle Schlupflöcher« zu verstopfen, zeigte man sich bis kurz vor Abschluß der Vorbereitungen sehr aufgeschlossen, wenngleich man sie für »übermäßig perfektionistisch« hielt. Kirkpatrick vermißte das realistische Gespür für die Doppelstrategie der Westmächte – auf der einen Seite Verhandlungen mit Molotov ungeschoren zu überstehen und auf der anderen Seite die deutsche und gesamte westliche Öffentlichkeit bei der Stange zu halten. Ziel der gesamten Planung mußte daher »eine einfache und positive Sammlung von Vorschlägen« sein, die alles vermied, was »übermäßig kompliziert und übertrieben starr« wirkte.[62]

27. Okt. in einer Pressekonferenz, daß es »Sofortpläne« für einen Truppenabzug gebe (ebd., Nr. 297, 29. Okt. 1953, S. 1).

58 s. das Schreiben von Lewis, dem Acting Director des Büros für Deutsche Angelegenheiten, an Conant vom 28. Okt. 1953 (FRUS 1952-1954, VII, 1, S. 549 f.).

59 In einer Grundsatzdiskussion anläßlich der Sowjetnote vom 3. Nov. 1953 korrigierte Roberts die Ansichten des britischen Botschafters in Moskau, Hayter, der die sowjetische Furcht vor einem bewaffneten Deutschland als zentralen Faktor der sowjetischen Außenpolitik betrachtete (PRO FO 371/103695/C 1071/798, Schreiben Roberts' an Hayter vom 26. Nov. 1953).

60 FRUS 1952-1954, V, 1, S. 477. Zur NATO-Ratstagung s. Hermann Volle, Atlantikpakt und Europäische Verteidigungsgemeinschaft auf der 12.Tagung des Nordatlantikrats in Paris vom 14. bis 16. Dez. 1953, in: EA, 20. Jan.1954, S. 6285-6294; ders., Die Umstellung der NATO auf eine Politik der »Langen Sicht«, in: Anfänge westdeutscher Sicherheitspolitik. Bd.2, S. 170-176.

61 PRO FO 371/109273/A 1071/146, Bericht über ein Gespräch Grewes mit Vertretern der Alliierten Hohen Kommission vom 12. Jan. 1954.

62 PRO FO 371/109273/A 1071/146, Telegrammentwurf Kirkpatricks an den britischen Hohen Kommissar, 21. Jan. 1954.

Ein Zeitungskommentar sprach Ende Dezember 1953 von der sich ausbreitenden Erkenntnis, »daß es letzten Endes wenig Sinn hat, sich allzu sehr über Präliminarien aufzuregen und sich gewissermaßen über das Präparieren und Verteilen des Bärenfells zu streiten, bevor der Bär erlegt ist«.[63] Es herrschte Einigkeit darüber, daß sich am Konferenztisch zwar viele Delegationen, aber nur zwei Verhandlungspositionen gegenüberstanden: eine westliche und eine sowjetische. In diesem Sinne wäre es konsequent gewesen, die zeitweise mit großem Aufwand betriebene Diskussion über die Tagungsstätte durch eine paritätische Regelung zu entscheiden.[64]

Das sich verfestigende Status-quo-Denken spiegelte sich in der Argumentationskette, mit der sich Eden Mitte Dezember 1953 von seinen engsten Mitarbeitern für eine außenpolitische Unterhausdebatte ausstatten ließ. Die heikle Frage, warum man mit dem Drängen auf eine EVG-Ratifizierung nicht bis nach Ablauf der Berliner Konferenz wartete, empfahl Roberts folgendermaßen zu beantworten:

> »We are not asking the Russians to modify their own system of alliances in Eastern Europe, which fully provide for their own security requirements. These Soviet arrangements include East Germany ... the West cannot be expected to forego its own security, of which the existing North Atlantic Treaty structure and the projected European Defense Community are essential parts. But the big difference between us is that we have not yet rearmed Western Germany.«

63 »NZZ«, Nr. 357, 29. Dez. 1953, S. 2.

64 PRO FO 371/109274/A 1071/200, Hoyer-Millar an das Foreign Office, 20. Jan. 1954. Die Sitzungen der ersten Woche sollten im Gebäude des Alliierten Kontrollrats (ACA), die der zweiten im Gebäude des sowjetischen Hohen Kommissariats Unter den Linden (in dem sich auch die sowjetische Botschaft befand) und die der dritten wieder in ACA-Gebäude stattfinden. Äußerungen des sowjetischen Stadtkommandanten von Berlin, Dengin, legten nahe, daß auch die Russen mit einer dreiwöchigen Konferenzdauer kalkulierten (s.FRUS 1952-1954, VII, 1, S. 770 ff.; vgl. die Vorlage für Eden »Procedure and the Agenda« [PRO FO 371/109275/A 1071/226]). Die Einigung war in zähen Verhandlungen der Stadtkommandanten von Berlin erzielt worden (FRUS 1952-1954, VII, 1, S. 750 f.). Aufschlußreich war die Bemerkung Dengins, der die vom Westen vorgeschlagene 4:0-Regelung zugunsten des ACA-Gebäudes mit der Begründung abgelehnt hatte, die Aktivitäten des Alliierten Kontrollrates hätten 1948 geendet und das Gebäude somit seinen Viermächtecharakter verloren. Ironischerweise versuchten die westlichen Kommandanten dies zu entkräften, was die früheren Besorgnisse der Experten, die Russen könnten zu einer Viermächtekontrolle zurückkehren wollen, konterkarierte (ebd., S. 755; s. a. S. 757 f., 765 f.). Zur ursprünglichen 4:0-Option s. die Aufzeichnung Hancocks vom 31. Dez. 1953 (PRO FO 371/109269/A 1071/30) und den Bericht des britischen Stadtkommandanten Coleman über die vorschnelle Abkehr von der westlichen Linie durch den französischen Kommandanten vom 7. Jan. 1954 (PRO FO 371/109270/A 1071/44). Vor allem die Amerikaner und der deutsche Bundeskanzler hatten sich zunächst jeder Begegnung im Ostsektor Berlins widersetzt (s. das Schreiben des Foreign Office an den britischen Hohen Kommissar vom 8. Jan. 1954 [ebd.]). Von den Briten war Karlshorst als ungünstiger als die sowjetische Botschaft angesehen worden (s. das Schreiben Hoyer-Millars an das Foreign Office vom 10. Jan. 1954, PRO FO 371/109270/A 1071/66). Die Zustimmung der Westmächte zu den Sitzungen im Ostsektor war schließlich möglich geworden, weil man offiziell in den Räumen der sowjetischen Hohen Kommission tagte und damit eine stillschweigende Anerkennung der DDR zu umgehen glaubte. Nach den Stadtkommandanten verhandelten zwischen dem 18. und 20. Jan. Vertreter der vier Konferenz-Delegationen abschließend über technische und Sicherheitsfragen, Presse, Organisation und Kommunikation. Zum Problem der Abhörsicherheit s. die streng geheime Aufzeichnung einer Sitzung der amerikanischen Delegation in Berlin vom 22. Jan. 1954 (FRUS 1952-1954, VII, 1, S. 787).

Die Konferenz sollte daher nicht dazu dienen, »to discuss abandoning of the essential organisations necessary for our own and general Western security«.[65] Hier wurde der eigentliche Grund für die Ablehnung von Adenauers Forderung sichtbar, die Reduzierung der Volkspolizei zur Vorbedingung für eine Übereinkunft mit der Sowjetunion zu machen. Im Foreign Office betrachtete man die Volkspolizei als Teil des sowjetischen »Sicherheitssystems« und schloß daher jedes Entgegenkommen der Russen in dieser Frage aus. In einem Schreiben an die britische Hohe Kommission in Bonn vom 21. Januar 1954 stellte Kirkpatrick dies noch einmal mit den Worten klar:

> »We intend to resist any suggestion that E.D.C. should be put into cold storage pending outcome of Berlin Conference, free elections etc. It would be difficult to justify our taking this line, with the simultaneous demand that what are in effect Russian security troops should be reduced on this drastic scale.«[66]

Doch galt es nicht nur, die EVG aus den Verhandlungen in Berlin herauszuhalten. Die Frage der Volkspolizei konnte eine grundsätzliche Debatte über die alliierten Truppen in Deutschland auslösen. An deren Präsenz durfte jedoch weder zum gegebenen Zeitpunkt noch für den wenig wahrscheinlichen Fall einer Regelung der Wiedervereinigung gerüttelt werden. Der britische Verteidigungsminister forderte in einem Schreiben an Roberts vom 19. Januar 1954 im Falle einer gesamtdeutschen Regelung völlige Handlungsfreiheit für die Sicherheit der eigenen Truppen in der Übergangsperiode bis zum Ende der Besatzungszeit. Für die Zeit danach hoffte er, »to maintain our forces in Germany on terms similar to those enjoyed by the U.S. forces in Japan«. Die Bedingungen dafür sollten mit einer gesamtdeutschen Regierung ausgehandelt werden.[67]

Nach zweifelhaften Informationen aus sowjetischen diplomatischen Kreisen mußten die Westmächte damit rechnen, daß sie in Berlin mit neuen Vorschlägen zur europäischen Sicherheit konfrontiert wurden.[68]

Die vereinheitlichte und vereinfachte westliche Konferenzstrategie schenkte dem wenig Beachtung und hielt für Eventualfälle nur Positionspapiere in der Hinterhand, die das Potsdamer Abkommen (um einer entsprechenden russischen Bezugnahme begegnen zu können), den Status Ost-Berlins im Verhältnis zur »Ostzone« (für

65 Roberts in einem Schreiben aus Paris an Hancock vom 14. Dez. 1953, anläßlich einer Anfrage Edens. Der britische Außenminister verlangte für die Unterhausdebatte Fakten und Ziffern über die Wiederbewaffnung in der DDR (PRO FO 371/103698/C 1071/904).

66 Pro FO 371/109273/A 1071/146, Entwurf eines Telegramms von Kirkpatrick an den britischen Hohen Kommissar vom 21. Jan. 1954.

67 Schreiben an Roberts vom 19. Jan. 1954 (PRO FO 371/109272/A 1071/110 [1]). Zu der in diesem Zusammenhang erörterten Frage von Mehrheitsbeschlüssen, einstimmiger Billigung oder Mißbilligung der Vier Mächte hinsichtlich der Entscheidungen einer künftigen gesamtdeutschen Regierung vor Erlangen voller Souveränität s. die Aufzeichnung von Roberts vom 19. Jan. 1954 (PRO FO 371/109275/A 1071/213, »Allied Controls in Connexion with German Reunification«).

68 Gribanov, stellvertretender Leiter der Abteilung für deutsche Angelegenheiten im sowjetischen Außenministerium, äußerte sich bei einem »rather alcoholic dinner« gegenüber dem schwedischen Botschafter in Moskau in diesem Sinne und ließ erkennen, daß sich die Sowjetunion für die Einladung anderer europäischer Staaten zur Berliner Konferenz einsetzen werde. Hayter sah darin den möglichen Versuch, das für die Sowjetunion ungünstige Stimmenverhältnis am Konferenztisch auszugleichen (s. sein Schreiben vom 19. und 21. Dez. 1953 an das Foreign Office, PRO FO 371/103698/C 1071/920 und 103699/C 1071/937). Hancocks Kommentar: Es sei »a mistake to make much notice of Mr. Gribanov«.

den Fall, daß die Russen Ansprüche anmeldeten, weil die Bundesrepublik West-Berlin »assimiliert« habe), die Mitglieder der westdeutschen Delegation für Berlin, den Zustand der Volkspolizei, die Vorbereitungen zur Wiederbewaffnung in der Bundesrepublik und die Aktivitäten antikommunistischer Organisationen in West-Berlin betrafen.[69]

Abseits der deutschen und österreichischen Frage wollte Dulles die seit dem 11. Januar 1954 zwischen den USA und der Sowjetunion laufenden Verhandlungen über Verfahrensfragen für eine Einigung über Eisenhowers Vorschläge zur Atomfrage[70] in Berlin voranbringen und einen Termin für den Austausch eines amerikanischen und sowjetischen Plans vereinbaren.[71] Bidault zeigte wenig Begeisterung und hielt es für klüger, eine Konferenz über das Atomproblem »so lange wie möglich« aufzuschieben. Ihn bewegten andere Sorgen, vor allem der »ambitiöse Plan« des spanischen Staatschefs Franco, sich auf Kosten Frankreichs und Großbritanniens Vorteile zu verschaffen, und nicht zuletzt die Information, die Amerikaner hielten Spanien für eine »solidere Basis« eines NATO-Hauptquartiers als Frankreich.[72]

Eden hingegen äußerte sich in einem Gespräch mit Dulles vom 24. Januar 1954 positiv zu den amerikanischen Vorstößen in der Atomfrage und forderte, neben den Vereinigten Staaten nur Großbritannien und Kanada an der Ausarbeitung eines entsprechenden Plans zu beteiligen; Frankreich billigte er nur Einsichtnahme in den fertigen Plan zu, bevor man ihn mit den Russen austauschte.[73] Eden trat dafür ein, daß sich die Westmächte in Berlin zwar um eine Begrenzung der Tagesordnung auf das deutsche und österreichische Problem bemühten, gleichzeitig aber bei Zweierbegegnungen mit Molotov für andere Themen offenblieben.[74] Zwar befürchtete Dulles, Molotov könnte dabei »Uneinigkeit« säen, doch stimmten er und später auch Bidault in der Hoffnung zu, die Initiative zu den Zweiergesprächen werden von Molotov ausgehen.[75]

Kritische Stimmen wie die des gelegentlich von der herrschenden Meinung im Foreign Office deutlich abweichenden neuen britischen Botschafters in Moskau, Sir William Hayter, fanden bei Eden kein Gehör. Hayter hatte zwar begrüßt, daß die Russen »moved forward from the stage of talking about talks to agreeing to talks«, doch glaubte er nicht an irgendeine Form von substantiellen Fortschritten, schon gar nicht in der Atomfrage. In einem Schreiben an Eden vom 1. Januar 1954 hieß es:

69 Johnston aus Bonn an Hancock, 19. Jan. 1954 (PRO FO 371/109276/A 1071/237). Johnston sagte darüber hinaus zu, Material auf den neuesten Stand zu bringen, mit dem sowjetischen Beschuldigungen begegnet werden konnte, die Bundesrepublik diene den Westmächten als Basis für subversive und Spionagetätigkeit gegen die DDR.

70 s. seine Rede vor den Vereinten Nationen vom 8. Dez. 1953, in: Department of State Bulletin, 21. Dez. 1953, S. 847-851; zu den Verhandlungen s. FRUS 1952-1954, II, 2, S. 1334 ff.

71 FRUS 1952-1954, VII, 1, S. 799, streng geheimes Memorandum eines Gesprächs zwischen Dulles und Bidault vom 24. Jan. 1954.

72 Bereits am 26. Sept. 1953 war ein amerikanisch-spanisches Stützpunktabkommen unterzeichnet worden.

73 FRUS 1952-1954, VII, 1, S. 794, streng geheimes Memorandum über ein Gespräch zwischen Dulles und Eden vom 24. Jan. 1954.

74 Neben den Atomgesprächen galt die Aufmerksamkeit vor allem Korea, den Vereinten Nationen, dem Nahen und Fernen Osten (FRUS 1952-1954, VII, 1, S. 794).

75 Ebd. sowie das Memorandum des Gespräches zwischen Dulles und Bidault vom 24. Jan. (ebd., S. 799, Anm. 2).

»I am not expert on the atom, but I find it hard to believe that they will ever agree to any solution on that that would be acceptable to us, even though I see that Malenkov this morning described an agreement on this subject as the most important task for 1954. Whatever the Russians may say about the control systems, no one who has lived even a few weeks in this country and been subjected to the kind of vigilance that is normal here could believe for a moment that they would ever allow free access and movement to any kind of internationally controlled inspectorate.«[76]

Zwistigkeiten unter den Westmächten waren neben der EVG-Ratifizierung in der Frage der Fünfmächtekonferenz über Indochina und die Einbeziehung der Volksrepublik China zu erwarten. Frankreich zeigte sich längst geneigt, letzterem aus politischer Opportunität zuzustimmen, während Dulles Ablehnung und Eden wenig Sympathie an den Tag legten.[77] Übereinstimmung herrschte lediglich darüber, eine chinesische Beteiligung an den Berliner Verhandlungen in jeder Form abzuweisen.[78] Eine direkte Beteiligung an den Verhandlungen in Berlin wurde nur der österreichischen Regierung zugestanden.[79]

Alle Aufmerksamkeit richtete sich nun darauf, ein »good play of positive features of Western position« während der Konferenz sicherzustellen und sich gleichzeitig gegen »ansteckende« sowjetische Vorschläge zum Indochinaproblem oder zur europäischen Sicherheit zu wappnen.[80]

Dulles wollte jedoch verhindern, daß die »Antikörper« auf amerikanische Quellen zurückgeführt wurden. Er dachte daher nicht an offizielle Verlautbarungen, sondern

76 Schreiben Hayters an Eden vom 1. Jan. 1954 (PRO FO 371/109271/A 1071/84). Hayter bezog sich offensichtlich auf die schriftlichen Antworten Malenkovs in einem Fragebogen, den der amerikanische Journalist Kingsbury Smith dem Ministerpräsidenten zugestellt hatte. Westliche Pressevertreter hatten am frühen Neujahrsmorgen die Fragen und Antworten erhalten. Malenkov hatte von einer »strikten internationalen Kontrolle zur Einhaltung des Verbotes der Verwendung von Atomenergie zu militärischen Zwecken« gesprochen (Keesing's, 1954, S. 4317). – Immerhin gehörte Hayter nach einer peinlichen Entscheidungsfindung im Foreign Office der britischen Delegation in Berlin an. Vor Edens positivem Bescheid hatte Roberts Hayters Wunsch zur Teilnahme mit dem Argument unterstützt, es sei für die in Moskau Wirkenden nützlich, »to breathe outside air from time to time and to have some first-hand knowledge of how these conferences are going« (s. sein Schreiben an Hayter vom 4. Jan. 1954, PRO FO 371/103700/C 1071/952). Hayter hatte erst am 2. Okt. 1953 Sir Alvary Gascoigne als britischer Botschafter in Moskau abgelöst. Zu seiner pessimistischen Einschätzung des Wertes von Vereinbarungen mit der Sowjetunion s. a. die allgemeinen Bemerkungen in seinen Memoiren (The Kremlin and the Embassy. New York 1966, S. 32 ff., 114 ff.).

77 s. den Bericht über die zweite Begegnung des Vortreffens der westlichen Außenminister in Berlin vom 23. Jan. 1954 (FRUS 1952-1954, VII, 1, S. 790 ff.); zur amerikanischen Haltung: ebd., S. 786, Aufzeichnung über das Treffen der amerikanischen Delegation vom 22. Jan.

78 Ebd., S. 788, Bericht über die erste Begegnung der westlichen Außenminister in Berlin vom 23. Jan. 1954. In der britischen Delegation hielt man es für ratsam, keinen Fernost-Experten mit nach Berlin zu nehmen (s. die Aufzeichnung von W.D.Allen vom 11. Jan. 1954 mit einer Notiz von Roberts, PRO FO 371/109272/A 1071/111; vgl. die Aufzeichnungen über die Begegnung der Außenminister, PRO FO 371/109276/A 1071/266).

79 FRUS 1952-1954, VII, 1, S. 790, Bericht über die zweite Begegnung der westlichen Außenminister in Berlin vom 23. Jan.; vgl. die britischen Aufzeichnungen, PRO FO 371/109276/A 1071/262.

80 s. das streng geheime Schreiben von Dulles an die amerikanische Botschaft in Paris vom 5. Jan. 1954 (FRUS 1952-1954, VII, 1, S. 741).

an inoffizielle Erklärungen und Presseartikel über sowjetische Verletzungen von Beistands- und Nichtangriffspakten in der Vergangenheit, über den VI. Weltkongreß der Komintern von 1938 und die dort propagierte Ausnutzung des Nationalismus in den Kolonien sowie über die Gefahren einer Neutralisierung Deutschlands für die Nachbarstaaten. Parallel zu dieser Kampagne waren beschwichtigende Beteuerungen gegenüber der deutschen Opposition, vornehmlich der SPD, geplant, der man nachdrücklich versichern wollte, die Alliierten würden das »Äußerste« versuchen, um zu einer Einigung mit der Sowjetunion über die deutsche Wiedervereinigung zu kommen.[81]

Die Stimmen für diese vom amerikanischen Hohen Kommissar Conant eingeschlagene Linie mehrten sich. William Tyler, wenig später stellvertretender Direktor der Abteilung für westeuropäische Angelegenheiten im State Department, warnte aus Paris vor dem von Dulles favorisierten rigiden Kurs.[82] Weil die westeuropäische öffentliche Meinung zu großen Teilen den Amerikanern mißtraute und ihnen recht unverhohlen unterstellte, nur die Unmöglichkeit einer Einigung mit den Russen nachweisen, nicht aber »peinlich genau und objektiv« alle Möglichkeiten ausschöpfen zu wollen, riet Tyler von besonderen psychologischen Propagandaaktionen ab. Wichtiger erschien ihm, den Eindruck einer mit den westlichen Partnern abgestimmten Position zu erzielen. Nicht zuletzt galt es, die in Frankreich verbreitete Meinung zu bekämpfen, die USA »would tender responsible for continuation French financial and human sacrifice Indochina war ›kept going‹ thanks to American financial and military assistant«. Tyler plädierte weiterhin dagegen, daß sich die Amerikaner »völlig und unbeugsam« der EVG verpflichteten. Er war sich bewußt, daß beide Themen »emotional« wie »politisch explosiv« waren. Mit seiner Forderung nach einem »taktisch flexibleren Kurs« wollte er wenigstens nach außen hin den Eindruck alternativer Überlegungen im State Department erwecken. Die Berliner Konferenz avancierte damit zum »Prüfstein« für die »Weltrolle« der Vereinigten Staaten – und die sollte sich selbstverständlich »im günstigsten Licht« zeigen.

Auch der Missionschef der amerikanischen Botschaft in Paris, Theodore C. Achilles, schlug sich auf die gemäßigte Seite und verlangte, Rücksicht auf die öffentliche Meinung in Frankreich zu nehmen. Allerdings sah er für Berlin eine günstigere Ausgangsbasis für Gespräche mit der Sowjetunion gegeben als bei früheren Konferenzen, da Bidault den Ergebnissen der Vorbereitungsarbeit der Experten weitgehend zugestimmt hatte.[83]

Anders als in den Vereinigten Staaten sah man in Frankreich die Berliner Konferenz sehr viel stärker unter dem Gesichtspunkt der »détente« zwischen Ost und West. Deshalb erschien es auch Achilles wenig sinnvoll, allzu heftig auf die EVG zu drängen, da die französische Regierung »weder stark und geeint« sei, »noch von einer festgefügten Parlamentsmehrheit unterstützt« werde. Während die französische öffentliche Meinung gespannt auf mögliche Übereinkünfte mit Molotov in der Indochinafrage wartete, wußte Achilles nach Washington zu berichten, daß die französische Delegation in dieser Hinsicht nicht die Initiative ergreifen werde. Trotzdem blieb auf französischer Seite der Wunsch nach atmosphärischer

81 s. das Schreiben Conants an das State Department vom 6. Jan. 1954 (ebd., S. 742).
82 s. das streng geheime Telegramm an das State Department vom 7. Jan. 1954 (ebd., S. 747-750).
83 Achilles an das State Department, 16. Jan. 1954 (ebd., S. 768 ff.).

Verbesserung der Beziehungen zur Sowjetunion spürbar. Die Widersprüchlichkeit der französischen Politik ergab sich aus einer komplexen Interessenlage. Eine Einigung über Indochina setzte eine Verbesserung der Beziehungen zur Sowjetunion voraus, die Fortsetzung der Politik der europäischen Einigung eine Annäherung an die Deutschen. Der »habituelle Antikommunismus« etwa eines François-Poncet und die stetige Warnung vor der »deutschen Gefahr« stellten beide Ziele vor beträchtliche Hindernisse. Ein Ausweg in Richtung auf eine Bereinigung des deutsch-französischen Verhältnisses schien sich nur in einer graduellen Sicht der beiden Gefahrenpotentiale aufzutun.[84] Die Teilung Deutschlands barg, selbst wenn man ihr positive Seiten abgewinnen wollte, Sicherheitsrisiken. Sie beschwor das Schreckbild eines neuen Nationalismus und einer Neuauflage der Rapallo-Politik herauf bzw. ließ ein Vordringen des russischen Einflusses bis an den Rhein mittels kommunistischer Unterwanderung denkbar erscheinen.[85]

Während die Sowjetunion um Frankreich warb, war man ohnehin abgeneigt, sich einer amerikanischen »dynamic policy of anti-Communism« anzuschließen, die eher eine »eventual destruction of the Soviet system« und »at best, disintegration from within of totalitarian Communism« anstrebte als »peaceful coexistence«. In diesem Zusammenhang mußte die Frage, »whether we view German contribution as entirely defensive in character« in den Augen von Befürwortern wie Gegnern der EVG auf der Berliner Konferenz eine tragende Rolle spielen. Achilles meinte:

> »The present and likely suceeding French governments will probably continue to accept our moral thesis that we cannot bargain away enslaved peoples in an attempt to bolster own security; but French opinion will critically analyze our reaction to any proposal of additional assurances to Soviets against future warlike action.«[86]

Die komplizierte Lage der Westmächte zwischen »positiven« und »negativen«, »kleinen« und »großen« Lösungsvorschlägen zur deutschen Frage und zur militärischen Integration Westeuropas fand Ausdruck in einer zeitweise turbulenten Presseberichterstattung. So hieß es in einem Artikel der »New York Times« vom 6. Januar 1954, im Foreign Office gebe es Pläne, in Berlin unter der Bedingung des Abzugs der sowjetischen Truppen aus Mitteleuropa eine Übereinkunft über ein wiedervereinigtes, politisch und wirtschaftlich starkes Deutschland »an den Grenzen Polens und des Tschechoslowakei« anzustreben.[87]

Kirkpatrick nannte den aufsehenerregenden Artikel »a curious hotch-potch« aus zutreffenden und unterstellten Informationen sowie eine bunte, auf das Foreign Office projizierte Mischung westlicher Gedanken zur Deutschlandpolitik.[88]

In Anbetracht solcher Blüten journalistischer Provenienz wurde die Berliner Konferenz schließlich als große Schlacht um die Gunst der öffentlichen Meinung

84 Bock, S. 610. Gegenüber Staatspräsident Auriol sprach François-Poncet von der »deutschen Gefahr« als »un reflet du danger russe«, warnte aber zugleich vor einer Unterschätzung der Bedrohung durch die Sowjetunion.

85 Ebd., S. 611.

86 Achilles an das State Department, 16. Jan. 1954 (FRUS 1952-1954, VII, 1, S. 768 ff.).

87 British Favor German Unity Tied to Exit of Soviet Army, in: »New York Times«, 6. Jan. 1954. Erst nach dieser Regelung sei, so hieß es in dem Bericht, die vielbeschworene »Befreiung« der sowjetischen Satellitenstaaten mittels einer praktischen Politik möglich.

88 PRO FO 371/109270/A 1071/41.

konzipiert. Der Fehler von 1949 sollte nicht wiederholt werden, als man der Öffentlichkeit, die gebannt auf Lösungsvorschläge zur Beendigung der Berliner Blockade starrte, zu wenig über die »monstrous proposals such as the maintenance of a Russian veto in German affairs, right down to the election of mayors« mitgeteilt hatte.[89] Kirkpatrick erteilte Eden den Rat:

> »If the public are brought to understand that the Russians are insisting on refusing liberty to a unified Germany to associate with us, and whilst declining free elections, insisting on imposing on a reluctant Germany an all-German Government with a non-elected communist representation, I believe that there will be no surprise or resentment if the negotiations are abortive.«[90]

Eine zu früh auf dieses Ende eingestimmte Öffentlichkeit werde den Eindruck gewinnen, daß »we were digging our toes in and taking up a very inflexible position before the talks began«.[91]

Unmittelbar vor Konferenzbeginn trafen sich die westlichen Außenminister zu drei Sitzungen im Rahmen einer Vorkonferenz am 23. und 24. Januar 1954 in Berlin.[92] Noch einmal wurden die wichtigsten Leitlinien bekräftigt: Von besonderer Bedeutung war die Absicht, sowjetische Vorschläge zu rein europäischen Sicherheitsvereinbarungen zurückzuweisen. Da es in der Frage von Sicherheitsgarantien noch Unstimmigkeiten gab, wurde sie ausgeklammert und sollte bis zur endgültigen

89 s. die Aufzeichnung Kirkpatricks für Eden vom 30. Dez. 1953 (PRO FO 371/109271/A 1071/89 [1]).

90 Ebd. Vgl. Edens Memoiren (Sir Anthony Eden, Memoiren 1945-1957. Köln/Berlin 1960, S. 78). Der britische Außenminister sprach hier von einer »doppelten Aufgabe«: »Wir durften nicht den Anschein erwecken, als widerstrebe es uns, zu verhandeln, gleichzeitig aber unseren Völkern keine falschen Hoffnungen hinsichtlich der Erfolgsaussichten machen«.

91 s. die Aufzeichnung von Roberts vom 31. Dez. 1953 (PRO FO 371/109271/A 1071/89 [2]). Der Vorschlag aus Pressekreisen, vorab ein White Paper zur Konferenz herauszugeben, wurde daher abgelehnt.

92 s. dazu die amerikanischen Dokumente in: FRUS 1952-1954, VII, 1, S. 788 f., 790-793, 796 ff. sowie die britischen Aufzeichnungen (PRO FO 371/109276/A 1071/266, 262, 257). Zu den von den Experten vorgelegten, entscheidungsreifen »Briefs for Berlin Conference« s. «Questions for Tripartite Discussion by the Three Foreign Ministers on January 23 and 24« (PRO FO 371/109275/A 1071/225). Offene Fragen waren: das Tagungsgebäude, die mögliche Wiederbelebung des Rates der Außenminister, der Konferenzvorsitz, die Reihenfolge der Redner, die Aufteilung der Themenschwerpunkte untereinander, der Austausch über die Eröffnungsansprachen, die Übertragung von Themen an die stellvertretenden Außenminister, die Simultanübersetzung der Reden, die Konsultation deutscher und österreichischer Vertreter, die Behandlung der Presse sowie die abschließende Übereinkunft von Einzelaspekten zu den Fragen: freie Wahlen, der Friedensvertrag als Tagesordnungspunkt, die Bildung einer gesamtdeutschen Regierung, die alliierte Kontrolle in der Übergangsperiode zwischen freien Wahlen und dem Friedensvertragsschluß, der Beginn von Friedensvertragverhandlungen, die Österreichfrage und »andere Gegenstände« wie Eisenhowers Atomvorschläge, die Fünfmächtekonferenz, Indochina, Abrüstung, Probleme des Konferenzendes in Berlin, eventuelle Konzessionen zur Hebung der Moral der Deutschen, die »Declaration of Intent«, ökonomische Fragen im Zusammenhang mit einer gesamtdeutschen Regelung. Die meisten dieser Punkte wurden in gesonderten »briefs« für Eden in groben Zügen dargelegt (s. PRO FO 371/109275/A 1071/226-229 und 109276/A 1071/230-233; vgl. das Memorandum von Leon W.Fuller vom 5. Jan. 1954, FRUS 1952-1954, VII, 1, S. 733-740).

Regelung von territorialen Fragen verschoben werden.[93] Vor allem hoffte man, ein Junktim zwischen der deutschen und österreichischen Frage verhindern zu können. Kaum erstaunlich war es, daß man das solcher Art zurechtgestutzte Konzept für »best adapted to conference failure and continued cold war« hielt.[94]
Bidault, auf den man sich entgegen früheren Absichten als ersten Konferenzredner geeinigt hatte, stellte in groben Zügen seine Eröffnungsansprache vor.[95] Er wollte Polemik vermeiden, flexibel und »low pitched« erscheinen und seine Reden mit »›French shadings‹« und allgemeinen Hinweisen auf die Bedingungen des Friedens und die Vermeidung eines Krieges beenden. Die Entscheidung, Bidault in Berlin eine markante Rolle spielen zu lassen, ging auf Dulles zurück. Die äußerliche Unterordnung von Dulles zielte darauf, den französischen Außenminister nicht als »Schwanz am US-Drachen« erscheinen zu lassen.[96] Das mit der Sowjetunion konkurrierende Werben der Amerikaner um die Gunst Frankreichs entsprang der Überzeugung, »that the Russians are just as anxious to nurse the French as we are«.[97]
Die alliierten Außenminister einigten sich auf die Bildung eines »steering committee«, das den Kontakt zwischen den westlichen Delegationen hielt und unter der Leitung der Chefs der Pariser Expertengruppe, McArthur, Seydoux und Roberts, stand.[98] In der leidigen Frage der Übersetzung einigte man sich darauf, lediglich die vorbereiteten Reden der Außenminister simultan zu übertragen.[99]
Die Abstimmung der drei Westmächte selbst in kleinsten Verfahrensfragen gab man verständlicherweise nicht der Öffentlichkeit preis. Nicht nur bei den Russen hätte zwangsläufig der Eindruck entstehen müssen, die Westmächte wollten den östlichen Verhandlungspartner vor vollendete Tatsachen stellen.[100]
Dulles war nicht zu Unrecht davon überzeugt, die technische Vorbereitung der Berliner Konferenz sei vollständiger als bei allen vergleichbaren Vorläuferinnen gelungen.[101]
Die Erwartungen an eine Konferenz, die kaum extremer als Gegenkonzept zu Churchills »informellen« Treffen hätte entworfen werden können, blieben daher bescheiden. Hoffte man wenigstens auf eine atmosphärische Entspannung mit der

93 Frankreich hatte dem amerikanischen Entwurf auf der Expertentagung in Paris nicht zugestimmt (s. die Aufzeichnung des Treffens der amerikanischen Delegation in Berlin vom 22. Jan. 1954, FRUS 1952-1954, VII, 1, S. 786).

94 Memorandum von Fuller, 5. Jan. 1954 (ebd., S. 738).

95 Bericht der ersten Begegnung des Vortreffens vom 23. Jan. (FRUS 1952-1954, VII, 1, S. 788; PRO FO 371/109276/A 1071/266); zu Bidaults Rede s. FRUS 1952-1954, VII, 1, S. 796 f.; vgl. die Aufzeichnung Hancocks vom 19. Jan. 1954 (PRO FO 371/109274/A 1071/172 [1]).

96 Streng geheimes Memorandum der Diskussion des NSC vom 21. Jan. 1954 (FRUS 1952-1954, VII, 1, S. 782).

97 Aufzeichnung Hancocks vom 19. Jan. 1954 (PRO FO 371/109274/A 1071/172 [1]).

98 Bericht über die zweite Begegnung des Vortreffens am 23. Jan. (FRUS 1952-1954, VII, 1, S. 793; vgl. PRO FO 371/109276/A 1071/262).

99 FRUS 1952-1954, VII,1, S. 789. Bidault war ursprünglich gegen die Simultanübertragung gewesen, was zu einer beträchtlichen Verlängerung der Konferenz hätte führen müssen (vgl. Aufzeichnung Hancocks vom 31. Dez. 1953, PRO FO 371/109269/A 1071/22).

100 FRUS 1952-1954, VII, 1, S. 789; s. a. die Abschlußkdiskussion in der amerikanischen Delegation am 22. Jan. 1954 in Berlin (ebd., S. 784 ff.).

101 Ebd., S. 787.

Sowjetunion, wie sie Churchill am 5. November 1953 für Eden noch einmal angemahnt hatte? Seinerzeit hatte der britische Premierminister notiert:

> »My only hope was for more friendly contacts bringing about a gradual easement while of course we all maintained our unity and strength. I still believe that is the best we are likely to get.«[102]

Am Vorabend der Konferenz machte Dulles im Kreis der amerikanischen Delegation noch einmal deutlich, wie fern er den Erwägungen Churchills stand:

> »The Secretary said that one reason the United States has been reluctant to hold a four-power-conference was the possibility of the Soviets using the conference to promote their objectives in the Satellite countries. For example, pictures of Western and Soviet leaders in congenial poses might be used in Soviet propaganda to imply that the West accepted the moral position of the Soviets and dealt with them on an equal plane. Therefore the Secretary had maintained the position that the four foreign ministers would meet only on specific issues and not in the context of a periodic reunion. He asked the members of the Delegation attempt to avoid making a particularly friendly appearance in any dealings with the Soviets. The United States Delegation should be correct, formal and polite.«[103]

Der amerikanische Außenminister verwies auf den Unterschied zwischen den allbekannten Konferenzzielen im Blick auf Deutschland und Österreich und den möglicherweise sehr viel wichtigeren »Nebenprodukten«. Er sprach in diesem Zusammenhang von den Erfahrungen mit »indirekten Ergebnissen« der Tagungen des Rates der Außenminister und betonte nachdrücklich, die Konsequenzen der bevorstehenden Konferenz würden »einen langen Zeitraum der Geschichte beeinflussen«. Deshalb appellierte er an die Mitglieder der amerikanischen Delegation, ihren Beitrag zu leisten, um »die Möglichkeit künftiger Kooperation zwischen Frankreich und Deutschland« sowie den anderen westlichen Alliierten »zu vergrößern«.[104]

Auf die eigentlichen Konferenzgegenstände bezogen, konnte dies nur ein negatives Ergebnis bedeuten. Die Aussichten auf eine deutsche Wiedervereinigung schätzte Dulles als »very poor« ein, weil die sowjetische Zustimmung »an invasion of freedom deep into the Iron Curtain« nach sich ziehen würde. Demnach zielten alle Vorstöße der Sowjetunion in der deutschen Frage lediglich auf eine Beeinflussung Frankreichs im Zusammenhang mit der EVG-Ratifizierung und dem Indochinaproblem. Dulles war durchaus unentschieden in seiner Prognose, ob die Franzosen dem Werben Rußlands widerstehen könnten oder nicht.[105] Im negativen Falle erschien eine »fundamentale Überprüfung« der amerikanischen Europa- und NATO-Politik notwendig, womit klargestellt war, daß die öffentlichen Äußerungen vom Dezember 1953 ernst gemeint waren.[106]

102 PRO FO 371/103691/C 1071/699, Churchill an Eden, 5. Nov. 1953.

103 FRUS 1952-1954, VII, 1, S. 787, streng geheime Aufzeichnung der letzten Unterredung in der amerikanischen Delegation in Berlin vor Konferenzbeginn vom 22. Jan. 1954.

104 Ebd.

105 Streng geheimes Memorandum der Unterredung des NSC vom 21. Jan. 1954 (ebd., S. 782).

106 Ebd., S. 781; vgl. dazu die Überlegungen zu einer Neugestaltung der amerikanischen Verteidigungsstrategie im Sinne größerer Effektivität und Flexibilität, bei denen man einen begrenzten Truppenabzug aus Übersee einkalkulierte (FRUS 1952-1954, V, 1, S. 482 ff.).

Die restriktive Haltung Dulles', die sich auf britischer Seite am ehesten mit der des weitgehend isolierten Botschafters in Moskau, Hayter, vergleichen ließ,[107] hatte im Foreign Office früh die Alarmglocken läuten lassen. Zwar erwartete man auch hier keine Übereinkunft mit der Sowjetunion und sah in der bevorstehenden Konferenz eher ein »cold war exercise«,[108] gleichwohl mit dem wichtigen indirekten Ziel, endlich die EVG in Frankreich über die Hürden zu bringen. Normalerweise, so notierte Nutting für Eden am 30. Dezember 1953, sei »the problem of blaming it [d.h. die Schuld für das Scheitern der Konferenz] on the Soviets« leicht zu lösen. Das »American hustling« berge aber die Gefahr eines »breakdown« der Konferenz in sich. In Berlin mußte es deshalb darauf ankommen, »proposing as much and opposing as little as possible«.[109] In diesem Kontext wurde die Idee geboren, die westlichen Vorschläge zur deutschen Frage in einem »Eden-Plan« zusammenzufassen. Nach Nuttings Vorstellungen sollte der britische Außenminister im Namen der Westmächte auf der Grundlage der Pariser Expertengespräche und der Konsultationsergebnisse mit der Bundesregierung die Initiative ergreifen und als Gegengewicht zur amerikanischen Ungeduld einen »comprehensive and forwardlooking plan for German reunification« vorlegen.[110]

Der britische Wunsch, in dieser Weise als atmosphärisches Korrektiv zu wirken, wich von der Arbeitsteilung bei den Expertengesprächen in Paris ab, bei denen für das Wiedervereinigungsproblem in erster Linie die Amerikaner verantwortlich zeichneten, während die Briten Ziele und Taktik der Westmächte, die Frage von Sicherheitsvereinbarungen und die Erstellung eines Argumentationskataloges gegen sowjetische Friedensvertragsvorschläge als Schwerpunkt übernommen hatten.

Die »einzige, große Schwierigkeit« der Konferenz blieb die EVG. Sie gedachte man auf britischer Seite dadurch zu meistern, daß man der künftigen gesamtdeutschen Regierung Entscheidungsfreiheit bei der Übernahme vertraglicher Bindungen beider deutscher Teilstaaten zugestand, mit anderen Worten, die Zugehörigkeit eines vereinigten Deutschlands zur EVG nicht zur Vorbedingung machte.[111]

Um diese »Pille zu versüßen«, schlug Nutting vor, folgende Punkte einzubringen:

> »a) that in our belief all-German membership of E.D.C. would, in the same way as a West German membership, be a guarantee for European security in general, and
>
> b) as a propaganda point, that since the East Germans have never been allowed to express themselves freely on these issues at an election, they cannot be regarded as committed to E.D.C. until they have expressed their views.«[112]

107 s. etwa dessen Brief an Eden vom 1. Jan. 1954 (PRO FO 371/109271/A 1071/84). Hayter schrieb: »I am convinced that Eisenhower is right about the »New Look«. The girl inside the dress is the same girl, exercising the same profession«. Hayter bezog den Begriff »New Look« auf die Politik der Sowjetunion nach Stalins Tod, während es in der amerikanischen Administration, genauer, bei den Joint Chiefs of Staff, seit Anfang Januar dieselbe Bezeichnung für eine Neugestaltung der amerikanischen NATO-Politik gab (FRUS 1952-1954, V, 1, S. 482 ff.).

108 Aufzeichnung Nuttings für Eden vom 30. Dez. 1953 (PRO FO 371/109271/A 1071/89).

109 Ebd.

110 Ebd., Aufzeichnung von Roberts für Nutting vom 31. Dez. 1953 (PRO FO 371/109271/A 1071/82 [2]).

111 Dies entsprach dem Generalvertrag, war jedoch im Vorfeld der Konferenz vor allem von den Amerikanern und der Bundesregierung in Frage gestellt worden.

112 Aufzeichnung von Roberts für Nutting vom 31. Dez. 1953 (PRO FO 371/109271/A 1071/82 [2]).

Auf diese Weise glaubte man im Foreign Office, die Manövrierfähigkeit des Westens erweitern und die Diskussion dem »breaking point« zutreiben zu können – »without undue delay and on solid and convincing grounds«.[113]

Kirkpatrick begründete in einer Aufzeichnung für Eden vom 30. Dezember 1953 noch einmal nachdrücklich, warum man an der Forderung freier Wahlen als Einstieg in jede gesamtdeutsche Regelung festhielt:

> »The Russians simply cannot afford free elections and their game is obviously to advocate a provisional government, half communist and half Bonn, with whom we should negotiate a peace treaty and who would remain in office until the Greek Kalends whilst we are arguing about free elections. And the argument about free elections will be very tough. There is not only the problem of ensuring free elections, the secret ballot, free access to Eastern Germany for election campaigners, free circulation of election literature, newspapers, etc., supervision and control of election procedure, but there is also the Russian red herring of the so-called ›mass organisations‹. If the Russians repeat their 1949 tactics, and they have indicated in previous correpsondence that they intend to do so, we must expect them to urge that a certain number of seats in the all-German Parliament shall be automatically filled by representatives of the mass organisations, all of which are communist. This totalitarian conception will not go down well in Western countries and we shall be on strong ground resisting it.«[114]

Eden teilte die Standortbestimmungen Nuttings und Kirkpatricks in vollem Umfang.[115] Vor dem britischen Kabinett versicherte er gleichwohl, daß man in Berlin gewisse Schritte zur Entspannung und zu »less abnormal realtionship« mit der Sowjetunion nicht ausschloß und »any aggravation of the cold war« zu vermeiden trachte.[116]

Die westliche »Maschinerie«, um im Bild Edens zu bleiben, lief auf Hochtouren, als die Konferenz mit der Sitzung vom 25. Januar 1954 eröffnet wurde. Der Plan zur Wiedervereinigung lag noch nicht in letzter Fassung vor, und die »Declaration of Intent« war noch einmal den Experten zugewiesen worden.

113 Ebd.

114 PRO FO 371/109271/A 1071/89 [1].

115 In seiner Notiz zu Kirkpatricks Aufzeichnung hieß es: »I like all this. Will Sir I. Kirkpatrick and Mr.Nutting please together set the machinery in motion so that we can give effect to these two excellent memoranda« (ebd.).

116 s. den Entwurf des Cabinet Paper vom 11. Jan. 1954 (PRO FO 371/109271/A 1071/72).

Der Konferenzverlauf

III

Überraschend schnell einigten sich die vier Außenminister auf die von Molotov am ersten Verhandlungstag vorgelegte Tagesordnung:

1. Über die Maßnahmen zur Minderung der Spannung in den internationalen Beziehungen und über die Einberufung einer Konferenz der Außenminister Frankreichs, Großbritanniens, der USA, der Sowjetunion und der Volksrepublik China (Fünfmächtekonferenz),
2. die Deutsche Frage und die Aufgaben der Gewährleistung der Sicherheit in Europa,
3. über den österreichischen Staatsvertrag.[1]

Eden bezeichnete es beim Treffen der westlichen Außenminister als »beste Taktik«, Molotovs Vorschlag zuzustimmen, um »a prolonged wrangle on the agenda« zu vermeiden.[2]

Dulles begründete sein Einverständnis in der folgenden Plenarsitzung mit der Bemerkung: »Sie ist nicht die Tagesordnung, die wir vorschlagen würden, aber sie ist eine Tagesordnung, welche wir im Interesse des Weiterkommens mit unserer Arbeit hinnehmen werden.«[3]

Bidault und Eden schlossen sich an, nachdem eine Reihe von Einwänden ausgeräumt worden war. Sie betonten, eine Tagesordnung mit der deutschen und österreichischen Frage an der Spitze wäre eher in ihrem Sinne gewesen.[4]

Ungeachtet Molotovs desillusionierender Eröffnungsansprache – Eden notierte nach der Sitzung, der sowjetische Außenminister habe »die alte Platte« aufgelegt[5] – und Dulles' entschiedener Replik[6] galt die Einigung auf die Tagesordnung nicht nur als Zugeständnis an die Russen,[7] sondern in erster Linie als hoffnungsvoller Auftakt.[8]

1 s. den Text von Molotovs Erklärung vom 25. Jan. 1954 in: Neue Zeit, Nr. 5, 30. Jan. 1954. Beilage, S. 8; vgl. W.M.Molotow, Reden auf der Berliner Außenministerkonferenz. Berlin (Ost) 1954, S. 21.

2 PRO FO 371/109276/C 1071/250, Eden an das Foreign Office, 26. Jan. 1954.

3 Die Viererkonferenz in Berlin 1954. Reden und Dokumente. Berlin o.J., S. 29; Foreign Minister's Meeting. Berlin Discussions. January 25 – Februar 18, 1954. Department of State Publication. Washington 1954, S. 28.

4 Foreign Minister's Meeting, S. 29 ff.

5 Eden, Memoiren, S. 88.

6 Eden meinte, die Rede des amerikanischen Außenministers sei »sharper in tone in reply to Molotov's criticisms than seemed necessary« gewesen (PRO FO 371/109276/C 1071/250, Eden an das Foreign Office, 26.Jan 1954).

7 Walter von Cube, Chefredakteur des Bayrischen Rundfunks, reihte dies in eine Reihe von »Siegen« der Russen im Blick auf die Viererkonferenz ein, angefangen von der bloßen Übereinkunft zu einer Konferenz über die Festlegung des Zeitpunktes und des Tagungsortes

Die Konferenz erstreckte sich danach vom 25. Januar bis zum 18. Februar 1954 über 21 Plenarsitzungen, über die in anschließenden Pressekonferenzen ausführlich Bericht erstattet wurde, und sechs geschlossene Sitzungen. Daneben fanden Treffen der westlichen Außenminister untereinander sowie Begegnungen der einzelnen Außenminister mit Molotov im Rahmen von Dinners statt.
Die Sitzungen der ersten und dritten Verhandlungswoche fanden im Gebäude des ehemaligen Alliierten Kontrollrats an der Potsdamer Straße im Westteil Berlins, die der zweiten im Amtssitz des sowjetischen Hohen Kommissars Unter den Linden im Ostteil Berlins statt. Zu den Sitzungen der vierten Woche trafen sich die Außenminister abwechselnd in den genannten Gebäuden.
Der Vorsitz wechselte in alphabetischer Reihenfolge nach den Anfangsbuchstaben der beteiligten Staaten in französischer Sprache. In der Regel wurde in der Zeit zwischen 15 und 19 Uhr getagt.
Die inhaltliche Unüberbrückbarkeit der Eröffnungsreden wirkte sich wegen der raschen Einigung in den technischen Fragen atmosphärisch noch kaum aus. Der Wunsch der westlichen Außenminister, eine Neuauflage der unerfreulichen Debatten im Jahr 1951 im Palais Rose zu vermeiden, bedeutete zunächst nur, ein unausweichliches Scheitern der Konferenz bei der deutschen Frage, d.h. einem konkreten Tagesordnungspunkt, herbeizuführen. Nur dann konnte das Treffen die ihm zugedachte Klärungsfunktion für die westliche Öffentlichkeit erfüllen. Insofern handelte es sich weniger um ein Zugeständnis als um eine Vorbedingung für das Gelingen der westlichen Strategie.

III.1 Der »Eden-Plan«

Den westlichen Außenministern gelang es wegen der vorherigen Abstimmung, den von Molotov bevorzugten ersten Tagesordnungspunkt vergleichsweise zügig aus den Plenarsitzungen – und damit aus der öffentlichen Diskussion – in die geschlossenen Sitzungen zu verlegen. Fragen der Abrüstung wurden in die Zuständigkeit der UNO verwiesen und die vom sowjetischen Außenminister vorgeschlagenen Maßnahmen zur Ausweitung des Ost-West-Handels geflissentlich übergangen. Es blieb die Fünfmächtekonferenz, der sich Dulles zuvor mit Nachdruck widersetzt hatte, die aber wegen des französischen Drängens auf eine Indochina-Regelung kaum noch zu umgehen war. Die Wandlung der amerikanischen Haltung fand hinter verschlossenen Türen statt.
Ganz anders verhielt es sich bei der Behandlung der deutschen Frage, dem zweiten Tagesordnungspunkt, dem die westlichen Außenminister bereits in ihren Eröffnungsreden Präferenz eingeräumt hatten. Unter Mißachtung der Verfahrensordnung preschte der britische Außenminister am 29. Januar 1954 mit dem Plan zur Wiedervereinigung Deutschlands vor, der nach dem Namen des Vortragenden und wegen der wirkungsvollen Präsentation umgehend zum »Eden-Plan« wurde.
Die britische Delegation hatte sich mit ihrer Version des »Plans zur deutschen Wiedervereinigung in Freiheit« noch unmittelbar vor Konferenzbeginn mit einer

bis zur Regelung wechselweiser Sitzungen im Ost- und Westsektor Berlins (s. »FAZ«, Nr. 21, 26. Jan. 1954, S. 3).
8 »FAZ«, Nr. 22, 27. Jan. 1954, S. 1.

amerikanischen Variante konfrontiert gesehen.[9] Allerdings gelang es – »glücklicherweise«, wie es in der britischen Delegation hieß –, den Entwurf des Foreign Office zur Grundlage der Erörterungen der »Steering Group« der drei Westmächte zu machen.[10]

In den Tagen vor und nach Konferenzbeginn erfuhr der Entwurf, der zwischenzeitlich auch den Außenministern vorlag, mehrere substantielle und stilistische Überarbeitungen, die letzte nach Eintreffen des Kommentars der Bundesregierung.[11]

Der Entwurf galt nun als ein recht vollkommenes, Molotov ohne Bedenken präsentierbares Gebilde. In einem Kommentar hieß es: »It would appear that whatever points are at issue are questions for the lawyers.«[12] Blankenhorn hatte eine Kopie des Plans am 27. Januar vom Vorsitzenden der Alliierten Hohen Kommission, Hoyer-Millar, mit dem Hinweis erhalten, es handele sich um ein Dokument, »which had been mainly drafted by the United Kingdom in consultation with the French and the Americans«. Die weitere Handhabung beschrieb der britische Hohe Kommissar mit den Worten: »For technical reason it might well be possible that the paper would enable Monsieur Bidault and Mr. Dulles to intervene later on if necessary in support.«[13]

Noch war unklar, wann der Plan Molotov vorgelegt werden konnte, doch schloß man die Sitzung am 28. Januar nicht aus. In diesem Fall hätten die von Hoyer-Millar angeforderten Kommentare Adenauers zur letzten Fassung kaum berücksichtigt werden können. Vorsichtigerweise erklärte der britische Hohe Kommissar dem deutschen Beauftragten, daß »things might move so quickly here that we would be unable to wait«. Blankenhorn zeigte dafür zunächst Verständnis.[14]

Am späten Abend des folgenden Tages – der Plan hatte der Konferenz noch nicht vorgelegt werden können – beklagte er sich jedoch in der Sitzung der Experten der drei Mächte über die späte Einsichtmöglichkeit. Adenauer, dem Grewe inzwischen ein Exemplar nach Bonn gebracht hatte und der über diesen seine und die Ansichten des Bundeskabinetts übermitteln ließ, war nach Blankenhorns Darstellung »ziemlich verärgert« über die mangelnde Zeit zur Erörterung, da jeder Satz des Dokuments wichtig sei.[15] Blankenhorn machte sich nun diese Haltung zu eigen und sprach gegenüber einem amerikanischen Pressevertreter davon, die Bundesregierung sei von den Briten »überrumpelt« worden.[16]

9 PRO FO 371/109276/C 1071/249, Draft Proposal on Elections and Government. Das Dokument war von Dulles am Nachmittag des 23. Jan. beim Treffen der westlichen Außenminister in Berlin vorgelegt worden.

10 PRO FO 371/109276/C 1071/249, A.M.Palliser an das Foreign Office, 25. Jan. 1954.

11 Hancock hielt die Änderungen am ursprünglichen Entwurf trotzdem für unbedeutend und sah dies als Bestätigung dafür, daß er »viel besser als der U.S. -Entwurf« gewesen sei (PRO FO 371/109276/C 1071/249[1], Notiz zur Aufzeichnung P.M.Fosters vom 27. Jan. 1954).

12 PRO FO 371/109276/C 1071/249[1], Aufzeichnung von Foster, 27. Jan. 1954.

13 PRO FO 371/109288/C 1071/569[1], Aufzeichnung Hoyer-Millars vom 27. Jan. 1954.

14 Ebd.

15 PRO FO 371/109278/C 1071/314, Protokoll der Expertensitzung vom 28. Jan. 1954. In der britischen Delegation betonte man, der Plan sei erst eine Stunde vor Blankenhorns Einsichtnahme fertiggestellt worden.

16 PRO FO 371/109284/C 1071/436, Hoyer-Millar an den stellvertretenden britischen Hohen Kommissar, J.G.Ward, 6. Febr. 1954. Wörtlich hieß es: »were ›bounced‹ by us over the Eden-Plan«.

Daraufhin erstellte man im Foreign Office eine Chronologie der Entstehung des Plans, in der die enge Konsultation der deutschen Seite in den wichtigsten Fragen hervorgehoben wurde. Die Bundesregierung habe durch ihre »slowness« den Beginn der beiden Expertenrunden in Paris verzögert und eine Woche vor Konferenzbeginn mit völlig neuen Vorschlägen aufgewartet. Der Wettlauf gegen die Zeit am Ende war demnach auch von deutscher Seite zu verantworten.[17] Im übrigen wußte man, daß die französische Regierung einer früheren Konsultation über ein noch nicht letztgültig abgestimmtes Dokument ihre Zustimmung verweigert hätte.[18]

Blankenhorn hatte den Plan nach Erhalt in Gegenwart des britischen Hohen Kommissars »sorgfältig« durchgelesen und sich offenkundig zufrieden gezeigt, besonders über die Passagen zur Wahlkontrolle durch eine Viermächtekommission. Erstaunlicherweise verlor er kein Wort über die fehlende Erwähnung der Volkspolizei und gesonderter Wahlen in der DDR. Er rechnete auch nicht mit wesentlichen Einwänden Adenauers.[19]

Die Ansichten der Bundesregierung erreichten die westlichen Delegationen am späten Abend des 28. Januar. Die Änderungswünsche fanden in der letztgültigen Fassung nur teilweise Berücksichtigung.[20]

Nach Grewes Angaben war im Bundeskabinett die Besorgnis laut geworden, der Plan biete wenig Spielraum für Konzessionen. Die von ihm überbrachten Vorschläge sollten daher als »bargaining points« verstanden werden.[21]

Die britischen Experten hielten ihm entgegen, man habe sich für einen »straightforward and simple plan« entschieden, der der Öffentlichkeit vernünftig erscheinen solle. In einem solchen »businesslike document« hatten Ergänzungsvorschläge als Verhandlungsmasse keinen Platz und die schließlich vorgenommenen Änderungen ware eher »optischer« als substantieller Natur.

Die beiden deutschen Vertreter Blankenhorn und Grewe gaben sich zufrieden und hielten sie vom Standpunkt der Bundesregierung aus für »sehr hilfreich«.[22] Adenauer stimmte dem kaum veränderten Entwurf zu, und nun sprach auch Blankenhorn ohne Einschränkung und »in warm terms« von ihm.[23]

Die westlichen Außenminister segneten am Vormittag des 29. Januar das Dokument ab, und Eden legte in der Plenarsitzung des Nachmittags »seinen« Plan der Konferenz vor. Edens forsches Handeln verschaffte der westlichen Konferenztaktik einige Vorteile. Nachdem Bidault den sowjetischen Vorschlag einer Weltabrüstungskonferenz[24] mit einem Gegenvorschlag erwidert und betont hatte, beide müßten intern

17 PRO FO 371/109284/C 1071/436, Beilage zu Hoyer-Millars Schreiben vom 6. Febr. 1954.

18 PRO FO 371/109277/C 1071/297, Hoyer-Millar an das Foreign Office, 29. Jan. 1954.

19 PRO FO 371/109288/C 1071/569[1], Aufzeichnung Hoyer-Millars vom 27. Jan. 1954.

20 PRO FO 371/109278/C 1071/314, Protokoll des Expertentreffens vom 28. Jan. 1954; s.auch PRO FO 371/109292/C 1071/692, Aufzeichnung Johnstons vom 28. Jan. über das Expertentreffen und PRO FO 371/109277/C 1071/297, Hoyer-Millars Bericht vom 29. Jan. Die einzelnen Änderungsvorschläge, die Grewe vortrug, und die westlichen Kommentare werden im folgenden an den entsprechenden Stellen des »Eden-Plans« in den Anmerkungen angeführt.

21 PRO FO 371/109278/C 1071/314, Protokoll des Expertentreffens vom 28. Jan. 1954.

22 Ebd.

23 PRO FO 371/109278/C 1071/316, Hoyer-Millar an das Foreign Office, 31. Jan. 1954.

24 s. den Text in: Die Viererkonferenz, S. 48; Foreign Minister's Meeting, S. 220.

geprüft werden, nutzte Dulles die Gunst des Augenblicks und leitete zum zweiten Tagesordnungspunkt über.[25]

Molotovs Versuch, die Verfahrensfrage einer künftigen Beteiligung deutscher Vertreter an der Konferenz aufzuwerfen, wurde mit dem Argument abgewiesen, es sei zunächst notwendig, *eine* deutsche Regierung zu haben. Eden faßte »die Gelegenheit beim Schopf«,[26] um im Rahmen einer vorbereiteten Rede den westlichen Wiedervereinigungsplan vorzustellen. Untertreibend hatte er seinen unvermittelten Übergang von der prozeduralen zur inhaltlichen Seite der deutschen Frage mit den Worten eingeleitet, er wolle seinen Kollegen »kurz« darlegen, wie er sich die Einbeziehung der Deutschen denke.[27]

Eden hatte den Plan bereits in seiner Eröffnungsrede vom 25. Januar skizziert. Er unterbreitete ihn nun in schriftlicher Form und kommentierte ihn ausführlich.

Die deutsche Wiedervereinigung sollte danach in fünf Etappen erfolgen, wobei die letzte zwar den Zielpunkt angab, die erste jedoch das Kernstück bildete:[28]

1. Freie Wahlen in ganz Deutschland,
2. Einberufung einer daraus hervorgehenden Nationalversammlung,
3. Ausarbeitung einer Verfassung und Vorbereitung der Friedensvertragsverhandlungen,
4. Annahme der Verfassung und Bildung einer gesamtdeutschen Regierung, die für die Verhandlung des Friedensvertrages zuständig ist,
5. Unterzeichnung und Inkrafttreten des Friedensvertrages.

Die Notwendigkeit der Wiedervereinigung leitete Eden aus der »unnatürlichen Teilung der deutschen Nation« ab, die einen »dauernden Mangel an Stabilität und dauernde Uneinigkeit in Europa« bedeute und »den Keim eines künftigen Konflikts und schließlich einer Katastrophe« in sich barg.[29] Er erklärte freie Wahlen zum Angelpunkt »jeden Plans« zur Wiedervereinigung, weil nur ein von einer frei gewählten gesamtdeutschen Regierung unterzeichneter Friedensvertrag die Zustimmung des deutschen Volkes finden werde.[30] Die Wahlüberwachung begründete Eden mit den »unnatürlichen Verhältnissen«, der »Verbitterung« und dem »Mißtrauen« zwischen

25 PRO FO 371/109279/C 1071/332, Protokollentwurf der 5.Plenarsitzung vom 29. Jan. 1954; FRUS 1952-1954, VII, 1, S. 871-877; Wortlaut des französischen Abrüstungsvorschlags: Foreign Minister's Meeting, S. 220 f. Bidault hatte der britischen Delegation vor der Sitzung mitteilen lassen, er werde nur auf Molotovs Drängen zur Abrüstung Stellung nehmen und nur in allgemeinen Zügen, und die Resolution mit dem Vorschlag vorlegen, sie erst in der folgenden Woche zu beraten (PRO FO 371/109279/C 1071/332[1], Aufzeichnung von Roberts vom 29. Jan. 1954).

26 Eden, Memoiren, S. 91.

27 Protokollentwurf der Plenarsitzung vom 29. Jan. 1954 (PRO FO 371/109279/C 1071/332); Text von Edens Rede: Die Viererkonferenz, S. 52-58; Foreign Minister's Meeting, S. 57-61.

28 s. den englischen Text: Documents relating to the Meeting of Foreign Ministers of France, the United Kingdom, the Soviet Union and the United States of America. Berlin, January 25 – February 18, 1954. London 1954, S. 120 ff.; den amerikanischen Text: Foreign Minister's Meeting, S. 223 ff.; den französischen Text: Documents de la Conférence de Berlin (25 janvier – 18 fevrier 1954). La Documentation Française. Recueils et Monographies. Hg. Présidence du Conseil. Paris 1954, S. 70 f.; den deutschen Text: Die deutsche Frage 1952-1956, S. 65 ff.

29 Foreign Minister's Meeting, S. 57; vgl. Die Viererkonferenz, S. 52.

30 Der Wunsch der Bundesregierung, in der schriftlichen Fassung des Plans von »freien und geheimen« Wahlen zu sprechen, war berücksichtigt worden (PRO FO 371/109278/C 1071/314, Protokollentwurf der Expertensitzung vom 28. Jan. 1954).

beiden Teilen Deutschlands.[31] Sie sollte im Wahlgesetz verankert werden, das die Vier Mächte auf der Grundlage der Entwürfe des Bundestages und der Volkskammer für ein gesamtdeutsches Wahlgesetz ausarbeiteten. Die Überwachungskommission setzte sich aus einer zentralen und zahlreichen nachgeordneten Stellen auf Landes- und Ortsebene aus Vertretern der Vier Mächte und möglicherweise neutraler Staaten zusammen. Sie entschied nach dem Mehrheitprinzip. Ihre wichtigste Aufgabe bestand in der Sicherstellung folgender Bedingungen:

- Freizügigkeit in ganz Deutschland,
- freie Kandidatenaufstellung,
- Immunität der Kandidaten,
- Schutz vor willkürlicher Verhaftung und Verfolgung,
- Freiheit für Vereinigungen und Versammlungen,
- freie Meinungsäußerung,
- Freiheit von Presse, Rundfunk und Fernsehen und freie Verbreitung von Druckerzeugnissen,
- geheime Stimmabgabe,
- Sicherheit der Wahllokale und Wahlurnen.

Die detaillierte Ausarbeitung oblag einer Arbeitsgruppe aus den Hohen Kommissaren oder deren Stellvertretern, die spätestens zwei Wochen nach Ablauf der Konferenz zusammentrat und ihren Bericht spätestens nach vier Wochen vorlegte.[32]

Eden vermied es in seiner Rede, sich im Unterschied zu diesen terminlichen Vorgaben der schriftlichen Fassung auf einen Wahltermin festzulegen. Dazu hieß es lediglich, Wahlen könnten »möglichst bald« nach Verkündung des Wahlgesetzes durch die Vier Mächte stattfinden.[33]

31 Grewe hatte vergeblich versucht, die ausdrückliche Erwähnung einer Garantie durchzusetzen, in der die Sicherstellung freier Bedingungen in der DDR vor den Wahlen verlangt wurde. Der amerikanische Experte Brewster Morris hielt dies für einen Diskussionspunkt der geplanten späteren Arbeitsgruppe der Hohen Kommissare und verwies auf Edens erläuternde Rede (ebd.). Eden enthielt sich allerdings eines solchen Hinweises auf die Wahlbedingungen in der DDR. Man kam der Bundesregierung – wenngleich nur widerstrebend – lediglich mit dem Einschub in die schriftliche Fassung entgegen, wonach die Freiheit »vor, nach und während der Wahlen« sichergestellt sein müsse.

32 Im ursprünglichen britischen Entwurf folgte dem Abschnitt (1)(a) »The Electoral Law« der Abschnitt »Establishing of a Working Group on Election«, der in der überarbeiteten Fassung vom 23. Jan. und in der letzten Fassung deutlich abgeschwächt wurde und erst nach den Ausführungen über die Wahlüberwachung unter der Überschrift »Method for Completing the above Preparations« erschien. Weggelassen wurde der Satz »In order to ensure that this recommendations meet the wishes of the German People the Working Group should as necessary consult appropriate authorities in the Federal Republic and the Soviet Zone« (s. PRO FO 371/109275/C 1071/224 mit dem »Plan for German Reunification in Freedom« und dem überarbeiteten Entwurf vom 23. Jan.). In der britischen Delegation hielt man die Änderungen nicht »von erstrangiger Bedeutung«; Notiz Hancocks zur Aufzeichnung Fosters vom 27. Jan. 1954 (PRO FO 371/109276/C 1071/249[1]).

33 Der Wunsch der Bundesregierung, zwischen Erlaß des Wahlgesetzes und Wahltag »mindestens sechs Monate« verstreichen zu lassen, um »die technischen und psychologischen Vorbereitungen« zu treffen (so Grewe beim Expertentreffen am 28. Jan. 1954, PRO FO 371/109278/C 1071/314), fand keine Berücksichtigung. Der amerikanische Deutschlandexperte Brewster Morris hatte sich aus Gründen der Flexibilität dagegen ausgesprochen. Der Passus konnte nach seiner Ansicht als Verzögerungstaktik ausgelegt werden.

Die zweite Etappe des Plans befaßte sich mit der Nationalversammlung,[34] deren vordringliche Aufgabe in der Ausarbeitung einer Verfassung lag. Bis zur Bildung einer gesamtdeutschen Regierung – auch dafür war kein Termin festgelegt – blieb ein Teil der Überwachungsmaschinerie im Amt, um die »freiheitlichen Verhältnisse« nach den Wahlen zu gewährleisten.[35]
Es lag im Ermessen der Nationalversammlung, eine provisorische gesamtdeutsche Behörde zu bilden, die die Arbeit an der Verfassung unterstützte, gesamtdeutsche Ministerien vorbereitete und vorbereitende Friedensverhandlungen führte.[36]
Nach Billigung der Verfassung durch die Nationalversammlung, so sah es die vierte Etappe des Plans vor, würde von ihr die gesamtdeutsche Regierung bestellt werden. Letztere übernahm die Verantwortung für die Verhandlung und den Abschluß des Friedensvertrages. Sie war zuständig für die Bildung noch ausstehender gesamtdeutscher Institutionen.
Der Nationalversammlung stand das Recht zu, Verfahren und Zeitpunkt der Übertragung der Befugnisse »der Bundesregierung und der deutschen Behörden in der Sowjetzone« auf die Zentralregierung festzulegen und die Auflösung der Teilregierungen zu bestimmen.[37]

34 Im ersten Entwurf war von einer »Konstituierenden Versammlung« die Rede gewesen.

35 Grewe hatte am 28. Jan. 1954 vorgeschlagen, diese Aufgabe der Nationalversammlung zu übertragen. Deshalb sollte Artikel 4, Paragraph 2 des Wahlgesetzentwurfes des Bundestages vom 1952 in den Plan eingefügt werden. Er lautete:
»Sie [die Nationalversammlung] hat diejenige Gewalt, die erforderlich ist, um bis zum Inkrafttreten der gesamtdeutschen Verfassung die freiheitliche, rechtsstaatliche, demokratische und föderative Ordnung herbeizuführen und zu sichern.« (s. Die Bemühungen der Bundesrepublik. Teil I, S. 74.) Im Unterschied zu den Überwachungskommissionen besaß nach Grewes Ansicht die Nationalversammlung die Befugnis, »to intervene in Eastern Germany by means of legislative action, for example, to dissolve the East German Government« (PRO FO 371/109278/C 1071/314). Der amerikanische Delegierte sprach sich gegen eine Übertragung von Rechten an die Nationalversammlung aus, »which it would have no means to enforce«. Grewe entgegnete: »The powers envisaged might not be used but the situation in the Soviet Zone after election day could not be foretold and some safeguard such as he had suggested should be provided.« Briten und Amerikaner meinten, es sei zu spät, den deutschen Vorschlag von den Außenministern erörtern zu lassen. Man versprach lediglich, ihn vorzutragen. Der wichtigste Einwand gegen den Änderungswunsch war, der westliche Plan würde für die Russen sofort unannehmbar. Im übrigen verwies man auf Abschnitt III, in dem der Nationalversammlung das Recht zur Bildung des »Kerns« gesamtdeutscher Ministerien zugebilligt wurde (PRO FO 371/109277/C 1071/297, Hoyer-Millars Bericht vom 29. Jan. 1954). Bemerkenswerterweise trat auch Dulles kurz zuvor für die Aufnahme eines Passus ein, der Schikanen nach der Bildung der Nationalversammlung verhinderte (PRO FO 371/109276/C 1071/256, Protokoll des westlichen Expertentreffens vom 25. Jan. 1954).

36 Der britische Entwurf hatte den Handlungsspielraum der Behörde weniger deutlich eingegrenzt. Darin hieß es, sie könne von sich aus »negotiations for a Peace Treaty with the Four Powers« eröffnen, »but without authority to conclude such negotiations« (PRO FO 371/109275/C 1071/224, »brief« mit dem Wiedervereinigungsplan). Die letzte Fassung lautete: »If the assembly so decides, the authority may also open with the Four Powers, on a preliminary basis, negotiations for the peace treaty« (Foreign Minister's Meeting, S. 224).

37 Der Passus der britischen Fassung, nach dem die Nationalversammlung »in consultation with the existing Federal Government and with the authorities in the Soviet Zone and, as necessary, with the High Commissioners of the Four Powers« den Machttransfer regeln sollte, war weggelassen worden. Blankenhorn hatte bei der Entgegennahme des revidierten Entwurfes keine Einwände erhoben und sogar vermerkt, es wäre ein »Fehler« und »unnötig«,

Das Weiterbestehen letzterer bis zur Bildung einer gesamtdeutschen Regierung sollte, nach Edens Erläuterungen, ein »Vakuum« in der Verwaltung und einen »völligen Bruch« bei der Erfüllung der internationalen Verpflichtungen beider Teile Deutschlands verhindern. Die gesamtdeutsche Regierung konnte diese übernehmen und weitere Vereinbarungen treffen.
Bis zum Abschluß des Friedensvertrages würden die Vier Mächte nur jene Rechte in Deutschland ausüben, die mit ihren Stationierungstruppen, mit Berlin, der Wiedervereinigung Deutschlands und dem Friedensvertrag zusammenhingen.[38] Beschlüsse der Nationalversammlung und der gesamtdeutschen Regierung unterlagen nicht der Billigung durch die Vier Mächte, konnten allerdings durch Mehrheitsbeschluß mißbilligt werden.
Die fünfte und letzte Etappe des westlichen Plans sah vor, »so rasch wie möglich«, wie Eden erläuterte, zur Unterzeichnung des Friedensvertrages durch alle Staaten, die mit Deutschland im Krieg gestanden hatten, zu schreiten. Wie vereinbart ging Eden nicht weiter auf den Friedensvertrag selbst ein und erklärte lakonisch: »I think it explains itself.«[39]

der Bundesregierung ein direktes Mitspracherecht in dieser Sache zu geben (PRO FO 371/109288/C 1071/569[1] Aufzeichnung Hoyer-Millars vom 27. Jan. 1954).

38 Blankenhorn erhob am 27. Jan. 1954 gegenüber Hoyer-Millar Bedenken gegen die Formulierung »each of the Four Powers«, da sie den Russen Gelegenheit böte, »gewisse Rechte in der westlichen Zone« zu beanspruchen (PRO FO 371/109288/C 1071/569[1]). Grewe, der darauf nicht direkt einging, aber dasselbe Problem meinte, schluß für den vierten Absatz des Abschnittes IV den Wortlaut vor: »Until the entry into force of the Peace Treaty, each of the Four Powers will retain, with respect to the *National Assembly and an all-German Government*, the rights relating to the stationing of armed forces in Germany and the protection of their security, Berlin, the reunification of Germany and a peace treaty, *which they at present exercise.*« (Hervorhebungen im Original.) Er begründete dies damit, es werde »sehr schwierig« sein, im Westen ein anderes Besatzungsregime als im Osten aufrechtzuerhalten. Die Vorbehaltsrechte in den Bonner Verträgen sollten daher auch für die gesamtdeutsche Regierung gelten. Der amerikanische Delegierte verwies darauf, nach Inkrafttreten der Bonner Verträge würden nur die darin vorbehaltenen Rechte gelten und der Passus im jetzigen Plan hinfällig werden. Einig waren sich alle Experten, daß hinter dem Passus die Absicht stand, ein Veto der Sowjetunion zu verhindern. Auf den Einwurf, ob dieser Punkt überhaupt erwähnt werden müsse, erhielt Grewe zur Antwort, der Plan müsse ganz klar machen, »what powers would be exercised and where everybody stood under the Plan.« Weder dürfe er »overdetailed« sein, noch Lücken enthalten. Den Abschnitt über die Billigung oder Mißbilligung von Entscheidungen der Nationalversammlung und der gesamtdeutschen Regierung hielt die Bundesregierung für überflüssig, da er die »sowjetische Obstruktion« nicht mindern könnte und zudem »sehr ernste psychologische Nachteile« aufweise. Der britische Delegierte Bathurst wandte ein, die Weglassung werde zur sowjetischen Forderung nach einstimmigen Beschlüssen führen. Der amerikanische Delegierte Schwarz fügte hinzu, dem Abschnitt liege gerade der Gedanke zugrunde, »to protect the unification from the Soviet veto«. Mit seinem Kompromißvorschlag, den Vier Mächten nur das Recht zuzusprechen, Entscheidungen der Nationalversammlung betreffend das Datum der Inkraftsetzung der Verfassung und des Machttransfers durch Mehrheitbeschluß zu mißbilligen, drang Grewe nicht durch. In der letzten Fassung des Plans hatte lediglich der Schlußsatz des Abschnittes eine stilistische Abschwächung erfahren. Ursprünglich lautete er: »Such decisions may only be disapproved by majority vote of the Four Powers.«
Adenauers Wunsch, eine Mißbilligung nur aus wichtigen Gründen vorzusehen, wurde mit der Bemerkung verworfen, die sowjetische Delegation werde dann Aufschluß darüber verlangen, an welche Gründe man dabei dachte. Dies wollte man vermeiden, und Grewe anerkannte diese Haltung.

39 Foreign Minister's Meeting, S. 61. Die deutsche Übersetzung (Die Viererkonferenz, S. 57) ist, wie mehrfach zu bemerken, allzu frei.

Eden erweckte mit seinen Erläuterungen zum westlichen Wiedervereinigungskonzept den Eindruck, als verzichteten die Westmächte völlig auf die vorherige Festlegung von Grundsätzen für einen Friedensvertrag mit Deutschland. Tatsächlich bedeutete aber die Absage an einen »Diktatfrieden« (dictated treaty) nicht das Zugeständnis von Handlungsfreiheit für Deutschland.[40]

Edens Rede enthielt für den aufmerksamen Leser entscheidende Sicherungen für die Interessen der Bundesregierung und der Westmächte: Der Passus des Plans über die Freiheit der gesamtdeutschen Regierung, die internationalen Rechte und Verpflichtungen der Bundesregierung oder »des ostdeutschen Regimes« zu übernehmen, galt nur mit der Einschränkung, daß sie »mit der Charta der Vereinten Nationen übereinstimmen«.[41] Damit beugte man in erster Linie einer stillschweigenden Legitimierung des Görlitzer Abkommens vor. Die Formel über die Freiheit, sich mit anderen Staaten »zu friedlichen Zwecken« zusammenzuschließen, berührte ein überaus strittiges Definitionsproblem. Die Begriffe »Frieden« und »Freiheit« meinten in Ost und West nicht dasselbe. Hinter der Formel des Plans verbarg sich das Interesse an einem westlich orientierten Gesamtdeutschland, das früher durch die Bindungsklausel deutlicher zum Ausdruck gebracht worden war.

Molotov beschränkte sich in einer ersten Stellungnahme auf die »zahme Bemerkung«, der britische Außenminister habe sich bei seinem Vorstoß die »Nachsicht« des Vorsitzenden Dulles zunutze gemacht.[42] Die vorgerückte Stunde, vor allem aber die mangelnde Vorbereitung auf den überraschenden Handstreich ließen eine angemessene Antwort nicht zu. Er konnte sich allerdings nicht die Bemerkung verkneifen, Eden habe »as a scholarly constitutionalist of a strict German type« gesprochen.[43] Sein inhaltlicher Kommentar beschränkte sich auf die eigenwillige Auslegung, der Plan ziele darauf ab, es als »the best kind of German freedom« zu betrachten, diese »from the hands of the German authorities« wegzunehmen.[44]

Molotov bezog den »Eden-Plan« in die Verfahrensdebatte über eine deutsche Partizipation ein, ohne den zentralen Punkt, freie Wahlen, auch nur zu erwähnen. Wenngleich man in den westlichen Delegationen froh über den gelungenen Coup war, ließ Molotovs erste Reaktion kaum hoffen, die Russen in eine Diskussion über die westlichen Grundsätze verwickeln zu können.

Molotov bestätigte dies am folgenden Tag, dem 30. Januar, in der sechsten Plenarsitzung.[45] Er sprach Wahlen zwar nicht eine besondere Bedeutung ab, wertete aber die vorgesehenen Sicherungen als Mißtrauen gegen die »deutschen demokratischen Kräfte« und forderte eine Befragung der Deutschen über die Prinzipien freier Wahlen. Der sowjetische Außenminister sprach offen von der

40 Der Hinweis auf einen »frei verhandelten« Friedensvertrag erschien auf deutschen Antrag auch in der schriftlichen Fassung des Plans (PRO FO 371/109278/C 1071/314, Protokollentwurf des Expertentreffens vom 28. Jan. 1954).

41 Foreign Minister's Meeting, S. 61.

42 Eden, Memoiren, S. 91.

43 PRO FO 371/109279/C 1071/332, Protokollentwurf der Plenarsitzung vom 29. Jan. 1954 vgl. den amerikanischen Sitzungsbericht vom 30. Jan. (FRUS 1952-1954, VII, 1, S. 877).

44 Ebd.

45 s. den Text seiner Rede in: Foreign Minister's Meeting, S. 61-64; Die Viererkonferenz, S. 62ff; vgl. Edens telegraphischen Bericht an das Foreign Office vom 31. Jan. 1954 (PRO FO 371/109278/C 1071/307); Protokollentwurf der 6.Plenarsitzung (PRO FO 371/109279/C 1071/333).

unterschiedlichen Einschätzung in Ost und West darüber, was »wirklich freie« und »demokratische« Wahlen seien, und betonte, diese hätten einen Beitrag »zur weiteren Entwicklung eines demokratischen Deutschlands auf friedlicher Grundlage« zu leisten. Man müsse Klarheit darüber haben, wie sich die Lage in Deutschland nach den Wahlen gestalte. Die Bindungsklausel ziele auf eine Einbeziehung Gesamtdeutschlands in die EVG und damit auf eine Übertragung des westdeutschen Systems auf die DDR, die nach seiner Meinung »diejenigen Kräfte des deutschen Volkes repräsentiert, die die rascheste Vereinigung Deuschlands auf demokratischer und friedlicher Grundlage gewährleisten sollen«.

Eden erwiderte, es sei »in keiner Weise« vorgesehen, die gesamtdeutsche Regierung hinsichtlich der Übernahme oder Ablehnung bestehender Verträge zu binden. Dulles und Bidault hingegen betonten die Vorzüge einer Integration Deutschlands in die europäische Gemeinschaft und die EVG. Ein isoliertes Deutschland mit einer Nationalarmee berge aber Gefahren in sich.[46]

Dulles erinnerte an die Fehler der Vergangenheit, die es zu vermeiden galt, und daran, daß von deutschem Boden zwei Weltkriege ausgegangen waren. Er hielt das »disagreement« unter den Vier Mächten für die Ursache der Spaltung Deutschlands, folglich käme ihnen auch die Verantwortung für die Wiedervereinigung zu.

Bidault widmete sich in erster Linie dem sicherheitspolitischen Aspekt und bekannte sich zu der von Molotov hergestellten Verbindung zwischen deutscher Frage und europäischer Sicherheit. Da die Sicherheitsfrage über die deutsche Frage hinauswies, müsse die Lösung letzterer als Beitrag zur ersteren betrachtet und zunächst erörtert werden. Der französische Außenminister kritisierte den sowjetischen Friedensvertragsentwurf vom März 1952, weil er bedenkenlos und uneingeschränkt Vertrauen »in den Feind von gestern« lege und ohne Sicherheitsgarantien die Wiederherstellung eines über alle Machtmittel verfügenden, im Zentrum Europas aber isolierten Deutschlands anstrebe.[47] Molotovs Ansicht, erst die Einbeziehung Deutschlands in ein Verteidigungssystem werde zur Spaltung der Welt führen, wurde zurückgewiesen.

In seiner von Eden als »bewundernswert« eingestuften Rede[48] streifte Bidault auch das bedeutsame Problem unterschiedlicher Begriffsdefinitionen. Er sprach von der Hoffnung, daß das Wort »demokratisch« von der Sowjetunion nicht im Sinne einer Übertragung der »Demokratie im Osten« auf die Bundesrepublik gemeint sei.[49] Angesichts der verschiedenen Konzeptionen sei es wenig sinnvoll, aus den beiden bestehenden eine gesamtdeutsche Regierung zu bilden. Letztere dürfe auch nicht durch vorab festgelegte friedensvertragliche Bestimmungen in ihrer Freiheit begrenzt werden.

Insgesamt war es den Westmächten an diesem Tag gelungen, den Eindruck gemeinsamer Interessen zu erwecken. Die Sitzung des 30. Januar endete »with some good humoured exchanges«, und Eden zeigte sich befriedigt darüber, daß man sich

46 Foreign Minister's Meeting, S. 64-71, 130 ff.; Die Viererkonferenz, S. 64-74; Edens telegraphischer Bericht an das Foreign Office vom 31. Jan. 1954 (PRO FO 371/109278/C 1071/307); Protokollentwurf der 6.Plenarsitzung (PRO FO 371/109279/C 1071/333).

47 Foreign Minister's Meeting, S. 69; vgl. Die Viererkonferenz, S. 72.

48 So Eden in einem Bericht an das Foreign Office (PRO FO 371/109278/C 1071/307).

49 Foreign Minister's Meeting, S. 70; Die Viererkonferenz, S. 74.

mitten in der Erörterung des deutschen Problems befand. Er wähnte den westlichen Plan als Diskussionsgrundlage der nächsten Tage.[50]

In der Tat konnte man es als psychologischen Vorteil betrachten, daß die Westmächte ihre Ansichten vor Beginn der zweiten Verhandlungswoche vorgetragen hatten und die Konferenz nach Ost-Berlin umzog. Die westlichen Außenminister waren so guter Dinge, daß sie Molotov – entgegen der Reihenfolge – den Vorsitz der nächsten Sitzung am 1. Februar, der ersten im sowjetischen Sektor Berlins, aufdrängten.[51]

Die erste Verhandlungswoche wurde auf alliierter Seite als Erfolg verbucht. Folgte man der Ansicht des Staatsministers in Foreign Office, Nutting, so war die Schlacht um die Gunst der öffentlichen Meinung längst entschieden. Schon am 28. Januar hatte er Empfehlungen ausgesprochen, wie man der erwarteten sowjetischen »Gegenattacke« mit den vermuteten Themen »Europe for the Europeans«, »back to Potsdam« und »the fear of German rearmament« begegnen könnte.[52] Nutting schrieb:

> »It seems quite clear from all that he (Molotov) has said that he really has no constructive plan whatever to deal with the problem of how the world can live safely with 70 millions Germans. From this we should be able to derive some considerable propaganda advantage.«

Beeindruckt von Nuttings Selbstgewißheit hatte Eden unter die Empfehlungen notiert: »I like all this.«

III.2 Der sowjetische Friedensvertragsentwurf

Die DDR-Regierung machte mit einem Memorandum an die Außenministerkonferenz vom 30. Januar bereits die Kernpunkte der sowjetischen Vorschläge bekannt.[53] Die Demonstration deckungsgleicher deutscher und sowjetischer Ziele war eingeleitet.

Bidault und Eden unterstrichen am 1. Februar noch einmal ihre Sicht der Handlungsfreiheit der gesamtdeutschen Regierung und hoben erneut die Vorzüge der EVG für eine europäische Friedensregelung hervor.[54]

Der französische Außenminister traf die Sachlage, wenn er eine Einigung von der Bereitschaft abhängig machte, die Entscheidung des deutschen Volkes für die eine oder andere Lösung zu akzeptieren.[55] Molotov hingegen beanspruche die Gewißheit, daß die Deutschen gegen die Westverträge entschieden.

50 s. Edens Sitzungsbericht an das Foreign Office (PRO FO 371/109278/C 1071/307).

51 s. den Protokollentwurf der 6.Plenarsitzung vom 30. Jan. 1954 (PRO FO 371/109279/C 1071/333). Molotov hatte zunächst mit der Begründung abgelehnt, er brauche keine Privilegien, stimmte aber nach kurzem, launigen Wortwechsel zu.

52 PRO FO 371/109291/C 1071/644, Aufzeichnung Nuttings vom 28. Jan. 1954.

53 s. Dokumente zur Außenpolitik der DDR, I, S. 118-137; s. a. den Abschnitt über die deutsche Delegation in Berlin (unten).

54 s. die Redetexte in: Foreign Minister's Meeting, S. 71-74, 75 f.; Die Viererkonferenz, S. 75-78, 78-82.

55 Bidault sprach, was sehr selten war, von der DDR und nicht von der Sowjetzone.

Doch nun begannen die Stunden Molotovs. In einer fast dreistündigen, nicht simultan übersetzten Rede, stellte er die Aufnahmefähigkeit der westlichen Außenminister auf eine erste harte Belastungsprobe.[56] Die Prinzipien des sowjetischen Friedensvertragsentwurfs[57] bettete er in eine unmißverständliche Ablehnung der EVG, die Beschwörung des »Wiedererstehens des deutschen Militarismus«, eine Kritik am »Netz der amerikanischen Militärstützpunkte auf fremden Territorien« und an den »Wühlaktionen« in der Sowjetunion und ihren Satellitenstaaten ein. Einem Vergleich der Bonner und Pariser Verträge mit dem Vertrag von Versailles folgten die weitgehend bekannten sowjetischen Vorschläge zur Lösung der deutschen Frage.
Molotov fügte den sieben »Politischen Grundsätzen« des Friedensvertragsentwurfs vom 10. März 1952 einen achten hinzu, der Gesamtdeutschland von jeder Verpflichtung politischer oder militärischer Art freisprach, die sich aus Verträgen der Bundesrepublik und der DDR ergab.[58] Die Zentralregierung hätte daher nicht zu entscheiden, ob sie für oder gegen eine Übernahme eingegangener Verpflichtungen war. Im DDR-Memorandum vom 30. Januar 1954 hieß es noch deutlicher, daß »die Verträge aus Bonn und Paris annulliert« werden müßten.[59] Formal hätte somit das Grenzabkommen zwischen der DDR und Polen von 1950 weiter Bestand haben können. Dies war der Rede Molotovs nicht eindeutig zu entnehmen.
Die zweite Ergänzung erfuhr der sowjetische Friedensvertragsentwurf im wirtschaftlichen Teil. Deutschland wurde die Erlassung der Nachkriegsschulden in Aussicht gestellt.[60] Diese Klausel war aus westlicher Sicht kaum von Belang und bezog lediglich die Übereinkunft zwischen der Sowjetunion und der DDR vom 22. August 1953 in den Vertragsentwurf ein.
Bemerkenswert war eine »Präzisierung« der militärischen Vertragsbestimmungen. Die 1952 zugestandenen nationalen Streitkräfte, »die für die Landesverteidigung erforderlich sind«, sollten nun »entsprechend den Aufgaben innerer Art, der örtlichen Grenzverteidigung und des Luftschutzes beschränkt sein«.[61] Damit wurde dem Argument begegnet, die Sowjetunion ermögliche eine unbegrenzte Aufrüstung Deutschlands und eine Neuauflage der Entwicklung der Zwischenkriegszeit.
Möglicherweise ungewollt erregte Molotov schließlich doch noch die Aufmerksamkeit wenigstens der britischen Delegation. Unter Verweis auf eine Äußerung des früheren britischen Außenministers Ernest Bevin auf der Londoner Außenministerkonferenz im Jahre 1947 meinte er, die Westmächte hätten seinerzeit die

56 s. den Redetext in: Molotow, Reden auf der Berliner Außenministerkonferenz, S. 35-55; Dokumente zur Deutschlandpolitik der Sowjetunion, I, S. 406-428. Vgl. Die Viererkonferenz, S. 82-99; Edens Bericht an das Foreign Office vom 2. Febr. 1954 über die 7. Plenarsitzung (PRO FO 371/109278/C 1071/322).

57 s. Dokumente zur Deutschlandpolitik der Sowjetunion, I, S. 121-124 (Text des Friedensvertragsentwurfs) und ebd., S. 25 (Vorschlag zur Vorbereitung eines Friedensvertrages und einer Friedenskonferenz über Deutschland).

58 Dokumente zur Deutschlandpolitik der Sowjetunion, I, S. 426.

59 Dokumente zur Außenpolitik der DDR, I, S. 136.

60 Ausgenommen waren Schulden aus Handelsverpflichtungen (s.Dokumente zur Deutschlandpolitik der Sowjetunion, I, S. 427); vgl. das DDR-Memorandum vom 30. Jan. (Dokumente zur Außenpolitik der DDR, I, S. 136).

61 Dokumente zur Deutschlandpolitik der Sowjetunion, I, S. 422.

Ausarbeitung eines Friedensvertragsentwurfes vor Bildung einer gesamtdeutschen Regierung für möglich gehalten.[62]
Die britische Delegation forderte umgehend aus der Forschungsabteilung des Foreign Office den Wortlaut von Bevins Äußerungen an. Das von Molotov angeführte Zitat[63] fand man jedoch in den Konferenzunterlagen des Jahres 1947 nicht. In der gedruckten Fassung des britischen Protokolls der Sitzungen des Rates der Außenminister fand sich lediglich ein Passus, in dem Bevin erklärte, »that a Central German Government should be in existence before the peace conference could complete its task, but not that the peace conference could not be held until a Central German Government had been established«.[64]
In Erwartung eines neuen Vorstoßes Molotovs in die angedeutete Richtung legte sich Eden, noch ohne Kenntnis des Wortlautes von Bevins tatsächlichen Äußerungen, eine Gegenargumentation zurecht. Ihr Ziel war es, nachzuweisen, daß es »no conflict between Mr. Bevin's views and my own plan« gab.[65] Wie Bevin schlage auch er, so führte Eden in einem Telegramm an das Foreign Office aus, den raschen Beginn von Friedensvertragsverhandlungen vor, nachdem von der frei gewählten Nationalversammlung eine provisorische gesamtdeutsche Behörde als deutsche Vertretung gebildet worden sei. Die eigentliche Friedenskonferenz würde erst zu einem späteren Zeitpunkt und nach Bildung einer gesamtdeutschen Regierung einberufen.

62 Ebd.

63 Es lautete: »Mir war es darum zu tun, eine Einigung zu erreichen, bei der beides geschehen könnte, das heißt, daß die Vorbereitung zur Bildung einer deutschen Regierung und die Vorbereitung eines Friedensvertrages gleichzeitig ihren Fortgang nehmen könnten, so daß zu diesem Zeitpunkt, zu dem die Vorbereitung dieses Vertrages abgeschlossen wäre, auch eine deutsche Regierung zur Stelle wäre, die ihre Ansichten darlegen könnte. Ich wollte erreichen, daß diese beiden Vorgänge gleichzeitig ihren Fortgang nähmen« (ebd.).

64 s. Edens Telegramm an das Foreign Office vom 3. Febr. 1954 (PRO FO 371/109280/C 1071/349). Eden forderte ein Wortprotokoll an. Aus dem Foreign Office erhielt er folgenden Auszug aus Bevins Erklärung in der Sitzung vom 25. März 1947: »There should be two simultaneous processes in the preparation of peace with Germany: the first process was outlined in the proposals already submitted concerning political principles. There was to be a gradual evolution by the Allies of a Government for Germany. Step by step, the Allied Control Council would develop a new German State in the place of the State which had been smashed during the war. The second process was that of consultation of world opinion through the medium of the Allies, by which process it was to be decided what sort of Germany was to be recreated. The duty of Allies was to evolve a Peace Treaty which would be acceptable to world opinion and at the same time to evolve a Germany which could accept the Peace Treaty« (PRO FO 371/109284/C 1071/426, Telegramm aus dem Foreign Office an die britische Delegation in Berlin, 4. Febr. 1954).
Darüber hinaus schickte man Eden folgenden Auszug aus dem Bericht der Außenminister-stellvertreter, der sich auf die Friedenskonferenz bezog: »If at the time of the conference there exists a German Government adequate for the purpose of accepting a peace treaty, representatives of the German Government will be given an opportunity of expressing their views at this conference. In any event, before a peace treaty is signed by a German Government, representatives of that Government will be given an opportunity of expressing their views on the draft peace treaty« (PRO FO 371/109284/C 1071/426, Telegramm Kirkpatricks an die britische Delegation in Berlin, 4. Febr. 1954).

65 Eden an das Foreign Office, 3. Febr. 1954 (PRO FO 371/109280/C 1071/349).

Im Foreign Office hielt man es für »dangerours to argue that what we proposed in 1947 is consonant with what we are proposing in 1954«. Molotov werde dadurch eingeladen, auch in anderen Punkten so zu verfahren. Hancock schrieb unumwunden: »It is quite obvious that in 1947 we proposed much which we would not agree with now.«[66]

Man entschied in London, die britische Delegation in Berlin zu warnen. Als Argumentationshilfe wurde angeboten, Bevin selbst habe seine Politik in den Jahren 1948 und 1949 wegen der veränderten Lage in Deutschland revidiert, »particularly the impossibility of reaching an agreement with the Russians about Germany as a whole«.[67] Im Antworttelegramm des Foreign Office legte man daher besonderen Wert auf die gewandelten Verhältnisse zwischen 1947 und 1954.[68] Eden wurde empfohlen, mit der Notwendigkeit »neuer Lösungen« zu argumentieren.

Das Risiko, sich in das Jahr 1947 zurückversetzen zu lassen, erschien schon deshalb zu groß, weil das Potsdamer Abkommen zu jener Zeit »not entirely dead« gewesen sei und dem Rat der Außenminister noch die erste Verantwortung für die Ausarbeitung eines Friedensvertrages oblag. Der Kernsatz der Empfehlung für eine mögliche Replik Edens an Molotov lautete: »Mr. Molotov is a great lover of the past.«[69]

Die kurzfristige Aufgeregtheit war überflüssig. Molotov kam nicht auf seine Bemerkung vom 1. Februar zurück. Zwar versuchte der sowjetische Botschafter in Großbritannien, Jakov A. Malik, am Morgen des 2. Februar den britischen Außenminister, der sich nach der ersten Sitzung im Ostsektor Berlins sehr pessimistisch gab, zu bewegen, Molotovs Hinweis auf Bevin im Sinne einer möglichen »Basis« für eine Übereinkunft zu prüfen, doch blieb es dabei.[70]

Was Molotov am 1. Februar hinsichtlich der Teilnahme deutscher Vertreter am Friedensvertragsprozeß etwas nachlässig und unscharf vorgebracht hatte,[71] unterlag nach dem 4. Februar, an dem der sowjetische Vorschlag »Über die Bildung einer Provisorischen Gesamtdeutschen Regierung und die Durchführung freier gesamtdeutscher Wahlen« unterbreitet wurde, keinem Zweifel mehr.[72]

66 PRO FO 371/109284/C 1071/426, Aufzeichnung Hancocks, 4. Febr. 1954.

67 Kommentar von P.Dean vom 3. Febr. 1954 (PRO FO 371/109284/C 1071/426).

68 Ebd.

69 PRO FO 371/109291/C 1071/679 ohne Datum.

70 PRO FO 371/109279/C 1071/334, Eden an das Foreign Office, 2. Febr. 1954.

71 s. seine Rede vom 1. Febr. 1954 und den Vorschlag zur Einberufung einer Friedenskonferenz (Dokumente zur Deutschlandpolitik der Sowjetunion, I, S. 423, 427 f.). Im DDR-Memorandum vom 30. Jan. war vorgesehen, Vertreter der Vier Mächte »unter Mitwirkung der Gesamtdeutschen Provisorischen Regierung« den Friedensvertragsentwurf ausarbeiten zu lassen. Diese Regierung wurde von beiden bestehenden Parlamenten »unter Teilnahme der demokratischen Parteien und Organisationen« gebildet (Dokumente zur Außenpolitik der DDR, I, S. 136). Nach Molotov sollte die Arbeit am Entwurf den stellvertretenden Außenministern in einer Frist von drei Monaten zufallen und deutsche Vertreter »entsprechend« beteiligt sein. Bis zur Bildung der Provisorischen Regierung wären dies Vertreter beider bestehender Regierungen gewesen. Auch in der Frage der Beteiligung der Deutschen an der Friedenskonferenz, die spätestens im Oktober 1954 einzuberufen war, blieben Unklarheiten. Im sowjetischen Vorschlag war nur von »Vertretern Deutschlands« die Rede. In Molotovs Erläuterungen hingegen hieß es, daß eine gesamtdeutsche Regierung, hervorgegangen aus gesamtdeutschen Wahlen, teilnehmen müsse.

72 s. Dokumente zur Deutschlandpolitik der Sowjetunion, I, S. 449 ff.

Danach war es Aufgabe der beiden deutschen Regierungen, »unverzüglich« eine »Beratung bevollmächtigter Vertreter Ost- und Westdeutschlands zwecks Einigung über das Verfahren zur Bildung der Provisorischen Gesamtdeutschen Regierung, über deren Zusammensetzung, Funktionen, Aufgaben und Befugnisse« einzuberufen. Die Provisorische Regierung selbst würde durch die beiden Parlamente »unter weitgehender Teilnahme der demokratischen Organisationen« gebildet werden. Zu ihren Aufgaben zählte die Vorbereitung und Durchführung freier Wahlen in Deutschland, die Vertretung deutscher Interessen bei der Vorbereitung des Friedensvertrages und in internationalen Organisationen sowie die »Verhinderung einer Einbeziehung Deutschlands in Koalitionen und Militärbündnisse, die gegen irgendeine der Mächte, welche mit ihren Streitkräften am Krieg gegen Hitlerdeutschland teilgenommen haben«.[73] Alle Besatzungstruppen mußten vor den Wahlen abgezogen werden, mit Ausnahme von »beschränkten Kontingenten, welche zur Ausführung der Schutzfunktion zurückgelassen werden, die sich aus den Kontrollaufgaben der Vier Mächte ergeben«. Dies war eine Neuheit in Molotovs Vorschlägen im Vergleich zu dem Entwurf von 1952. Die Sowjetunion würde demnach ihre Kontrollaufgaben in »Ostdeutschland«, die Westmächte würden sie in »Westdeutschland« ausüben.

Beachtung verdienen einige Nuancen, durch die sich das DDR-Memorandum vom 30. Januar von Molotovs Vorschlägen unterschied. Dabei geht es vor allem um folgende Bestimmungen:

- »Bis zum Abschluß des Friedensvertrages mit Deutschland dürfen keine militärischen deutschen Streitkräfte aufgestellt und keine militärischen Aufrüstungen Deutschlands vorgenommen werden.«
- »In ausländischen militärischen und halbmilitärischen Einrichtungen, auch wenn sie sich auf deutschem Boden befinden, dürfen deutsche Staatsbürger weder Dienst tun noch in anderer Form mitwirken.«
- »In Deutschland werden keine Massenvernichtungswaffen, wie Atom- und bakteriologische Waffen, entwickelt, hergestellt oder stationiert.«[74]

Das Ziel dieser Vorschläge bestand darin, unter stillschweigender Leugnung der Kasernierten Volkspolizei in der DDR die Wiederbewaffnung Westdeutschlands (in Zuge der EVG) vor einem Friedensvertrag zu verhindern, den Westalliierten, besonders den Amerikanern, die notwendigen deutschen Hilfskräfte bei den Stationierungstruppen zu entziehen und ihnen die Möglichkeit zu nehmen, auf dem Gebiet der Bundesrepublik auch ohne deren Wiederbewaffnung eigene Waffensysteme zu stationieren.

Die Rekapitulation weitgehend bekannter Vorschläge warf die Außenministerkonferenz in die Lage zur Zeit der Sowjetnote vom 15. August 1953 zurück. Kaum verwunderlich war daher Molotovs glatte Zurückweisung des »Eden-Plans«. Der sowjetische Außenminister behauptete, es sei Ziel des Plans, die Deutschen von

73 Im DDR-Memorandum vom 30. Jan. gehörten weiterhin zu den Aufgaben der Provisorischen Regierung: Fragen der deutschen Staatsbürgerschaft und der Wiederherstellung einer einheitlichen Währung, die Sicherstellung der Betätigung »demokratischer Parteien und Organisationen« in ganz Deutschland, die Verhinderung der Betätigung »faschistischer und militaristischer« Organisationen, Maßnahmen »zur Beseitigung der Arbeitslosigkeit in Westdeutschland und Westberlin« und zur »Unterbringung der Umsiedler« und »Verbesserung ihrer materiellen Lage« (Dokumente zu Außenpolitik der DDR, I, S. 134 f.).

74 Dokumente zur Außenpolitik der DDR, I, S. 136.

der Organisation und Durchführung gesamtdeutscher Wahlen auszuschließen[75] und durch die »Beibehaltung des heutigen Status der Besatzungstruppen« nichts gegen eine »politische Druckausübung auf die Wahlen seitens fremder Staaten« zu unternehmen. Obwohl die westlichen Außenminister versucht hatten, das Gegenteil nachzuweisen, glaubte Molotov an die Verbindlichkeit der Westverträge für ganz Deutschland.

Hinsichtlich der Wahlen war die Bemerkung des sowjetischen Außenministers entscheidend, wonach man sich »nicht einseitig und ausschließlich von den parlamentarischen Formalitäten und der organisatorisch-technischen Seite der Angelegenheit gefangennehmen lassen« dürfe, denn auch Hitler sei »›legal‹« an die Macht gelangt, und Franz von Papen, der »aus dem gleichen politischen Lager wie der heutige Adenauer« gekommen sei, habe dabei eine wesentliche Rolle gespielt.[76]

Für Verhandlungen in der deutschen Frage blieb kein Spielraum mehr. Das Festhalten am Potsdamer Abkommen als Grundlage für die Grenzregelung und als Plattform bei der Suche nach einer »geeigneten Regierung«[77] für die Unterzeichnung des Friedensvertrages waren die Eckpfeiler eines unflexiblen Verhandlungsangebotes.

Schon nach Molotovs Rede am 1. Februar war Edens gute Stimmung über den vermeintlich gelungenen und für den weiteren Gang der Dinge vorteilhaften Abschluß der ersten Verhandlungswoche verflogen.[78] Nach Molotovs Ignorierung der westlichen Vorschläge am folgenden Tag blieb den westlichen Außenministern wenig mehr, als die sowjetischen Vorschläge ebenfalls zurückzuweisen.[79] Dulles, der vor allem um eine Rechtfertigung der amerikanischen Außenpolitik bemüht war, ließ sich dabei in Scharmützel über die Bedeutung geschichtlicher Erfahrungen verwickeln und zitierte eine Rede Molotovs vom 31. Oktober 1939 über die freundschaftlichen Beziehungen der Sowjetunion mit Hitlerdeutschland.[80]

Bidault unternahm immerhin den Versuch eines Austausches über die vorgelegten Dokumente, indem er die Möglichkeit nicht ausschloß, die neue militärische Klausel im sowjetischen Friedensvertragsentwurf zu akzeptieren, allerdings unter der Bedingung, daß auch die vorausgehende über das Bündnisverbot mit ehemaligen Kriegsgegnern entsprechend abgefaßt würde.[81] Die Wiederherstellung einer deutschen Nationalarmee lehnte er unter Verweis auf die negativen Erfahrungen der Zwischenkriegszeit ab.

Eden mahnte eine sowjetische Stellungnahme zu seinem Plan an und warf Molotov vor, der gesamtdeutschen Regierung nur die Rolle eines »rubber stamp« für zuvor von anderer Seite gefällte Entscheidungen zuzugestehen. Den zentralen

75 So Molotov in seiner Rede während der 10.Plenarsitzung vom 4. Febr. 1954 (Dokumente zur Deutschlandpolitik der Sowjetunion, I, S. 447).

76 Ebd., S. 439, 438.

77 Diese Formulierung aus dem Protokoll der Potsdamer Konferenz benutzte Molotov in seiner Rede vom 4.Febr. 1954 (ebd., S. 440). Vgl. das Protokoll von Potsdam in: Teheran, Jalta, Potsdam. Die sowjetischen Protokolle von den Kriegskonferenzen der »Großen Drei«, Hg. und eingel. von A.Fischer. Köln ^{3}1985, S. 405.

78 s. Edens Bericht über ein Gespräch mit Malik vom 2. Febr. 1954 (PRO FO 371/109279/C 1071/334).

79 s. dazu Edens Bericht über die 8.Plenarsitzung (PRO FO 371/109279/C 1071/339).

80 Foreign Minister's Meeting, S. 80.

81 Ebd., S. 88; Die Viererkonferenz, S. 109.

Streitpunkt sah er in dem sowjetischen Vorschlag, »die beiden Regime« in Deutschland zusammenbringen zu wollen. Selbstverständlich mußte er Molotovs Behauptung zurückweisen, es handele sich bei der Bundesregierung um »ein paar selbstzufriedene Beamte«, während die DDR-Regierung von einer »überwältigenden Mehrheit« gewählt sei.[82]

Gerade bei solchen Gelegenheiten war das Dilemma der Berliner Konferenz am greifbarsten. Hoffnungslos erstarrt wirkten die gegensätzlichen Konzeptionen, und Argumente wurden bedenkenlos mit Behauptungen vermischt. Der fruchtlose Notenwechsel vor der Konferenz fand hinter den Türen des Konferenzsaals seine Fortsetzung. Molotov bewies ein weiteres Mal, daß er das diplomatische Geschäft auf dieser Ebene sicher beherrschte, während die westlichen Außenminister trotz detaillierter Vorbereitung und Abstimmung untereinander gelegentlich Nerven zeigten, ohne dabei allerdings von ihrem Konzept abzuweichen. Die Konferenz gedieh zu dem, was schon zuvor zu befürchten war, zur möglichst überzeugenden gegenseitigen Schuldzuweisung.

Trotzdem gab Molotov in seiner Rede vom 1. Februar den Befürwortern der EVG möglicherweise unbeabsichtigt Anlaß, sich in ihrer Politik bestätigt zu sehen. Die bekannte Drohung, die Einführung der EVG werde die Wiedervereinigung Deutschlands ausschließen, klang an diesem Tag aus Molotovs Munde äußerst gedämpft. Zwar würde die Inkraftsetzung der Westverträge »unüberwindbare Hindernisse« errichten, doch machten diese »die Wiederherstellung der Einheit des deutschen Staates« lediglich »auf gewisse Zeit unmöglich«.[83] Realistische Anhänger der EVG argumentierten nicht anders.

Als Molotov am Ende seiner vor allem mit der EVG befaßten Rede in der neunten Plenarsitzung vom 3. Februar eine Volksabstimmung in ganz Deutschland über die Frage »Für die Verträge von Bonn und Paris oder für einen Friedensvertrag?« vorschlug,[84] entspann sich erstmals auf dieser Konferenz ein Disput im Wortsinn, bei dem jeder Außenminister mehrfach das Wort ergriff.[85]

Bidault lehnte die Fragestellung als »irreführend« ab und verwies auf die für eine freie Volksabstimmung nicht geeigneten Bedingungen in der DDR. Statt dessen meinte er, einer frei gewählten gesamtdeutschen Regierung stünde es frei, ein Referendum durchzuführen.

Eden versuchte vergeblich, Molotov vom EVG-Thema abzubringen und zu freien Wahlen zurückzukehren. Resigniert schrieb er nach London:

> »We have had another disappointing day. Mr. Molotov has chosen to misunderstand the nature of the Bonn and Paris treaties. He is prepared to argue in one breath that we are not prepared to give real freedom to Germany and in another that we are giving a free rein to German militarism.
>
> He has so far evaded discussion of the essential problem of how to create an all-German Government with whom we can negotiate a peace treaty.«[86]

82 Foreign Minister's Meeting, S. 89; Die Viererkonferenz, S. 115.

83 Dokumente zur Deutschlandpolitik der Sowjetunion, I, S. 419.

84 Ebd., S. 435.

85 s. Edens Bericht an das Foreign Office vom 4. Febr. 1954 (PRO FO 371/109280/C 1071/363); s. a. Die Viererkonferenz, S. 122 ff.; Foreign Minister's Meeting, S. 147-151.

86 s. Edens Bericht vom 4. Febr. 1954 (PRO FO 371/109280/C 1071/363).

Die Debatte am 3. Februar war so lebhaft verlaufen, daß sich Bidault als Vorsitzender veranlaßt sah zu fordern, den »Geist der Versöhnung« wieder einziehen zu lassen.[87] An die Bereitschaft zu Verhandlungen und Übereinkünften wagte er schon nicht mehr zu appellieren.

Den toten Punkt in der deutschen Frage erreichte die Konferenz mit der zehnten Plenarsitzung am 4. Februar. Molotov schmetterte in einer langen und, wie Eden meinte, »sorgfältig vorbereiteten« Rede[88] alle Versuche der westlichen Außenminister ab, durch Präzisierungen in der EVG-Frage die sowjetischen Argumente zu entkräften, und sprach unmißverständlich von zwei unterschiedlichen Entwicklungen in Deutschland seit 1945.

In Ausführung der Potsdamer Beschlüsse seien »in Ostdeutschland die Monopole und Konzerne restlos liquidiert«, eine »demokratische Bodenreform« durchgeführt und damit »das Bollwerk des deutschen Militarismus« zerstört worden. Diesen Weg habe Westdeutschland noch vor sich. Wörtlich hieß es weiter:

> »Diese und viele andere Unterschiede in der Lage Ost- und Westdeutschlands zeigen, daß man an die Frage der Vereinigung Deutschlands nicht als an irgendeine technische Angelegenheit herantreten darf, die ohne entsprechende Einigung zwischen Ost- und Westdeutschland geregelt werden könnte.«

Der westliche Plan konzentriere sich »auf alle möglichen formalen Fragen organisatorisch-technischer Natur«, deren Bedeutung zwar nicht bestreitbar, aber auch »nicht ausschlaggebend« sei.

Da den westlichen Außenministern keine Zeit für eine ausführliche Antwort verblieb, entstand nach diesem Sitzungstag der Eindruck, man habe es jetzt, wie Eden in seinem Bericht an das Foreign Office formulierte, mit einem »complete conflict of views« zu tun.[89] Der britische Außenminister beschwerte sich, Molotov habe den westlichen, »völlig neuen Plan« mit einigen »very inadequate and superficial criticisms« abgelehnt und »with frankness and even brutality« auf der altbekannten sowjetischen Position beharrt. Immerhin habe er »die Karten aufgedeckt« und klargemacht, »that the Soviet Union are determined to prevent the reunification of Germany except on their own extreme terms«.

Die völlige Ablehnung des sowjetischen Konzepts erfolgte in der elften Plenarsitzung am 5. Februar.[90] Für Bidault zielte es auf die Erhaltung des Status quo in der DDR. Die Sowjetunion stelle die Westmächte vor das Dilemma, entweder die östlichen Bedingungen zu akzeptieren oder in der Wiedervereinigungsfrage auf der Stelle zu treten. Molotov wolle die »Demokraten« der »Volksrepublik« mit den »revanchelüsternen Militaristen« der »Bundesrepublik« zusammenbringen, was dem Versuch gleichkomme, eine »Fata Morgana der Einheit« zu beschwören und gleichzeitig die »Realität der Spaltung« aufrechtzuerhalten. Auf diese Weise werde die »im Osten herrschende Art der Demokratie« schrittweise im Westen eingeführt.[91]

87 Die Viererkonferenz, S. 124.

88 s. Dokumente zur Deutschlandpolitik der Sowjetunion, I, S. 436-451; Edens Bericht an das Foreign Office vom 4. Febr. 1954 (PRO FO 371/109281/C 1071/371.

89 PRO FO 371/109281/C 1071/371, Bericht vom 4. Febr. 1954.

90 Foreign Minister's Meeting, S. 102-112; Die Viererkonferenz, S. 146-157.

91 Foreign Minister's Meeting, S. 107; Die Viererkonferenz, S. 151 f.

Molotov schien kaum Notiz von den Stellungnahmen der westlichen Außenminister zu nehmen. In einer »ruhig und moderat« (Eden) vorgetragenen Rede, die phasenweise improvisiert wirkte und Anzeichen von Unsicherheit erkennen ließ,[92] stellte er lediglich klar, daß sich die Ereignisse des 17. Juni 1953, auf die Dulles angespielt hatte, nicht wiederholen würden, und es im übrigen nicht darum gehe, ob in den Wahlüberwachungskommissionen Neutrale säßen oder nicht, denn er hielt diese Kommissionen an sich für unerwünscht. Die Gefahr des Wiederauflebens des »Nazismus« sah er durch ein »unkontrolliertes parlamentarisches System« gegeben, das an sich nicht schlecht sei, aber keine »ausreichende Garantie« gegen eine Wiederholung der Entwicklung in den dreißiger Jahren bot.[93]

Es besteht kaum ein Zweifel, daß diese Rede Molotovs ausschließlich auf die westliche Zuhörerschaft gemünzt war. Entsprechend fand sie in der Sowjetunion und anderen östlichen Staaten keine Verbreitung und keinen Eingang in offizielle Dokumentensammlungen. Von daher erklären sich nicht nur die vergleichsweise zurückhaltenden Urteile über den westlichen Parlamentarismus, sondern möglicherweise auch die Unzufriedenheit in der DDR darüber, daß man von der sowjetischen Delegation grundsätzlich nur sehr mangelhaft auf dem laufenden gehalten wurde.[94]

Die eigenen Vorschläge reduzierte Molotov an diesem 5. Februar auf zwei Hauptpunkte:

1. Die Vier Mächte sollten den Deutschen in beiden Teilen des Landes helfen, ihre Positionen einander näherzubringen und dann über Verhandlungen zur Bildung einer provisorischen gesamtdeutschen Regierung zu gelangen.

92 s. dazu FRUS 1952-1954, VII, 1, S. 968.

93 s. Edens Bericht vom 6. Febr. 1954 (PRO FO 371/109281/C 1071/391); vgl. Die Viererkonferenz, S. 159 ff. Molotovs ungewöhnliche Rede ist weder in den »Dokumenten zur Deutschlandpolitik der Sowjetunion« noch in der Sammlung seiner Reden auf der Berliner Konferenz enthalten. Sie fehlt ebenso in den Beilagen der »Neuen Zeit«, die ansonsten die sowjetischen Dokumente abdruckte. In dem vom Presse- und Informationsamt der Bundesregierung herausgegebenen Dokumentenband (Die Viererkonferenz, S. 158) lautet der für sowjetische Leser äußerst ungewöhnliche Passus über den Parlamentarismus: »Was den Parlamentarismus angeht, so sind wir der Meinung, daß er im Vergleich zur Vergangenheit einen Schritt vorwärts bedeutet. Aber gegenwärtig garantieren die parlamentarischen Formen nicht, daß solche Kräfte die Macht erhalten, die wirklich um den Frieden und die Sicherheit der Völker kämpfen.« In der amerikanischen Dokumentensammlung (Foreign Minister's Meeting, S. 110 ff.), in der dieser Passus völlig fehlt, finden sich statt dessen andere aufschlußreiche Formulierungen, die wiederum in der deutschen Ausgabe nicht enthalten sind. Demnach antwortete Molotov auf die westlichen Angriffe gegen das DDR-Regime: »Many sharp words were said here in regard to the regime which exists in the German Democratic Republic. It is clear enough and of course needs no arguing that some of us do not like the regime which exists there, just as others dislike the regime in Western Germany. It has been said that the regime in the German Democratic Republic can hardly hold its head above water and that the events of, I believe, June 17 showed its weakness in that respect. But we know well enough that the events of June 17 were directed from the outside and that hands stretched from Western Berlin into Eastern Berlin were doing things which should not be done. And I must say that the events were taken into account in the German Democratic Republic and they cannot be repeated. I must add that these attempts cannot be repeated, because they have no ground under them« (ebd., S. 111).

94 Letzteres berichtete Blankenhorn unter Berufung auf einen Vertreter der »Times« in einem Schreiben an Adenauer vom 2. Febr. 1954 (Blankenhorn, Verständnis, S. 184).

2. Die Freiheit der Wahlen sollte durch Abzug der Besatzungstruppen gewährleistet werden.[95]

Den ersten Punkt, der im DDR-Memorandum vom 30. Januar als »der wichtigste Schritt zur Wiederherstellung der Einheit Deutschlands« bezeichnet worden war,[96] begründete Molotov damit, daß sich auch die vier Außenminister an einen Verhandlungstisch setzten, obwohl ihre Staaten unterschiedliche Ordnungen hätten. In Auseinandersetzung mit Edens Äußerung, eine Versöhnung der beiden deutschen Regime sei unmöglich, meinte der sowjetische Außenminister, gemeinsame Aktionen seien dann möglich, wenn man sich dieselbe Aufgabe, nämlich die »Sicherung von Frieden und Sicherheit«, stelle.[97] Als neuen Detailvorschlag stellte er die Möglichkeit in Aussicht, die provisorische Regierung nur kurz im Amt zu belassen und sich auf einen Mindestzeitraum zu einigen, innerhalb dessen Wahlen stattzufinden hätten.[98]

Dulles hatte in seiner Rede unter Verweis auf den einstimmigen Bundestagsbeschluß, die Legitimität der DDR-Regierung nicht anzuerkennen, bereits deutlich gemacht, daß die von der Sowjetunion aufgebaute Hürde deutsch-deutscher Verhandlungen nicht genommen werden würde.[99] Dulles verwies auf die fundamentalen Unterschiede in der Definition von »Demokratie« und warf der Sowjetunion vor, »im Namen des Friedens« eine Methode zur Ausdehnung des »soliden Sowjetblocks bis zum Rhein« vorzuschlagen.[100]

Auf Bidaults Kompromißvorschlag vom 6. Februar, auf Zonen-, Länder-, Kreis- und Ortsebene Wahlüberwachungskommissionen aus je einem Vertreter West- und Ostdeutschlands sowie einem neutralen Staat zu bilden,[101] ging Molotov nicht ein. Trotz Edens Anmahnung ignorierte er das Thema Wahlen völlig.[102]

Die zweite Verhandlungswoche hatte ganz im Zeichen des Aufbaus einer sowjetischen Abwehrposition gegen den wirkungsvollen Einsatz des westlichen Plans gestanden. Abgesehen von Molotovs besonderer Referenz an die westliche Öffentlichkeit vom 5. Februar war jeder Brückenschlag vermieden worden und die Konferenz in eine »Sackgasse« geraten.[103] Bidault bezweifelte den Nutzen weiterer Beratungen.[104] Eden schlug vor, nach der geschlossenen Sitzung über Tagesordnungpunkt 1 zur österreichischen Frage überzugehen. Molotov gab sich »überrascht« und meinte, er habe noch mehr über Deutschland zu sagen.[105]

Das Spiel der Außenminister mit Daten und Ereignissen vergangener Jahrzehnte, dem Versailler Vertrag, den Gründen für das Scheitern der Weimarer Republik und der Machtergreifung Hitlers, der außenpolitischen Lage im Europa der

95 Foreign Minister's Meeting, S. 111; Die Viererkonferenz, S. 159. In der deutschen Ausgabe ist das von Molotov am Vortag erstmals genannte Verbleiben eines bestimmten Truppenkontingents erwähnt. Ebenso in Edens Bericht vom 6. Febr. 1954 (PRO FO 371/109281/C 1071/391).

96 Dokumente zur Außenpolitik der DDR, I, S. 134.

97 Foreign Minister's Meeting, S. 112; Die Viererkonferenz, S. 159 f.

98 In der deutschen Ausgabe fehlt der letzte Teil des Vorschlags.

99 Foreign Minister's Meeting, S. 104.

100 Ebd. S. 103.

101 Die Viererkonferenz, S. 162.

102 Ebd., S. 162-165; Foreign Minister's Meeting, S. 112-115.

103 So Bidault in seiner Rede vom 6. Febr. (Die Viererkonferenz, S. 161).

104 s. Edens Bericht vom 7. Febr. 1954 (PRO FO 371/109281/C 1071/394).

105 Ebd.

Zwischenkriegszeit und Deutschlands Rolle, der Haltung der Sowjetunion gegenüber Deutschland nach 1939 und schließlich den Ereignissen nach 1945 deutete bereits an, daß man sich von der isolierten Behandlung der deutschen Frage wegbewegen würde. Nach Absteckung der Fronten und der stillschweigenden Übereinkunft über deren Unüberbrückbarkeit begann sich das Gefühl auszubreiten, sich nach Regelungen umschauen zu müssen, die dem Rechnung trugen. Die Zeit schien gekommen, »to bring matters to a head«, wie Eden die Absprache der drei westlichen Außenminister beschrieb, bevor sie in die nächste Plenarsitzung am 9. Februar gingen.[106]

Doch nicht nur Molotov wiederholte sich ständig. Er hatte auch die Westmächte in eine Lage manövriert, die auf Dauer unbeweglich erscheinen mußte, wollten sie nicht eigene Positionen aufgeben.

Die Einigung in der geschlossenen Sitzung vom 8. Februar, spätestens am 12. Februar mit der Erörterung der österreichischen Frage zu beginnen, schien der westlichen Taktik entgegenzukommen. Doch schon in der Plenarsitzung vom 9. Februar durchkreuzte Molotov mit einer erneut langatmigen Rede die Hoffnung, sich rasch aus der Erörterung der deutschen Frage zurückziehen zu können.[107] Immerhin war Molotov nun der Meinung, die weitere Diskussion ließe sich »zusammenfassen«. Es folgte eine in keinem Punkt veränderte Wiederholung seiner Vorschläge der zweiten Verhandlungswoche. Eden nannte dies »a perfunctory performance, apparently intended ›for the record‹ behind the Iron Curtain«.[108] Dulles war beleidigt und verweigerte eine Erwiderung.[109] Immerhin hatte Molotov die Bereitschaft erkennen lassen, die ausweglose Erörterung der deutschen Frage durch eine Seitentür zu verlassen. Er forderte die westlichen Außenminister auf, ihren Standpunkt zur »Gewährleistung der europäischen Sicherheit« darzulegen. Die Betonung des Artikels 10 des sowjetischen Friedensvertragsentwurfs, der Deutschland den Beitritt zu Militärbündnissen untersagte, deutete jedoch an, daß Molotov die Fortsetzung der gleichen Diskussion auf anderer Ebene vorschwebte. Die sowjetische Pressekampagne vor der Konferenz hatte bei den Amerikanern ohnehin die Überzeugung reifen lassen, Molotov werde die »Militarisierung« Deutschlands und die »Politik der Teilung Europas« durch die EVG zum Hauptgegenstand seiner Auftritte machen. Dies waren seine Trümpfe beim Versuch, den Westmächten die Schuld für das zu erwartende »torpedo meeting« zuzuschieben.[110]

III.3 Der sowjetische Vorschlag eines kollektiven Sicherheitsvertrages

»Yesterday was by far the worst day in discussion here, in that Molotov showed his hand more unashamedly«, schrieb Eden am 11. Februar über die Plenarsitzung

106 s. Edens Bericht vom 10. Febr. 1954 (PRO FO 371/109285/C 1071/442).

107 Foreign Minister's Meeting, S. 119-122, 155-158; Die Viererkonferenz, S. 172-180; Dokumente zur Deutschlandpolitik der Sowjetunion, I, S. 456-466.

108 s. Edens Bericht vom 10. Febr. 1954 (PRO FO 371/109285/C 1071/442).

109 Ebd.

110 Geschäftsführender Secretary of State Smith an die amerikanische Delegation, 22. Jan. 1954 (FRUS 1952-1954, VII, 1, S. 783).

vom Vortag in einem Telegramm der Dringlichkeitsstufe mit dem Vermerk, es im Foreign Office zu verteilen und im Kabinett als Geheimsache zu behandeln.[111]
Was war geschehen? War nicht die Stimmung nach der zweiten Woche auf einem nicht unterbietbaren Tiefpunkt angelangt? Es war eigentlich nur das eingetreten, was Eden schon vor seiner Abreise aus London erwartet hatte: »It is now perfectly evident«, so hieß es in seinem Schreiben weiter, »that objective of the Soviet attack is not merely E.D.C. but N.A.T.O. and the whole Western defence system.« Da nun der vorhergesehene Augenblick eingetreten war, zeigte der britische Außenminister Nerven. Wichtig war nicht, daß man alles hatte kommen sehen, sondern wie man dem sowjetischen Vorgehen begegnen konnte. Eden schien einen Einbruch in der westlichen Abwehrlinie zu befürchten:

> »I do not think we can do any good by discussing Soviet demands for the abolition of N.A.T.O. in public, and I am more than ever convinced that the sooner this conference ends its discussion of the German side of our affairs the better. I will do my best to this end.«[112]

Anders als erwartet, konzentrierte sich Molotov nicht auf eine Wiederbelebung der Viermächtekontrolle und eine Rückkehr zu den Potsdamer Beschlüssen. Insofern erwies sich Nuttings Überzeugung, es werde »nicht allzu schwer« sein, Molotov in dieser Hinsicht zu widerlegen, als Fehlkalkulation.[113]
Die deutsche Frage ließ sich nun nicht mehr auf das Thema freier Wahlen begrenzen. Die Sowjetunion »lockte« in Berlin vor den Augen einer gespannten Weltöffentlichkeit mit dem Slogan »Europe for the Europeans«, indem sie, wie Eden ironisch anfügte, den »so-called European Security Pact« vorlegte, dessen Ergebnis für die freien Länder Westeuropas nur in »the same independence and security as Hungary, Poland etc.« bestehen konnte.[114]
Molotov hatte in der gewohnt langen Rede der 14. Plenarsitzung den Entwurf eines »Gesamteuropäischen Vertrages über die kollektive Sicherheit in Europa« vorgelegt und einen Katalog von »Sicherheitsgarantien« beigefügt.[115]
Schon zu Beginn erklärte er, die bisherigen Erörterungen hätten ergeben, daß die Teilung Deutschlands vorerst weiterbestehen würde. Als vordringliches Anliegen bei der Lösung der deutschen Frage bezeichnete er, »die Spaltung Europas in militärische Gruppierungen« zu verhindern. Er versuchte, dies durch Rückgriff auf Äußerungen westlicher Politiker zu untermauern. Diesmal war Eden selbst betroffen. Molotov zitierte aus einer Rede des britischen Außenministers vor der Vollversammlung des Völkerbundes am 25. September 1936: »Staaten, nach ihren Regierungsformen in einzelne Lager geteilt, wären das letzte, was wir sehen wollten.«
Die Argumentationskette des sowjetischen Außenministers führte von den »Lehren der Geschichte« zur Aufgabe der Gegenwart, einen Dritten Weltkrieg zu verhindern.

111 PRO FO 371/109286/C 1071/463.

112 Ebd.

113 s. seine Empfehlungen für Eden vom 28. Jan. 1954 (PRO FO 371/109291/C 1071/644, Tactics on Germany).

114 Edens Bericht vom 11. Febr. 1954 (PRO FO 371/109286/C 1071/463).

115 Dokumente zur Deutschlandpolitik der Sowjetunion, I, S. 466-478; Die Viererkonferenz, S. 183-192. s. dazu Walter Bödigheimer, Die Verhandlungen über das Sicherheitsproblem auf der Berliner Konferenz von 1954, in: EA 9 (1954), S. 6496-6513.

Er verglich die NATO mit dem Antikominternpakt, die mit der Ablegerorganisation der EVG und der »Wiedergeburt des deutschen Militarismus« zur militärischen Konfrontation in Europa führe. Die vom Westen angebotenen Sicherheitsgarantien ließ Molotov nicht gelten.

Zum Kern seiner Begründung kam Molotov über den Hinweis, der EVG würden nur sechs europäische Staaten angehören, und die Erwähnung des am 2. September 1947 in Rio de Janeiro unterzeichneten interamerikanischen Beistandspakts zwischen den USA und den lateinamerikanischen Staaten. Er fragte rhetorisch:

> »Dieser Vertrag wurde bereits nach Bildung der Organisation der Vereinten Nationen geschlossen. Niemand hielt dies für unzulässig oder überflüssig. Es fragt sich, warum es einen interamerikanischen Pakt über gegenseitige Hilfe geben kann, aber keinen, sagen wir, europäischen Vertrag über kollektive Sicherheit in Europa?«[116]

Molotovs Absicht war es, die EVG als unvollkommenes, zahlreiche Staaten ausschließendes Vertragswerk herauszustellen und die westliche Berufung auf ausreichende Bindungen an die Charta der Vereinten Nationen zu entwerten. Die Berechtigung eines kontinentalen europäischen Zusammenschlusses schien ihm damit hinlänglich begründet.

Die deutsche Frage diente Molotov in diesem Kontext als Mittel der Verzögerung des westlichen Verteidigungsprogramms. Dies unterstrich er gerade durch sein Drängen, die Erörterung über eine Lösung für Deutschland fortzusetzen, und durch den Hinweis auf Frankreich, das er für »besonders interessiert« an Alternativen zur EVG hielt. Wörtlich fuhr er fort:

> »Was wir in diesen Konferenztagen nicht erreichen werden, das können wir in der nächsten Zeit zu erreichen suchen, wobei die friedliche Regelung der deutschen Frage keinesfalls um der Verwirklichung dieser oder jener Separatpläne willen aufgeschoben werden darf.«[117]

Erneut legte er sich hinsichtlich der Konsequenzen einer Ratifizierung des EVG-Vertrages nicht endgültig fest. Einerseits würde sie die »Verewigung der Spaltung« nach sich ziehen, andererseits lediglich den Abschluß eines Friedensvertrages »untergraben«.[118]

Die Bildung eines kollektiven Sicherheitssystems in Europa genoß Vorrang und war dazu ausersehen, »günstige Bedingungen für die Regelung der deutschen Frage« zu schaffen. Es könnte eines der »Haupthindernisse« für einen »geeigneten friedliebenden und demokratischen deutschen Staat«, nämlich die Einbeziehung »des einen oder anderen Teils Deutschlands in militärische Gruppierungen«, beseitigen.[119]

Die DDR und die Bundesrepublik würden bis zum Friedensvertragsschluß und bis zur Wiedervereinigung getrennte Mitglieder des Sicherheitspaktes sein.[120]

Das Risiko für die Sowjetunion war bei diesem Vorschlag äußerst gering. Die vorläufige Beibehaltung der Teilung hielte die sowjetische Position in der DDR aufrecht und schüfe eine neue Ausgangslage für eine bessere sowjetische Einflußnahme in ganz Deutschland und in Europa.

116 Dokumente zur Deutschlandpolitik de Sowjetunion, I, S. 471.
117 Ebd., S. 471, 472.
118 Ebd., S. 470.
119 Ebd., S. 473.
120 Ebd., S. 473 f.

Besonders deutlich geht dies aus dem Entwurf einer Viermächteerklärung »Über die Gewährleistung der Sicherheit in Europa« hervor.[121] Innerhalb von sechs Monaten vor Friedensvertragsschluß und Wiedervereinigung – diese Reihenfolge ist stets beibehalten – mußten alle Besatzungstruppen mit Ausnahme zuvor vereinbarter begrenzter Kontingente aus Deutschland abgezogen werden. Der sowjetische Entwurf begründete die Ausnahmeregelung übereinstimmend mit Molotovs Erläuterungen vom 4. Februar:

- Bei einer Gefährdung besteht für die Sowjetunion in der DDR und für die Westmächte in der Bundesrepublik Interventionsrecht.
- Zur Aufrechterhaltung der inneren Ordnung und zur Grenzsicherung werden der DDR und der Bundesrepublik Polizeikräfte in einer Stärke zugestanden, die von den Vier Mächten zu vereinbaren ist.

Die Einhaltung der Bestimmungen unterlag der Kontrolle von Viermächtekommissionen.

Es war offenkundig, daß die Sowjetunion alle militärischen Vorteile aus der bereits erfolgten Wiederbewaffnung der DDR würde nutzen können, da nicht abzusehen war, wann es zwischen den Vier Mächten zu einer Einigung über die Stärke der Polizeikräfte kommen würde.

Der britische Außenminister Eden hatte am 4. Februar vermutet, Molotov weiche zwar nicht von der sowjetischen Linie der vergangenen beiden Jahre ab, sei aber »from seeking the abolition of E.D.C. to demanding the substantial withdrawal of Western forces from Germany« übergegangen, was einen »even worse effect« auf das NATO-Verteidigungssystem haben konnte.[122]

Im Unterschied zu gelegentlichen Versuchen der SED, dies zu leugnen, zielte der sowjetische Entwurf der Viermächteerklärung ausdrücklich darauf ab, mit den genannten Schritten »die Neutralisierung Deutschlands und die Schaffung günstiger Voraussetzungen für eine Lösung des deutschen Problems« zu gewährleisten. Die Vier Mächte sollten eine Konferenz für den Abschluß des »Gesamteuropäischen Vertrages über die kollektive Sicherheit in Europa« einberufen, dessen »Hauptprinzipien« waren[123]:

- Alle europäischen Staaten können, »unabhängig von ihrer Gesellschaftsordnung«, dem Vertrag beitreten.
- Die beiden deutschen Staaten treten zunächst getrennt, nach der Wiedervereinigung als einheitlicher Staat bei, wobei die Befugnisse der Vier Mächte im Blick auf Deutschland nicht berührt werden, d.h. die Wiedervereinigung nach einem zu vereinbarenden Verfahren in ihrer Verantwortung bleibt.
- Konfliktfälle werden mit friedlichen Mitteln im Sinne der UNO-Satzung beigelegt.
- Eine bewaffnete Aggression gilt als Angriff auf alle Mitglieder und verpflichtet zu jedweder Hilfe.
- Vorkehrungen für die Selbstverteidigung werden dem Sicherheitsrat der Vereinten Nationen mitgeteilt.

121 Ebd., S. 474 f.; vgl. Die deutsche Frage 1952-1956, S. 69.

122 s. Edens Bericht vom 4. Febr. 1954 (PRO FO 371/109281/C 1071/371).

123 Dokumente zur Deutschlandpolitik der Sowjetunion, I, S. 475-478; vgl. Die deutsche Frage 1952-1956, S. 70. Zur SED s. den Abschnitt über die Deutschlandpolitik der SED.

– Bündnisse, die den Prinzipien des europäischen Vertrages widersprechen, sind untersagt.

Die Durchführung und Einhaltung des Vertrags oblag regelmäßigen Konferenzen sowie einem politischen und einem militärischen Konsultationsausschuß. Die Vollmachten des letzteren sollten »nachträglich präzisiert« werden.

Der Einfluß der USA auf Europa würde fast gänzlich zurückgedrängt werden. Ihnen wurde nach dem Vertragsentwurf zusammen mit der Volksrepublik China, »in Anerkennung der besonderen Verantwortung der ständigen Mitglieder des UN-Sicherheitsrates und für die Erhaltung des internationalen Friedens und der Sicherheit«, in den genannten Gremien ein »Beobachter«-Recht zugestanden.

Die Vertragsdauer von fünfzig Jahren entsprach dem der EVG. Paragraph 10 sah vor, daß internationale Verträge »zwischen europäischen Ländern« »in keiner Weise« beeinträchtigt würden, sofern »deren Grundsätze und Ziele mit denen des vorliegenden Vertrages übereinstimmen.«

Bereits in der Pause nach Molotovs Vortrag kamen die drei westlichen Außenminister überein, die sowjetischen Vorschläge als »gänzlich unannehmbar« abzulehnen.[124] In der folgenden lebhaften Debatte[125] ergriff zunächst Dulles das Wort und wies – mit der sarkastischen Bemerkung, die USA seien freundlicherweise von der Sowjetunion als »›Beobachter‹« eingeladen – das erste sowjetische Dokument rundweg ab, weil seine Durchführung zwangsläufig Westdeutschland und Westeuropa äußerer Aggression aussetze und sowjetische Truppen unbemerkt nach Deutschland zurückverlegt werden könnten.[126] Der sowjetische Plan werde nicht zu einer Lösung des Deutschlandproblems, sondern lediglich zu einer weiteren Konferenz führen.

Das zweite Dokument betraf nach Dulles' Worten die USA nur indirekt, insofern die NATO durch einen europäischen Pakt ersetzt würde. Der amerikanische Außenminsiter sprach aber von einem »sehr tiefen und legitimen Interesse an Europa«, das sich aus traditionellen Bindungen herleite. Zwar ergebe sich daraus kein Recht auf Teilhabe an den europäischen Angelegenheiten, doch sei die Präsenz amerikanischer Truppen – zum dritten Mal seit dem Ersten und Zweiten Weltkrieg – mit der Angst und der Bitte der Europäer um militärischen Schutz begründet. Die Anwesenheit amerikanischer Truppen war demnach wie die Gründung der NATO und der geplanten EVG nicht die Ursache, sondern eine Folge der Spaltung Europas. Dulles verwies auf das Schicksal der baltischen Staaten, denen die Sowjetunion 1939 mit fast gleichem Wortlaut wie jetzt die »Unverletzlichkeit der Souveränität« und die »Nichteinmischung in die inneren Angelegenheiten« zugesagt habe. Die bestehende Spaltung Europas bezeichnete Dulles als »a division between those who have been absorbed and the others who do not want to be absorbed«.[127]

124 s. Edens Bericht vom 11. Febr. 1954 (PRO FO 371/109286/C 1071/465).

125 Ebd., vgl. den Bericht der amerikanischen Delegation vom 10. Febr. 1954 (FRUS 1952-1954, VII, 1, S. 1018-1023).

126 Foreign Minister's Meeting, S. 162 ff.; Die Viererkonferenz, S. 192-195; FRUS 1952-1954, VII, 1, S. 1024-1027. In einem Gespräch mit Blankenhorn meinte Nutting am 11. Febr. 1954, Molotov versuche »to have his cake and eat it«, indem er die Preisgabe der NATO unter Weiterbestehen der »Soviet defence community« fordere (PRO FO 371/109292/C 1071/694, Aufzeichnung Nuttings vom 11. Febr, 1954).

127 FRUS 1952-1954, VII, 1, S. 1027.

Offensichtlich hatten die westlichen Außenminister vereinbart, strikt aus nationaler Perspektive zu antworten. Deshalb gestand Dulles den europäischen Staaten zu, den sowjetischen Vorschlag anders zu beurteilen, legte ihnen aber eine ähnliche Entscheidung nahe, wenn er für die USA lapidar feststellte, daß »we are determined that we will not be absorbed«.[128]
Bidault bezeichnete konsequenterweise die NATO und die Anwesenheit amerikanischer und britischer Truppen auf dem Kontinent als die für Frankreich angemessene Verteidigungsallianz und wies alle historischen Vergleiche Molotovs ab.[129] In seiner Sicht zielte der sowjetische Plan auf eine fünfzigjährige Neutralisierung Deutschlands und Westeuropas durch die Preisgabe der EVG und NATO sowie auf eine Festschreibung der Teilung Deutschlands durch die Existenz zweier Armeen und die Hinauszögerung des Friedensvertrages. Im Unterschied zu Molotovs Behauptung stehe die EVG der Erweiterung offen. Der sowjetische Außenminister versuche einseitig das westliche Verteidigungssystem aufzubrechen, ohne die Existenz des »Ostblocks« auch nur zu erwähnen. Bidault spitzte dies auf die Formel zu: »Security of Europe includes, but is not limited, to security of USSR«.[130]
Nach Ansicht des französischen Außenministers war ein unabhängiges Deutschland im Zentrum Europas, das frei war, die Seite zu wechseln, keine Garantie gegen den deutschen Militarismus. Ein europäischer Sicherheitspakt erschien ihm erst nach einer Regelung der deutschen und österreichischen Frage und nach einer friedensvertraglichen Grenzregelung denkbar. Obwohl die EVG eine isolierte militärische Aktion ausschloß, bot er zusätzliche, schärfere Klauseln als Garantie gegen eine Loslösung Deutschlands an. Doch scheine es Molotov nicht um Sicherheitsgarantien, sondern nur um die Preisgabe der westlichen Verteidigungsbündnisse zu gehen. Bidault folgte der verabredeten nationalen Argumentationslinie, als er auf die Verpflichtungen aus dem französisch-sowjetischen Vertrag von 1944 verwies. Mit seinem Wunsch, der Konferenz einen französischen Plan als Gegenstück zu Molotovs Konzept vorzulegen, konnte er sich bei seinen westlichen Kollegen nicht durchsetzen. Sie hatten zum Bedauern der französischen Delegation auch verhindert, daß man dem sowjetischen Außenminister mit einem eigenen Plan zuvorgekommen war und daraus psychologische Vorteile hätte ziehen können.[131]
Der britische Außenminister Eden nannte Molotovs Vorschläge eine Art Monroe-Doktrin für Europa.[132] Das klare Bekenntnis zur Rolle der USA in Europa nach 1945 ging einher mit dem Vorwurf an die Sowjetunion, von der Teilung Deutschlands auszugehen. Ihre Vorschläge dienten lediglich einer Anerkennung des »ostdeutschen Regimes« als eigenständigem europäischen Staat. Das von Molotov beschworene Vertrauen in die Deutschen ließ sich nach Edens Meinung

128 Ebd.

129 Die Viererkonferenz, S. 195 f.; FRUS 1952-1954, VII, 1, S. 1019 ff.; PRO FO 371/109286/C 1071/465.

130 FRUS 1952-1954, VII, 1, S. 1020.

131 Aufzeichnung vom 17. Febr. 1954 über ein Gespräch Alexander Bökers mit dem französischen Delegationsmitglied Jean Sauvagnargues am 12. Febr. am Rande eines Essens, das der Pressechef von Eckardt gegeben hatte BA NL351, Bd. 27, fol.161).

132 Documents relating to the Meeting of the Foreign Ministers, S. 116 f.; Die Viererkonferenz, S. 196 f. vgl. Edens Bericht vom 11. Febr. 1954 (PRO FO 371/109286/C 1071/465); Bericht der amerikanischen Delegation vom 11. Febr. 1954 (FRUS 1952-1954, VII, 1, S. 1021 f.).

nicht mit der Forderung nach Kontrolle seiner Polizeikräfte und der Bewaffnung vereinbaren. Von freien Wahlen sei gar keine Rede mehr. Paragraph 7 des Vertragsentwurfes spreche nicht nur Deutschland, sondern allen europäischen Staaten die Entscheidungsfreiheit ab, während sich die Sowjetunion in Paragraph 10 das Recht vorbehalte, ihre bestehenden Verträge beizubehalten. Abschließend verwies Eden auf die Verpflichtungen aus dem britisch-sowjetischen Vertrag.
Die Haltung der westlichen Außenminister zeigte keine Risse. Molotov ließ sich trotz vorgerückter Stunde nicht von einer langen Erwiderung abhalten.[133] Er unterschied zwischen inneren und äußeren Angelegenheiten der deutschen Frage. Erstere oblagen den Deutschen selbst, die letzteren, vor allem die Sicherheitsfrage, bis zum Friedensvertragsabschluß den Vier Mächten. Auffallend in Molotovs Entgegnung war der Hinweis, es solle bis zum Friedensvertrag keine Armee in Ost- und Westdeutschland geben. Faktisch war diese Präzisierung ohne Auswirkung, da die Existenz der Kasernierten Volkspolizei vorläufig geleugnet wurde.
Molotov verteidigte das vorgeschlagene Sicherheitssystem, weil es nicht nur sechs, sondern 32 europäische Staaten umfassen werde. Bidaults Hervorhebung der Möglichkeit zur Erweiterung der EVG bezeichnete er als »praktisch unmöglich«. Die Erwähnung der bilateralen Verträge Frankreichs und Großbritanniens mit der Sowjetunion hielt er angesichts der Anstrengungen zur Remilitarisierung Deutschlands und zur Festigung der NATO, die gegen die Sowjetunion und die Volksdemokratien gerichtet seien, für »unbegreiflich«. Die sowjetischen Beziehungen zu den Volksdemokratien seien »gut«, und es bestehe kein Vertrag, der sich gegen eine auf der Konferenz vertretene Nation richte.
Danach folgten ungewöhnlich versöhnliche Äußerungen Molotovs über die amerikanische Hilfe an die Sowjetunion und andere Opfer der »Hitler-Aggression« während des Weltkrieges. Die Sowjetunion bekannte sich nach den Worten ihres Außenministers dazu und war »dankbar für diese Hilfe«. Allerdings habe sich die amerikanische Politik seitdem gewandelt. Und Molotov ließ keinen Zweifel daran, daß die Sowjetunion amerikanische Interessen in Europa leugnete, da die USA »ein amerikanisches und kein europäisches Land« seien.
Molotov hoffte, die Diskussion über den sowjetischen Plan fortsetzen zu können. Untertreibend behauptete er deshalb, lediglich Eden habe ihn »kategorisch« abgelehnt. Darüber hinaus stellte er Ergänzungen in Aussicht.
Doch Dulles rückte Molotovs Ansicht unmißverständlich zurecht. Er nannte den sowjetischen Vertragsentwurf einen »schlechten Scherz«.[134] Lediglich Bidault befleißigte sich eines gemäßigteren Tons. Er nannte zwei Bedingungen, unter denen der sowjetische Vorschlag annehmbar wäre: die Wiedervereinigung Deutschlands und der Friedensvertrag müßten vorausgehen, und es müsse das Recht zugestanden werden, in eine defensive Vertragsorganisation einzutreten. In der vorgelegten Form aber hielt Bidault den sowjetischen Vorschlag für unannehmbar.
Trotz der eindeutigen Stellungnahmen schienen nur die westlichen Außenminister davon überzeugt zu sein, daß – wie Eden meinte – »there is no prospect of any further useful discussion on Germany or European security at this conference«.[135] Es

133 PRO FO 371/109286/C 1071/465; FRUS 1952-1954, VII, 1, S. 1022 f.
134 s. den amerikanischen Bericht vom 11. Febr. 1954 (FRUS 1952-1954, VII, 1, S. 1023).
135 PRO FO 371/109286/C 1071/465, Edens Bericht vom 11. Febr.1954.

war kaum verständlich, warum sie nach kurzer Erörterung Molotov nachgaben und sich bereit erklärten, das Thema später noch einmal aufzugreifen. Offensichtlich hielten sie den gegebenen Zeitpunkt aus westlicher Sicht für einen Abbruch der Erörterung der deutschen Frage für ungeeignet. Sie gingen aber umgehend daran, sich intern über eine Beendigung dieses Tagesordnungspunktes einig zu werden.
Molotov hatte sich am 10. Februar deutlich von den Detailproblemen der deutschen Frage und der Wiedervereinigung entfernt und sich bei den Sicherheitsvorschlägen auf die Zeit vor Friedensvertragsschluß und deutscher Einheit konzentriert. Nicht zu Unrecht vermutete Eden, diese Periode sei als längerer Zeitraum geplant.[136] Das sowjetische Maximalprogramm war auf eine beträchtliche Erweiterung des Spielraums der Sowjetunion in Europa angelegt.
Erneut bereitete ein Detail Kopfzerbrechen. Die von Molotov am 9. Februar genannte Zahl von 32 Teilnehmerstaaten an dem europäischen Sicherheitspakt veranlaßte die britische Delegation, eine Liste der europäischen Staaten zu erstellen mit dem Ergebnis: Molotov habe vermutlich 27 Staaten als »starters« im Blick: Albanien, Österreich, Belgien, Bulgarien, Tschechoslowakei, Dänemark, Finnland, Frankreich, Deutschland, Griechenland, Ungarn, Island, Irland, Italien, Luxemburg, Niederlande, Norwegen, Polen, Portugal, Rumänien, Schweden, Schweiz, Türkei, Großbritannien, Sowjetunion, Jugoslawien, Spanien. Es folgte die Kategorie »möglicher« Teilnehmer: Estland, Liechtenstein, Monaco, Ukraine, Lettland, Litauen, San Marino, Weißrußland.
Von diesen 35 Staaten galten – nach Ansicht britischer Experten – möglicherweise Liechtenstein, Monaco und San Marino bei den Russen als »scratched«, was die Gesamtzahl von 32 ergab.[137]
Schon während der Sitzung am 9. Februar hatte Bidault diese Zahl als nicht schlüssig bezeichnet und Molotov um Erklärung gebeten. Molotov war jedoch nicht darauf eingegangen.[138]
Abgesehen von den genannten Einwänden lagen in der Zahl weitere Unklarheiten. Die britische Liste ging von der Mitgliedschaft Gesamtdeutschlands aus, während Eden am 10. Februar Molotov ausdrücklich vorgeworfen hatte, eine zweifache Vertretung anzustreben.[139] Weiterhin blieb die gesonderte Aufführung der Sowjetunion, der Ukraine, Weißrußlands und der drei baltischen Staaten sowie der Ausschluß der drei Kleinstaaten bloße Annahme. Die Weigerung Molotovs, in dieser Frage klärend zu wirken, deutet auf den Unernst des sowjetischen Vorschlags hin. Da es nicht zu den Gepflogenheiten der Berliner Konferenz gehörte, der Gegenseite allzu viele Fragen zu stellen, drängte von den westlichen Außenministern niemand auf ein erneutes Insistieren bei Molotov. Ein vieldeutiges Detail blieb unerörtert und gewann dadurch Symbolcharakter.
Dem perspektivlosen Ende der Plenarsitzung vom 10. Februar folgten zwei geschlossene Sitzungen am 11. und 12. Februar über Tagesordnungspunkt 1 und am 12. Februar der Einstieg in die Debatte über Österreich.

136 Ebd.

137 Vgl. Dokumente zur Deutschlandpolitik der Sowjetunion, I, S. 465; die Aufstellung von Palliser vom 10. Febr. 1954 (PRO FO 371/109292/C 1071/693).

138 s. den Sitzungsbericht der amerikanischen Delegation vom 11. Febr. 1954 (FRUS 1952-1954, VII, 1, S. 1020, 1022).

139 s. Die Viererkonferenz, S. 197.

Molotov stellte einen Zusammenhang zwischen der Einigung über den Staatsvertrag und der Lösung der Deutschlandfrage her, was die westlichen Außenminister entschieden ablehnten.[140] Molotov legte eine neue Bestimmung für den Staatsvertrag vor, die es den Vier Mächten gestattete, ihre Truppen bis zum Abschluß eines deutschen Friedensvertrages in Österreich zu belassen, um einen neuen »Anschluß« Österreichs an Deutschland zu verhindern. Molotov wollte allerdings nicht von »Besatzungstruppen« sprechen, sondern hielt deren Präsenz wegen angeblicher westdeutscher Anschlußpläne für notwendig. Er spielte darüber hinaus auf die Entwicklung nach 1938 an, als »die Menschen- und Materialreserven Österreichs im Dienste der aggressiven Ziele des deutschen Militarismus benutzt« worden seien.[141] Molotov begründete den neuen Vorschlag mit der Ablehnung des sowjetischen Friedensvertragsentwurfs für Deutschland durch die Westmächte. Sie mache eine andere Sicherung gegen den »deutschen Militarismus« erforderlich, die gewährleiste, »daß Deutschland außerhalb des deutschen Gebietes keinerlei Maßnahmen in Richtung auf die Wiederaufrüstung ergreifen kann«.[142]

Damit war Molotov zu seiner doppelgleisigen Argumentation gegen die deutsche Wiederbewaffnung und die amerikanische Präsenz in Europa zurückgekehrt. Hinsichtlich des österreichischen Staatsvertrages stellte er die militärische Bedrohung durch Deutschland in den Blickpunkt. In seinen Vorschlägen zur akuten Krise in Triest plädierte er für eine Lösung ohne amerikanisches Zutun.[143]

Am Ende der dritten Verhandlungswoche war die Konferenz auch über Österreich in eine Sackgasse geraten, obwohl die Westmächte Bereitschaft gezeigt hatten, früheren sowjetischen Änderungswünschen entgegenzukommen. Der Verdacht, die Sowjetunion sei derzeit nicht an der Unterzeichnung des Staatsvertrages interessiert, erhärtete sich in den letzten Konferenztagen.

Die unakzeptablen neuen Forderungen der Sowjetunion können kaum anders als mit dem Wunsch nach Zeitgewinn und Erhaltung von Spielraum in der deutschen Frage vor der entgültigen Klärung des Schicksals der EVG erklärt werden. Die Wiederbewaffnung Deutschlands wurde am Ende der Berliner Konferenz wieder zum Kernpunkt des Streits.

Bidault und Eden betonten in der Plenarsitzung vom 15. Februar die vorrangige Lösung der deutschen Frage vor jeder Erörterung eines europäischen Sicherheitssystems.[144] Obwohl sie überzeugt waren, daß sich NATO und der von der Sowjetunion vorgeschlagene Sicherheitspakt nicht in Einklang bringen ließen, verlangten sie von Molotov eine explizite Stellungnahme dazu. Die Vordergründigkeit solcher Spiegelfechterei lag auf der Hand. Bidault sah die kollektive Sicherheit durch die UNO gewährleistet. Regionale Defensivorganisationen hielt er daneben für möglich. Unter Verweis auf das über Europa hinausgreifende Territorium der Sowjetunion wollte er dies aber nicht an die geographischen Grenzen eines Kontinents gebunden wissen. Da die Sowjetunion nicht nur über asiatisches Territorium verfügte, sondern

140 Zu den Verhandlungen des 12. Febr. 1954 s. Die Viererkonferenz, S. 199-217; Foreign Minister's Meeting, S. 175-187.

141 Die Viererkonferenz, S. 207; Molotow, Reden, S. 106 f.

142 Molotow, Reden, S. 107.

143 Die Viererkonferenz, S. 211.

144 Foreign Minister's Meeting, S. 164-170, 170 f.; Die Viererkonferenz, S. 238-244, 244 f.; Edens Bericht vom 16. Febr. 1954 (PRO FO 371/109287/C 1071/502).

auch Bündnisse mit asiatischen Staaten unterhielt, würde der von der Sowjetunion vorgeschlagene Sicherheitsaspekt für »Eurasien« gelten. Der Baikalsee und Vladivostok waren aber nicht europäischer als der Mississippi und Chicago.[145]
Eden hatte am 15. Februar solchen geographischen Überlegungen insofern den Boden entzogen, als er das bestehende sowjetische Sicherheitssystem nicht in Frage gestellt wissen wollte. Diese für die Satellitenstaaten bittere Wahrheit war ein bedeutsamer Schritt in Richtung auf eine Konsolidierung des Status quo.
Die wortreichen amerikanischen Bekenntnisse zu einer Befreiungspolitik schmolzen in der Perspektive des britischen Außenministers zu einer Vervollständigungspolitik der NATO zusammen. Dazu zählte einerseits der Hinweis, die britische NATO-Mitgliedschaft widerspreche nicht dem britisch-sowjetischen Vertrag. Andererseits wollte er weiterreichende Vorschläge zur Sicherheit nur dann erörtern, wenn sie »be consistent with our security in the West, that is, with continued existence of N.A.T.O.«.[146]
Molotov ließ darauf eine Rede folgen, die Eden als »unvorbereitet« (unprepared) einstufte und der er eine »sehr gemäßigte Sprache« bescheinigte. Dieses erstaunliche Urteil erklärte sich erneut daraus, daß die Rede ausschließlich für die westliche Öffentlichkeit bestimmt war.[147]
Molotov bot Zugeständnisse in der Frage des Truppenabzugs an und bezeichnete Bidaults Vorwurf, die Sowjetunion plane die Wiedereinführung der Viermächtekontrolle, als »Mißverständnis«. Er stellte eine Streichung des Abschnittes im sowjetischen Sicherheitsplan über die Beziehungen der USA zum europäischen Sicherheitspakt in Aussicht und bezeichnete den gesamten Vorschlag als veränderbare Diskussionsgrundlage. Molotov fand sich darüber hinaus bereit, die westlichen Befürchtungen, die Sowjetunion strebe eine Vormachtstellung in Europa an, durch zusätzliche Bestimmungen zu zerstreuen. Zwar bekannte auch er sich, wie Bidault, zur »Existenz zweier Lager« unterschiedlicher Gesellschaftsordnung, glaubte allerdings, »das Nebeneinanderbestehen verschiedener gesellschaftlicher Systeme« lasse sich in der Frage der Friedenssicherung in Europa dem »Prinzip des einheitlichen Lagers« unterordnen.[148]
Der sowjetische Paktentwurf verstand sich nach Molotovs Worten als »Alternative zur Europäischen Verteidigungsgemeinschaft«. Die Frage nach der Vereinbarkeit von Sicherheitspakt und NATO erwiderte Molotov mit der Gegenfrage: »Für oder gegen kollektive Sicherheit in Europa. Wenn wir dafür sind, so ist alles übrige eine Sache konkreter Formulierungen.«[149]

145 s. Edens Bericht vom 18. Febr. 1954 über die Sitzung am Vortag (PRO FO 371/109288/C 1071/538); vgl. Die Viererkonferenz, S. 270 f.

146 Edens Bericht vom 16. Febr. 1954 (PRO FO 371/109287/C 1071/502).

147 Molotovs Rede ist nicht nur in den sowjetischen Dokumentationen nicht enthalten, sondern fehlt ebenso in der amerikanischen und britischen Sammlung der Konferenzdokumente. Sie wurde vom zuständigen Sekretariat der drei Mächte während der Konferenz nicht an die Presse weitergegeben. Auszüge aus der von ADN verbreiteten Rede in: Keesing's, 1954, S. 4386; Die Viererkonferenz, S. 245-248; s.auch Edens Bericht vom 16. Febr. 1954 (PRO FO 371/109287/C 1071/502).

148 Keesing's, 1954, S. 4386.

149 Ebd.

Am 17. Februar gestand Molotov weit weniger generös lediglich zu, die Frage weiter zu erörtern und mögliche Widersprüche durch eine »Korrektur« am NATO-Vertrag zu beseitigen.[150] Angeblich sollte nun – entgegen allen bisherigen, eindeutig negativen sowjetischen Verlautbarungen – »geprüft« werden, ob der NATO-Vertrag tatsächlich »Verteidigungscharakter« hatte. Von vornherein unvereinbar waren demnach nur Sicherheitspakt und EVG. Wörtlich meinte Molotov:

> »Aber ich muß sagen, daß die NATO und die EVG nicht ein und dasselbe sind. Die erste Organisation besteht bereits, die zweite erst auf dem Papier. Es gibt einen weiteren Unterschied. Die NATO ist nicht zur Wiederherstellung des deutschen Militarismus geschaffen. Die EVG ist geschaffen worden, um den deutschen Militarismus wiederherzustellen.«[151]

Eden hatte schon nach Molotovs Rede vom 15. Febr. argwöhnisch vermerkt, der sowjetische Außenminister kleide seine Vorschläge zur deutschen Frage und europäischen Sicherheit »in more innocent guise«.[152] Am 17. Februar hielt er Molotov entgegen, dieser habe mit seinen Äußerungen vom 9. und 10. Februar klargemacht, daß er EVG und NATO »derselben Verdammungskategorie« zuordne und sich der sowjetische Vorschlag gegen die NATO richte.[153]

Molotov hatte das Programm einer friedlichen Koexistenz zwischen Ost und West unter dem gemeinsamen Dach eines europäischen Sicherheitspaktes propagiert und geleugnet, die Abkommen des von den westlichen Außenministern sogenannten »Sowjetblocks« bedrohten den Westen.

Bidault hingegen hielt ein Abkommen so unterschiedlicher Partner in der Sicherheitsfrage für unvorstellbar.[154] Ergänzend lehnte Dulles den Abzug amerikanischer Truppen kategorisch ab und verwies auf das koreanische Beispiel, bei dem der Truppenabzug nicht Sicherheit, sondern Krieg gebracht hätte.[155]

Die deutsche Wiederbewaffnung war damit weniger im Zusammenhang mit der EVG und Gesamtdeutschland als vielmehr bezüglich der Entwicklung in der DDR ins Blickfeld gerückt. Zur Debatte stand die (Kasernierte) Volkspolizei.

Bidault erwähnte die »Realitäten« in der DDR, wie bewaffnete Volkspolizei, kommunistischer Parteiapparat und politische Polizei, die beim sowjetischen Verfahren der Wiedervereinigung im Amt blieben.[156] Molotov hatte daraufhin die Einschränkung angeboten, weder in Ost- noch in Westdeutschland eine deutsche Armee zuzulassen.[157] Dabei handelte es sich um eine wohldosierte Provokation.

150 Die Viererkonferenz, S. 264 f.; vgl. Keesing's, 1954, S. 4387. Auch diese Rede ist in den offiziellen sowjetischen und DDR-Publikationen nicht enthalten.

151 Die Viererkonferenz, S. 265.

152 s. Edens Bericht vom 16. Febr. 1954 (PRO FO 371/109287/C 1071/502).

153 s. Edens Bericht vom 18. Febr. 1954 (PRO FO 371/109288/C 1071/538); Die Viererkonferenz, S. 271 f.

154 In seiner Rede vom 17. Febr. 1954 (Die Viererkonferenz, S. 270).

155 Ebd., S. 267; Foreign Minister's Meeting, S. 125, Rede vom 17. Febr. 1954.

156 Rede vom 5. Febr. 1954 (Die Viererkonferenz, S. 151).

157 s. Edens Bericht vom 11. Febr. 1954 über die Sitzung vom Vortag (PRO FO 371/109286/C 1071/465); vgl. den Bericht der amerikanischen Delegation (FRUS 1952-1954, VII, 1, S. 1022). Der sowjetische Vorschlag über die Sicherheitsgarantien vom 10. Febr. hatte nur von deutschen Polizeieinheiten zur Sicherstellung der Ordnung und Grenzbewachung gesprochen, deren Stärke und Bewaffnung von den Vier Mächten festzulegen war (Dokumente zur Deutschlandpolitik der Sowjetunion, I, S. 475).

Der sowjetische Vorschlag vom 17. Febraur »Über Stärke und Bewaffnung der Polizei«, der ein Viermächteabkommen über »die deutsche Polizei sowohl in Ost- als auch in Westdeutschland einschließlich der Fragen der Stärke und der Bewaffnung aller Arten der Polizei« forderte, zeigte die Sowjetunion vollends in der Offensive.[158] Molotov wollte damit Bidault den Wind aus den Segeln nehmen, der am 15. Februar behauptet hatte, »Ostdeutschland« gehöre politisch, wirtschaftlich und militärisch bereits zum »Ostblock«.[159]

Der französische Außenminister hatte die Kasernierte Volkspolizei unumwunden als »bewaffnete Streitmacht« mit einer Stärke von 100 000 Mann bezeichnet, die mit Panzern, Flugzeugen und schweren Waffen ausgerüstet waren.

Molotov dementierte nun überraschenderweise nicht mehr, sondern verwies vielsagend auf unzureichende Informationen Bidaults. Rasch wechselte er zu einer Gegenrechnung über die westdeutsche Polizei, deren Stärke er auf 203 000 Mann zuzüglich 155 000 deutsche Hilfskräfte in den westlichen Armeen schätzte.[160]

Eden hatte gehofft, in der folgenden Sitzungspause seine beiden westlichen Kollegen für einen Vorschlag gewinnen zu können, mit dem die vier Hohen Kommissare beauftragt werden sollten, Stärke, Ausbildung und Bewaffnung der Polizeikräfte aller Art in Ost- und Westdeutschland zu untersuchen.[161] Da Dulles und Bidault Bedenkzeit erbaten, verlief die Sache im Sande, und der sowjetische Vorschlag blieb ohne westliches Gegenstück.[162]

Dulles übernahm die Aufgabe, das Ablenkungsmanöver Molotovs wenigstens mit Worten zu erwidern.[163] Erneut verwies er auf den Präzendenzfall Korea, das beim Abzug der Amerikanier wie Deutschland geteilt gewesen sei. Die nordkoreanischen Streitkräfte seien »hoch organisiert und ausgebildet« gewesen, während im Süden – wie in Deutschlands Westen – nur Polizeikräfte vorhanden waren. Unter Berufung auf »zuverlässige Berichte« nannte Dulles von denen Bidaults abweichende Zahlen über die Truppenstärke in der DDR. Er sprach von 140 200 bewaffneten Soldaten, von denen er 100 000 Mann den Bodentruppen und 25 000 Mann Sicherheitsformationen zuordnete. Drei der insgesamt sieben Divisionen rechnete er zu den Panzer-Divisionen. Die Luftwaffe bezifferte er auf

158 Dokumente zur Deutschlandpolitik der Sowjetunion, I, S. 480.

159 Die Viererkonferenz, S. 240; Foreign Minister's Meeting, S. 166.

160 s. Edens Bericht vom 18. Febr. 1954 (PRO FO 371/109288/C 1071/538); vgl. Die Viererkonferenz, S. 265; Foreign Minister's Meeting, S. 124. Im letzterem Werk finden sich allerdings nicht die Passagen über die westdeutsche Polizei. In der amtlichen deutschen Publikation fehlen die Zahlenangaben.

161 s. seinen Bericht vom 18. Febr. 1954 (PRO FO 371/109288/C 1071/538).

162 In seinem Bericht vom 19. Febr. 1954 über die letzte Plenarsitzung vermerkte Eden, seine westlichen Kollegen hätten dem Gegenvorschlag nicht zugestimmt, da sie befürchteten, eine Viermächte-Untersuchung könne die EVG-Ratifizierung negativ beeinflussen PRO FO 371/109288/C 1071/556). Zur Wiederbewaffnung in der SBZ/DDR s. Remilitarisierung und Aufrüstung in der Sowjetzone. Hg. vom Vorstand der SPD. Bonn o.J. (Sopade-Informationsdienst. Denkschriften 35); H.v.z.Mühlen, Die bewaffneten Streitkräfte der »DDR«, in: SBZ-Archiv, 20.6.1954; H.Bohn, Die Aufrüstung in der sowjetischen Besatzungszone. Bonn/Berlin [2]1960; G.Wettig, Entmilitarisierung und Wiederbewaffnung in Deutschland 1943-1955. München 1967, S. 488 ff.; A.Fischer, Anfänge der Wiederbewaffnung in der SBZ/DDR (1945/46-1955/56), in: ders. (Hg.), Wiederbewaffnung in Deutschland nach 1945. Berlin 1986, S. 11-30; Aspekte der deutschen Wiederbewaffnung bis 1955. Hg. MGFA. Boppard 1975.

163 s. Die Viererkonferenz, S. 266-270; Foreign Minister's Meeting, S. 124-127.

5000 Mann und 60 Düsenjäger. Besonders brisant für Molotov war die Bemerkung, diese Einheiten würden von »ehemaligen Offizieren der Nazi-Wehrmacht und der SS« kommandiert.
Die Polizeistreitkräfte neben diesen militärischen Einheiten veranschlagte Dulles auf noch einmal 100 000 Mann. In Westdeutschland gab es nach seinen Angaben nur reine Polizeieinheiten in einer Stärke von 150 000 Mann. Unter Berücksichtigung der größeren Bevölkerung ergab sich daraus eine deutlich niedrigere Vergleichszahl. Auf die deutschen Hilfskräfte bei den alliierten Truppen ging der amerikanische Außenminister nicht ein. Dies hatte er schon vor Konferenzbeginn angekündigt.
Mit diesen Zahlenbeispielen war die Erörterung der deutschen Wiedervereinigung von den Realitäten beiderseits der innerdeutschen Grenze eingeholt worden. Zuguterletzt hatte ein wesentliches Argument Adenauers Eingang in die westliche Linie gefunden, das dieser gleichwohl lieber in anderer Weise präsentiert gesehen hätte.
Die Erörterung des Themas »Wiederbewaffnung« konnte aus westlicher Sicht nicht voll befriedigen. Erwartungsgemäß gelang es nicht, Molotov davon zu überzeugen, daß ein Deutschland in der EVG »a much safer partner and neighbour« für alle europäischen Staaten sein würde als ein wiederbewaffnetes Deutschland nach sowjetischen Vorstellungen.[164] Entscheidend war jedoch, daß sich der sowjetische Außenminister nicht in die erhoffte, vermeintlich leicht zu westlichen Gunsten entscheidbare Debatte über die Widersprüche der sowjetischen Deutschlandkonzeption verwickeln ließ. Anthony Nutting hatte die erhofften westlichen Vorteile in rosigen Farben gemalt:

> »Russia has herself proposed that Germany should have a national army. She had not told us, however, how she would control and limit that army. E.D.C. provides effective limitations. But how would the Russians limit a German national army? By writing restrictions into a Peace Treaty? What does Molotov propose to do if Germany exceeds the limits laid down in the Treaty? Re-occupy the Eastern Zone? Or send an Aide Mémoire to the German Foreign Office? We can add as a tease that of course Russia has already created forces in Eastern Germany of tanks and guns and aeroplanes. No doubt she can control these forces, but only because she is in occupation. We are talking about Germany in a completely different context – a reunified Germany with no occupation regime.«[165]

Doch gerade über diesen anderen Zusammenhang war keine gemeinsame Sprache gefunden worden. In der Perspektive Nuttings blieb nur die Schlußfolgerung, daß es künftig zwei deutsche Armeen mit zwei getrennten Kontrollinstanzen geben würde: die bereits bestehende ostdeutsche Armee in der vorläufigen Gestalt der Kasernierten Volkspolizei unter der Kontrolle der sowjetischen Hegemonialmacht und die noch zu bildende westdeutsche Armee unter der Kontrolle der EVG.
Das Zukunftsweisende des westlichen Plans, auf das Nutting so großen Wert legte, schrumpfte bei der Erörterung der europäischen Sicherheit und der deutschen Wiederbewaffnung auf seinen Kern zusammen, die Sicherstellung und Begründung des westdeutschen Verteidigungsbeitrages.

164 So Nutting in seiner Aufzeichnung für Eden vom 28. Jan. 1954 (PRO FO 371/109291/C 1071/644).
165 Ebd.

In dieser Hinsicht war es zweitrangig, ob man Molotov als Anhänger der »Vergangenheit« brandmarkte und ihm nachzuweisen trachtete, seine Argumente stützten sich »auf Angst und Erinnerungen«.[166] Vielmehr kam am Ende ein merkwürdiges, gemeinsames Sicherheitsinteresse ans Licht, das sich mangels Risikobereitschaft und Zutrauens in eine gesamtdeutsche Lösung mit der Kontrolle der von beiden Seiten als notwendig erachteten deutschen (Teil-)Armee begnügte. Aus Edens Munde weiß man, daß der sowjetische Anspruch darauf nicht in Frage gestellt wurde. Ähnliches von Molotov, auf den Westen gemünzt, zu erwarten, wäre sicherlich übertrieben gewesen. Der sowjetische Sicherheitsvorschlag war jedoch so unannehmbar konzipiert, daß er zumindest als Inkaufnahme des vom Westen beschrittenen Weges gewertet werden kann.

III.4 Auf dem Weg zu einer Politik der kleinen Schritte

Molotovs Programm für den vorletzten Konferenztag vereinte sowjetische Maximal- und Minimalziele: Während der Vorschlag über die Stärke der Polizei darauf angelegt schien, die fundamentalen Gegensätze zwischen Ost und West herauszustreichen und von der Aufrüstung der DDR abzulenken, konnte die Vorlage des zweiten Dokuments »Über gesamtdeutsche Komitees« am ehesten ein versöhnliches Ende versprechen. Die Vorschläge empfahlen den Behörden beider Teile Deutschlands die »Erleichterung und Erweiterung wirtschaftlicher Beziehungen zwischen West- und Ostdeutschland« und die »Schaffung günstiger Bedingungen für die Entwicklung der deutschen nationalen Kultur«. Vorgesehen waren

- »ein gesamtdeutsches Komitee mit den Funktionen der Abstimmung und Koordinierung auf dem Gebiete des Handels, der Finanzberechnungen, des Verkehrs, der Grenz- und anderen in Verbindung mit wirtschaftlichen Beziehungen stehenden Fragen«;
- »ein gesamtdeutsches Komitee zur Förderung kultureller, wissenschaftlicher und sportlicher Beziehungen (...), um die bei der Entwicklung der deutschen nationalen Kultur bestehenden Hindernisse zu beseitigen.«[167]

Eden betrachtete die Vorschläge über die Polizei und die gesamtdeutschen Komitees jedoch als Einheit und wertete sie als »more modest proposal for bringing the two halves of Germany closer together in the economic and military fields«.[168]
Dulles begrüßte sie als Anzeichen für die sowjetische Bereitschaft, »Maßnahmen zur Minderung der Isolation der Bevölkerung Ostdeutschlands und Ost-Berlins« zu ergreifen. Seine Zusage, sie prüfen zu wollen, versah er mit der Bemerkung, sie seien nur »rather a feeble substitute« im Vergleich mit dem westlichen Wiedervereinigungsplan.[169] Bidault machte die erstaunliche Aussage, Molotovs Vorschläge befaßten sich mit Angelegenheiten, »which no longer lay within the province of the four Powers«, und fügte hinzu: »It was quite open to

166 Ebd.

167 Dokumente zur Deutschlandpolitik der Sowjetunion, I, S. 481.

168 s. Edens Bericht and das Foreign Office vom 18. Febr. 1954 (PRO FO 371/109288/C 1071/538); vgl. den Sitzungsbericht der amerikanischen Delegation vom 19. Febr.1954 (FRUS 1952-1954, VII, 1, S. 117C).

169 Ebd. In den veröffentlichten Dokumenten findet sich dieser Passus nicht.

the two Governments of Germany concerned to make arrangements between themselves.«[170]

Die westlichen Außenminister waren wenig glücklich über das neue Thema. Es bedurfte daher des ausdrücklichen Antrags Molotovs, um sie zu einer Erörterung zu bewegen. In der Hoffnung, darum herumzukommen, hatten Dulles und Eden vereinbart, die fehlende Zeit für eine Übereinkunft anzuführen und die üblichen diplomatischen Kanäle bzw. die Hohen Kommissare damit zu beauftragen.

Am letzten Konferenztag kam nun jener Gegenstand auf den Verhandlungstisch, den einige schon vor Konferenzbeginn als einzig aussichtsreich und deshalb vordringlich eingestuft hatten. Eden bezweifelte jedoch, ob sich gesamtdeutsche Komitees in überschaubarer Zeit in irgendeiner Sache würden einigen können.[171] Immerhin stimmte auch er praktischen Schritten zur Verbesserung der Lage in der DDR und Ost-Berlin zu.

Das letzte Konferenzthema wurde rasch in die gewohnte Perspektive gerückt. Eden beharrte auf der Durchführung freier gesamtdeutscher Wahlen als dem kürzesten Weg zur »sozialen und kulturellen Einheit Deutschlands«.[172] Die Konferenz hatte wunschgemäß erwiesen, daß er mit der Sowjetunion nicht gangbar war. Die Zeit für die Einleitung einer neuen Politik war noch nicht reif, und Initiativen in diese Richtung drohten das Konferenzergebnis zu verwässern. Deshalb begnügten sich die westlichen Außenminister mit der Ablehnung des vordergründigen nationalen Pathos in Molotovs Vorschlägen.

Der britische Außenminister gab an, die drei westlichen Regierungen hätten sich bereits »einige Tage zuvor«, als die Ergebnislosigkeit der Erörterungen über die deutsche Frage abzusehen gewesen sei, auf Maßnahmen verständigt, die von den drei westlichen Hohen Kommissaren an ihren sowjetischen Kollegen herangetragen werden würden.[173]

Dies täuschte darüber hinweg, daß Dulles und Bidault Eden erst am 17. Februar, nachdem sie jeden westlichen Gegenvorschlag über die Polizei abgelehnt hatten, ermächtigten, die lange zuvor ausgearbeiteten westlichen Vorschläge für eine »kleine Lösung«, d.h. zur Erleichterung der Lage der deutschen Bevölkerung, Molotov vorzulegen.[174]

Die Empfehlung der Experten aus der Zeit vor der Konferenz erwies sich als Fessel, die die Außenminister nur durch eine Ad-hoc-Entscheidung hätten abwerfen können. Eden erörterte daher nicht Molotovs vage Vorschläge, sondern legte einen eigenen detaillierten Maßnahmenkatalog vor:

170 Ebd.

171 s. seine Rede vom 18. Febr. 1954 (Die Viererkonferenz, S. 237 f.; Foreign Minister's Meeting, S. 119 f.)

172 s. seinen Bericht über die Sitzung vom 17. Febr. 1954 (PRO FO 371/109288/C 1071/538).

173 Foreign Minister's Meeting, S. 129. Dies bezog sich auf Briefentwürfe an Dengin und Semenov, die von der Steering Group der drei Mächte ausgearbeitet worden waren.

174 s. Edens Bericht vom 19. Febr. 1954 über die letzte Plenarsitzung (PRO FO 371/109288/C 1071/556); FRUS 1952-1954, VII, 1, S. 1170. s. a. den amerikanischen Entwurf »Post-Conference Approach to Soviets on Secondary Problems in Germany« vom 22. Jan. 1954 (NA Lot File M88, RG43, box 85, folder Possible Tripartite or Bilateral Discussions in Berlin, PTB Document 1/1b).

a) die Abschaffung von Aufenthaltsgenehmigungen;
b) Öffnung der Interzonenübergänge, die von den sowjetischen Behörden ein oder zwei Jahre zuvor geschlossen worden waren;
c) die Verbesserung der interzonalen Straßen- und Eisenbahnverkehrsdienste;
d) die Beseitigung der entlang der sowjetischen Seite der Interzonengrenze errichteten Sperrzonen und Schranken;
e) einige Erleichterungen im Drucksachenverkehr zwischen den Zonen.[175]

Für Berlin schlug Eden gesonderte Maßnahmen vor:
a) die Abschaffung aller Formalitäten für den Personenverkehr zwischen den Westsektoren Berlins und der Sowjetzone
b) die Beseitigung aller Behinderungen des freien Personen- und Güterverkehrs zwischen Berlin und Westdeutschland;
c) die Beseitigung der zahlreichen Kontrollen an den Sektorengrenzen;
d) eine allgemeine Verbesserung der Verbindungen zwischen Ost- und West-Berlin.[176]

Zweifellos zahlten die Westmächte damit der Öffentlichkeit Tribut. Ihre internen Sorgen rührten weniger von der mangelnden Freizügigkeit an der innerdeutschen Grenze her, als vielmehr von der schwierigen Lage Berlins und den mühsamen Erfolgen, die man bei der Überredung der Bundesregierung für ein größeres Engagement in der Berlin-Hilfe zeitigte.[177]

In einem geheimen Schreiben vom 18. Januar 1954 aus dem State Department an die amerikanische Sondervertretung für Europa in Paris wurde die Lage Berlins mit den Worten beschrieben:

> »The need of Berlin are very large and probably a complete recovery there is impossible as long as the present division of Germany remains. Our aid is intended in large part to encourage the Federal Republic to continue and increase its assistance to Berlin. ... While we cannot believe that efforts along these lines can overcome the handicaps which Berlin's unnatural and difficult position imposes on it, the need is so great and unemployment is still at such a high level that any feasible increase in the orders placed in Berlin will be most helpful«.[178]

Die Lage West-Berlins wurde durch den anhaltenden Flüchtlingsstrom aus dem Ostteil der Stadt und der DDR zunehmend verschärft. Zwar wurde die Mehrheit der »anerkannten« Flüchtlinge möglichst rasch in die Bundesrepublik geflogen, doch fehlten auch dort die notwendigen Unterkünfte für sie.[179] Sondermaßnahmen sollten daher vorwiegend dem Zweck dienen, »die Menschen des Sowjetischen Sektors Berlins und der Sowjetzone« in einer Weise »zu beeinflussen« und ihre Position »zu stärken«, daß es den amerikanischen Zielen nutzte. Lebensmittelprogramme wurden bevorzugt, da sie den Kommunisten »am ungelegensten« waren.[180]

175 Foreign Minister's Meeting, S. 129; Die Viererkonferenz, S. 273.

176 Foreign Minister's Meeting, S. 129; Die Viererkonferenz, S. 274.

177 s. Conants Schreiben an die Foreign Operations Administration vom 12. Jan. 1954 (FRUS 1952-1954, VII, 2, S. 1385-1388).

178 Ebd., S. 1388, 1389.

179 s. die streng geheimen Leitlinien für die finanzielle Seite der Berlin-Politik des National Security Council vom 25. Jan. 1954 (ebd., S. 1393).

180 Ebd., S. 1394.

Vor diesem Hintergrund mochte das Unbehagen der westlichen Außenminister bei diesem Konferenzthema verständlich erscheinen. Eden verwies am 18. Februar die Klärung aller Einzelheiten in die Zeit nach dem Konferenzende. Beim sowjetischen Vorschlag zur Bildung kultureller, wissenschaftlicher und sportlicher Komitees lehnte er eine Viermächtezuständigkeit als Einmischung in innerdeutsche Angelegenheiten ab.

Diesen Wink an die Deutschen wollte er jedoch nicht so verstanden wissen, daß die Westmächte »irgendeine formelle Beziehung zwischen der Bundesregierung im Westen und den deutschen Behörden in der Ostzone zu fördern« beabsichtigten.[181] Diese Erklärung mußte dem britischen Außenminister um so leichter fallen, als er von deutscher Seite dazu gedrängt worden war. Hier war man sich längst noch nicht einig, wie man die innerdeutschen Beziehungen unter fortdauernder Spaltung Deutschlands gestalten sollte. Am Vorabend der Konferenz war im CDU-Bundesvorstand vor der »ungeheuren Gefahr« kleiner Erleichterungen oder »Teillösungen« gewarnt worden, da sich auf diesem Wege eine Zufriedenheit mit dem Status quo einschleichen könnte. Die Forderung nach freien Wahlen wurde zum »Minimum und Maximum« erklärt.[182] Kaiser befürchtete eine Gefährdung des Gebietes der DDR, vergleichbar der der Ostgebiete, wenn es von Deutschen »entvölkert« würde.[183]

Hinzu kam, daß es Molotov den Westmächten mit seinem blassen Vorstoß leicht gemacht hatte. Die späte Präsentation, mit der er offensichtlich einen Überraschungserfolg landen wollte, sprach nicht unbedingt für die Bereitschaft, ernsthaft zu verhandeln. In seiner Abschlußerklärung vom 18. Februar ließ er das Thema vollends beiseite. Dies goß Wasser auf die Mühlen jener Kritiker, die hinter den sowjetischen Angeboten ein fadenscheiniges Manöver zur Aufwertung der DDR sahen und in eine Reihe mit dem ungeschickt plazierten Vorschlag vom 29. Januar stellten, zwischen Bonn und Moskau offizielle diplomatische Beziehungen herzustellen.

Gleichwohl war nicht zu übersehen, in welche Richtung die sowjetische Deutschlandpolitik der nächsten Zeit tendieren würde. Die Westmächte waren zu sehr auf das eigene Konferenzkonzept festgelegt, um ihrerseits weiterführende Wege aus der festgefahrenen Lage in Deutschland zu weisen.

III.5 Dinnergespräche der Außenminister

Keiner der vier Außenminister strebte ernsthaft eine geschlossene Sitzung über die deutsche Frage an. Die meist vorgefertigten Reden und Erklärungen bewegten sich im Vorstadium echter Verhandlungsbereitschaft und trugen stark deklamatorische Züge. Um etwas über die tatsächlichen Ziele »der anderen Seite« zu erfahren, boten sich lediglich jene mehr oder weniger zwanglosen Zweiergespräche während und am Rande von Dinners an, die zwischen Molotov und jeweils einem westlichen Außenminister stattfanden. Insgesamt fanden fünf solcher Gespräche statt:

181 Foreign Minister's Meeting, S. 130; Die Viererkonferenz, S. 274.

182 Protokoll der Sitzung des CDU-Bundesvorstandes vom 19. Jan.1954, Stellungnahmen Gradls und von Brentanos (Adenauer: »Wir haben wirklich etwas geschaffen«, S. 124 ff.).

183 Ebd., S. 129.

- zwischen Molotov und Bidault am 26. Januar 1954,
- zwischen Eden und Molotov am 27. Januar,
- zwischen Molotov und Dulles am 28. Januar,
- zwischen Molotov und Eden am 2. Februar,
- zwischen Dulles und Molotov am 6. Februar.

Alle Gespräche fielen somit in die erste Konferenzhälfte. Im Unterschied zu Dulles revanchierte sich Bidault nicht für Molotovs Einladung, während Eden den sowjetischen Außenminister von sich aus empfangen hatte und zum Gegenbesuch geladen wurde.

Die Gründe für das rasche Abflauen der Gastfreundschaft liegen recht klar auf den Hand. Molotovs Äußerungen in privater Umgebung erregten nur so lange Aufmerksamkeit und Interesse, als noch nicht abzusehen war, welche Haltung er in den Plenarsitzungen einnehmen würde. Der Small Talk in »entspannter Atmosphäre«[184] verlor seinen Reiz, als offenkundig wurde, daß der sowjetische Außenminister beim Dinner wenig anderes zu sagen hatte als im Konferenzsaal. Schließlich hätte man am liebsten die Russen gemeinsam empfangen, wenn dem nicht zu viele technische Probleme entgegengestanden hätten. In der zweiten Verhandlungswoche war »kein Enthusiasmus« mehr bei dem Gedanken zu spüren, daß jede Delegation noch einer gesonderten »party« entgegensah.[185]

Mit besonderer Spannung durfte das erste Treffen eines westlichen Außenministers mit seinem sowjetischen Kollegen in Berlin erwartet werden. Es war sicherlich kein Zufall, daß Molotov bereits am Abend des zweiten Konferenztages Bidault empfing.[186] Andrej A. Gromyko, der Erste stellvertretende sowjetische Außenminister, hatte nach dem Dinner Bidault beiseite genommen und scheinbar beiläufig das Gespräch auf einen wunden Punkt in Frankreichs Außenpolitik gelenkt. Eine Fünfmächtekonferenz, so meinte Gromyko, würde Frankreich bei der Lösung des Indochinaproblems helfen.[187] Bidault erteilte Gromyko recht schroff eine Abfuhr und gab zu verstehen, eine befriedigende Indochinaregelung ließe sich finden, wenn die chinesischen Kommunisten aufhörten, die Rebellen zu unterstützen.

Molotov hakte auf andere Weise nach. Er vertrat die Auffassung, die Berliner Konferenz dürfe keine Front zwischen drei und einem Außenminister errichten. Vielmehr gäbe es Fragen, bei denen jeweils zwei überstimmten. Bidault parierte

184 So im Bericht Edens vom 9. Febr. 1954 über das Gespräch zwischen Dulles und Molotov vom 6. Febr. (PRO FO 371/109284/C 1071/419).

185 Aufzeichnung von Roberts über eine Sitzung der Steering Group vom 6. Febr. 1954 (PRO FO 371/109291/C 1071/653).

186 s. Edens Bericht an das Foreign Office vom 28. Jan. 1954 über Bidaults Information von diesem Gespräch (PRO FO 371/109277/C 1071/274); vgl. Bohlens Bericht an Dulles vom 27. Jan. (FRUS 1952-1954, VII, 1, S. 833 f.). Der amerikanische Bericht ist konkreter, der britische stärker auf Schlußfolgerungen bedacht. Die Berichte gehen auf Informationsgespräche mit der französischen Delegation zurück. Von sowjetischer Seite nahmen neben Molotov und seinem Ersten Stellvertreter, Gromyko, der sowjetische Minister für deutsche und österreichische Angelegenheiten, Puskin, der Hohe Kommissar Semenov und Protokollchef Zukov teil, auf französischer Seite Bidault, Parodi, Botschafter Joxe und Laloy.

187 Dem englischen Bericht zufolge wurde Molotov später deutlicher: Er schlug einen Tauschhandel von sowjetischer Hilfe in Indochina gegen französische Hilfe beim Zustandekommen einer Fünfmächtekonferenz und bei der Verhinderung der EVG vor. Im amerikanischen Bericht heißt es ausdrücklich, Molotov habe *nicht* versucht, Indochina mit der deutschen Frage zu koppeln.

diese Aufforderung, die westliche Allianz gelegentlich zu verlassen, mit der Bemerkung, es verbliebe dann nur noch die Sicherstellung einer Übereinkunft zwischen allen vier Außenministern.
Molotov versuchte Bidault davon zu überzeugen, daß die EVG weder in französischem noch in russischem Interesse läge, da beide Seiten die Wiederherstellung der militärischen Stärke Deutschlands nicht wollten. Im Unterschied zu Frankreich könne sich die Sowjetunion aber aus eigener Kraft gegen Deutschland verteidigen.
Der französische Außenminister ließ keinen Zweifel daran, daß es gerade ein Anliegen der EVG war, das Wideraufleben des deutschen Militarismus zu verhindern. Die Sowjetunion habe bislang keine besseren Vorschläge unterbreitet.
Dies mochte aus der Sicht der französischen Regierung durchaus überzeugend klingen. Die Versuche Bidaults, Näheres über die Substanz der sowjetischen Werbung um Frankreich herauszufinden, schlugen fehl. Molotov ließ sich nicht darauf ein, zu erläutern, was er mit seinem vagen Vorschlag eines sowjetisch-deutsch-französischen Zusammenschlusses in der Plenarsitzung am Nachmittag konkret gemeint hatte.[188]
Das vordergründige Spiel mit einem Dreierbund der »wichtigsten Kontinentalmächte Europas« fand am Abend eine unverbindliche Fortsetzung. Der britische Außenminister Eden mutmaßte, als er davon erfuhr, die Russen spekulierten darauf, ein von den beiden anderen Westmächten getrenntes Europa würde zusammen mit der Sowjetunion und der Volksrepublik China die Mehrheit unter den »Großen Fünf« in der Weltpolitik anstreben.[189] Die von Molotov angedeutete mögliche Rückkehr Deutschlands in eine Großmachtstellung nahm Eden offensichtlich so wenig ernst, daß er sie in dieser Rechnung gar nicht erst einkalkulierte.
Die amerikanische Delegation konnte in Bidaults Begegnung mit Molotov »nichts von Bedeutung« entdecken.[190] Es sei denn, man maß der Tatsache Bedeutung bei, daß Molotov an diesem Abend in seiner Kritik am Westen im allgemeinen und an den USA im besonderen auffallend milde war und sich die russischen Gastgeber bemüht zeigten, »herzlich und liebenswürdig« zu erscheinen.[191] Mit einiger Sorge beobachtete man das ganz anders gelagerte Bemühen der sowjetischen Delegation, mit den Briten und Franzosen ständig Kontakt zu halten und einen »Keil« zwischen sie und die Vertreter der atlantischen Großmacht zu treiben.[192] Der weitere Konferenzverlauf sollte zeigen, daß es für solche Befürchtungen immer weniger Anlaß gab.

188 Molotov hatte in der Sitzung vom 26. Jan. 1954 gesagt: »Man sagt uns ..., die Sowjetunion treibe Frankreich und Deutschland auf den Weg der Feindschaft ... weiter. ... Im Gegenteil, Herr Dulles, wir wollen und werden darauf hinarbeiten, daß nicht nur zwischen Frankreich und Deutschland, nicht nur zwischen Frankreich und der Sowjetunion Freundschaft herrsche, sondern Freundschaft zwischen den Großmächten Europas: Frankreich, einem geeinten Deutschland und der Sowjetunion« (Dokumente zur Deutschlandpolitik der Sowjetunion, I, S. 400).

189 s. Edens Bericht an das Foreign Office vom 28. Jan. 1954 (PRO FO 371/109277/C 1071/274).

190 Memorandum Bohlens für Dulles, 27. Jan. 1954 (FRUS 1952-1954, VII, 1, S. 833).

191 Ebd., S. 834.

192 Bericht der amerikanischen Delegation an das State Department vom 26. Jan. 1954 (ebd., S. 835). Ausdrücklich wurde auf den Kontrast zwischen diesem Verhalten und Molotovs »unkonstruktiver« Eröffnungsansprache hingewiesen.

Bidault hatte sich an diesem Abend des 26. Januar keine Blöße gegeben und kein Entgegenkommen für die sowjetische Taktik gezeigt. Er hat später rückblickend davon gesprochen, Molotov habe in Berlin »wieder einmal Frankreich durch ein paar Liebenswürdigkeiten in sein Lager zu ziehen« versucht.[193] Im Unterschied dazu konnte der britische Außenminister einen Tag später von einer »sehr offenen Konversation« mit Molotov über Deutschland und den Fernen Osten nach einem Dinner im Gebäude seiner Delegation berichten.[194]

Da der sowjetische Außenminister einem Aufschub der Entscheidung über eine Fünfmächtekonferenz nicht abgeneigt schien, lenkte Eden das Gespräch rasch auf die deutsche Frage und betonte, die Westmächte seien ebenso wie die Sowjetunion bestrebt, »to prevent any revival of the German danger«, die er, wie Molotov, als »potentiell« gegeben sah.[195] Er hielt die EVG für die beste und »natürlich die einzige Methode«, die dazu bisher vorgeschlagen worden war. Die Waffenproduktion für die vorgesehenen zwölf deutschen Divisionen werde internationaler Überwachung unterliegen und die Armee über eine nur taktische Luftwaffe, nicht aber über eine Marine oder über Atomwaffen verfügen. Schon dazu bedürfe es einer ebensolchen wirtschaftlichen Anstrengung wie für Hitlers Streitkräfte im Jahre 1939. Der Unterschied läge darin, daß die Armee nicht unter der Kontrolle einer deutschen Nationalregierung stehen werde. Eine zusätzliche Sicherheitsgarantie für die Sowjetunion bestand nach Edens Worten in den Verpflichtungen Großbritanniens aus dem englisch-sowjetischen Vertrag. Weitere Vereinbarungen stellte Eden in Aussicht.

Molotov reagierte »ziemlich scharf« mit der Bemerkung, »that pieces of paper were not sufficient security against the revival of the German army«. Er sprach von »Illusionen« der Westmächte über die künftige Entwicklung in Deutschland. »Sehr kritisch« beurteilte er Adenauer, den er mehrfach einen »Feind der Sowjetunion« nannte, und seine Nachfolger, von denen er erwartete, sie würden »noch aggressiver und gefährlicher« sein.

Die EVG nannte er eine Organisation ohne und gegen die Sowjetunion, Er wiederholte das schon gegenüber Bidault erwähnte Argument, die Sowjetunion sei stark genug, sich »gegen Adenauer« zu verteidigen. Allerdings variierte er seinen Bündnisvorschlag. Nun ging es ihm darum, mit einer Übereinkunft zwischen der Sowjetunion, Großbritannien und Frankreich den deutschen Militarismus und damit überhaupt jeden Krieg zu verhindern. Da auch Hitler über freie Wahlen an die Macht gekommen sei, müßten sich die Vier Mächte vorab über »die Art von Regierung« nach freien Wahlen einigen.[196]

193 Georges Bidault, Noch einmal Rebell. Von einer Resistance in die andere. Berlin 1966, S. 230.

194 s. Edens streng geheimes Telegramm an das Foreign Office vom 28. Jan. 1954 (PRO FO 371/109277/C 1071/288); vgl. Eden, Memoiren, S. 88 f.; den Kurzbericht von Dulles an das State Department vom 28. Jan. (FRUS 1952-1954, VII, 1, S. 850).

195 PRO FO 371/109277/C 1071/288, Edens Bericht vom 28. Jan. 1954. Danach auch das Folgende.

196 Eden vermerkt in seinen Memoiren, in denen er große Teile seines Berichts vom 28. Jan. 1954 zitierte, eine Depesche aus dem Jahre 1945, in der er von einem britischen Delegationsmitglied bei der Potsdamer Konferenz über die Reaktion der Russen auf die von den Konservativen verlorenen Unterhauswahlen unterrichtet worden war. Darin hieß es: »Ein Ergebnis der Wahl steht jetzt schon fest: Stalin ist mehr denn je davon überzeugt, daß freie Wahlen ein großer Fehler sind« (Eden, Memoiren, S. 90).

Den Amerikanern, die hier als für Deutschlands Zukunft mitverantwortlicher Viermächtepartner erschienen, galt jedoch weiterhin das sowjetische Mißtrauen. Eine Unterredung des sowjetischen Botschafters in London, Malik, mit Roberts machte die sowjetischen Befürchtungen hinsichtlich des westlichen Bündnisses evident. Malik warnte vor einer »amerikanisch-deutschen Allianz«, die weder Briten noch Franzosen kontrollieren konnten.[197]
Eden wollte sich nicht von dem Vorschlag einer deutschen Nationalarmee überzeugen lassen, weil er sie für kaum kontrollierbar hielt und Deutschland die Westmächte gegen die Sowjetunion ausspielen könnte. Er forderte Molotov auf, der Tatsache der Wiederbewaffnung Deutschlands ins Auge zu sehen, und verwies auf die längst erfolgte, weit fortgeschrittene Durchführung in »Ost-Deutschland«.
Letzteres leugnete Molotov erneut nicht. Er versuchte sie jedoch als »not a serious rearmament« herunterzuspielen, worauf ihm Eden entgegnete, in West-Deutschland gebe es derzeit »not a single German soldier«.
Eden und Roberts hatten den – nicht durch explizite Äußerungen Molotovs gestützten – Eindruck, die Sowjetunion betrachte die EVG letztlich als die »am wenigsten schlechte Alternative« einer deutschen Wiederbewaffnung.[198] Die sowjetische Kritik an der EVG diente lediglich dem Zweck, die im EVG-Vertrag vorgesehenen Sicherheitsgarantien noch zu verbessern.
Immerhin gab es Indizien, die diese Annahme nicht ausschlossen. Molotov war Edens Frage nach Alternativen zur EVG mit der Bemerkung ausgewichen, die Frage sei leichter gestellt als beantwortet.[199] Statt dessen kehrte er zum Angelpunkt seiner Argumentation an diesem Abend zurück, zur Zusammensetzung der künftigen gesamtdeutschen Regierung. Er deutete damit sein weiteres Vorgehen in den Plenarsitzungen an.
Wie es schien, bildete im Gespräch mit dem britischen Außenminister die Kontrolle der deutschen Armee durch die Zentralregierung die Hauptgrundlage des sowjetischen Sicherheitskonzepts für Deutschland. Unter Berücksichtigung seines Wortes von der Unverbindlichkeit von »Papieren« mußte man hinter dem Vorschlag zu einer deutschen Nationalarmee ein straffes Kontrollsystem vermuten, das unabhängig von wechselnden, »frei gewählten« Regierungen Bestand hatte. Tatsächlich kam Molotov bei einem späteren Gespräch darauf zu sprechen. Als Dulles Molotov am 6. Februar zum letzten Zweiergespräch empfing, fügte der sowjetische Außenminister allen bisherigen Einwänden gegen die EVG weitere Nuancen hinzu und bezeichnete jede deutsche Armee als »sehr unruhige« Armee.[200] Mehrfach und mit stereotypem Gleichmut forderte er eine – begrenzte – deutsche Nationalarmee und – dies war entscheidend – eine von den Siegermächten besser

197 PRO FO 371/109284/C 1071/425, Aufzeichnung von Roberts vom 31. Jan. 1954. Das Gespräch fand am Vortag statt. Malik sparte nicht mit Kritik an den Vereinigten Staaten, die von den beiden Weltkriegen eher profitiert als durch sie gelitten hätten und die deshalb die deutsche Frage »leichtherzig« behandelten. Als ihn Roberts an die engen sowjetisch-amerikanischen Beziehungen bei Kriegsende erinnerte, entgegnete Malik lachend, Churchill habe ihm einmal erzählt, einer der Hauptgründe für seine Fulton-Rede sei die Verhinderung einer zu engen Verbindung zwischen der Sowjetunion und den USA gewesen.

198 Diese Schlußfolgerung findet sich nur im amerikanischen Kurzbericht vom 28. Jan. 1954 (FRUS 1952-1954, VII, 1, S. 850), der auf Informationen der britischen Delegation beruhte.

199 Ebd.

200 Ebd., S. 987.

als nach dem Versailler Vertrag kontrollierte deutsche Regierung, die eine Rückkehr zum Militarismus verhinderte.

Der amerikanische Gesprächsbericht zitiert Molotov mit den Worten:

> »If the wrong kind of government got into power, then it was difficult to control what it did. The important thing was to be sure that it was a government that we could control and that would not work against any one of the Four Powers.«[201]

Molotov lockte seinen amerikanischen Kollegen so weit aus der Reserve, daß dieser sich laut Gedanken über eine westdeutsche NATO-Mitgliedschaft machte. Nach Dulles' Ansicht bot diese aber für die Sowjetunion weniger Sicherheit als die EVG, denn die NATO sah keine vergleichbaren Beschränkungen der Nationalarmee vor.[202]

Eden hielt den sowjetischen Vorschlag einer deutschen Nationalarmee für »keine praktische Alternative«. Da sich Molotov ihm gegenüber am 27. Januar nicht so ausführlich wie später bei Dulles über die Kontrolle der deutschen Armee geäußert hatte, vermutete er eine Zugrundelegung der Potsdamer Beschlüsse.[203] Erstaunlicherweise hat sie aber Molotov in den Privatgesprächen mit den westlichen Außenministern niemals ausdrücklich erwähnt, allerdings in der Plenarsitzung vom 1. Februar als nur teilweise überholt, im Prinzip aber weiterhin verbindlich bezeichnet.[204]

Eden gewann aus seinem Gespräch mit Molotov einen für die Westmächte und die EVG günstigen Eindruck und schrieb:

> »Mr. Molotov's general attitude was one of some fear of Germany without any constructive ideas for dealing with the situation. It confirmed my impression that if we proceed firmly but unprovocatively with the E.D.C. the Soviet Union will as so often in the past acquiesce in this as a fait accompli despite all their efforts to destroy it. But we shall never succeed in persuading them to accept it as corresponding to the general including the Soviet interest.«[205]

Molotov war demnach nicht angetreten, die Westmächte zum Überdenken ihrer Vorschläge oder zur Suche nach Alternativen zu drängen. Verständlicherweise zeigte sich der amerikanische Außenminister Dulles in einem Gespräch mit Eden vom 9. Februar überrascht, »that Mr. Molotov had made our task so easy for us so far on the German question«.[206] Die Erleichterung war um so größer, als er befürchtet hatte, der sowjetische Außenminister werde aus der theoretischen Möglichkeit Kapital schlagen, ein wiedervereinigtes Deutschland werde sich gegen die EVG entscheiden und dann ohne Kontrolle sein.[207]

Doch die Pressereaktionen auf die sowjetischen Vorschläge vom 4. Februar bestätigten die amerikanische Delegation in der Überzeugung, daß Molotov »had

201 Ebd., S. 986.

202 Diese Äußerungen waren deswegen bemerkenswert, weil Dulles es in einem Gespräch mit Eden abgelehnt hatte, sich von den Franzosen in eine Diskussion über die EVG verwickeln zu lassen, solange kein festes Datum für die Ratifizierungsdebatte angesetzt war (s. Aufzeichnung von Roberts vom 10. Febr. 1954, PRO FO 371/109291/C 1071/671).

203 s. Edens Bericht vom 28. Jan. 1954 (PRO FO 371/109277/C 1071/288).

204 Foreign Minister's Meeting, S. 77. Vgl. andere, weniger differenzierte Äußerungen Molotovs (ebd., S. 16, 91, 93).

205 s. Edens Bericht vom 28. Jan. 1954 (PRO FO 371/109277/C 1071/288).

206 Aufzeichnung von Roberts vom 10. Febr. 1954 (PRO FO 371/109291/C 1071/671).

207 Telegramm vcn Dulles an Eisenhower, 5. Febr. 1954 (FRUS 1952-1954, VII, 1, S. 962).

placed himself in the worst possible position vis-a-vis not only German, but world opinion on the central question of the reunification of Germany«. Molotov müsse einsehen, »that he cannot hope to gain and may lose by prolonging the debate on Germany«.[208] Umgekehrt hielt man die eigene Position für »sehr gut« und wollte alles vermeiden, was den Eindruck erwecken konnte, »we were weakening or searching for alternative solutions«.[209] Das einzige, was Dulles auch nach dem letzten Gespräch mit Molotov noch fürchtete, war die auf die einzelnen westlichen Kollegen zugeschnittene, differenzierte Erörterung der Probleme im Fernen Osten. Er machte sich ernsthaft Sorgen um den Fortbestand der »westlichen Einheit«.[210]

In der deutschen Frage hingegen war nach Edens Gespräch mit Molotov vom 27. Januar weitgehend sichergestellt, daß die in den folgenden Plenarsitzungen aufgetürmten Gegensätze nur *eine* Form der Erörterung der deutschen Frage sein würden. Beide waren sich einig, daß die Deutschlandproblematik eigentlich »in a small and intimate circle« besprochen werden mußte.[211]

Eden fand Molotovs bereitwillige Zustimmung, als er die Hoffnung aussprach, man werde zum Klima der Verhandlungen »gemeinsamer Probleme« während der Kriegsjahre zurückfinden. Der sowjetische Außenminister versäumte nicht, zu bedauern, daß man wegen des über Jahre unterbrochenen Kontakts »rather out of touch« mit den westlichen Ansichten war.

Nach den Ereignissen der vergangenen Jahre durfte daraus kaum geschlossen werden, daß Molotov zum bloßen Kennenlernen der Politik der Westmächte nach Berlin gekommen war. Vielmehr scheint es, als habe er prüfen wollen, wie festgelegt oder veränderbar ihre Haltung war. Dem entsprach, daß Eden in der »schwierigen, gleichwohl nicht unfreundlichen Konversation« am Abend des 27. Januar allein die Gesprächinitiative zu tragen hatte.[212]

Im Gespräch zwischen Molotov und Bidault war es umgekehrt gewesen. Dies nur auf die vertauschten Rollen des Gastgebers zurückführen zu wollen, griffe zu kurz. Eher ist anzunehmen, daß im Verhältnis zu Frankreich eine klare Marschroute für eine Einflußnahme vorlag, während die Politik gegenüber Großbritannien abwartender gestaltet werden konnte. Der britische Außenminister dürfte kaum sehr weit von Molotovs Ansichten entfernt gewesen sein, als er diesem erklärte, »that whatever came out of this meeting [gemeint war die Konferenz] we must maintain contact and continue to meet on future occasions«. Damit wich er grundsätzlich von der erklärten westlichen Absicht ab, das Konferenzende als klaren Schnitt erscheinen zu lassen. Hier lagen die Wurzeln längerfristiger Perspektiven der britischen Ostpolitik im besonderen und der westlichen im allgemeinen. Dies bedeutete, daß hinter den mit großem Aufwand erstellten Fassaden unvereinbarer Gegensätze die Suche nach »gemeinsamen Interessen« begonnen hatte. Deshalb hatte Eden seine Aufgabe vor

208 Streng geheimes Memorandum des Unterstaatssekretärs für europäische Angelegenheiten, Merchant, für Dulles vom 9. Febr. 1954 (ebd., S. 1005).

209 Aufzeichnung von Roberts vom 6. Febr. 1954 über eine Sitzung der westlichen Steering Group (PRO FO 371/109291/C 1071/653).

210 Aufzeichnung von Roberts vom 10. Febr. 1954 über ein Dinnergespräch zwischen Dulles und Eden (PRO FO 371/109291/C 1071/671). Diese Sorge bezog sich vor allem auf die bevorstehende geschlossene Sitzung am 11. Febr. 1954.

211 s. Edens Bericht vom 28. Jan. 1954 (PRO FO 371/109277/C 1071/288).

212 Ebd.

dem Treffen mit Molotov darin gesehen, »das Eis zu brechen« und dem sowjetischen Außenminister zu versichern, man sei nicht nach Berlin gekommen, »nur um gegen die Sowjetunion zu opponieren«.

Das Gespräch vom 27. Januar überzeugte Eden davon, »that we have a clearer idea of the very real difficulties facing us over Germany«.[213] Dies war schon nicht mehr auf die Schlacht um die Gunst der öffentlichen Meinung gemünzt, sondern Eden war sich offensichtlich bewußt geworden, daß auch das westliche, vermeintlich »bessere« Programm für Deutschland eine Rechnung mit Unbekannten war. Darin mochte Molotov ihn bestärkt haben.

Besondere Aufmerksamkeit zog das Treffen zwischen Molotov und Dulles am 28. Januar auf sich, durfte man doch vom Gespräch der Außenminister der beiden auf dem europäischen Kontinent rivalisierenden Großmächte am ehesten einen Durchbruch in der deutschen Frage erwarten. Doch in dieser Hinsicht war die Begegnung eine einzige Enttäuschung. Molotovs Interesse an diesem Abend galt der amerikanischen Politik in Asien, womit er bestätigte, daß er ein auf jeden Gesprächpartner zugeschnittenes Schwerpunktthema auswählte. Die weitgehende Ignorierung der deutschen Frage konnte zweierlei bedeuten: Einerseits konnte sie als Zurückweisung eines amerikanischen Rechtes auf Einflußnahme, andererseits als stillschweigende Anerkennung der amerikanischen Präsenz in Europa gelten. In beiden Fällen fiel der Wiedervereinigung offenbar keine entscheidungsreife Priorität zu.

Der Stimmungsbericht des Special Assistant von Präsident Eisenhower, C.D.Jackson, der am Dinner in der Residenz des sowjetischen Hohen Kommissars teilgenommen hatte, deutete in diese Richtung. Die Konversation sei »dürftig und künstlich« gewesen, und Gromyko, »who looked like death warmed over«, habe vergeblich versucht, zu scherzen und lustig zu erscheinen. Er neckte Semenov wegen dessen Glatze, die er auf die lange, Conants üppige Locken aber auf die kurze Amtszeit als Hoher Kommissar in Deutschland zurückführte.

Jackson machte keinen Hehl daraus, daß ihm dieser »geistvolle Austausch« wenig Freude bereitete. Mit Unverständnis vermerkte er, daß die russischen Gastgeber »started the vodka act almost immediately«. Molotov, der zunächst müde wirkte, blühte beim Beginn des ausführlichen Toast-Rituals an der Tafel, bei dem jeder amerikanische Gast einzeln bedacht sowie Eisenhower und Vorošilov in Abwesenheit Reverenz erwiesen wurde, sichtlich auf, und sein Humor, so notierte Jackson, bekam eine »wirklich unterhaltsame Schärfe«. Der Bericht resümierte:

> »Having no previous experience in such dinners I do not know if the consumption of vodka was up to standard. However, there seemed to be an impressive array of empty vodka bottles and an equally impressive array of erect Americans.«[214]

Ernsthafter als bei dieser Leistungsschau der Standfestigkeit der Delegationen zweier Großmächte an der Dinner-Tafel ging es in der eineinhalbstündigen Unterredung zwischen Molotov und Dulles nach dem Essen in kleinerem Kreise zu.[215] Molotov schien in keiner Weise von der glatten Zurückweisung seiner Vorschläge in der Plenarsitzung vom Nachmittag berührt zu sein. Im Verlauf des zunächst zwanglosen

213 Ebd.

214 FRUS 1952-1954, VII, 1, S. 878ff,; vgl. Conants Memoiren (My Several Lives, S. 602 f.).

215 s. das Memorandum Merchants vom 29.Jan 1954 (ebd., S. 880-885).

und humorvollen Gesprächs, in dem er Gromyko als »Vater der NATO« bezeichnete, kam er abrupt auf die amerikanische Politik gegenüber der Volksrepublik China zu sprechen. Der sowjetische Außenminister forderte eine emotionsfreie Politik gegenüber dem »größten und mächtigsten Land in Asien«. Zum Vergleich nannte er die pragmatische Politik der Sowjetunion gegenüber Tschiang-Kai-schek. Rußland habe letzterem Kredite gewährt, doch sei er »bankrott gegangen«, während es Mao Tse-tung erstmals seit Jahrhunderten gelungen sei, China zu vereinigen. Er scheute nicht die »kuriose Erklärung«, so der Bericht an das State Department, daß die bisherige amerikanische Politik Peking zu engeren Beziehungen mit Moskau zwinge.

Dulles blieb unbeirrt bei seiner Meinung, es könne den USA kaum daran gelegen sein, den »eigenen Feind zu stärken«. Er zeigte kein Interesse an einer Kontaktaufnahme mit den chinesischen Kommunisten »auf höherer Ebene«, wie Molotov es vorschlug.

Die Einladung Chinas zu einer Fünfmächtekonferenz schien Molotov wichtiger zu sein als das Indochinaproblem oder eine Politische Koreakonferenz. Das Ziel, die Anerkennung und Aufwertung des kommunistischen China durch die USA zu erreichen, war ihm so viel wert, daß er auf jede verletzende Bemerkung in seiner Kritik an der bisherigen amerikanischen Haltung verzichtete.

Nach den drei ersten Begegnungen Molotovs mit seinen westlichen Kollegen waren vor allem vier Aspekte der sowjetischen Taktik für die Berliner Konferenz deutlicher geworden:

1. Die Sowjetunion versuchte, den Zusammenhalt der westlichen Allianz auf dem europäischen Kontinent auf die Probe zu stellen.
2. Die EVG wurde öffentlich als Separatorganisation einiger europäischer Staaten und als Basis für das Wiederaufleben des »deutschen Militarismus« gebrandmarkt. Intern fiel das Urteil nüchterner aus.
3. Die deutsche Frage war weniger Gegenstand als Mittel der sowjetischen Politik.
4. Die USA versuchte man in erster Linie für mehr Engagement in China zu gewinnen.

Dieser Katalog kennzeichnet eine vorwiegend defensive Politik. Dulles hatte daher Molotov nicht zu Unrecht vorgehalten, dieser sei mit »ziemlich leeren Taschen« nach Berlin gekommen.[216] Man habe bisher nur »rabbits« zustande gebracht, »which might be good rabbit stew but were scarcely the stuff out of which successful conferences were made«. Molotov wollte diesen ironischen Vergleich nicht gelten lassen und meinte, er habe »einige gute Ideen« präsentiert, die gleichwohl durch »Modifikationen und Ergänzungen« »verbessert« werden könnten.[217]

Der Eindruck, die Sowjetunion sei mit dem begrenzten Ziel einer Fünfmächtekonferenz nach Berlin gereist, bestätigte sich am 2. Februar, als Molotov Eden zum Essen

216 Ebd., S. 882.

217 Im Gespräch zwischen Dulles und Molotov vom 6. Febr. wiederholte sich diese Wortspielerei: Auf die Frage von Dulles, ob Molotov noch einen Hasen aus dem Hut zaubern werde, entgegnete der sowjetische Außenminister, es sei immer noch »derselbe alte Hase«, allerdings sei es nicht wirklich nur ein Hase, sondern ein Plan, der das Ergebnis »sehr objektiven Denkens« sei (PRO FO 371/109284/C 1071/419, Edens Bericht an das Foreign Office vom 9. Febr. 1954).

empfing. Die Begegnung glich in der Anlage der ersten. Der sowjetische Außenminister wirkte müde[218] und überließ es seinem Gast, die Themen anzuschneiden.[219] »Gut gelaunt«, wie Eden nach London berichtete, und ohne weitere Erläuterungen nannte Molotov den westlichen Wiedervereinigungsplan ein »Ultimatum« und machte Übereinkünfte in der deutschen Frage zur Vorbedingung für eine Lösung des österreichischen Problems.[220] Molotov enthielt sich diesmal der Schärfen im Urteil über Adenauer und quittierte Edens Bemerkung, der Bundeskanzler sei ein »weiser Mann«, der Deutschland nicht auf den Weg des Militarismus zurückführen werde, mit den Worten, dieser sei aber alt und werde nicht mehr lange leben.[221] Eine konkrete Diskussion vermied er. Zwar ließ er sich ausführlich die Befehlsstruktur des »Rätsels« NATO erläutern, doch nur um ihren defensiven Charakter in Frage zu stellen. Das von der Sowjetunion aufgebaute Verteidigungssystem hingegen ziele ausschließlich gegen eine deutsche Aggression.

Mit der Ansicht, die NATO sei wegen des amerikanischen Oberkommandos nur der verlängerte Arm der US-Regierung, bestätigte Molotov die Widersprüchlichkeit seiner Argumentation. Abgesehen davon, daß er erneut die Vereinigten Staaten und nicht Deutschland als Hauptsorge der sowjetischen Außenpolitik zu erkennen gab, fiel es Eden nicht schwer, Molotov zu widerlegen und auf die entscheidende Rolle der sowjetischen Generäle im Militärverbund mit den Satellitenstaaten zu verweisen.

Der sowjetische Außenminister lehnte die EVG mit schärferen Worten als beim ersten Treffen mit Eden ab, blieb aber erneut die Antwort auf die Frage nach seinen Alternativen schuldig. Beide Außenminister einigten sich darauf, einige der angeschnittenen Fragen in geschlossenen Sitzungen zu erörtern. Die deutsche Frage zählte nicht dazu.[222]

Der Verlauf des letzten Zweiergesprächs zwischen Dulles und Molotov am 6. Februar bestätigte, daß als »die ernsteste« der anstehenden Fragen die deutsche galt, ihre Lösung aber künftig der europäischen Sicherheit und der Abrüstung untergeordnet werden würde.[223]

218 Rupieper (Berliner Außenministerkonferenz, S. 440) wertet dies als Enttäuschung über den bisherigen Verlauf der Konferenz und die Haltung der Westmächte.

219 s. Edens Bericht an das Foreign Office vom 3. Febr. 1954 (PRO FO 371/109279/C 1071/341); vgl. den Kurzbericht der amerikanischen Delegation an das State Department vom 3. Febr. (FRUS 1952-1954, VII, 1, S. 936 f.).

220 Nur in Kenntnis des amerikanischen Kurzberichts wertet Rupieper (Berliner Außenministerkonferenz, S. 440) dies als Indiz dafür, daß Molotov »eventuell bereit gewesen« wäre, »bereits jetzt einer Lösung der österreichischen Frage zuzustimmen, wenn er dafür Konzessionen des Westens in der Behandlung Deutschlands hätte mit nach Moskau nehmen können.« Molotov wich aber gerade jeder Diskussion darüber aus, welche Konzessionen die Westmächte machen sollten bzw. welche Alternativen die Sowjetunion zu bieten hatte.

221 Diese Passage des amerikanischen Berichts (FRUS 1952-1954, VII, 1, S. 937) fehlt in Edens Bericht an das Foreign Office.

222 Allerdings drängte die Steering Group auf eine Entscheidung, ob man die Deutschlandproblematik in einer geschlossenen Sitzung oder noch einmal in einer Plenarsitzung nach der Österreich-Debatte aufgreifen sollte. Die Diskussion über die deutsche Frage wollte man nicht »on a totally negative note« beenden (PRO FO 371/109285/C 1071/440, Protokollentwurf einer Sitzung vom 5. Febr. 1954).

223 s. Bohlens Memorandum vom 6. Febr. 1954 (FRUS 1952-1954, VII, 1, S. 984-988). Eine deutsche Übersetzung findet sich bei Rupieper (Berliner Außenministerkonferenz, S. 450-453); vgl. den britischen Kurzbericht vom 9. Febr. (PRO FO 371/109284/C 1071/419).

Dulles hielt eine »Formel« für denkbar, die auf dem defensiven Charakter beider Militärsysteme beruhte und die so angelegt war, daß »a correlation of actual military forces between EDC and the Soviet system would be so adjusted as not to constitute a threat in either direction«. Er billigte der Sowjetunion wegen ihrer vielfältigen Aufgaben an den Grenzen ihres riesigen Territoriums zusammen mit den osteuropäischen Staaten sogar ein Übergewicht über die in Europa stationierten Landstreitkräfte der Westmächte zu. Molotov hakte nach und erhielt von Dulles die Versicherung, daß man sich bei der Abrüstung nicht auf den europäischen Kontinent beschränken werde.

Die Berliner Konferenz hatte sich zunehmend von den konkreten Fragen einer deutschen Wiedervereinigung fortbewegt. Das letzte Gespräch zwischen Dulles und Molotov war dafür das bezeichnendste. Beide trafen sich noch zweimal am 13. Februar kurz vor Beginn der Plenarsitzung.[224] Im ersten Treffen ging es um die künftige Form internationaler Atomgespräche und die Beteiligung von Drittstaaten. Beim zweiten, das offensichtlich auf Wunsch von Dulles unter vier Augen stattfand, wollte sich der amerikanische Außenminister vergewissern, »that Molotov appreciated the seriousness of possible developments in Asia«. Er war sich im unklaren über die tatsächlichen Einflußmöglichkeiten der Sowjetunion und hielt es durchaus für denkbar, »that the Chinese Communists will continue to run amuck until we recognize them and deal with them directly rather than through the Soviet Union as an intermediary«. Selbst bei einer Anerkennung der Volksrepublik China durch die USA schloß Dulles nicht aus, daß sich die chinesischen Kommunisten »danebenbenehmen«.[225]

Das Bild vom keineswegs übermächtigen Drahtzieher Sowjetunion in Asien legte nahe, sich zur Vermeidung gegenseitiger Mißverständnisse besser als bisher abzusprechen. Das unberechenbare, wenngleich dem kommunistischen Lager zuzurechnende China tangierte und bedrohte die Interessen beider Großmächte.[226]

Es war bezeichnend, daß Dulles zwar den Mangel an konkreten Übereinkünften in Berlin beklagte, die deutsche Frage damit aber nicht meinte. Seine Hoffnungen hatten sich auf »some positive results« hinsichtlich Österreich und bei der Lösung

224 Der ersten Begegnung, die auf Molotovs Ersuchen zustande kam, wohnten Merchant, Bohlen und Zarubin bei (s. das streng geheime Schreiben von Dulles an seinen Stellvertreter in Washington vom 14. Febr. 1954, FRUS 1952-1954, VII, 1, S. 1077 f.). An der zweiten Begegnung, die sich unmittelbar anschloß, nahmen neben den Außenministern nur die Dolmetscher teil (s. das streng geheime Schreiben von Dulles an Eisenhower vom 16. Febr. 1954 und das Memorandum über das Gespräch (ebd., S. 1079 ff.).

225 Ebd., S. 1079; Dulles wollte Bidault und Eden über dieses Gespräch nicht unterrichten.

226 Dulles bestätigte diese Sicht in einem Dinnergespräch mit Eden (s. Aufzeichnung von Roberts vom 10. Febr. 1954, PRO FO 371/109291/C 1071/671). Dulles gab sich fest überzeugt, daß die Russen »really worried about China«. Fünfzig Jahre nach der Revolution seien sie »beinahe« zu »Konservativen« geworden. Die Chinesen waren ein »Unsicherheitsfaktor« »voll neuen revolutionären Feuers« und »fähig zu wilden Aktionen«, die die Russen in eine gefährliche Lage bringen konnten. In der offenen Aussprache mit Eden, die sich vor allem um Fernost und China drehte, bezeichnete es Dulles als die Hauptsache, im Fernen Osten »to maintain the island chain from the Philippines through Japan to Southern Korea«. Dafür war Formosa unentbehrlich. Da dieses ohnehin nur relativ kurze Perioden seiner Geschichte unter chinesischer Herrschaft gestanden hatte, sah Dulles keinen triftigen Grund, »why it should not remain separated«. Wenn das sichergestellt war, würden die USA bei einer langfristigen Regelung im Fernen Osten die kommunistische Herrschaft auf dem chinesischen Festland anerkennen.

des Korea- und Indochinaproblems konzentriert.[227] In dieser Hinsicht zeigte Molotov sich offen für weitere Gespräche und hielt die Konferenz für einen »Gewinn«. Es sei ohnehin nicht zu erwarten gewesen, nach fast fünfjähriger Unterbrechung des Kontakts »in ein paar Tagen« Ergebnisse zu erzielen.[228]

Das atmosphärische Gefälle zwischen den polemischen Plenarsitzungen und den Gesprächen außerhalb des Konferenzsaals entsprang der Taktik Molotovs, öffentlich in die Mikrophone und Federn der amtlichen Medien in der Sowjetunion und den Satellitenstaaten zu sprechen oder mit Exklusivreden um die Gunst des westlichen Publikums zu werben. Worum es der Sowjetunion bei der Vielzahl der dabei angeschnittenen Themen tatsächlich ging, läßt sich erst nach Kenntnis der Gespräche abseits vom Rampenlicht der Öffentlichkeit annähernd abschätzen. Die lockere Atmosphäre der Dinnergespräche kann nicht als Indiz dafür gelten, Molotov sei »zumindest teilweise« bereit gewesen, mit den Westmächten zu einer Einigung über Deutschland zu kommen.[229] Vielmehr zeigte Molotov gerade diesbezüglich zu wenig Initiative und verfiel in die bekannte, formelhafte Sprache. In der Wortwahl flexibel zeigte er sich nur dann, wenn er die drohende »deutsche Gefahr« und das »Wiederaufleben des deutschen Militarismus« beschwor. Diese Frage beschäftigte aber auch seine westlichen Kollegen jenseits aller Wiedervereinigungspläne. Selbst wenn man den Westmächten unterstellt, sie hätten zumindest vorläufig auf der Grundlage der Spaltung Deutschlands geplant, so bleibt doch festzuhalten, daß es eine sowjetische Alternative nicht gab. Gerade in der Sicherheitsfrage, in der man sich gelegentlich so nahe schien, hatte die Sowjetunion kein praktikables Gegenkonzept.

Nicht zuletzt die Vorschläge zur deutschen Frage waren weder konsistent noch überzeugend. Die häufig angeführte Furcht der Sowjetunion wurde von Molotov in kleinem Kreise mehrfach abgeschwächt. Im übrigen stand sie in krassem Widerspruch zur gleichzeitigen Forderung einer Nationalarmee. Molotov erkannte dies und schob Beschränkungsbestimmungen nach, die unter sicherheitspolitischen Aspekt unbefriedigend blieben.

Der sowjetische Außenminister ließ in den Abendgesprächen keinen Zweifel daran, daß ein im sowjetischen Sinne neutralisiertes Deutschland weder wirklich neutral noch im Innern frei sein würde. Die strikte Viermächtekontrolle einer eher eingesetzten als frei gewählten Regierung erinnerte an ein Besatzungsregime. Insofern hatte Molotov die Stalin-Note vom 10. März 1952 lediglich ergänzt und präzisiert.[230]

227 FRUS 1952-1954, VII, 1, S. 1080.

228 Ebd.

229 So Rupieper (Berliner Außenministerkonferenz, S. 437). Zwar spricht er zurecht von einer »neuen Qualität« der Dokumente im Vergleich zu den veröffentlichten Reden, doch stützt sich seine Analyse nur auf die beiden Gespräche zwischen Eden und Molotov und das zweite Treffen zwischen Dulles und Molotov. Zudem lagen ihm darüber nur die amerikanischen Kurzberichte vor.

230 Insofern bringen die Gespräche am Rande der Berliner Konferenz größere Klarheit als zweitrangige, nur sehr bedingt aussagekräftige Quellen aus dem Herbst 1953. Rupieper (Berliner Außenministerkonferenz, S. 438) zitiert finnische Vertreter, die Mitte Oktober 1953 erfahren haben wollten, Moskau werde einer Wiedervereinigung Deutschlands zustimmen, wenn die Beteiligung von Kommunisten an einer gesamtdeutschen Regierung gewährleistet wäre. Wörtlich heißt es in dem Memorandum über das Gespräch der finnischen Vertreter in

Eine Erschütterung der westlichen Konferenztaktik blieb mit diesem Programm unerreichbar. Deshalb war auch die Frage von nachgeordneter Bedeutung, warum die Westmächte den sowjetischen Vorschlag zum Abzug aller Besatzungstruppen vor Wahlen unbeachtet ließen.[231] Im übrigen besaß die Sowjetunion in der Kasernierten Volkspolizei der DDR eine militärische Repräsentanz, die ihr entscheidende Vorteile bei einem Rückzug der alliierten Truppen bot.

In Kenntnis der Zweiergespräche der Außenminister ist die Schlußfolgerung zu einseitig, die Westmächte seien »so auf ihre Maximalziele fixiert« gewesen, »daß eine Einigung mit den Sowjets – außer für den Fall der unwahrscheinlichen Annahme der Forderung der Westmächte – von vornherein ausgeschlossen werden konnte«.[232] Im Blick auf die Wiedervereinigungsprogramme gilt dieses Urteil zu gleichen Teilen auch für die sowjetische Seite. Im übrigen bleibt dabei unberücksichtigt, daß es den Westmächten bei der Ausarbeitung ihres Wiedervereinigungsplans weniger um das »Maximalziel« eines einheitlichen Deutschlands (in der EVG) als vielmehr um das Nahziel der EVG-Ratifizierung und der Einbeziehung der Bundesrepublik in das westliche Verteidigungssystem ging. Ein vergleichbares sowjetisches Nahziel gab es nicht. Für die von Molotov hinter den Kulissen gezeigte Gelassenheit erntete die Sowjetunion im Gegenzug die stillschweigende Anerkennung ihrer Positionen in Osteuropa und im östlichen Teil Deutschlands. Ein Maximalziel wäre die Einbeziehung ganz Deutschlands in den jeweiligen Machtbereich gewesen. Gerade daran glaubte in Berlin niemand mehr.

III.6 Die deutsche Delegation in Berlin

Da die Bundesregierung keine direkte Konferenzbeteiligung angestrebt hatte, galt es, die von den Westmächten zugestandene Beobachterrolle in Berlin auszufüllen. Aus der Sicht des Presseamtchefs, Felix von Eckardt, stand den bundesdeutschen Vertretern »die erste große Schlacht um die Gunst der Journalisten, der Leser und der Radiohörer in der ganzen Welt« bevor.[233] Dazu benötigte man »eine außerplanmäßige Summe« vom Finanzminister, die es nicht nur erlaubte, ein kleines sechssitziges Flugzeug mit englischem Piloten zu chartern, sondern auch im »Hauptquartier« der Delegation, dem »Hotel am Zoo«, tägliche Cocktail- und »Bouletten«-Parties zu veranstalten.[234] Es gelang, so viel Aufmerksamkeit auf sich zu ziehen, daß »The Flying Felix«, wie man von Eckardt alsbald wegen seiner Pendelflüge zwischen Berlin und Bonn nannte, den Eindruck hatte,

Washington mit einem Beamten des State Department: »Nykopp mentioned that Soviet officials recently told Finnish representatives in Berlin that they were ready to agree to the unification of Germany, if only the Communists would have some representation in the government. They recognized that the Communists could not control the German Government, and they wanted them in just so that they would be able to know what was going on.« Rupieper spricht zu Recht von »Spielmaterial« im Vorfeld der Konferenz.

231 Diese Frage stellt Adam Ulam (Expansion und Coexistence. The History of Soviet Foreign Policy 1951-1967. New York/Washington 1968, S. 551 f.).

232 So Rupieper, Berliner Außenministerkonferenz, S. 439 f.

233 Felix von Eckardt, Ein unordentliches Leben. Lebenserinnerungen. Düsseldorf/Wien 1967, S. 285.

234 Ebd., S. 286; vgl. »Süddeutsche Zeitung« vom 29. Jan. 1954.

das bundesdeutsche Quartier sei »zur großen Nachrichtenbörse der Konferenz« geworden.[235]

Hinter dieser aufwendigen Szenerie stand Adenauers Absicht, die Weltpresse für die Ansichten der Bundesregierung zu gewinnen. Die Journalisten sollten bei von Eckardt »in die richtigen Hände kommen« und nicht den »vorfabrizierten Meinungen« der DDR ausgeliefert sein.[236]

In Ost-Berlin waren Verbände der Kasernierten Volkspolizei in Randgebiete verlegt worden, um den westlichen Außenministern bei der Fahrt zu den Sitzungen im sowjetischen Sektor kein allzu martialisches Bild zu vermitteln. Unterdessen hatte die Einigung auf die Konferenz die Grundstückspreise im Westteil der Stadt um 20 Prozent steigen lassen, während das Hotelgewerbe keine Belebung verzeichnete. Westdeutsche Firmen entsandten für den Fall der Fälle vorsorglich Vertreterstäbe für die DDR.[237]

Nach den Peinlichkeiten bei der Umbesetzung der Leiterposition war das »hierarchische Verhältnis« in der Delegation unklar geblieben.[238] Nachdem Adenauer in einem Schreiben Blankenhorn Anfang Januar 1954 aufgefordert hatte, neben dem designierten »Delegationsführer« Grewe zu fungieren, sprach er in einer Fraktionssitzung der CDU/CSU offen von der Übertragung der Leitung an Blankenhorn.[239]

Diese Kompetenzverlagerung lag dem Kanzler so am Herzen, daß er Blankenhorn aus dem Krankenstand zurückbeorderte:

> »Ich glaube, Sie können die Arbeit, die Sie zu tun haben, vom Krankenhaus oder von einem guten Hotel aus erledigen. Sie brauchen dabei nicht in Erscheinung zu treten. ... Die Arbeit würden Sie meiner Meinung nach vom Bett aus leisten können. Sie würde daraus bestehen, daß Sie die Kontrolle über die einzelnen Mitglieder der Delegation führen, zusammenfassen, Anweisungen geben und uns unterrichten. Ich lege sehr großen Wert darauf, daß Sie teilnehmen. Die Sache kann sehr wichtig werden und ein falscher Schritt – ich brauche es Ihnen kaum zu sagen – kann natürlich große Folgen haben.«[240]

Kurz zuvor hatte Blankenhorn in einer Tagebuchnotiz die deutsche Interessenvertretung auf der Konferenz mit den Worten umschrieben:

> »Das deutsche Ziel auf dieser Konferenz muß es sein, mit allen Kräften die Wiedervereinigung in Freiheit zu erreichen, das heißt einer Freiheit, die den Zusammenschluß mit der freien Welt ermöglicht, ohne den die kulturelle,

235 von Eckardt, ebd. Blankenhorn (Verständnis, S. 185) notierte in sein Tagebuch, die Pressekonferenzen seien »nicht nur wegen ihrer Fülle guter Getränke, sondern vor allem wegen der interessanten Analysen beliebt« gewesen, »mit denen Eckardt seine Gäste unterrichtet«. Ein bissiger Kommentator vermerkte hingegen: »Bis zum Eintreffen der hektographierten Ministerreden aus dem Pressehauptquartier ist er (Eckardt) so ahnungslos wie seine journalistischen Cocktailgäste« (»Der Spiegel«, 3. Febr. 1954, Nr. 6, S. 6).

236 Protokoll der Sitzung des CDU-Bundesvorstandes vom 19. Jan. 1954 (Adenauer: »Wir haben wirklich etwas geschaffen«, S. 131); von Eckardt, S. 287.

237 »Der Spiegel«, 20. Jan. 1954, Nr. 4, S. 3; 3. Febr. 1954, Nr. 6, S. 3; 10. Febr. 1954, Nr. 7, S. 4.

238 Grewe, Rückblenden, S. 184.

239 Ebd., S. 177 f.; Blankenhorn, Verständnis, S. 179.

240 Blankenhorn, Verständnis, S. 179. Blankenhorn erklärte sich in seinem Antwortschreiben an Adenauer vom 14. Jan. 1954 »selbstverständlich bereit«, die Aufgabe zu übernehmen.

politische und wirtschaftliche Lebensfähigkleit Deutschlands auf die Dauer nicht gesichert werden kann.«[241]

Doch stand in Berlin nicht dieses wie eine Regierungserklärung anmutende Bekenntnis zum Maximalziel deutscher Interessen im Blickpunkt, da auch Blankenhorn nicht an sowjetische Konzessionen glaubte. Vielmehr sah der neuernannte Delegationsleiter, dessen Zusammenarbeit mit Grewe sich zufriedenstellend gestaltete,[242] seine Aufgabe darin, »eine ›österreichische Lösung‹ mit Viermächtekontrolle unter starker Anlehnung an die Prinzipien von Potsdam« zu verhindern, mit der die Russen Deutschland »weniger krisenfest und reifer für weltrevolutionäre Versuche« machen würden.[243] Die Zeichen standen auf Defensive. Adenauer hatte allen Ministern untersagt, ohne seine Genehmigung nach Berlin zu reisen, dort Pressekonferenzen abzuhalten, Reden über das Außenministertreffen zu halten oder Informationen darüber an die Presse weiterzugeben.[244] Grewe hat die Stimmung und die Umstände, unter denen die deutsche Delegation arbeitete, in der Rückschau eindrucksvoll festgehalten:

»In Berlin herrschte in jenen vier Wochen ... eine klirrende Kälte; Schnee lag auf den Straßen. Ort der Handlung war in der ersten Woche der große Konferenzsaal im Kontrollratsgebäude – jener Saal, in dem einst Roland Freisler zeitweise Todesurteile gefällt hatte und in dem am 30. Juli 1945 die Generale Eisenhower, Schukow, Montgomery und Louis Koeltz das Dekret unterschrieben, mit dem der Kontrollrat für das besetzte Deutschland konstituiert worden war. Fotos von der Eröffnungssitzung zeigen eine drangvolle Enge in dem mäßig großen Saal ... In der zweiten Woche trifft man sich in dem 1950 bis 1952 gebauten klotzigen Prunkgebäude der Sowjetbotschaft im Ostsektor, Unter den Linden, neben den ärmlichen Überresten des berühmten Hotels Adlon, an der gleichen Stelle, auf der seit 1837 die kaiserlich-russische Botschaft gestanden hatte ...

Wir erleben das nur von ferne. Unser Aktionsfeld sind die Delegationsquartiere, Hotelräume und Büros, die Residenzen der Stadtkommandanten, das West-Berliner Rathaus in Schöneberg, die Räume des Bundesbevollmächtigten, Heinrich Vockel, im Bundeshaus. Die Russen bekommen wir nicht zu sehen, die westlichen Außenminister hauptsächlich bei einigen Essen und Empfängen, zu denen man uns einlädt. Verglichen mit dem engen persönlichen und arbeitsmäßigen Kontakt, der später auf der Genfer Konferenz von 1959 selbstverständlich war, herrschte in Berlin ein Stil, der noch stark von den Umgangsformen der Besatzungszeit geprägt war.[245]

241 Ebd., S. 179.

242 Grewe, Rückblenden, S. 184.

243 Aufzeichnung Blankenhorns vom 8. Jan. 1954, ähnlich die Aufzeichnung vom 25. Jan. (BA NL351, Bd. 27, fol.33, 393 f.; vgl. die unvollständige und veränderte Fassung in Blankenhorn, Verständnis, S. 178, 181). Bruno Kreisky, seinerzeit Staatssekretär und Mitglied der österreichischen Abordnung in Berlin, notiert in seinen Erinnerungen (Zwischen den Zeiten. Erinnerungen aus fünf Jahrzehnten. Berlin 1986, S. 461), Blankenhorn habe »alles« darangesetzt, »einen österreichischen Staatsvertrag zu verhindern«, weil Adenauer befürchtet habe, »daß dieses ein fatales Beispiel für Deutschland abgeben könnte.« Vgl. ders., Im Sturm der Zeit. Erfahrungen eines Europäers. Berlin 1988. S. 9 f.

244 Kabinettsprotokolle 1953, S. 580. Kabinettssitzung vom 18. Dez. 1953.

245 Grewe, Rückblenden, S. 185.

Offensiv wirkte daher der Versuch Molotovs, eine offizielle deutsche Vertretung an der Konferenz zu erreichen. Der sowjetische Außenminister legte seinen westlichen Kollegen am 27. Januar das Gesuch der DDR um Zulassung von Vertretern »aus beiden Teilen Deutschlands« vor.[246]

Zuvor waren Bemühungen des sowjetischen Konferenzsekretariats gescheitert, die westlichen Delegationen zum Empfang einer DDR-Delegation zu bewegen und von ihr das Gesuch als offizielles Dokument entgegenzunehmen.[247]

Parallel wurde eine Propagandakampagne gestartet, in der der DDR-Antrag zur Konferenzteilnahme mit der Forderung nach deutsch-deutschen Verhandlungen gekoppelt war.[248] Eine »Petition«, die von knapp neun Millionen DDR-Bürgern unterschrieben worden sein soll, sollte dem Ansinnen Molotovs weiteren Nachdruck verleihen.[249] Dessenungeachtet wurde die Bonner Regierung als »Kriegstreiber« gebrandmarkt, die französische öffentliche Meinung zu beeinflussen versucht und die Unvereinbarkeit der Westverträge mit der deutschen Einheit erklärt.[250]

Die Westmächte waren sich schon vor der Vorlage des DDR-Antrages über die Ablehnung einig. Da man nur bereit war, »legitimierte, frei gewählte Vertreter« ganz Deutschlands zu akzeptieren, blieb keine andere Wahl. Molotovs Versuch, den Vorstoß mit der Einladung an österreichische Regierungsvertreter zu vergleichen, wurde ebenfalls zurückgewiesen, da es in Österreich bereits eine frei gewählte Zentralregierung gab.[251]

246 s. den Text des Gesuchs vom 24. Jan. 1954 (Dokumente zur Außenpolitik der DDR, I, S. 117 f.). Molotov hatte dies in Briefen an die westlichen Außenminister angekündigt (s. etwa den Brief an Eden vom 27. Jan. 1954, PRO FO 371/109292/C 1071/689).

247 s. den Protokollentwurf der Drei-Mächte-Expertengruppe vom 26. Jan. 1954 (PRO FO 371/109277/C 1071/281).

248 Im Unterschied zum Antrag der DDR-Regierung war dabei meist von einer »gesamtdeutschen Repräsentation« die Rede.

249 s. »NZZ«, Nr. 25, 26. Jan. 1954, S. 1. Molotov hat diese, unter den Bedingungen psychologischen Drucks erfolgte Unterschriftenaktion in seiner Konferenzrede vom 29. Jan. 1954 erwähnt (s. den amerikanischen Sitzungsbericht vom 30. Jan., FRUS 1952-1954, VII, 1, S. 875). In den veröffentlichten Dokumentensammlungen findet sich dieser Hinweis nicht.

250 s. etwa Hoyer-Millars Bericht vom 26. Jan. 1954 (PRO FO 371/109277/C 1071/289). Der »Ausschuß für deutsche Einheit« in der DDR stellte auf einer Pressekonferenz vom 29. Jan. eine »Dokumentation« über die angebliche Vorbereitung eines Revanchekriegs durch die Bundesregierung vor. Staatssekretär Albert Norden, der gleichzeitig Sekretär des »Ausschusses« war, behauptete, in Westdeutschland seien bereits 15 Divisionen aufgestellt worden (s. SBZ von 1945-1954, Hg. vom Bundesministerium für gesamtdeutsche Fragen. Bonn/Berlin 1961, S. 294). Grewe wurde in einer Verleumdungskampagne einer »faschistischen Vergangenheit« bezichtigt und als »Kriegsverbrecher« beschuldigt, den Adenauer nach Berlin entsandt habe, um die Konferenz »zu sprengen« (s. Grewe, Rückblenden, S. 187).

251 s. Bidaults Äußerungen am 29. Jan. 1954 (PRO FO 371/109279/C 1071/332). s. a. die Aufzeichnung der britischen Delegation, ohne Datum (PRO FO 371/109292/C 1071/689[2]); Dokumente zur Deutschlandpolitik der Sowjetunion, I, S. 402 f.; Foreign Minister's Meeting, S. 55; Molotow, Reden, S. 120. Die Dokumentensammlungen bieten jeweils unterschiedliche Auszüge aus Molotovs Erklärung vom 29. Jan. Wie heikel das Thema insgesamt war, zeigt der fehlende Hinweis in der offiziellen deutschen Ausgabe (Die Viererkonferenz, S. 49 ff.) auf Molotovs Äußerung, die Bundesregierung habe im Unterschied zur DDR keinen Antrag auf Konferenzteilnahme gestellt. Er könne sich aber nicht vorstellen, daß westdeutsche Vertreter auf den Vortrag ihrer Ansichten verzichten wollten.

Ganz eindeutig war der östliche Vorstoß nicht. Molotov gab am 29. Januar nicht zu erkennen, ob er möglicherweise nicht an eine gesamtdeutsche, sondern an zwei getrennte deutsche Delegationen dachte.[252] Da den westlichen Außenministern das ganze Thema nicht behagte, lag für sie kein Grund vor, nachzufragen. Dulles versuchte mit einer für die Bundesregierung problematischen Erklärung die Debatte abzubrechen. Er bezweifle, so sagte er am 29. Januar, »whether there existed at the present time any German Government or any combination of German regimes which could speak for the whole German people«.[253]
Bidault ergänzte, es gehe nicht darum, »zwei gegensätzliche Stimmen für Deutschland« zu hören, sondern »eine Stimme einer demokratischen deutschen Regierung« mit der »Vollmacht des ganzen deutschen Volkes«.[254]
Molotov gab jedoch noch nicht auf. Zunächst erinnerte er auf sehr fragwürdige Weise an einen Beschluß der UNO-Vollversammlung vom 4. Dezember 1951, in dem »Vertreter der West- und Ostzone Deutschlands sowie der Berliner Sektoren« eingeladen wurden, vor dem Politischen Sonderausschuß der Vereinten Nationen die Voraussetzungen für freie Wahlen in Deutschland zu erörtern.[255] Was Molotov in Berlin als »richtiges« Handeln der UNO bezeichnete, hatte seinerzeit der sowjetische Delegierte Malik, der nun auch an der Konferenz teilnahm, unter Hinweis auf die Nichtzuständigkeit der UNO abgelehnt.[256]
Die westlichen Außenminister übergingen das durchsichtige Manöver, das auf eine vergeßliche Öffentlichkeit spekulierte, mit Schweigen. Molotov machte einen letzten Versuch, den DDR-Antrag schmackhafter zu machen, indem er mit ungewöhnlich versöhnlichen Worten die Bundesregierung und führende Wirtschaftskreise für eine Verbesserung der wirtschaftlichen und kulturellen Beziehungen zwischen der Sowjetunion und der Bundesrepublik zu gewinnen suchte.[257] Auch hierbei ließ er allerdings Eindeutigkeit vermissen. Andeutungen, er könnte lediglich getrennte diplomatische Beziehungen mit beiden deutschen Regierungen meinen, wurden durch die geschickte Plazierung der Vokabeln »kulturell«, »wirtschaftlich« und »politisch« bewußt nebulös gehalten.
Durch gezielte Indiskretionen hatten die westlichen Delegationen schon vorab von diesem Angebot Molotovs erfahren.[258] In Diplomatenkreisen kursierte die

252 Dies vermutete Eden in seinem Bericht vom 30. Jan. 1954 (PRO FO 371/109278/C 1071/306).

253 Foreign Minister's Meeting, S. 56. In der deutschen Dokumentensammlung fehlt diese Passage. Bidault hatte Dulles mit den Worten unterstützt:
»The type of polemics which will certainly take place between the two regimes in a semi-public discussion could make no contribution to the cause of German reunification which was a special responsibility of the four occupying powers to see accomplished.«
(PRO FO 371/109279/C 1071/332, Protokollentwurf der Plenarsitzung vom 29. Jan. 1954; vgl. den amerikanischen Bericht vom 30. Jan. 1954, FRUS 1952-1954, VII, 1, S. 875.)

254 PRO FO 371/109279/C 1071/332.

255 Dokumente zur Deutschlandpolitik der Sowjetunion, I, S. 402; vgl. den Text des UNO-Beschlusses in: Keesing's, 1951, S. 3234.

256 Keesing's, 1951, S. 3234. Zwar hatte die DDR nach einigem Zögern eine Abordnung zur UNO entsandt, schließlich jedoch der Sonderkommission die Einreise in die DDR verweigert.

257 s. Die Viererkonferenz, S. 49 ff.; Dokumente zur Deutschlandpolitik der Sowjetunion, I, S. 402 ff.

258 s. das Schreiben der britischen Botschaft in Moskau an die britische Delegation in Berlin vom 28. Jan. 1954 (PRO FO 371/109280/C 1071/348). Der schwedische Botschafter in Moskau hatte über den sowjetischen Wunsch »to have some kind of contact with the West German

Ansicht, »that the Russians hate being out of things and not having a finger in every pie«. Da die Aussicht auf eine Einigung in der deutschen Frage nicht hoch veranschlagt werde, versuchten die Russen in Berlin, »to settle down to the more or less permanent division of Germany«. Nach Ansicht der westlichen Diplomaten mochte es daher für die Sowjetunion zweckmäßig sein, Beziehungen der östlichen Großmacht zur Bundesrepublik und der Westmächte zur DDR anzubahnen.[259] Zwar erschien dies zunächst noch sehr weit hergeholt, doch Molotov bestätigte am 29. Januar, daß es solche Überlegungen gab. Da er das Thema in seinen Privatgesprächen mit den westlichen Kollegen unerwähnt ließ, liegt die Vermutung nahe, man habe fürs erste den Boden in der Öffentlichkeit bereiten wollen. Es gehörte nicht zu den Aufgaben der Westmächte, Beziehungen zwischen Moskau und Bonn zu fördern. Sie konnten sich dabei wie bei der Ablehnung des DDR-Antrags auf das Argument zurückziehen, man wolle nicht damit beginnen, »zwei separate deutsche Regierungen zu konsolidieren«.[260] Man war sich bewußt, daß man sich damit zum Anwalt deutscher Interessen machte, und hoffte deshalb auf Rückendeckung seitens der Bundesregierung.[261] Doch die erhoffte Erklärung blieb aus. Was die kulturellen und Handelsbeziehungen betraf, so machte sich Blankenhorn ernste Sorgen wegen Molotovs Angebot. Er sprach von einem »great appeal for the Ruhr industrialists« und rechnete mit einer Fortsetzung dieser sowjetischen Angebote.[262] Doch weder er noch Adenauer äußerten konkrete Vorstellungen, wie man ihnen zu begegnen gedachte. Der Bundeskanzler berichtete lediglich von gesteigerter Aktivität bei den DDR-Behörden hinsichtlich direkter Kontakte mit Westdeutschland. Bürgermeister und Universitätsrektoren versuchten mit ihren westlichen Kollegen in Kontakt zu kommen. Adenauer meinte, so berichtete Hoyer-Millar, »that the West Germans were not likely to be taken in by this«.[263] Mögliche Kontakte westdeutscher Delegationsmitglieder in Berlin mit Pressevertretern der DDR wurden unterbunden, um kein »Mißtrauen« bei den Westmächten hervorzurufen.[264]

Government«, einem Vertreter der französischen Botschaft berichtet, der es wiederum den britischen Kollegen mitteilte.

259 Ebd.

260 So Bidault in der Plenarsitzung vom 29. Jan. 1954 (PRO FO 371/109279/C 1071/332, Protokollentwurf).

261 Dulles hatte am 29. Jan. 1954 erklärt, er wisse, daß die Bundesregierung nicht mit dem DDR-Regime in Kontakt gebracht werden wolle (FRUS 1952-1954, VII, 1, S. 875, Bericht über die Plenarsitzung). Dies sollte am folgenden Tag durch Verlesen einer entsprechenden Erklärung der Bundesregierung unterstrichen werden, in der die Bundesregierung ihren Verzicht auf eine Konferenzteilnahme bekundete und den westlichen Wiedervereinigungsplan unterstützte (s. Aufzeichnung über das Treffen der Arbeitsgruppe der Alliierten vom Vormittag des 30. Jan. 1954 [ebd., S. 888]).

262 s. Aufzeichnung von Roberts vom 1. Febr. 1954 (PRO FO 371/109291/C 1071/666).

263 PRO FO 371/109286/C 1071/478, Bericht vom 11. Febr. 1954; s. a. »NZZ«, Nr. 25, 26. Jan. 1954, S. 2.

264 von Eckardt hatte eine Einladung des Bonner Vertreters der DDR-Presseagentur ADN, Wilhelm K.Gerst, zu einem vertraulichen Gespräch mit dem sowjetischen Botschafter in Ost-Berlin nach Rücksprache in Bonn abgelehnt (Ein unordentliches Leben, S. 292).

Die Bundesregierung scheute sich offenbar, die von den Westmächten gewünschte Erklärung allein zu verantworten, und der Versuch, dafür einen Konsens der Bonner Parteien zu erreichen, scheiterte.[265]
Dulles blieb am 30. Januar nichts anderes übrig, als sein Argument vom Vortag mit anderen Formulierungen zu wiederholen. Er berief sich auf die Ansichten der von fünfzig Millionen Deutschen frei gewählten Bundesregierung und auf Beschlüsse des Bundestages.
Überraschend schnell fügte sich Molotov in die Ablehnung des DDR-Antrags. Eden sprach sogar davon, der sowjetische Außenminister habe »sofort kapituliert«.[266] Er kam während der Konferenz nicht mehr darauf zurück. Die Sowjetunion schien die deutsche Teilnahme ebenfalls nicht für unverzichtbar zu halten und brachte die Westmächte nicht in Bedrängnis.
Die Haltung der Bundesregierung geriet allerdings in zwiespältiges Licht. Einerseits war es legitim, den DDR-Antrag auf Konferenzteilnahme ebenso wie das Memorandum vom 30. Januar zur »friedlichen Lösung« der deutschen Frage[267] als Propagandamanöver zur Aufwertung der DDR-Regierung zu betrachten. Andererseits hätte eine Erklärung in der Art der früheren Bundestagsresolutionen den westdeutschen Standpunkt nachdrücklich betonen können, zumal weder die Ablehnung einer Kooperation mit DDR-Vertretern noch die Grundsätze des »Eden-Plans« umstritten waren. Tatsächlich gab es Überlegungen schon vor Konferenzbeginn, sich mit einem »wirksamen Memorandum« an die vier Außenminister zu wenden.[268] Die Geister schieden sich offensichtlich daran, daß, wie der amerikanische Hohe Kommissar Conant vermutete, die SPD »hoffnungsvoller« auf den Ausgang der Konferenz blickte und eher zu Konzessionen an die Sowjetunion neigte, während Blankenhorn »keine hohen Erwartungen« hegte »und offen davon sprach, wie man die Gespräche endlich abbrechen könnte«.[269]
Doch erklärte dies nur zum Teil, warum man dem Anspruch der DDR, »in voller Übereinstimmung mit der friedliebenden Bevölkerung ganz Deutschlands« zu sprechen und von »hoher Verantwortung gegenüber der deutschen Nation« getragen

265 Der amerikanischen Hohe Kommissar Conant berichtete am 1. Febr. 1954 in der amerikanischen Delegation von einem »scharfen Kontrast« zwischen SPD und Bundesregierung (FRUS 1952-1954, VII, 1, S. 907). Der Auswärtige Ausschuß des Bundestages einigte sich in einer Sitzung vom 2. Febr. immerhin auf eine, wenngleich blasse, Entschließung, die sich auf die Bundestagsresolutionen vom 10. Juni und 10. Dez. 1953 berief (Die Viererkonferenz, S. 125). In der britischen Delegation nahm man dieses Dokument als Ausdruck des Konsenses in der Bundesrepublik (s. Hoyer-Millars Bericht vom 4. Febr. 1954 an das Foreign Office, PRO FO 371/109281/C 1071/387).

266 s. Edens Bericht über die Sitzung vom 30. Jan. 1954 (PRO FO 371/109278/C 1071/307).

267 Das Memorandum war zusammen mit einem Brief Otto Grotewohls »an die Konferenz der Außenminister« den vier Außenministern zugestellt worden (s. Dokumente zur Außenpolitik der DDR, I, S. 118-137). Beide Dokumente wurden am 31. Jan. im »Neuen Deutschland« veröffentlicht. Ein Originalexemplar in Lederkladde mit Siegel und Goldverzierung findet sich in den britischen Akten (PRO FO 371/109283/C 1071/417). R.A.Burroughs hatte es an Hancock ins Foreign Office gesandt und ironisch vermerkt, es handele sich um Dokumente »both of which you will no doubt be glad to have in your files« (ebd., Schreiben vom 5. Febr. 1954).

268 BA NL351, Bd. 27, fol.33, Tagebuchaufzeichnung Blankenhorns vom 8. Jan. 1954.

269 s. die Aufzeichnung über das Treffen der amerikanischen Delegation in Berlin vom 1. Febr. 1954 (FRUS 1952-1954, VII, 1, S. 907).

zu sein[270], keine gemeinsame Haltung in der Bundesrepublik entgegenzusetzen vermochte, die mehr war als die bloße Ignorierung von DDR-Aktionen. Diese Abwehrfront wurde zum stillschweigenden Ersatz eines einheitlichen (bundes-) deutschen Standpunktes.

In den westlichen Delegationen konnte man in dem Memorandum der DDR-Regierung »nichts Neues« finden, und auch Adenauer wollte es zusammen mit den Vorschlägen Molotovs »als ein Ganzes« betrachtet wissen, denn seiner Meinung nach hatte es »nur mit Erlaubnis der Russen« erscheinen können.[271]

Die Grenzen waren abgesteckt, und keine Seite erwartete von der anderen etwas. Die einen Deutschen durften nicht, die anderen wollten nicht an der Konferenz teilnehmen. Die Außenminister trugen dieser Situation Rechnung und bekräftigten sie sogar. Eden sprach von einer Konsultation deutscher Regierungsvertreter nur bei der Ausarbeitung eines Wahlgesetzes, wobei er vor allem »sehr eng mit der Bundesregierung« zu kooperieren beabsichtigte.[272] Molotov sah nur eine Anhörung »zu einzelnen, besonders wichtigen Fragen des Deutschlandproblems« vor und sprach den Vier Mächten die »aktive und besonders verantwortliche Rolle« bei allen Verhandlungen zu. Es blieb eine rhetorische Floskel, wenn er die Lösung der deutschen Frage »vor allem« zu einer »Sache des deutschen Volkes« gemacht wissen wollte.[273] Die Kritik an der »politischen Kurzsichtigkeit« der Bundesregierung und der Westmächte konnte als Hinweis darauf verstanden werden, daß die sowjetische Deutschlandpolitik von der Teilung des Landes ausging und die Fühler für ein Konsolidierungskonzept auf der Grundlage des Status quo ausstreckte. Der Antrag auf Konferenzbeteiligung und das Memorandum der DDR-Regierung hatten diesem Zweck gedient und wurden nach der keineswegs überzeugenden Präsentation durch Molotov zu den Akten gelegt.

Das aufwendige Verfahren stand ohnehin in keinem Verhältnis zu der Weise, wie die sowjetische Seite die DDR-Regierung über den Konferenzverlauf unterrichtete.[274]

Auf westdeutscher Seite blieb der Blick auf die Taktik der Westmächte geheftet. Adenauer dankte Eden »im Namen der Bundesregierung und des ganzen deutschen Volkes« in einem Schreiben vom 1. Februar für die »Entschlossenheit« und das »Geschick« bei der Überleitung zur deutschen Frage am Ende der ersten Verhandlungswoche.[275]

270 Dokumente zur Außenpolitik der DDR, I, S. 119.

271 s. das Memorandum eines Treffens der Arbeitsgruppe der drei Mächte in Berlin vom 1. Febr. 1954 (FRUS 1952-1954, VII, 1, S. 909); Adenauers Äußerungen beim Kanzlertee vom 2. Febr. (Teegespräche 1950-1954, S. 522).

272 s. den amerikanischen Bericht über die Plenarsitzung vom 1. Febr. 1954 (FRUS 1952-1954, VII, 1, S. 912 f.).

273 s. Molotovs Rede vom 1. Febr. 1954 (Dokumente zur Deutschlandpolitik der Sowjetunion, I, S. 410).

274 Blankenhorn (Verständnis, S. 184) spricht unter Berufung auf einen Vertreter der »London Times« von großer Unzufriedenheit in der DDR über mangelnde Informationen. »Der Spiegel« berichtete von einer grundsätzlich zögerlichen Informationspraxis der sowjetischen Delegation. Bezüglich der DDR heißt es: »Die Sowjetzonenpresse erhält ihre Sprachregelung einfachheitshalber per Fernschreiber auf dem Befehlswege« (10. Febr. 1954, Nr. 7, S. 6).

275 PRO FO 371/109292/C 1071/699, Adenauers Schreiben an Eden vom 1. Febr. 1954; vgl. Die Viererkonferenz, S. 116; Adenauers Äußerungen am Rande eines Empfanges anläßlich des Geburtstages des Bundespräsidenten am 31. Jan. (PRO FO 371/109278/C 1071/309, Bericht Wards an das Foreign Office vom 1. Febr.); s.auch »Die Welt«, 1. Febr. 1954.

Nach Molotovs Rede vom selben Tag war für den Leiter der deutschen Beobachterdelegation »die Konferenz in ein wichtiges Stadium getreten«. Blankenhorn meinte in einem Schreiben an Adenauer vom 2. Februar, die Sowjetunion habe »an echten Verhandlungen im gegenwärtigen Zeitpunkt« kein Interesse und mache die Konferenz »zur Plattform einer großangelegten Propaganda ..., die die öffentliche Meinung des Westens auflockern und spalten soll«. Von den Reaktionen in den westlichen Delegationen wußte er zu berichten:

> »Bidault äußerte in diesem Zusammenhang, daß, nach seinen Eindrücken, Molotov an seine Thesen glaube und so stark in seiner eigenen kommunistischen Propaganda befangen sei, daß er die Unwirksamkeit dieser Thesen nicht erkenne. Er verglich Molotov mit gewissen führenden Persönlichkeiten des Naziregimes, die ebenfalls Opfer ihrer eigenen, im großen und ganzen weltfremden Propaganda geworden seien.«[276]

Bereitwillig griff Blankenhorn die Information aus der französischen Delegation auf, nach der zweiten Verhandlungswoche werde man sich bereits mit dem Schlußkommunique befassen können, denn ein Beharren der Russen auf Molotovs Vorschlägen werde zum »unvermeidlichen Scheitern der Konferenz« führen. »Die Schuld hierfür wird«, so gab er sich überzeugt, »mit Recht den Sowjets zugeschrieben werden.«[277] Er konnte der Konferenz trotz des Scheiterns eine gute Seite abgewinnen:

> »Im übrigen ist der Aufenthalt der alliierten Delegationen in Berlin recht heilsam, als die Eindrücke, die sie einheitlich aus dem Ostsektor mitbringen, verheerend sind. Die Armut, die dürftige Bekleidung der Menschen, die Mangelhaftigkeit der Versorgung der Geschäfte mit Konsumgütern, die Öde der Straßen und die scharfe Polizeiüberwachung – all dies zeigt den Alliierten mit großer Eindringlichkeit, was zu erwarten ist, wenn Europa den Sowjets anheim fallen sollte. Die Stimmung ist deshalb in allen Delegationen ohne Unterschied so überraschend antisowjetisch, wie ich es nach meinen Unterhaltungen, zumindest in Paris und London, nicht für möglich gehalten habe.«[278]

Blankenhorn hatte sich schon einen Tag vor Molotovs Rede vom 1. Februar Gedanken über das Konferenzende gemacht. In einem Gespräch mit Unterstaatssekretär Roberts entwickelte er »sehr persönliche und vorläufige« Ideen, die er noch nicht mit Adenauer abgesprochen habe.[279] Alle Welt sollte trotz des Scheiterns der Konferenz den Eindruck gewinnen, der Westen habe »alles Mögliche« für ein besseres Ergebnis getan. Blankenhorn dachte im Falle eines »complete deadlock on Germany« an einen Besuch Adenauers in Berlin, um vor den vier Außenministern mit »a great plea for German unity« aufzutreten. Entgegen aller bisherigen Praxis war er bereit, den »Preis«, daß Grotewohl oder Pieck ähnlich verfahren könnten, zu zahlen, denn er erwartete vom Auftritt des Bundeskanzlers »a much greater effect« als vom Erscheinen der Letzteren. Blankenhorn vertraute darauf, daß der Bundeskanzler »heute schon als der ›Vater aller Deutschen‹ gilt«[280] und glaubte, mit einem

276 Blankenhorn, Verständnis, S. 183.

277 Ebd., S. 184.

278 Ebd.; s. a. Grewes Eindrücke von einem Besuch Ost-Berlins (Rückblenden, S. 188).

279 PRO FO 371/109291/C 1071/666, Aufzeichnung von Roberts vom 1. Febr. 1954.

280 Tagebuchaufzeichnung Blankenhorns vom 8. Jan. 1954 (BA NL351, Bd. 27, fol.33). Während des Wahlkampfes 1953 hatte er notiert, Adenauer sei »zur echten staatmännischen Figur gewachsen« und besitze »etwas von dem Mythos einer Führerpersönlichkeit«, derer der

solchen Parforceritt alle Kritiker eines Besseren belehren zu können, die Adenauer zu wenig Interesse an der Wiedervereinigung vorwarfen. Es störte ihn auch nicht, daß die Westmächte gerade – nicht zuletzt auf Adenauers Drängen hin – eine deutsche Konferenzbeteiligung abgelehnt hatten.
Der britische Hohe Kommissar Hoyer-Millar gab intern zu verstehen, daß er nicht viel davon hielt. Es genüge, so meinte er, wenn Adenauer in Bonn oder über Radio spreche, um seine Position »zu konsolidieren«.[281] In erster Linie ging es ihm dabei um taktische Überlegungen, denn er wollte Molotov durch Auftritte Adenauers oder Grotewohls nicht die Möglichkeit bieten, die deutsche Frage auf der Konferenz für »wiedereröffnet« zu erklären.
Inzwischen war aus dem Auswärtigen Amt und von anderer Stelle durchgesickert, daß auch Adenauer selbst mit dem Gedanken eines Berlinbesuchs spielte, allerdings dachte er an die Zeit nach der Konferenz. Er wollte, wie es hieß, »his continued concern for the interests of the inhabitants of the Soviet Zone« demonstrieren.[282] Dafür konnte man sich in britischen Kreisen eher erwärmen als für Blankenhorns »außerordentlichen Vorschlag«.
Der deutsche Delegationsleiter schwenkte um und warb fortan mit – von britischer Seite als Aufdringlichkeit kritisierter – Beharrlichkeit für die letztere Variante. Mit deutlichem Unwillen gab im Anthony Nutting zu verstehen, es sei nicht Aufgabe der Briten zu entscheiden, »whether the Chancellor should make speeches to the Germans«.[283] Gleichzeitig forderte er »to avoid stirring things up in the Eastern Zone«. Der deutsche Vorschlag eines Treffens Adenauers mit den drei westlichen Außenministern konnte nach Ansicht Nuttings zu Mißverständnissen führen. Die errungenen »propaganda honors«, die lediglich von den »most incorrigible left-wingers« mit ihrer Behauptung, das Scheitern der Konferenz sei provoziert worden, getrübt wurden, glaubte er dadurch aufs Spiel gesetzt:

> »If Dr. Adenauer were to arrive in Berlin as we were packing our bags, those who are only too ready to accuse him of seeking to perpetuate the division of Germany might also be only too ready to say that he had come to pat us on the back for having successfully manoeuvered Molotov into a deadlock.«[284]

Blankenhorn verschloß sich diesem Argument nicht, fragte jedoch nach, ob es nicht »eine gute Sache« sei, »to show ›solidarity‹ when it was all over?« Dies werde »in Germany and also here in Berlin« gut ankommen.[285]

»Massenstaat« der Gegenwart bedürfe und der über Eigenschaften verfüge, die »die totalitären Regime besser begreifen: eine dynamische, kraftvolle Figur, die die Phantasie der Menschen und ihr inneres Schutzbedürfnis befriedigt« (Eintrag vom 28., 29., 30. Aug. 1953, BA NL351, Bd. 23, fol.478).

281 PRO FO 371/109284/C 1071/435, Aufzeichnung Hoyer-Millars für Eden vom 4. Febr. 1954.

282 Ebd., Aufzeichnung von Ward für Hoyer-Millar vom 8. Febr. 1954 über ein Gespräch mit Baron von Welck, dem Chef der Länderabteilung im Auswärtigen Amt am 5. Febr.

283 Aufzeichnung Nuttings vom 8. Febr. 1954 über ein Gespräch mit Blankenhorn am Rande der »Samstagabend-Party« am 6. Febr. (PRO FO 371/109292/C 1071/701).

284 Ebd.

285 Ebd.

Edens Berater hielten eine Rede Adenauers in Bonn für ausreichend, hatten aber kaum Einwände gegen eine Berlinreise nach der Konferenz. Ein Treffen mit den Außenministern wurde abgelehnt.[286]
Dulles begründete dies mit dem Hinweis, ein solches Treffen sei überfüssig, weil es »keine besonderen Probleme« zu erörtern gab.[287] Erwartungsgemäß war die französische Seite »sehr entschieden« dagegen. Der französische Hohe Kommissar ließ im Gespräch mit seinem britischen Kollegen durchblicken, die Begegnung werde lediglich dazu dienen, »to advertise Adenauer and give the impression that in fact it had been he who had from the wings been running the whole Conference«.[288] François-Poncet schien es, »as if Adenauer were to wait until the curtain fell at the end of the play and them come forward to take the author's bow«. Er sah in dem ganzen Vorschlag nur ein weiteres Beispiel für Blankenhorns »portraying some of the worst traits of his master«.[289]
Ein Kompromiß bahnte sich mit dem amerikanischen Vorschlag an, Dulles könnte die Heimreise in Bonn für ein Treffen mit Adenauer unterbrechen. Roberts sah zwar auch dafür keine zwingende Notwendigkeit, plädierte aber dafür, Dulles gewähren zu lassen.[290]
Als man schließlich Adenauer selbst darauf ansprach, bestätigte er seine Absicht, nach der Konferenz nach Berlin zu fahren und »eine große Rede« zu halten.[291]
Hoyer-Millar wollte es nun genau wissen und nahm Staatssekretär Hallstein ins »Kreuzverhör«. Dieser gab an, ursprünglich sei auch eine Sitzung des Bundeskabinetts in Berlin ins Auge gefaßt worden. Man habe aber davon Abstand genommen, weil dies zu sehr den »Eindruck einer Krise« erzeugt hätte.[292]

286 s. Aufzeichnung Hoyer-Millars vom 9. Febr. 1954 und den handschriftlichen Vermerk von Roberts vom 10. Febr. (ebd.). Der britische Hohe Kommissar fürchtete Komplikationen mit den Franzosen, wenn man Adenauer »in more or less a position of equality« empfing. Andernorts erwartete er zumindest »some eyebrow-raising«.

287 s. Hoyer-Millars Aufzeichnung über ein Gespräch mit Dulles vom 9. Febr. 1954 (PRO FO 371/109292/C 1071/701[2]). In der amerikanischen Delegation war die Ablehnung nicht einhellig. Merchant hielt eine Begegnung aus Gründen der »public relations« von Vorteil. Conant sprach sich dafür aus, sofern es »etwas Bestimmtes« zur erörtern gab (s. Hoyer-Millars Aufzeichnung über ein Gespräch mit Conant [ebd.]).

288 s. Hoyer-Millars Aufzeichnung vom 9. Febr. 1954 (ebd.).

289 Ebd.

290 Ebd., handschriftliche Notiz von Roberts.

291 s. Hoyer-Millars Bericht vom 11. Febr. 1954 über zwei Gespräche mit Adenauer (PRO FO 371/109286/C 1071/478).

292 Ebd. Weder Adenauer noch Hallstein sagten etwas über ein Treffen mit den westlichen Außenministern. Dies scheint zu bestätigen, daß es sich bei diesem Vorschlag tatsächlich um einen Alleingang Blankenhorns handelte. Am 11. Febr. 1954 meinte dieser zu Nutting, das Thema sei nun vom Tisch. Letzterer wiederholte noch einmal, es habe sich um eine »schlecht beratene« Idee gehandelt (s. Aufzeichnung Nuttings vom 11. Febr. 1954, PRO FO 371/109292/C 1071/694). Offensichtlich drangen Informationen an die Presse, die das Thema mit einiger Verzögerung erörterte (s. »Generalanzeiger«, 16. Febr. 1954. Demnach war für den 23. Febr. in Berlin eine Sitzung des Bundeskabinettes und nachfolgend eine Demonstration mit einer Rede Adenauers vorgesehen. Offensichtlich gab es auch Versuche, die SPD dafür zu gewinnen. Vgl. »FAZ«, 18. Febr. 1953. Dort war nur davon die Rede, daß einige Kabinettsmitglieder Adenauer begleiten wollten). Das Auswärtige Amt dementierte, daß es eine Kabinettssitzung in Berlin geben werde (s. Hoyer-Millars Schreiben an das Foreign Office vom 16. Febr. 1954, PRO FO 371/109287/C 1071/576).

Molotovs Vorschläge der zweiten Konferenzwoche hatten die Bundesregierung und die deutsche Delegation in einige Bedrängnis gebracht. Die Euphorie Blankenhorns über die Pressereaktionen auf den »Eden-Plan« und die Aussichten auf eine »bessere innenpolitische Lage« und ein »sensibleres Verhalten der sozialistischen Opposition« waren zerstoben. Letztere hatte er sich schon zu einer »gemäßigten Partei nach dem Vorbild der britischen Labour Party anstelle des Vorbilds der kontinentalen marxistisch-sozialistischen Parteien« wandeln gesehen.[293]
Molotovs Rede vom 1. Februar schien zunächst die eingeschlagene Taktik zu legitimieren, und Adenauer konnte die sowjetischen Vorschläge umgehend als »enttäuschend« und »völlig unannehmbar« bezeichnen. Noch wollte er allerdings dieses Urteil nur auf »Bonner Kreise« zurückgeführt wissen, um nicht vorschnell zu erscheinen.[294] Vor ausgewählten Journalisten meinte er, »das deutsche Volk« habe » von Anfang an wenig Vertrauen auf einen guten Ausgang der Berliner Konferenz« gehabt.[295] Die Frage, ob er mit einer partiell flexibleren Haltung Molotovs noch rechnete, beantwortete er mit den Worten:

> »Ich möchte das wirklich ganz unter uns sagen ... Das, was Molotov vorschlägt, ist aber doch so diametral entgegengesetzt dem, was die Westalliierten sagen und was wir bisher immer gesagt haben, so daß ich nicht recht sehe, wie da noch eine Möglichkeit ist, eine Verständigung herbeizuführen.«[296]

Die Forderung Wehners an die Außenminister, mit echten Erörterungen zu beginnen, kommentierte der Bundeskanzler dahingehend, »Herr Wehner« scheine »unter Diskussion etwas anderes zu verstehen als wir«.[297]
Die SPD hatte sich zunächst ebenfalls nicht der Wirkung des »Eden-Plans« entziehen können. Ollenhauers Einwand gegen ein vorläufiges Weiterbestehen der beiden deutschen Regierungen nach gesamtdeutschen Wahlen schien zeitweilig zurückgestellt,[298] und der SPD-Vorsitzende war bereit zuzugestehen, »that it would folly to risk throwing away the position and progress achieved by the Federal Republic through premature dissolution of the Federal Government«.[299]
Man machte sich in britischen Kreisen bereits Hoffnungen, die SPD auf die Linie der Westmächte bringen zu können. Ollenhauer erschien in so »freundlicher und kooperativer Stimmung«, daß man aus Bonn der britischen Delegation in Berlin empfahl, den Kontakt mit ihm bei seiner Ankunft zu halten.

293 Aufzeichnung von Roberts vom 1. Febr. 1954 über ein Gespräch mit Blankenhorn (PRO FO 371/109291/C 1071/666).

294 Hoyer-Millar an das Foreign Office, 2. Febr. 1954 (PRO FO 371/109279/C 1071/335).

295 s. das Wortprotokoll des Informationsgespräches vom 2. Febr. 1954 (Teegespräche 1950-1954, S. 521).

296 Ebd.

297 Ebd., S. 523. Zu Wehners Presseerklärung vom 1. Febr. 1954 s. »Frankfurter Rundschau«, 2. Febr. 1954; vgl. »FAZ«, 4. Febr. 1954.

298 Eine Presseübersicht des britischen Stadtkommandanten von Berlin, General Coleman, vom 4. Febr. 1954, hob die gute Aufnahme des westlichen Plans in den Medien hervor und nannte als »einzige leicht kritische Stimme« den SPD-nahen »Telegraf«, der auch jetzt auf die Gefahren einer Interimsperiode hinwies (PRO FO 371/109281/C 1071/387).

299 So die Wiedergabe einer Äußerung Ollenhauers im Gespräch mit dem Vertreter der britischen Hohen Kommission in Bonn, Ward, vom 31. Jan. 1954 am Rande eines Empfanges anläßlich des Geburtstages des Bundespräsidenten (PRO FO 371/109278/C 1071/309, Schreiben Wards an das Foreign Office vom 1. Febr.).

Die Gegensätze brachen erneut auf, als die Sicherheitsproblematik der Wiedervereinigung Deutschlands die Erörterung bestimmte. Blankenhorn hatte in seinem Gespräch mit Roberts vom 31. Januar eine weitere »persönliche Idee« vorgebracht. Er bezweifelte, ob die westlichen Sicherheitsgarantien die Öffentlichkeit überzeugen oder zufriedenstellen konnten. Roberts notierte:

> »He said quite frankly that the world had had bitter experience of German signatures and our system was to some extent based upon a German undertaking.«[300]

Das überraschende Eingeständnis mangelnder Sicherheitsgarantien im EVG-Konzept verknüpfte Blankenhorn mit einem, wie er meinte, vom Van-Zeeland-Plan »ziemlich verschiedenen«, tatsächlich jedoch nicht unähnlichen Vorschlag einer Sicherheitszone für den Fall der Wiedervereinigung. Ein Teil der »derzeitigen Sowjetzone« und ein Teil der »neuen polnischen Westgebiete« sollte unter Einbeziehung eines »Stückes der Tschechoslowakei« in eine UNO-Sicherheitszone verwandelt werden. Das Gebiet würde weiterhin der Verwaltung der jeweils zuständigen Regierung unterliegen und von Truppen der Vereinten Nationen, bestehend aus Streitkräften der Vier Mächte, patroulliert werden.

Blankenhorn hielt dies für »a really effective buffer against revival of German aggression eastwards« und fügte, gemäß den Notizen von Roberts, hinzu:

> »He was sure that such a proposal would be turned down by the Russians but it would surely convince public opinion that a fair offer had been made.«[301]

Roberts vermied jeden Kommentar und erbat sich Bedenkzeit für diese »große Frage«, für die man selbst bereits Überlegungen angestellt hatte. Tatsächlich stand hinter diesem Ausweichmanöver die Absicht, mit solch heiklen Fragen keine Propagandaschlacht mit den Russen anzetteln zu wollen.

Während Blankenhorn von einem Sicherheitsbedürfnis der Sowjetunion gegenüber Deutschland ausging, seine Vorschläge jedoch vornehmlich auf ihre Publikumswirksamkeit hin ausrichtete, leugnete Adenauer in der kritischen Phase Mitte der zweiten Verhandlungswoche weiterhin die Notwendigkeit zusätzlicher Sicherheitsgarantien. Noch hatte Molotov seinen Plan für einen europäischen Sicherheitspakt nicht vorgelegt, als Adenauer es als »lächerlich« bezeichnete, wenn »der Elefant von der kleinen Schildkröte« Sicherheit fordere. Vielmehr sprach er von dem Bedürfnis nach Sicherheit »gegenüber dem Osten«.[302] Die von Molotov aufgezählten »Sünden« der Deutschen in Polen waren nach seiner Meinung »mit Einverständnis der Sowjetrussen damals im Kriege geschehen«. Was jedoch den deutschen Angriff auf die Sowjetunion betraf, so war für ihn unausgesprochen die Gegenwart entscheidender als die Vergangenheit, d.h. er hielt die Gefahren einer Wiederholung offensichtlich für nicht gegeben.

Ihn bewegten andere Gedanken. Der Ollenhauerschen These, sich gegebenenfalls zuerst für die Wiedervereinigung Deutschlands und gegen die Westintegration zu entscheiden und Bündnisse einer gesamtdeutschen Regierung zu überlassen,[303] hielt Adenauer entgegen:

300 PRO FO 371/109291/C 1071/666, Aufzeichnung von Roberts vom 1. Febr. 1954.

301 Ebd.

302 So Adenauer am 2. Febr. 1954 vor ausgewählten Journalisten (Teegespräche 1950-1954, S. 525).

303 So Ollenhauer am 23. Jan. 1954 in einer Rundfunkansprache (EA, 1954, S. 6376).

»Ich glaube, unsere Leute im Osten, so hart es ihnen ist, haben mehr Hoffnung, wieder frei zu werden, wenn die Bundesrepublik frei bleibt, als wenn das ganze Deutschland neutralisiert wird und damit ein Spielball für die Russen wird.«[304]

Als ihn Journalisten drängten, präziser Stellung zu nehmen, beschied er sie mit geopolitischen Erwägungen:

»Stellen Sie sich einmal eine Landkarte vor von Asien mit dem anhängenden Europa und auf der anderen Seite nach dem Osten die ungeheure russische Landmasse mit den Satellitenstaaten, hier dagegen nur Italien, Frankreich und die Beneluxländer und wir dazu, dann wissen Sie genug.«[305]

Für Adenauer kam jedes Abweichen von seinem Konzept der Westintegration der Neutralisierung Deutschlands gleich. Deshalb unterzog er sich nicht der Mühe, die Vorschläge der Opposition im einzelnen zu prüfen oder zu widerlegen. Es kam ihm auch nicht in den Sinn, Ollenhauers Ansichten etwa mit dem Hinweis zu entkräften, sie würden wohl kaum die Zustimmung der Sowjetunion finden.

Adenauer entwickelte Gedanken, die in eine andere Richtung als Erörterungen über Sicherheitszonen wiesen und die in den folgenden Jahre prägend für die Deutschlandpolitik wurden. Er ließ sich von einem Journalisten dazu verleiten, die Perspektive zu wechseln und zu fragen, »was die Russen sich überhaupt vorstellen«. Adenauer meinte:

»Glauben Sie, wenn Sie Russe wären ..., würden Sie dann während schwebender Verhandlungen über Asien oder wenn Atomwaffenverhandlungen schweben, dieses Pfand freiwillig aus der Hand geben, ich meine das Pfand: die Sowjetzone? ... Erst wenn die Verhandlungen über die atomischen Waffen wirklich Fortschritte machen, so daß die Russen glauben, daß sie zu dem Ziel führen, sie brauchten die Angst nicht mehr zu haben, dann ist der Zeitpunkt gekommen.«[306]

Neu daran war nicht die »Faustpfand«-Idee, sondern die stillschweigende Abkehr von der bisherigen Prognose, eine starke Bundesrepublik in einem starken westlichen Bündnis werde die Sowjetunion zu Verhandlungen über die deutsche Wiedervereinigung zwingen können. Die Lösung der deutschen Frage war nunmehr von einer Einigung der Großmächte in der Atomfrage abhängig. Bis zum Junktim zwischen Abrüstung und Wiedervereinigung war es nur noch ein Schritt. Das Sicherheitsbedürfnis der Sowjetunion wurde zwar anerkannt, konnte aber nur von der westlichen Großmacht USA befriedigt werden.

Adenauer versuchte, seine neuen Überlegungen mit dem alten taktischen Mittel genauer Erfolgsprognosen glaubwürdig zu machen. Er schloß, damit stand er weitgehend allein, eine Einigung über Atomfragen in Berlin nicht aus und sprach davon, sie werde die Konferenz »in eine andere Atmosphäre« bringen und es den Russen erlauben, »die deutsche Frage beruhigter zu sehen«.[307]

Diese Wendung nahm die Konferenz nicht, und es fällt schwer zu glauben, daß Adenauer sie ernsthaft erwartete oder wünschte. Sicherlich meinte der Bundeskanzler mit einer »Beruhigung« der Russen kein neues Sicherheitskonzept für Europa. An seinem Bekenntnis zur Westintegration ließ Adenauer keinen Zweifel.

304 Kanzler-Tee vom 2. Febr. 1954 (Teegespräche 1950-1954, S. 526).

305 Ebd.

306 Ebd.

307 Ebd., S. 527.

Es ist offensichtlich, daß Adenauer eine Übereinkunft in der deutschen Frage nach Molotovs Rede vom 1. Februar ausschloß. Mit einer geschlossenen Sitzung über Deutschland rechnete er nicht mehr. Gerade darauf stützten sich letzte Hoffnungen in der Presse.[308]

In dieser Situation trat Blankenhorn am 11. Februar mit einer »persönlichen« ungewöhnlichen Offerte an die britische Delegation heran, entgegen Adenauers bisheriger Linie, doch noch eine geschlossene Sitzung über Deutschland zu erreichen.[309] Erneut hatte er nicht eine mögliche Einigung in der deutschen Frage im Blick, sondern wollte mit seinem Vorstoß lediglich eine »Tendenz« in der SPD bekämpfen, die weiterhin davon sprach, es werde in Berlin zu wenig getan, um die Russen für eine Übereinkunft zu freien Wahlen zu gewinnen. Nach Blankenhorns Ansicht würde es Adenauer helfen, wenn die Westmächte »one more heave at this« unternähmen. Dann würde »sogar Ollenhauer« anerkennen müssen, »that we had ›left no stone unturned‹«.

Blankenhorns Gesprächspartner Nutting gefiel dieser Gedanke überhaupt nicht, und er erinnerte den deutschen Delegationsleiter an dessen kurz zuvor geäußerte gegenteilige Ansicht. Er zeigte sich erstaunt darüber, daß nun plötzlich von deutscher Seite der Vorschlag kam, »to discuss German problems in secret«.[310] Nutting wollte nicht einsehen, warum man zu einem Zeitpunkt, an dem man den Eindruck gewonnen hatte, daß Molotov »stillschweigend« die Ausschöpfung aller Möglichkeiten ebenfalls für beendet hielt, eine »Neueröffnung« der Debatte vorschlagen sollte.

Die unglückliche Rolle, die Blankenhorn mit seinen Vorschlägen als Delegationsleiter in Berlin spielte, war nur ein Aspekt der Repräsentation deutscher Ansichten in Berlin und in der Öffentlichkeit. Seine Auftritte bei den westlichen Delegationen machten deutlich, daß sich der Bundeskanzler ein halbes Jahr nach seinem Wahlerfolg in einer kritischen Lage befand. Am 31. Januar hatte Blankenhorn gegenüber Roberts noch überzeugt davon gesprochen, man werde hinsichtlich der EVG die Position in der Bundesrepublik noch einige Monate halten können, ohne – wie bisher – allzu große Ungeduld erwarten zu müssen.[311] Diese Zuversicht ging schon in den nächsten Tagen verloren und machte zunehmender Nervosität Platz, obwohl die SPD und ihr Vorsitzender Ollenhauer einen keineswegs überzeugenderen Eindruck als die Regierung machte. Mit der Ansicht, ein westliches Beharren auf der EVG werde weitere Verhandlungen in Berlin blockieren und eine russisches Zugeständnis in der Frage freier Wahlen vereiteln, erntete Ollenhauer breite Kritik.

308 Dies vermerkte man auch in der britischen Delegation (s. die Presseübersicht General Colemans vom 4. Febr. 1954, PRO FO 371/109281/C 1071/387).

309 Aufzeichnung von Nutting vom 11. Febr. 1954 über ein Gespräch mit Blankenhorn (PRO FO 371/109292/C 1071/694).

310 Ebd. Blankenhorn hatte gegenüber einem Vertreter der amerikanischen Hohen Kommission am 6. Febr. 1954 die Spekulation in der Presse, der tote Punkt in den Verhandlungen könnte mit einer geschlossenen Sitzung überwunden werden, lebhaft abgelehnt und einen solchen Gedanken als »großen Fehler« bezeichnet. Man werde damit nur »große Hoffnungen« wecken, die nicht zu erfüllen seien. Er hielt es für ausreichend, solche Hoffnungen dadurch zu zerstreuen, daß die westlichen Außenminister die Unmöglichkeit einer Übereinkunft beim Dinner mit Molotov erkundeten und später bekanntgaben (FRUS 1952-1954, VII, 1, S. 977, Memorandum vom 6. Febr. 1954).

311 Aufzeichnung von Roberts vom 1. Febr. 1954 (PRO FO 371/109291/C 1071/666).

Der FDP-Abgeordnete Euler sprach von einer Unterstützung des sowjetischen Standpunkts.[312] Abgesehen von diesem Parteienstreit war Ollenhauers Zuspitzung eine offenkundige Fehleinschätzung der sowjetischen Vorschläge. In dieser Form hat Molotov die Alternative zwischen EVG oder freien Wahlen nicht gestellt, sondern ist jeder Festlegung aus dem Weg gegangen. Die Formel, die EVG werde eine Wiedervereinigung verhindern, war häufig, aber stets mit Einschränkungen gebraucht worden.

Die öffentliche Meinung in der Bundesrepublik stand der Uneinigkeit und zeitweise überflüssigen Kontroverse der Politiker nicht nach. Die Tageszeitung »Die Welt« schlug sich mit dem Argument auf Adenauers Seite, geteilte Meinungen in Deutschland würden zum gegebenen Zeitpunkt die Aussichten auf einen Konferenzerfolg schmälern.[313] Im Unterschied zur Zeitung hielt der Bundeskanzler aber das Ergebnis für bereits entschieden.

In der SPD begründete man die differenzierte Haltung zu Molotovs Äußerungen mit einer Ablehnung des »Zweckpessimismus« der Bundesregierung.[314] Man glaubte, einzelne Teile des sowjetischen Konzepts isoliert betrachten zu können. So lehnte man zwar Molotovs Plebiszit-Vorschlag ab, wertete aber gewisse Andeutungen als Möglichkeit einer Umwandlung der EVG in ein europäisches Sicherheitssystem.[315] Ollenhauer hatte dies am 5. Februar bei einem Essen mit dem britischen Außenminister Eden erläutert. Seiner Meinung nach konnte die Krise der Konferenz durch das Angebot von Sicherheitsvereinbarungen, die die EVG ersetzten, überwunden werden.[316] Im Gegenzug hoffte er, freie Wahlen einhandeln zu können. Doch scheint dieses Konzept des »do ut des« in der SPD nicht für allzu aussichtreich gehalten worden zu sein.[317]

Eden mißfiel Ollenhauers Idee. Die Russen würden seiner Meinung nach auch bei einer Preisgabe der EVG andere Vorwände zur Vermeidung freier Wahlen finden. Mehr als die Beteuerung, er werde »sein Mögliches für die Einwohner Ostdeutschlands« tun, hatte er seinem deutschen Gesprächspartner nicht anzubieten. Er tröstete sich damit, daß die SPD zwar »weniger glücklich« sei, ihr durch Molotovs »Intransigenz« aber »viel Wind aus den Segeln genommen« wurde und sie deshalb

312 Zur Debatte von Molotovs Vorschlägen vom 1. Febr. 1954 in der Bundesrepublik s. «FAZ«, 3. Febr. 1954. In der amerikanischen Delegation registrierte man divergierende Ansichten in der SPD (FRUS 1952-1954, VII, 1, S. 938 f.).

313 »Die Welt«, 3. Febr. 1954.

314 s. Hoyer-Millars Bericht an das Foreign Office, 4. Febr. 1954 (PRO FO 371/109281/C 1071/387). Vgl. »NZZ«, Nr. 36, 6. Febr. 1954, S. 2.

315 Ebd.; s. a. »NZZ«, Nr. 34, 4. Febr. 1954, S. 2; Nr. 36, 6. Febr. 1954, S. 2; »FAZ«, 4. Febr. 1954, S. 1. Ollenhauer hielt zwar Molotovs Vorschläge für grundsätzlich unannehmbar, warf aber bis zum Konferenzende den Westmächten mehrfach vor, einzelne Punkte »ungeklärt« belassen zu haben. Dazu zählte er etwa Molotovs Hinweis auf das Weimarer Wahlgesetz und meinte, man hätte den sowjetischen Außenminister verpflichten sollen, sich »kategorisch« für ein Wahlgesetz zu entscheiden. Ähnliches galt für den insgesamt »untragbaren« sowjetischen Sicherheitsplan, bei dem einzelne Aspekte als »Diskussionsgrundlage« dienen könnten (s. Aufzeichnungen von A.L.Pope vom 14. Febr. 1954, PRO FO 371/109293/C 1071/722).

316 PRO FO 371/109286/C 1071/475, Aufzeichnung über das Gespräch zwischen Eden und Ollenhauer vom 5. Febr. 1954.

317 Eden vermerkte ausdrücklich, Wehner, der Vertreter der SPD für die Konferenz, habe das Thema nicht angesprochen und ohnehin Anzeichen von Resignation gezeigt (ebd.); Hrbek, S. 186-190.

auch nicht mehr »such heavy weather« wegen des im westlichen Plan vorgesehenen Weiterbestehens der beiden deutschen Regierungen nach freien Wahlen machte.[318]
In der britischen Delegation hatte man ohnehin den Eindruck gewonnen, die SPD habe sich nach Adenauers Wahlsieg vom September 1953 nicht mehr so entschieden wie früher gegen die EVG ausgesprochen, und rechnete damit, sie werde sie im Falle des Zustandekommens akzeptieren. Im übrigen galt die Position der Sozialdemokraten als »ziemlich verworren« und ohne »konkrete Alternative«.[319] Mehrfach wurde darauf hingewiesen, daß Ollenhauer in Privatgesprächen »vernünftigere« Ansichten als in der Öffentlichkeit vertrete.[320]
Von britischer Seite wollte man daher der SPD insofern entgegenkommen, als man die westliche Haltung zur Sicherheitsfrage vor Konferenzende noch einmal »so positiv wie möglich« darlegte, spätere Verhandlungen über Deutschland nicht ausschloß und betonte, die Sicherheitspolitik ohne Erfolg in den Privatgesprächen mit Molotov angesprochen zu haben.[321]
In der Hoffnung, der SPD-Kritik die Spitze zu nehmen, sah man sich durch Äußerungen Ollenhauers im Gespräch mit einem britischen Beamten bestätigt. Der

318 s. Edens Bericht an das Foreign Office vom 8. Febr. 1954 (PRO FO 371/109284/C 1071/431). Nach der Konferenz teilte der SPD-Vorsitzende die Skepsis Edens hinsichtlich der Kompromißbereitschaft der Sowjetunion (s. Hrbek, S. 189). Ollenhauers öffentlich und privat vorgetragener Vorschlag einer Ersatzlösung für die EVG wurde in der britischen Presse (s. »Times«, 11. Febr. 1954) und im Unterhaus erörtert. Der Labour-Abgeordnete Warbey hatte am 11. Febr. folgenden Antrag eingebracht:
»That this house welcomes the efforts being made by Herr Ollenhauer on behalf of the German Social Democratic Party to promote an agreed solution of the German problem on the basis of free elections throughout Germany coupled with the renunciation by Germany of participation in the European Defence Community, and urges Her Majesty's Government to take the initiative at the Berlin Conference in proposing a settlement along these lines, confirmed by an agreement between the Four Powers not to enter into a military alliance with Germany.«
(Parliamentary Debates [Hansard]. House of Commons, 1954, 11. Febr., S. 1437).

319 s. Aufzeichnung Hancocks vom 12. Febr. 1954 (PRO FO 371/109288/C 1071/542). Im wesentlichen fordere die SPD von den Vier Mächten, die Spaltung Deutschlands nicht zu vertiefen. Nach Hancocks Meinung stand der »vagen Feindschaft« gegenüber der EVG das klare Bekenntnis zu freien Wahlen mit den Prinzipien der parlamentarischen Demokratie entgegen. Der britische Hohe Kommissar Hoyer-Millar glaubte, Ollenhauers Beteuerungen, die EVG sei in Frankreich längst »gestorben« und habe in Deutschland an Boden verloren, seien keineswegs eine unerschütterliche Überzeugung (s. Aufzeichnung von Roberts vom 15. Febr. 1954, PRO FO 371/109293/C 1071/722). Er bezog sich auf Äußerungen Ollenhauers vom 13. Febr. Der SPD-Vorsitzende hatte entschieden abgelehnt, die Auftritte Molotovs zum Anlaß zu nehmen, den eigenen Widerstand gegen die EVG aufzugeben. Bis auf »ein paar Sozialdemokraten« stünde die gesamte Partei in dieser Frage hinter ihm. Durch den Konferenzverlauf seien die Aussichten auf eine EVG-Ratifizierung »endgültig und definitiv gestorben«. Guy Mollet könne keiner EVG zustimmen, an die ein Gesamtdeutschland nicht gebunden sein werde. In Deutschland glaubte Ollenhauer an einen Prestigeverlust der EVG, nachdem die Westmächte sie, zum Nutzen Molotovs, als Organisation zur Verhinderung des deutschen Militarismus ausgegeben hätten. Diese »neue Version« der EVG als bloße deutsch-französische Partnerschaft werde »die Idealisten desillusionieren« und »Opportunisten und nationalistischen Mietlingen (hirelings)« den Weg ebnen (s. Aufzeichnung von A.L.Pope vom 14. Febr. 1954, PRO FO 371/109293/C 1071/722).

320 Ebd.; vgl. Hoyer-Millars Bericht vom 11. Febr. 1954 (PRO FO 371/109286/C 1071/478). Adenauer behauptete demnach, dies sei »immer« der Fall.

321 s. die Aufzeichnung von Roberts vom 15. Febr. 1954 (PRO FO 371/109293/C 1071/722).

SPD-Vorsitzende bezeichnete die britische Konferenzhaltung als »exzellent« und »prägnant« und bescheinigte auch Bidault einen »guten Auftritt«.[322] Zwar wollte Ollenhauer nicht von der Ablehnung der EVG abrücken, doch bekannte er freimütig, daß es eine Fehleinschätzung war, anzunehmen, die Sowjetunion werde ihre Haltung bei einer Preisgabe der EVG ändern. Seine Hoffnungen konzentrierten sich schließlich auf ein Abschlußkommunique, das weitere Verhandlungen ermöglichte. Die Briten erschienen ihm dafür die besten Gewährsleute, da ihnen das Verdienst zukam, den Kalten Krieg in eine Phase der Viermächte-Diskussion geführt zu haben.[323] Taktische Zwänge schien Ollenhauer nicht berücksichtigen zu wollen. Schließlich waren es die Westmächte, die sich allzu ausführlichen Formulierungen über künftige Verhandlungen im sowjetischen Kommunique-Entwurf widersetzten.

Eine wirkliche Perspektive eröffnete Ollenhauer nicht. Sein Verdikt, der Versuch der Westmächte, nach einem Scheitern der Konferenz zur »Wiederbelebung einer toten EVG« zu schreiten, werde »katastrophale Ergebnisse« nach sich ziehen, übersah, daß die Alternative zu einer deutschen Nationalarmee, die keine der Vier Mächte wollte, rar waren. Die EVG galt kaum jemandem als Ideallösung, doch Ersatzkonzepte drängten sich ebenfalls nicht auf.

Ollenhauer plädierte zukunftsweisend für eine NATO-Lösung und wollte sie auf jene Periode beschränkt wissen, in der weitere Verhandlungen mit der Sowjetunion über Deutschland stattfanden. Doch auch dafür konnte er sich nur widerstrebend erwärmen. Wörtlich heißt es in dem britischen Gesprächsbericht vom 14. Februar:

> »Even so he did not believe that the establishment of any German forces under whatever guise was likely to be of very much use. Even if it were agreed now that German contingents be established, it would take many years before they actually existed; even then what value would German divisions have?«[324]

Schließlich hatte auch Ollenhauer nur die Beschwörungsformel zur Hand, wonach es »niemals eine absolute Garantie« gab, »daß jede Hoffnung auf eine Übereinkunft verloren ist«. Die Rolle der SPD bei der Verhinderung der »schrecklichsten Katastrophe«, die er bei einem Fortbestehen der deutschen Teilung heraufziehen sah, beschrieb Ollenhauer dahingehend, man dürfe nicht rasten, »bis alle denkbaren Wege bis ins kleinste Detail erkundet worden sind«.[325]

In dieser Richtung wirkte auch Wilhelm Wolfgang Schütz, der rührige politische Berater des Bundesministers für gesamtdeutsche Fragen, Jakob Kaiser. Schütz, dem man in der britischen Delegation Neigungen zu »Pessimismus« und »Neutralismus« nachsagte, sah in der Berliner Konferenz eher den Beginn als das Ende der Anstrengungen zu einer Lösung des deutschen Problems. Deshalb forderte er ein

322 Aufzeichnung von A.L.Pope vom 14. Febr. 1954 über ein Gespräch mit Ollenhauer vom Vortag (PRO FO 371/109293/C 1071/722).

323 Ebd. Ollenhauer schluß weiterhin eine, von den Westmächten allerdings längst geplante, Dreimächteerklärung vor. In Verkennung der sowjetischen Taktik meinte er, man werde die Russen drängen müssen, einem Viererkommunique zuzustimmen, das weitere Verhandlungen in Aussicht stellte.

324 Ebd.

325 Ebd. Ollenhauers Gesprächspartner erinnerte daran, Schumacher habe eine Konferenz gefordert, um sich ein klares Bild von den Absichten der Russen machen zu können. Dieses sei nun »zweifellos klar«. Ollenhauer hingegen wiederholte den Vorwurf, die Amerikaner und Adenauer strebten nicht ernsthaft eine Regelung mit den Russen an und seien »um jeden Preis« der EVG verpflichtet.

entsprechendes Viermächtekommunique.[326] Er gab sich als Sprecher des »linken Flügels der CDU« aus und meinte, seine Ansichten würden von SPD, FDP und, dies mußte überraschen, von Adenauer geteilt. Letzteres mußte um so unglaubwürdiger erscheinen, als Schütz drei Punkte für das Kommunique vorschlug, über die »im Prinzip«, aber noch nicht in der Methode ihrer Umsetzung »Übereinstimmung« auf der Konferenz erzielt worden sei. Er nannte die Wiedervereinigung Deutschlands, freie Wahlen und die Handlungsfreiheit Gesamtdeutschlands. Zwar rechnete er mit Schwierigkeiten, die Russen darauf festzulegen, doch sollte wenigstens der Versuch dazu gemacht werden.[327]

Schütz schien auf seine Vorschläge nicht sehr viel Bedenkzeit verwandt zu haben. Für die Westmächte hätte eine entsprechende Erklärung die Preisgabe ihrer bisherigen Politik bedeutet. Für die Sowjetunion dürfte es kaum einsehbar gewesen sein, warum sie bei der Abfassung des Kommuniques drei fundamentale Entscheidungen hätte fällen sollen, denen sie vorher gezielt aus dem Wege gegangen war. Roberts kommentierte den Gesprächsbericht mit den Worten:

> »I should like to put Dr. Schütz to work with the Russians on this communiqué. He would soon change his tune.«[328]

Befürchtungen der Art, wie sie Ollenhauer oder Schütz äußerten, waren dem Leiter der deutschen Delegation in Berlin fremd. Am Ende der zweiten Verhandlungswoche, die nach Molotovs Auftritten in eine unübersehbare Sackgasse geführt hatte, zeigte Blankenhorn keine Spur von Enttäuschung und sprach zum wiederholten Male davon, daß Adenauer mit dem Konferenzverlauf »völlig zufrieden« war.[329]

Blankenhorn hielt die Lage sogar für »exzellent«.[330] Für die Bundesregierung schien der Zeitpunkt günstig, die Konferenz abzubrechen. Man wollte den »psychologischen Vorteil« des Augenblicks nicht verspielt wissen, und Blankenhorn schlug

326 s. Aufzeichnung von W.D.Allen vom 16. Febr. 1954 über ein Gespräch mit Schütz vom Vorabend (PRO FO 371/109290/C 1071/617).

327 Ebd. Ausführlicher als Ollenhauer malte Schütz die Konsequenzen aus, die sich seiner Meinung nach aus einem Fortbestehen der Teilung Deutschlands ergaben. Er sprach von einer »alarmierenden Tendenz« eines »Revisionismus« unter den Flüchtlingen, mit deren Organisationen er in ständigem Kontakt stand. Ihn beunruhigten die »wachsenden Zeichen von Ungeduld« in der nachwachsenden Generation, für die »Hitler nur eine historische Figur wie Hindenburg und Bismarck« sei. Sie bekenne sich zur EVG und der sie am stärksten fordernden Partei, der CDU, weil sie darin das beste Mittel sehe, deutsche Truppen aufstellen zu können und »to compel the Russians to yield what they would not give up by negotiation and persuasion«. Nach Jahren der Enttäuschung könnte sich diese Tendenz »into another fatal outburst of German nationalist emotionalism« entladen. Deshalb müsse innerhalb der nächsten beiden Jahre eine friedliche Lösung der deutschen Frage gefunden werden.

328 Ebd. Handschriftliche Notiz zu Allens Aufzeichnung.

329 s. das Memorandum vom 6. Febr. 1954 über ein Gespräch des Direktors des Büros für politische Angelegenheiten bei der amerikanischen Hohen Kommission, Steere, mit Blankenhorn (FRUS 1952-1954, VII, 1, S. 976); vgl. Hoyer-Millars Bericht vom 6. Febr. an das Foreign Office (PRO FO 371/109282/C 1071/416). Ähnliches berichtete Nutting von einem Gespräch mit Blankenhorn am Rande der »Samstagabendparty« vom 6. Febr. (PRO FO 371/109292/C 1071/701, Aufzeichnung vom 8.Febr 1954). Nutting kommentierte: »He [Blankenhorn] forbore to add that which was even more evident, namely that everyone in Bonn was most relieved at the deadlock we have reached.« s. a. Edens Bericht vom 8. Febr. an das Foreign Office über Gespräche mit Blankenhorn, von Brentano, Dehler, Ollenhauer, Bischof Dibelius und Vertretern Berlins (PRO FO 371/109284/C 1071/431).

330 FRUS 1952-1954, VII, 1, S. 976.

vor, die deutsche Frage in der Plenarsitzung des 6. Februar »beiseite zu legen« und zum Tagesordnungspunkt 3 überzugehen.[331]
Adenauers Zufriedenheit basierte zu einem Gutteil auf der weitgehend einhelligen Ablehnung der sowjetischen Vorschläge in der Presse. Dies hinderte ihn nicht daran, den Zeitungen insgesamt vorzuwerfen, sie brächten die wichtigsten Dinge nicht auf den Punkt und verwiesen nicht genügend auf Molotovs »Hauptirrtümer«.[332]
Je näher das Konferenzende rückte, um so mehr ging die Selbstgewißheit verloren. Die Bundesregierung würde sich erneut der innenpolitischen Auseinandersetzung um die EVG stellen müssen. Die Alliierten mußten in der kritischen Atmosphäre den Blick stärker auf mögliche Gegenbewegungen jenseits ihres verläßlichsten Partners in Deutschland richten. In der britischen Delegation schenkte man daher den mahnenden Stimmen aus den Reihen der Sozialdemokraten zunehmend Gehör. Dies betraf weniger inhaltliche Grundfragen oder die Konferenztaktik, sondern vor allem die Bewältigung der Nach-Konferenz-Atmosphäre. Roberts notierte am 16. Februar unter einer Aufzeichnung des britischen Hohen Kommissars, man müsse nun »pay attention to potential critics like the S.P.D. and not only to those, like Adenauer, who will welcome the negative results of the Berlin Conference«.[333] Dies änderte nichts daran, daß man die Bedenken Ollenhauers gegen einen »clean break« der Konferenz ebensowenig teilte wie die Befürchtung, dieser werde jede weitere Diskussion mit den Russen über Deutschland verhindern.[334] Realistischer war hingegen die Ansicht anderer, ein glatter Mißerfolg der Konferenz werde es »eingefleischten Kommunisten« wie Ulbricht erlauben, ein schärferes Regime in der DDR durchzusetzen und die gemäßigten Kräfte, wenngleich sie als »bedauernswerte Mitläufer« galten, völlig zurückzudrängen.[335] Hier klang das Argument an, die fehlende gemeinsame Sprache unter den Vier Mächten werde die Spaltung Deutschlands vertiefen und beiden Seiten die Möglichkeit eröffnen, unter Verweis auf die mangelnde Verhandlungsbereitschaft der Gegenseite eigene Pläne zu verfolgen.
Zuguterletzt richtete sich auch auf deutscher Seite der Blick weg von der Kardinalsfrage zu einer Politik kleiner und kleinster Vereinbarungen. Sie betrafen vor allem die kritische Lage Berlins. In Berliner SPD- und CDU-Kreisen hielt sich ebenso wie bei den Bundesparteien die Hoffnung, es würde sich auf der Konferenz trotz allem die Möglichkeit einer »Wiedervereinigung Berlins« auftun.[336] Doch Berliner Interessen und die Intentionen der Bundesregierung ließen sich schwerlich vereinbaren, denn in Bonn widerstrebte man einer solchen Akzentverlagerung und einer möglicherweise daraus resultierenden Verlängerung der Konferenz. Auch aus

331 Ebd.

332 Dies berichtete Hoyer-Millar von zwei Gesprächen mit Adenauer am 10. und 11. Febr. 1954 (PRO FO 371/109286/C 1071/478, Bericht vom 11. Febr.). Adenauer gab an, die »einzig guten Berichte« in der »Neuen Zürcher Zeitung« gefunden zu haben.

333 Notiz von Roberts vom 16. Febr. 1954 (PRO FO 371/109293/C 1071/722).

334 Aufzeichnung von Hoyer-Millar vom 15. Febr. 1954 (ebd.).

335 So die Ansicht von W.W.Schütz (PRO FO 371/109290/C 1071/617, Aufzeichnung von W.D.Allen vom 16. Febr. 1954). Schütz hielt die »Mitläufer« für die »einzige unmittelbare Hoffnung der Ostzonenbevölkerung«.

336 s. General Colemans Bericht vom 4. Febr. 1954 (PRO FO 371/109281/C 1071/387); Hoyer-Millars Bericht vom 4. Febr. (ebd.).

alliierter Sicht hatte man kein Interesse, solche Erwartungen zu nähren. Nicht ohne Erleichterung vermerkte daher Eden auch bei den Berliner Politikern eine »deutlich skeptische Gemütsverfassung«, die sie »mehr oder weniger« gefaßt einem negativen Ausgang der Verhandlungen entgegensehen ließ.[337] Die Ansprüche waren schließlich so weit heruntergeschraubt, daß Bundesminister Tillmanns (CDU) und der SPD-Sprecher für die Berliner Konferenz, Wehner, nur noch darauf drangen, nach einer gescheiterten Konferenz für den Abbau der Behinderungen zwischen beiden Teilen der Stadt einzutreten und zusätzliche Berlin-Hilfe zu gewähren. Die Beteiligung des Bundes an letzterer sagte Adenauer in Gesprächen mit Hoyer-Millar bereits am 10. und 11. Februar zu.[338]

Anders gelagert war die zu erwartende, schwer abzuschätzende Enttäuschung in der »Ostzone« nach ergebnislosen Verhandlungen. Nach Meinung des britischen Außenministers würde sie sich aber wegen Molotovs »Hartnäckigkeit« eher gegen die Russen als gegen die Westmächte wenden. Wie andere erwartete Eden ein Ansteigen der Flüchtlingszahlen. Niemand rechnete jedoch mit vergleichbaren Unruhen wie am 17. Juni 1953.[339]

Adenauer hielt sogar jüngste Berichte über Störfälle in der DDR für übertrieben,[340] und Molotov hatte kurz zuvor mit der Feststellung, eine Wiederholung der Ereignisse vom Juni des Vorjahres werde es nicht geben, eine deutliche Warnung an die DDR-Bevölkerung ausgesprochen.

Auf diese Weise richteten sich alle Seiten auf eine ergebnislose Konferenz und eine möglichst spannungsfreie Fortführung der bisherigen Politik ein. Mangels neuer Perspektiven für die Deutsche Frage verlegte man sich auf unverbindliche Prognosen. So meinte der amerikanische Außenminister, man werde erst dann mit den Russen über freie Wahlen in der »Ostzone« sprechen können, wenn sie »in der Lage wären, in den Satellitenstaaten politische Systeme zuzulassen, wie sie zum Beispiel unmittelbar vor ihrer Tür in Finnland bestehen«.[341] Die erwartete lange Zeit bis dahin schätzte er auf »zehn bis zwölf Jahre«.

Dies mochte jenen als Trostpflaster dienen, die nach dem »wochenlangen Palaver«[342] noch an eine grundlegende Wandlung in der Deutschlandpolitik glaubten. Nüchterner klang die Ansicht des »zweiten Delegationsleiters« in Berlin, Grewe, kurz vor Konferenzende:

> »Die westliche Solidarität ging gekräftigt aus dieser Konferenz hervor. Die letzten Illusionen über einen Kurswechsel der sowjetischen Politik nach Stalins Tod waren zerstoben.«[343]

337 s. Edens Bericht vom 8. Febr. 1954 an das Foreign Office (PRO FO 371/109284/C 1071/431).

338 PRO FO 371/109286/C 1071/478, Bericht vom 11. Febr. 1954.

339 s. Edens Bericht vom 8. Febr. 1954 (PRO FO 371/109284/C 1071/431). Vgl. Blankenhorns Äußerungen im Gespräch mit Nutting vom 6. Febr. 1954 (PRO FO 371/109292/C 1071/701, Aufzeichnung Nuttings vom 8. Febr. 1954).

340 s. Hoyer-Millars Bericht vom 11. Febr. 1954 (PRO FO 371/109286/C 1071/478).

341 So gibt Blankenhorn (Verständnis, S. 185 f.) Äußerungen von Dulles bei einem Essen für die deutsche Delegation vom 3. Febr. 1954 in einer Tagebuchnotiz wieder.

342 So Grewe in seinen Erinnerungen (Rückblenden, S. 168).

343 So Grewe in der Einleitung zur Dokumentation »Die Viererkonferenz in Berlin 1954. Die Argumente im Querschnitt« (Hg. Presse- und Informationsamt der Bundesregierung. Berlin 1954; hier nach: Grewe, Deutsche Außenpolitik der Nachkriegszeit, S. 213).

Die Berliner Konferenz – eine Bilanz

IV

Die westlichen Delegationen wollten verhindern, daß das Schlußkommuniqué durch die »ziemlich langen und mißverständlichen Passagen« im sowjetischen Entwurf »Illusionen« weckte.[1]
Molotov stimmte aber auch jener Fassung bereitwillig zu, die weitgehend dem westlichen Entwurf entsprach.[2] Darin war ausführlich von der Einigung auf eine Fünfmächtekonferenz unter Einbeziehung der Volksrepublik China die Rede, die am 26. April 1954 in Genf zusammentreten und über die Koreafrage und das Indochinaproblem beraten sollte. Von der ursprünglichen amerikanischen Weigerung zeugte nur mehr der Passus, daß mit dem Treffen keine diplomatische Anerkennung Chinas verbunden sein werde. Darüber hinaus wurde ein »Meinungsaustausch« über Abrüstung und Rüstungsbegrenzung angekündigt.
Die vermeintlichen Hauptprobleme der Konferenz schmolzen dagegen zu einem dürren Resümee zusammen:

> »Die vier Minister hatten einen vollständigen Meinungsaustausch über die deutsche Frage, die Probleme der europäischen Sicherheit und über die österreichische Frage; sie waren jedoch nicht imstande, sich in diesen Fragen zu einigen.«

Die Abschlußerklärungen der Außenminister beschränkten sich angesichts dieses scharfen Schnitts auf diplomatische Stilübungen. Dulles führte das Scheitern auf die sowjetische »Angst vor der Freiheit« zurück, Eden sah die Zeit freier Wahlen »eines Tages« kommen, und Bidault mahnte anstelle der Hoffnung auf »Wunder« »Teillösungen« für die Beilegung internationaler Konflikte an. Die Wiedervereinigung erwähnte er nicht. Molotov glaubte sich in der Ansicht bestätigt, die deutsche Frage sei »vor allem Sache der Deutschen selbst«.[3]
Wenn es denn des Beweises bedurft hatte, so war die Berliner Konferenz in der geteilten einstigen Hauptstadt des Deutschen Reiches zum »Zeugen«[4] für die geteilte Welt geworden. Berlin entpuppte sich damit in doppelter Hinsicht als ein »Symptom des Kalten Krieges«.[5] Manifest wurde es in Molotovs in der »Pravda« und in den Parteiorganen der Volksdemokratien veröffentlichter, polemisch

1 Edens Bericht an das Foreign Office vom 19. Febr. 1954, PRO FO 371/109288/C 1071/556; Aufzeichnung von Roberts vom 17. Febr. über die Expertensitzung der Vier Mächte zur Vorbereitung des Kommuniqués, PRO FO 371/109291/C 1071/675; Text des sowjetischen Vorschlags vom 18. Febr. in: Die deutsche Frage 1952-1956, S. 71.

2 s. das Schlußdokument in: Foreign Minister's Meeting, S. 217 f.; Die deutsche Frage 1952-1956, S. 71.

3 s. die Abschlußerklärungen vom 18. Febr. 1954 (Foreign Minister's Meeting, S. 209-213; Die Viererkonferenz, S. 274-278; Dokumente zur Deutschlandpolitik der Sowjetunion, I, S. 482-486).

4 So Bidault in seiner Abschlußerklärung vom 18. Febr. 1954 (Foreign Minister's Meeting, S. 211).

5 Conant, My Several Lives, S. 609.

zugeschnittener Abschlußerklärung vom 18. Februar 1954 und in der sorgsam abgestimmten »Erklärung der drei Mächte« in den westlichen Hauptstädten, in der das »bleibende Interesse« an Berlin deklariert wurde.[6]

An Eindeutigkeit mangelte es den wechselseitigen Schuldzuweisungen für die fortdauernde Teilung Deutschlands nicht. Doch war es den Westmächten auch gelungen, den Deutschen eine »vernünftige Ermutigung für die Zukunft« zu vermitteln, wie Adenauer gefordert hatte?[7]

Die Entwicklung der folgenden Monate sollte erweisen, daß die Konferenz weder dieses noch andere, wichtigere Ziele zu fördern imstande war. Die »engste Harmonie« zwischen den westlichen Delegationen[8] und die Intransigenz des sowjetischen Außenministers schufen zusammen mit den rhetorischen Schaukämpfen nicht gerade das Fundament einer Aufbruchsstimmung, sondern die beklemmende Einsicht in einen unüberwindlichen toten Punkt. Die Einigung darauf, »sich nicht zu einigen«,[9] ließ den Status quo triumphieren, an dem fortan nur bescheidene Veränderungen möglich waren.

Das der sowjetischen Delegation von Eden bescheinigte »sehr korrekte« Verhalten[10] deutete andererseits eine gewisse Verhandlungsbereitschaft hinsichtlich der asiatischen Konfliktherde an, deren Lösung auf beiden Seiten als dringlich empfunden wurde.

Die Berliner Konferenz setzte somit einen wichtigen Markstein in einer Übergangsphase des Kalten Krieges, die von Stalins Tod bis zur stillschweigenden Deeuropäisierung der Großmachtpolitik auf der Genfer Gipfelkonferenz 1955 reichte. Sie schuf die konzeptionellen und atmosphärischen Voraussetzungen zur Integration der beiden deutschen Staaten in neuzuschaffende oder zu vervollständigende Paktsysteme in Ost und West. Im stilisierten Kampf zwischen »Gut« und »Böse« blieb nurmehr der Balsam des vagen Glaubens an einen künftigen Sieg der eigenen Sache.[11] Dies verband sich durchaus mit den militärstrategischen Überlegungen des Oberbefehlshabers der Alliierten Truppen in Europa, General Gruenther, der nichts von hypothetischen Annahmen sowjetischer H-Bomben-Angriffe auf das Territorium der Vereinigten Staaten hielt, da sie die amerikanische Verteidigungsplanung in einer Phase relativer Überlegenheit von der »wichtigen Schlacht um Europa« ablenkten.[12] Die Wiedervereinigung Deutschlands büßte auch den rhetorischen Spitzenplatz in der amerikanischen Außenpolitik ein. Dieses Ziel knüpfte Dulles an die Schimäre eines »semiautonomen« Status der sowjetischen Satellitenstaaten nach dem Beispiel Finnlands, die als »Pufferstaaten zwischen einem geeinten und starken Europa

6 Erklärung vom 19. Febr. 1954 (Foreign Minister's Meeting, S. 218 f.; Die Viererkonferenz, S. 283 f.).

7 Adenauer hatte in Gesprächen mit Hoyer-Millar am 10. und 11. Febr. 1954 eine Drei-Mächte-Erklärung mit dieser Zielsetzung vorgeschlagen und Blankenhorn oder von Eckardt als Konsultationspartner empfohlen (Bericht Hoyer-Millars vom 11. Febr. 1954, PRO FO 371/109286/C 1071/478).

8 So Eden in seinem Abschlußbericht vom 19. Febr. 1954 an das Foreign Office (PRO FO 371/109288/C 1071/556).

9 Herbert von Borch, Mußte die Konferenz scheitern? (»FAZ«, 17. Febr. 1954, S. 1).

10 s. Edens Bericht vom 19. Febr. 1954 (PRO FO 371/109288/C 1071/556).

11 s. Adenauers Rede in der Ostpreußenhalle am Funkturm im Westberlin vom 23. Febr. 1954 (Bulletin, 1954, S. 305 ff.).

12 BA NL351, Bd. 26, fol.245, Aufzeichnung einer Unterredung mit Adenauer vom 16. Nov. 1953.

und der Sowjetunion« das Freiheitgefälle zwischen West und Ost auszugleichen bestimmt waren.[13] Die visionäre Zukunftsschau eines dreigliedrigen Europas mit einer quasi-neutralen (ost-)mitteleuropäischen Brückenzone ging einher mit der sichtlichen Genugtuung, fürs erste die sowjetische Unfähigkeit zum Kompromiß am Beispiel der ausgebliebenen Einigung über die österreichische Neutralität nachgewiesen zu haben.[14] Umgekehrt zeugte das Konferenzergebnis ein weiteres Mal von der mangelnden Glaubwürdigkeit der amerikanischen »liberation policy« gegenüber den Staaten des sowjetischen Hegemonialbereiches. Adenauer fühlte sich nachträglich in seiner Ablehnung der sowjetischen Angebote von 1952 bestätigt und hielt Dulles' Sicht der Dinge für »absolut richtig«.[15] Das Junktim zwischen deutscher und österreichischer Frage wurde von der Sowjetunion erst Anfang 1955 in Frage gestellt. Das Schreckgespenst eines Neutralisierungsmodells, das auch auf Deutschland anwendbar wäre, drohte erneut die Westintegration der Bundesrepublik kurz vor dem Abschluß zu gefährden. Adenauer schob solchen Spekulationen unmißverständlich einen Riegel vor. Die Sowjetführung wollte in Wirklichkeit nur den psychologischen Nutzen der Neutralitätsdebatte beim Kampf gegen die deutsche Wiederbewaffnung bis zuletzt ausschöpfen. Sie scheute das Risiko einer Übertragung des kleinen »Modellfalles« Österreich auf das große Deutschland.[16]

Unmittelbar nach der Berliner Konferenz standen die Zeichen zunächst auf EVG-Kurs. Bidault hatte in einem Gespräch mit Dulles am 17. Februar 1954 die Bedingungen erneuert, die er mit Blick auf die Ratifizierung in Frankreich für unabdingbar hielt: eine engere Anbindung Großbritanniens, die weitere Präsenz amerikanischer Truppen in Europa und eine Saar-Regelung.[17] Gegenüber Adenauer warnte Dulles jedoch vor verfrühten Zugeständnissen, die weitere Forderungen nach sich ziehen konnten. Er sah erhebliche Schwierigkeiten mit dem Kongreß wegen der Truppenstationierung nach der Ratifizierung voraus. Adenauer erklärte sich zwar bereit, den Plan einer Europäisierung der Saar als Diskussionsgrundlage anzuerkennen, lehnte aber die im Van-der-Goes-Report vom August 1953 vorgesehene endgültige Grenzregelung aus taktischen Gründen ab, da sie von der DDR als Vergleichsfall zu ihren Abmachungen mit Polen gewertet werden konnte.[18] Das

13 s. Adenauers Wiedergabe des Gespräches mit Dulles am Abend des 18. Febr. 1954 auf dem Flughafen Wahn (Erinnerungen 1953-1955, S. 257 f.). Vgl. das streng geheime ausführlichere Memorandum vom 20. Febr. (FRUS 1952-1954, VII, 1, S. 1210).

14 FRUS 1952-1954, VII, 1, S. 1209.

15 FRUS 1952-1954, VII, 1, S. 1210; Adenauer, Erinnerungen 1953-1955, S. 257.

16 s. Bruno Thoß, Modellfall Österreich? Der österreichische Staatsvertrag und die deutsche Frage 1954/55, in: Bruno Thoß/Hans-Erich Volkmann (Hgg.), Zwischen Kaltem Krieg und Entspannung. Sicherheits- und Deutschlandpolitik der Bundesrepublik im Mächtesystem der Jahre 1953-1956. Boppard 1988, S. 93-136, bes. S. 126 f., 134-136. Kreisky (Zwischen den Zeiten, S. 461) berichtet von einem Gespräch mit dem stellvertretenden Ministerpräsidenten Mikojan bei den Moskauer Verhandlungen über den Staatsvertrag im Frühjahr 1955, in dem dieser meinte, »die Neutralität bestehe aus jenem Stück Papier, in dem sie verankert sei, weil sich der kleine Staat der Folgen bewußt sei, die ein Vertragsbruch für ihn haben kann. Für einen großen Staat, etwa für ein vereinigtes Deutschland, wäre das ein Stück Papier, das obsolet werden könnte ...«.

17 Adenauer, Erinnerungen 1953-1956, S. 258 f.; FRUS 1952-1954, VII, 1, S. 1211 f.

18 FRUS 1952-1954, VII, 1, S. 1212. Letztgenannter Einwand war in dem Gespräch auf dem Flughafen Wahn von Hallstein vorgebracht worden. Das zähe Ringen um eine Saar-Regelung spiegelt sich in einer streng geheimen Aufzeichnung über eine Unterredung zwischen Hallstein, Blankenhorn, Ministerialdirigent Classen, Thierfelder, Bérard und de Valéry am 3. April 1954

Drängen der Regierung Laniel auf einen Erfolg in der Saarfrage war angesichts ihrer prekären Lage verständlich. Die enge Verzahnung mit der EVG türmte allerdings kaum überwindbare Hindernisse auf. Als Laniel nach einer Abstimmungsniederlage am 12. Juni 1954 in der Nationalversammlung zurücktrat, setzte die neue Regierung unter Pierre Mendès-France die Saarfrage vorerst von der Tagesordnung ab und favorisierte eine rasche Entscheidung über die EVG. Gleichwohl blieb sie ein »Stolperstein« der Europa- und Westpolitik.[19]

Das vielfach gezollte Lob für das Auftreten des französischen Außenministers in Berlin war folgenlos verhallt. Die gewandte Zurückweisung sowjetischer Werbungsversuche hatte lediglich die in amerikanischen Kreisen kursierenden Spekulationen über angebliche Sondervorschläge Bidaults an Moskau zerstreuen können, die von einer Teilung Deutschlands ausgingen.[20]

Adenauer hatte in der ersten Stellungnahme zum Konferenzergebnis von Berlin die Ratifizierung der EVG in Frankreich gegen Ende März 1954 erwartet.[21] In seiner Regierungserklärung vor dem Bundestag am 20. Februar 1954[22] nannte er sie folgerichtig das wichtigste Nahziel, gefolgt von innenpolitischen Stabilisierungsmaßnahmen geistiger und materieller Art, um Sowjetisierungsversuche abzuwehren. Nach einem Bekenntnis zum Willen, die Spaltung zu überwinden, erwähnte er zwei Schwerpunkte, die seine Deutschlandpolitik fortan maßgeblich bestimmten:

1. Adenauer wollte einen »Bevölkerungsmangel in der Ost-Zone« verhindern und die Flüchtlingswelle aufhalten. Dazu erbat er von Dulles weitere Nahrungsmittelprogramme.[23] In seiner Berliner Rede vom 23. Februar 1954 unterließ er jede Bemerkung, die zur Flucht ermuntern konnte:

> »Seid wachsam und vorsichtig, seid zäh und geduldig! Wir in der Bundesrepublik fühlen mit Euch und werden Euch helfen, das Los zu ertragen. Wenn wir heute in der Bundesrepublik unsere wirtschaftlichen und politischen Kräfte entfalten,

betreffend die Grubenfrage, die Kultur, die Verfassung der Saar sowie bundesdeutsche Garantien für ein Saar-Statut (BA NL351, Bd. 30a, fol.295-303).

19 s. Bruno Thoß, Die Lösung der Saarfrage 1954/55, in: VjhfZG 38 (1990), H. 2, S. 225-288, hier S. 227. Zum Hintergrund: Die Saar 1945-1955. Ein Problem der europäischen Geschichte. München 1992.

20 In einer undatierten Abschrift Blankenhorns ist von einer »bisher gut unterrichteten Quelle« die Rede, nach der Bidault seit 1951 über Mittelsmänner um eine französisch-russische Verständigung bemüht gewesen sei. Für die geplante Viererkonferenz habe er u.a. eine Neugliederung der DDR aufgrund freier Wahlen, ein vereinigtes Berlin als Hauptstadt der DDR oder als neutralisierte Zone, die getrennte Mitgliedschaft der Bundesrepublik, der DDR und des Saargebiets in einer Europäischen Föderation und die Entmilitarisierung Deutschlands zwischen Rhein und Oder-Neisse-Linie vorgeschlagen (BA NL351, Bd. 20a, fol.201). Weniger konkret, aber mit ähnlicher Tendenz berichtet eine weitere Aufzeichnung vom 17. Febr. 1954, der sowjetische Hohe Kommissar Semenov habe den Vorwurf Probst Grübers, die Sowjetunion habe diejenigen »fallen gelassen«, die unter Berücksichtigung russischer Interessen eine friedliche Regelung für Deutschland angestrebt hätten, mit der Bemerkung zu entkräften versucht, die sowjetische Delegation sei »von Paris hinters Licht geführt worden«. Sie habe gemäß Andeutungen des französischen Botschafters Joxe in Moskau »ihre ganze Taktik in Berlin« auf eine Annäherung an Frankreich abgestellt »und sei damit hereingefallen« (BA NL351, Bd. 29, fol.159).

21 FRUS 1952-1954, VII, 1, S. 1208.

22 Bulletin, 1954, S. 313 ff.; vgl. Adenauer, Erinnerungen 1953-1955, S. 263 f.

23 Memorandum des Gesprächs zwischen Adenauer und Dulles am 18. Febr. 1954 (FRUS 1952-1954, VII, 1, S. 1214).

so soll das, war wir erreichen, einmal ganz Deutschland, und damit Euch, zugute kommen.«[24]

Dies erinnerte an die Mahnung Gradls, ein Fehlschlag der Konferenz werde eine »Überschwemmung« mit DDR-Flüchtlingen und – in Anlehnung an ein Wort Kaisers – »die Wiedervereinigung Gesamtdeutschlands auf dem Gebiet der Bundesrepublik« nach sich ziehen.[25]

2. Adenauer machte Erfolge in der deutschen Frage von der internationalen Entspannung abhängig.[26] Damit konterkarierte er in gewisser Weise das erste Anliegen bzw. machte einem neuen Realismus Platz, der die alten, tiefsitzenden Ressentiments gegenüber der östlichen Hegemonialmacht seltener aufbrechen ließ. Das Plädoyer für ein »System kollektiver Sicherheit«, das es der Sowjetunion erlaubte, »die von ihr besetzte Zone aus ihrem Machtbereich zu entlassen«, konnte im Rahmen der eigenen Analyse der sowjetischen Haltung in Berlin bestenfalls einer unbestimmten und fernen Zukunft gelten. Adenauer gab sich ungeachtet seiner öffentlichen Stellungnahmen keinen Illusionen hin. Die Hoffnung, die SPD auf dieser Grundlage und auf der Basis der allgemein gehaltenen Bundestagsentschließung vom 25. Februar 1954 für eine gemeinsame Außenpolitik zu gewinnen, schlug fehl.[27] Zwar vertrat auch Ollenhauer den Gedanken eines europäischen Sicherheitssystems, doch wegen der mangelnden Aufmerksamkeit der Sowjetunion für die Sozialdemokraten und wegen der strikten Ablehnung von Adenauers und der Alliierten Westintegrationspolitik fehlten die entscheidenden Partner. Eine moralisch integre Wiedervereinigungspolitik, die eine ganze Reihe von Gemeinsamkeiten mit Adenauer nicht leugnen konnte, scheiterte an den faktischen Zuständen und den politischen Konstellationen.[28] Ihr konnte auch der plausible Widerstand gegen die leichtferige Regierungsrechnung nicht aufhelfen, in der die Chancen für die deutsche Einheit durch Wiederbewaffnung und Westintegration allzu hoch veranschlagt waren. Tatsächlich war keineswegs ausgemacht und eindeutig geklärt, ob der europäischen Integration von den Alliierten eine fördernde Wirkung für die Wiedervereinigung zugedacht war oder ob es nicht eher darum ging, das deutsche Einheitsbegehren nicht zum Hindernis der Westintegration werden zu lassen. Schied aber die Wiedervereinigung Deutschlands vor einem europäischen Zusammenschluß aus, so blieben danach nur noch zwei Möglichkeiten:

24 Bulletin, 1954, S. 307.

25 Protokoll der Sitzung des CDU-Bundesvorstandes vom 19.Jan. 1954 (Adenauer: »Wir haben wirklich etwas geschaffen«, S. 124). Kaiser sprach von zu erwartenden Millionen von Flüchtlingen im Jahr 1954 (ebd., S. 129).

26 Regierungserklärung vom 20. Febr. 1954 (Adenauer, Erinnerungen 1953-1955, S. 264). Vgl. Grewes Bilanz (Deutsche Außenpolitik der Nachkriegszeit, S. 126).

27 s. Adenauers Brief an Ollenhauer vom 19. Febr. 1954 (Adenauer, Erinnerungen 1953-1955, S. 261 f.); zu Ollenhauers Antwort s. «FAZ«, 22. Febr. 1954, S. 3; die Entschließung des Bundestages vom 25. Febr. 1954 (Keesing's, 1954, S. 4400).

28 Brigitte Seebacher-Brandt, Ollenhauer. Biedermann und Patriot. Berlin 1984, S. 301; Erdmenger, Adenauer, die deutsche Frage und die sozialdemokratische Opposition, S. 181 f.; Erklärung der Führung der SPD zur Berliner Konferenz vom 20. Febr. 1954 (Keesing's, 1954, S. 4390; vgl. »FAZ«, 22. Febr. 1954, S. 3). s. a. das Memorandum eines Gesprächs des Acting Secretary in Washington mit einer SPD-Delegation vom 11. März 1954 (FRUS 1952-1954, VII, 1, S. 565 ff.), der Carlo Schmid, Fritz Erler, Willy Brandt und Günter Klein angehörten; Hrbek, S. 188 ff.

die dauerhafte Teilung Deutschlands oder die Einbeziehung des Gesamtstaates in das westliche Bündnis.

Adenauer sah den Zeitpunkt gekommen, die in Artikel 7, Absatz 3 des Deutschlandvertrages verankerte Handlungsfreiheit einer gesamtdeutschen Regierung deutlich zu relativieren. Die Bundesregierung werde »alles tun«, um die Übernahme der Westverträge durch eine gesamtdeutsche Regierung zu gewährleisten.[29] Die hart umkämpfte Klausel war von den westlichen Außenministern gegenüber Molotov mehrfach bekräftigt worden, tatsächlich war sie jedoch weder unter den Westalliierten, einschließlich der EVG-Partner, noch unter den vier Siegermächten, noch unter den Deutschen selbst uneingeschränkt konsensfähig. Nur die sich abzeichnende Zementierung der Lage in Mitteleuropa erlaubte es, risikolos anderes zu verlautbaren. Nicht nur in Frankreich überwogen die Widerstände gegen eine EVG, die im Falle einer nicht ausschließbaren Wiedervereingiung die gesamtdeutsche Regierung nicht band. Adenauer sah sich daher im Gespräch mit Dulles am 18. Februar 1954 zu einer neuartigen Bindungsklausel für die Bundesrepublik veranlaßt, die letztlich nur politisch, nicht aber völkerrechtlich wirksam werden konnte.[30] Das Scheitern des komplizierten EVG-Konzepts in der zweiten Jahreshälfte konnte weder dadurch noch durch amerikanische Rettungsversuche, noch durch geplante Pressionen verhindert werden.[31]

Die Berliner Konferenz verfehlte in dieser Hinsicht ihre Bestimmung und war – wie Conant rückblickend meinte – »eine Verschwendung von Zeit und Energie«.[32] Trotzdem bildete sie einen entscheidenden Faktor für eine alternative westliche Verteidigungsplanung.

29 Keesing's, 1954, S. 4398.

30 FRUS 1952-1954, VII, 1, S. 1214. Dulles meinte dazu: »If EDC came into being the judicial question of the right of an all-German Government to choose was incidental. If EDC was in existence and Europe united, obviously the all-German Government would opt for its place in the European community« (ebd., S. 1215). Für die französischen Bedenken waren jedoch nicht politische Erwartungen oder Absichtserklärungen maßgeblich, sondern völkerrechtliche Implikationen des Artikels 7,3, die es der Bundesrepublik keineswegs erlaubten, eine gesamtdeutsche Regierung an eigene Verträge zu binden. Die deutsche Delegation beim Interims-Ausschuß zur Vorbereitung der EVG forderte daher wegen zunehmender Nachfragen eine »Sprachregelung« (Aufzeichnung des Juristischen Chefdelegierten über das Verhältnis EVG-Gesamtdeutschland, Paris, 11. Febr. 1954, PA AA, Bestand EVG, 232-00 362/54). Zu den Bedenken anderer westeuropäischer Regierungen s. die Aufzeichnung über eine Diskussion der Ständigen Vertreter im Atlantikrat, 17. Febr. 1954 (PA AA, Bestand EVG, 215.232-00/279/54).

31 s. Rolf Steininger, Das Scheitern der EVG und der Beitritt der Bundesrepublik zur NATO, in: Aus Politik und Zeitgeschichte, B 17/85, 27. April 1985, S. 3-18; Hans-Erich Volkmann/Walter Schwengler (Hgg.), Die Europäische Verteidigungsgemeinschaft. Stand und Probleme der Forschung. Boppard 1985; Anfänge westdeutscher Sicherheitspolitik. Bd. 2, S. 199-230; Edward Fursdon, The European Community. A History. London 1980; von Gersdorff, Adenauers Außenpolitik. Der belgische Außenminister Spaak schlug in Absprache mit der amerikanischen und britischen Regierung zunächst Gespräche, dann eine Konferenz der vier Staaten vor, die die EVG bereits ratifiziert hatten, unter Hinzuziehung der USA und Großbritanniens als Beobachter. Schließlich sollte die NATO bei ausbleibendem Einlenken Frankreichs eingeschaltet werden (streng geheime Aufzeichnung einer Besprechung vom 22. Juni 1954 zwischen Hallstein und dem stellvertretenden amerikanischen Hohen Kommissar Dowling, PA AA, Bestand EVG, 232-00/1297/54).

32 Conant, My Several Lives, S. 603.

Als unbegründet erwiesen sich Befürchtungen, der amerikanische Kongreß könnte bei einer Verzögerung der EVG-Ratifizierung die Verteidigungshilfe für Europa einstellen und einem »totalen Isolationismus« das Wort reden.[33] Auf amerikanischer Seite sorgte man sich eher darum, wie lange sich Adenauer in dem außenpolitischen Schwebezustand würde halten können und wann die Geduld der Deutschen mit dem Fortdauern des Besatzungsstatuts erschöpft sein würde.[34] Trotz aller Spekulationen hielten sowohl die Amerikaner als auch die Briten bis zuletzt am EVG-Konzept als der geeignetsten Form der deutschen Wiederbewaffnung fest.[35] Als jedoch der Präsident des Bundesamtes für Verfassungsschutz, Otto John, Ende Juli 1954 in die DDR überwechselte, in öffentlichen Stellungnahmen von angeblichen »geheimen Zusatzabreden zur EVG« sprach und am 30. August das Vertragswerk endgültig Makulatur wurde, drohte die Bundesregierung in eine ernste Krise und Adenauer in die Isolation zu geraten.[36] Der »schwarze Tag« des 30. August ließ dem Kanzler einen Rücktritt erwägenswert erscheinen, stand doch sein bedingungslos vertretenes Sicherheitskonzept »vor einem Scherbenhaufen«.[37] Noch im April hatte er vor dem CDU-Bundesvorstand kategorisch verneint, selbst oder über einen Beauftragten mit den Amerikanern oder den Briten über eine Alternativlösung gesprochen zu haben.[38] In seinen Augen schürzte sich für die Zukunft Deutschlands mit der Entscheidung über die EVG ein Knoten: »Es ist eigentlich erschütternd«, meinte er, »wie wenig

33 s. den Bericht der deutschen Delegation beim Interims-Ausschuß für die Organisation der EVG, Paris, an das Auswärtige Amt vom 22.Jan. 1954 über Gespräche mit dem holländischen Vertreter van Vredenburch und dem Oberkommandierenden der Alliierten Truppen in Europa, General Alfred M.Gruenther (PA AA 215.232-00-126/54 g). Die Entscheidung über die Verlängerung der Beihilfe stand im Mai 1954 an.

34 Bericht Conants vom 5. Mai 1954 an das State Department (FRUS 1952-1954, VII, 1, S. 569 f.); undatierte Aufzeichnung des Office of German Affairs über die aktuelle Lage in Deutschland nach dem 25. April 1954 (ebd., S. 570 ff.).

35 Die erwähnte Initiative Spaaks hielt man in Washington »für sehr glücklich« und stimmte ihr »ohne Vorbehalt« zu. Ähnliches galt für die britische Regierung, in der aber neben der »lauwarmen«, durch Eisenhowers bestimmtes Auftreten auf Bermuda beeindruckten Einstellung Churchills weitere, »nicht ganz konforme« Ansichten etwa Kirkpatricks und von Mitgliedern der britischen Botschaft in Paris, zu verzeichnen waren (s. die Aufzeichnung über ein Gespräch Hallsteins mit dem stellvertretenden amerikanischen Hohen Kommissar Dowling, 22. Juni 1954, PA AA, Bestand EVG, 232-00/1297/54).

36 s. FRUS 1952-1954, VII, 1, S. 585 f., 587 ff. Telegramme von Dulles an die amerikanische Hohe Kommission, 24. Juli und 1. Aug. 1954, mit der Anweisung, die Sprachregelung und Reaktionen amerikanischer und deutscher Behörden aufeinander abzustimmen. s. weiterhin: »Der Spiegel«, Nr. 31, 28. Juli 1954, S. 5-10; Nr. .32, 4. Aug. 1954, S. 4 ff.; Nr. 33, 11. Aug. 1954, S. 8ff; Nr. 34, 18. Aug. 1954, S. 5 f.; die Memoiren von Otto John, Zweimal kam ich heim. Vom Verschwörer zum Schützer der Verfassung. Düsseldorf/Wien 1969. Das Zitat entstammt dem Interview Johns mit dem Kommentator des Ostberliner Deutschlandsenders, Herbert Gessner, vom 21. Aug. 1954 (nach der Abschrift in den Beständen zur EVG, PA AA 215.232-00, ohne Aktennummer). Bundesinnenminister Gerhard Schröder bezeichnete den Fall John am 12. Aug. 1954 als eine »Niederlage im Kalten Krieg« (EA, 1954, S. 6876).

37 Tagebuchnotizen Heinrich Krones, bis 1955 parlamentarischer Geschäftführer der CDU/CSU-Fraktion, vom 30. Aug. und 26. Sept. 1954 (Rudolf Morsey/Konrad Repgen [Hgg.], Untersuchungen und Dokumente zur Ostpolitik und Biographie. Adenauer-Studien. Bd. III. Mainz 1974, S. 135); Klaus Gotto, Die Sicherheits- und Deutschlandfrage in Adenauers Politik 1954/55, in: Thoß/Volkmann (Hgg.), Zwischen Kaltem Krieg und Entspannung, S. 143.

38 Protokoll vom 26. April 1954 (Adenauer: »Wir haben wirklich etwas geschaffen«, S. 140).

sich die deutsche Öffentlichkeit, die deutsche Presse, aber auch die einzelnen Deutschen Gedanken darüber machen, in welch außerordentlich gefährlicher Lage sich das deutsche Volk ... befindet. Die Deutschen tun so, als hätten sie alles lange hinter sich. Sie leben, soweit sie irgend können, vergnügt und fröhlich dahin ... und meinen, der Boden stehe fest unter ihren Füßen.« Er befürchtete für die anfällige, noch kapitalschwache deutsche Wirtschaft schwere Rückschläge und wirtschaftliche Unsicherheit in Europa und anderen Weltteilen.[39]

Die rasche Einigung auf das NATO-Konzept fing mögliche Komplikationen umgehend ab und bestätigte nachdrücklich, daß Adenauer trotz allem »im richtigen Strom«[40] geschwommen war. Die undurchsichtige Affäre John blieb Episode und hat, wenn überhaupt, weniger die Kampagnen der DDR-Regierung als vielmehr die Suche des Westens nach einer Alternative zur EVG beflügelt. Wenn man gewissen indirekten Informationen glauben darf, so gehörte die abwartende Haltung der Sowjetunion nach der Ablehnung der EVG in der französischen Nationalversammlung zu einem defensiven Konzept, das Molotov gegen ein offensives von Chruščev durchsetzte.[41] Erst jetzt begann die Suche nach den Rahmenbedingungen »kollektiver Sicherheit« und »kontrollierter Abrüstung«. Zwar verstanden der Westen und die Sowjetunion darunter nicht dasselbe, und der kurzzeitigen Verwendung gemeinsamer Formeln stand die Bewährungsprobe in der Praxis noch bevor. Gleichwohl herrschte der Eindruck neuer Beweglichkeit in den internationalen Beziehungen. In der bundesdeutschen Delegation in Berlin hat man geahnt, daß dies um den Preis geschah, daß »die Weichen endgültig auf die getrennte und sich immer weiter voneinander entfernende Entwicklung der beiden Teile Deutschlands gestellt wurden«.[42] Konkrete Wiedervereinigungskonzepte, die von der Sorge getragen waren, wie es praktisch zu bewerkstelligen sei, die DDR nach einem formalen Zusammenschluß »auf das Niveau der Bundesrepublik« zu heben,[43] wurden zum Handwerk von Theoretikern degradiert.

In der Gemengelage zwischen Kaltem Krieg und Entspannungsbemühungen erhielten im Jahre 1955 letztere Auftrieb, nachdem die Trennungslinien zwischen Ost und West festgeschrieben waren. Die geschaffenen Tatsachen »zweier Staaten in Deutschland« und zweier gegensätzlicher Paktsysteme verhinderten allerdings, daß der »Geist von Genf« mehr als nur eine vorübergehende Gefühlsaufwallung

39 Ebd., S. 142.

40 Waldemar Besson, Die Außenpolitik der Bundesrepublik. Erfahrungen und Maßstäbe. München 1970, S. 57.

41 Telegramm des deutschen Gesandten in Belgrad, Hans Kroll, an das Auswärtige Amt vom 29. Sept. 1954. Ein »erprobter Gewährsmann« habe von einer »Geheimkonferenz maßgebender sowjetischer Politiker« auf der Krim über den künftigen Kurs der Sowjetunion berichtet, auf der Chruščev Volksfrontregierungen in Frankreich und Italien favorisierte, Molotov aber für eine Fortsetzung der »bisherigen Entspannungspolitik« eintrat. Molotov habe seine Haltung damit begründet, die westliche Front mit dieser Taktik erfolgreich geschwächt, die Regierungskoalition in der Bundesregierung erschüttert und die sozialdemokratische Opposition, vor allem in der Frage von Viermächteverhandlungen, gewonnen zu haben (PA AA, Bestand EVG, 215.232-00/1872/54).

42 Grewe, Rückblenden, S. 186. Vgl. ders., Deutsche Außenpolitik der Nachkriegszeit, S. 213.

43 So der Vertreter des Bundeswirtschaftministeriums von Boeckh in der Sitzung des Interministeriellen Ausschusses für Fragen der Wiedervereinigung Deutschlands vom 15. Juli 1953 (Niederschrift PA AA 202-03II/10631/53, Anlage, S. 11).

bewirkte. Die Sowjetunion hatte in Berlin keine neue Politik erkennen lassen. Ungeachtet des oberflächlichen Eindrucks größerer Unabhängigkeit von Moskauer Direktiven und den Konferenzablauf hemmender Rücksspracheverpflichtungen mit der Kreml-Führung konnte Molotov keine Sympathien wecken.[44] Sein »›dialektischer Konferenzialismus‹«[45] verlangte bei den heiklen Tagesordnungspunkten das Auftürmen unangemessen hoher Kompromißhürden und die Verknüpfung möglichst aller Tagungsthemen. Die Konzentration auf die »friedliche Koexistenz« markierte den Rückzug der neuen, und doch weitgehend alten, noch unsicheren Partei- und Regierungsspitze auf ein defensives Sicherheitskonzept auf der Grundlage des Status quo. Der vermeintliche »new look« der sowjetischen Politik nach Stalin entpuppte sich endgültig als »cosmetic«, und auf amerikanischer Seite hatte man den Eindruck gewonnen, die neue Führung beabsichtige nicht, auch nur einen Soldaten der Roten Armee aus den besetzten Territorien abzuziehen.[46] Vorerst war nicht abzusehen, ob die im Vorfeld der Berliner Konferenz im Westen entwickelten, dann aber zurückgestellten Modelle entmilitarisierter Zonen in Europa sowjetisches Interesse finden würden. Unabhängig davon standen diese nach dem Außenministertreffen wieder aufgegriffenen Gedankenspiele für die Überzeugung, daß eine deutsche Lösung weder durch den bloßen Abzug aller Besatzungstruppen noch durch Diskussionen erreichbar war, die die deutsche Wiedervereinigung auf eine technische Verfahrensfrage reduzierten. Militärisches Gleichgewichtsdenken im europäischen und Weltmaßstab überlagerte politische Konzepte und Vorschläge. Molotovs Forderung nach der vorsorglichen Sicherstellung einer »geeigneten« gesamtdeutschen Regierung entsprach zusammen mit der Formel von der Verhinderung einer Wiederbelebung des deutschen Militarismus dem Vorrang sicherheitspolitischer Erwägungen. Doch weder dieser »nationale« Bezugsrahmen noch Adenauers beschwichtigende Sicht der militärischen Rolle einer wiederbewaffneten Bundesrepublik trafen den Kern der neuen Herausforderungen angesichts des sich annähernden atomaren Gleichschritts der Sowjetunion mit den Vereinigten Staaten. Es ging weder allein um die Sowjetunion noch allein um ein nationales deutsches Anliegen. Das sowjetische Ausgreifen mit Hilfe deutscher Truppen zu verhindern, mußte aus der Sicht der Westmächte mit einem wirksamen Schutz vor deutschen Alleingängen verknüpft werden. Der von Adenauer als Kernstück der westlichen und westdeutschen Verteidigung apostrophierte atomare Schutzschild der Amerikaner[47] diente letztlich auch der Bändigung möglicher deutscher Expansionsbestrebungen. Dieses »double containment« (Wolfram Hanrieder) fand auf sowjetischer Seite eine spiegelbildliche Entsprechung. Der Gegensatz in der Frage der Einheit Deutschlands resultierte aus der unterschiedlichen Interpretation des gemeinsamen Interesses der Vier Mächte – der wirksamen Niederhaltung des einstigen Kriegsgegners. Die

44 s. Dulles' Bericht vor dem National Security Council, Memorandum vom 26. Febr. 1954 (FRUS 1952-1954, VII, 1, S. 1221); Bidault, Noch einmal Rebell, S. 230.

45 »Der Spiegel«, 10. Febr. 1954, Nr. 7, S. 5.

46 Rede des Assistant Secretary of State for European Affairs, Livingston T. Merchant, einem Mitglied der amerikanischen Delegation, vom 12. März 1954 vor dem National War College (Livingston T. Merchant Papers: Correspondence and Related Material 1952-1957, Box 2, folder: Re Berlin Conference 1954, Seeley G. Mudd Library, Princeton, New Jersey).

47 Streng geheimes Schreiben von Dulles an den amerikanischen Hohen Kommissar, 17. Juli 1953 (FRUS 1952-1954, VII, 1, S. 486).

Einbindung Gesamtdeutschlands in ein gemeinsames Sicherheitssystem mußte so lange theoretisch bleiben, als der Kalte Krieg zum Denken in den Kategorien von Sieg oder Niederlage, Gewinn oder Verlust, Vordringen oder Rückzug zwang. Die – nur unzureichend verdeckte und von Molotov nicht mehr geleugnete – Wiederbewaffnung von Streitkräften in der DDR intendierte eine nach sowjetischem Verständnis »nicht-militaristische« deutsche Armee, die in einem nur formal mit souveränen Rechten ausgestatteten Staat sowjetischen Sicherheitsinteressen diente. Die Übertragung erweiterter Souveränitätsrechte auf die DDR am 25. März 1954 war geeignet, Adenauers Position in der weiterhin dem Besatzungsstatut unterliegenden Bundesrepublik zu untergraben und ungeachtet ihrer begrenzten Natur eine Diskussion über diplomatische Beziehungen anderer Staaten zur DDR bzw. zwischen beiden deutschen Staaten anzustoßen.[48] Auf amerikanischer Seite war man bereits Anfang März über diesen Schritt der Sowjetunion zur Steigerung der internationalen Anerkennung der DDR informiert und erwartete im gleichen Zuge eine Stärkung der bewaffneten Streitkräfte sowie eine Sonderaktion der Polizei zur Unterdrückung möglicher Unruhen.[49] Dulles forderte, alles zu tun, was eine offizielle Anerkennung der DDR als unabhängigen Staat verhindern half.[50]
Zweifellos hat die Berliner Konferenz zu einem Großteil das vorausschauende Urteil eines britischen Experten bestätigt, wonach die vier Außenminister zu einem »Schattenboxen« angetreten waren, dessen Ziel die Verzögerung bzw. Beschleunigung der EVG-Ratifizierung war.[51] Der für die Deutschen programmierte »Schock des Scheiterns in den Hauptpunkten«[52] wurde zur Vorbedingung einer Phase wiederbelebter Diplomatie. Sie schien eine verspätete Rechtfertigung von Churchills, wie mancher meinte, mit dem »Instinkt des Genies«[53] im Frühjahr 1953 betriebenen good-will-Initiative zu sein, die der Premierminister unverzagt 1954 ein letztes Mal erneuerte,[54] und es tat ihr zunächst keinen Abbruch, daß sie weniger sachlicher Verhandlung im Konferenzsaal als vielmehr atmosphärischer Besänftigung der Öffentlichkeit diente. Der dafür gezahlte Preis war die nur notdürftig kaschierte Duldung sowjetischer Hegemonie in Osteuropa und in der DDR. Das bei dem »cold war exercise«[55] in Berlin gewonnene Vertrauenskapital auf beiden Seiten reichte nicht einmal aus, »kleine Lösungen« jenseits etwa der

48 Text der Erklärungen der Sowjetunion und der DDR vom 25. und 27. März 1954: Dokumente zur Außenpolitik der DDR, Bd. I, S. 303-306. Zur Sicht der Bundesregierung s. Grewe, Deutsche Außenpolitik der Nachkriegszeit, S. 127-133.

49 Direktor der Berliner Vertretung der amerikanischen Hohen Kommission an die Bonner Zentrale, 11. März 1954 (FRUS 1952-1954, VII, 1, S. 1673 ff.).

50 Dulles an die amerikanische Botschaft in London, 31. März 1954 (ebd., S. 1682). Er sprach diesbezüglich von einem »gemeinsamen Interesse der Alliierten«.

51 Aufzeichnung von Roberts, 24. Dez. 1953 (PRO FO 371/109269)C 1071/14).

52 Hoyer-Millar an das Foreign Office, 7. Jan. 1954 (PRO FO 371/109270/C 1071/47).

53 So Paul Sethe, Öffnung nach Osten. Weltpolitische Realitäten zwischen Bonn, Paris und Moskau. Frankfurt/M. 1966, S. 49.

54 John Young, Churchill's Bid for Peace with Moscow, 1954, in: History 73 (1988), H.239, S. 425-488. Churchills Plan eines Zweiertreffens mit Malenkov ging auf eine Initiative des sowjetischen Chargé d'Affaires in London, Georgij Rodionov, vom 8. April 1954 zurück. Unklar bleibt, ob Malenkov seine prekäre Situation im Machtkampf mit Bulganin und Chruscev damit verbessern wollte.

55 So Nutting in einer Aufzeichnung vom 30. Dez. 1953 (PRO FO 371/109271/C 1071/89).

technischen Bewältigung der Dauerkrise Berlins in Angriff zu nehmen. Die deutsche Delegation hatte ihre »Beobachterrolle« sehr eng ausgelegt, und Blankenhorn verspürte »Erleichterung« über das Ende der »wochenlangen ›Deklamationen‹«.[56] Euphemistisch klang die Schlußfolgerung, der »Boden für eine Lösung des Problems der Wiedervereinigung« sei »noch nicht reif«. Realistischer war, die Konferenz als »entscheidenden Erfolg« für eine Forcierung der Westintegration zu werten und den »Deutschen jenseits des Eisernen Vorhangs neue schwere Opfer und Verzicht« zu prophezeien.[57] Vergessen war der insgeheime Gedanke, der Außenministerkonferenz »ein wirtschaftliches Angebot von eindrucksvollem Ausmaß« seitens der Bundesregierung zuzuleiten, mit dem »unsere Bevölkerung in der Ostzone gleichsam durch eine etwa 5 bis 10 Milliarden umfassende Lieferung von Konsumgütern losgekauft werden soll«.[58]

Das beiderseitige defensive Anliegen ließ die Berliner Konferenz zum Eckstein der Blockintegration beider deutscher Staaten werden. Adenauer glaubte wie die westlichen Außenminister, daß die Sowjetunion nicht an einer Verschärfung der Spannungen mit dem Westen interessiert war.[59] Tatsächlich konnte das Festhalten an ihrem sterilen Deutschlandprogramm kaum anders denn als Akzeptanz des Laufs der Dinge gedeutet werden. Während in den Fragen der Abrüstung und der Bereinigung asiatischer Konflikte die Hoffnung auf eine gemeinsame Krisenbewältigung einen gewissen Auftrieb erhielt, wurde in der deutschen Frage die Phase der Sprachlosigkeit festgeschrieben. Die Sowjetunion war durch die von ihr in der DDR geschaffenen Tatsachen gegenüber den Westmächten nicht in Zugzwang und konnte einen günstigeren Zeitpunkt für einen eventuellen Vorstoß abwarten. Hinsichtlich Asiens, vor allem Chinas, bestätigte sich die schon vor der Konferenz gewonnene Einsicht, daß es Differenzen zwischen Moskau und Peking gab und die Sowjetunion »Mao hinter sich, nicht neben sich« zu plazieren wünschte.[60] Die »Politik der Stärke« gegenüber der Sowjetunion gewann einen neuen Sinn. Die Wiedervereinigung Deutschlands sollte fortan hinter dem eigentlichen Ziel, der »›Schaffung der erwünschten dritten Kraft‹« in Gestalt enger (west-) europäischer Kooperation, vor allem zwischen Frankreich und Deutschland, zurückstehen, die sich nicht nur gegen die östliche Hegemonialmacht behaupten, sondern auch »zu einer gewissen Unabhängigkeit« von den Vereinigten Staaten aufschwingen konnte.[61]

56 Blankenhorn, Verständnis, S. 187.

57 s. die im Vergleich zu der veröffentlichten Fassung ausführlichere Bilanz Blankenhorns vom 19. Febr. 1954 im Nachlaß (BA, NL351, Bd. 29, fol. 144-147).

58 Tagebuchaufzeichnung Blankenhorns vom 8.Jan. 1954 (BA NL351, Bd. 27, fol.34). Blankenhorn rechnete »mit Sicherheit« mit einer sowjetischen Ablehnung und verstand den Plan lediglich als mögliches Mittel zum Nachweis, daß es die Bundesregierung mit der Wiedervereinigung »ehrlich« meine.

59 FRUS 1952-1954, VII, 1, S. 1208, Gespräch Adenauers mit Dulles am 18. Febr. 1954.

60 Diese Ansicht vertrat Bohlen im Rahmen einer Berichterstattung in Washington (PRO FO 371/103680/C 1071/413, Makins an das Foreign Office am 29. Sept. 1953). Vgl. die Einschätzung von Dulles vor dem National Security Council am 26. Febr. 1954 (FRUS 1952-1954, VII, 1, S. 1224-1227).

61 Aufzeichnung über ein Gespräch des Militärischen Chefdelegierten der deutschen Abordnung beim Interimsausschuß für die Organisation der EVG, General Speidel, mit dem Chef des Militärkabinetts des französischen Präsidenten, General Ganeval, 12. Febr. 1954 (PA AA, Bestand EVG, 215.232-00/282/54).

In der DDR wurden weitere Weichen für den Aufbau des Sozialismus gestellt. Auf dem IV. Parteitag der SED vom 30. März bis 6. April 1954 spielte die nationale Frage nur eine deklamatorische Rolle – trotz der spitzfindigen Formel Piecks, die Sowjetunion habe »entsprechend ihrer Achtung vor den nationalen Rechten des deutschen Volkes ... die Deutsche Demokratische Republik als völlig souveränen Staat anerkannt«, und trotz Ulbrichts Behauptung, die DDR habe sich »im Kampf um das neue Deutschland« als »zuverlässige Bastion des Friedens« und als »Kraftquell für die Entfaltung der nationalen Volksbewegung in Westdeutschland« erwiesen.[62] Die Hommage an den ein Jahr zuvor verstorbenen »stets hilfsbereiten, genialen Lehrer« und »uneigennützigen Freund« des deutschen Volkes, Stalin, sowie die bedingungslose Übernahme von Molotovs »umfassendem und konstruktivem Programm« standen für die Absicht, die Sowjetisierung der DDR voranzutreiben und sich in der Deutschlandpolitik ganz dem »Kampf ... gegen die EVG und die Militarisierung Westdeutschlands« zu verschreiben.[63] Die Theorie Ždanovs aus dem Jahre 1947 von den zwei gegensätzlichen Lagern bildete – auf die deutschen Verhältnisse angewandt – den Schutzschild für die Umwandlung der DDR in ein Modell für ganz Deutschland.[64] Da diesem Maximalziel die Realisierungschancen dahingeschwunden waren, entschied sich die sowjetische Führung für einen strikten Kurs der Stärke zur »Rettung« der DDR. Unmittelbar vor dem Notenwechsel des Jahres 1953 war die Grundsatzentscheidung gefallen, zwar wenn nötig »in Verhandlungen mit den Imperialisten« einzutreten, aber in diesen »sogenannten Beratungen (soveščanija)« keine »einseitigen Zugeständnisse« zu machen. »Wir glauben fest an unsere eigenen Kräfte«, rief Malenkov im Juli 1953 den Mitgliedern des ZK der KPdSU zu und fuhr fort:

> »Wir werden auch künftig unsere Friedensinitiative fortsetzen. Sie bringt uns großen Erfolg und trägt Spaltung in das Lager des Gegners. Dabei beabsichtigen wir aber nicht, ultimative Forderungen jedweder Art zu erfüllen.«[65]

Zu den »befreundeten Staaten« mit ihren über 800 Millionen Bewohnern und damit zu dem von der Sowjetunion dominierten »zweiten Weltmarkt« zählte unzweideutig auch die DDR.[66] Begleitet von einer hohen Fluchtbewegung, von ständiger Unruhe auf allen Ebenen der SED und von fortwährenden Eingriffen in eine zerrüttete, krisenhafte Wirtschaft erfolgte der weitere Ausbau der DDR im sowjetischen Sinne, wobei das »Modellhafte« zur Begründung einer gesamtdeutschen Option kaum mehr ausreichte.[67] Ulbricht erklärte auf dem IV. Parteitag emphatisch: »Wir sind für die Einheit Deutschlands, weil die Deutschen im Westen unserer Heimat unsere Brüder sind, weil wir unser Vaterland lieben, weil wir wissen, daß die Wiederherstellung der Einheit Deutschlands eine unumstößliche historische Gesetzmäßigkeit ist und jeder zugrunde gehen wird, der sich diesem Gesetz entgegenzustellen wagt.«[68] Die

62 Protokoll der Verhandlungen des IV.Parteitages der SED. Bd. 1. Berlin (Ost) 1954, S. 8, 18.

63 Ebd., S. 7, 8. Piecks Eröffnungsansprache vom 30. März 1954.

64 s. die Entschließung des Parteitages »Der Weg zur Lösung der Lebensfragen der deutschen Nation«, 5. April 1954, in: ebd., Bd. 2, S. 1097-1113, hier: S. 1097, 1106.

65 Schlußwort Malenkovs vom 7. Juli 1953 (Plenum CK KPSS, Nr. 2, S. 199).

66 Ebd., Nr. 1, S. 170. Äußerung Molotovs.

67 Hermann Weber, Die DDR 1945-1986. München 1988, S. 39-42.

68 Schlußwort Ulbrichts am sechsten Verhandlungstag, 4. April 1945 (Protokoll des IV. Parteitages der SED, S. 888, im Original kursiv).

Appelle an den Patriotismus und der Glaube an den historischen Determinismus beförderten nicht die Attraktivität des »anderen Deutschlands«.
Eingestandenermaßen hatte die Sowjetunion diese Politik betrieben, obwohl sie von der DDR »beträchtliche Okkupationsausgaben« und Reparationen einforderte, aber ohne deren hohe Wiederaufbaukosten sowie die verbliebenen »Spuren des Hitlerschen Einflusses« zu berücksichtigen.[69] Letztlich obsiegte die russische Staatsräson in den deutschen Angelegenheiten. Unvorstellbar erschien Molotov eine Abkehr vom »volksdemokratischen Aufbau in der DDR«, kam sie für ihn doch einem Verzicht auf etwas gleich, »das mit dem Blut unserer Soldaten, mit dem Blut unseres Volkes erkämpft worden ist«. Ein unabhängiges Deutschland paßte in diese Vorstellungswelt nicht hinein, mußte es doch zwangsläufig »bürgerlich«, »imperialistisch«, »aggressiv« und damit antisowjetisch sein.[70] In Berlin ging es daher tatsächlich aus sowjetischer Sicht um die »Bewahrung des Sozialismus auf deutschem Boden«.[71] Der Rückzug der Sowjetunion auf die Option eines souveränen zweiten deutschen »Nationalstaates« erfolgte noch nicht vollständig, da eine »full satellization« der DDR[72] die Westintegration der Bundesrepublik eher beschleunigt als gebremst hätte. Das Memoradum der DDR-Regierung an die Berliner Konferenz vom 30. Januar 1954, die Souveränitätserklärungen vom 25. und 27. März sowie die Entschließung des Parteitages vom 5. April bildeten eine »Trilogie«,[73] die die Ziele innerer Stabilisierung, äußerer Aufwertung und möglicher gemeinsamer deutsch-deutscher Aktionen gegen die Remilitarisierung miteinander verknüpfte. Die Sorge um die innere Sicherheit, die Unterdrückung von Widerstand durch Sicherheitsorgane und Staatsapparat und Vorkehrungen gegen Einflußnahmen »äußerer Feinde der Republik«[74] genossen dabei Vorrang und unterstrichen Molotovs Diktum, eine Wiederholung des 17. Juni 1953, der nun auch parteiamtlich als »faschistischer Putsch« apostrophiert wurde,[75] werde es nicht geben.
Der IV. Parteitag bot gerade in dieser Hinsicht eine (wenngleich unvollständige und einseitige) Bilanz der Tätigkeit der »Apparate des Kalten Krieges«.[76] Während die Sowjetunion auf der Berliner Konferenz die behutsam modifizierte Plattform ihrer Deutschlandpolitik seit 1952 erneuerte, fügte sich die SED mit einem ernüchternden Resümee ihrer Politik seit dem III. Parteitag von 1950 und der II. Parteikonferenz von 1952 in das defensive Gesamtkonzept ein. Offizielle Aktionen wie die von

69 Plenum CK KPSS; Nr. 1, S. 162. Äußerung Molotovs.

70 Ebd., S. 163.

71 V.V.Sokolov, Narkomindel Vjačeslav Molotov, in: Meždunarodnaja žizń, 1991, Nr. 5, S. 110.

72 So eine amerikanische Analyse der Ergebnisse des IV. Parteitages der SED, 21. April 1954 (FRUS 1952-1954, VII, 1, S. 1685).

73 Ebd., S. 1686.

74 Rede des Innenministers Willi Stoph am 1. April 1954 (Protokoll des IV. Parteitages der SED. Bd. 1, S. 485-495); Rede des Staatssekretärs für Staatssicherheit Ernst Wollweber vom 3. April 1954 (ebd., Bd. 2, S. 702-710).

75 Ebd., Bd. 1, S. 492 (Rede Stophs). Wollweber sprach hingegen von einem »faschistischen Putschversuch« (ebd., Bd. 2, S. 704).

76 s. dazu die Gegenüberstellung von Aktionen und Organisationen in dem erstmals 1974 erschienenen Werk von Ernst Nolte, Deutschland und der Kalte Krieg. Stuttgart ^{2}1985, S. 358-377; Kai-Uwe Merz, Kalter Krieg als antikommunistischer Widerstand. Die Kampfgruppe gegen Unmenschlichkeit 1948-1959. München 1987. Aus der Sicht der DDR: Hans Teller, Der kalte Krieg gegen die DDR. Von seinen Anfängen bis 1961. Berlin (Ost) 1979, S. 51-93 et.al.

Grotewohl zu Beginn der fünfziger Jahre mußten hinter Maßnahmen zum Machterhalt zurückstehen. Die wichtigsten Initiativen bis 1955 fielen der Sowjetunion zu. Sie wurden flankiert von der mit viel propagandistischem Aufwand betriebenen Tätigkeit des am 7. Januar 1954 gegründeten »Ausschusses für deutsche Einheit« und von der Durchführung einer von Grotewohl bereits am 24. Februar geforderten Volksbefragung über »Bonner – und EVG-Vertrag oder Friedensvertrag?«.

In der Bundesrepublik wurde auf Initiative des Ministers für gesamtdeutsche Fragen, Kaiser, als Konsequenz aus dem Scheitern der Viermächtegespräche und im Blick auf den Jahrestag des Juni-Aufstandes vom Vorjahr eine »Volksbewegung für die Wiedervereinigung Deutschlands« gefordert, die sich am 14. Juni 1954 in Bad Neuenahr als »Kuratorium unteilbares Deutschland« konstituierte.[77] Doch weder der seit 1952 beim Bundesministerium für gesamtdeutsche Fragen wirkende »Forschungsbeirat für die Fragen der Wiedervereinigung Deutschlands« noch die Wiederaufnahme der Tätigkeit der für die Formulierung des deutschen Standpunktes vor der Berliner Konferenz gebildeten interministeriellen Arbeitsgruppe »Wiedervereinigung« im Mai 1954,[78] noch das Kuratorium konnten die rapide gesunkenen Hoffnungen auf die Realisierbarkeit konkreter Lösungsvorschläge zur deutschen Frage neu erwecken. Die »Tätigkeitsberichte« des Beirats mochten mit differenzierten »Sofortprogrammen« die Illusion technischer Praktizierbarkeit wachhalten. Doch stellten auch sie bereits Übergangsregelungen oder gar die Beibehaltung von ökonomischen und gesellschaftlichen Maßnahmen in der DDR in Rechnung.[79] Nach

77 In einer Aufzeichnung für Staatssekretär Hallstein vom 14. Juni 1954 wurden konzeptionelle Mängel bei der Vorbereitung und Durchführung der Gründungsversammlung und fehlender »Elan« und »Vitalität« gerügt. Hinzu kam die Kritik, daß Adenauer zwar informiert, das Auswärtige Amt allerdings nicht speziell geladen worden war (PA AA 202-202-03/8098/54). Zu den 126 Persönlichkeiten aus Politik, Wirtschaft, Verbänden und Kultur, die sich dem Kuratorium zunächst verbanden, gehörten die Vorsitzenden der SPD, Ollenhauer, der FDP, Dehler, der Fraktionsvorsitzende der CDU/CSU, Strauß, und Robert Tillmanns.

78 Die letzte (sechste) Sitzung hatte am 6. Nov. 1953 stattgefunden. Mit der Sitzung am 19. Mai 1954 im Bundesministerium für gesamtdeutsche Fragen wurde die Tätigkeit wiederaufgenommen (s. die Niederschrift vom 30. Juni 1954, PA AA 202-03/9491/54). Wie es in der Aufzeichnung über die achte Sitzung vom 15. Juli 1954 hieß, wollte man »aus der Erstarrung herauskommen und durch neue Vorschläge die Diskussion um die Wiedervereinigung beleben« (ebd.). In dieser Sitzung ging es um die Erörterung des sogenannten »Füßlein-Plans«, in dem der Ministerialdirigent »persönliche Überlegungen« über den möglichen Nutzen einer Volksabstimmung im Rahmen der Wiedervereinigungspolitik anstellte. – Wie im Jahr zuvor, stand auch die Wiederbelebung des Ausschusses in Konkurrenz zu ähnlichen Plänen des Auswärtigen Amtes. Hier wurde bemängelt, das Gesamtdeutsche Ministerium habe seine Koordinierungsaufgabe nicht immer erfüllt und bei detaillierten Planvorlagen – etwa der zum Status einer gesamtdeutschen Regierung – »nicht in vollem Umfang den außenpolitischen Gegebenheiten Rechnung (ge)tragen« (s. die Aufzeichnungen von Oncken, 17. und 26. März 1954, PA AA 202-03/3565/54).

79 Hinsichtlich der Bodenreform etwa hieß es: »Der Forschungsbeirat ist sich darüber einig, daß die Bodenreform in der SBZ nicht unter dem Gesichtspunkt einer Restauration der alten Eigentumsverhältnisse revidiert werden soll.« Vielmehr gehe es um die Verhinderung der fortschreitenden Kollektivierungsmaßnahmen. Neubauern sollten grundsätzlich den zugewiesenen Boden behalten dürfen und ein gesamtdeutscher Gesetzgeber Fragen der Entschädigung regeln (Geheimes Kurzprotokoll der Plenarsitzung des Forschungsbeirates vom 31. Mai 1954 im Bundeshaus in Berlin, PA AA 202-202-03/8693/54). Zur Tätigkeit des Forschungsbeirats s. den Beitrag des Vorsitzenden Friedrich Ernst, in: Bulletin, Nr. 201, 17. Dez. 1953, S. 1753 f.;

der Berliner Konferenz kam solchen Modellen für den »Tag X« und auch dem Wirken des Kuratoriums »gegen nationale Trägheit«[80] nur noch akademischer Wert und der Charakter moralischer Wegzehrung in eine ungewisse Dauer der Spaltung Deutschlands zu. Kaisers Eröffnungsansprache gab dieser düsteren Perspektive sinnfälligen Ausdruck – nicht zuletzt dadurch, daß sie einem illusorischen gemeinsamen Wollen aller politischen Kräfte das Wort redete: »Wir Deutsche selbst sind an erster Stelle berufen und verpflichtet, der Zerreißung unseres Landes entgegenzuwirken ... In dem Bemühen um die Wiedervereinigung unseres Landes darf es keine Parteien-, keine Klassen-, keine Standesunterschiede geben ... In der Volksbewegung für die Wiedervereinigung geht es überhaupt nicht um Einzelfragen der Politik, sondern es geht um den sinnfälligen Ausdruck des deutschen Willens zur Wiedervereinigung ... Es geht darum, den geistigen und menschlichen Zusammenhalt mit der Zone zu wahren und zu festigen ... Es geht rein politisch gesprochen darum, überall Klarheit zu schaffen, daß die Teilung Deutschlands Gefahr und Unsicherheit, daß die deutsche Wiedervereinigung jedoch Stärkung der Sicherheit und des Wohlstandes für Deutschland und Europa bedeutet.«[81]

Das letzte Argument hatte man in den westlichen Hauptstädten nach der Erfahrung der Berliner Konferenz ernsthaft in Frage zu stellen begonnen. Auch die Sowjetunion verschloß sich der Möglichkeit einer Festschreibung bzw. Abrundung des Faktischen nicht.

Das harmonisierende Bild Kaisers von einer Volksbewegung der Deutschen, die bereits ein windiger Journalist im März 1954 in der Schweizer Tageszeitung »Die Tat« in einer aufsehenerregenden, mit nationalistischem Pathos verbrämten Epistel eingeklagt hatte,[82] nutzte der »Ausschuß für deutsche Einheit«, um sich

die ersten Tätigkeitsberichte 1952/53 (Bonn 1954), 1954/56 (Bonn 1957); Rüß, S. 94-97. Der Beirat war nach der Berliner Konferenz gezwungen, seine Programme für den »Tag X« zu revidieren, da im Eden-Plan der Zeitpunkt der Wiedervereinigung und der der Einsetzung eines gesamtdeutschen Gesetzgebers nicht unbedingt zusammenfielen (s. das Kurzprotokoll der Plenarsitzung des Forschungsbeirats am 22./23. März 1954 in Berlin, PA AA 202-202-03 E-5531/54). Bedauernd stellte man fest, daß der Eden-Plan »nicht den Vorstellungen entspricht, unter denen der Forschungsbeirat seine Aufgabe von der Bundesregierung übertragen bekommen hat«. Die Frage, ob die Tätigkeit überhaupt fortgesetzt werden sollte, wurde einhellig bejaht, um – trotz geringer Aussichten – »für den Fall der Wiedervereinigung jederzeit gerüstet zu sein«. Mit einer größeren Publizität der Ergebnisse hoffte man dafür zusätzliche Legitimität zu erreichen. Der Versuch der »Vereinigten Landsmannschaften der Sowjetzone«, formell als Mitglied in den Beirat aufgenommen zu werden, wurde abgelehnt (s. etwa das Schreiben Thediecks an das Auswärtige Amt, 23. März 1954, PA AA 202-03/4092/54).

80 Johann Baptist Gradl, Im Interesse der Einheit. Zeugnisse eines Engagements. Hg. von Karl Willy Beer, Stuttgart 1971, S. 81, 91.

81 Zit. nach der Abschrift in den Akten des Auswärtigen Amtes (PA AA 202-202-03/ ohne Blattnummer, S. 3, 4).

82 Hans Fleig, Ein Rezept für die Wiedervereinigung Deutschlands (»Die Tat«, 13. März 1954; vgl. »Der Spiegel«, 31. März 1954, Nr. 14, S. 4 f.). Verbunden mit dem Vorwurf der Passivität an die Bundesregierung, die der Schaffung eines »Kleinsteuropas von fünfeinhalb Staaten« den Vorzug vor der Einheit Deutschlands einräume, entwarf Fleig ein stark an der sowjetischen Politik und einer Neutralisierung orientiertes Verfahren zur Wiedervereinigung. Das Auswärtige Amt sah sich wegen der Wirkung dieses und eines früheren Artikels Fleigs (Der deutsche Teig, »Die Tat«, 21. Febr. 1954) zu einer Anfrage an die Gesandtschaft der Bundesrepublik in Bern veranlaßt,

am 17. Juni 1954 zunächst in der Presse der DDR, dann in Schreiben an die Kuratoriumsmitglieder mit dem Vorschlag gemeinsamer Beratungen wieder ins Gespräch zu bringen. Zwar wurde das Ansinnen am 29. Juni abgewiesen. Das Auswärtige Amt sah sich jedoch wegen der rhetorischen Unschärfen in den Verlautbarungen der beiden gegensätzlichen Initiativen zu einem Rundschreiben an alle diplomatischen und konsularischen Auslandsvertretungen veranlaßt, das Verwechslungen vorbeugen sollte.[83]
Das verfrühte Frohlocken der Presse über das vermeintliche Ende des Kalten Krieges mit dem Tod Stalins[84] hatte der Ernüchterung über das Weiterwirken seiner Mechanismen und der personellen wie politischen Kontinuitäten in der sowjetischen Führung weichen müssen. Die Berliner Konferenz wurde zum Symbol für das Scheitern eines vermeintlichen Aufbruchs zu neuen Ufern internationaler Verständigung. Die Entscheidung über den Sieg im Kalten Krieg wurde zwar vereinbarungsgemäß vertagt. Die Scharmützel wurden gleichwohl fortgeführt. Am Horizont glaubte man aber ein schwaches Licht aufleuchten zu sehen, das die Hoffnung nährte, eine bescheidene Geste der Bundesregierung gegenüber der Sowjetführung könnte zwar keine »Wunder« in Form greifbarer Ergebnisse bewirken, wohl aber ein Bestandteil der Zauberformel »Entspannung« sein.[85]
In der Rückschau auf die Jahre 1952 bis 1955 behielten jene Kritiker Adenauers nur scheinbar recht, die meinten, das Jahr 1952 werde als »das Jahr der historischen Teilung Deutschlands in die Geschichte eingehen«, bzw. die Politik der Stärke

in der sie Informationen über den Autor, seine Stellung in der schweizerischen Öffentlichkeit und »etwaige Inspiratoren« erbat (PA AA 202-03/3685/54). Die Antwort über den »›Outsider und Dilettanten mit der Sucht nach Originalität‹«, der bei Kriegsbeginn nationalsozialistischen Kreisen in der Schweiz nahegestanden habe, erging am 28. April 1954 (PA AA 202-03/5934/54). Erich Kosthorst (Jakob Kaiser. Bundesminister für gesamtdeutsche Fragen 1949-1957. Stuttgart 1972, S. 184-188) verweist auf die gedankliche Nähe vieler Aussagen Fleigs mit Kaisers Grundansatz.

83 Schreiben vom 8. Sept. 1954 (PA AA 202-202-03/12420/54). Zu den Kontaktversuchen des »Ausschusses für Deutsche Einheit« s. Keesing's, 1954, S. 4573. Vorsitzender war der stellvertretende Ministerpräsident der DDR, Hans Loch (LDPD), Sekretär Albert Norden (SED). Im Auswärtigen Amt lagen Ende Sept. 1954 Informationen über eine »umfangreiche Propagandaaktion« des Ausschusses vor, mit der alle Bundestagsabgeordneten, die Mitglieder der Bundesregierung, der Landtage, der Landesregierungen und andere Persönlichkeiten des öffentlichen Lebens angesprochen werden sollten (PA AA 202-03/13563/54, Schreiben der Dienststelle Berlin an das Auswärtige Amt, 29. Sept. 1954). Daneben gab es Initiativen der Volkskammer für eine Kooperation mit dem Bundestag (vom 18. Sept. und 18. Dez. 1954, Keesing's, 1954, S. 4750, 4923) und von Regierungsstellen (vom 4. Aug. 1954, ebd., S. 4665).

84 Arno Scholz, Der Kalte Krieg ist tot (»Telegraf«, 8. März 1953).

85 Der FDP-Abgeordnete Pfleiderer hatte in der außenpolitischen Debatte des Bundestages vom 30. April 1954 diesen Gedanken aus seinem »Plan« vorgebracht und einige Zeit später immerhin die Zustimmung seiner Partei erhalten (Hoebink, Westdeutsche Wiedervereinigungspolitik, S. 92, 208, Anm. 624). Der Bonner Korrespondent der Zeitung »Le Monde« sah dadurch die »Regierungsorthodoxie« unterlaufen und ihre »Unfehlbarkeit« bestritten, wonach allein die Westintegration »Wunder« in der deutschen Frage wirken könne (vgl. die Übersetzung des Presse- und Informationsamtes des Bundesregierung, in: Bulletin, hier zit. nach PA AA 202-202-03 E-7070/54 vom 24. Mai 1954). Paul Sethe, bis Herbst 1955 Mitherausgeber der »Frankfurter Allgemeinen Zeitung«, schrieb über die Berliner Konferenz: »Man begann zu ahnen, daß es untunlich sei, zu warten, bis der Westen die geplante Stärke erreicht habe« (Zwischen Bonn und Moskau, Frankfurt/M. 1956, S. 85).

habe zwangsläufig in eine Sackgasse geführt.[86] Vielmehr verlor Adenauer lediglich den Stoff, aus dem seine allzu groben Argumente und Prognosen geschneidert waren, ohne daß seine Politik grundsätzlich in Frage zu stellen gewesen wäre. Der Nebel lichtete sich auf beiden Seiten des Eisernen Vorhangs und gewährte einen unverstellten Blick auf die Teilung als faktischen Ausgangspunkt künftiger Deutschlandpolitik. Wirklich recht behielten jene, die die Einheit Deutschlands schon kurz nach Kriegsende nur als Ergebnis einer mühsamen und langfristigen Politik erwarteten. Insofern ist Adenauer intern ehrlicher und nüchterner als in der Öffentlichkeit und darin mit Schumacher durchaus einig gewesen.[87]

Zunächst sorgte sich die Bundesregierung jedoch sehr viel mehr um die Aufrechterhaltung des Alleinvertretungsanspruchs und die Nicht-Anerkennung der DDR. Da jede Form offizieller Kontakte abgelehnt wurde, bedurfte der Balanceakt eines ausgeklügelten Aktionsprogramms. Notwendige Verhandlungen mit der DDR – etwa auf den Gebiet des Interzonenverkehrs – bedurften daher interministerieller Erörterung »politischer Grundsatzfragen«.[88] Nach dem Scheitern der EVG sollte nicht nur die »Hoffähigkeit« der DDR, sondern auch der Eindruck vermieden werden, daß »Deutschland zum Osten neige«.[89]

Während die Westmächte eine De-jure-Anerkennung zwar ebenfalls umgingen, meldeten sie aber Zweifel an, ob sich die Bundesrepublik als alleiniger deutscher *Staat* bezeichnen dürfe oder nicht bloß die Bundesregierung als Sprecherin des deutschen Volkes.[90] Noch ließ sich das komplizierte rechtliche Gebilde Nachkriegsdeutschlands mit einigen Formulierungskünsten einigermaßen zusammenhalten, ohne dem

86 So Ernst Lemmer, Berliner Abgeordneter im Bundestag, in einer Diskussion der CDU/CSU-Fraktion im Mai 1952 (zit. nach Hans-Peter Schwarz, Einführung, in: Hans-Peter Schwarz (Hg.), Die Legende von der verpaßten Gelegenheit. Die Stalin-Note vom 10. März 1952. Stuttgart/Zürich 1982, S. 10) und Richard Meyer von Achenbach in einem Brief an Lemmer vom 15. Sept. 1955 (Gedanken über eine konstruktive deutsche Ostpolitik, S. 15).

87 Schumacher hatte am 31. Mai 1947 vor führenden Parteimitgliedern geäußert: »Es ist realpolitisch vom deutschen Gesichtspunkt aus kein anderer Weg zu Erringung der deutschen Einheit möglich als diese ökonomische Magnetisierung des Westens, die ihre Anziehungskraft auf den Osten so stark ausüben muß, daß auf die Dauer die bloße Innehabung des Machtapparates dagegen kein sicheres Mittel ist. Es ist gewiß ein schwerer und vermutlich langer Weg« (Acht Jahre sozialdemokratischer Kampf um Einheit, Frieden und Freiheit. Ein dokumentarischer Nachweis der gesamtdeutschen Haltung der Sozialdemokratie und ihrer Initiativen. Hg. vom Vorstand der SPD. Bonn 1953, S. 26 f.). Zu dieser Sichtweise s. a. W.Abelshauser, Zur Entstehung der Magnettheorie in der Deutschlandpolitik. Ein Bericht von Hans Schlange-Schöningen über einen Staatsbesuch in Thüringen im Mai 1946, in: VjhfZG, 1979, Nr. 4, S. 661-679.

88 s. etwa Thediecks Einladung zu einer Besprechung, 24. Aug. 1954 (PA AA 202-03/11757/54.

89 Aufzeichnung über eine interministerielle Besprechung, Sept. 1954 (Pa AA 202-03/11757/54).

90 Aufzeichnung über eine Unterredung Adenauers mit den drei westlichen Hohen Kommissaren am 5. April 1954 (BA NL351, Bd. 30a, fol.259-263). In dem Gespräch ging es um Formulierungen des Entwurfes einer Regierungserklärung des Bundeskanzlers, in der von nur *einem* deutschen Staat die Rede war, der – in Gestalt der Bundesrepublik – den niemals untergegangenen Staat einzig und allein verkörpere, vertrete und fortsetze. Gegen die Einwände François-Poncets, man müsse zwischen Staat und Regierung unterscheiden, sowie Hoyer-Millars, es sei unlogisch, von Wiedervereinigung zu sprechen, wenn die Bundesrepublik bereits den einen deutschen Staat darstelle, führte Adenauer das Londoner Schuldenabkommen und eine Note ins Feld, in der die Bundesrepublik als Nachfolger des Reiches erklärt und für alle Schulden haftbar gemacht worden sei. Hallstein ergänzte, »Wiedervereinigung bedeute nicht

Souveränitätsverlangen der Bundesrepublik allzu nahe zu treten. Für die praktische Politik sollte sich jedoch alsbald die erdrückende Last des Status-quo-Denkens auswirken, dem die Berliner Konferenz zum Durchbruch verholfen hatte. Deutsche Rechtsstandpunkte blieben als theoretischer Überbau gültig, dem die Realitäten aber den Boden zu entziehen drohten. Die alliierten Bekundungen, die Wiedervereinigung Deutschlands anzustreben, konnten – nicht zuletzt wegen der divergierenden Rechtsstandpunkte – wenig dazu beitragen, das deutsche Dilemma zu lösen: sich durch Abgrenzung um die Einheit zu bemühen. Intern machte man sich bereits vor der Berliner Konferenz mit dem Gedanken vertraut, daß im Falle der Inkraftsetzung des EVG-Vertrages »um Westberlin herum alles ›dichtgemacht‹ werden würde, d.h. daß man mit einer hermetischen Abschließung sowohl des Berliner Ostsektors als auch der Ostzone vom übrigen Deutschland werde rechnen müssen« und auch ein »Sonderfriedensvertrag« der Sowjetunion mit der DDR nicht auszuschließen war.[91] Die Manövrierfähigkeit des »deutschen Schiffs«, das mit den Pariser Verträgen vom 23. Oktober 1954 »aus der Küstenschiffahrt hinaus auf die hohe See« steuerte,[92] blieb in den östlichen Gewässern beschränkt.

die Wiedervereinigung von zwei Staaten, sondern nur von zwei Teilen«. Es handele sich um die Bildung einer Regierung, »bei der alle Teile Deutschlands von deren Staatsgewalt ergriffen würden«.

91 Schreiben der Dienststelle Berlin des Auswärtigen Amtes an die Zentrale nach Bonn, 17. Sept. 1953 (PA AA 202-03II/13244/53). Man berief sich auf Mitteilungen »von besonders zuverlässiger und gut informierter Seite« über entsprechende Erwägungen in Regierungskreisen der DDR.

92 So die Formulierungen des Bundesministers Strauß und des Abgeordneten und Vorsitzenden des Ausschusses für Auswärtige Angelegenheiten, Kiesinger, in einem Gespräch mit Blankenhorn (Aufzeichnung Blankenhorns vom 25. März 1955, BA NL351, Bd. 30b, fol.74).

Literaturverzeichnis

I. Unveröffentlichte Quellen

Public Record Office (PRO), London, Kew
Foreign Office (FO) 371
Central Department (C)
File 1071, 103664-103702: Political exchanges leading towards Four Power Talks on the future of Germany.
1074, 103705: Record of Conversation in London between Chancellor Adenauer and the Prime Minister
10710, 103709: Outline of Soviet policy on the German Question, 1945-1953.
1071, 109269-109302: Four Power Talks in Berlin on future of Germany and Austria.

Prime Minister (PREM) 11
418: Tripartite meeting between UK, US and France held in Bermuda, Dec. 1953
419: Four Power Talks on Germany and Austria; tripartite talks between UK, US and France.
420-422: Meetings with the Soviet Union; Prime Minister's exchanges with Pressident Eisenhower on possible meeting with Soviet Union in May 1953.
449: Future of Germany.
540: Illness and subsequent death of Marshall Stalin.
664/665: Four Power Talks on Germany and Austria held in Berlin, January 1954.
892: Meeting of UK, US and French Foreign Minister in London, October 1953.

National Archives (NA), Washington D. C.
Diplomatic Branch
Record Group 43: Records of International Conferences, Commissions and Expositions. Records of the Council of Foreign Ministers.
Box 85-87: Council of Foreign Ministers 1953-1955.
Record Group 59: General Records of the Department of State. Records of the Policy Planning Staff 1947-1953. Country and Area Files. Box 16: Germany 1950-1953.

Seeley G. Mudd Library, Princeton, New Jersey
Livingston T. Merchant Papers: Correspondence and Related Material 1954-1957. Box 2: Re Berlin Conference 1954.

Politisches Archiv (PA), Auswärtiges Amt (AA), Bonn
202-03, 202-03E: Wiedervereinigung Deutschlands
232-00: Europäische Verteidigungsgemeinschaft.

Bundesarchiv (BA) Koblenz
Nachlaß Blankenhorn (NL 351).

II. Veröffentlichte Quellen

Adenauer, Konrad, Briefe 1945-1947. Bearb. von Hans Peter Mensing. (= Rhöndorfer Ausgabe. Hg. von Rudolf Morsey und Hans-Peter Schwarz.) Berlin 1983.

Adenauer: »Es mußte alles neu gemacht werden.« Die Protokolle des CDU-Bundesvorstandes 1950-1953. Bearb. von Günter Buchstab. (= Forschungen und Quellen zur Zeitgeschichte. Hg. im Auftrag der Konrad-Adenauer-Stiftung, Bd. 8) Stuttgart ^{2}1986.

Adenauer: »Wir haben wirklich etwas geschaffen.« Die Protokolle des CDU-Bundesvorstandes 1953-1957. Bearb. von Günter Buchstab. (= Forschungen und Quellen zur Zeitgeschichte. Hg. im Auftrag der Konrad- Adenauer-Stiftung. Bd. 16.) Düsseldorf 1990.

Adenauer. Teegespräche 1950-1954. Bearb. von Hanns Jürgen Küsters. (= Rhöndorfer Ausgabe. Hg. von Rudolf Morsey und Hans-Peter Schwarz.) Berlin 1984.

Akten zur Auswärtigen Politik der Bundesrepublik Deutschland. Hg. im Auftrag des Auswärtigen Amtes von Hans-Peter Schwarz.

Bd. 1: Adenauer und die Hohen Kommissare 1949 bis 1951. Hg. von Hans-Peter Schwarz in Verbindung mit Reiner Pommerin. Bearb. von Frank-Lothar Kroll und Manfred Nebelein. München 1989.

Bd. 2: Adenauer und die Hohen Kommissare 1952. München 1990.

Die Bemühungen der Bundesrepublik um die Wiederherstellung der Einheit Deutschlands durch Gesamtdeutsche Wahlen. Dokumente und Akten. Hg. vom Bundesministerium für gesamtdeutsche Fragen.

Teil I: Oktober 1949-Oktober 1953. Bonn ^{4}1959.

Teil II: November 1953-Dezember 1955. Bonn ^{4}1959.

Berievščina. (Issleduja sudebnye materialy) In: Voenno-istoričeskij žurnal 1989, Nr. 5, S. 38-41; Nr. 7, S. 82-88; 1990, Nr. 1, S. 68-78.

Bittel, Karl, Vom Potsdamer Abkommen zur Viermächtekonferenz. Berlin (Ost) 1953.

Bonn bereitet Revanchekrieg vor. Tatsachen über die Wiedergeburt des Deutschen Militarismus im Adenauerstaat. Hg. vom Ausschuß für Deutsche Einheit. O.O. o.J.

Bulletin des Presse- und Informationsamtes der Bundesregierung. Jg. 1953, 1954.

Delo Berija. Plenum CK KPSS. Ijul' 1953 goda. Stenografičeskij otčet. In: Izvestija CK KPSS, 1991, Nr. 1, S. 140-214; Nr. 2, S. 141-208.

Documents de la Conférence de Berlin (25 janvier-18 février 1954). La Documentation Francaise. Recueils et Monographies. Hg. Présidence du Conseil. Paris 1954.

Documents relating to the Meeting of Foreign Ministers of France, the United Kingdom, the Soviet Union and the United States of America. Berlin, January 25-February 18, 1954. London 1954.

Dokumente zur Auseinandersetzung in der SED 1953. Hg. und eingeleitet von Wilfriede Otto, in: BzG 1990, Nr. 5, S. 655-672.

Dokumente zur Außenpolitik der Regierung der Deutschen Demokratischen Republik.

Bd. I (7. Oktober 1949-25. März 1954). Berlin (Ost) 1954.

Bd. II (25. März 1954-11./14. Mai 1955). Berlin (Ost) 1955.

Dokumente zur Deutschlandpolitik der Sowjetunion.

Bd. I: Vom Potsdamer Abkommen am 2. August 1945 bis zur Erklärung über die Herstellung der Souveränität der Deutschen Demokratischen Republik am 25. März 1954. Berlin (Ost) 1957.

Bd. II: Vom IV. Parteitag der SED (30.3.-6.4.1954) bis zur Überreichung des zweiten sowjetischen Entwurfs für einen Friedensvertrag mit Deutschland (10.1.1959). Berlin (Ost) 1963.

Dokumente der Sozialistischen Einheitspartei Deutschlands. Hg. vom Zentralkomitee der SED. Bd. III. Berlin (Ost) 1952. Bd. IV. Berlin (Ost) 1954.

Dokumenty general-lejtenanta T. A. Strokača o podgotovke Beriej zagovora v 1953 g.. In: Novaja i novejšaja istorija 1989, Nr. 3, S. 166-176.

Europa-Archiv. Zeitschrift für Internationale Politik. Jg. 4-9 (1949-1954).

Foreign Ministers' Meeting. Berlin Discussions. January 25-February 18, 1954. Washington 1954.
Foreign Relations of the United States (FRUS).
1949. Vol. III: Council of Foreign Ministers; Germany and Austria. Washington 1974.
1952-1954. Vol. V, part 1, 2: Western European Security. Washington 1983.
1952-1954. Vol. VII, part 1, 2: Germany and Austria. Washington 1986.
1952-1954. Vol. VIII: Eastern Europe; Soviet Union; Eastern Mediterranean. Washington 1988.
Die deutsche Frage 1952-1956. Notenwechsel und Konferenzdokumente der vier Mächte. Hg. von Eberhard Jäckel. Frankfurt a.M./Berlin 1957.
Frankfurter Allgemeine Zeitung. Jg. 1953, 1954.
Grotewohl, Otto, Im Kampf um die einige Deutsche Demokratische Republik. Reden und Aufsätze. Bd. I-IV. Berlin (Ost) 1959-1964.
Herrnstadt, Rudolf, Das Herrnstadt-Dokument. Das Politbüro der SED und die Geschichte des 17.Juni 1953. Hg. und eingeleitet von Nadja Stulz-Herrnstadt. Reinbek 1990.
Die Kabinettsprotokolle der Bundesregierung. Hg. für das Bundesarchiv von Hans Booms. Bd. 6: 1953. Bearb. von Ulrich Enders und Konrad Reiser. Boppard 1989.
Die Kabinettsprotokolle der Bundesregierung. Hg. für das Bundesarchiv von Hans Booms. Bd. 7: 1954. Bearb. von Ursula Hüllbüsch und Thomas Trumpp. Boppard 1993.
Keesing's Archiv der Gegenwart. Jg. 21 (1951)-24 (1954). Essen o. J.
Meyer von Achenbach, Richard, Gedanken über eine konstruktive deutsche Ostpolitik. Eine unterdrückte Denkrschrift aus dem Jahre 1953. Hg. von Julius H. Schoeps. Frankfurt a.M. 1986.
Molotow, W. M., Reden auf der Berliner Außenministerkonferenz 25. Januar bis 18. Februar 1954. Berlin (Ost) 1954.
Neue Zeit. Moskau. Jg. 1953, 1954.
Neue Zürcher Zeitung. Jg. 1953, 1954.
Osteuropa. Zeitschrift für Gegenwartsfragen des Ostens. Jg. 1-4 (1951-1954).
Pfleiderer, Karl Georg, Politik für Deutschland. Reden und Aufsätze 1948-1956. Stuttgart 1961.
Das 15. Plenum des ZK der SED vom 24. bis 26. Juli 1953. Parteiinternes Material. Berlin (Ost) 1953.
Protokoll der Verhandlungen der II. Parteikonferenz der Sozialistischen Einheitspartei Deutschlands. 9. bis 12. Juli 1952 in der Werner-Seelenbinder-Halle zu Berlin. Berlin (Ost) 1952.
Protokoll der Verhandlungen des IV. Parteitages der Sozialistischen Einheitspartei Deutschlands. 30. März bis 6. April 1954. 2 Bde. Berlin (Ost) 1954.
Der Spiegel. Jg. 1953, 1954.
Stalin, Iosif, Ökonomische Probleme des Sozialismus in der UdSSR. Stuttgart 1953.
Tätigkeitsbericht des Forschungsbeirates für Fragen der Wiedervereinigung Deutschlands beim Bundesminister für gesamtdeutsche Fragen.
1. 1952/1953. Bonn o. J. /1954/
2. 1954/1956. Bonn 1957.
3. 1957/1961. Bonn/Berlin 1961.
4. 1961/1965. Bonn/Berlin 1965.
Teheran, Jalta, Potsdam. Die sowjetischen Protokolle von den Kriegskonferenzen der »Großen Drei«. Hg. und eingeleitet von Alexander Fischer. Köln ³1985.
Über die Maßnahmen zur Gesundung der politischen Lage in der Deutschen Demokratischen Republik. Hg. und eingeleitet von Rudolf Stöckigt, in: BzG 1990, Nr. 5, S. 651-654.
Die Viererkonferenz in Berlin 1954. Reden und Dokumente. Hg. vom Presse- und Informationsamt der Bundesregierung. Berlin o. J. /1954/.

III. Erinnerungen

Adenauer, Konrad, Erinnerungen. Bd. I: 1945-1953. Stuttgart 1965. Bd. II: 1953-1955. Stuttgart 1966.

Baring, Arnulf (Hg.), Sehr verehrter Herr Bundeskanzler! Heinrich von Brentano im Briefwechsel mit Konrad Adenauer 1949-1964. Hamburg 1974.

Bérard, Armand, Un ambassadeur se souvient. Bd. II: Washington et Bonn 1945-1955. Paris 1978.

Bidault, Georges, Noch einmal Rebell. Von einer Résistance in die andere. Berlin 1966.

Blankenhorn, Herbert, Verständnis und Verständigung. Blätter eines politischen Tagebuchs 1949 bis 1979. Frankfurt a.M./Berlin/Wien 1980.

Brandt, Heinz, Ein Traum, der nicht entführbar ist. Mein Weg zwischen Ost und West. München 1967.

Chruschtschow erinnert sich. Hg. von Strobe Talbott. Reinbek 1971.

Colville, John, The Fringes of Power: Downing Street Diaries 1939-1955. London usw. 1985.

Conant, James B., My Several Lives. Memoirs of a Social Inventor. New York/Evanston/London 1970.

Eckardt, Felix von, Ein unordentliches Leben. Lebenserinnerungen. Düsseldorf/Wien 1967.

Eden, Anthony, Memoiren 1945-1957. Köln/Berlin 1960.

Eisenhower, Dwight D., The White House Years. Mandate for Change, 1953-1956. New York 1965.

The Eisenhower Diaries. Ed. by Robert H. Ferrell. New York/London 1981.

Grewe, Wilhelm G., Rückblenden 1976-1951. Aufzeichnungen eines Augenzeugen deutscher Außenpolitik von Adenauer bis Schmidt. Frankfurt a.M./Berlin/Wien 1979.

Hausenstein, Wilhelm, Pariser Erinnerungen. Aus fünf Jahren diplomatischen Dienstes 1950-1955. München ³1961.

Hayter, William, The Kremlin and the Embassy. New York 1966.

Kennan, George F., Memoirs 1950-1963. Boston/Toronto 1972.

Kirkpatrick, Ivone, The Inner Circle. Memoirs. London/New York 1959.

Kossmann, Oskar, Es begann in Polen. Erinnerungen eines Diplomaten und Ostforschers. Lüneburg 1989.

Kreisky, Bruno, Zwischen den Zeiten. Erinnerungen aus fünf Jahrzehnten. Berlin 1986.

Kreisky, Bruno, Im Sturm der Zeit. Erfahrungen eines Europäers. Berlin 1988.

Lahr, Rolf, Zeuge von Fall und Aufstieg. Private Briefe 1934-1974. Hamburg 1981.

McCloy, John, Adenauer und die Hohe Kommission. In: Konrad Adenauer und seine Zeit. Bd. 1. Stuttgart 1976, S. 421-426.

Lord Moran, Winston Churchill: The Struggle for Survival, 1940-1965. Taken from the Diaries of Lord Moran. London 1966.

Pünder, Hermann, Von Preußen nach Europa. Lebenserinnerungen. Stuttgart 1968.

Rapoport, Ja. L., Na rubeže dvuch ėpoch: Delo vračej 1953 goda. Moskau 1988.

Schmid, Carlo, Erinnerungen. München 1985.

IV. Literatur

Achminow, Herman F., Die sowjetische Deutschlandpolitik in den Jahren 1952/53. In: OE 14 (1964), H. 4, S. 251-257.

Konrad Adenauer und seine Zeit. Politik und Persönlichkeit des ersten Bundeskanzlers. Hg. von Dieter Blumenwitz, Klaus Gotto, Hans Maier, Konrad Repgen, Hans-Peter Schwarz.
Bd. 1: Beiträge von Weg- und Zeitgenossen.
Bd. 2: Beiträge der Wissenschaft.
Stuttgart 1976.

Adenauer-Studien. Hg. von Rudolf Morsey und Konrad Repgen. Bd. 3: Untersuchungen und Dokumente zur Ostpolitik und Biographie. (= Veröffentlichungen der Kommission für Zeitgeschichte, Bd. 15). Mainz 1974.

Anfänge westdeutscher Sicherheitspolitik 1945-1956. Hg. vom Militärgeschichtlichen Forschungsamt.
Bd. 1: Von der Kapitulation bis zum Pleven-Plan. München/Wien 1982.
Bd. 2: Die EVG-Phase. München 1990.

Antonov-Ovseenko, Anton
Berija. In: Junost' 1988, Nr. 12, S. 66-84.

Aspekte der deutschen Wiederbewaffnung bis 1955. Hg. vom Militärgeschichtlichen Forschungsamt. Boppard 1975.

Badstübner, Rolf, Die DDR, die deutsche Frage und die europäische Sicherheit, in: Die doppelte Eindämmung. Europäische Sicherheit und deutsche Frage in den Fünfzigern. Hg. von Rolf Steininger u. a. München 1993, S. 39-62.

Baring, Arnulf, Außenpolitik in Adenauers Kanzlerdemokratie. Westdeutsche Innenpolitik im Zeichen der Europäischen Verteidigungsgemeinschaft. Bd. 1,2. München/Wien 1971.

Baring, Arnulf, Der 17. Juni 1953. Stuttgart 1983.

Basinski, Euzebiusz/Ryszard Nazarewicz, Sojusz polsko-radziecki a zachodnia granica Polski. Warschau 1987.

Belezki, V. N., Die Politik der Sowjetunion in den deutschen Angelegenheiten der Nachkriegszeit 1945-1976. Berlin (Ost) 1977.

Berlin. Chronik der Jahre 1951-1954. Hg. im Auftrag des Senats von Berlin. Berlin 1968.

Besson, Waldemar, Die Außenpolitik der Bundesrepublik. Erfahrungen und Maßstäbe. München 1970.

Birke, Ernst/Neumann, Rudolf (Hg.), Die Sowjetisierung Ost-Mitteleuropas 1945-1957. Untersuchungen zu ihrem Ablauf in den einzelnen Ländern. Frankfurt a.M./Berlin 1959.

Bock, Hans Manfred, Zur Perzeption der frühen Bundesrepublik Deutschland in der französischen Diplomatie: die Bonner Monatsberichte des Hochkommissars André Francois-Poncet 1949-1955. In: FRANCIA, Forschungen zur Westeuropäischen Geschichte. Hg. vom Historischen Institut Paris. Bd. 15 (1987). Sigmaringen 1988, S. 579-658.

Bödigheimer, Walter, Die Verhandlungen über das Sicherheitsproblem auf der Berliner Konferenz von 1954. In: EA 9 (1954), S. 6496-6513.

Bonwetsch, Bernd, Deutschlandpolitische Alternativen der Sowjetunion, 1949-1955. In: Deutsche Studien 24 (1986), Nr. 96, S. 320-340.

Bonwetsch, Bernd/Kuhfus, Peter M., Neue Quellen zum Einstieg Chinas in den Koreakrieg (Juni-Oktober 1950). In: VjhfZG 34 (1986), H. 2, S. 269-289.

Bonwetsch, Bernd/Kuhfus, Peter M., Die Sowjetunion, China und der Koreakrieg. In: VjhfZG 33 (1985), H. 1, S. 28-87.

Brandt, Heinz, Die sowjetische Deutschlandpolitik im Frühsommer 1953 aus der Sicht fortschrittlicher Kräfte in der SED. In: OE 15 (1965), H. 6, S. 369-377.

Burlackij, Fedor, Chruščev. Štrichi k političeskomu portretu. In: Nikita Sergeevič Chruščev. Materialy k biografii. Moskau 1989, S. 9-23.

Burlackij, Fedor, Posle Stalina. Zametki o političeskoj ottepeli. In: Novyj mir 1988, Nr. 10, S. 153-197.

Dittmann, Knud, Adenauer und die deutsche Wiedervereinigung. Die politische Diskussion des Jahres 1952. Düsseldorf 1981.

Doering-Manteuffel, Anselm, Die Bundesrepublik Deutschland in der Ära Adenauer. Außenpolitik und innere Entwicklung 1949-1963. Darmstadt 1983.

Erdmenger, Klaus, Adenauer, die Deutsche Frage und die sozialsdemokratische Opposition. In: Josef Foschepoth (Hg.): Adenauer und die Deutsche Frage. Göttingen 1988, S. 169-182.

Erdmenger, Klaus, Das folgenschwere Mißverständnis. Bonn und die sowjetische Deutschlandpolitik 1949-1955. Freiburg 1967.

Felken, Detlef, Dulles und Deutschland. Die amerikanische Deutschlandpolitik 1953-1959. Bonn/Berlin 1993.
Fiedler, Heinz, Der sowjetische Neutralitätsbegriff in Theorie und praxis. Ein Beitrag zum Problem des Disengagement. Köln 1959.
Filitov, Aleksej M., Germanskij vopros: ot raskola k ob-edineniju. Novoe pročtenie. Moskau 1993.
Fischer, Alexander, Sowjetische Reaktionen auf die Gründung der NATO, in: Das Nordatlantische Bündnis 1949-1956. Hg. von Klaus A. Maier und Norbert Wiggershaus. München 1993, S. 55-68.
Foschepoth, Josef (Hg.), Adenauer und die Deutsche Frage. Göttingen 1988.
Foschepoth, Josef, Churchill, Adenauer und die Neutralisierung Deutschlands. In: DA 17 (1984), H. 12, S. 1286-1301.
Foschepoth, Josef, Großbritannien, die Sowjetunion und die Westverschiebung Polens. In: MGM 34 (1983), H. 2, S. 61-90.
Friedrich, Gerd, Der neue Kurs und die Situation des SED-Regimes. Eine Analyse der politischen Absichten, Methoden und Ziele der SED. In: SBZ-Archiv 1954, H. 5, S.
Fursdon, Edward, The European Defence Community. A History. London 1980.
Ganjuškin, B. V., Sovremennyj nejtralitet. Moskau 1958.
Gehler, Michael, Der 17. Juni 1953 aus der Sicht des Foreign Office, in: Aus Politik und Zeitgeschichte. Beilage zur Wochenzeitung Das Parlament. B 25/93, 18. Juni 1993, S. 22-31.
Gersdorff, Gero von, Adenauers Außenpolitik gegenüber den Siegermächten 1954. Westdeutsche Bewaffung und internationale Politik (= Beiträge zur Militärgeschichte, Bd. 41). München 1994.
Ginsburgs, George, The Soviet Union, Neutrality and Collective Security 1945-1959. In: OE-Recht 1959, Nr. 2, S. 77-98.
Ginsburgs, George, Neutrality and Neutralism and the Tactics of Soviet Diplomacy. In: ASEER 1960, Nr. 4, S. 531-560.
Glatzeder, Sebastian J., Die Deutschlandpolitik der FDP in der Ära Adenauer. Konzeptionen in Entstehung und Praxis. Baden-Baden 1980.
Graml, Hermann, Die Legende von der verpaßten Gelegenheit. Zur sowjetischen Notenkampagne des Jahres 1952. In: VjhfZG 29 (1981), H. 3, S. 307-341.
Graml, Hermann, Die Märznote von 1952. – Legende und Wirklichkeit. (= Deutschland-Report, Bd. 6. Hg. im Auftrag der Konrad-Adenauer-Stiftung von Hans-Joachim Veen und Peter R. Weilemann). Melle 1988.
Graml, Hermann, Nationalstaat oder westdeutscher Teilstaat. Die sowjetischen Noten vom Jahre 1952 und die öffentliche Meinung in der Bundesrepublik Deutschland. In: VjhfZG 25 (1977), H. 4, S. 821-864.
Grewe, Wilhelm G., Deutsche Außenpolitik der Nachkriegszeit. Stuttgart 1960.
Hacker, Jens, Der Ostblock. Entstehung, Entwicklung und Struktur 1939-1980. Baden-Baden 1983.
Hacker, Jens, Der Rechtsstatus Deutschlands aus der Sicht der DDR. Köln 1974.
Hänisch, Werner, Außenpolitik und internationale Beziehungen der DDR. Bd. 1: 1949-1955. Berlin (Ost) 1972.
Hänisch, Werner u.a., Geschichte der Außenpolitik der DDR. Abriß. Berlin (Ost) 1984.
Hänisch, Werner, Die Geschichte der Außenpolitik der Deutschen Demokratischen Republik. Grundlagen, Aufgaben, Etappen und Ergebnisse. Teil I: 1945-1955. Potsdam-Babelsberg 1964.
Haftendorn, Helga, Adenauer und die Europäische Sicherheit. In: Konrad Adenauer und seine Zeit. Politik und Persönlichkeit des ersten Bundeskanzlers. Bd. II. Hg. von Dieter Blumenwitz u.a. Stuttgart 1976, S. 92-110.
Handbuch der deutschen Außenpolitik. Hg. von Hans-Peter Schwarz. München [2]1976.

Herbst, Ludolf (Hg.), Westdeutschland 1945-1955. Unterwerfung, Kontrolle, Integration. München 1986.
Herbstritt, Georg, Ein Weg der Verständigung? Die umstrittene Deutschland- und Ostpolitik des Reichskanzlers a.D. Dr. Joseph Wirth in der Zeit des Kalten Krieges (1945/51-1955). Frankfurt a.M. usw. 1993.
Hershberg, James G., The Cold War International History Project: Past, Current and Projected Activities, in: Change and Continuity in Russia, the Baltic States, and Eastern Europe. Working Paper Nr. 1, Odense 1994, S. 29-45
Heuser, Beatrice, Subversive Operationen im Dienste der »Roll-Back«-Politik 1948-1953. In: VjhfZG 37 (1989), H. 2, S. 279-297.
Hillgruber, Andreas, Adenauer und die Stalin-Note vom 10. März 1952. In: Konrad Adenauer und seine Zeit. Politik und Persönlichkeit des ersten Bundeskanzlers. Bd. II. Hg. von Dieter Blumenwitz u.a. Stuttgart 1976, S. 111-130.
Hillgruber, Andreas, Europa in der Weltpolitik der Nachkriegszeit (1945-1963). München ^{3}1987.
Hillgruber, Andreas, Deutsche Geschichte 1945-1986. Die »deutsche Frage« in der Weltpolitik. Stuttgart/Berlin/Köln/Mainz ^{6}1987.
Hillgruber, Andreas, Alliierte Pläne für eine »Neutralisierung« Deutschlands 1945-1955. Opladen 1987.
Hinterhoff, Eugène, Disengagement. London 1959.
Hodos, Georg Hermann, Stalinistische Säuberungen in Osteuropa 1948-1954. Frankfurt a.M./New York 1988.
Hoebink, Hein, Westdeutsche Wiedervereinigungspolitik 1941-1961. Meisenheim 1978.
Hrbek, Rudolf, Die SPD, Deutschland und Europa. Die Haltung der Sozialdemokratie zum Verhältnis von Deutschland-Politik und West-Integration (1945-1957). Bonn 1972.
Istorija vnešnej politiki SSSR 1917-1985. Bd. II. Moskau ^{5}1986.
Kalter Krieg und Deutsche Frage. Deutschland im Widerstreit der Mächte 1945-1952. Hg. von Josef Foschepoth. (= Veröffentlichungen des Deutschen Historischen Instituts London, Bd. 16). Göttingen/Zürich 1985.
Kiefer, Markus, Die Reaktion auf die »Stalin-Noten« in der zeitgenössischen deutschen Publizistik. Zur Widerlegung einer Legende. In: DA 22 (1989), H. 1, S. 56-76.
Kittel, Manfred, Genesis einer Legende. Die Diskussion um die Stalin-Noten in der Bundesrepublik 1952-1958, in: VjhfZG 41 (1993), H. 3, S. 355-389.
Klafkowski, Alfons, Die deutsch-polnische Grenze nach dem II. Weltkrieg. Poznan 1970.
Klingl, Friedrich, »Das ganze Deutschland soll es sein!« Thomas Dehler und die außenpolitischen Weichenstellungen der fünfziger Jahre. München 1987.
Klotzbach, Kurt, Der Weg zur Staatspartei. Programmatik, praktische Politik und Organisation der deutschen Sozialdemokratie 1945 bis 1965. Berlin/Bonn 1982.
Knight, Amy, Berija. Stalin's First Lieutenant. Princeton 1993.
Kolendić, Anton, Machtkampf im Kreml. Vom Tode Stalins bis zur Hinrichtung Berijas. Bergisch-Gladbach 1983.
Kosthorst, Erich, Jakob Kaiser. Bundesminister für gesamtdeutsche Fragen 1949-1957. Stuttgart usw. 1972.
Laboor, Ernst, Auf dem Wege nach Helsinki 1954-1975. Die Berliner Außenministerkonferenz 1954 – Beginn des Kampfes der Sowjetunion um die Gesamteuropäische Konferenz für Sicherheit und Zusammenarbeit in Europa. Berlin (Ost) 1977.
Laboor, Ernst, Kalter Krieg oder Entspannung? Die Außenpolitik der Sowjetunion im Kampf um die kollektive Sicherung des Friedens in Europa 1954/55. Berlin (Ost) 1983.
Laeuen, Harald, Berijas Deutschlandpolitik. In: OE 14 (1964), H. 4, S. 257-259.
Lange, Peer, Konfrontation mit dem westlichen Bündnis in Europa, in: Osteuropa-Handbuch. Sowjetunion. Außenpolitik. Bd. I. Köln/Wien 1972.
Latte, Gabriele, Die französische Europapolitik im Spiegel der Parlamentsdebatten (1950-1965). Berlin 1979.

Lehmann, Hans Georg, Der Oder-Neiße-Konflikt. München 1979.
Leonhard, Wolfgang, Kreml ohne Stalin. Köln 1959.
Lindemann, Mechthild, Die Haltung der Sowjetunion zur Eingliederung der Bundesrepublik Deutschland in das westliche Bündnissystem, 1949-1955. In: Historische Mitteilungen 4 (1991), H. 1, S. 1-27.
Löwenthal, Richard, Vom kalten Krieg zur Ostpolitik. Stuttgart 1974.
Loth, Wilfried, Der Koreakrieg und die Staatswerdung der Bundesrepublik. In: Kalter Krieg und Deutsche Frage. Deutschland im Widerstreit der Mächte 1945-1952. Hg. von Josef Foschepoth. Göttingen/Zürich 1985, S. 335-361.
Loth, Wilfried, Die Teilung der Welt. Geschichte des Kalten Krieges 1941-1955. (= dtv-Weltgeschichte des 20. Jahrhunderts). München 1980 (^{5}1986).
März, Peter, Die Bundesrepublik zwischen Westintegration und Stalin-Noten. Zur deutschlandpolitischen Diskussion 1952 in der Bundesrepublik vor dem Hintergrund der westlichen und der sowjetischen Deutschlandpolitik. Frankfurt a.M./Bern 1982.
Maier, Hedwig/Tobler, Achim, Die Ablösung des Besatzungsstatuts in der Bundesrepublik Deutschland. In: EA 10 (1955), S. 8082-8097.
Medwedjew, Roy, Chruschtschow. Eine politische Biographie. Aus dem Russischen von Anton Manzella. Stuttgart/Herford 1984.
Meissner, Boris, Die sowjetische Deutschlandpolitik 1945-1949. In: Osteuropa-Handbuch. Sowjetunion. Außenpolitik. Bd. I: 1917-1955. Hg. von Dietrich Geyer. Köln/Wien 1972, S. 448-473.
Meissner, Boris, Rußland, die Westmächte und Deutschland. Die sowjetische Deutschlandpolitik 1943-1953. Hamburg ^{2}1954.
Meissner, Boris, Die Sowjetunion und die Deutsche Frage, 1949-1955. In: Osteuropa-Handbuch. Sowjetunion. Außenpolitik. Bd. I: 1917-1955. Hg. von Dietrich Geyer. Köln/Wien 1972, S. 473-501.
Merz, Kai-Uwe, Kalter Krieg als antikommunistischer Widerstand. Die Kampfgruppe gegen Unmenschlichkeit 1948-1959 (= Studien zu Zeitgeschichte. Hg. vom Institut für Zeitgeschichte, Bd. 34). München 1987.
Meyer, Gerd, Die sowjetische Deutschland-Politik im Jahre 1952. (Forschungsberichte und Untersuchungen zur Zeitgeschichte. Hg. von Dietrich Geyer. Bd. 24). Tübingen 1970.
Meyer-Landrut, Nikolaus, Frankreich und die deutsche Einheit. Die Haltung der französischen Regierung und Öffentlichkeit zu den Stalin-Noten 1952 (= Schriftenreihe der Vierteljahreshefte für Zeitgeschichte, Bd. 56). München 1988.
Mitter, Armin, Die Ereignisse im Juni und Juli 1953 in der DDR. Aus den Akten des Ministeriums für Staatssicherheit. In: Aus Politik und Zeitgeschichte. Beilage zur Wochenzeitung Das Parlament, B 5/91, 25. Jan. 1991, S. 31-41.
Müller-Enbergs, Helmut, Der Fall Rudolf Herrnstadt. Tauwetterpolitik vor dem 17. Juni. Berlin 1991.
Naumov, Pavel, Bonn. Macht und Ohnmacht. Frankfurt a.M. ^{2}1968.
Nekrasov, V.F., Berija: konec kar'ery. Moskau 1991.
Niedhard, Gottfried (Hg.), Der Westen und die Sowjetunion. Einstellungen und Politik gegenüber der UdSSR in Europa und in den USA seit 1917. Paderborn 1983.
Niedhard, Gottfried/Altmann, Normen, Zwischen Beurteilung und Verurteilung. Die Sowjetunion im Urteil Konrad Adenauers. In: Josef Foschepoth (Hg.): Adenauer und die Deutsche Frage. Göttingen 1988, S. 99-117.
Nikolaev, P. A., Politika SSA, Anglii i Francii 1945-1954. Moskau 1964.
Nolte, Ernst, Deutschland und der Kalte Krieg. Stuttgart ^{2}1985.
Osten, Walter, Die Deutschlandpolitik der Sowjetunion in den Jahren 1952/53. In: OE 14 (1964), H. 1, S. 1-13.
Osteuropa-Handbuch. Sowjetunion. Außenpolitik. Hg. von Dietrich Geyer. Bd. I: 1917-1955. Köln/Wien 1972.

Pieck, Wilhelm, Wilhelm Pieck – Aufzeichnungen zur Deutschlandpolitik 1945-1953. Hg. von Rolf Badstübner und Wilfried Loth. Berlin 1994.

Pfeiler, Wolfgang, Das Deutschlandbild und die Deutschlandpolitik Josef Stalins. In: DA 12 (1979), H. 12, S. 1258-1282.

Pfeiler, Wolfgang, Deutschlandpolitische Optionen der Sowjetunion. Melle 1988.

Polen, Deutschland und die Oder-Neiße-Grenze. Hg. vom Deutschen Institut für Zeitgeschichte. Redaktion: Rudi Goguel. Berlin (Ost) 1959.

Remilitarisierung und Aufrüstung in der Sowjetzone. Hg. vom Vorstand der SPD. (= Sopade-Informationsdienst. Denkschriften 35). Bonn o. J.

Richert, Ernst, Der Fall Dertinger und die DDR-Außenpolitik. In: OE 3 (1953), H. 3, S. 184-190.

Richter, Michael, Die Ost-CDU 1948-1952. Zwischen Widerstand und Gleichschaltung (= Forschungen und Quellen zur Zeitgeschichte, Bd. 19). Düsseldorf 1990.

Rüss, Gisela, Anatomie einer politischen Verwaltung. Das Bundesministerium für gesamtdeutsche Fragen – Innerdeutsche Beziehungen 1949-1970. München 1973.

Rupieper, Hermann-Josef, Der besetzte Verbündete. Die amerikanische Deutschlandpolitik 1949-1955 (= Studien zur Sozialwissenschaft, Bd. 95). Opladen 1991.

Rupieper, Hermann-Josef, Die Berliner Außenministerkonferenz von 1954. Ein Höhepunkt der Ost-West-Propaganda oder die letzte Möglichkeit zur Schaffung der deutschen Einheit? In: VjhfZG 34 (1986), H. 3, S. 425-453.

Rupieper, Hermann-Josef, Wiedervereinigung und europäische Sicherheit: Deutsch-amerikanische Überlegungen für eine entmilitarisierte Zone in Europa 1953. In: MGM 1986, H. 1 (39), S. 91-130.

Rupieper, Hermann-Josef, Zu den sowjetischen Deutschlandnoten 1952. Das Gespräch Stalin-Nenni. In: VjhfZG 33 (1985), H. 3, S. 547-557.

Die Saar 1945-1955. Ein Problem der europäischen Geschichte. München 1992.

Schlarp, Karl-Heinz, Alternativen zur deutschen Außenpolitik 1952-1955: Karl Georg Pfleiderer und die »deutsche Frage«. In: Wolfgang Benz/Hermann Graml (Hg.): Aspekte deutscher Außenpolitik im 20. Jahrhundert. Aufsätze. Hans Rothfels zum Gedächtnis. Stuttgart 1976, S. 211-248.

Schmitz, Michael, Die Rechtslage der deutschen Ostgebiete. Die Oder-Neiße-Grenze im Blickpunkt des Völkerrechts. Köln 1986.

Schwarz, Hans-Peter, Adenauer und Rußland. In: Friedrich J. Kroneck/Thomas Oppermann (Hg.): Im Dienste Deutschlands und des Rechts. Festschrift für Wilhelm G. Grewe zum 70. Geburtstag am 16. Oktober 1981. Baden-Baden 1981, S. 365-389.

Schwarz, Hans-Peter, Die Ära Adenauer 1949-1957. Gründerjahre der Republik. (= Geschichte der Bundesrepublik Deutschland, Bd. 2). Stuttgart/Wiesbaden 1981.

Schwarz, Hans-Peter (Hg.), Die Legende von der verpaßten Gelegenheit. Die Stalin-Note vom 10. März 1952. (= Rhöndorfer Gespräche, Bd. 5). Stuttgart/Zürich 1982.

Seebacher-Brandt, Brigitte, Ollenhauer. Biedermann und Patriot. Berlin 1984.

Seldon, Anthony, Churchill's Indian Summer. The Conservative Government, 1951-55. London u.a. 1981.

Sethe, Paul, Öffnung nach Osten. Weltpolitische Realitäten zwischen Bonn, Paris und Moskau. Frankfurt a.M. 1966.

Sokolov, Vladimir V., Narkomindel Vjačeslav Molotov. In: Meždunarodnaja žizń, 1991, Nr. 5, S. 99-112.

Spittmann, Ilse/Fricke, Karl Wilhelm (Hg.), 17. Juni 1953. Arbeiteraufstand in der DDR. Köln 1982.

Staritz, Dietrich, Zwischen Ostintegration und nationaler Verpflichtung. Zur Ost- und Deutschlandpolitik der SED, 1948 bis 1952. In: Ludolf Herbst (Hg.): Westdeutschland 1945-1955. Unterwerfung, Kontrolle, Integration. München 1986, S. 279-289.

Staritz, Dietrich, Die SED, Stalin und die Gründung der DDR. Aus den Akten des Zentralen Parteiarchivs des Instituts für Geschichte der Arbeiterbewegung (ehemals Institut für

Marxismus-Leninismus beim ZK der SED). In: Aus Politik und Zeitgeschichte. Beilage zur Wochenzeitung Das Parlament. B 5/91, 25. Jan. 1991, S. 3-16.
Steininger, Rolf, Eine Chance zur Wiedervereinigung? Die Stalin-Note vom 10. März 1952. Darstellung und Dokumentation auf der Grundlage britischer und amerikanischer Akten (= Archiv für Sozialgeschichte, Beiheft 12). Bonn 1985.
Steininger, Rolf, Ein vereintes unabhängiges Deutschland? Winston Churchill, der kalte Krieg und die deutsche Frage im Jahre 1953. In: MGM 1984, H. 2 (36), S. 105-144.
Steininger, Rolf, Deutsche Frage und Berliner Konferenz 1954. In: Wolfgang Venohr (Hg.): *Ein* Deutschland wird es sein. Erlangen/Bonn/Wien 1990, S. 36-88.
Steininger, Rolf, Deutsche Geschichte 1945-1961. Darstellung und Dokumente. 2 Bde. Frankfurt a.M. 1983.
Steininger, Rolf, Das Scheitern der EVG und der Beitritt der Bundesrepublik zur NATO. In: Aus Politik und Zeitgeschichte. Beilage zur Wochenzeitung Das Parlament, B 17/85, 27. April 1985, S. 3-18.
Steininger, Rolf, Wiederbewaffnung. Die Entscheidung für einen westdeutschen Verteidigungsbeitrag: Adenauer und die Westmächte 1950. Erlangen/Bonn/Wien 1989.
Stöckigt, Rolf, Direktiven aus Moskau. Sowjetische Einflußnahme auf DDR-Politik 1952/53. In: Jochen Černy (Hg.), Brüche, Krisen, Wendepunkte. Neubefragung von DDR-Geschichte. Leipzig/Jena/Berlin 1990, S. 81-88.
Stößel, Frank Th., Positionen und Strömungen in der KPD/SED 1945-1954. Teil 1, 2. Köln 1985.
Synopse zur Deutschlandpolitik 1941 bis 1973. Bearb. von Werner Weber und Werner Jahn. Göttingen 1973.
Sywottek, Arnold, Die Sowjetunion aus westdeutscher Sicht seit 1945. In: Gottfried Niedhart (Hg.): Der Westen und die Sowjetunion. Einstellungen und Politik gegenüber der UdSSR in Europa und in den USA seit 1917. Paderborn 1983, S. 289-362.
Thomas, Siegfried, Die sowjetische Deutschland-Note vom 10. März 1952 – eine verpaßte Chance. In: 50 Jahre deutsch-sowjetische Beziehungen, 1917-1967. Deutsche Außenpolitik 12 (1967), Sonderheft, S. 81-96.
Thoß, Bruno, Die Lösung der Saarfrage 1954/55. In: VjhfZG 38 (1990), H. 2, S. 225-288.
Ulam, Adam B., Expansion and Coexistence. The History of Soviet Foreign Policy 1951-1967. New York/Washington 1968.
Die Europäische Verteidigungsgemeinschaft. Stand und Probleme der Forschung. Hg. von Hans-Erich Volkmann und Walter Schwengler. (= Militärgeschichte seit 1945. Hg. vom Militärgeschichtlichen Forschungsamt, Bd. 7). Boppard 1985.
Volle, Hermann, Atlantikpakt und Europäische Verteidigungsgemeinschaft auf der 12. Tagung des Nordatlantikrats in Paris vom 14. bis 16. Dezember 1953. In: EA 9 (1954), S. 6285-6294.
Volle, Hermann, Der »Modus Vivendi« in Europa- Die Ost-West-Beziehungen und die Pariser Außenministerkonferenz von 1949. In: EA 4 (1949), S. 2383-2391.
Volle, Hermann, Die Umstellung der NATO auf eine Politik der »Langen Sicht«. In: EA 9 (1954), S. 6321-6328.
Volle, Hermann, Der Verlauf der Pariser Außenministerkonferenz vom 23. Mai bis 20. Juni 1949. In: EA 4 (1949), S. 2391-2398.
Wagner, Dietrich, FDP und Wiederbewaffnung. Die wehrpolitische Orientierung der Liberalen in der Bundesrepublik Deutschland 1949-1955. (= Militärgeschichte seit 1945. Hg. vom Militärgeschichtlichen Forschungsamt, Bd. 5). Boppard 1978.
Wagner, Wolfgang, Die Entstehung der Oder-Neiße-Linie in den diplomatischen Verhandlungen des Zweiten Weltkrieges. Stuttgart ^{3}1964.
Wagner, Wolfgang, Oder-Neiße-Linie. In: Sowjetsystem und demokratische Gesellschaft. Bd. IV. Freiburg u.a. 1971, Sp. 797-808.
Wandel, Paul, Wie es zur Oder-Neiße-Grenze kam. Berlin (Ost) 1955.

Wassmund, Hans, Kontinuität im Wandel. Bestimmungfaktoren sowjetischer Deutschlandpolitik in der Nach-Stalin-Zeit. Köln/Wien 1974.

Weber, Hermann, Geschichte der DDR. München 1985.

Wettig, Gerhard, Die Deutschland-Note vom 10. März 1952 auf der Basis diplomatischer Akten des russischen Außenministeriums. Die Hypothese des Wiedervereinigungsangebots, in: DA 1993, Nr. 7, S. 786-805.

Wettig, Gerhard, Entmilitarisierung und Wiederbewaffnung in Deutschland 1943-1955. Internationale Auseinandersetzungen um die Rolle der Deutschen in Europa. München 1967.

Wettig, Gerhard, Die KPD als Instrument der sowjetischen Deutschland-Politik. Festlegungen 1949 und Implementierungen 1952, in: DA 1994, Nr. 8, S. 816-829.

Wettig, Gerhard, Die sowjetische Deutschlandpolitik am Vorabend des 17. Juni. In: Ilse Spittmann/Karl Wilhelm Fricke (Hg.): 17. Juni 1953. Arbeiteraufstand in der DDR. Köln 1982, S. 56-69.

Wettig, Gerhard, Zum Stand der Forschung über Berijas Deutschland-Politik im Frühjahr 1953, in: DA 1993, Nr. 6, S. 674-682.

Wiederbewaffnung in Deutschland nach 1945. Hg. von Alexander Fischer. (= Schriftenreihe der Gesellschaft für Deutschlandforschung, Bd. 12). Berlin 1986.

Wiggershaus, Norbert, Bedrohungsvorstellungen Bundeskanzler Adenauers nach dem Ausbruch des Korea-Krieges. In: MGM 1979, H. 1 (25), S. 79-122.

Wiggershaus, Norbert, Die Entscheidung für einen westdeutschen Verteidigungsbeitrag 1950. In: Anfänge westdeutscher Sicherheitspolitik 1945-1956. Bd. 1: Von der Kapitulation bis zum Pleven-Plan. Hg. vom Militärgeschichtlichen Forschungsamt. München/Wien 1982, S. 325-402.

Norbert Wiggershaus, Nordatlantische Bedrohungsperzeptionen im »Kalten Krieg« 1948-1956, in: Das Nordatlantische Bündnis 1949-1956. Hg. von Klaus A. Maier und Norbert Wiggershaus. München 1993, S. 17-54

Wiggershaus, Norbert, Überlegungen und Pläne für eine militärische Integration Westdeutschlands 1948-1952. In: Kalter Krieg und Deutsche Frage. Deutschland im Widerstreit der Mächte 1945-1952. Hg. von Josef Foschepoth. Göttingen/Zürich 1985, S. 314-334.

Wiggershaus, Norbert, Außenpolitische Voraussetzungen für den westdeutschen Verteidigungsbeitrag. In: Wiederbewaffnung in Deutschland nach 1945. Hg. von Alexander Fischer. Berlin 1986, S. 63-77.

Young, John, Churchill, the Russians and the Western Alliance: the three-power conference at Bermuda, December 1953. In: The English Historical Review 51 (1986), Nr. 401, S. 889-912.

Young, John, Churchill's bid for peace with Moscow, 1954. In: History 73 (1988), H. 239, S. 425-448.

Zwischen Kaltem Krieg und Entspannung. Sicherheits- und Deutschlandpolitik der Bundesrepublik im Mächtesystem der Jahre 1953-1956. Hg. von Bruno Thoß und Hans-Erich Volkmann. (= Militärgeschichte seit 1945. Hg. vom Militärgeschichtlichen Forschungsamt, Bd. 9). Boppard 1988.